Umbrüche

Herausgegeben von Hellmuth Buddenberg

Die Autoren

Martin Bangemann

Uwe Barschel

Werner Breitschwerdt

Hellmuth Buddenberg

Björn Engholm

Friedhelm Farthmann

Reiner Gohlke

Volker Hauff

Ingrid Hielle

Dietmer von Ladiges und Kurt Otto

Wolfgang Müller-Michaelis

Hermann Rappe

Hans K. Schneider

Lothar Späth

Helga Steeg

Ulrich Steger

Franz Josef Strauß

Franz Thoma

Umbrüche

Neue Strukturen in Wirtschaft und Gesellschaft

Herausgegeben von
Hellmuth Buddenberg

BusseSeewald

Redaktion des Buches von Werner Kuhn

CIP-Kurztitelaufnahme der Deutschen Bibliothek

Umbrüche: neue Strukturen in Wirtschaft u. Gesellschaft
hrsg. von Hellmuth Buddenberg.
(Die Autoren Martin Bangemann . . .)
Herford: BusseSeewald, 1987
ISBN 3-512-00777-5

NE: Buddenberg, Hellmuth (Hrsg.)

Lektorat: Bernhard Gurk
Schutzumschlag: Graphik-Design + Konzeption
Horst Schättiger, Hamburg
Satz und Druck: Busse Druck, Herford
Buchbinderei: Röck, Weinsberg
Printed in Germany
ISBN 3-512-00777-5

Inhalt

Ein neues Kapitel der Wirtschaftsgeschichte: Wir müssen es schreiben

Vorwort von Hellmuth Buddenberg

„Ein erster entscheidender Abschnitt des Übergangs zu neuen Strukturen liegt hinter uns. Im kritischen Rückblick soll sich zeigen, welche Schlüsse wir aus unseren Erfahrungen zu ziehen gedenken. Diesem Thema ist das vorliegende Buch gewidmet."

Noch immer verstellt utopisches Wunschdenken allzu vielen, insbesondere jüngeren Menschen, den Blick auf die Realität.

Imaginäre Fluchtwege, die aus den Zwängen der Industriegesellschaft herausführen sollen, gelten ihnen als gangbarer Ausweg aus der »Krise der Menschheit«. Mit der Zielvorstellung einer konfliktarmen, zur natürlichen Lebensweise zurückgekehrten Gesellschaft fällt es ihnen nicht schwer, jeden Tag aufs neue zu verdrängen, was an tiefgreifenden, höchst komplexen Strukturproblemen die Völker in Atem hält. Was wirklich geschieht, was heute entschieden werden muß, damit weltweit möglichst günstige Voraussetzungen für die künftige Entwicklung geschaffen werden können, hat in ihrer Sicht allzu oft nur den Stellenwert eines Irrwegs. So mündet ihre Antwort auf die großen Herausforderungen der Gegenwart gern in den Ruf nach »Umkehr«, nach »Abkehr vom Industrialismus«, dem alle Übel der Zeit angelastet werden.

Doch die Menschheit steht nicht an einem Scheideweg. Sie hat nicht mehr die Wahl, sich für oder gegen eine Entwicklung zu entscheiden, die sich längst als nicht umkehrbarer Prozeß erwiesen hat. Wir befinden uns auf einem Weg, der uns zum Fortschritt zwingt. Wie könnten wir sonst die Lebenserwartungen von acht Milliarden Menschen, die in wenigen Jahrzehnten unsere Erde bevölkern werden, erfüllen? Heute entscheiden wir über die Lebensbedingungen von morgen. Doch niemand vermag mit Sicherheit zu sagen, wie die Welt von morgen aussehen, wie sie sich organisiert haben wird. Menschen, die diese nüchterne Einschätzung der Situation nicht ertragen können, beschreiben gern künftige Lebens- und Gesellschaftsformen als Wunsch- oder Alptraumbilder.

Mit einer ersten Flut illusorischer Zukunftsentwürfe wurden wir in den fünfziger Jahren konfrontiert. Damals, in einer Periode dynamischen Wirtschaftswachstum, überwogen unter den Autoren die Schwärmer bei weitem die Schwarzseher. War für diese eine nicht gebremste Ausbreitung der Automation gleichbedeutend mit dem Ende aller Kultur, so sahen jene in der Zweiten industriellen Revolution die Lösung nahezu aller großen Probleme heranreifen. In dieser Zeit höchster wie auch schlimmster Erwartungen beschrieb der Soziologe und Kulturphilosoph Arnold Gehlen aus illusionsloser Distanz den Weg der Menschheit in Sätzen, die auch für uns nichts von ihrer Brisanz eingebüßt haben:

»So hat man den bestimmten Eindruck, daß der Übergang zur Industriekultur, die Beherrschung des Anorganischen und zumal seiner Kernkräfte, ein neues Kapitel in der Geschichte der Menschheit aufschlägt. In diesem Prozeß befinden wir uns erst seit zweihundert Jahren, und diese ›Kulturschwelle‹ hat eine Bedeutung, die sich nur mit der des Neolithikums vergleichen läßt. Das heißt: kein Sektor der Kultur und kein Nerv im Menschen wird von dieser Transformation unergriffen bleiben, die noch Jahrhunderte dauern kann, wobei es unmöglich ist, anzugeben, was in diesem Feuer verbrennen wird, was umgeschmolzen und was sich als widerstehend erweisen wird.«

In dieser Sicht sind die Umbrüche, die wir seit Anfang der siebziger Jahre in Wirtschaft und Gesellschaft erleben und die so viele Menschen in aller Welt beunruhigen, nicht Zeichen einer Zeitenwende, sondern unabwendbare Diskontinuitäten im Übergang zu einem neuen Entwicklungsstadium der Industriegesellschaft. Arnold Gehlens Perspektive erscheint mir daher nicht nur realistischer als alle Szenarien und Entwürfe, sondern auch ermutigend: weil sie, von Geschichte und Gegenwart ausgehend, kein Ziel, kein ideologisches Programm in die Zukunft projiziert, schärft sie unseren Blick für das, was im oft undurchsichtigen Zusammenspiel von Innovationsschüben, Machtverschiebungen und immer komplexer werdenden weltwirtschaftlichen Verflechtungen von uns selbst entschieden werden kann - und entschieden werden muß.

Vor fünfzehn Jahren erschien die Studie »Die Grenzen des Wachstums - Bericht des Club of Rome zur Lage der Menschheit«. Die alarmierenden, aber auch widersprüchlichen Befunde dieses ersten, vom Massachusetts Institute of Technology mit Hilfe spezieller Computerprogramme erarbeiteten »Weltmodells« beherrschten jahrelang die Debatten über Umwelt- und Zukunftsfragen. Die Wirkung der Auseinandersetzungen war zwiespältig. Positiv, weil erstmals breite Kreise der Bevölkerung an bedeutsame Zusammenhänge zwischen Ökonomie und Ökologie herangeführt wurden. Negativ, weil zu oft der Eindruck stehenblieb, nur eine Abkehr der Menschheit von jeglicher Wachstumspolitik könne die Probleme lösen. Kein Zweifel, daß in der Folge die von Ideologen gleichsam zum Kampfruf erhobenen »Grenzen des Wachstums« wesentlich zur Akzeptanz und Verbreitung utopischer Vorstellungen beigetragen haben.

Für eine sehr kurze Zeit konnte daher die von der OPEC nach dem Israelisch-Arabischen Krieg von 1973 ausgelöste Krise in der Ölversorgung, die sich im Nachhinein als Erste Ölpreis-Krise erwies, wie eine Bekräftigung der Thesen jenes M.I.T.-Weltmodells erscheinen. Wenn führende Industrienationen den Energienotstand ausrufen, sehen ihre Bürger Wohlstand und Zukunft in Frage gestellt - und beginnen, an dem Wachstumspfad der Wirtschaft zu zweifeln, der für die kritische Situation verantwortlich gemacht wird.

Doch bald zeigte sich, daß eben diese Industrienationen ihrer Aufgabe als Schrittmacher der Entwicklung auch in der schwierigsten Übergangsphase, in der sich neue, noch komplizierter ineinandergreifende Strukturen in Wirtschaft und Gesellschaft herausbilden sollen, durchaus gewachsen sind.

So verhalfen, um ein Beispiel zu nennen, Produzenten und Konsumenten mit einer Fülle neuer Ideen eigenen wie staatlichen Energiesparprogrammen zum durchschlagenden Erfolg. Die Nachfrage nach Mineralölprodukten war schließlich absolut und dauerhaft rückläufig. Als dann Anfang der achtziger Jahre, ausgelöst von der Zweiten Ölpreis-Krise, ein folgenreicher Umbruch am Weltenergie- und Rohstoffmarkt die Hoffnung auf ein Wiedererstarken des jahrzehntelangen dynamischen Wachstums verblassen ließ, hatte die Umorientierung der Wirtschaft auf ein qualitativ differenziertes Wachstum bereits eingesetzt. Angesichts immer stärkerer Einbrüche am Arbeitsmarkt schwenkten jetzt selbst langjährige politische Verfechter eines »Nullwachstums« auf den neuen Wachstumskurs ein, dessen Befolgung für besonders hart betroffene Industrien und Betriebe geradezu zur Überlebensfrage wurde. Auf der Gegenseite blieben die Anhänger utopischer, wachstumsfeindlicher Gesellschaftsmodelle, die immer noch Zulauf erhielten, fortan unter sich.

Ein erster, entscheidender Abschnitt des Übergangs zu neuen Strukturen liegt hinter uns. Im kritischen Rückblick soll sich zeigen, welche Schlüsse wir aus unseren Erfahrungen zu ziehen gedenken. Diesem Thema ist das vorliegende Buch gewidmet.

Vorab möchte ich jedoch noch einmal unser freiheitlich-pluralistisches System ansprechen. Es hat sich, wie ich meine, vor allem deshalb bewährt, weil es über den Weg in die Zukunft der Industriegesellschaft nicht »einheitlich« zentral, sondern auf vielen Ebenen und Sektoren entscheidet. Das mag manche verwirren. Doch wie wäre sonst jene Flexibilität des Handelns zu erreichen, für die es keine Alternative gibt, weil wir anders die erst allmählich deutlicher hervortretenden Herausforderungen der Zeit nie bestehen könnten?

Umbrüche, wie wir sie erlebt und mit Sicherheit auch noch vor uns haben, treffen zunächst immer einzelne und Gruppen, Sektoren und Regionen, Unternehmen und Wirtschaftszweige. Sie alle müssen mit Hilfe ihnen zugänglicher Daten und Prognosen über den Weg entscheiden, der ihnen unter veränderten Bedingungen das Überleben sichert. Theorien und Modelle können uns da nur grobe Orientierungshilfen bieten. Was wir brauchen, ist der Dialog mit anderen. Was die pluralistisch organisierte Industriegesellschaft zum Überleben benötigt, ist der ständige Erfahrungsaustausch auf allen Ebenen.

Wir brauchen eine stärkere Integration menschlichen Wissens, aber auch der politischen, ökonomischen und ökologischen Verantwortung - und den Mut zu entsprechenden Konsequenzen.

Hierzu will die Gemeinschaftsarbeit »Umbrüche - Neue Strukturen in Wirtschaft und Gesellschaft« einen Beitrag leisten. Den Autorinnen und Autoren, bei denen ich mich sehr herzlich für ihre bereitwillige Mitarbeit bedanken möchte, geht es weder um Zukunftsdeutungen noch um Vergangenheitsbewältigung. Vielmehr versuchen sie, aus verschiedenen Blickwinkeln und Erfahrungsbereichen, Entscheidungsprozesse der letzten zehn, fünfzehn Jahre aus der Rückschau so aufzubereiten, daß Zusammenhänge und Verzahnungen der Ereignisse deutlicher hervortreten - und hoffnungsvolle Zukunftsperspektiven erkennbar werden.

Mit dem behandelten Zeitabschnitt hat ein neues Kapitel der Wirtschaftsgeschichte begonnen, das wir und die uns folgenden Generationen weiterschreiben müssen. In diesem Sinne wünsche ich dem Buch, daß es Mitdenkenden und Mitgestaltenden von Nutzen sein kann.

Energiekrisen: Aufgaben und energiepolitische Bewältigung

Martin Bangemann

Politik und Wirtschaft haben die Herausforderungen der 70er und 80er Jahre angenommen. Die Umstrukturierungsprozesse zeigen, daß ein marktwirtschaftliches System am ehesten in der Lage ist, sie zu bewältigen; daß veränderte Energiemarktbedingungen und Umweltschutz nicht nur Last, sondern auch Chance für neue Techniken und Produktionsverfahren bedeuten.

Seit der ersten Ölpreiskrise vor fast 15 Jahren halten die Turbulenzen auf den Energiemärkten und Diskussionen über energiepolitische Strategien an. Die Ölpreiskrisen der 70er Jahre lösten eine Diskussion über die Begrenztheit fossiler Ressourcen aus, wobei diese Debatte in den letzten Jahren überlagert wurde von Fragen im Zusammenhang mit der zunehmenden Belastung unserer Umwelt sowie der Verantwortbarkeit der friedlichen Nutzung der Kernenergie. Durch den Ölpreisrückgang hat sich die Energiesituation völlig verändert. Energieüberfluß und ein Käufermarkt bestimmen heute das Bild.

Die Ölpreiskrisen haben auch der breiten Öffentlichkeit vor Augen geführt, daß die Energievorräte begrenzt sind und es notwendig ist, damit sparsam umzugehen. Der Bundesrepublik Deutschland haben sie gezeigt, wie groß die Gefahren der Energieversorgung in Abhängigkeit von Energieimporten aus besonders risikobelasteten Gebieten sind. Rationelle Energieverwendung, Diversifizierung der Versorgung, Entwicklung heimischer Energiequellen und Förderung neuer Energietechnologien sind die Stichworte, die seit dieser Zeit die energiepolitischen Auseinandersetzungen in allen Verbraucherländern beherrschen.

Die Erfolge sind beachtlich; sie waren aber nicht ohne Opfer zu haben: Strukturelle Einbrüche, verbunden mit hohen Inflationsraten und Arbeitslosigkeit, sind - vor allem in den 70er Jahren - zu einem nicht unwesentlichen Teil auch auf die Anpassung an veränderte Energiemarktbedingungen zurückzuführen.

Wir haben auch gelernt, daß die Ressource »Umwelt« ihren hohen Preis hat, den zu bezahlen wir heute eher bereit sind als noch vor einigen Jahren. In Deutschland wurde Ernst gemacht mit einer Umweltpolitik, die darauf ausgerichtet ist, Umweltbelastungen so gering wie möglich zu halten. Dies belastet unsere Volkswirtschaft mit hohen Kosten und nimmt sie stärker in Anspruch als in anderen Ländern, die langsamer vorangehen. Andererseits ist eine konsequente Umweltpolitik Voraussetzung für eine langfristig effiziente Industrie- und Energiepolitik. Wir sind vor allem überzeugt, daß wir die Verbesserung der Umwelt uns und den nachfolgenden Generationen schulden.

Politik und Wirtschaft haben die Herausforderungen der 70er und 80er Jahre angenommen. Die Umstrukturierungsprozesse zeigen, daß ein marktwirtschaftliches System am ehesten in der Lage ist, sie zu bewältigen; daß veränderte Energiemarktbedingungen und Umweltschutz nicht nur Last, sondern auch Chance für neue Techniken und Produktionsverfahren bedeuten. Die Bundesrepublik Deutschland liegt heute weltweit mit an der Spitze bei Umwelttechnologien, aber auch bei der Effizienz der Energieverwendung. Auf dem Wege der Versöhnung der modernen Industriegesellschaft mit den Belangen des Umweltschutzes sind wir heute ein gutes Stück vorangekommen; Energie und Umwelt sind nicht mehr der Gegensatz, der die Gemüter noch vor einigen Jahren erregt hat.

Die Erfahrungen der letzten 15 Jahre haben aber auch bestätigt, daß für eine kontinuierliche wirtschaftliche Entwicklung nichts so wichtig ist wie verläßliche Rahmenbedingungen. Veränderungen auf den Weltmärkten können und wollen wir uns nicht entziehen. Vermieden werden müssen aber Wechselbäder in der Wirtschafts-, Energie- und Umweltpolitik; sie bleiben nicht ohne negative Folgen für die Gesamtwirtschaft. Die Erkenntnis, daß strukturelle und technologische Entwicklungsprozesse in einer funktionierenden Marktwirtschaft sehr viel weiter führen als enge staatliche Reglementierungen, ist durch die Anpassungsprozesse der vergangenen Dekade erneuert worden.

Dieser Beitrag versucht, diese Entwicklung nachzuzeichnen, um die gesamtwirtschaftlichen Zusammenhänge zu verdeutlichen und Handlungsmöglichkeiten für die Bewältigung künftiger Energieprobleme aufzuzeigen.

Ölpreisveränderungen und wirtschaftliche Entwicklung

Energiepreise sind eine wichtige Bestimmungsgröße für die Gesamtwirtschaft. Obwohl ich in erster Linie zu den Veränderungen an den Energiemärkten und zu den energiepolitischen Strategien der Bewältigung der Ölpreiskrisen Stellung nehmen will, möchte ich einleitend die fundamentalen gesamtwirtschaftlichen Wirkungen der Energiepreisentwicklung seit 1973 skizzieren.

Durch die beiden Ölpreiskrisen wurde die *Weltwirtschaft* an einem neuralgischen Punkt getroffen. Der Anteil des Mineralöls am Primärenergieverbrauch in den Industrieländern lag in den 70er Jahren im Durchschnitt über 50 Prozent. Von den Ölpreissteigerungen, die mehr oder weniger auf die anderen Energiepreise und vor allem auf Erdgas durchschlugen, war die gesamte Volkswirtschaft betroffen.

Diese Auswirkungen belasteten aber nicht nur die Industrieländer, sondern insbesondere auch die öleinführenden Entwicklungsländer stark. Sie mußten die Anpassungslasten der teureren Importenergie tragen, ohne über die Wirtschaftskraft der Industrieländer zu verfügen.

Neben der Notwendigkeit, sich mittelfristig dem realwirtschaftlichen Anpassungsprozeß zu stellen, warf die abrupte Erhöhung der Ölpreise schwierige internationale Finanzierungs- und Währungsfragen auf. Wie sollten die Zahlungsbilanzdefizite finanziert werden, bis ein Ausgleich der Leistungsbilanzen gegenüber den Ölförderländern gelungen war? Wie würden die Ölförderländer die ihnen zufließenden Milliardenbeträge anlegen? Wie konnte den wirklich hilfsbedürftigen Ländern geholfen werden?

Sichtbare Zeichen der Ölkrise waren zunehmende Handels- und Zahlungsbilanzungleichgewichte zwischen ölproduzierenden und ölimportierenden Ländern. Die Ölimportrechnung der Industrieländer stieg trotz fallender Importmengen von 34 Milliarden Dollar im Jahre 1973 auf etwas unter 100 Milliarden Dollar im Jahre 1974 und 264 Milliarden Dollar 1980. Die Ölpreiskrisen bedeuteten nach Modellrechnungen der OECD einen Terms of Trade-Verlust, der 2 Prozent des Bruttosozialproduktes der OECD-Länder entsprach.

Gleichzeitig kam es neben der Verschlechterung der Terms of Trade in den Industrieländern zu einem Einkommenstransfer von Ölverbraucherländern zu Ölproduzentenländern. Die Importnachfrage der Ölförderländer reagierte auf diese Entwicklung anfangs nur zögerlich, und das Recycling der Ölgelder setzte erst allmählich ein. Spiegelbild der Leistungsbilanzdefizite der ölimportierenden Länder war ein Leistungsbilanzüberschuß der OPEC-Länder, der 1980 mit 113 Milliarden Dollar einen Höhepunkt erreichte. 92 Milliarden Dollar dieses Überschusses vereinten allein Kuwait, Libyen, Quatar, Saudi-Arabien und die Vereinigten Arabischen Emirate auf sich. Diese Länder, die als »low absorber« bezeichnet werden, reagierten mit einer Steigerung des Sparvolumens, das die Gegenposition zum

Leistungsbilanzaktivum darstellte. Obwohl das Recycling der Ölgelder über Direktinvestitionen der Ölländer oder über die Finanzmärkte besser gelang als viele angenommen hatten, blieb dennoch ein negativer Effekt auf die aggregierte Weltnachfrage bestehen.

Die ölimportierenden Entwicklungsländer waren von den Ölpreissteigerungen der 70er Jahre mehrfach betroffen. Zum direkten Effekt durch den Anstieg ihrer Ölrechnung traten indirekte Auswirkungen durch die Wachstumsverlangsamung in den Industrieländern, die sich negativ auf Mengen und Preise der Exportgüter der Entwicklungsländer niederschlug. Steigende Leistungsbilanzdefizite hatten ihren Gegenposten in steigenden Kapitalimporten. Dies bedeutete ein Anwachsen der Auslandsverschuldung; allein die längerfristige Verschuldung stieg von etwa 75 Milliarden Dollar Ende 1972 auf 360 Milliarden Dollar Ende 1981 an.

In Industrieländern sanken die durchschnittlichen Wachstumsraten von 5 Prozent in der Zeit 1969/73 auf 2,3 Prozent in der Zeit 1973/81. Die starke Rezession in den Industrieländern nach den beiden Ölpreiskrisen war allerdings nicht ausschließlich Folge dieser Schocks. Die Verteuerung des Rohöls verstärkte schon vorhandene konjunkturelle und strukturelle Tendenzen in den Industrieländern. So befanden sich die OECD-Länder im zweiten Halbjahr 1973 schon in einem Abschwung, ehe die erste Ölpreiskrise eintrat; auch vor der zweiten Ölpreiskrise im Jahre 1979 setzte bereits eine Verlangsamung des Wachstums ein.

Die Verteuerung der Rohölimporte beschleunigte den Anstieg der Inflationsraten. In der OECD stieg der Konsumentenpreisindex 1974 um 13,4 Prozent und 1980 um 12,9 Prozent. Die Inflationsrate in den 60er Jahren hatte unter 3 Prozent gelegen. Wachstumsverluste und Substitutionsprozesse trugen zu einem Anstieg der Arbeitslosigkeit seit der ersten Ölpreiskrise bei. Lagen die Arbeitslosenraten vor 1974 bei 3 bis 3,5 Prozent für die OECD insgesamt, so stiegen sie auf rund 9 Prozent im Jahre 1983. Dabei ist natürlich nicht zu verkennen, daß hierfür vor allem andere, strukturelle Gründe maßgeblich sind.

Auch *in der Bundesrepublik Deutschland* trug der Anstieg der Importpreise für Öl entscheidend zur Verschlechterung der gesamtwirtschaftlichen Situation bei. In seinen quantitativen Auswirkungen auf die gesamtwirtschaftliche Entwicklung ist er aber nur schwer zu erfassen. Dies gilt insbesondere für die eingetretene Erhöhung der Inflationsrate und die Zunahme der Arbeitslosigkeit in der rezessiven Phase der weltwirtschaftlichen Entwicklung.

Wegen der starken Wechselkursveränderungen zwischen DM und Dollar waren Ausmaß und Umfang der Ölpreisexplosion für die deutsche Wirtschaft und damit auch für den Außenhandel im Vergleich zu anderen Ländern unterschiedlich: Im Zeitraum des ersten Ölpreisschocks wurde die DM gegenüber dem Dollar stark aufgewertet. Dadurch fiel der Preisanstieg für Rohöl in DM niedriger aus als in anderen Ländern. In der Zeit der zweiten Ölpreiskrise und in den Folgejahren wurde die DM gegenüber dem Dollar kontinuierlich abgewertet. Dadurch stiegen die Ölpreise bei uns, aber auch in den anderen Ländern der EG stärker als zum Beispiel in den USA. So hatten wir trotz des inzwischen einsetzenden Rückgangs der internationalen Ölpreise noch 1984 und 1985 mit ca. 620,– DM/Tonne nominal praktisch unveränderte Grenzübergangspreise für Rohöl.

Die Auswirkungen lassen sich am Beispiel des Außenhandels der Bundesrepublik in diesem Zeitraum gut verdeutlichen: Zwischen 1972 und 1982 ergab sich für die Bundesrepublik eine Verschlechterung der Terms of Trade um durchschnittlich 1,8 Prozent/p.a.. Die übrigen Industrieländer mußten im Durchschnitt eine Verschlechterung im gleichen Zeitraum um 2,6 Prozent/p.a. hinnehmen.

Die Auswirkungen der Energieverteuerung auf die Handelsbilanz bestätigen dies ebenfalls:

Zwischen 1972 und 1975 konnte der Anstieg der Importrechnung noch fast vollständig durch zusätzliche Verkäufe an die energieexportierenden Länder bezahlt werden. Ab 1978 entstand jedoch ein Defizit, das sich 1980 auf 26 Milliarden DM belief und auf den Märkten der ebenfalls energieimportierenden Länder erwirtschaftet werden mußte. Für die deutsche Wirtschaft kam dabei erschwerend hinzu, daß die Staatshandelsländer ebenso wie die Entwicklungsländer ihre durch die Ölpreisexplosion angewachsenen Auslandsschulden konsolidieren mußten.

Dennoch konnte 1982 die deutsche Volkswirtschaft wieder einen Handelsbilanzüberschuß in Höhe von sieben Milliarden DM erzielen. Die übrigen großen Industrieländer, insbesondere Japan und die USA, erlitten dagegen im Handel mit der OPEC noch erhebliche Defizite.

Die Gründe für dieses günstige Handelsergebnis der Bundesrepublik gegenüber der OPEC sind insbesondere in den deutlichen Spezialisierungsvorteilen der Exportstruktur im Vergleich zu fast allen anderen Konkurrenten zu sehen.

Auswirkungen des Verfalls der Ölpreise im Jahre 1986

Von 1982 an sanken weltweit die Rohölpreise wieder leicht; in den Jahren 1983 bis 1985 mußten zwischen 34 Dollar pro Barrel und 28 Dollar pro Barrel bezahlt werden. 1986 kam es wegen des hohen Überangebots auf den Weltölmärkten und den sich dadurch verschärfenden Problemen innerhalb der OPEC zum Verfall der Ölpreise. Ihre Wirkung wurde für die Bundesrepublik durch die gleichzeitige Dollarabwertung verstärkt. Die gesamtwirtschaftlichen Auswirkungen für die Industrieländer waren überwiegend positiv, wenngleich manche Erwartungen zu hoch waren. So stellten sich die im Verlauf des Jahres 1986 wegen der gesunkenen Ölpreise nach oben revidierten Wachstumsprognosen im OECD-Bereich als zu optimistisch heraus. Dies gilt auch für die Bundesrepublik Deutschland, deren BSP-Wachstum mit 2,4 Prozent sogar etwas hinter den ursprünglichen Annahmen von 3 Prozent zurückblieb. Aufgrund der Ölpreissenkung hatten manche Beobachter - nicht dagegen die Bundesregierung - sogar ihre Erwartungen auf 3,5 bis 4 Prozent nach oben revidiert. Die Gründe für diese Entwicklung müssen darin gesehen werden, daß zwar die gesunkenen Öl- und Gaspreise die Binnennachfrage erheblich angekurbelt haben. So stieg zum Beispiel der private Verbrauch um 4,2 Prozent. Dieser positive konjunkturelle Effekt wurde aber von einem erheblichen Nachlassen der - auch von der OPEC beeinflußten - Auslandsnachfrage begleitet, wobei hier der steigende Außenwert der DM zusätzlich wirkte. Der Rückgang der Exporte war unerwartet stark und die Investitionstätigkeit, insbesondere im zweiten Halbjahr, deshalb erheblich gebremst. Der Anteil der Investitionsgüter am Export der Bundesrepublik beträgt 60 Prozent, so daß die deutsche Wirtschaft von einer schwachen weltweiten Investitionsgüterkonjunktur wie 1986 besonders getroffen wird. Diese negativen Faktoren schlagen in einer Volkswirtschaft, die so stark in die weltwirtschaftliche Arbeitsteilung eingebettet ist wie die der Bundesrepublik Deutschland, erheblich zu Buche.

Die Ersparnis bei den Aufwendungen für Ölimporte wird insgesamt netto auf 36 Milliarden DM für das Jahr 1986 geschätzt. Dies entspricht rund 2 Prozent des Bruttosozialproduktes oder rund 6 Prozent der gesamten Einfuhren von Waren und Dienstleistungen. Von diesen 36 Milliarden DM entfallen ca. 26 Milliarden DM auf die eigentliche Ölpreissenkung in Dollar und ca. 10 Milliarden DM auf die Änderung der Wechselkursrelationen. Unter Einschluß der Gaspreissenkungen fällt der Ersparniseffekt noch höher aus.

Der Einfluß der gesunkenen Ölpreise wurde bei der Inflationsrate besonders deutlich spürbar. Während die Lebenshaltungskosten 1985 noch um 2,2 Prozent im Jahresdurchschnitt anstiegen, waren sie 1986 sogar um 0,2 Prozent geringer als im Jahr zuvor.

Energiepolitische Strategien

Heute können wir feststellen, daß die Bundesrepublik Deutschland seit 1973 die Energieprobleme bewältigt hat. Im Vergleich zu anderen Industrieländern haben wir eine gute Bilanz aufzuweisen. Die seit der ersten Ölpreiskrise entwickelten und auch international vereinbarten Grundsätze der Energiepolitik haben sich als tragfähig und richtig erwiesen. Sie sind von der Bundesregierung im einzelnen zuletzt im Energiebericht vom September 1986 zusammenfassend dargestellt und bewertet worden. Rationelle und sparsame Energieverwendung im Interesse von Ressourcen- sowie Umweltschonung und Versorgungssicherheit, Diversifizierung der Energieversorgung und Nutzung aller verfügbaren, auch der heimischen Energieträger, Energieforschung und verstärkte Berücksichtigung des Umweltschutzes sind die Schwerpunkte.

Wichtig ist dabei vor allem, daß die Energiepolitik – wie die allgemeine Wirtschaftspolitik – darauf abzielt, den Primat von Markt und Preisen durchzusetzen und Markthindernisse soweit wie möglich zu beseitigen. Diese Politik war gerade in den Energiepreiskrisen der 70er Jahre nicht einfach und bei den damals hohen Preissteigerungen keineswegs populär. Die durch hohe Energiepreise ausgelösten Anpassungen wurden mit marktkonformen Mitteln ermöglicht und diese Prozesse politisch akzeptiert. Die Bundesregierung hat damals allen politischen Vorschlägen widerstanden, sich von den Weltmärkten abzukoppeln oder gar die Energieverbraucherpreise zu subventionieren.

Flankierende staatliche Maßnahmen sind dort ergriffen worden, wo die Steuerung durch die Marktkraft unzureichend und eine Beschleunigung der Strukturänderung notwendig war. In der »Neuen Zürcher Zeitung« (31. 10. 1985) ist diese Politik so beschrieben und bewertet worden: »Im Grunde genommen läßt sich gerade diese große gesamtwirtschaftliche Verwerfung des letzten Jahrzehnts als geglücktes Zusammenspiel von staatlicher Intervention und marktwirtschaftlicher Anpassung erklären. Daß die Energiekrise heute in der Bundesrepublik kaum mehr ein Thema ist, dürfte der weitgehend »systemkonformen« Energiepolitik zuzuschreiben sein.«

Eine derartige Politik bietet auch gute Voraussetzungen für eine umweltverträgliche Energieverwendung. Das Verursacherprinzip kann nur bei einer möglichst freien Ausrichtung der Energienachfrage an Märkten und Preisen gut funktionieren, wenn umweltfreundliche Energieträger und Verfahren ihren Vorteil voll ausspielen können.

Internationale Energiepolitik

Die Erfahrungen seit 1973/74 haben gezeigt, wie sehr die Energiepolitik im internationalen Spannungsfeld steht. Gerade in den Energiepreiskrisen war die Versuchung zu nationalen Alleingängen stark. Dies hat die Notwendigkeit einer international abgestimmten Politik unterstrichen. Als großer Ölverbraucher und wirtschaftlich weltweit verflochtenes Land hat die Bundesrepublik Deutschland besonderes Interesse, aber auch Verantwortung, den internationalen Abstimmungsprozeß zu fördern. Die Bundesregierung hat sich auch deshalb an der internationalen Zusammenarbeit in der Internationalen Energieagentur (IEA) und den Europäischen Gemeinschaften (EG) aktiv beteiligt.

Zusammenarbeit in der Internationalen Energie-Agentur (IEA)

Auf die Herausforderung der ersten Ölpreiskrise haben die wichtigsten westlichen Industrieländer mit der Unterzeichnung des Internationalen Energieprogramms und der Gründung der Internationalen Energie-Agentur (IEA) in Paris im November 1974 reagiert. Im Kernpunkt der Zielsetzungen stehen

- die Krisenvorsorge für aktuelle Notstände in der Mineralölversorgung,
- die Schaffung eines Informationssystems für die Regierungen der Mitgliedstaaten über die Entwicklung des Mineralölmarktes.

Darüber hinaus ist im Internationalen Energieprogramm eine »langfristige Zusammenarbeit« vereinbart, die sich insbesondere auf die Entwicklung von nationalen und gemeinsamen Programmen zur Verringerung der Ölabhängigkeit durch rationelle Energieverwendung, Entwicklung alternativer Energiequellen und Verstärkung der Forschung und Entwicklung erstrecken sollte. Die Mitgliedstaaten haben diese Ziele inzwischen durch eine Reihe von energiepolitischen Leitlinien konkretisiert und ihre nationalen Energiepolitiken hieran ausgerichtet. Zur Erfolgskontrolle und Gewährleistung, daß die abgesprochenen Prinzipien auch eingehalten werden, erfolgen jährliche Überprüfungen der nationalen Energiepolitiken durch die IEA.

Die Rückschau belegt, daß die vereinbarten Ziele insgesamt nicht nur erreicht, sondern zum Teil weit übertroffen worden sind.

So ist der Ölverbrauch der OECD-Länder, auf die rund 70 Prozent der Weltölnachfrage entfällt, von 1973 bis 1984 um 15 Prozent zurückgegangen. Obwohl das reale Bruttoinlandsprodukt (BIP) in den OECD-Ländern in dieser Zeit um 28,4 Prozent angestiegen ist, hat der Primärenergieverbrauch (PEV) im gleichen Zeitraum nur um 4,4 Prozent zugenommen. Insgesamt hat diese Entwicklung dazu geführt, daß der Ölanteil am Primärenergieverbrauch von 55,6 Prozent im Jahr 1973 auf 42,4 Prozent im Jahr 1984 gesenkt werden konnte.

Die heutige entspannte Versorgungssituation auf dem Energiesektor ist ein Erfolg dieser international abgestimmten Energiepolitiken. Der Weg hierzu war freilich schwierig.

Es ist ein Erfolg auch der deutschen Bemühungen, daß sich international die Überzeugung gefestigt hat, daß freie Energiemärkte und freie Energiepreise unverzichtbare Rahmenbedingungen für eine effiziente flexible Energiestruktur, Energieeinsparung und Aufschluß eigener Vorkommen ist. Die Bundesregierung hat diese Haltung in der politisch schwierigen Phase der sprunghaften Ölpreissteigerungen beibehalten. Sie gilt aber auch in der derzeitigen Phase temporärer Energiepreissenkungen.

Energiepolitik in den Europäischen Gemeinschaften

Was für die westlichen Industrieländer insgesamt gilt, hat natürlich auch für die EG Geltung. Die Gemeinschaft hat ein - in der Öffentlichkeit häufig unterschätztes - energiepolitisches Instrumentarium entwickelt, das weit über Euratom- und Montanvertrag hinausgeht. Hierzu gehört vor allem die Vereinbarung einer gemeinsamen energiepolitischen Grundstrategie mit dem Ziel der Erhöhung der Versorgungssicherheit. Sie kommt in der Vereinbarung gemeinsamer energiepolitischer Ziele, zuletzt die »Ziele 1995«, zum Ausdruck. Die Koordinierung und, wo immer möglich, Harmonisierung der Energiepolitiken der Mitgliedstaaten bleibt auch auf absehbare Zeit die wichtigste Aufgabe in der Energiepolitik. Dabei kommt es weniger auf gleiche Maßnahmen in allen Partnerländern als vielmehr auf gleichgewichtige Anstrengungen an. Sie müssen im Rahmen der gemeinschaftlich vereinbarten energiepolitischen Ziele stehen und dort, wo energiepolitisch sinnvoll und möglich, durch gemeinschaftliche Maßnahmen ergänzt werden. Es ist eine wichtige Rolle der EG-Kommission, regelmäßig notwendige Maßnahmen aufzuzeigen.

Andere Instrumente sind ein umfassendes statistisches Öltransparenzsystem, Leitlinien zur Preis- und Einsparpolitik sowie zur Entwicklung der neuen und erneuerbaren Energien. Eine gemeinsame Energieforschungspolitik und energiepolitische Finanzierungsaktivitäten im Rahmen der Europäischen Investitionsbank (EIB), der Europäischen Gemeinschaft für Kohle und Stahl (Montanunion) und Euratom leisten einen wesentlichen Beitrag zur Verbesserung der Versorgungsstruktur in der Gemeinschaft.

Zu erwähnen sind vor allem die Förderprogramme für Demonstrationsprojekte im Bereich der Energieeinsparung und alternativen Energien sowie für Kohlewasserstoff-Technologien. In den Jahren 1986 bis 1989 steht hierfür ein Betrag von 500 Millionen ECU zur Verfügung. Insgesamt wurden allein im Jahre 1985 für den Bereich Energiewirtschaft fast 1 Milliarde ECU an Haushaltsmitteln und 2,5 Milliarden ECU an Kreditmitteln durch die EG aufgebracht.

Natürlich gibt es trotz aller Gemeinsamkeiten weiterhin voneinander abweichende nationale Strukturen und Interessen. Viele Mitgliedstaaten betrachten ihre eigenen Energiereserven wie Öl und Gas als nationales Gut; andere vertrauen in ihrer Politik auf die Rolle von staatlichen Unternehmen. In der Kernenergie gibt es Länder wie Frankreich und Belgien, die über 60 Prozent ihres Stroms auf der Basis von Kernenergie erzeugen, während Dänemark auf den Bau von Kernkraftwerken verzichtet.

Unterschiedlich wird auch der Steinkohlebergbau in der EG betrachtet. Die Kohleförderung wird in der Gemeinschaft auch in Zukunft nur mit erheblichen staatlichen Subventionen zu erhalten sein. Wie in anderen Wirtschaftsbereichen drängt die Gemeinschaft auch hier auf eine Begrenzung der Subventionen. Die frühere gemeinschaftliche Unterstützung des Austauschs von Kokskohle und Koks in der Gemeinschaft ist Ende 1986 ausgelaufen. Die Mehrheit der Mitgliedstaaten war im Hinblick auf die Lage am Weltkohlemarkt nicht mehr bereit, sich an dieser Finanzierung vor allem deutscher Lieferungen an die europäische Stahlindustrie zu beteiligen. In den Verhandlungen über die neue Regelung der Gemeinschaft für nationale Beihilfen an den Steinkohlenbergbau war es auch nur dem nachhaltigen Einsatz der Bundesregierung zu verdanken, daß der besondere Sicherheitsbeitrag der Gemeinschaftskohle für die Energieversorgung erneut in der neuen Entscheidung verankert werden konnte.

Beziehungen zu den Erzeugerländern/Nord-Süd-Dialog

Eine isolierte nationale Energiepolitik ist heute praktisch für kein Land möglich. Dies gilt besonders für die in hohem Maße in die Weltwirtschaft verflochtene Bundesrepublik Deutschland. Daher tragen Energieverbraucher- und -produzentenländer gemeinsam die Verantwortung für die Weltenergieversorgung. Seit den 70er Jahren hat sich eine pragmatische Zusammenarbeit - auch auf multilateraler, aber vor allem auf bilateraler Basis - entwickelt. In den Jahren 1976/77 wurde die Konferenz für Internationale wirtschaftliche Zusammenarbeit (KIWZ) zum Mittelpunkt der multilateralen Bemühungen bei der Bewältigung von Problemen, die infolge der Ölpreiskrise entstanden waren. Wenn es auch zum Thema Energie zu keiner Einigung kam, brachte die Konferenz den Entwicklungsländern wichtige Ergebnisse: die Errichtung eines gemeinsamen Rohstoffonds, die Bereitschaft der Industrieländer zur Erhöhung ihrer öffentlichen Entwicklungshilfeleistungen und ein Sonderaktionsprogramm für die ärmsten Entwicklungsländer mit einem Volumen von 1 Milliarde US-Dollar.

In der Folgezeit ist der Dialog zwischen Verbraucher- und Produzentenländern auf verschiedenen Ebenen, vor allem in den Vereinten Nationen, aber auch in der EG im Rahmen des europäisch-arabischen Dialogs fortgesetzt worden. Auch die mexikanische Initiative für die Konferenz von Cancun ist hier zu erwähnen. Diese ständigen Kontakte haben dazu beigetragen, das Klima zu verbessern und ein Maß an Vertrauen zu schaffen, das den Eintritt einer weiteren Ölpreiskrise unwahrscheinlicher macht.

Seit den 70er Jahren hielten sich aber in diesem Zusammenhang bis heute auch Forderungen nach zwischen- und überstaatlichen Vereinbarungen bis hin zu langfristigen bindenden Übereinkommen über Ölpreise und Mengen. Hiermit verbunden ist die Vorstellung, durch Marktregulierung eine größere Stabilität und bessere Vorhersehbarkeit der energiewirtschaftlichen Entwicklung zu erreichen. Auf administrativem Wege sollte der »Knappheitspreis« für Öl festgelegt werden, um einen reibungslosen Übergang in das Nach-Öl-Zeitalter zu sichern. Zu erinnern ist hier besonders an den Vorschlag des früheren Botschafters der USA in Saudi-Arabien, J.-E. Akins, der ein solches Abkommen in den Grundzügen entwickelt und seine Notwendigkeit zu begründen versucht hat. Wir können uns heute glücklich schätzen, daß solche Überlegungen nicht umgesetzt worden sind. Sie hätten eine völlige Umgestaltung der internationalen energiewirtschaftlichen Beziehungen mit einer Konzentration der Entscheidungen über Preis- und Mengenentwicklungen bei Regierungen auch der Industriestaaten zur Folge gehabt. Diese wären damit auch unmittelbar in die politische Verantwortung für Ölpreise und -mengen einbezogen worden. Dadurch wäre der Energiebereich noch wesentlich stärker und unmittelbarer politischen Einflüssen unterworfen worden, als dies ohnehin der Fall war. Zu fragen ist auch, welcher Ölpreis in derartigen Abkommen aufgrund der damaligen Prognosen wohl festgeschrieben worden wäre. Er läge mit Sicherheit erheblich über dem heutigen Niveau, das damals niemand vorausgesehen hat. Schon diese Disparität hätte in den Folgejahren dazu geführt, daß derartige Ölabkommen - wie auch die Geschichte der OPEC in den letzten Jahren gezeigt hat - unter dem Marktdruck zusammengebrochen wären.

Notwendig ist nach wie vor, das intensive Gespräch mit den Förderländern auf allen Ebenen fortzusetzen. Angesichts der engen Beziehungen einzelner Verbraucherländer zu bestimmten Förderländern spielt die bilaterale Behandlung energiepolitischer Fragen eine entscheidende Rolle. Auch ist das Interesse der Produzentenländer an einer störungsfreien Versorgung der Industrieländer durch vielfältige wirtschaftliche Bindungen gewachsen. Die Verstärkung des Handelsaustauschs, Beteiligungen der Förderländer an Unternehmen in den Industrieländern (vor allem auch in der Bundesrepublik), jointventures in der Dritten Welt und andere Vermögensinteressen in den Verbraucherländern haben zu einem Geflecht von Beziehungen geführt, die nicht ohne Not gefährdet werden sollten.

Die Erfahrungen der beiden Ölpreiskrisen sind auch bei den Erzeugern nicht ohne Konsequenzen geblieben; sie haben die Einsicht gestärkt, daß eine weltwirtschaftliche Entwicklung ohne tiefe Einbrüche im beiderseitigen Interesse liegt.

Strukturwandel in der Energieversorgung

Die *Struktur der Energieversorgung* war auch in der Bundesrepublik Deutschland zu Anfang der 70er Jahre in hohem Maße vom Energieträger Mineralöl beherrscht. Der Ölanteil am Primärenergieverbrauch betrug 1973 55 Prozent. Der Anteil der Steinkohle war gleichzeitig auf 22 Prozent zurückgefallen. Braunkohle trug knapp 9 Prozent zum

Energieverbrauch bei. Erdgas mit 10 Prozent und die Kernenergie mit 1 Prozent hatten noch vergleichsweise geringe Bedeutung.

Die Dominanz des Mineralöls beruhte nicht allein auf dem Erfolg im Wettbewerb mit anderen Energieträgern. Besondere Bedeutung hat auch die Entwicklung im Verkehrssektor. Die wachsende Motorisierung sowie die strukturellen Verschiebungen zwischen den Verkehrsträgern haben die Nachfrage nach den verschiedenen Kraftstoffen auf Ölbasis stark ansteigen lassen. Hinzu kommen die Nachfrageeffekte durch die Expansion der petrochemischen Industrie.

Seit den 70er Jahren hat sich die Versorgungsstruktur durchgreifend verändert: rationelle Energieverwendung sowie die starke Diversifizierung der Energieträger sind die wesentlichen Ursachen. Heute wird praktisch mit der gleichen Energiemenge wie 1973 eine um ein Viertel höhere Wirtschaftsleistung erbracht. Der Ölanteil am Primärenergieverbrauch ist auf gut 40 Prozent zurückgegangen. Gleichzeitig wurde ein funktionsfähiges nationales und internationales Krisensystem aufgebaut. Sein Kern sind Ölvorräte, die sich bei uns heute auf 105 Tage Vollversorgung belaufen.

Energieeinsparung und rationelle Energieverwendung erfolgreich

Die bisher in der Bundesrepublik erzielten Einsparerfolge sind weit größer, als zu Beginn der Ölkrise und noch Anfang der 80er Jahre erwartet worden war. Auch hierbei hat die Energiepolitik in erster Linie auf die Funktionsfähigkeit des Preismechanismus gesetzt, ihn aber zugleich dort, wo nötig, durch staatliche Maßnahmen ergänzt. Der spezifische Energieverbrauch je 1000 DM realem Bruttosozialprodukt ist von 1973 bis 1986 um etwa 20 Prozent zurückgegangen. Die inzwischen bei der rationellen Energieverwendung erzielten Fortschritte lassen sich in allen Verbrauchsbereichen mit Zahlen eindeutig belegen:

- So lag der Energieverbrauch für Raumheizung im Jahre 1985 fast auf gleicher Höhe wie 1973. Gleichzeitig hat jedoch die Zahl der Wohnungen stark zugenommen. Auch die durchschnittliche Wohnfläche ist gestiegen.

  Ganz wesentlich waren Änderungen der Heizgewohnheiten und

energiesparende Investitionen wie Anpassung und Ersatz veralteter Heizungen, Einbau von Regelungseinrichtungen, Wärmedämmung und Mehrfachverglasung.
Die Bundesregierung hat die Bemühungen der Verbraucher durch ein Bündel von Maßnahmen unterstützt. Sie tut dies auch weiterhin. Das von ihr finanzierte umfangreiche Beratungsprogramm für Verbraucher, die steuerliche Förderung heizenergiesparender Maßnahmen (zum Beispiel moderne Heizungs- und Warmwasseranlagen, regenerative Energien) und die Energieeinsparverordnungen sind konkrete Beispiele.
Trotz der gesunkenen Ölpreise ist davon auszugehen, daß sich der Rückgang des spezifischen Energieverbrauchs im Heizungssektor mit seinen positiven Auswirkungen auch für die Umwelt fortsetzen wird. Die gesetzlichen Anforderungen an den Wärmeschutz und an die Heizungsanlagen gelten weiter. Verbrauchsmindernd wirkt vor allem der laufende Modernisierungsprozeß der Heizungsanlagen; wegen der Altersstruktur der Heizungsanlagen gibt es hier noch ein erhebliches Einsparpotential.

- Im *Kfz-Bereich* ist der spezifische Verbrauch von Neuwagen seit 1978 um fast ein Viertel reduziert worden. Die von der Automobilindustrie 1979 gegebene Zusage, den spezifischen Verbrauch um fast 15 Prozent zu senken, wurde weit übertroffen. Die derzeitige Modellpalette sowie die Planung der Wirtschaft beweisen, daß dieser Prozeß weitergeht. Den größten Effekt wird auch hier der laufende Ersatz alter, weniger sparsamer durch neue sparsamere Automobile haben. Allerdings sind gleichzeitig gegenläufige Entwicklungen, vor allem der Trend zu höheren Hubraumklassen, zu beobachten.
- In der *Industrie* lag der Endenergieverbrauch 1986 um etwa 20 Prozent niedriger als 1973. Der spezifische Energieverbrauch (d.h. pro Einheit Bruttowertschöpfung) ist in diesem Zeitraum sogar um fast ein Drittel zurückgegangen. Dabei muß berücksichtigt werden, daß die deutsche Industrie im internationalen Vergleich schon zur Zeit der ersten Ölkrise einen relativ günstigen spezifischen Energieverbrauch auswies.

  Die Industrie hat den Anpassungsprozeß ohne administrative Eingriffe bewältigt. Die Bundesregierung ist von Anfang an davon ausgegangen, daß die Industrie unter dem Druck der Energie-

preise und des Wettbewerbs im eigenen Interesse die notwendigen organisatorischen und investiven Möglichkeiten zur Senkung der Energiekosten nutzt. Bund und Länder haben die Einsparbemühungen der Industrie durch gezielte flankierende Maßnahmen, insbesondere durch Förderung von Forschung und Entwicklung, Markteinführung und Anwendung energiesparender Technologien unterstützt und beschleunigt.
Die jüngste Entwicklung des spezifischen Energieverbrauchs zeigt, daß sich der Trend eines rationellen Energieeinsatzes auch in der Industrie fortsetzt. Zwar ist unverkennbar, daß aufgrund längerer Kapitalrückflußzeiten bestimmte Einsparinvestitionen rückläufig sind. Auch heute wird jedoch bei Ersatz- und Erweiterungs-, Umstrukturierungs- oder Umweltschutzinvestitionen dem Gesichtspunkt des sparsamen und rationellen Energieeinsatzes Rechnung getragen. Hierzu trägt die allgemeine technologische Entwicklung und Innovation bei.

Wandel in der Versorgungsstruktur

Grundlegend geändert hat sich in den letzten 15 Jahren gleichzeitig die Versorgungsstruktur.

Ölanteil geht zurück

Seit 1973 ist der Ölanteil an der Versorgung von damals 55 Prozent kontinuierlich zurückgegangen und liegt jetzt bei 43 Prozent (1986). Er ist zwar nach dem Verfall der Ölpreise im letzten Jahr - allerdings beeinflußt von Sonderfaktoren wie Lagerhaltung der privaten Verbraucher - wieder leicht angestiegen. Jedoch gehen die vorliegenden Energieprognosen, auch der Mineralölwirtschaft, von einem weiteren Rückgang des Ölverbrauchs bei praktisch kaum steigendem Primärenergieverbrauch in den kommenden Jahren aus. So geht zum Beispiel eine kürzlich vorgelegte Prognose der Shell in einem Szenario »Strukturwandel« bei weitgehend unveränderter Politik von einem Ölanteil von ca. 37 Prozent im Jahre 1995 und 35 Prozent im Jahre 2005 aus.

Unter dem Aspekt der Versorgungssicherheit ist wichtig, daß auch die Versorgung aus krisenanfälligen Lieferquellen entscheidend abgebaut werden konnte. Vor allem der Anteil des Öls aus den Golf-Staaten ist auf ca. 10 Prozent, der des OPEC-Öls auf 56 Prozent (1973 noch 96 Prozent) zurückgegangen. Etwa ein Drittel des Öls stammt heute aus der Nordsee.

Stabilisierung von Braunkohle und Steinkohle

Die heimischen Energieträger Braunkohle und Steinkohle haben seit 1973 ihren Anteil am Primärenergieverbrauch mit zusammen etwa 30% gehalten. Diese Zahlen verdecken aber, daß vor allem der Einsatz der im Verhältnis zu konkurrierenden Energieträgern teureren deutschen Steinkohle sehr viel stärker auf den Bereich Elektrizitätserzeugung konzentriert wurde. Der hier von 32 Millionen Tonnen SKE (1973) auf heute 40 Millionen Tonnen gesteigerte Einsatz deutscher Steinkohle hat rückläufigen Absatz in anderen Bereichen (z. B. Stahlindustrie, Haushalte) ersetzt.

Steigende Anteile von Gas und Kernenergie

Deutlich gestiegen sind seit 1973 die Anteile von Erdgas und Kernenergie am Primärenergieverbrauch. Erdgas konnte seinen Anteil von 10 Prozent (1973) auf ca. 15 Prozent erhöhen und Kernenergie von 1 Prozent (1973) auf 10 Prozent. Die Versorgung beim Erdgas stützt sich auf die heimische Erzeugung (ca. 30 Prozent), westeuropäische Quellen (Norwegen, Niederlande, Dänemark, insgesamt 45 Prozent) sowie die Lieferungen aus der Sowjetunion zu etwa 25 Prozent. Die Lieferungen für den deutschen Markt sind durch langfristige Importverträge bis über das Jahr 2000 hinaus zu wettbewerbsfähigen Preisen gesichert.

Der Anteil der *erneuerbaren Energien* blieb mit ca. 3 Prozent in etwa unverändert. Er wird trotz der intensiven und nachhaltigen Förderung auch in Zukunft nach wissenschaftlichen Vorausschätzungen nur einen Anteil von etwa 4–7 Prozent am Primärenergieverbrauch bis 2000 erreichen können.

Energie und Umwelt

Die Dynamik des marktwirtschaftlichen System mit seiner Innovationskraft und Leistungsfähigkeit hat auch bei der umweltfreundlicheren Nutzung von Energie große Fortschritte ermöglicht. Zu den bedeutendsten Umbrüchen der letzten eineinhalb Jahrzehnte rechne ich auch die zunehmende Durchsetzung umweltschonender Produktions- und Verbrauchsstrukturen in unserer Volkswirtschaft. Dieser Strukturwandel hat sich, gestützt auf veränderte Marktbedingungen, wachsendes Umweltbewußtsein und strengere gesetzliche Anforderungen stetig vollzogen.

Umweltschonende Formen der Energieerzeugung und des Energieverbrauchs haben in den letzten Jahren zur Entlastung der Umwelt in einem Umfang beigetragen, der sich besonders deutlich durch einen Vergleich der Emissionen pro Einheit verbrauchter Primärenergie belegen läßt: So ist z. B. der SO_2-Ausstoß von 1970 bis 1984 von 10,7 auf 6,9 kg pro Tonne SKE zurückgegangen; für Staub betrug der Rückgang mehr als 50 Prozent (von 3,9 auf 1,7 kg/t SKE). Dagegen hat - im wesentlichen wegen der Zunahme des Straßenverkehrs - der NO_x-Ausstoß von 7,1 kg/t SKE auf 8,0 kg/t SKE zugenommen.

In der Vergangenheit hat vor allem der Strukturwandel zugunsten der emissionsarmen Energieträger Kernenergie und Gas die Rückgänge der spezifischen Emissionswerte bewirkt. Ein Rückgang der Gesamtemissionen ist aber auch durch die Erfolge der Energiepolitik bei der sparsamen und rationellen Energienutzung sowie - besonders in den letzten Jahren - durch eine drastische Verschärfung der Umweltanforderungen erreicht worden.

Diese Entwicklung beweist, daß - wie es im Energiebericht der Bundesregierung vom September 1986 heißt - »die Bereitstellung von Energie und der Schutz der Umwelt miteinander vereinbart werden können«. Auch in Zukunft werden die mit Energieerzeugung und -umwandlung verbundenen Umweltbelastungen weiter zurückgehen. So ist vor allem durch die Umsetzung der in den letzten Jahren getroffenen Umweltmaßnahmen (Großfeuerungsanlagen-VO, TA-Luft, Maßnahmen auf dem Automobilsektor) mit einem starken Absinken der Emissionen bei SO_2, NO_x und Staub zu rechnen. Die Bundesregierung erwartet bis 1995 bei SO_2 einen Rückgang der Emissionen aus stationären Quellen um weitere 60 Prozent gegenüber 1984, bei Staub um 45 Prozent und bei NO_x ebenfalls um rund 60 Prozent.

Die Elektrizitätswirtschaft hat sich den im Laufe der letzten Jahre drastisch gestiegenen Umweltanforderungen erfolgreich gestellt. Bis zum Jahr 1993 werden sich die Investitionen in Entschwefelungs- und Entstickungsanlagen für fossil gefeuerte Kraftwerke auf 28 Milliarden DM belaufen. Die Kosten schlagen sich in den Strompreisen nieder. Dies zeigt, daß Umweltschutz nicht zum Nulltarif zu haben ist.

Emissionen machen an den Grenzen nicht Halt. Ein bedeutender Teil der in der Bundesrepublik niedergehenden Luftschadstoffe kommt aus dem Ausland. Eine internationale Abstimmung der Umweltschutzstandards ist daher unerläßlich. Nicht nur aus Umweltgründen, sondern auch wegen der Integration der deutschen Volkswirtschaft in die Weltwirtschaft müssen wir darauf achten, daß durch strengere Umweltauflagen bei uns der deutschen Wirtschaft keine unerträglichen Wettbewerbsnachteile entstehen. Es ist immer noch sehr schwierig, unsere Nachbarländer von der Notwendigkeit vergleichbarer Anstrengungen zu überzeugen.

Aus umwelt- und wirtschaftspolitischen Gründen bieten im Umweltschutz internationale Regelungen die beste Gewähr für optimalen Umweltschutz und Wettbewerbsgerechtigkeit. Hier liegt eine große Aufgabe und Herausforderung gerade für die Europäische Gemeinschaft. Sie muß zeigen, daß marktwirtschaftliche Dynamik und hohes Umweltschutzniveau nicht sich ausschließende, sondern ergänzende Zielsetzungen sind und die besten Voraussetzungen für künftige Herausforderungen bieten.

Anpassungsprozesse in der Energiewirtschaft

Die Veränderungen auf den Energiemärkten haben vor allem in der Mineralölwirtschaft und im deutschen Steinkohlebergbau einen durchgreifenden Strukturwandel ausgelöst. In der Elektrizitätswirtschaft hat sich die Struktur der eingesetzten Energieträger grundlegend verändert.

Mineralölwirtschaft

Die seit dem Zweiten Weltkrieg andauernde, lange expansive Phase der deutschen *Mineralölwirtschaft* und der Ausbau leistungsfähiger und marktgerechter Kapazitäten auf allen Ebenen - Herstellung, Vertrieb, Import, Handel - wurde durch die Ölpreiskrisen der 70er Jahre beendet.

Vor allem seit dem Beginn der 80er Jahre mußte sich die deutsche Mineralölwirtschaft auf drastisch veränderte langfristige Rahmenbedingungen einstellen:

Damit meine ich:

- Schrumpfung des Mineralölverbrauchs nach der zweiten Ölpreiskrise (1979: von 133 Mio t auf 109 Mio t im Jahre 1986). Dieser Trend wird sich nach den Prognosen längerfristig fortsetzen; Mineralöl wird jedoch auf absehbare Zeit weiterhin der wichtigste Energieträger bleiben;
- Weitere Strukturveränderung der Nachfragezusammensetzung in Richtung sogenannter leichter Produkte und zu Lasten schwerer und mittlerer Produkte;
- Scharfen Wettbewerb durch ein reichlich vorhandenes Mineralölproduktenangebot, einen nach wie vor bestehenden erheblichen Kapazitätsüberhang der Rohölverarbeitung (1985 weltweit noch ca. 25 Prozent) und zunehmendes Angebot aus OPEC-Exportraffinerien.

Die Anpassung der Mineralölwirtschaft an die veränderten Rahmendaten war mit erheblichen finanziellen Belastungen der Unternehmen verbunden, wurde jedoch aus eigener Kraft durchgeführt.

Vor allem konnte die inländische Mineralölverarbeitung konsolidiert werden. Die Rohölverarbeitungskapazitäten wurden um ca. 50 Prozent seit 1978 von rd. 160 Millionen Tonnen auf heute 81 Millionen Tonnen vermindert. Die gegenwärtig bestehenden Raffinerieanlagen sind regional in der Bundesrepublik Deutschland entsprechend den Verbrauchsschwerpunkten verteilt, durchweg technisch modern und leistungsfähig.

Gleichzeitig wurde die Angebotsflexibilität der inländischen Mineralölverarbeitung erhöht. Durch Ausbau der Nachverarbeitungsanlagen (in Relation zur Rohölverarbeitungskapazität 1979 18 Prozent, 1987 38 Prozent) kann sich die Mineralölindustrie inzwischen leichter an Strukturveränderungen der Nachfrage anpassen als früher.

Kapazitätsanpassungen und Umstrukturierungen sowie Kostenreduzierungen und Rationalisierungen auf allen Ebenen haben dazu beigetragen, daß die deutsche Mineralölwirtschaft in Verarbeitung und Vertrieb nach einer langjährigen Verlustphase 1986 erstmals wieder mit Gewinn arbeiten konnte. Auch wenn in Zukunft weitere Kapazitätsanpassungen nicht ausgeschlossen werden können, so ist dennoch aus heutiger Sicht davon auszugehen, daß die inländische Verarbeitung ein solider Kern für die Versorgung der inländischen Mineralölmärkte bleiben wird.

Der mit dem Abbau der inländischen Verarbeitungskapazitäten einhergehende Anstieg des Anteils der Produktimporte an der Inlandsversorgung (1986 ca. 45 Prozent) erscheint energiepolitisch akzeptabel. Hierbei muß auch berücksichtigt werden, daß zwei Drittel dieser Mineralölproduktimporte aus benachbarten EG-Ländern stammen.

Die Turbulenzen auf den Mineralölmärkten haben auch zu einer Verringerung der Zahl der unabhängigen Importeure und Händler geführt. Die Wettbewerbsstruktur auf dem nationalen Markt hat sich jedoch nicht grundsätzlich verändert. Die Anbietervielfalt und der dadurch bewirkte intensive Wettbewerb sind auch künftig ein wesentliches Element der sicheren und preisgünstigen Versorgung des deutschen Mineralölmarktes.

Aufgabe der Energiepolitik im Mineralölbereich bleibt es, weiterhin für die Sicherung fairer Wettbewerbschancen der deutschen Raffinerien gegenüber ihren ausländischen Konkurrenten zu sorgen. Erforderlich ist, daß protektonistische Maßnahmen und Marktabschottungen auf den internationalen Mineralölmärkten vermieden werden, damit der Angebotsdruck von Mineralölprodukten aus OPEC-Exportraffinerien sich nicht einseitig zu Lasten der europäischen und insbesondere der deutschen Mineralölwirtschaft auswirkt. Im europäischen Rahmen müssen Wettbewerbsverzerrungen, zum Beispiel durch unterschiedliche Umweltschutzauflagen bei den Raffinerien in den einzelnen Mitgliedsländern oder durch abweichende Produktstandards, beseitigt werden. Zwar wächst die Einsicht unserer Nachbarländer in die Notwendigkeit eines höheren Umweltschutzniveaus leider nur langsam. Wir dürfen aber in unserem Drängen auf Harmonisierung - auch aus Gründen der Angleichung der Wettbewerbsbedingungen - nicht nachlassen.

Steinkohlenbergbau

Für keinen anderen Energieträger gab es seit dem Zweiten Weltkrieg einen ähnlich durchgreifenden Anpassungsprozeß wie für *die deutsche Steinkohle*, den wichtigsten heimischen Energieträger.

Der Anteil der Steinkohle am Primärenergieverbrauch der Bundesrepublik Deutschland ist auf ca. 20 Prozent im Jahre 1986 zurückgegangen.

Vor allem wegen ihrer ungünstigen geologischen Abbaubedingungen ist die deutsche Steinkohle nicht wettbewerbsfähig, obwohl die Zusammenlegung und Verringerung der Zechen, technischer Fortschritt und hoher Standard deutscher Bergwerkstechnik zu einer erheblichen Rationalisierung geführt haben: 1956 förderte die durchschnittliche Schachtanlage des deutschen Bergbaus rund 2900 Tonnen Kohle täglich; 1986 hat sich dies auf rund 10000 Tonnen erhöht, also mehr als verdreifacht. Die Produktivität der Schichtleistung unter Tage stieg im gleichen Zeitraum von 1,6 auf heute rund 4,4 Tonnen je Mann und Schicht.

Stark steigende Ölpreise und dann auch insgesamt höhere Energiepreise verbesserten die Wettbewerbsfähigkeit der deutschen Steinkohle in den Jahren nach 1973. Im Zusammenhang mit der national und international eingeleiteten Politik des »weg vom Öl«, insbesondere auch der Substitution von Öl durch Kohle im Kraftwerksbereich, wurde sogar für einige Zeit an eine Renaissance der Kohle geglaubt. Diese Hoffnungen haben sich aber nicht erfüllt. Wieder sinkende Ölpreise, eine überaus erfolgreiche Energieeinsparung sowie zunehmende Umweltschutzanforderungen halten die Absatzmöglichkeiten der Kohle im In- und Ausland in Grenzen.

Der deutsche Steinkohlenbergbau muß von der öffentlichen Hand nachhaltig gestützt werden. Hierzu zählen finanzielle Absatzstützungen, zum Beispiel durch den Hüttenvertrag, aber auch Kohleimportbeschränkungen. Hinzu kommt der Verstromungsvertrag zwischen Kohlebergbau und Elektrizitätswirtschaft, der über den Kohlepfennig eine Belastung des Stromverbrauchers mit sich bringt.

Strukturelle Absatzrückgänge in einigen Bereichen, der gegenwärtige Ölpreisverfall und die stark gesunkenen Kohlepreise auf dem Weltmarkt haben den Steinkohlenbergbau in eine schwierige Situation gebracht. Für 1986 ergibt sich ein Subventionsbedarf von über 7 Milliarden DM. Die Bundesregierung hat die Kokskohlenbeihilfe und den Kohlepfenning deutlich angehoben. Sie unterstreicht damit ihre Entschlossenheit, ihre Kohlepolitik im Interesse der Versorgungssicherheit und der Bergbaureviere fortzusetzen.

Hierbei sind aber immer wieder die Notwendigkeiten der Versorgungssicherheit und die Kosten für die Volkswirtschaft gegeneinander abzuwägen und zu optimieren. Dabei kann nicht übersehen werden, daß in Anbetracht der erzielten Fortschritte bei Energieeinsparung und Diversifizierung der Versorgungsstruktur, der weltweit großen Vorräte an kostengünstiger Kohle auch in westlichen Industrieländern, den bestehenden nationalen und internationalen Krisenmechanismen und der entspannten Versorgungslage dem Sicherheitsbeitrag der deutschen Kohle nicht in allen Verbrauchsbereichen mehr der Stellenwert wie zum Beispiel in den 70er Jahren eingeräumt werden kann. Auch der internationale Spielraum für die deutsche Kohlepolitik in EG, IEA und GATT wird zunehmend enger. Dies haben zuletzt vor allem die Verhandlungen in Brüssel über die neue Kohlebeihilfeentscheidung und auch die Länderprüfungen in der IEA gezeigt.

Der deutsche Steinkohlenbergbau selbst muß verstärkte Anstrengungen zur Kostensenkung in allen Revieren unternehmen. Beim Absatz an die Stahlindustrie und im Wärmemarkt kann die Bundesregierung die strukturell sinkende Nachfrage nicht ersetzen. Die stark gestiegenen Haushaltsbelastungen aus der Kokskohlenbeihilfe zwingen dazu, den Abbau der hoch subventionierten Exporte zu beschleunigen, zumal diese Lieferungen kein Beitrag für die Sicherung der deutschen Energieversorgung sind.

Im Jahr 1986 zum Beispiel wurden 750 Millionen DM für ein Exportvolumen von ca. 7 Millionen Tonnen aufgewandt. Aus energie-, fiskal- und handelspolitischen Gründen ist eine solche Politik nicht mehr vertretbar.

Kapazitätsanpassungen im deutschen Steinkohlenbergbau sind deshalb weiterhin unvermeidbar. Die Bundesregierung wird sie aber auch in Zukunft sozial flankieren. Dies wurde in den Koalitionsverhandlungen zu Beginn dieser Legislaturperiode ausdrücklich festgelegt.

Elektrizitätswirtschaft

Die Situation der *Elektrizitätsversorgung* war zu Beginn der 70er Jahre durch einen bereits eingeleiteten Umstrukturierungsprozeß bei den Kraftwerkskapazitäten und eingesetzten Energieträgern gekennzeichnet. Ziel war eine Diversifizierung der bis dahin eindeutig auf die Braun- und vor allem Steinkohle ausgerichteten Brennstoffbasis: Öl, Gas und Kernenergie sollten eine stärkere Rolle in der deutschen Elektrizitätsversorgung übernehmen. Die Folge war ein starker Ausbau der Kraftwerkskapazitäten auf Basis von Öl und Gas. Die ehrgeizigen Pläne zum Ausbau der Kernenergie verzögerten sich. Erst 1980 wurde die 10000 MW-Grenze überschritten.

Folgen der Ölpreiskrisen waren ein Rückgang des Öleinsatzes im Kraftwerksbereich sowie ein wieder verstärkter Einsatz deutscher Steinkohle. Beides wurde von flankierenden Maßnahmen der Energiepolitik begleitet. Über das 3. Verstromungsgesetz von 1975 wurde der Bau von Kohlekraftwerken und der Einsatz von Steinkohle zur Verstromung über den Kohlepfennig kräftig bezuschußt, zugleich der Bau von Öl- und Gaskraftwerken weitgehend untersagt. Die nach der zweiten Ölpreiskrise abgeschlossenen Kohleabsatzregelungen, der 10-Jahresvertrag von 1978 und der ihn zwei Jahre später ablösende »Jahrhundertvertrag« zwischen Bergbau- und Elektrizitätsversorgungsunternehmen erfüllten die Erwartungen hinsichtlich einer Stärkung der Rolle heimischer Energieträger in der Stromerzeugung. Der Verbrauch deutscher Kraftwerkskohle stieg in den folgenden Jahren wieder kontinuierlich an: von 22 Millionen Tonnen SKE 1975 auf jetzt rund 41 Millionen Tonnen SKE. Gleichzeitig ging der Erdgaseinsatz und der Heizöleinsatz in den öffentlichen Kraftwerken stark zurück.

Heute liefern diese Energieträger zusammen nur noch 6,5 Prozent des in öffentlichen Kraftwerken erzeugten Stroms.

Damals, Anfang der 70er Jahre, wie heute stehen die Nutzung der Kernenergie und die Sicherung des Absatzes der deutschen Steinkohle in der Verstromung im Zentrum der energiepolitischen Diskussion. Die einvernehmlich zwischen allen politischen Kräften, aber auch der Elektrizitätswirtschaft und dem Steinkohlenbergbau gefundene Lösung ist unter dem Stichwort »Konsens über Kohle und Kernenergie als Basis der deutschen Stromversorgung« einer der Eckpfeiler der deutschen Energiepolitik: Die zusätzlichen Kosten der Verstromung deutscher Steinkohle sind für ein wettbewerbsfähiges Strompreisniveau nur dann vertretbar, wenn gleichzeitig auch die kostengünstige Kernenergie genutzt werden kann. Dieser Konsens erst ermöglichte 1980 den Abschluß des Jahrhundertvertrages, und auf dieser Basis vollzog sich auch der weitere Ausbau der Kernenergie: Heute stellen 17 Leistungsreaktoren knapp 35 Prozent der Stromerzeugung der öffentlichen Versorgung.

Dieser noch vor wenigen Jahren von allen politischen Parteien und vor allem auch den Ländern getragene Konsens besteht jedoch nicht mehr. Er ist nicht allein durch die Forderungen nach sofortigem oder baldigem Ausstieg aus der Kernenergie durch die Oppositionsparteien in Frage gestellt worden. Gravierender ist, daß einzelne Länder wegen dieser Haltung zur Kernenergie auch länderübergreifende Kernkraftprojekte ablehnen.

Diese Haltung droht umgekehrt nunmehr auch die bisherige Mitwirkung der revierfernen Länder an der gemeinsamen Kohlepolitik zu gefährden. Die anstehenden Verhandlungen über die Anschlußregelung für den bis 1995 geltenden Jahrhundertvertrag und über notwendige Korrekturen der geltenden Regelung werden zeigen, inwieweit dafür noch eine gemeinsame Basis und ein Wille zum Kompromiß vorhanden sind. Für die Bundesregierung gilt hierbei, daß in Zukunft beide Energieträger in der Verstromung eine wichtige Rolle spielen müssen, Kernenergie in der Grundlast, Steinkohle in der Mittellast.

Auf überschaubare Zeit ist die Nutzung der *Kernenergie* nicht verzichtbar, wenn wir wettbewerbsfähige Strompreise und eine gesicherte, emissionsarme Elektrizitätsversorgung aufrechterhalten wollen. Bei Nutzung der Kernenergie gilt unverändert: Sicherheit hat Vorrang vor Wirtschaftlichkeitsüberlegungen. Die Bundesregierung hat den Unfall von Tschernobyl zum Anlaß genommen, die Sicherheit der deutschen Kernkraftwerke erneut zu überprüfen. Wir können auf der Grundlage der heute vorliegenden Erkenntnisse feststellen, daß wegen des hohen Sicherheitsstands unserer Kernkraftwerke und großen konzeptionellen Unterschiede zum Reaktortyp von Tschernobyl kein Anlaß zu Sofortmaßnahmen in deutschen Kernkraftwerken besteht. Auch eine Überprüfung der Betriebssicherheit durch die IAEO im Rahmen ihres Spezialprogramms (OSART) bestätigt die Sicherheit dieser Anlagen.

Gleichwohl wird im Auftrag der Bundesregierung für alle deutschen Kernkraftwerke durch die Reaktorsicherheitskommission geprüft, wie die hypothetische Möglichkeit von Unfällen noch weiter herabgesetzt werden kann, bzw. die Folgen noch weiter verringert werden können. Diese Prüfung läuft; erste Empfehlungen sind von der Kommission inzwischen ausgesprochen worden, etwa im Hinblick auf die kontrollierte Druckentlastung des Sicherheitsbehälters bei Druckwasserreaktoren.

Anpassungsprozesse in der Industrie

Die Energiepreisänderungen haben auch die Industriebranchen außerhalb des Energiebereichs zu Problemen geführt, Strukturwandlungen ausgelöst oder verstärkt. Insgesamt hat sich die Industrie als flexibel erwiesen, die Anpassung ist im wesentlichen ohne ernste Friktionen gelungen. Es ist dabei interessant, die Entwicklungen im einzelnen zu betrachten. Ich beschränke mich hier auf Anmerkungen zu einigen Branchen.

1. In den vergangenen 15 Jahren gab es einschneidende strukturelle Änderungen bei der *Stahlindustrie*, die auch durch die Energiepreisentwicklung beeinflußt waren. Ihr Einfluß ist allerdings nur schwer zu quantifizieren. Eindeutig ist, daß bestimmte Produktionsverfahren wegen des hohen Primärenergieeinsatzes unwirtschaftlich wurden, zum Beispiel das Direktreduktionsverfahren zur Erzeugung von Eisenschwamm. Insgesamt sind die Maßnahmen zur Prozeßoptimierung bestehender Produktionsverfahren sowie die Entwicklung neuer, weniger energieintensiver Verfahren jedoch vor allem durch die weltweite Strukturkrise im Stahlsektor ausgelöst worden. In diesem Zusammenhang ist der Ersatz des Thomas- und des Siemens-Martin-Verfahrens durch die Oxygen-

und Elektrostahlverfahren zu erwähnen; diese Umstellung war 1973 allerdings bereits in vollem Gange.

Wichtig ist, daß der Kostendruck auch der Energiepreise zu entscheidenden Erfolgen bei der rationellen Energienutzung in der Stahlindustrie geführt hat.

Seit Anfang der 80er Jahre ermöglichte es die technologische Entwicklung, als Kuppelprodukt anfallende Abwärme und Gas (zum Beispiel Hochofengas, Konvertergas) zu verwenden. Soweit nicht alle erzeugte Abwärme von den Unternehmen innerbetrieblich genutzt werden konnte, ist in einzelnen Fällen die Nutzung durch Einspeisung in öffentliche Fernwärmenetze ermöglicht worden.

Rationalisierung und technologische Entwicklung werden auch im Stahlbereich den Energieverbrauch weiter reduzieren. So werden beispielsweise in absehbarer Zeit die energieintensiven Wärmeöfen vor einer Warmbreitbandstraße nicht mehr benötigt werden. Weitere Kapazitätsanpassungen werden zu einer weiteren Senkung des Energieverbrauchs dieses Industriebereichs führen.

2. Einschneidende Änderungen, die durch die Energiepreise verursacht wurden, sind im Produktionsprozeß bei den *NE-Metallen* zu beobachten. Vor der ersten Ölpreiskrise wurden NE-Metalle weitgehend im pyrotechnischen Verfahren mit Hilfe von Schachtöfen gewonnen. Die dabei verwendeten Energieträger waren verhältnismäßig preiswert. Auch die Aluminiumhütten konnten aufgrund der günstigen Strompreise der EVU zu international wettbewerbsfähigen Preisen produzieren.

In den Jahren nach dem ersten Ölpreisschock sahen sich insbesondere die Kupfer- und Zinkproduzenten gezwungen, das bisherige Produktionsverfahren durch die Elektrolyse zu ersetzen. Dazu hat auch der erwartete Ausbau der Kernenergie beigetragen, der für die Zukunft einen weiterhin günstigen Strompreis erhoffen ließ, aber auch die von Jahr zu Jahr strengeren Umweltauflagen zur Verminderung des hohen Schadstoffausstoßes der Schachtöfen.

Abgesichert durch langfristige Stromlieferungsverträge mit stabilen Preisen konnten die NE-Metallhütten auch den zweiten Ölpreisschock relativ gut überwinden. Dies wird mit steigenden Strompreisen problematischer. Die Industrie hat in zunehmendem Maße mit Anbietern aus den Rohstoffländern zu kämpfen, die aufgrund günstiger Strompreise neue Kapazitäten errichteten und nunmehr mit ihrer Produktion auf den Weltmarkt drängen. Dabei ist nicht zu übersehen, daß Preisunterschiede im Verhältnis zu Billigstromländern mit hohen Anteilen kostengünstiger Wasserkraft wie Kanada oder Brasilien, aber auch Skandinavien, zu nicht überbrückbaren Wettbewerbsnachteilen und auch zur Abwanderung von Betrieben geführt haben.

Rationalisierungsmaßnahmen und verbesserte Verfahren der inländischen NE-Metallhütten führten zwar zu einer Senkung des Stromverbrauchs pro Tonne, doch der Anteil der Energiekosten am Bruttoproduktionswert liegt immer noch zwischen 30 (Aluminium) und 17 Prozent (Zink).

Für die künftige Entwicklung bleibt daher der Strompreis von existenzieller Bedeutung, auch wenn er nur ein Faktor unter vielen für die Wettbewerbsfähigkeit der Industrie ist.

3. Für strukturelle Wandlungen in der *chemischen Industrie* war die Entwicklung der Rohölpreise von großem Einfluß. Wichtig war dabei nicht nur die absolute Preisentwicklung, sondern insbesondere die Entwicklung des Preisverhältnisses zu möglichen Rohstoffalternativen im eigenen Land wie bei der weltweiten Konkurrenz.

Am Ende der 50er Jahre und in den 60er Jahren vollzog sich der Wandel von der Kohlechemie zur Erdölchemie in Deutschland verhältnismäßig rasch. Den Hintergrund bildeten sehr niedrige Erdölpreise bei deutlich steigenden Kohlepreisen. Mitentscheidend waren naturwissenschaftlich-technische Entwicklungen, die die Möglichkeiten und Vorzüge einer Ölchemie im Vergleich zum Rohstoff Kohle immer besser erkennen ließen. Abgesichert und bekräftigt wurde dieser Übergang zum Öl durch im internationalen Vergleich verhältnismäßig gute Rahmenbedingungen für Forschung, Entwicklung und Innovation.

In den 70er Jahren führten zu optimistische Annahmen über das voraussichtliche Wachstum der Märkte nicht nur im Bereich petrochemischer Grundchemikalien, sondern auch bei einigen verbrauchsnahen Erzeugnissen wie Chemiefasern und Massenkunststoffen zu Überkapazitäten.

Der erste Ölpreisschock verstärkte diese Entwicklungen durch die in seiner Folge notwendigen Preisanhebungen. Die deutsche chemische Industrie leistete im Rahmen der EG einen bemerkenswerten Beitrag, bestehende Überkapazitäten im marktwirtschaftlichen Rahmen aus eigener Kraft zu verringern.

Der zweite Ölpreisschock und die darauf folgende Konjunkturschwäche lösten einen grundlegenden neuen Anpassungsprozeß aus.

Der Ölpreisanstieg führte außerdem in einigen Ölexportländern zu Plänen, Öl und Gas - das zum Teil ungenutzt abgefackelt wurde - in neuen Werken zu einer Reihe von Basischemikalien und Zwischenprodukten mit höherer Wertschöpfung umzuwandeln, um diese Erzeugnisse auf dem Weltmarkt anzubieten. So nahmen zum Beispiel im Nahen Osten und in Kanada erhebliche Kapazitäten für Ethylen und Ehtylenderivate die Produktion auf. Noch im Frühjahr 1985 erörterte die OECD die sich hieraus möglicherweise ergebenden Störungen für laufende Anpassungsprozesse vor allem im Bereich der Petrochemie. Inzwischen ist die Situation im wesentlichen entspannt: Der Rückgang der Ölpreise sowie die Abschwächung des Dollarkurses in den Jahren 1985 und 1986 stoppten - zumindest bis auf weiteres - die meisten Ausbaupläne. Die Rohstoffkostenvorteile der Förderländer werden sich aber auch künftig auswirken.

4. Bei Eintritt der ersten Ölkrise 1973/74 befand sich die *Automobilindustrie* weltweit in einer Abschwächungsphase vorwiegend konjunktureller Natur. Die Begleiterscheinungen des »Ölschocks« 1973/74 verstärkten den Abwärtstrend in mehrfacher Hinsicht. Temporäre Versorgungsengpässe, Fahrverbote, Geschwindigkeitsbegrenzungen, Preiserhöhungen bei Kraftstoffen führten zu einer starken Verunsicherung potentieller Autokäufer. Die Automobilindustrie stand im Mittelpunkt der durch den Ölboykott der arabischen Lieferländer genährten Krisenbefürchtungen. Viele meinten damals, die Automobilindustrie werde sich nie wieder von diesem Schlag erholen.

Diese damals verbreiteten Prognosen haben sich als falsch erwiesen. Das Auto erfreut sich national und international unverändert hoher Attraktivität. Die deutsche Automobilindustrie erreichte in den Folgejahren neue Absatzrekorde. 1986 war das Jahr mit den höchsten Produktionsergebnissen bei Kraftwagen.

Auch dem Gebot der Energieeinsparung hat sich die deutsche Automobilindustrie nicht zuletzt im eigenen Interesse mit Erfolg gestellt:

Im April 1979 vereinbarte sie mit dem Bundeswirtschaftsminister, den Verbrauch der von ihr hergestellten Fahrzeuge bis 1985 um 10 bis 12 Prozent zu verringern. Im Juni 1981 wurde die Vereinbarung dahin ergänzt, daß die Automobilindustrie sich bemühen werde, die vereinbarten Einsparungen noch zu übertreffen und eine Verringerung des Verbrauchs um 15 Prozent anzustreben. In seinem 6. Jahresbericht zur Energieeinsparung vom August 1986 berichtet der Verband der Automobilindustrie, daß der spezifische Kraftstoffverbrauch der 1985 im Bundesgebiet abgesetzten PKW deutscher Hersteller im Durchschnitt um 22,7 Prozent niedriger war als 1978. Die dem Bundeswirtschaftsminister ohne gesetzliche Regelung in freier Vereinbarung gegebene Zusage wurde damit um mehr als die Hälfte übertroffen.

5. Die *Steine- und Erdenindustrie* ist insbesondere in den Bereichen der Zement-, Ziegel- und Kalkherstellung ein bedeutender Energieverbraucher. Ihr Anteil am Verbrauch des verarbeitenden Gewerbes betrug im Jahre 1985 5,7 Prozent. Die Primärenergieträger Kohle, Öl und Gas werden vor allem zur Prozeßwärmeerzeugung unmittelbar bei der Produktion benötigt.

Im Jahre 1973 entfielen rund 64 Prozent des Gesamtenergieverbrauchs auf Heizöl und nur etwa 8 Prozent auf Kohle. So mußten im Jahre 1974 fast 2 Milliarden DM für Brennstoffe und Energie aufgewendet werden, nach der zweiten Ölpreiserhöhung mehr als 3 Milliarden DM – bei einem Anteil der Energiekosten am Umsatz je nach Produktionsbereich zwischen 15 und 50 Prozent.

Verstärkte Entwicklung energiesparender Produktionstechnologien und Umstellung der Energieverbrauchsstruktur auf Importkohle bzw. Erdgas waren auch in diesem Industriebereich eine entscheidende Antwort. Im Zeitraum von 1979 bis 1983 hat die Steine- und Erdenindustrie mehr als 3 Milliarden DM für Energieumstellungsmaßnahmen und für Investitionen zur rationellen Verwendung von Energie aufgewendet. 1985 betrug der Anteil des

Heizöls nur 12 Prozent (1973 64 Prozent), während der Kohleanteil auf rund 49 Prozent angestiegen war (1973 nur rund 8 Prozent).

Die Umstrukturierung des Energieverbrauchs ist in der Steine- und Erdenindustrie heute praktisch beendet. Diese Umstrukturierung wurde ohne staatliche Hilfen durchgeführt und ist ein beeindruckendes Beispiel für die Flexibilität und Leistungsfähigkeit einer überwiegend mittelständisch strukturierten Industrie, die fast ausschließlich von der Bauwirtschaft und deren Konjunktur abhängig ist.

Ausblick

1. Wir sind seit den Ölpreiskrisen der Erreichung wichtiger energiepolitischer Ziele ein großes Stück nähergekommen. So ist zum Beispiel unsere Versorgung mit Importenergien sicherer geworden, und wir können zufrieden mit den großen Erfolgen bei der Energieeinsparung sein. Es wäre aber falsch und gefährlich, allein auf solche Erfolgsbilanzen zu schauen. Wichtig ist, daß wir auch künfigen Herausforderungen gewachsen sind. Eine marktwirtschaftliche Ordnung mit ihren dezentralen Entscheidungsstrukturen und gepaart mit einer Politik sozialer Verantwortung bietet die beste Voraussetzung, um künftige Aufgaben und die unvermeidbaren Anpassungsprozesse in der Energiewirtschaft flexibel zu bewältigen.

2. Die energiepolitischen Ziele sind langfristig ausgerichtet. Entscheidungen, die heute durch die Energiepolitik, vor allem aber von Energieanbietern und Verbrauchern getroffen werden, prägen auf Jahre die Struktur der Energieversorgung. Die Energiepolitik beeinflußt die Entscheidungen der Marktteilnehmer durch die Festlegung der Rahmenbedingungen. Sie muß deshalb kontinuierlich und berechenbar angelegt sein und darf nicht unter kurzfristigen politischen Aspekten formuliert werden. Nur so ist sie in der Lage, den Unternehmen die unerläßliche Sicherheit für langfristige Investitionsentscheidungen zu bieten.

Wichtig für alle Beteiligten sind auch fundierte Informationen über langfristige Entwicklungstendenzen des Energiemarktes. In einer marktwirtschftlichen Ordnung ist es aber nicht Aufgabe der Politik, dem Unternehmen diese Informationen in Form von Prognosen zu liefern. Im Gegensatz zu vielen anderen Regierungen, auch der westlichen Welt, lehnt es die Bundesregierung ab, eigene Energieprognosen oder Vorausschätzungen zu erstellen, oder sich die Ergebnisse von Energieprognosen Dritter zu eigen zu machen. Diese könnten von den Entscheidungsträgern in der Wirtschaft als amtliche Planziele aufgefaßt werden. Die Flexibilität dezentraler Strukturen würde dadurch erheblich gefährdet. Auch im Energiemarkt muß deshalb vor Zahlengläubigkeit gewarnt werden. Die Bundesregierung bedient sich aller der von Wirtschaft und Wissenschaft erstellten Gutachten, um die künftige Entwicklungstrends einzuschätzen. Von Zeit zu Zeit vergibt sie auch Prognoseaufträge an wissenschaftliche Institute. Wichtig ist dabei, daß Prognoseergebnisse stets nur als Tendenzen und Größenordnungen denkbarer Entwicklungen, als der »best guess« aus der gegebenen Situation heraus, verstanden werden.

3. Politik und Wirtschaft müssen bei ihren Entscheidungen im Energiebereich auch Faktoren berücksichtigen, die die langfristigen Tendenzen der weltweiten Energieversorgung bestimmen:

- Der Weltenergieverbrauch dürfte wegen des wachsenden Energiebedarfs in Schwellen- und Entwicklungsländern auch unabhängig von der aktuellen Preisentwicklung langfristig steigen.
- Die kostengünstig gewinnbaren fossilen Energievorräte sind begrenzt. Allerdings haben sich frühere Befürchtungen einer absehbaren generellen Erschöpfbarkeit dieser Vorräte als übertrieben herausgestellt. Zusätzliche konventionelle Energiequellen können jedoch häufig nur zu höheren Kosten als heute erschlossen werden. Exploration und Entwicklung werden durch die derzeit niedrigen Preise beeinträchtigt.
- Langfristig ist daher mit wieder steigenden Weltenergiepreisen zu rechnen.
- Die Aufwendungen für den Umweltschutz bei Energieproduktion und -nutzung steigen. Langfristig ist dies ein zusätzliches Element für Energiekosten- und -preiserhöhungen.
- Mineralöl dürfte auf absehbare Zeit der international dominierende Energieträger bleiben. 60 Prozent der bekannten Weltölvorräte liegen aber im Spannungsgebiet des Nahen und Mittleren Ostens. Die Weltölmarktsituation bleibt deshalb auch zukünftig risikobehaftet.

4. Die Energiepolitik benötigt auch in Zukunft breite Zustimmung von Verbrauchern und Wirtschaft. Dies gilt auch für Bundesländer und Gemeinden. Aufgrund der föderalen Struktur und der starken Beteiligung von Ländern und Kommunen in Unternehmen der Energiewirtschaft spielen diese öffentlichen Körperschaften in der Energiepolitik eine wichtige und unverzichtbare Rolle. In der Vergangenheit ist es auf der Grundlage gemeinsamer Überzeugung und enger Abstimmung stets gelungen, auf allen Ebenen Einigung über die Schwerpunkte der Politik zu erreichen. Dies hat es dem Bund ermöglicht, von seiner Gesetzgebungszuständigkeit in diesem Bereich nur zurückhaltend Gebrauch zu machen. Es ist das Ziel der Bundesregierung, diese Politik auch in Zukunft zu verfolgen. Dies setzt aber voraus, daß Länder und Gemeinden die Bundespolitik nicht unterlaufen, sondern die Energiepolitik auch ihrerseits nach dem Prinzip der Bundestreue solidarisch mittragen. Die derzeit laufenden Verhandlungen über die künftige Verstromungsregelung der deutschen Steinkohle und über konkrete Kernkraftprojekte werden ein Test dafür sein, wieweit eine von Konsens getragene Politik noch möglich ist.

5. Auch in Zukunft werden wir mit weiteren Fortschritten für eine sichere, kostengünstige und umweltgerechte Energieversorgung rechnen können, wenn wir die eingeleitete Politik konsequent fortführen. Dabei dürfen wir künftige Risiken für den Weltölmarkt aufgrund der politisch labilen Lage im Nahen Osten nicht unterschätzen. Angesichts der hohen Umweltbelastungen bleibt der Umweltschutz eine vordringliche Aufgabe. Ein Verzicht auf Kernenergie hieße steigende Strompreise sowie hohe zusätzliche Emissionen und wäre deshalb mit bedeutenden Nachteilen für die Sicherheit der Energieversorgung, für Wettbewerbsfähigkeit und die Umweltsituation verbunden.

Kein Ziel der Energiepolitik kann isoliert verfolgt werden. Notwendig ist, immer wieder im Einzelfall die Ziele gegeneinander abzuwägen und eine möglichst optimale Kombination anzustreben. Ich bin überzeugt, daß die Energiepolitik der Bundesregierung auf der Basis der bestehenden flexiblen Marktstruktur diesem Anspruch auch in Zukunft gerecht wird.

Soziale Marktwirtschaft im Wandel: neue Herausforderungen für Politik, Wirtschaft und Gesellschaft

Uwe Barschel

„Schon einmal hat die Entfesselung der Marktkräfte in diesem Land ein Wirtschaftswunder zustande gebracht, von dem Ludwig Erhard sagte, es sei kein Wunder, sondern das ganz natürliche Ergebnis einer Politik, die auf die Fähigkeiten der Menschen setzte. Heute steht nicht die Rückkehr zu dem quantitativen Wachstumstempo der 50er und 60er Jahre zur Debatte. Es geht vielmehr darum, die wirtschaftliche und soziale Ordnung der Bundesrepublik Deutschland wieder offener und dynamischer zu gestalten."

Bestand und Erfolg einer Wirtschaftsordnung hängen davon ab, ob sie von der Bevölkerung akzeptiert wird. Dies gilt auch für die marktwirtschaftliche Ordnung. In der Bundesrepublik Deutschland haben wir seit der Währungsreform von 1948 die Soziale Marktwirtschaft aufgebaut, deren Ziel es ist, auf der Basis der Wettbewerbswirtschaft die freie Initiative mit einem gerade durch die marktwirtschaftliche Leistung gesicherten sozialen Fortschritt zu verbinden (Alfred Müller-Armack). Soziale Marktwirtschaft stellt den gelungenen Versuch einer Synthese zwischen Wirtschafts- und Sozialpolitik, zwischen Marktwirtschaft und Sozialstaat dar.

Soziale Marktwirtschaft: Konzeptionelle Grundlagen

Soziale Marktwirtschaft verbindet das Prinzip der Freiheit des wirtschaftlichen Handelns am Markt mit dem des sozialen Ausgleichs. Die Rolle des Staates besteht darin, eine Rahmenordnung zu schaffen und zu erhalten, innerhalb derer sich individuelle Initiativen unter Wettbewerb entfalten können. Der Wettbewerb als grundsätzliches Koordinierungsprinzip bewirkt, daß private Interessen letztlich in den Dienst gesamtwirtschaftlicher und gesellschaftlicher Zwecke gestellt werden. Wettbewerb führt erfahrungsgemäß zur Leistungssteigerung. Er ist der beste Schutz gegen Unwirtschaftlichkeit und Ausbeutung durch Marktmacht und bietet die Chance, das unbekannte Potential des technischen Fortschritts für uns alle zu nutzen. Einen wesentlichen Teil ihres sozialen Gehalts bezieht die Soziale Marktwirtschaft somit aus der ihr innewohnenden Dynamik.

Durch besondere sozialpolitische Maßnahmen soll darüber hinaus ein soziales Netz bereitgestellt werden, um bei Arbeitslosigkeit, Krankheit, Behinderung und im Alter eine menschenwürdige Existenz zu sichern. Die Risiken der marktwirtschaftlichen Koordinierung werden dadurch leichter tragbar, die Sozialpolitik wird zu einem produktiven Faktor.

Die marktwirtschaftliche Ordnung im ökonomischen Bereich ist das Pendant zur Demokratie im politischen Bereich. Eine freie Gesellschaft braucht die Marktwirtschaft. Wilhelm Röpke hat nicht von ungefähr sein engagiertes Plädoyer für die Marktwirtschaft mit den Dingen jenseits von Angebot und Nachfrage begründet.

Eine erfolgreiche Wirtschaftsordnung

In unserer Wirtschaftsgeschichte hat sich die Soziale Marktwirtschaft als ein überaus erfolgreiches wirtschafts- und gesellschaftspolitisches Konzept erwiesen. Sie hat es ermöglicht, daß die Bundesrepublik Deutschland nach dem Zweiten Weltkrieg innerhalb kurzer Zeit in die Spitzengruppe der Industrienationen aufgestiegen ist. Die deutsche Wirtschaft war lange Zeit die Wachstumslokomotive Europas. Ihre Dynamik nach 1948 ergab sich aus der Entfesselung der Marktkräfte, aus dem freien Zugang zu den Märkten sowie aus dem Anreizsystem der Einkommenschancen für die besonders Tüchtigen. Das hat die gesamtwirtschaftliche Entwicklung vorangebracht und die Voraussetzungen dafür geschaffen, daß es letztlich allen bessergehen konnte. Die Soziale Marktwirtschaft hat deshalb über lange Jahre gleichsam von selbst für sich geworben.

Systemkritik und Wachstumspessimismus

Seit Anfang der 70er Jahre fand unsere Wirtschaftsordnung zunehmend grundsätzliche Kritik. Gleichzeitig wurden Lohnforderungen durchgesetzt, die das Leistungsvermögen der Wirtschaft weit überstiegen. Als es zu der Arbeitslosigkeit kam, vor der viele als zwingender Konsequenz aus den überzogenen Lohnsteigerungen gewarnt hatten, wurde das marktwirtschaftliche System zur Quelle des Übels erklärt. Ihm wurde vorgeworfen, es führe zu einer unausgewogenen Verteilung von Wohlstand und Macht. Wünschenswerte Lösungen gesellschaftlicher Probleme, ja die Schaffung einer gerechteren Gesellschaftsordnung würden verhindert. Es war die Rede von der Unmöglichkeit, durch Wachstum Vollbeschäftigung zu erreichen; neue Technologien wurden als feindlich empfunden und jegliche Nutzung der Umwelt und anderer Ressourcen als schädlich angesehen. Kennzeichnend für das geistige Klima war eine betonte Ablehnung von freiem Unternehmertum, Wettbewerb und Privateigentum. Mehr Staat wurde verlangt. Hinzu kam die vom Club of Rome genährte Endzeitvision, die weniger in Amerika, dafür aber um so mehr in Europa zu einer technikfeindlichen sozialen Atmosphäre führte. Anstatt die Chancen zu ergreifen, die die neuen Technologien boten, und anstatt die Marktwirtschaft für die Bewältigung der Umweltprobleme zu nutzen, wurden Markt und Wettbewerb schrittweise zurückgedrängt. So müssen die Ergebnisse nicht wundern, die sich mit der Abkehr von der Marktwirtschaft einstellten.

Sinkende Wachstumsraten, steigende Arbeitslosigkeit

Die jährlichen Steigerungsraten des Produktionspotentials, also des volkswirtschaftlichen Leistungsvermögens, die in der Wiederaufbauzeit der 50er Jahre beachtliche 7–8 Prozent und in den »goldenen« 60er Jahren 4–5 Prozent erreichten, sanken auf ein Niveau von mageren 2 Prozent. Anders als in den 60er Jahren wurde in den 70er Jahren die infolge eines konjunkturellen Einbruchs eingetretene Zunahme der Arbeitslosigkeit in dem nachfolgenden Aufschwung nicht mehr in ausreichendem Maße abgebaut. Der Sockel an Arbeitslosigkeit, mit dem die deutsche Wirtschaft in den jeweils nächsten Abschwung gehen mußte, nahm deshalb trendmäßig zu. Das Produktionspotential der Bundesrepublik Deutschland paßte nicht mehr zur Vollbeschäftigung. Der Wegfall veralteter und unrentabler Arbeitsplätze wurde nicht mehr in genügendem Maße durch die Schaffung neuer Arbeitsplätze ausgeglichen. Die Ursache dafür wurde zunehmend in einem strukturellen Anpassungsstau und weniger in einer allgemeinen Nachfrageschwäche gesehen.

Einschneidende Veränderungen

Einen anschaulichen Eindruck von den einschneidenden Veränderungen in der deutschen Wirtschaft zwischen 1970 und 1982 vermitteln folgende Zahlen:

- Rückgang des jahresdurchschnittlichen Wirtschaftswachstums von 4,5 Prozent in den 60er Jahren auf 2,5 Prozent in den 70er und zu Beginn der 80er Jahre.
- Rückgang der Investitionsquote (Nettoinvestitionen in Prozent des Bruttosozialprodukts) von 8,3 Prozent in 1970 auf unter 3 Prozent zu Anfang der 80er Jahre.
- Rückgang der Eigenkapitalrendite (Jahresüberschuß in Prozent des Eigenkapitals) von rd. 9,5 Prozent in 1970 auf rund 4,5 Prozent in 1982, bei gleichzeitig steigender Umlaufsrendite festverzinslicher Wertpapiere.
- Rückgang der Eigenkapitalquote (Verhältnis von Eigenkapital zur Bilanzsumme) von rund 27 Prozent in 1970 auf unter 19 Prozent in 1982.
- Anstieg der bereinigten Lohnquote von 68 Prozent in 1970 auf 70,5 Prozent in 1982.
- Zunahme der Arbeitslosenzahl von rund 150000 in 1970 auf rund 1,8 Millionen in 1982.

Ursachen der nachlassenden Dynamik

Wo liegen die Ursachen für diese Entwicklung?

Wie immer, wenn man es mit komplexen Phänomenen wie der Wirtschaft zu tun hat, gibt es nicht nur *eine* Erklärung, nicht nur *eine* Ursache.

Erstens: Die Phase des Aufholens ging zu Ende

Die Bundesrepublik Deutschland stieg zu den Ländern auf, die an der Spitze der technologischen Entwicklung stehen. Die Zeiten des Imitierens, des billigen Importierens neuer Technologien gingen vorbei. Der weltwirtschaftliche Aufwind blies uns nicht mehr in den Rücken. Denn je mehr man aufholte, um so schwieriger wurde das Vorankommen. Vom internationalen Technologietransfer profitierten zunehmend andere Länder. Wirtschaftlicher Erfolg in der Bundesrepublik Deutschland bedurfte und bedarf heute mehr denn je der Einführung neuer Produkte, neuer Produktionsverfahren und neuer Formen der Organisation. Es trat eine weltweite Verschiebung in der relativen Bedeutung von Sachkapital zugunsten von Humankapital ein. Wir mußten erkennen, daß unsere Chancen zunehmend in der Bildung und Nutzung von Humankapital liegen würden.

Zweitens: Währungspolitische Veränderungen und Intensivierung der internationalen Arbeitsteilung

Bis 1969 stand die Wirtschaft der Bundesrepublik Deutschland unter dem schützenden Schirm einer unterbewerteten Währung. Dies kam einer Subventionierung deutscher Exporte und einer Besteuerung der Importe gleich. In der Periode von 1969 bis 1973 wurde die D-Mark dann mehrfach aufgewertet. Die einst vorhandenen wechselkursbedingten Vorteile, die die deutschen Exporteure im Preiswettbewerb auf den Weltmärkten hatten, wurden dadurch beseitigt. Die Freigabe des Dollar-Kurses 1973 konfrontierte die deutsche Wirtschaft dann endgültig mit bis dahin ungewohnten strukturellen Anpassungslasten. Hinzu kam, daß die intensivere internationale Arbeitsteilung, das rasche Vordringen Japans und vieler Länder aus dem südostasiatischen Raum auf den internationalen Märkten höhere Anforderungen an die Bereitschaft zur Veränderung, an die Flexibilität von Unternehmen und Arbeitnehmern stellte.

Drittens: Ölverteuerung und sich verschlechternde Terms of Trade

Die beiden Ölpreisschocks von 1973 und 1979 bereiteten dem bis dahin energieintensiven Wachstum ein Ende. Sie führten damit aber nicht nur zu einer abrupten Entwertung von Teilen des Sachkapitals, sondern waren zugleich als Ausdruck eines weltweiten Umverteilungskampfes zu sehen. Im Zuge dieser Entwicklung verschlechterten sich die Terms of Trade der Bundesrepublik Deutschland. Die Kostensteigerungen durch die beiden Ölteuerungen verringerten den ohnehin abnehmenden Produktivitätsfortschritt, der beschäftigungsneutral noch hätte verteilt werden können.

Viertens: Umwelt – Ein knapper werdender Produktionsfaktor

Als eine langfristige Begleiterscheinung der Industrialisierung traten Umweltbelastungen zunehmend ins Bewußtsein. Die Umwelt wurde zu einem immer knapperen Produktionsfaktor und wollte geschont werden. Dies erforderte Kosten für Reinhaltung und Beseitigung früher angerichteter Schäden. Anders ausgedrückt: Die Umwelt mußte am verteilbaren Produktivitätsfortschritt Anteil haben. Dies hätte durch einen geringeren Anstieg der Löhne aufgefangen werden müssen, sollte die Schonung der Umwelt nicht zu Lasten der Beschäftigung gehen. Dies trat nicht ein, mit der Folge, daß die Arbeitslosigkeit verschärft wurde.

Fünftens: Ausbau des Wohlfahrtsstaates

Seit Anfang der 70er Jahre wurde dem Wohlfahrtsstaat, dem Netz der sozialen Sicherheit, zu Lasten des Marktes ein Übergewicht eingeräumt. Die Interdependenz zwischen Sozialordnung und Marktmechanismus wurde vernachlässigt. Es wurde übersehen, daß zunehmende sozial begründete Belastungen des Marktes die Leistungsfähigkeit, die Belastbarkeit der Marktwirtschaft immer geringer werden lassen. Dieser Trend war aber nicht nur in der Bundesrepublik Deutschland festzustellen. Er war charakteristisch für den damaligen Zeitgeist der gesamten westlichen Welt, angetrieben nicht zuletzt durch Galbraiths populistisches Schlagwort vom privaten Reichtum und der öffentlichen Armut. Heute wissen wir, daß die staatlichen Interventionen häufig das Gegenteil der ursprünglichen Absicht bewirkten. Gut gemeinte Politik ist eben noch kein Ersatz für eine gute Politik.

Sechstens: Nachfrageorientierte Globalsteuerung

Die Konjunkturpolitik der 60er und der 70er Jahre war geprägt durch die sogenannte Globalsteuerung.

- Ausgehend von der keynesianischen Erklärung gesamtwirtschaftlicher Aktivitätsschwankungen war es das Ziel der nachfrageorientierten Globalsteuerung, das zyklische Nachfrage- bzw. Ausgabeverhalten der Privaten durch gegengerichtete, also antizyklische Impulse des Staates auszugleichen und so eine stetige, das Produktionspotential jeweils auslastende Entwicklung der volkswirtschaftlichen Gesamtnachfrage zu gewährleisten (Stop-and-go-Politik). Durch das im Juni 1967 beschlossene, seinerzeit im In- und Ausland als das »Grundgesetz« der modernen Stabilitätspolitik gefeierte Gesetz zur Förderung der Stabilität und des Wachstums der Wirtschaft wurde das für die Nachfragesteuerung notwendige Instrumentarium bereitgestellt.
- Die anfänglichen Erfolge der Globalsteuerung (1967/68) führten zu der weithin verbreiteten Auffassung, daß der Wirtschaftsprozeß über »Demand Management« sicher steuerbar sei. Als die Globalsteuerung im Laufe der 70er Jahre dann vor dem Test stand, versagte sie. Die Konjunktur drohte zu erlahmen, die Arbeitslosigkeit nahm zu, Inflation machte sich bemerkbar. In dieser Situation fiel von maßgeblicher Seite der Satz: »Es ist leichter, 5 Prozent Inflation zu ertragen als 5 Prozent Arbeitslosigkeit.« Damit gab der Staat eine Vollbeschäftigungsgarantie ab. Gleich was die Tarifvertragsparteien an Lohnsteigerungen vereinbaren würden, er werde eher Inflation als Arbeitslosigkeit in Kauf nehmen. Unter der Last der staatlichen Vollbeschäftigungsgarantie wirkte die Globalsteuerung zunehmend kontraproduktiv.
- Ihr Ende fand die Globalsteuerung in der Stabilisierungskrise zu Anfang der 80er Jahre. Es trat das ein, was man ursprünglich glaubte vermeiden zu können: Wirtschaftliche Stagnation bei wachsender Arbeitslosigkeit und gleichzeitig steigenden Inflationsraten (Stagflation). Das wiederholte »Stop-and-go« führte nicht zu mehr Stabilität, sondern zum Aufschaukeln von Inflation und Arbeitslosigkeit. Rückblickend erscheinen die praktischen Ergebnisse der Globalsteuerung deshalb wenig ermutigend.

Das Ende der Nachfragepolitik

Je intensiver also das Instrument der nachfrageorientierten Globalsteuerung eingesetzt und seine Möglichkeiten ausgereizt wurden, desto schneller verlief auch der Erosionsprozeß ihrer Wirkungsvoraussetzungen. Eingeleitet wurde die Wirkungserosion mit der Abgabe der Vollbeschäftigungsgarantie. Anstelle von Geldillusion breitete sich zunehmend Inflationsmentalität aus. Der Staat verschuldete sich zur Finanzierung seiner Ausgabenprogramme.

Durch die steigende öffentliche Kreditaufnahme wurden aber sogleich neue Preis- und Zinssteigerungserwartungen geweckt. Die erwarteten Preissteigerungen wurden mehr und mehr zu einem Bestimmungsgrund für die von den Tarifparteien beschlossenen Nominallohnsteigerungen. Die erhofften Mengenwirkungen blieben unter diesen Bedingungen aus. Das theoretische Konzept, demzufolge eine sinkende Arbeitslosenquote mit zunehmenden Inflationsraten einhergehe, Inflation und Arbeitslosigkeit also in einer stabilitätspolitisch nutzbaren Austauschbeziehung stünden, blieb den Wahrheitsbeweis schuldig. Was es gab, war ein von der staatlichen Nachfrage ausgelöster inflatorischer Konjunkturstoß.

Hinzu kam, daß die öffentliche Verschuldung ein Niveau erreichte, das zur Verunsicherung führte und negative Rückwirkungen auf den Kapitalmarkt hatte. Die Haushaltsdefizite konnten nur noch dadurch finanziert werden, daß der Staat immer höhere Zinsen zahlte und damit das Zinsniveau insgesamt herauftrieb. So kam es zu einer Verdrängung privater Kreditnehmer und damit der privaten Sachinvestitionen.

Die zumindest theoretisch postulierte Rückführung der zur Rezessionsbekämpfung erhöhten Kreditaufnahme stieß außerdem in der Praxis auf politischen Widerstand. Der somit zwangsläufig steigende öffentliche Schuldendienst engte aber den Spielraum für staatliche Investitionsausgaben immer mehr ein. So kam es, daß trotz zahlreicher Konjunktur- und Sonderprogramme, wie zum Beispiel des Zukunftsinvestitionsprogramms (ZIP), die Arbeitslosigkeit nicht wie erhofft abnahm, sondern zunahm.

Folgende nachhaltige Fehlentwicklungen sind hier also festzuhalten:

- Die Staatsquote, d. h. die Relation der öffentlichen Ausgaben zum

Sozialprodukt, stieg von rund 39 Prozent in 1970 auf fast 50 Prozent im Jahre 1982.

- Die Staatsverschuldung erhöhte sich von rund 123 Milliarden DM in 1970 auf rund 606 Milliarden DM in 1982. Parallel dazu stieg die Nettokreditaufnahme zwischen 1970 und 1982 um mehr als 60 Milliarden DM.
- Die Sozialabgaben stiegen gemessen am Bruttosozialprodukt von 12,6 Prozent in 1970 auf 17,8 Prozent in 1982. Die Steuerlastquote lag 1977 mit 26,4 Prozent des Sozialprodukts um rund 2,5 Prozent-Punkte über dem Niveau des Jahres 1970.
- Der Anteil der Investitionen an den öffentlichen Ausgaben verringerte sich zwischen 1970 und 1982 drastisch. Er sank von 16,5 Prozent in 1970 auf 9,6 Prozent in 1982. Zur Finanzierung seiner Ausgaben absorbierte der Staat einen zunehmend größer werdenden Anteil der gesamtwirtschaftlichen Geldvermögensbildung.

Angebotsorientierte Wirtschaftspolitik

Anfang der 80er Jahre stand fest, daß die deutsche Wirtschaft dringend der Modernisierung bedurfte. Das durchschnittliche Alter der Produktionsanlagen war höher als je zuvor. Die in dem Kapitalstock inkorporierten Technologien blieben damit mehr als früher hinter dem neuesten Stand zurück. Es fehlten genügend produktive Arbeitsplätze, auf denen die hohen Reallöhne im internationalen Wettbewerb hätten erwirtschaftet werden können. Vorrangige Aufgabe der Wirtschaftspolitik war es deshalb, die Bedingungen für einen anhaltenden investitionsgetragenen Wachstumsprozeß wieder herzustellen. Denn strukturelle Arbeitslosigkeit kann nur in dem Maße abgebaut werden, wie im Verlauf eines Wachstums des Produktionspotentials neue rentable Arbeitsplätze entstehen.

Die um Therapievorschläge gebetenen »Wirtschaftsmediziner« empfahlen eine angebotsorientierte Wirtschaftspolitik. Angebotsorientierte Wirtschaftspolitik hat vornehmlich zum Ziel, für günstige Rahmenbedingungen zu sorgen. Dazu gehört eine stetige und vorhersehbare Geld- und Finanzpolitik. Sie geht davon aus, daß es bei der Steuerbelastung und den staatlichen Transferzahlungen Grenzen gibt, die sich, wenn sie überschritten werden, zu Wachstumshemmnissen entwickeln. Weniger staatliche Interventionen erhöhen den Spielraum für Eigeninitiative sowie die Produktivität und das Wirtschaftswachstum. Die Ursachen für das heute erreichte Niveau der Arbeitslosigkeit werden von der Angebotspolitik vor allem in nicht-konjunkturellen Faktoren gesehen. Als entscheidend werden Mobilitätshemmnisse, eine falsche Lohnpolitik - insbesondere Lohnstrukturpolitik - sowie das Zusammenwirken von zu hoher Steuerbelastung und übermäßig ausgebautem Sozialsystem angesehen. Der Grundgedanke besteht darin, statt an den Komponenten der volkswirtschaftlichen Gesamtnachfrage an den Bestimmungsfaktoren des Gesamtangebotes bzw. des Produktionspotentials anzusetzen.

Renaissance der Marktwirtschaft

Der längst überfällige Umbruch in der Wirtschaftspolitik wurde Ende 1982 mit dem Regierungswechsel in Bonn eingeleitet. Angebotspolitische Überlegungen traten dabei in den Vordergrund des wirtschaftspolitischen Kalküls. In relativ kurzer Zeit wurden bei der Sanierung der Staatsfinanzen erhebliche Fortschritte erzielt, die Inflation wurde erfolgreich bekämpft. Der Anteil der öffentlichen Ausgaben am Bruttosozialprodukt wurde bis 1986 auf 46,5 Prozent heruntergedrückt. Die private Initiative hat wieder größeren Freiraum erhalten, berufliche Leistung und Kreativität sind wieder lohnender. Der Abbau bürokratischer Hemmnisse sowie die Privatisierung staatlicher Unternehmen wurde vorangetrieben. Die Gewerbesteuer und die Vermögensteuer wurden gesenkt. Sonderabschreibungsmöglichkeiten wurden erweitert, der Höchstbetrag für den Verlustrücktrag verdoppelt. Der Zugang zum Kapitalmarkt wurde für mittelständische Unternehmen verbessert.

Erste Erfolge

Die positive Entwicklung seit Ende 1982 spiegelt sich in folgenden eindrucksvollen Zahlen wider:

- In den Jahren 1983–1986 wurde das jährliche Wachstum der Bundesausgaben auf durchschnittlich 1,7 Prozent begrenzt. Der Vergleichswert des vorhergehenden Jahrzehnts beträgt 9 Prozent.
- Die Neuverschuldung des Bundes sank von rund 37 Milliarden DM im Jahre 1982 auf rund 23 Milliarden DM in den Jahren 1985 und 1986.
- Der Anteil der öffentlichen Defizite am Bruttosozialprodukt, der 1981 noch 4,9 Prozent betrug, wurde bis 1986 auf 2,2 Prozent zurückgeführt.
- Die Unternehmensfinanzierung auf dem Kapitalmarkt sind heute wieder wesentlich günstiger als zu Beginn der 80er Jahre.
- Investitionen in Arbeitsplätze bringen wieder mehr Erträge als Geldanlagen. Die Eigenkapitalquote, die bis Anfang der 80er Jahre gesunken ist, hat sich inzwischen wieder stabilisiert.
- Die Zahl der Arbeitsplätze ist im Vergleich zum Tiefstand im Jahre 1983 schon um über 600000 gestiegen.

Eine Zentrale Aufgabe: Abbau der Arbeitslosigkeit

Unzweifelhaft ist, daß sich wieder vieles zum Besseren verändert hat. Dies trifft auch für den Arbeitsmarkt zu. Unzweifelhaft ist aber auch, daß die Arbeitslosigkeit immer noch viel zu hoch ist. Der Abbau der Arbeitslosigkeit bleibt deshalb die zentrale Herausforderung der Wirtschaftspolitik für die kommenden Jahre.

Dabei sollten wir an diese Aufgabe ohne Illusionen herangehen: Die Arbeitslosigkeit ist nicht über Nacht entstanden, und sie kann auch nicht über Nacht beseitigt werden. Trotzdem besteht aber kein Anlaß für den mitunter anzutreffenden Beschäftigungspessimismus. Dies schließt natürlich nicht aus, daß er von bestimmter Seite bewußt geschürt wird, auch in der Absicht, bestimmten ideologischen Zielsetzungen zum Durchbruch zu verhelfen.

Ins Feld wird geführt: In der Bundesrepublik Deutschland mache sich zwischen der Zunahme der Produktivität und dem Wachstum des Sozialprodukts zunehmend eine Schere auf (Scherentheorie). Die Produktivität steige mit höheren Raten als das Sozialprodukt, so daß die Beschäftigung zwangsläufig zurückgehe. Rascher technischer Fortschritt sei dafür die Ursache. Ein durchschlagender Abbau der Arbeitslosigkeit könne in Anbetracht dieser Entwicklung mit dem herkömmlichen Instrumentarium der Wirtschaftspolitik nicht mehr erzielt werden. Eine gesellschaftliche Steuerung des technischen Fortschritts, eingebunden in eine antizipative, auf einzelne Branchen bezogene selektive Struktur- oder Industriepolitik, die sich an gesamtwirtschaftlichen Zielsetzungen zu orientieren habe, sei deshalb erforderlich. Verlangt wird nach einem volkswirtschaftlichen Rahmenplan, der alle Regional- und Branchenprojektionen zusammenfaßt und koordiniert. Als weiteres unverzichtbares Element wird eine Abstimmung der privaten und öffentlichen Investitionen mit den strukturellen Erfordernissen der Gesamtwirtschaft gefordert.

Zur Scherentheorie sei hier nur so viel angemerkt: Die Arbeitslosigkeit in der Bundesrepublik Deutschland hat nicht etwa in Zeiten eines hohen Wachstums der Arbeitsproduktivität zugenommen, sondern vielmehr in Zeiten nachlassenden Produktivitätswachstums. In den 60er Jahren, in einer Zeit also, in der mit wenigen Unterbrechungen Überbeschäftigung am Arbeitsmarkt herrschte, betrug die durchschnittliche Zuwachsrate der Arbeitsproduktivität (Bruttoinlandsprodukt pro Erwerbstätigen) jährlich 4,3 Prozent. In den 70er Jahren dagegen lag die Steigerungsrate bei nur 2,9 Prozent. Ein ähnliches Bild ergibt sich bei der Betrachtung der sektoralen Entwicklung. Verschiedene wissenschaftliche Untersuchungen zeigen, daß die meisten Arbeitsplätze in den Branchen weggefallen sind, in denen der Produktivitätsfortschritt unterdurchschnittlich war.

Selektive Industriepolitik: Weg in die Zukunft?

Die Promotoren einer selektiven Industriepolitik teilen sich im wesentlichen in drei Gruppen. Die eine denkt vor allem an die alten Industrien und die Arbeitsplätze, die dort verlorengehen. Die andere hat primär die neuen Industriezweige im Auge und die Arbeitsplätze, die dort künftig geschaffen werden. Einige möchten auch auf beiden Seiten helfen, sowohl den im Strukturwandel schrumpfenden Branchen (zum Beispiel Textil- und Stahlindustrie) als auch denen, die expandieren (zum Beispiel elektronische Industrie). Gemeinsam ist allen, daß sie die staatliche Beeinflussung der im ständigen Wandel befindlichen Produktionsstrukturen für sinnvoll halten. Die Instrumente der selektiven Industriepolitik sind dementsprechend mehrseitig angelegt. Bei schrumpfenden Branchen, die unter starkem Anpassungsdruck stehen, sind es z. B. Handelsbeschränkungen wie Zölle, Kontingente und andere nicht-tarifäre Hemmnisse. Bei den Zukunftsindustrien sind es vor allem die verschiedenen Möglichkeiten der direkten Forschungsförderung (zum Beispiel in den Bereichen Mikroelektronik, Gentechnologie, Werkstofftechnik).

Diejenigen, die auf beiden Seiten helfen möchten, sehen das Heil in Investitionsmeldestellen, der Ausarbeitung von Investitionsempfehlungen, der Vergesellschaftung sogenannter Schlüsselindustrien oder auch in der Einrichtung von Wirtschafts- und Sozialräten.

Problem der Informationsgewinnung und -verarbeitung

Das Kernproblem einer selektiven Industriepolitik ist die staatliche Informationsgewinnung und -verarbeitung sowie damit zusammenhängend die Auswahl geeigneter Selektionskriterien. Die Treffsicherheit der staatlichen Maßnahmen hängt entscheidend von der Auswahl operationaler Selektionskriterien ab.

Konkret stellt sich die Frage: Was sind Schlüsseltechnologien, wo liegen die Zukunftsmärkte, was sind Engpaß- bzw. Wachstumsbereiche? Verfügt der Staat hier über mehr Wissen, so daß eine selektive Förderungspolitik, die ihrem Wesen nach immer mit der Diskriminierung anderer wirtschaftlicher Aktivitäten verbunden ist und ressourcenumlenkend wirkt, zu einer höheren gesamtwirtschaftlichen Effizienz führt als der marktwirtschaftliche Ausleseprozeß?

Nach allem was wir wissen, verfügen staatliche Stellen nicht über ausreichende Kenntnisse der Marktprozesse, die es erlauben würden, jene Güter zu entdecken, die sich für einen erfolgreichen Markteintritt eignen, und gleichzeitig jene Güter herauszufinden, deren Marktchancen auf Dauer sinken. Es gibt kein effizienteres Informationsgewinnungsverfahren als den Wettbewerb. Das bei den unzähligen Wirtschaftssubjekten dezentral vorhandene Wissen wird am besten genutzt, wenn Innovationen von möglichst vielen durchgeführt werden. Dieses Wissen kann aber nicht zentral gespeichert werden.

Darüber hinaus ist von Bedeutung: Entscheiden viele in Verfolgung ihrer eigenen Ziele und in eigener Verantwortung, werden die volkswirtschaftlichen Kosten einer Fehllenkung von Ressourcen minimiert. Es ist ein Unterschied, ob zahlreiche Unternehmen selbstverantwortlich entscheiden, oder ob eine einzige staatliche Instanz verbindlich die künftige Entwicklung bestimmt. Im ersten Fall gilt das Prinzip der Fehlerkompensation, und es besteht die Gewähr für unablässige Korrekturen getroffener Entscheidungen. Im zweiten Fall ist die Fehlerkompensation ausgeschlossen. Außerdem gibt es keinen Zwang zur raschen Korrektur sich abzeichnender Fehlentscheidungen. Selbst wenn man annimmt, daß die staatlichen Instanzen in der Lage sind, die künftigen Gewinner aus dem Strukturwandel herauszupicken, würde sich das Problem stellen, wie die beabsichtigte Politik in konkrete, auf Unternehmen bezogene Maßnahmen umgesetzt werden kann. Einer selektiven Industriepolitik würden spätestens hier rechtsstaatliche Erwägungen entgegenstehen.

Abkehr von der Sozialen Marktwirtschaft

Selektive Industriepolitik würde, konsequent zu Ende gedacht, notwendigerweise zur Formulierung konkreter Marktziele für die einzelnen Unternehmen, zu sogenannten Positiv- oder Negativlisten, führen. An die Stelle der marktwirtschaftlich gesteuerten Wirtschaft würde damit eine technokratisch gesteuerte Wirtschaft treten. Der freie Unternehmer, dessen originäre Aufgabe das Aufspüren neuer Wachstumschancen ist, würde zum Vollzugsgehilfen staatlicher Prioritätensetzung und die Marktwirtschaft zu einer staatlichen Veranstaltung degenerieren. Selektive Industriepolitik steht damit den wahren Interessen der Arbeitnehmer in unserem Lande diametral gegenüber. Sie führt zu mehr Staat und mehr Kontrolle, sinkender Anpassungsfähigkeit und Flexibilität, sinkender Leistungs- und Risikobereitschaft sowie zu steigender Arbeitslosigkeit und steigender Armut. Selektive Industriepolitik führt zu einem ineffizienten compositum mixtum aus Sozialer Marktwirtschaft und Zentraler Planwirtschaft.

Wirtschaftspolitischer Aktionismus schadet

Die Diskussion um die selektive Industriepolitik erhielt vor noch nicht allzulanger Zeit neue Nahrung. Schlagworte wie föderaler Merkantilismus, »Späth-Kapitalismus« oder Konzernschneiderei traten in den Vordergrund. Damit etikettierte man unter anderem die Bestrebungen eines Bundeslandes, bestehende Bankinstitute des öffentlichen Sektors zu einer Großbank zu verschmelzen oder auch die Moderatoren-Rolle bekannter Politiker bei Zusammenschlüssen renommierter deutscher Unternehmen.

Ich halte viel vom Wettbewerb, auch vom Wettbewerb zwischen Regionen. Nichts halte ich dagegen von einer Art »beggar my neighbour policy« auf föderaler Ebene. Der Wettbewerb unter den einzelnen Bundesländern sollte sich deshalb darauf beschränken, ein »unternehmensfreundliches Klima« zu schaffen, denn hier zählen gute Ideen mitunter mehr als finanzielle Stärke. Solange es sich um einen Wettstreit der Ideen, der besseren »klimatischen Bedingungen« handelt, sind außerdem ordnungspolitische Bedenken fehl am Platze. Ein unternehmensfreundliches Klima kann als ein öffentliches Gut angesehen werden, hier ist die Politik zum Angebot aufgefordert.

In der Vergangenheit hat sich gezeigt, daß Unternehmen gerne dort investieren, wo man ihren Problemen und Wünschen aufgeschlossen gegenübersteht, wo schnell und unbürokratisch agiert wird, wo eine optimistische und innovationsfreundliche soziale Atmosphäre herrscht. Hüten sollten wir uns davor, in einen Subventionswettlauf zu verfallen. Wer massiv Abwerbung betreibt, wer glaubt, Unternehmen mit Steuermitteln - zu deren Aufkommen ja alle beigetragen haben - zusätzlich ködern zu müssen, wer eine gezielte Politik der Industrieförderung zu Lasten seiner Nachbarn betreibt, handelt nicht nur wider den föderalen Geist, sondern auch ökonomisch kurzsichtig. Gesamtwirtschaftlich gesehen kann sich hier leicht ein Null-Summen-Spiel ergeben, das heißt zusätzliche Arbeitsplätze werden nicht geschaffen. Den Gewinnen des einen stehen Verluste anderer gegenüber.

Entfesselung der Marktkräfte

Meine bisherigen Ausführungen haben gezeigt, daß mit der Abkehr von der Sozialen Marktwirtschaft der falsche Weg eingeschlagen werden würde. Für eine grundlegende Überwindung der uns nach wie vor drückenden Probleme, für eine anhaltende Revitalisierung der Wirtschaft, sehe ich nur eine Lösung: Die weitere Entfesselung der Marktwirtschaft.

Die Anfänge dafür sind gemacht. Jetzt gilt es, nicht auf halbem Weg stehen zu bleiben. Ich habe keinen Zweifel, daß eine solche Entfesselung in diesem Land wieder ein »Wirtschaftswunder« vergleichbar jenem der Nachkriegszeit bringen kann, von dem Ludwig Erhard sagte, es sei kein Wunder, sondern das ganz natürliche Ergebnis einer Politik, die auf die Fähigkeiten der Menschen setzte.

Zur Debatte steht dabei nicht die Rückkehr zu einem Wachstum im Stil und Inhalt der 50er und 60er Jahre. Heute haben die Menschen andere Bedürfnisse als damals. Heute zählt mehr, was damals vernachlässigt wurde, zum Beispiel die Umwelt. Worum es geht ist vielmehr, die wirtschaftliche Ordnung der Bundesrepublik Deutschland wieder offener und dynamischer zu gestalten, weil sich nur dann die Wünsche und Vorstellungen der Menschen durchsetzen können. Das Denken in Besitzständen, das Festhalten am Status quo, führt zu der »geschlossenen Gesellschaft«, die die dynamischen Kräfte draußen vor der Tür stehen läßt und ihnen ihre Chancen nimmt - Kräfte, die wir auch benötigen, damit wir uns mehr Sozialstaat leisten können.

Der Wirtschaftspolitik stellten und stellen sich vorrangige zentrale Aufgaben vor allem in vier Bereichen:

- Reform der Besteuerung
- Reform der Sozialversicherungssysteme und des Gesundheitswesens
- Deregulierung, Entbürokratisierung, Privatisierung
- Reform der Arbeitsmarktordnung.

Reform der Besteuerung

Die Steuerpolitik ist der Bereich, in dem bisher die weitreichenden Fortschritte erzielt wurden.

Wird die Steuerlast als zu hoch empfunden, dann werden Freizeit, Eigenarbeit und illegale Formen wirtschaftlicher Betätigung (Schwarzarbeit) den Aktivitäten in der offiziellen Wirtschaft vorgezogen. Derartige Ausweichreaktionen tragen dazu bei, daß trotz steigender Steuersätze die gesamtwirtschaftliche Steuerlastquote (Steueraufkommen in v.H. des Sozialprodukts) konstant bleibt. Durch das Anziehen der Steuerschraube beraubt sich der Staat somit zum Teil seiner eigenen Steuerbasis. Die Spirale von steigenden Steuersätzen und schrumpfender Steuerbasis wird durchbrochen, wenn die Steuersätze gesenkt und das Steuersystem reformiert werden.

Hauptansatzpunkt einer wirklichen Steuerreform muß der Einkommensteuertarif sein. Mit dem Steuersenkungsgesetz 1986/88 wurden erste Schritte verwirklicht. Die Progression wird schon 1988 abgeflacht. Zusammen mit der 1990 in Kraft tretenden umfassenden Steuerreform wird insgesamt eine echte Nettoentlastung der Steuerzahler von rund 44 Milliarden DM p.a. erzielt.

Kernstück der für 1990 geplanten Steuerreform ist ein linear-progressiver Einkommensteuertarif. Der Anstieg der steuerlichen Grenzbelastung wird damit gleichmäßig über die gesamte Progressionszone verteilt. Dadurch wird der leistungshemmende steile Anstieg der Grenzbelastung im bisherigen mittleren Bereich der Progressionszone beseitigt. Mit der Herabsetzung des Spitzensteuersatzes bei der Einkommensteuer von 56 v.H. auf 53 v.H. werden die steuerlichen Rahmenbedingungen erheblich verbessert. Die Senkung des Spitzensteuersatzes öffnet den Weg für eine Absenkung des Körperschaftsteuersatzes auf einbehaltene Gewinne von 56 auf 50 v.H. Beides schafft günstigere Voraussetzungen für Unternehmensinvestitionen und stärkt die internationale Wettbewerbsfähigkeit des Standortes Bundesrepublik Deutschland.

Mit diesen Entscheidungen sind wir auf dem Weg zu einem leistungsfreundlichen, modernen Steuersystem ein erhebliches Stück vorangekommen. Der für das Wachstum und das Entstehen von Arbeitsplätzen so wichtigen Tatsache, daß dem unternehmerischen Risiko auch ein Einkommensanreiz entsprechen muß, wird damit nach Jahren der Vernachlässigung wieder Rechnung getragen.

Die geplante Steuerreform tangiert den finanz- und haushaltspolitischen Handlungsspielraum der Länder in nicht unerheblichem Maße. Kurz- bis mittelfristig wird an einer strengen Ausgabendisziplin kein Weg vorbeiführen. Dagegen gibt es Widerstand. Die aktuelle steuerpolitische Diskussion läuft aber Gefahr, zu übersehen, daß sich Steuersenkungen teilweise selber finanzieren. Sie erhöhen die individuelle Leistungsbereitschaft und bewirken somit eine Ausweitung der Steuerbasis.

Entscheidend für die Wirkung der Steuerreform ist ihre Finanzierung. In diesem Zusammenhang gilt es, die fachlich sehr komplizierte, politisch aber notwendige Aufgabe der Einschränkung von Subventionen zu lösen. Durch eine lineare Kürzung aller Subventionen könnte ein Anfang gemacht werden. Sinnvoller, aber auch politisch schwerer durchsetzbar, ist ein gezielter Subventionsabbau. In Schleswig-Holstein haben wir mit der Einrichtung einer unabhängigen Sachverständigenkommission im Jahre 1983, die konkrete Kürzungsvorschläge vorgelegt hat, gute Erfahrungen gemacht.

Reform der Sozialversicherungssysteme und des Gesundheitswesens

Die Weiterentwicklung der Sozialversicherungssysteme zählt zweifellos mit zu den großen Aufgaben der kommenden Jahre. Diese Aufgabe wird durch die demographische Entwicklung und die damit zusammenhängenden Veränderungen in der Altersschichtung unseres Volkes, die sich in den beiden nächsten Jahrzehnten ergeben werden, noch wichtiger und schwieriger.

Die Personalzusatzkosten betrugen 1986 83 Prozent des Direktentgelts. Die betrieblichen und tariflichen Zusatzkosten haben hierbei allerdings eine eindeutig höhere Dynamik als die gesetzlich vorgegebenen. Die Personalzusatzkosten werden insbesondere für arbeitsintensiv produzierende Klein- und Mittelbetriebe sowie für das Handwerk zu einer immer größeren Belastung.

Speziell bei der Neuordnung der Krankenversicherung muß es darum gehen, wirksame Anreize im System für alle Beteiligten zu mehr Wirtschaftlichkeit und Sparsamkeit zu schaffen. Im Gesundheitssektor sind praktisch alle Leistungen zum »Nulltarif« erhältlich. Kostendämpfend könnte nicht nur eine verstärkte Eigenverantwortung der Versicherten, sondern auch ein intensiverer Wettbewerb zwischen den Anbietern von Dienstleistungen und den Herstellern bzw. Vertreibern von Arzneimitteln wirken.

Verlangt wird für die Reform unserer Sozialversicherungssysteme eine bessere Sozialtechnik: Versicherungsaufwand und Versicherungsleistung müssen in einen für den Versicherten nachvollziehbaren Zusammenhang gebracht werden. Eine Strukturreform der Rentenversicherung sollte langfristig auch vorsehen, daß eine höhere Rente erhält, wer länger gearbeitet hat, und daß die Rente geringer ausfällt, wenn jemand früher Rente beziehen will. Die derzeitigen Regelungen tragen dem individuellen Entscheidungsspielraum in bezug auf die Höhe der Alterssicherung, auf den Zeitpunkt der Pensionierung, aber auch auf den Arbeitsumfang im Rentenalter nur wenig Rechnung.

Deregulierung, Entbürokratisierung, Privatisierung

Nur wenn der Staat Bürger und Unternehmen von Fesseln befreit, wenn er zu Leistung, Eigenverantwortung und Kreativität motiviert, werden wir unsere Probleme überwinden und unsere Zukunft in einer offenen Gesellschaft gestalten können.

Mit der Vorlage des »Zweiten Berichts zur Rechts- und Verwaltungsvereinfachung« hat die Bundesregierung deutlich gemacht, daß es sich bei ihrer Ankündigung vom 13. Juli 1983, nachhaltige Maßnahmen zur Entbürokratisierung, Rechtsbereinigung und Verwaltungsvereinfachung zu ergreifen, nicht um ein bloßes Lippenbekenntnis gehandelt hat. Allein das Steuerrecht ist schon um mehr als hundert überflüssige Vorschriften entlastet worden. Daneben wurden Vorschriften und Gesetze in den Bereichen Bauen, Planen, Wohnen sowie bei der Anfertigung von Statistiken abgeschafft. Eine Änderung der Außenwirtschaftsverordnung brachte Erleichterungen beim Ex- und Import.

Die Dimension der Aufgabe, vor der wir stehen, wird deutlich, wenn man sich vor Augen hält, daß der unabhängigen Kommission zur Vereinfachung von Recht und Verwaltung insgesamt 1500 Einzelanregungen von Verbänden und Bürgern eingereicht wurden.

Studien über die direkten »Bürokratiekosten« kommen zu dem Ergebnis, daß die Wirtschaft jährlich rund 50 Milliarden DM für unentgeltliche Leistungen für den Staat aufzubringen hat. Erschwerend kommt hinzu, daß die »Bürokratiebelastung« mit sinkender Unternehmensgröße relativ ansteigt. Es werden also gerade die Unternehmen besonders hart getroffen, die in den zurückliegenden Jahren den überwiegenden Teil der neu geschaffenen Arbeitsplätze bereitgestellt haben. Damit das bisher Erreichte durch neue Regelungstatbestände nicht wieder »neutralisiert« wird, sollten künftig nicht nur die finanzwirtschaftlichen Kosten von Gesetzen im Gesetzgebungsverfahren Berücksichtigung finden, sondern auch die direkt für die Unternehmen und die indirekt für die gesamte Volkswirtschaft entstehenden Kosten. Auch wenn diese Kosten sicherlich nur annäherungsweise ermittelt werden können, würde doch aber das »Kostenbewußtsein« der politischen Entscheidungsträger dadurch gestärkt.

Zu den am stärksten »regulierten« Märkten in der Bundesrepublik zählen nach wie vor insbesondere das Banken-, Versicherungs- und Verkehrswesen sowie der Bereich der Telekommunikation.

Auch die Politik der Privatisierung von staatlichen Unternehmen hat bereits unübersehbare Akzente gesetzt. Aus VEBA und VW will sich der Bund völlig zurückziehen. Für die beiden kommenden Jahre sollen weitere Privatisierungsschritte vorbereitet werden. Soweit nicht hoheitliche Leistungen erbracht werden, gibt es nur wenige stichhaltige Gründe für ein direktes Engagement des Staates in der Wirtschaft.

Für mich nicht einsehbar ist, weshalb mit der Privatisierung vor einem Unternehmen wie der Lufthansa haltgemacht wird, das sich zudem noch verstärkt in luftfahrtfremden Bereichen, wie zum Beispiel dem Hotelgewerbe und dem Versicherungsgewerbe engagiert. Ich habe bereits vor geraumer Zeit vorgeschlagen, um wenigstens zu einer gewissen Entflechtung zu kommen, doch zumindest die Beteiligungen bzw. die 100%igen Töchter der Lufthansa außerhalb des Luftverkehrs zu privatisieren.

Um zu mehr Wettbewerb und Vielfalt im Inlandsflugverkehr zu kommen, habe ich darüber hinaus angeregt, verstärkt Konzessionen für alle Strecken innerhalb der Bundesrepublik entweder an mehrere kleine oder einen neuen größeren Mitbewerber zu vergeben. Eine Verdichtung speziell des Regionalluftverkehrs ist insbesondere für peripher gelegene Länder wie Schleswig-Holstein von großer Bedeutung.

Reform der Arbeitsmarktordnung

In einer marktwirtschaftlichen Ordnung mit autonomen Tarifpartnern kann der Staat Vollbeschäftigung nicht garantieren. Das bedeutet nicht, daß der Staat keine Mitverantwortung für Wachstum und Beschäftigung trägt: Er darf nicht selber Hemmnisse für das eine oder das andere errichten.

Die staatlicherseits garantierte Tarifautonomie führt notwendigerweise zu einer Verantwortung von Arbeitgebern und Gewerkschaften für die Beschäftigung. Die Tarifautonomie läßt einen direkten Einfluß des Staats aber nicht zu. Der Staat legt jedoch die Verfassung des Arbeitsmarktes fest. Gerade auf diesem Gebiet brauchen wir wieder einen breiten Konsens für mehr Flexibilität. Ein wichtiger Beitrag für mehr Flexibilität wurde durch das Beschäftigungsförderungsgesetz 1985 und die 7. Novelle des Arbeitsförderungsgesetzes geleistet. Der Abschluß befristeter Arbeitsverträge wurde erleichtert, die Gleichstellung von Teilzeit- und Vollzeitbeschäftigung vollzogen sowie die Sozialplanpflicht eingegrenzt.

Im Interesse der arbeitslosen Menschen müssen alle denkbaren Möglichkeiten zum Abbau der Arbeitslosigkeit weiterhin intensiv überdacht werden. Die bestehenden Arbeitsschutzgesetze sollten ständig daraufhin überprüft werden, inwieweit sie Zugangsbeschränkungen zum offiziellen Arbeitsmarkt darstellen. Auch vor arbeitsmarktpolitischen Tabus sollte nicht zurückgeschreckt werden. Tarifvertraglich vereinbarte Löhne sind heute de facto Mindestlöhne. Eine positive Lohndrift wie in den 50er und 60er Jahren gibt es kaum mehr. Ein tarifgebundener Arbeitgeber hat keine Möglichkeit, mit einem Arbeitslosen oder im Fall einer wirtschaftlichen Notlage mit Zustimmung aller Beschäftigten einen niedrigeren Lohn als den Tariflohn zu vereinbaren. Einen Außenseiterschutz durch die Möglichkeit von Lohnzugeständnissen gibt es nicht.

Nachgedacht werden muß deshalb auch über neue Formen von Rahmenvereinbarungen der Tarifparteien, die eine unternehmensbezogene Ausgestaltung von Tarifabkommen ermöglichen. Den Arbeitnehmern könnte dadurch die Möglichkeit eingeräumt werden, das Verhältnis zwischen Arbeitsentgelt, betrieblichen Sozialleistungen, Arbeitszeit und Vermögensbildung mitzubestimmen.

Staatliche Arbeitszeitordnung und Manteltarifverträge haben im Laufe von Jahrzehnten vor allem in der Industrie ein weitgehend starres Arbeitszeitschema geschaffen. Eine bewegliche Gestaltung der Arbeitszeit bringt aber Vorteile für Arbeitnehmer und Unternehmen:

- Den Beschäftigten bietet sie Möglichkeiten, ihre individuellen Arbeitszeitwünsche, zum Beispiel nach freien Tagen, zu berücksichtigen.
- Die Unternehmen können durch flexible Arbeitszeitregelungen ihre teuren Produktionsanlagen besser nutzen. Eine längere Nutzung von Produktionsanlagen senkt die Kapitalkosten, stärkt die Wettbewerbsfähigkeit der deutschen Unternehmen auf dem Weltmarkt und sichert damit die vorhandenen Arbeitsplätze.

Ein generelles Verbot von Überstunden würde keine zusätzlichen Arbeitsplätze schaffen. So hat sich zum Beispiel der Mangel an qualifizierten Arbeitskräften seit 1984 trotz hoher Ausbildungs- und Weiterbildungsleistungen noch verschärft. Jeder vierte Betrieb klagt heute über Personalengpässe. Durch den Abbau von Überstunden werden aber die dringend benötigten Facharbeiter nicht bereitgestellt.

Wirtschaftspolitik für Schleswig-Holstein: Wachstumspolitik

Eine konsequent marktwirtschaftlich ausgerichtete Wirtschafts- und Stabilitätspolitik auf Bundesebene ist die beste Voraussetzung für eine wirksame, an den speziellen Erfordernissen des jeweiligen Bundeslandes ausgerichtete Politik auf Länderebene. Nur auf dieser Grundlage kann jedes Bundesland eigene Akzente setzen. Die schleswig-holsteinische Wirtschaftspolitik ist dafür ein gutes Beispiel. Wirtschaftspolitik war und ist für uns im Norden vornehmlich Wachstumspolitik und damit Politik für die Zukunft. Unsere Maßnahmen sind darauf angelegt, die Rahmenbedingungen für private Investitionsentscheidungen ständig weiter zu verbessern. Dabei orientieren wir uns an den Prinzipien der Sozialen Marktwirtschaft. Zu unserer marktwirtschaftlichen Konzeption gehört auch, daß wir mit gezielten Hilfen einzelnen Wirtschaftszweigen und Regionen helfen, die Last des strukturellen Anpassungsdrucks in einem sozial verträglichen Maß zu halten.

Unser Land verfügt heute über gute Voraussetzungen, um im Wettbewerb mit anderen Bundesländern erfolgreich zu sein. Die Unternehmen in Schleswig-Holstein, besonders die, die sich neu angesiedelt haben, bescheinigen den Behörden ein sehr hohes Maß an Flexibilität und kurze Wege in der unvermeidlichen Bürokratie. Dies hat eine Untersuchung des weltweit renommierten Instituts für Weltwirtschaft dokumentiert.

Die schleswig-holsteinische Wirtschaft hat in den zurückliegenden Jahren einen tiefgreifenden Strukturwandel durchlaufen. Neben den für inländische Bedürfnisse produzierenden Firmen verfügt unser Land heute über eine Reihe von weltoffenen, an der Spitze der technologischen Entwicklung stehenden Unternehmen. Maschinenbau, Chemie und die Druckindustrie erlebten einen starken Aufschwung. Unternehmen aus Medizin- und Raumfahrttechnik, Mikroelektronik und Nachrichtenübertragung sorgen für attraktive und zukunftsorientierte Arbeitsplätze. Im Bereich der Meerestechnik haben schleswig-holsteinische Unternehmen in Teilgebieten führende Positionen, zum Beispiel bei der Tauchtechnik oder dem Geräte- und Apparatebau für Forschungs- und Meßtechnik. An der Küste messen wir der Meerestechnik für die weitere technologische

Entwicklung eine ähnliche Bedeutung bei, wie sie von der Luft- und Raumfahrtindustrie ausgeht.

Schleswig-Holstein: Ein Land mit stetigem Wirtschaftswachstum

Schleswig-Holstein ist ein Land mit stetigem Wirtschaftswachstum: Das reale Bruttoinlandsprodukt lag 1986 um 2,1 Prozent über dem des Vorjahres. In der Rangfolge der Bundesländer belegt Schleswig-Holstein damit zusammen mit Hessen den fünften Platz. Unter den norddeutschen Bundesländern können wir das beste Wachstumsergebnis aufweisen. Bei der Zunahme der Zahl der Beschäftigten lag Schleswig-Holstein 1986 voll im Bundesdurchschnitt. Wir haben seit Jahren die niedrigste Arbeitslosenquote aller norddeutschen Länder.

Dies ist um so bemerkenswerter, als die demographische Entwicklung den schleswig-holsteinischen Arbeitsmarkt weit überdurchschnittlich belastet hat. So stieg in der Zeit 1970 bis 1985 die Zahl der Erwerbspersonen in Schleswig-Holstein um 26,7 Prozent, im Bundesgebiet dagegen nur um 9,4 Prozent. Gleichzeitig ist es in Schleswig-Holstein gelungen, das Arbeitsplatzangebot - gemessen an der Zahl der sozialversicherungspflichtig Beschäftigten - im gleichen Zeitraum konstant zu halten, während es im Bundesgebiet um rund 4 Prozent abnahm. Vieles spricht dafür, daß die Arbeitslosenquote in Schleswig-Holstein unter der des Bundes läge, wenn das Erwerbspersonenpotential in unserem Lande mit der gleichen Rate wie im Bundesgebiet gewachsen wäre.

Die attraktiven Rahmenbedingungen in Schleswig-Holstein ziehen hochqualifizierte Unternehmen aus dem In- und Ausland an. Dabei spielen sicherlich auch folgende Überlegungen eine entscheidende Rolle:

- Die Vorteile der großen Ballungsräume gehen aufgrund der Entwicklung in den modernen Informations- und Kommunikationssystemen verloren, so daß sich auf Dauer die Standortbedingungen für peripher gelegene Regionen und damit auch für Schleswig-Holstein verbessern. Die ökonomische Entfernung zu den Ballungszentren nimmt ab.

- Weitsichtige Unternehmer erkennen, daß durch den sich heute bereits abzeichnenden Mangel an qualifizierten Arbeitskräften Schleswig-Holstein als Standort begünstigt wird. Unternehmen, die über den Tag hinaus denken, sind deshalb gut beraten, wenn sie sich schon jetzt bei uns die Arbeitskräfte sichern, also in die Zukunft investieren.

Kein erfolgreiches »high tech« ohne solides »broad tech«

Neue Technologien, das ist ein Schlagwort - oder auch die Zauberformel -, die zur Zeit in aller Munde ist. Weltweit hat ein grundlegender technologischer Strukturwandel eingesetzt, eine Art dritte industrielle Revolution - ausgelöst durch die rasante Entwicklung in der Mikroelektronik -, die ihre Spuren in praktisch allen Bereichen von Wissenschaft und Wirtschaft hinterlassen hat. Die Frage wird deshalb immer wieder gestellt: Wie ist die Situation in Schleswig-Holstein? Kann Schleswig-Holstein in diesem weltweiten Wettbewerb mithalten?
Vorab gilt es jedoch festzuhalten:

- Es gibt kein erfolgreiches »high tech« ohne ein solides »broad tech«, das heißt, die Leistungsfähigkeit einer Wirtschaft hängt nicht allein von einigen technologischen Spitzenprodukten ab. Erforderlich ist vielmehr ein breites Fundament an wettbewerbsfähigen, marktorientierten und flexiblen Unternehmen, die mit den Produkten von heute das notwendige Geld für die Erschließung der Märkte von morgen verdienen.
- Neue Technologien sichern vorhandene und schaffen neue Arbeitsplätze. Zwar kann nicht bestritten werden, daß insbesondere die Einführung neuer Produktionsverfahren im konkreten Einzelfall auch zum Abbau von Arbeitsplätzen führen kann. Hier liegt die berechtigte Sorge der Arbeitnehmer. Das darf aber nicht den Blick dafür verstellen, daß nur mit neuen, der Nachfrage und der technischen Entwicklung angepaßten Produkten die Märkte der Zukunft gesichert werden können. Stillstand bedeutet hier Rückschritt.

FuE-Politik in Schleswig-Holstein

Wie stellt sich nun die Situation in Schleswig-Holstein dar?

Ziel der Landesregierung ist es, den technologischen Strukturwandel nach Kräften zu unterstützen. Besonderen Wert legen wir auf einen weiteren Ausbau unserer Forschungs- und Entwicklungsinfrastruktur. Forschungs- und Entwicklungspolitik ist ein ständig an Bedeutung gewinnender Teil unserer Infrastrukturpolitik. Hier liegt naturgemäß das Betätigungsfeld des Staates. Staatliche Infrastrukturinvestitionen insbesondere im Forschungsbereich sind komplementär zu privaten Investitionen, sie erhöhen deren Produktivität.

Forschungs- und Entwicklungspolitik in Schleswig-Holstein ist aber kein Selbstbeschäftigungsprogramm für Politiker und Beamte und kein Element selektiver Industriepolitik. Wir wenden uns an die Unternehmen. Unsere Maßnahmen werden nicht am grünen Tisch konzipiert, sondern bauen auf den Erfahrungen und Bedürfnissen der Wirtschaft - speziell der kleinen und mittleren Betriebe im Lande - auf. Sie zielen darauf ab, Eintrittsbarrieren zu verringern, Anreize zu geben, den Informationsfluß und -austausch zu verbessern, die Zusammenarbeit zu intensivieren und die Produktivität privater Forschungs- und Entwicklungsaktivitäten generell zu erhöhen.

Auf einen Wissenstransfer zwischen Wirtschaft und Politik wird deshalb besonderer Wert gelegt. In Schleswig-Holstein sind wir nicht der Auffassung, daß die Einheit von Forschung und Lehre leiden muß, wenn die Universitäten näher an die Praxis heranrücken. Im Gegenteil: Wir meinen, je enger der Kontakt, desto besser für beide. Zu unseren Aufgaben zählen wir es deshalb auch, den Technologietransfer zwischen Wissenschaft und Wirtschaft zu fördern.

Besondere Beachtung hat Schleswig-Holstein aufgrund seiner geographischen Lage und seiner natürlichen Ressourcen den regenerativen Energietechnologien geschenkt. Im Bereich der Photovoltaik befindet sich die größte deutsche Entwicklungs- und Produktionsstätte im schleswig-holsteinischen Wedel. Das Solarkraftwerk auf der Insel Pellworm ist das (derzeit noch) größte photovoltaische Kraftwerk Europas. Es wird zur Zeit durch die Zuordnung von vier Windkraftanlagen zu einem Sonne/Wind-Hybrid-System erweitert. Dieses Projekt ist Bestandteil einer umfassenden FuE-Strategie der Landesregierung im Bereich der Windenergieentwicklung und -nutzung.

Das technisch anspruchsvollste und richtungsweisende Projekt ist jedoch das Innovativprojekt Helgoland. Hier handelt es sich um ein Energieverbundsystem, in dem Windkraft, die Wärme des Nordseewassers und Schweröl eingesetzt werden, um bis zu 8000 Menschen mit Wasser, Strom und Fernwärme zu versorgen.

Daß mit diesen neuen Technologien in unserer hochentwickelten und hochtechnisierten Volkswirtschaft aus heutiger Sicht ein nur sehr bescheidener Beitrag zur Energiebedarfsdeckung geleistet werden kann, ist unbestritten. Diese Technologien haben aber vor allem auch Bedeutung für Länder und Regionen mit anderen Versorgungsstrukturen und -bedürfnissen. Hier liegen Chancen und Aufgaben für die schleswig-holsteinische Wirtschaft. Die Entwicklung der Windenergietechnik in Schleswig-Holstein hat daher nicht nur eine energiepolitische, sondern auch eine technologie- und strukturpolitische Perspektive.

Symbiose von Natur und Technik

Schleswig-Holstein ist nicht nur Ferienland mit abwechslungsreicher Landschaft und gesunder Umgebung. Unser Land ist nicht nur Reinluftgebiet, Schleswig-Holstein ist auch ein Land moderner Technologien. Das ist nicht für jedermann so auffällig wie in den industriellen Ballungsgebieten. Wir legen großen Wert darauf, daß Natur und Technik harmonieren. In der Symbiose von Natur und Technik liegt der besondere Reiz unseres Landes. Wir wollen diesen unseren schleswig-holsteinischen Weg weitergehen.

Die Erfolge sind offensichtlich. Technologiepolitik ist keine Politik des kurzen Atems. Wir haben die Grundlagen für unsere Zukunft gelegt. Wir wollen sie zielstrebig ausbauen.

Durch Innovation und Wettbewerb zum verbrauchssparsamen Automobil

Werner Breitschwerdt

„Die deutsche Automobilindustrie hat in den letzten Jahren meßbare Erfolge bei der Reduzierung des Energieverbrauchs erzielt vor allem durch den Einsatz von Human-Ressourcen, deren Umfang nur zum Teil quantifizierbar ist. Ich meine damit die Intelligenz und Kreativität des Menschen. Ohne die intelligenten technischen Lösungen von Wissenschaftlern und Ingenieuren wäre das verbrauchssparsame Automobil Utopie geblieben: ein Beweis dafür, daß geistige Energie natürliche Energie zu einem gewissen Grade substituieren kann."

Die erste Ölpreiskrise im Jahre 1973 markiert einen wichtigen, vielleicht sogar den wichtigsten Einschnitt in der technischen und wirtschaftlichen Entwicklung der deutschen Automobilindustrie nach dem Zweiten Weltkrieg. Die politische Verknappung des Erdöls und der dadurch ausgelöste Preissprung bei Kraftstoffen hatte nicht nur zur schwersten Rezession auf den Automobilmärkten beigetragen, sondern für viele auch ganz grundsätzlich die Zukunft des automobilen Individualverkehrs in Frage gestellt. Noch einschneidender waren die Auswirkungen in den USA aufgrund der Dominanz großer Fahrzeuge und der Tatsache, daß dem Kraftstoffverbrauch zuvor kaum Aufmerksamkeit geschenkt wurde.

»Challenge and Response« – die Herausforderungen an die deutsche Automobilindustrie

Wie immer, wenn sich der wirtschaftlichen und gesellschaftlichen Entwicklung ein scheinbar unüberwindliches Hindernis in den Weg stellt, hat es auch damals nicht an Stimmen gefehlt, die zum Verzicht und zur Einschränkung aufgefordert haben, weil der angeblich unmittelbar bevorstehenden Erschöpfung unserer Energiequellen nur so Einhalt geboten werden könne. In den USA kam es zur Einführung einer generellen Geschwindigkeitsbegrenzung. Aber auch in der Bundesrepublik Deutschland gab es Sonntagsfahrverbote und ein zeitlich befristetes Tempolimit. Schon bald wurde jedoch deutlich, daß eine derart defensive Anpassungsstrategie an die gestiegenen Energiepreise einen Wohlstandsverlust für alle bedeutete, ohne daß dadurch eine nennenswerte Energieeinsparung erzielt werden konnte.

Die deutsche Automobilindustrie hat damals nachdrücklich vor einer Dramatisierung der Lage und vor politischen Überreaktionen gewarnt. Vor allem aber: Sie hat gehandelt. Mit einem bis dahin beispiellosen technischen und finanziellen Einsatz wurden innerhalb kürzester Zeit die Entwicklungsschwerpunkte in Richtung größerer Verbrauchssparsamkeit der Fahrzeuge neu gesetzt. Schon die zweite Ölpreiskrise in den Jahren 1979/80 war in ihren Folgen für die deutsche Automobilindustrie weniger dramatisch als die Kraftstoffverteuerung sechs Jahre vorher. Da zunehmend Fahrzeuge mit niedrigerem Kraftstoffverbrauch angeboten wurden und in den Verkehr kamen, reagierte der Automobilmarkt sehr viel gelassener auf die neuerliche künstliche Verknappung des Öls. Gleichzeitig wurde der in Gang gekommene Prozeß der Kraftstoffeinsparung - auch als sich schon bald eine Entspannung der Situation abzeichnete - nochmals forciert.

So sehr die beiden Ölpreiskrisen die Entwicklung der deutschen Automobilindustrie in den letzten 15 Jahren geprägt haben, so leicht wird darüber vergessen, daß dies keineswegs die einzigen Herausforderungen in diesem Zeitraum waren. Bereits zu Beginn der 70er Jahre wurde die Forderung nach mehr Sicherheit im Straßenverkehr erhoben. Ferner wurden die Belastungen durch die Massenmotorisierung beklagt, wobei zunächst auf die Lärm-, später die Abgasemissionen der Fahrzeuge als Gefahrenquelle für Mensch und Umwelt hingewiesen wurde. Zu stellen hatte sich die deutsche Automobilindustrie außerdem der wirtschaftlichen Herausforderung durch die Aufwertung der D-Mark, die insbesondere nach 1973 die preisliche Wettbewerbsfähigkeit deutscher Anbieter ernsthaft zu gefährden drohte. Und schließlich trat mit Japan ein weiterer ernstzunehmender Wettbewerber auf dem Weltautomobilmarkt in Erscheinung, der in zunehmendem Maße auch in den deutschen Markt hineindrängte.

Die Fülle der Probleme stellte an die technische und finanzielle Leistungsfähigkeit der deutschen Automobilhersteller hohe Anforderungen: Es galt, Fahrzeuge zu konstruieren, die nicht nur verbrauchssparsamer, sondern auch sicherer und umweltverträglicher waren, wobei zwischen diesen Zielen oft technische Gegenläufigkeiten bestehen. So bedeutet mehr Sicherheit häufig mehr Gewicht, was sich wiederum nachteilig auf den Kraftstoffverbrauch auswirkt. Gleichzeitig mußte der Fertigungsprozeß modernisiert werden, um den gestiegenen produkttechnischen Anforderungen, zum Beispiel im Hinblick auf die Qualität und Flexibilität gerecht zu werden, aber auch um bei den Kosten wettbewerbsfähig zu bleiben.

Heute können wir feststellen, daß die deutsche Automobilindustrie diese Aufgaben gut bewältigt hat. So haben sich Produktion und Beschäftigung seit Mitte der 70er Jahre weiter erhöht, und die Automobilindustrie war in den letzten Jahren die umsatzstärkste deutsche

Industriebranche. Wenn die Vielzahl der Herausforderungen aus eigener Kraft von der Automobilindustrie gemeistert werden konnte, so ist dies vor allem auf zwei Faktoren zurückzuführen: den unbedingten unternehmerischen Willen zur Innovation und das Wissen und Können der Ingenieure in den Forschungs- und Entwicklungsabteilungen der Automobilunternehmen.

Das verbrauchssparsame Automobil als Entwicklungsziel

Die technische Dimension

Mit der Verteuerung des Kraftstoffes um rund 35 Prozent in den Jahren 1973/74 und um mehr als 50 Prozent als Folge der zweiten Ölpreiskrise Anfang der 80er Jahre ist der Kraftstoffverbrauch zu einem wesentlichen Element des Wettbewerbs zwischen den Automobilherstellern geworden. Es konnten eine Fülle von technischen Neuerungen realisiert werden, die bei den gestiegenen Kraftstoffpreisen vom Markt honoriert wurden. Dazu war viel Erfindungsgeist notwendig. Denn das Automobil besteht aus einer Vielzahl von hochkomplexen Einzeltechniken. So wichtig diese auch sind, der technische Wert und die Qualität eines Automobils werden letztlich dadurch bestimmt, wie alle Einzelteile zu einem harmonischen Ganzen zusammengefügt werden. Es war also nicht möglich, nur einzelne Komponenten zu verändern, um den Kraftstoffverbrauch zu reduzieren, sondern es galt, von Grund auf neue verbrauchsoptimierte Fahrzeuge zu konstruieren. Einige wesentliche Entwicklungslinien auf dem Weg zum verbrauchssparsamen Automobil seien im folgenden kurz skizziert.

Die Bemühungen der Automobilkonstrukteure zur Verbrauchsreduzierung konzentrierten sich vor allem auf die Verringerung der Fahrwiderstände und die Verbesserung der Energieumwandlung.

Eine Verringerung der Fahrwiderstände konnte durch die Reduktion des Rollwiderstandsbeiwertes erreicht werden. Dies war vor allem durch den Übergang vom Diagonal- zum Radialreifen möglich. Zunehmende Bedeutung hat auch die Reduzierung des Luftwiderstandsbeiwertes gewonnen. Der cw-Wert der auf den Markt kommenden Personenwagen konnte in den letzten Jahren deutlich gesenkt werden, wobei dieser Entwicklung bei normalen Gebrauchsfahrzeugen durch Sicherheits- und Komfortkriterien allerdings Grenzen gesetzt sind. So besteht beispielsweise die Gefahr, daß bei einseitiger Minimierung des Luftwiderstandsbeiwertes keine Schmutzfreiheit der Seitenscheiben mehr gewährleistet ist, die Sonnenstrahlung durch zu starke Neigung der Front- und Heckscheibe den Komfort wesentlich beeinträchtigt oder die Sicht nach hinten erheblich verschlechtert wird.

Beschleunigungs-, Roll- und Luftwiderstände wirken nur jeweils anteilig auf den Verbrauch. Eine Verbesserung des Rollwiderstandes um 10 Prozent führt zu einer Reduzierung des Kraftstoffverbrauches um 1,5 Prozent, und wenn der Luftwiderstand um 10 Prozent verbessert werden kann, hat das eine Verbrauchsverbesserung von knapp 2 Prozent zur Folge; das entsprechende gilt auch für das Gewicht. Daher müssen beachtliche Teilerfolge auf diesen Gebieten erreicht werden, um zu einer nennenswerten Reduzierung des Kraftstoffverbrauches zu kommen.

Erheblich reduziert werden konnten auch die Fahrzeuggewichte. Die Anwendung der Leichtbauweise wurde durch den Einsatz von Materialien wie hochfesten Stahlblechen, dünnwandigerem Guß, Leichtmetallen und Kunststoffen ermöglicht. Dies durfte jedoch nicht zu Lasten von Sicherheits- und Qualitätsanforderungen gehen.

Zum zweiten Schwerpunkt, der Verbesserung der Energieumwandlung: Hier sind große Fortschritte zum Beispiel bei der Verringerung der Motorreibleistung, der Reduzierung der Motor-Leerlaufdrehzahl und der Verlagerung der Motor-Betriebslinien in Gebiete hoher Wirkungsgrade erzielt worden. Dabei hat der Einsatz der Mikroelektronik neue Möglichkeiten bei der Zündung und Steuerung eröffnet.

Ein weiterer wichtiger Beitrag zur Verringerung des Kraftstoffverbrauchs bestand darin, daß der Diesel-Antrieb für einen größeren Kreis von Autofahrern attraktiv gemacht werden konnte. Fahrzeuge mit Diesel-Motoren haben in der Regel einen niedrigeren Kraftstoffverbrauch als Fahrzeuge mit Otto-Motoren, weil ein Liter Dieselkraftstoff etwa 10 Prozent mehr Energie enthält als ein Liter

Vergaserkraftstoff und außerdem der Wirkungsgrad der Energieumwandlung des Dieselprozesses vor allem im Teillastbereich deutlich höher ist als der des Ottoverfahrens. In den letzten Jahren ist es mit erheblichem konstruktivem Aufwand gelungen, die Nachteile des Diesel-Prinzips wie die niedrigere spezifische Leistung und die geringere Laufruhe abzubauen. Dementsprechend hat sich der Zulassungsanteil von Diesel-Personenwagen, der Anfang der 70er Jahre in der Bundesrepublik noch bei 3 Prozent lag, ständig erhöht und überschritt 1980 erstmals die 10-Prozent-Marke. 1986 waren 26 Prozent der neu in der Bundesrepublik zugelassenen Personenwagen Dieselfahrzeuge.

Der im Fahrzeug realisierte technische Fortschritt allein kann aber nicht alle Möglichkeiten zur Energieeinsparung ausschöpfen. Auch der Fahrer selbst muß dazu seinen Beitrag leisten. In Untersuchungen wurde nachgewiesen, daß hier ein besonders großes Potential liegt. So kann der Kraftstoffverbrauch beispielsweise durch die Wahl der Getriebeübersetzung erheblich beeinflußt werden. Auch die Flüssigkeit und Gleichmäßigkeit der Fahrweise ist von großer Bedeutung. Jedes unnötige Beschleunigen und Bremsen führt zu einem überflüssigen Energieverbrauch. Beobachtungen haben gezeigt, daß sich unter dem Einfluß der beiden Kraftstoffverteuerungen bei den deutschen Autofahrern eine energiebewußtere Fahrweise durchgesetzt hat.

Nur wenig unterstützt wurden Automobilindustrie und Autofahrer in ihrem Bemühen um eine Verbrauchseinsparung durch die Verkehrspolitik. Der Umfang, vor allem aber auch die Qualität des Straßennetzes haben einen wesentlichen Einfluß auf den Kraftstoffverbrauch, der zum Beispiel im »Stop- and Go-Verkehr« für eine bestimmte Fahrstrecke leicht auf das Drei- bis Fünffache gegenüber dem bei zügigem Verkehr ansteigen kann. So werden jährlich 100 Millionen Liter Benzin auf deutschen Autobahnen durch Staubildung nutzlos vergeudet.

Leider muß man feststellen, daß der Neubau und die Verbesserung des Straßennetzes in den letzten Jahren nicht mit der weiter zunehmenden Motorisierung Schritt gehalten haben. Im Gegenteil: Nach einer Phase der Stagnation sind die für den Straßenbau eingesetzten Investitionen der öffentlichen Hand seit Ende der 70er Jahre real drastisch gesunken. Es besteht daher die große Gefahr, daß alle technischen Verbesserungen und der gute Wille der Fahrer zur Reduzierung des Kraftstoffverbrauchs aufgrund einer restriktiven Straßenbaupolitik nicht voll zum Tragen kommen.

Dennoch kann heute eine positive Bilanz der Bemühungen um das verbrauchssparsame Automobil gezogen werden. Durch die Fülle an technischen Einzelmaßnahmen konnte der spezifische Kraftstoffverbrauch der im Bundesgebiet abgesetzten Personenwagen deutscher Hersteller von 1978 bis 1985 um fast 23 Prozent reduziert werden. Die deutsche Automobilindustrie hat damit die dem Bundeswirtschaftsminister im Jahr 1979 gegebene Zusage, im genannten Zeitraum den Kraftstoffverbrauch um durchschnittlich 10 bis 12 Prozent zu senken, deutlich übertroffen. Diese Verbrauchsminderung bedeutet, daß die Personenwagen der neuen Fahrzeuggeneration bei einem Durchschnittsverbrauch von inzwischen nur noch 7,6 Liter auf 100 km/h 2,2 Liter Kraftstoff weniger benötigen, als dies 1978 noch der Fall war.

Einem Anstieg des Personenwagen-Bestandes um mehr als ein Fünftel steht im Zeitraum 1978 bis 1985 eine Abnahme des durchschnittlichen jährlichen Kraftstoffverbrauchs je Personenwagen von fast einem Siebtel oder 204 Liter gegenüber, wobei allerdings ein Drittel dieser Verbrauchsmengenreduzierung den mit wachsendem Bestand sinkenden Durchschnittsfahrleistungen zuzuschreiben ist.

Mit diesem Einsparergebnis nimmt die Bundesrepublik Deutschland international eine Spitzenstellung ein. Ohne diese Einsparerfolge wäre der Kraftstoffverbrauch des gesamten Personenwagen-Bestandes in der Bundesrepublik Deutschland alleine 1985 über 10 Prozent oder 4 Milliarden Liter höher als tatsächlich ausgefallen. Über den Zeitraum 1978 bis 1985 hinweg konnte auf diese Weise insgesamt eine Kraftstoffeinsparung in Höhe der halben Jahresverbrauchsmenge 1985 erzielt werden.

Erhebliche Verbrauchsfortschritte wurden aber nicht nur bei Personenwagen, sondern auch bei Nutzfahrzeugen realisiert. Vor allem durch die Optimierung der Motoren und durch Verbesserungen des gesamten Antriebsstranges gelang es, beachtliche Kraftstoffverbrauchssenkungen bei gleichzeitiger Steigerung der Durchschnittsgeschwindigkeit zu erreichen. So konnte beispielsweise beim 38-t-Lastzug im Zeitraum von 1967 bis 1985 eine Abnahme des spezifischen Kraftstoffverbrauchs um 30 Prozent auf rund 35 Liter auf

100 km bei gleichzeitiger Erhöhung der Durchschnittsgeschwindigkeit um ebenfalls 30 Prozent erzielt werden. Bezogen auf die mit einem solchen Lastzug beförderbare Gütermenge bedeutet dies, daß sich die für den Transport einer Tonne über eine Strecke von 100 km benötigte Kraftstoffmenge in dem gesamten Zeitraum von 1,3 Liter auf 0,87 Liter verringert hat, während gleichzeitig die erreichte Durchschnittsgeschwindigkeit von 49 auf über 65 km/h stieg. Von dieser Verbrauchsabsenkung - bezogen auf 1967 - konnte knapp die Hälfte in der relativ kurzen Zeit seit 1978 realisiert werden. Die von den Nutzfahrzeug-Herstellern gegenüber dem Bundeswirtschaftsminister Anfang 1979 ebenfalls zum Ausdruck gebrachte Erwartung, daß bei Nutzfahrzeugen der spezifische Kraftstoffverbrauch im Zeitraum 1978 bis 1985 voraussichtlich um etwa 5 Prozent gesenkt werden kann, wurde damit um ein Mehrfaches übertroffen.

Während diese Verbrauchseinsparungen erzielt wurden, vollzog sich erneut ein Wandel in den politischen Prioritäten. Die Verringerung der Abgasemissionen der Fahrzeuge, vor allem der Stickoxidemissionen, steht heute im Vordergrund der an die Automobilindustrie gerichteten Forderungen. Dies läßt sich nach dem heutigen technischen Stand am wirksamsten mit geregelten Dreiwegkatalysatoren erreichen, die eine Schadstoffreduktion bei Otto-Motoren um 90 Prozent ermöglichen.

Die Anwendung der Katalysator-Technologie wirkt sich jedoch in der Einführungsphase bremsend auf den Rückgang des Energieverbrauchs aus, da Katalysator-Fahrzeuge schon allein wegen der geringeren Klopffestigkeit des unverbleiten Superbenzins und der damit niedrigeren Verdichtung einen höheren Kraftstoffverbrauch haben. Zwar lassen sich solche technischen Gegenläufigkeiten nicht völlig beseitigen, doch konnte durch technisch leistungsfähige Dreiwegkatalysatoren der Mehrverbrauch auf ein im praktischen Fahrbetrieb kaum spürbares Minimum reduziert werden. Dies hat zweifellos zur zunehmenden Akzeptanz von Katalysator-Fahrzeugen in der Bundesrepublik beigetragen, wie auch die erfolgreichen Bemühungen der deutschen Mineralölindustrie, in der Bundesrepublik schnell ein flächendeckendes Netz von Tankstellen mit bleifreiem Benzin einzurichten.

Die wirtschaftliche Dimension

Als nach einer Studie des Club of Rome Anfang der 70er Jahre das Schlagwort von den »Grenzen des Wachstums« die Runde machte, schien es auf keine andere Branche so sehr zuzutreffen wie auf die Automobilindustrie. Die Phase der Massenmotorisierung mit hohen Zuwachsraten bei den produzierten Stückzahlen lief zu Beginn der 70er Jahre aus. Da die durch die Sicherheits-, Umwelt- und Energiediskussion ausgelösten Forderungen an die Produkttechnik in ihrer Summe kaum erfüllbar schienen, war nach der Auffassung vieler der Weg der Automobilindustrie in eine Krise vorgezeichnet. Was die Ursache für ihren Niedergang hätte sein können, wurde tatsächlich zur wichtigsten Quelle ihres weiteren Wachstums. Die gestiegenen Ansprüche an das Automobil von Kunden, Staat und Gesellschaft führten zu einer solchen Fülle von innovatorischen Verbesserungen, daß der Produktionsumfang je Fahrzeug beträchtlich zunahm. In die gleiche Richtung wirkte der Wunsch der Käufer nach erhöhtem Fahr- und Bedienungskomfort. So hat sich im Laufe der 70er Jahre in der deutschen Automobilindustrie der Übergang vom quantitativen zu einem qualitativ bestimmten Wachstum vollzogen.

Stiegen die realen Produktionswerte und die produzierten Stückzahlen in den 60er Jahren noch weitgehend im Gleichschritt, so hat seit Anfang der 70er Jahre, vor allem aber nach der ersten Ölpreiskrise das Wachstum der wertmäßigen Produktion gegenüber dem in Stückzahlen gemessenen immer mehr an Bedeutung gewonnen. Der reale Durchschnittswert eines in der Bundesrepublik hergestellten Personenwagens ist seit 1973 um jahresdurchschnittlich 3,5 Prozent gestiegen. Die deutsche Automobilindustrie hat damit ihre Rolle als eine der Wachstumsbranchen der deutschen Wirtschaft trotz eines unbestreitbar schwierigen Umfeldes behauptet.

Die Entwicklung verbrauchssparsamer Automobile, die gleichzeitig noch sicherer und umweltverträglicher sein sollen als ihre Vorgänger, erforderte zusätzliche Forschungsanstrengungen in den Automobilunternehmen und bei ihren Zulieferern. Die Ausgaben für Forschung und Entwicklung stiegen seit Mitte der 70er Jahre um jahresdurchschnittlich 12 Prozent und damit schneller als in der gesamten deutschen Wirtschaft an (+ 10 Prozent). Insgesamt wurde in den letzten Jahren ein Betrag von jährlich rund 5 Milliarden DM in der deutschen Automobilindustrie für Forschung und Entwicklung ausgegeben.

Die Umsetzung der in den Forschungs- und Entwicklungsabteilungen erarbeiteten technischen Erkenntnisse in neue Fahrzeuge und in die Modernisierung der Fertigungsverfahren wurden von einer deutlichen Erhöhung der Investitionen begleitet. Die Investitionen in Sachanlagen erhöhten sich bei den Automobilherstellern seit 1975 real um jahresdurchschnittlich 9 Prozent. Das jährliche Investitionsvolumen der deutschen Automobilindustrie bewegte sich in den letzten Jahren in einer Größenordnung von 10 Milliarden DM.

Diese enormen Belastungen zeigen ein weiteres: Eine Innovationsstrategie, wie sie die deutsche Automobilindustrie seit nunmehr 15 Jahren verfolgt, ist überhaupt nur bei ausreichender Finanzkraft durchzustehen. Ohne über die entsprechenden finanziellen Reserven zu verfügen, hätte die deutsche Automobilindustrie die Herausforderungen durch die beiden Ölpreiskrisen nicht so rasch bewältigen können und wäre zweifellos im internationalen Wettbewerb zurückgefallen. Eine ausreichende Eigenkapitaldecke ist die Voraussetzung für die Anpassungsfähigkeit von Unternehmen an sich schnell verändernde gesamtwirtschaftliche, technische und ökologische Anforderungen.

Trotz qualitativer Verbesserungen und erweiterter Ausstattungsumfänge sind die laufenden Aufwendungen für die Anschaffung und Haltung eines Kraftfahrzeugs heute – gemessen am ausgabefähigen Einkommen – niedriger als 1970. So gibt ein Haushalt in der Bundesrepublik heute im Durchschnitt nur 12 Prozent seines Einkommens für die Anschaffung und Haltung eines Personenwagens aus, während es Anfang der 70er Jahre noch 17 Prozent waren. Und obwohl der Kraftstoffpreis im Jahr 1985 fast doppelt so hoch war wie 1970, mußte der Autofahrer durch die Erfolge bei der Verbrauchseinsparung nur etwa genausoviel für Kraftstoff ausgeben wie vor 15 Jahren, nämlich rund 3,5 Prozent seines Einkommens.

Sicherlich erklärt sich auch aus dieser erstaunlichen Tatsache, warum der automobile Individualverkehr weiter an Bedeutung gewonnen hat. Der technische Fortschritt im Automobilbau hat nicht nur die Abhängigkeit der Motorisierung vom Energieverbrauch abgeschwächt, sondern auch eine Verteuerung der Autohaltung für jeden einzelnen Autofahrer verhindert. Insofern geht das Erreichen gesamtwirtschaftlicher Ziele einher mit einer deutlichen Entlastung des Autofahrers.

Perspektiven der Motorisierung und des Kraftstoffverbrauchs

Die Sicherung der Energiebasis des Automobilverkehrs als Zukunftsaufgabe

Das Automobil wird über unser Jahrhundert hinaus den Personen- und Güterverkehr wesentlich bestimmen. Rund 80 Prozent des Aufkommens im Personenverkehr entfallen bereits heute auf den Personenwagen. Der Wunsch nach individueller Mobilität wird aufgrund des steigenden Freizeit- und Urlaubsverkehrs künftig eher noch zunehmen, denn gerade bei diesen Verkehrszwecken kommen die spezifischen Vorteile des Automobils - Unabhängigkeit und Flexibilität - voll zur Geltung. Nach den gängigen wissenschaftlichen Prognosen wird der Bestand an Personenwagen in der Bundesrepublik bis zum Jahr 2000 von gegenwärtig rund 27 Millionen auf über 30 Millionen Fahrzeuge ansteigen.

Auch der Lastkraftwagen wird seine dominierende Stellung im Güterverkehr nicht nur behaupten, sondern sogar noch ausbauen können. Bereits heute werden in der Bundesrepublik fast 80 Prozent aller Güter auf der Straße transportiert. Allerdings wird aufgrund der Umstrukturierung der Güterproduktion zugunsten hochwertiger und leichterer Waren das Transportaufkommen langsamer wachsen. Die EDV-unterstützte Rationalisierung der Transportorganisation erhöht außerdem die Auslastung der vorhandenen Fahrzeugbestände. Dennoch wird der wachstumsbedingte Bedarf an Transportkapazitäten in Zukunft noch leicht ansteigen.

Diese Prognosen über das quantitative Wachstum des deutschen Automobilmarktes werden sich jedoch nur dann realisieren lassen, wenn es gelingt, die für den automobilen Straßenverkehr notwendige Energiebasis zu sichern. Vor dem Hintergrund einer latent gefährdeten Ölversorgung hängt die wirtschaftliche Zukunft der Automobilindustrie in hohem Maße davon ab, ob sie weitere Fortschritte bei der Einsparung und der Substitution des Öls als Energieträger erzielen kann. Es wäre ein fataler Irrtum, in der gegenwärtig entspannten Situation auf den internationalen Energiemärkten mehr als einen vorübergehenden Zustand zu sehen.

Die Reichweite der bekannten Ölreserven beträgt bei dem heutigen Förderniveau mehr als 30 Jahre. Auch wenn anzunehmen ist, daß bei wieder steigenden Preisen durch neue Explorationen ihre Reichweite gestreckt werden kann, führt kein Weg an der Erkenntnis vorbei, daß unsere Ölvorräte endlich sind. Hinzu kommt, daß sich weit über die Hälfte der bekannten Reserven im Nahen und Mittleren Osten befinden - in einem Raum also, in dem sich politische Konflikte in einem Ausmaß konzentrieren, wie dies in keiner anderen Region auf der Welt der Fall ist. In der Vergangenheit hat sich gezeigt, daß nicht die natürliche Begrenztheit der Ölvorkommen, sondern seine politische Verfügbarkeit die eigentliche Gefahr für die Ölversorgung der westlichen Industrieländer ist und in den nächsten Jahrzehnten auch bleiben wird.

Angesichts eines risikobehafteten und letztlich begrenzten Angebots an Öl ist das gegenwärtig relativ niedrige Kraftstoffpreisniveau für die Automobilindustrie kein Anlaß, in ihren Bemühungen nachzulassen, die Ölabhängigkeit des Straßenverkehrs abzubauen. Öleinsparung und -substitution sind heute im Selbstverständnis der deutschen Automobilunternehmen originäre und ständige Forschungs- und Entwicklungsaufgaben. Der Trend zum noch sparsameren Automobil ist schon allein wegen der Langfristigkeit, mit der in den Unternehmen Entwicklungsarbeit geleistet wird, irreversibel.

Systemkonzepte zur Verbrauchseinsparung

Trotz aller bereits erzielten Einsparerfolge gibt es durchaus Möglichkeiten für eine noch weitergehende Verbrauchsoptimierung der Fahrzeuge. So ist eine weitere Reduzierung des Kraftstoffverbrauchs durch neue Motorenkonzepte mit beispielsweise variabler Verdichtung, Zylinder- und Kraftstoffabschaltung und Antiklopfregelung zu erwarten. Durch keramische Bauteile können thermodynamische Prozesse im Motor vorteilhaft beeinflußt werden, und sie können außerdem zur Gewichtsreduzierung beitragen. Bei Dieselmotoren wird an verbesserten Aufladesystemen und der Verwendung des Direkteinspritzverfahrens auch beim Personenwagen gearbeitet. Schließlich sind neben Verbesserungen bei den Motoren auch weitere fahrzeugkonstruktive Fortschritte etwa durch den Einsatz neuer Werkstoffe und durch die Formgebung der Fahrzeuge denkbar.

Dabei darf aber eines nicht übersehen werden: Bei allen diesen Maßnahmen wird das Nutzen-Kosten-Verhältnis ständig ungünstiger, denn aufgrund der hohen Komplexität der Entwicklung sind Verbesserungen nur noch in kleineren Schritten bei gleichzeitig überproportional steigendem Aufwand möglich. Auch in der Automobilentwicklung gilt das »Gesetz vom abnehmenden Grenznutzen«. Daher gewinnen System-Konzepte zunehmend an Bedeutung.

Der Straßenverkehr ist ein System, das um so wirkungsvoller funktioniert, je besser seine Komponenten Fahrzeug, Fahrweg und Fahrer aufeinander abgestimmt sind. Diese Abstimmung ist Aufgabe eines effizienten Verkehrs-System-Managements. Durch neue Technologien wie die Mikroelektronik und Sensorik, die Telekommunikation und die modernen Methoden der Informationsverarbeitung bis hin zu Systemen der künstlichen Intelligenz eröffnen sich heute völlig neue Möglichkeiten, den automobilen Individualverkehr nicht nur sicherer und umweltverträglicher, sondern auch noch verbrauchssparsamer zu gestalten.

Ein konkreter Beitrag zum Straßenverkehr der Zukunft ist das Projekt »Prometheus«, das im Rahmen des Eureka-Programms abgewickelt wird und zu dem sich mittlerweile 14 europäische Automobilhersteller zusammengeschlossen haben. Neben der für den Aufbau eines europäischen Informations- und Kommunikationsverbundes notwendigen Grundlagenforschung umfaßt Prometheus drei eigenständige Teilprojekte:

- Erstens die Entwicklung eines »denkenden« Fahrzeugs, wobei der Fahrer bei der Erfüllung seiner Fahraufgaben durch Computer unterstützt wird.
- Zweitens die Entwicklung eines Kommunikationsnetzes zwischen den Fahrzeugen, das ein Fahren auf elektronische Sicht erlaubt und damit den Wahrnehmungsbereich des Fahrers über die von ihm einsehbare Zone hinaus erweitert.

- Und drittens die Entwicklung eines Kommunikations- und Informationssystems zwischen strecken- und fahrzeugeigenen Rechnern, das es dem Anwender erlaubt, ein Ziel nach Wahl problemlos anzusteuern.

Einer der Schwerpunkte im Rahmen dieser Projektaufgaben ist die Entwicklung von Systemen zur Erhöhung der Wirtschaftlichkeit des Verkehrs durch die Gestaltung eines möglichst gleichmäßigen Verkehrsflusses, die Reduzierung von Umwegen und Suchfahrten sowie die kollektive Überwindung von Fahrwiderständen.

Durch ein Kommunikationsnetz zwischen den Fahrzeugrechnern könnte nicht nur die Sicherheit erhöht, sondern auch der Kraftstoffverbrauch reduziert werden, wenn es gelänge, die Bewegungen der einzelnen Fahrzeuge vorausschauend so aufeinander abzustimmen, daß verkehrsbedingte Brems- und Beschleunigungsvorgänge seltener würden. Dieser Prozeß kann durch streckenseitige Einrichtungen unterstützt werden.

Große Bedeutung kommt auch der Entwicklung individueller Zielführungssysteme zu. Suchfahrten und Umwege beim Auffinden des Zieles, von Parkplätzen, Tankstellen, Hotels usw. sind unnötig, zeitraubend, unwirtschaftlich und ausschließlich auf Informationsmängel zurückzuführen, die zu beheben möglich ist.

Unwirtschaftlich ist es auch, wenn in einer Kolonne so große Abstände eingehalten werden müssen, daß jedes Fahrzeug für sich Energie zur Überwindung des Luftwiderstandes einsetzen muß. Durch die Ausnutzung von Windschatteneffekten kann die Fahraufgabe ökonomischer abgewickelt werden. Hier ist ein Potential vorhanden, das sich durch regelungstechnische Unterstützung des Fahrers - selbstverständlich unter Wahrung der Verkehrssicherheit - erschließen läßt.

Die Perspektiven von Prometheus reichen sicherlich weit ins nächste Jahrhundert hinein. Manches mag utopisch erscheinen. Und doch: Die dafür notwendigen Basistechnologien stehen heute schon zu einem erheblichen Teil zur Verfügung. Jetzt sind technisches Geschick zur produktbezogenen Umsetzung neuer Technologien, unternehmerischer Wagemut und der politische Wille, das System Straßenverkehr durch eine verantwortungsbewußte Umgestaltung der Verkehrsinfrastruktur auf eine neue informations- und kommunikationstechnische Basis zu stellen, gefordert.

Ein effizientes System-Management macht die Suche nach neuen konstruktiven Lösungen im und am Fahrzeug nicht überflüssig. Es kann diese Bemühungen aber wirkungsvoll unterstützen.

Alternative Kraftstoffe für das Auto der Zukunft

Es gibt wohl kaum ein Gebiet, auf dem sich technische Erkenntnisse, wissenschaftliche Prognosen und bloßes Wunschdenken so sehr miteinander vermischen wie in der Abschätzung des künftigen Potentials alternativer Energien. Das gilt für die globale Energieversorgung ebenso wie für die Möglichkeiten des Einsatzes alternativer Kraftstoffe im Automobil.

Es sei daher zunächst eine mehr grundsätzliche Feststellung zu dieser Frage erlaubt: Die seit 15 Jahren intensiv betriebene Erforschung alternativer Kraftstoffe hat zu der Erkenntnis geführt, daß Hubkolbenmotoren mit konventionellen Treibstoffen für Straßenfahrzeuge immer noch die optimale Antriebsart darstellen. In Energiedichte und -umwandlung sowie in der Handhabung sind Benzin und Dieselöl allen anderen Kraftstoffen überlegen. Daher ist unter energiewirtschaftlichen Gesichtspunkten zu fordern: Erdöl und seine Derivate müssen den Einsatzzwecken vorbehalten bleiben, in denen sie wirtschaftlich durch andere Primärenergien oder deren Ableitungen nicht oder zumindest nicht sinnvoll ersetzt werden können: Leichtbenzin als Grundstoff für den petrochemischen Prozeß und die Erdölderivate für den mobilen Verkehr.

Dennoch wäre es unverantwortlich, aus diesen Überlegungen heraus die Erforschung alternativer Antriebe und Kraftstoffe nicht weiter zu betreiben. Die unternehmenspolitische Bedeutung dieser Forschungsarbeit wird möglicherweise erst in Jahrzehnten erkennbar und bewertbar sein. Allerdings kann schon heute nicht ausgeschlossen werden, daß sie dann bei schwindenden Ölreserven für die Überlebensfähigkeit der Automobilunternehmen entscheidende Bedeutung erlangen wird.

Unter der Vielzahl der alternativen Kraftstoffe, über die heute diskutiert wird - Flüssiggas, Elektrizität, Ethanol und Methanol sowie synthetische Kraftstoffe auf Kohlebasis -, ist der Wasserstoff mittlerweile in den Mittelpunkt des Interesses gerückt. Wasserstoff gilt vor allem deshalb als idealer Energieträger, weil bei seiner energetischen Nutzung praktisch keine Schadstoffe emittiert werden. Bei der Verbrennung von Wasserstoff entsteht Wasser. Da Wasser wieder in Sauerstoff und Wasserstoff unter Zuführung von Energie, also etwa durch Sonnenenergie, zerlegt werden kann, scheint auf der Basis von Wasserstoff ein Energiesystem möglich zu sein, das im Hinblick auf die Größe und Dauer seine Nutzung nahezu unbegrenzt und voll umweltverträglich ist. Allerdings gibt es auf diesem Weg noch eine Reihe technischer Schwierigkeiten zu überwinden.

Dem Einsatz von Wasserstoff als Kraftstoff in Fahrzeugen steht bislang noch immer das Problem seiner Speicherung entgegen. Wasserstoff läßt sich speichern unter Druck in Flaschen, in Kryotanks verflüssigt oder in Metallhydriden. Vom Gewicht her wäre die Speicherung von flüssigem Wasserstoff reizvoll, aber die Schwierigkeiten bei der Erstellung und beim Bau ausreichend isolierter Tanks sind bis jetzt nicht beseitigt.

Bei Daimler-Benz besitzt daher die Speicherung von Wasserstoff in Metallhydriden gegenwärtig Priorität. Es gibt bestimmte Metalle oder Metallverbindungen, die Wasserstoff unter Freigabe von Wärme einbauen und den Wasserstoff wieder hergeben, wenn ihnen Wärme zugeführt wird. Nun steht im Fahrzeug die Verlustwärme, sei es im Kühlwasser, sei es im Abgas, zur Verfügung. Deswegen kommt als Hydrid ein Niedertemperaturhydrid der Eisen-Titan-Familie in Frage, für das alle Randbedingungen des Fahrzeugbetriebs außerordentlich günstig sind. Leider hat dieses Hydrid eine kleine Energiedichte, so daß Wasserstoff einem Speicher mit konventionellen Kraftstoffen bislang noch deutlich unterlegen ist.

Da Wasserstoff außerdem eine sehr niedrige Zündenergie benötigt und ein sehr weites Mischungsverhältnis Wasserstoff/Luft zündfähig ist, stellt sich bei der motorischen Verarbeitung von Wasserstoff das Problem der Fehlzündungen und Rückzündungen ins Saugrohr. Unter den verschiedenen Lösungen ist deshalb die Einspritzung von Wasser vorteilhaft, weil damit nicht nur die Fehlzündungen verhindert, sondern auch die Verdichtung erhöht und die Bildung von Stickoxiden gebremst werden können.

Innerhalb eines vom Bundesminister für Forschung und Technologie (BMFT) geförderten Demonstrationsvorhabens in Berlin für alternative Kraftstoffe, an dem sich Daimler-Benz beteiligt, laufen auch Fahrzeuge mit Wasserstoffantrieb. Die praktischen Erfahrungen werden zeigen, ob dem Ölzeitalter im Automobilbau das Wasserstoffzeitalter folgen wird. Beginnen wird das Nach-Ölzeitalter im Straßenverkehr auf jeden Fall aber erst im nächsten Jahrhundert.

Automobile Zukunft – Mobilität durch Kreativität

Immer wieder haben Philosophen, Soziologen und Psychologen versucht, das Phänomen »Mobilität« zu ergründen. Der Mensch will ganz offensichtlich mobil sein, er will sich frei bewegen - wie anders wäre sonst der Erfolg des Automobils erklärbar, wie anders das Streben von Millionen Menschen auf der ganzen Welt, selbst ein Automobil zu besitzen. Was aber ist es, das den Menschen zur »Auto-Mobilität« treibt?

Ortega y Gasset führt das Bedürfnis nach Mobilität darauf zurück, daß der Mensch, weil seine Lebensdauer beschränkt ist, die Entfernung im Raum und die Dauer der Zeit besiegen wolle. Insofern das Bedürfnis nach Mobilität mit einer Grundtatsache unserer menschlichen Existenz in Zusammenhang steht, ist es - wie uns auch die Alltagserfahrung lehrt - ein existenzielles Bedürfnis. Durch das Automobil können wir unseren Erfahrungshorizont in sehr viel schnelleren Zeiträumen erweitern als früher oder - um noch einmal Ortega y Gasset zu zitieren - »in kürzere kosmische Zeit mehr gelebte Zeit zusammendrängen«.

Wer mobil sein will, muß dazu Energie einsetzen, entweder seine eigene oder fremde. Auch dies ist eine unverrückbare Tatsache unseres Lebens. Weil uns unsere eigene Energie nur zu einer sehr unvollkommenen Mobilität verhelfen kann, sind wir auf fremde angewiesen. Die Erhaltung der Mobilität erfordert daher einen sparsamen Umgang mit den uns zur Verfügung stehenden Energievorräten. Dies ist nicht nur ein Gebot der ökonomischen Vernunft und liegt nicht nur in unserem Interesse, sondern ist auch Teil unserer Verantwortung gegenüber jenen Generationen, die nach uns kommen.

Die deutsche Automobilindustrie hat in den letzten Jahren meßbare Erfolge bei der Reduzierung des Energieverbrauchs erzielt vor allem durch den Einsatz von Human-Ressourcen, deren Umfang nur zum Teil quantifizierbar ist. Ich meine damit die Intelligenz und Kreativität des Menschen. Ohne die intelligenten technischen Lösungen von Wissenschaftlern und Ingenieuren wäre das verbrauchssparsame Automobil Utopie geblieben: ein Beweis dafür, daß geistige Energie natürliche Energie zu einem gewissen Grade auch substituieren kann.

Das Auto der Zukunft wird sich durch noch mehr künstliche Intelligenz auszeichnen als dies bei unseren heutigen Fahrzeugen schon der Fall ist. Um den weiter steigenden Ansprüchen gerecht zu werden, wird es notwendig sein, in die Automobile neben neuen Materialien auch neue Ideen »hineinzukonstruieren«. Auf der Intelligenz und Kreativität unserer Mitarbeiter ruhen unsere Hoffnungen, daß sich die Menschen auch im nächsten Jahrhundert nach ihren Wünschen bewegen können. Die geistigen Fähigkeiten des Menschen sind die vielleicht einzigen wirklich unerschöpfbaren Ressourcen, weil sie mit jeder neuen Generation nachwachsen.

Chancengleichheit und Gleichberechtigung: Anmerkungen zum Grundgesetzpostulat und seiner Verwirklichung in der Bildungspolitik

Björn Engholm

„Die Verwirklichung von Chancengleichheit und Gleichberechtigung ist nicht getrennt, sondern nur gemeinsam zu erreichen. Um so wichtiger wäre es, wenn die gesellschaftlichen Bewegungen für Chancengleichheit und Gleichberechtigung sich häufiger fänden in einem gemeinsamen Kampf. Gemeinsamkeit macht stark!"

Daß das Grundgesetz nicht nur sofort festschreib- und umsetzbare Forderungen enthält, sondern auch mittel- und langfristig anzustrebende Ziele, ist bekannt.

Die Diskussion darüber, ob ein Ziel noch realistisch und erstrebenswert oder gar hinderlich ist, ob nicht Einschränkungen oder gar die Abschaffung gefordert sind, bezieht sich auf mehrere Formulierungen des Grundgesetzes. Der Streit um das Wiedervereinigungsgebot des Grundgesetzes ist die bekannteste Auseinandersetzung dieser Art.

Ich will mich mit zwei Grundrechtspostulaten und ihrer Umsetzung in einem Teilbereich der Politik, der Gestaltung des Bildungswesens, befassen. Es geht um das in Artikel 3 genannte Postulat der Gleichberechtigung von Mann und Frau und das aus den Grundrechtsartikeln 2 (1), 12 (1) und 20 (1) abzuleitende Recht auf Chancengleichheit.

Daß beide Postulate noch lange nicht gesellschaftliche Realität sind, ist unumstritten. Über das Ausmaß der Diskrepanz zwischen Anspruch und Wirklichkeit mag man streiten. Unstrittig aber ist, daß sich die bedeutendsten Veränderungen in diesem Bereich in den 70er Jahren ergaben. Unstrittig ist auch, daß die Bildungspolitik daran einen wesentlichen Anteil hatte. Sie war Ursache und Austragungsort dieser Veränderungen zugleich.

Die Sorge um die zukünftige Rolle Deutschlands im internationalen Wettbewerb angesichts der - im internationalen Vergleich - geringen Aufwendungen für Bildung fand ihren Ausdruck im Schlagwort von der Bildungskatastrophe. Die mehr sozial orientierte Kritik an der Bildungswirklichkeit der 60er Jahre gipfelte in der Kunstfigur des »katholischen Arbeitermädchens auf dem Lande«. In ihr kumulierte all die Benachteiligung, die in den 60er Jahren zum Teil mit den Händen zu greifen war. In ihr konzentrierte sich ferner der Vorwurf, daß zwei zentrale Forderungen des Grundgesetzes eben nicht verwirklicht waren: Gleichberechtigung und Chancengleichheit.

Das Bemühen um die Verwirklichung dieser Postulate hat zahlreiche Aspekte: individuelle, gesellschaftliche und ökonomische.

Bildungspolitik meint zunächst, allen Menschen Selbstfindung, Entfaltung und Selbstbestimmung zu ermöglichen. Ohne eine sorgfältige Förderung aller Fähigkeiten und eine umfängliche Enkulturation, die heute kaum mehr allein von Familien, sondern nur mit Hilfe eines gut organisierten Bildungssystems geleistet werden kann, dürfte eine befriedigende Existenz unmöglich sein.

Bildungspolitik ist sodann untrüglicher Ausdruck, ob eine Gesellschaft den Anspruch auf gleichen Rang der menschlichen Existenz trotz unterschiedlicher Herkunft, Neigung oder Begabung respektiert. Oder anders ausgedrückt: Wie sehr sie Klassendenken und -strukturen überwunden hat oder offen bzw. verdeckt durch Bildung perpetuiert.

Bildungspolitik ist schließlich eine unersetzbare Investition in die Zukunft - auch die der Ökonomie. Wenn sie, wie in den letzten Jahren, zum Tummelplatz der Finanzrotstifte wird und folglich Förderungsmöglichkeiten gekappt werden, gehen unwiderruflich Talente eines Teils der Bevölkerung verloren.

Die schwedische Regierung hat dies in einer Untersuchung über die Frauen einmal deutlich gemacht. Im Jahre 1968 schätzte sie den Anstieg des Bruttosozialproduktes auf 30 Prozent, wenn alle sozialen Benachteiligungen der Frauen beseitigt würden, und auf über 50 Prozent, wenn alle diskriminierenden Praktiken der Berufsausbildung und am Arbeitsplatz beseitigt würden. Man mag die Zahlen im einzelnen bezweifeln - der Tendenz dieser Aussage jedoch ist nicht zu widersprechen.

Das gleiche gilt natürlich für männliche Gruppen, die aufgrund ihrer sozialen Herkunft ihr Begabungspotential bislang nicht ausschöpfen konnten.

Es ist also nicht nur eine Frage an die Sozialität einer Gesellschaft, sondern auch an ihre ökonomische Rationalität, ob sie ihre Begabungsreserven, jenseits der Frage des Geschlechtes oder der sozialen Herkunft, auszuschöpfen versteht.

Der Anspruch auf Chancengleichheit

Die jahrzehntelange Diskussion um die Chancengleichheit basiert auf den Grundrechtsartikeln 2 (1) »Jeder hat das Recht auf freie Entfaltung seiner Persönlichkeit«, Artikel 12 (1) »Alle Deutschen haben das Recht, Beruf, Arbeitsplatz und *Ausbildungsstätte* frei zu wählen« und Artikel 20 (1) »Die Bundesrepublik ist ein demokratischer und sozialer Bundesstaat«.

Vor allem die »Sozialstaatsklausel«, wie der Artikel 20 verkürzt genannt wird, ist keinesfalls zufällig im Grundgesetz enthalten, wie uns einige konservative Publizisten heute weismachen wollen. Sie ist sehr bewußt in die Verfassung aufgenommen worden. Der frühere baden-württembergische Innenminister und heutige Vizepräsident des Bundesverfassungsgerichts, Roman Herzog, hat als Mitautor des renommierten Grundgesetzkommentars »Maunz-Dühring-Herzog-Scholz« das Sozialstaatsprinzip charakterisiert als »nicht lediglich ein Programmsatz, sondern eine alle Staatsgewalt bindende Staatsleitlinie ...«.

Gegen die Gültigkeit des Sozialstaatsprinzips wird immer wieder eingewandt, die Lage der öffentlichen Finanzen lasse seine volle Verwirklichung, zumindest temporär, nicht zu. Daß dieses Argument in Zeiten, da den Besser- und Bestverdienenden gewaltige Steuererleichterungen gewährt werden, an Glaubwürdigkeit verliert, sollte sich eigentlich von selbst verstehen.

Aber auch für den nicht unwahrscheinlichen Fall wirtschaftlicher Krisenzeiten hat sich Herzog in seinem Kommentar geäußert. Er schreibt im Hinblick auf die Bewältigung einer Wachstumskrise der Industrienation: »Sollte sie (gemeint ist die Krise) - aus welchem Grunde auch immer - eintreten, so könnte jedenfalls kein Zweifel darüber bestehen, daß sie in ihren Ausmaßen und in ihren Anforderungen an den Staat hinter der sozialen Katastrophe des 19. Jahrhunderts und hinter den politischen Katastrophen der beiden Weltkriege nicht zurückbliebe. Die verfassungsrechtliche Folgerung daraus müßte sein, daß auch ihre Bewältigung Bestandteil einer sozialstaatlichen Politik wäre und ihre verfassungsrechtliche sedes materiae im Sozialstaatsprinzip des Artikels 20 (1) hätte.

Wie zahlreiche andere Verfassungsbegriffe ist auch der des Sozialstaates nach Inhalt und Auslegung nicht an jene Situation gebunden, die beim Inkrafttreten des Grundgesetzes vorhanden oder aus geschichtlichen Gründen zumindest bekannt waren. Vielmehr gilt es, den Verfassungsinhalt für grundlegende Situationsveränderungen offen zu halten.« Mit anderen Worten: Auch die Sparpolitik eines Staates unterliegt dem grundgesetzlichen Sozialstaatsgebot.

Aus dem Sozialstaatsprinzip folgen das »Recht und die Pflicht der

Staatsorgane zur sozialgestaltenden Tätigkeit in allen Bereichen, in denen das freie Spiel pluralistischer Kräfte soziale Gerechtigkeit, soziale Strukturen und sozialadäquate Problemlösungen nicht zu gewährleisten vermag. Staatliche Sozialpolitik im rechtverstandenen Sinne betrifft damit die Wirtschaftspolitik ebenso wie die Rechts- und Kulturpolitik ... Neben die Herstellung von Bedingungen des sozialen Friedens (zum Beispiel durch Vermögensverteilung) und neben die soziale Sicherheit herkömmlicher Art (zum Beispiel im Alter, bei Krankheit und Invalidität, für die Hinterbliebenen) ist damit die langfristig geplante, im Zusammenwirken mit nichtstaatlichen Einrichtungen angestrebte Erweiterung und Verbesserung der Lebenschance aller getreten. Daß gleiche Bildungschancen eine der wesentlichen Voraussetzungen für den Erfolg dieses Programms sind, wurde in der Bundesrepublik Deutschland zu spät erkannt.«

Gert von Eynern, in dessen »Wörterbuch zur politischen Ökonomie« diese Sätze stehen, hat die Bedeutung gleicher Bildungschancen an anderer Stelle plastisch geschildert. Er schreibt: »Wer bei der Auswahl seiner Eltern vorsichtig war, erhält eine gute Erziehung und profitiert von der Bildungswelt des Elternhauses, ja, er kann darüber hinaus mit Kapital rechnen. Weniger begabte Kinder von reichen Eltern haben also größere wirtschaftliche Chancen als höher begabte Kinder von Armen. Wirtschaftlich bedeutet das eine Verschwendung von Begabungssubstanz, ethisch eine Ungerechtigkeit. Das Übel ist besonders groß, wenn sich die Unterschiede zwischen reich und arm zu Standes- oder gar Klassenunterschieden verhärten ... und das ist regelmäßig der Fall.«

Wenn von Eynern auch, mit dem Stilmittel der Verfremdung arbeitend, die Verantwortung für die Bildungschancen zunächst einmal den Betroffenen selber zumißt – »wer bei der *Auswahl* seiner Eltern *vorsichtig* war ...« –, so macht er doch klar, bei wem die Aufgabe liegt, für Chancengleichheit zu sorgen: beim Staat. Und nichts anderes sagt auch das Bundesverfassungsgericht, wenn es in seinem Urteil zur Förderstufe in Hessen 1972 ausführt: »Das Interesse der Eltern an einer optimalen Förderung gerade ihres Kindes wird durch die Aufgabe des Staates modifiziert, *gleiche* Bildungschancen herzustellen.«

Es machte die Chance der Bildungspolitik in den 70er Jahren aus, daß diese Position unstrittig unter den politischen Parteien war. So schrieb Kurt Biedenkopf 1975: »Die Gerechtigkeit erfordert es, daß für den Bildungsweg des Menschen allein seine Anlagen, Neigungen und Fähigkeiten ausschlaggebend sind. Jeder soll die gleiche Chance haben, sie zu entwickeln und zu nutzen, ohne daß Herkunft und soziale Stellung der Eltern, Wohnort, materielle Nachteile und mangelnde Bildungsmittel seiner Umwelt ihn behindern.«

Es bedarf keiner besonderen Beweise, daß es gerade die materiellen Voraussetzungen sind, die die Bildungslaufbahn mit beeinflussen. Diese Erkenntnis war Beweggrund für die bahnbrechende Schaffung einer Ausbildungsförderung, die lange Zeit von allen Parteien gemeinsam getragen wurde. Bei der Beratung des 1. Ausbildungsförderungsgesetzes 1969, eines Vorläufers des späteren BAFÖG, bekundete die CDU im Bundestag: »Für uns alle bedeutet die Verabschiedung dieses 1. Gesetzes zur Förderung der Ausbildung die Einleitung einer neuen Richtung in der Bildungspolitik ... es bildet eine große Hoffnung für viele junge Menschen. Die Zeit war reif für dieses Gesetz. Wir stehen hier an diesem Punkt an einer Wende. Ich möchte dieses 1. Gesetz zur Ausbildungsförderung beinahe mit den ersten Bemühungen um die Sozialgesetzgebung vor 100 Jahren vergleichen. Damals ging es schlicht um die Existenzsicherung. Heute geht es um den Anspruch des Menschen auf freie Entwicklung seiner Fähigkeiten und um den Platz in der Gesellschaft von morgen. Wir wissen, daß der Mensch alles das nur durch Leistung erringen kann. Der Zugang zu dieser Leistung ist die gute Ausbildung.«

Noch konkreter wurde diese Position in der Begründung zu dem 1971 verabschiedeten Bundesausbildungsförderungsgesetz, dem seinerzeit alle Parteien zustimmten.

Dort heißt es: »Bisher blieb einer großen Zahl ausbildungswilliger und -fähiger junger Menschen, deren Eltern nicht in der Lage waren, die hohen Aufwendungen während der oft vieljährigen Ausbildungszeit zu tragen, eine gründliche, qualifizierende Ausbildung versagt, und dieser Zustand würde, wenn der Staat sich nicht zunehmend dieser Aufgabe annimmt, andauern. Mit dem Sozialstaatsprinzip des Artikels 20, Abs. 1 des Grundgesetzes, einem der Grundgedanken der staatlichen Ordnung in der Bundesrepublik Deutschland, wäre dies nicht vereinbar. Der soziale Rechtsstaat, der soziale Unterschiede durch eine differenzierte Sozialordnung auszugleichen hat, ist vielmehr verpflichtet, durch Gewährung individueller Ausbildungsförderung auf eine berufliche Chancengleichheit der jungen Menschen hinzuwirken. Er hat im einzelnen die Ausbildung zu ermöglichen, die seiner Neigung, Eignung und Leistung entspricht.«

Von der Benachteiligung zur Gleichberechtigung

»Männer und Frauen sind gleichberechtigt«. Diese Aussage ist eine Sonderform des Gleichheitsgrundsatzes, sie ist die über den allgemeinen Gleichheitssatz hinausgehende Antwort des Grundgesetzes auf die konkrete Forderung der Frau nach einem Verbot jeglicher mit dem Geschlechtsunterschied begründeten Benachteiligung. Gleichberechtigung ist damit nicht allein die Forderung nach gerechter Behandlung von Mann und Frau, sondern bereits die Feststellung, daß eine unterschiedliche Behandlung der Geschlechter nicht gerecht ist.

Daß die Frauen aber gerade im Bildungsbereich benachteiligt waren, geht schon aus wenigen Zahlen hervor. So betrug der Anteil der Frauen an allen Studienberechtigten 1968 38,2 Prozent, der Anteil der Schülerinnen in der gymnasialen Oberstufe, die zum Abitur und damit zur klassischen Studienberechtigung führte, 1969 40,3 Prozent, der Frauenanteil an den Fachoberschulen, die zu den beruflichen Schulen zählen und zur Fachhochschulreife führen, 1969 15,9 Prozent; von den 125 000 Studienanfängern waren 1970 28,8 Prozent Frauen, der Frauenanteil unter den 510 500 Studenten 1970 lag bei 25,6 Prozent, und Mitte der 60er Jahre brachen noch doppelt so viele Studentinnen wie Studenten das Hochschulstudium ab.

Die hier zum Ausdruck kommenden Benachteiligungen der Frauen haben vielfältige und tiefliegende Ursachen. Die Feministin Erika Wisseling: »Wir sehen die heutige Situation nicht als ›Betriebsunfall‹, sondern potentiell von Anfang an im abendländischen Denken angelegt.« Sie belegt diese These mit einer Fülle von Zitaten abendländischer Denker zum Thema Frau. Aristoteles etwa beschrieb die Frau als einen mißglückten Mann; Augustinus sah Frauen als weder für die Arbeit noch für Zusammenleben und Gespräch geeignet, sondern nur fürs Kinderkriegen; nach Luther sollten die Frauen

Kinder austragen, »ob sie sich aber müde und zuletzt todtragen, das schad nicht ... sie sind darum da«; und schon vor 1900 Jahren hatte der Apostel Paulus in seinem 1. Korintherbrief geschrieben: »Lasset die Frauen schweigen in der Gemeinde.« Diese Zitatenkette ließe sich fortführen von Fichte über Hölderlin und Herder zu Ortega und Nietzsche. Und sie endet nicht mit Golo Mann, in dessen »Geschichte des 19. und 20. Jahrhunderts« die Frauenbewegung nicht existiert, obwohl mit Hedwig Dohm eine der großen frühen Frauenrechtlerinnen zur Familie Mann gehörte. Wie Golo Mann in seinen »Gedanken und Erinnerungen« schreibt, war ihm das Wirken Hedwig Dohms gar nicht bewußt. Er ist auf ihre Schriften erst später gestoßen. Daß er einiges von ihr in seinen Memoiren zitiert, sei als positive Wiedergutmachung hier ausdrücklich erwähnt.

»Gleich«, »Ähnlich«, »Gerecht« – oder wie?

Die Begriffe Gleichheit und Chancengleichheit waren unter Anwendung weithin anerkannter, universell gültiger und inhaltlich übereinstimmender Kriterien schon immer schwer zu definieren. In der Bildung kann jedenfalls das fragwürdige Konzept »gleichwertig, aber anders« nicht gelten, sondern nur der Grundsatz: »Gleich bedeutet Dasselbe«. Dennoch ist es vielleicht notwendig, um pädagogische und soziale Mißverständnisse zu vermeiden, diesen Grundsatz dahingehend zu erläutern, daß er gleiches Recht auf Individualität in Schul- und Berufsausbildung beinhaltet.

Auch, wenn »gleich« »dasselbe« bedeutet, heißt dies selbstverständlich nicht, daß alle Kinder, ungeachtet ihrer Intelligenz, ihrer individuellen Fähigkeiten und ihrer persönlichen Interessen, denselben oder einen nur aus Pflichtfächern bestehenden gemeinsamen Lehrplan haben müssen. Aus pädagogischen Gründen und aufgrund dessen, was wir heute über die Entwicklung des Kindes wissen, sind bei der Bildungsplanung und -verwaltung zwei Grundsätze zu beachten. Der erste besagt, daß jedem Kind die Bildung geboten werden muß, die nicht seinen angenommenen, sondern seinen tatsächlichen persönlichen Anlagen und Bedürfnissen entspricht und die weder von irgendwelchen im voraus festgelegten »Normen«

noch von seinem Geschlecht abhängen darf. Allein aufgrund ihrer Zugehörigkeit zur Oberschicht, zur Mittelschicht oder zu den ärmeren Gesellschaftsschichten schreiben wir den Kindern unterschiedlicher sozialer Herkunft heute keine unterschiedliche Erziehung mehr vor. Desgleichen gibt es keinen Grund mehr für eine absichtliche Unterscheidung der Lehrpläne für Jungen und Mädchen, lediglich aufgrund ihres Geschlechts. »Man kommt nicht als Frau zur Welt, man wird es«. Dieser Satz von Simone de Beauvoir aus ihrem Buch »Das andere Geschlecht« gilt vor allem für die Bildung.

Die körperlichen Unterschiede zwischen den Geschlechtern sind für die meisten Lernprozesse und für die meisten Lehrinhalte irrelevant. Sekundäre Unterschiede, wie etwa Verhaltensmuster, sind nicht angeboren, sondern anerzogen. Die Schule sollte ihnen, soweit sie nicht Ausdruck des individuellen Charakters eines Kindes sind, entgegenwirken, statt sie zu verstärken.

Ein weiterer wichtiger Punkt ist die Unterscheidung zwischen Ungleichheit und Diskriminierung. Ungleichheit ist ein Zustand, der durch vorwiegend passive Faktoren geschaffen worden ist, wie Gesellschaftsschicht oder angeborene Intelligenz, aber auch die Ländlichkeit oder Urbanität des Wohnortes.

Diskriminierung dagegen ist das Ergebnis bewußt auferlegter Beschränkungen und geht auf das Konto von Institutionen oder Personen, etwa Ministerien, Schulleiter, Ausschüsse, Ausbilder etc.

Die Erfolge der Bildungspolitik

Eine im Hinblick auf Chancengleichheit und Gleichberechtigung gleichermaßen emanzipatorisch ausgerichtete Politik muß sich also bemühen, *alle* Formen der Diskriminierung und Benachteiligung abzubauen bzw. gar nicht erst entstehen zu lassen. Eine emanzipatorische Bildungspolitik kann sich nicht ausschließlich an Kinder aus »sozial schwachen« und damit »bildungsfernen« Schichten richten, ohne dabei ein besonderes Augenmerk auf die Mädchen zu richten. Das Ziel der Bildungspolitik in den 70er Jahren war es, in beiden Bereichen voranzukommen.

So gelang es, die Bildungsbeteiligung der Kinder aus sogenannten bildungsfernen Schichten deutlich anzuheben und die Repräsentanz der Mädchen und Frauen entsprechend ihrem Bevölkerungsanteil weitgehend zu verbessern. Besuchten 1972 noch 73 Prozent der Arbeiterkinder eine Hauptschule, so waren es 1979 nur noch rund 65 Prozent. Von etwa 16 Prozent der Arbeiterkinder, die 1972 eine Realschule besuchten, stieg der Anteil auf etwa 20 Prozent. Die Zahl der Arbeiterkinder, die ein Gymnasium besuchten, stieg von 6,3 Prozent im Jahre 1972 auf etwa 10 Prozent im Jahre 1979. Besonders bedeutsam ist der Anstieg des Anteils der Arbeiterkinder in den Hochschulen von 6 Prozent in den 60er Jahren auf fast 16 Prozent. Dies alles ist kein Zufall, sondern Ausdruck und Erfolg einer Politik, die sich bemüht hat, mehr Chancengleichheit und mehr Gleichberechtigung nicht nur zu versprechen, sondern auch zu verwirklichen.

Die wichtigsten Eckpunkte dieser Politik waren:

- die Schaffung des BAFÖG, wodurch viele Arbeiterkinder erst die finanzielle Basis für eine weiterführende Bildung erhielten.
- Modellversuche, die gerade im Bereich der beruflichen Bildung und dort wieder speziell für Mädchen deren Chancen verbesserten.
- Gesamtschulen und zweiter Bildungsweg, die die Durchlässigkeit des Bildungssystems erhöht haben.
- Die berufliche Bildung, die einen höheren Stellenwert erhielt, ohne der »allgemeinen« Bildung gegenüber gleichberechtigt zu werden.
- Die Erhöhung des Anteils der Frauen an höheren Schulen und Hochschulen. Die Frauen stellen heute über 40 Prozent aller Studienberechtigten und rund 50 Prozent der Schüler in den gymnasialen Oberstufen.
- Die Politik der Öffnung der Hochschulen und der Ausbau der Hochschulen, die eine Ausweitung der Zahl der Studenten und Studentinnen ermöglichte. Machten 1969 Studentinnen und Studenten knapp 9 Prozent der gleichaltrigen Bevölkerung aus, sind es heute mehr als 20 Prozent.
- Die Gründung von Reformuniversitäten.
- Qualitative Verbesserungen im Bereich der Erwachsenenbildung.

Die gesellschaftliche Reaktion auf die Bildungsreform

Gerade der Anstieg der Zahl der Hochschulabsolventen, sowohl aus dem Bereich der sozial benachteiligten Schichten als auch durch die stärkere Mobilisierung der Frauen, hat die Gegner der Bildungsreform und -expansion auf den Plan gerufen. Sie hatten begriffen, daß einer Verdoppelung der Zahl der Studenten nicht automatisch auch eine Vermehrung der entsprechenden, einen Hochschulabschluß voraussetzenden beruflichen Positionen folgte, der Konkurrenzkampf um die attraktiven Stellen also härter werden und sich zu Lasten manches Privilegs der Vergangenheit auswirken würde. Denn: an der neuen Konkurrenz beteiligen sich Angehörige aller sozialen Schichten.

Die Gegner der Bildungsreform weigerten sich jedoch und tun dies bis heute, das Kind beim Namen zu nennen. Angegriffen wurde die Bildungsreform, gemeint waren die schwindenden Chancen der eigenen Kinder.

»Etwas weniger Heuchelei« forderte denn auch Christian Graf Krockow in einem Artikel »Der vertuschte Klassenkampf« in der »ZEIT«. Er fragte: »Geht es da nicht tatsächlich um einen Klassenkampf von oben, simpel und handfest ausgedrückt, um die Angst und Wut darüber, daß der Sohn des Arztes oder Zahnarztes nicht länger ohne weiteres wieder Arzt oder Zahnarzt werden kann? Zugegeben: In der guten alten Zeit war das kein Problem, selbst dann nicht, wenn man sein Abitur mit Ziehen und Pressen, nur und gerade noch mit »ausreichend« bestand. Eine Schule als »bürokratische Zuteilungsapparatur von Lebenschancen« oder gar als »gesellschaftliches Mittel für den sozialen Abstieg« muß zwangsläufig zur Schreckensvorstellung werden, sofern man an der »Idylle« einer Klassengesellschaft mißt, die sich in ihrem Schulsystem ebenso stabilisierte wie rechtfertigte.«

Die Gegenoffensive begann unter dem Motto »Übereinstimmung von Bildungs- und Beschäftigungssystem«, und sie hat immer noch Hochkonjunktur. Auch die Wirkung verschärfter Selektionsmechanismen wurde erkannt und ihr Einsatz gefordert. Dazu bedarf es heute nicht mehr des Lateins, von dem schon zu wilhelminischen Zeiten Walter Parow, Professor an der Friedrich-Werderschen Oberrealschule in Berlin, 1903 in seinem Buch mit dem schönen Titel »Res, non verba! Bildungsideale und Lebensbedingungen der Oberrealschule im Vergleich mit dem altklassischen Gymnasium« meinte: »Wenn nun auch das Latein nicht den geringsten Bildungswert hätte, so würde es immer durch seine wohlbekannte und gefürchtete Schwierigkeit dem Realgymnasium als Schutzmittel dienen, welches die unbefähigten Elemente von ihm fernhält.« Wie Adorno sagte: »Immer wieder staune ich über den Scharfsinn, den auch die Stumpfesten aufbringen, wenn es gilt, Schlechtes zu verteidigen.«

Heute gibt es Maßnahmen, die schneller und direkter wirken, etwa der Entzug der materiellen Basis. Die weitgehende Abschaffung des Schüler-BAFÖG und die Umstellung des Studenten-BAFÖG auf Darlehensbasis haben genau den gewünschten Effekt erreicht: Die Bildungsbeteiligung geht wieder zurück.

Die Folgen der bildungspolitischen Wende

Die Verwirklichung der Chancengleichheit ist, ebenso wie die Verwirklichung der Gleichberechtigung im Bildungswesen, an aktuelle politische Grenzen gestoßen. Mehr noch: positive Entwicklungen werden rückgängig gemacht.

In Studien, die vom Landesinstitut der Sozialforschungsstelle Dortmund und dem Institut für Schulentwicklungsplanung der Universität Dortmund im Auftrage der gewerkschaftlichen Hans-Böckler-Stiftung erstellt worden sind, wird deutlich, daß die Kürzungen im Bildungsbereich vor allem Arbeiterkinder treffen. So sprach der Stellvertretende Bundesvorsitzende des DGB Gustav Fehrenbach davon, daß durch den Kahlschlag beim Ausbildungsförderungsgesetz für Schüler und die Umstellung der Studentenförderung auf Volldarlehen eine »massive Ausgrenzung breiter Bevölkerungsschichten« erfolge.

Die angeführten Untersuchungen zeigten, daß besonders Schülerinnen und Schüler aus Familien der unteren Einkommensschichten von den Kürzungen im Bildungsbereich betroffen sind. Im Zeitraum von 1982 bis 1984 ging der Anteil der Geförderten nach dem BAFÖG nach den Untersuchungen des Landesinstitutes der Sozialforschungsstelle von 222 666 auf 32 931 zurück. Dabei sank der Anteil der Arbeiterkinder bei den noch Geförderten von 31,4 Prozent auf 17,3 Prozent. Ergebnis: gerade Arbeiterkinder verzichten heute wieder deutlich stärker auf ein Studium. Und ganz besonders gilt dies wiederum für Mädchen aus diesen Familien. Das Arbeitermädchen als Problemfall der Bildungspolitik ist also wieder da.

Andererseits gibt es Erfolge, die meines Erachtens kaum rückgängig zu machen sind. Dies betrifft die Situation der Mädchen im Bildungswesen. Die neuesten Zahlen, die hierzu vorliegen, signalisieren zwar noch immer ein Defizit, bezogen auf den jeweiligen Bevölkerungsanteil, zeigen jedoch im Gegensatz zur sozialbestimmten Situation von Arbeiterkindern eine beharrlichere Tendenz.

Solange wir in unserer Gesellschaft Bildung vorwiegend auf ein bestimmtes Lebensalter beschränkt und nicht als Prinzip des lebenslangen Lernens begreifen, zeigt sich allerdings, daß die Gleichstellung der Frauen ein abruptes Ende findet, wo es um den Übergang in den Beruf geht. Dies gilt für alle Schichten.

Wenn auch der Anteil der Frauen an den Studierenden fast ihrem Bevölkerungsanteil entspricht, so ist der Anteil der Frauen an den Professorenstellen geradezu lächerlich gering. Wenn auch die Mädchen in den Sekundarschulen fast entsprechend ihrem Bevölkerungsanteil vertreten sind, allerdings mit deutlichen Schwankungen bezüglich der einzelnen Fächer, so sind ihre Aussichten, wenn es darum geht, eine Ausbildungsstelle oder einen Beruf zu finden, ebenfalls erschreckend schlecht.

So war der vor drei Jahren veröffentlichte 6. Jugendbericht »Verbesserung der Chancengleichheit von Mädchen in der Bundesrepublik Deutschland« ein Alarmzeichen für die miserable soziale und frauenpolitische Wirklichkeit in der Bundesrepublik. Da mag ein für seine Scherze bekannter Minister die Frau im Hause als das beste Mittel gegen den Herzinfarkt des Ehemannes preisen, da mögen andere das Prinzip, daß der Sohn des Schusters bei dem Leisten seines Vaters bleiben sollte, wieder als ideal hinstellen - die Nichtentwicklung der einzelnen Qualifikation bleibt ein gesellschaftspolitischer Skandal und eine wirtschaftspolitische Vergeudung gleichermaßen.

Die Gesellschaft der Bundesrepublik Deutschland ist nur zukunftsfähig, wenn es gelingt, *alle* Begabungsreserven auszuschöpfen, aus individuellen, gesellschaftspolitischen und ökonomischen Gründen gleichermaßen.

Perspektiven für ...

Um dies zu erreichen, bedarf es vorrangig anderer politischer Intentionen. Man muß Chancengleichheit und Gleichberechtigung wirklich umsetzen wollen. An den politischen Mitteln ist dabei ein Rückgriff auf Maßnahmen der 70er Jahre auch für die 90er durchaus von Vorteil. Natürlich kann sich eine an Chancengleichheit und Gleichberechtigung ausgerichtete Bildungspolitik der 90er nicht beschränken auf die politischen Mittel der 70er Jahre. Hier müßten zusätzliche Maßnahmen ergriffen werden.

... die Chancengleichheit

Um diesem Ziel näher zu kommen, muß ohne Zweifel das BAFÖG seiner Substanz nach wieder hergestellt werden. Dies gilt für das Schüler-BAFÖG und das Studenten-BAFÖG gleichermaßen. Die Argumentation, die von seiten der CDU 1969 vorgetragen wurde, ist ebenso wie die Begründung des einschlägigen Gesetzes von 1972, die damals von allen politischen Parteien mitgetragen wurde, so richtig und gültig wie das Grundgesetz, auf das sie sich jeweils beziehen.

Wer den einseitigen Drang in die Hochschulbildung für falsch hält – und falsch ist er ja für diejenigen, deren Fähigkeiten, Neigungen und Interessen er nicht entspricht – der braucht den Weg dahin nicht zu versperren, sondern muß andere Wege ebenso interessant und für die spätere berufliche Laufbahn vielversprechend machen. Das heißt, die berufliche Bildung und die auf ihr fußenden beruflichen Positionen müssen aufgewertet werden. Gleichzeitig müssen die Übergänge zwischen »allgemeiner« und beruflicher Bildung durchlässiger werden.

Wer der Meinung beipflichtet, daß Bildung nicht mit dem Auslaufen des Jugendalters endet, daß sie vielmehr unser ganzes Leben zu begleiten habe, wer akzeptiert, daß bestimmte Neigungen und Begabungen sich auch noch jenseits der Entscheidung für eine weiterführende Schule im Alter von 10 Jahren entwickeln können, der muß den Ausbau der Weiterbildung und besonders des dritten Bildungsweges fördern.

... die Gleichberechtigung

Wer über die Bildungspolitik ein Stück mehr Gleichberechtigung erreichen will, der kommt auch hier nicht an der Wiederherstellung der Ausbildungsförderung vorbei. Er muß darüber hinaus aber die Lerninhalte an unseren Schulen und vor allem die Lernwirklichkeit verändern. Damit meine ich, daß Konsequenzen gezogen werden müssen aus den Erkenntnissen neuerer pädagogischer Forschung, die besagen, daß gerade in den Koedukationsschulen Mädchen in die klassische Mädchenrolle gezwungen werden. Wenn Studentinnen der »männlichen« Studienrichtungen zu einem großen Teil von reinen Mädchenschulen kommen, spricht dies nicht für die emanzipatorische Qualität der Koedukationsschulen.

An zahlreichen Modellversuchen ist nachgewiesen worden, daß Mädchen keine Schwierigkeiten haben, sich in den klassischen Männerberufen ausbilden zu lassen und zu behaupten. Es gilt nun, aus diesen mehr vereinzelten Erscheinungen einen Zustand der Normalität zu machen. Immer wieder muß die Ausbildungswirklichkeit darauf überprüft werden, wo Hemmnisse für die Ausbildung von Mädchen in Männerberufen liegen.

Das größte Problem sehe ich aber in der Barriere beim Übergang von Ausbildung oder Studium in den Beruf. Um hier den Anteil von Frauen an den einschlägigen beruflichen Positionen zu verbessern, ist staatliches und gesellschaftliches Handeln unabdingbar. Eine Möglichkeit wird sicherlich die Quotenregelung sein. Über andere Wege wird man immer wieder erneut nachdenken müssen.

Angesichts der derzeitigen politischen Verhältnisse in der Bundesrepublik Deutschland sehe ich wenig Chancen dafür, daß diese Ziele Gegenstand der Politik der Bundesregierung oder der meisten Bundesländer werden. Es wird deshalb in den nächsten Jahren darum gehen, im außerparlamentarischen Raum die Erinnerung an diese Ziele und den Kampf für diese Ziele wachzuhalten. Den Kampf um die Chancengleichheit hat sich nach wie vor die Gewerkschaft auf ihre Fahnen geschrieben. Sie ist vielleicht nicht die einzige, mit Sicherheit aber die bedeutenste gesellschaftliche Kraft, die immer wieder daran erinnert, daß das Sozialstaatsgebot des Grundgesetzes seine Entsprechung in der Bildungspolitik finden muß, zur Zeit aber nicht findet.

Die Verwirklichung von Chancengleichheit und Gleichberechtigung ist nicht getrennt, sondern nur gemeinsam zu erreichen. Um so wichtiger wäre es, wenn die gesellschaftlichen Bewegungen für Chancengleichheit und für Gleichberechtigung sich häufiger fänden in einem gemeinsamen Kampf. Gemeinsamkeit macht stark!

Sozialpolitik im wirtschaftlichen Umbruch

Friedhelm Farthmann

Es ist höchste Zeit für einen Kurswechsel. Statt konjunkturpolitisch untätig zu bleiben und sehenden Auges in die kommende Krise zu schlittern, sollte eine Investitionsoffensive zur Verbesserung unserer allgemeinen Lebensbedingungen in Gang gesetzt werden. Sie könnte Basisinnovationen anregen, die Umwelt dauerhaft entlasten sowie – als unverzichtbaren Beitrag zur Wiedergewinnung finanzieller Handlungsfreiheit und zur Bezahlbarkeit des sozialen Sicherungssystems – zusätzliche Arbeit in Bereichen des öffentlichen Bedarfs schaffen.

Im Herbst 1973 lösten die Ölpreissteigerungen und die Boykottdrohungen der wichtigsten Ölförderländer, vor allem im Nahen Osten, in den westlichen Industriegesellschaften - darunter auch in der Bundesrepublik - eine schockartig wirkende Wirtschaftskrise aus.

Ölkrise 1973: Anfang vom Ende sozialer Reformen

Leichtes Heizöl stieg im Preis abrupt um 82,3 Prozent, und bereits drei Monate später war ein Barrel Rohöl »Arabian Light« sogar um 127,5 Prozent teurer als noch im Oktober. Dieser gewaltige Inflationsimport führte bei den Verbrauchern zu einem spürbaren Kaufkraftentzug. Das Autofahren und die Beheizung der Wohnungen nahmen so große Einkommensteile in Anspruch, daß andere Verwendungen (Anschaffungen, Sparen) beschnitten wurden. Die von der Bundesregierung als Notmaßnahme verordneten Geschwindigkeitsbeschränkungen auf Autobahnen und Landstraßen sowie die Sonntagsfahrverbote signalisierten eine tiefe, in ihren Auswirkungen damals noch gar nicht abschätzbare Zäsur und schufen bei vielen Bürgern ein Gefühl der Unsicherheit. Ein deutsches Nachrichtenmagazin machte im November mit der Schlagzeile auf: »Folge der Ölkrise: Ende der Überflußgesellschaft«.

Diese Umschreibung traf zwar den Kern der Sache, war aber insofern überzogen, als die Ölpreissteigerungen gar nicht die alleinige Ursache für die nachfolgende Rezession von 1974/75 waren, sondern nur die bereits vorher erkennbaren Krisenerscheinungen verschärft hatten: Von schon beachtlichen 6,4 Prozent im September kletterte die Preissteigerungsrate im Jahresdurchschnitt 1973 auf 6,8 Prozent; die Zahl der Arbeitslosen wuchs von 267 000 im zweiten Halbjahr 1973 auf 541 000 im ersten Halbjahr 1974, und sie stieg im Jahresdurchschnitt 1975 sogar auf 1,07 Millionen.

Heute wissen wir allerdings, daß diese Ölkrise den Anfang vom Ende jener 1969 eingeleiteten sozialpolitischen Offensive markierte, die eng mit dem Namen des damaligen Bundesarbeitsministers Walter Arendt verbunden ist. Selbst unter Einbeziehung der Geschichte des Deutschen Reiches hatte es bis dahin keine Phase gegeben, in der in so kurzer Zeit so viele sozialpolitische Verbesserungen erreicht wurden:

- 1969 wurde die automatische Anpassung des Unterhaltsgeldes für Teilnehmer an beruflichen Bildungsmaßnahmen eingeführt.
- Die Kriegsopferrenten wurden 1970 dynamisiert; im selben Jahr wurde das Recht zur Wiedergutmachung von Verfolgungsschäden verbessert.
- Das Zweite Wohngeldgesetz schuf auch für sozial schwache Familien Möglichkeiten des Bezugs und der Finanzierung hygienischeren, komfortableren und größeren Wohnraums (1970). Für alle Mieter wurde der Kündigungsschutz erweitert.
- Das Bundesausbildungsförderungsgesetz (BAföG) von 1971 trug der Forderung nach Chancengleichheit im Bildungswesen Rechnung. Dadurch wurde erreicht, daß erheblich mehr Kinder aus Arbeiterfamilien weiterführende Schulen besuchen und studieren konnten als jemals zuvor in der deutschen Geschichte.
- Im gleichen Jahr wurden Studenten, Schüler und Kinder in Kindergärten in den Schutz der gesetzlichen Unfallversicherung einbezogen.
- Die große Rentenreform (1972) verbesserte wesentlich die Existenzvoraussetzungen für die älteren Mitbürger, indem sie die flexible Altersgrenze und die Rente nach Mindesteinkommen einführte. Darüber hinaus wurde die Rentenversicherung für bisher ausgeschlossene Personenkreise (Selbständige, Hausfrauen) geöffnet.
- Die Rechte der Arbeitnehmer im Betrieb wurden vor allem durch das Betriebsverfassungsgesetz von 1972 erweitert, das die Mitwirkungs- und Mitbestimmungsrechte der Betriebsräte und Jugendvertretungen stärkte und die Befugnisse der Gewerkschaften in den Betrieben ausbaute.
- Dem gesundheitlichen Schutz der Arbeitnehmer diente unter anderem die 1973 eingeführte gesetzliche Verpflichtung der Arbeitgeber zur Bestellung von Betriebsärzten und Fachkräften für Arbeitssicherheit.
- In den Jahren 1974/75 schließlich verbesserte die Bundesregierung den Schutz von Heimbewohnern und von Heimarbeitern, ordnete die Pflicht zur Beschäftigung von Schwerbehinderten neu und stärkte die Stellung der Vertrauenspersonen für Schwerbe-

hinderte im Betrieb. Behinderte in geschützten Einrichtungen wurden in die gesetzliche Kranken- und Rentenversicherung einbezogen, außerdem wurde die Krankenversicherung für Schwerbehinderte sowie für Studenten und Praktikanten geöffnet.

Diese Ausdehnung des sozialen Sicherungssystems auf der einen und der scharfe Konjunktureinbruch auf der anderen Seite führten dazu, daß das Sozialbudget der Bundesrepublik auch relativ stark zunahm. Sein Anteil am Bruttosozialprodukt stieg von 25,38 Prozent im Jahre 1969 auf 32,17 Prozent im Jahre 1975. Verbunden mit dem gleichzeitig zu registrierenden Ansteigen der bereinigten Lohnquote vollzog sich Anfang der 70er Jahre damit eine merkliche Verbesserung der Position der Arbeitnehmer und der sozial Schwachen in unserer Gesellschaft, die allerdings bald zu harscher Kritik führte. »Die Kosten des (...) Sozialstaates«, hieß es beispielsweise in der Zeitschrift Arbeit und Sozialpolitik, »drohen die Dämme zu brechen (...) und eine bisher erfolgreiche Wirtschaftsordnung dem Kollaps entgegenzutreiben.« Die Bundesvereinigung der Deutschen Arbeitgeberverbände vertrat die Auffassung, die sozialen Reformen stellten »eine Politik der einseitig kollektiven Absicherung aller Lebensrisiken« dar, die »von einem überzogenen Solidaritätsbegriff aus(gehe)«, und der Arbeitskreis für Sozial- und Gesellschaftspolitik der CDU/CSU-Bundestagsfraktion meinte bereits »einen Hang der Bürger zur Selbstverwirklichung durch Faulheit« feststellen zu können.

Nachlassen der Wirkung des ersten Ölpreisschocks

In den folgenden Jahren begannen diese Anklagen gegen die Sozialpolitik weiten Teilen der Bevölkerung mehr und mehr einzuleuchten. Die Wirtschaftskrise und ihre Folgen für die Finanzen des Staates und der Sozialversicherungen legten den Schluß nahe, daß der Sozialstaat an seine Grenzen gestoßen sei. Vor dem Hintergrund der krisenbedingten Zunahme von Sozialleistungsfällen (Arbeitslosenunterstützungen, Wohngeld, Sozialhilfe usw.) galten die finanziellen Möglichkeiten der Gebietskörperschaften und Sozialversicherungsträger als erschöpft. Weitere Reformen, also ein Ausbau des Sozialstaates, erschienen folglich unvorstellbar.

Hinzu kam eine öffentliche Diskussion über die angebliche Zunahme der mißbräuchlichen Ausnutzung von Sozialleistungen. So wurden vermehrt Klagen geführt über die unberechtigte Inanspruchnahme der Lohnfortzahlung im Krankheitsfall, des Arbeitslosengeldes bei gleichzeitiger Schwarzarbeit und der Sozialhilfe trotz anderweitiger Unterstützungen. Auf diese Weise verbreitete und verfestigte sich allenthalben die irrige Auffassung, das System sozialer Sicherung sei darauf angelegt, Mißbräuche zu provozieren.

In dieser Situation konnte es nicht ausbleiben, daß die Bundesregierung sich veranlaßt sah, in der zweiten Hälfte der 70er Jahre Leistungseinschränkungen vorzunehmen: So wurden im Bereich des Arbeitsförderungsgesetzes (AFG) unter anderem die Zumutbarkeitskriterien strenger gefaßt und die Beiträge zur Arbeitslosenversicherung erhöht.

Zuvor war - am 1. Januar 1975 - als letzte kostspielige sozialpolitische Verbesserung die Reform des Kindergeldes (verbunden mit einer Steuerrechtsänderung) in Kraft getreten, die nicht nur den Familienlastenausgleich gerechter gestaltete, sondern den privaten Haushalten allein in jenem Jahr Mehreinnahmen in Höhe von rund 18 Milliarden DM bescherte.

Die Kindergeldreform blieb die letzte große sozialpolitische Tat der sozialliberalen Ära. Damals hat dieses Ende der Entwicklung wohl keiner der politisch Handelnden und der Bürger erkannt. Zu verbreitet war die Auffassung, daß der Abschwung bald vorübergehen und keine tiefgreifenden Spuren hinterlassen werde. Man verglich den Einbruch 1974/75 mit der Rezession der Jahre 1966/67 und übersah dabei, daß mit der Ölkrise eine 25jährige Epoche nahezu ungebrochener wirtschaftlicher Prosperität und sozialpolitischer Fortschritte zu Ende ging und eine Zeit knapper Mittel und Ressourcen begann.

Der Schock vom Oktober 1973 war den Bürgern zwar tief in die Glieder gefahren, er hatte ihr Verhalten aber noch nicht nachhaltig verändert. Auch die Verantwortlichen in Staat und Wirtschaft zogen keine dauerhaften Konsequenzen aus dem Geschehenen. Mit der Gewöhnung an höhere Energiepreise wurde auf den Autobahnen bald wieder schneller gefahren, und der anfängliche Eifer bei den

Bemühungen um die Einsparung und Substitution des Rohstoffes Öl ließ zusehends nach.

Ähnliches galt für die Sozialpolitik. Zwar waren die Kostenexplosionen beispielsweise bei der Kranken- und Rentenversicherung ins öffentliche Bewußtsein gedrungen. Auch war bekannt, daß der Staat seine Neuverschuldung unter anderem deshalb von 11,4 Milliarden DM im Jahre 1973 auf 53,6 Milliarden DM 1975 hatte steigern müssen, um die wachsenden Anforderungen an die Leistungsfähigkeit der sozialen Einrichtungen und Sicherungen zu befriedigen. Aber der Glaube an die baldige Überwindbarkeit der wirtschaftlichen Schwierigkeiten, der sich im Aufschwung 1976 zu rechtfertigen schien, verführte dazu, das Ausmaß der wirtschafts-, finanz- und sozialpolitischen Herausforderungen zu unterschätzen. Weithin war man der Meinung, daß es sehr bald wieder möglich sein würde, zu den Wachstumsraten der 50er und 60er Jahre zurückzukehren und aus den dann wieder verfügbaren Überschüssen weitere sozialpolitische Reformen zu finanzieren. Niemand mochte wahrhaben, daß der Wohlfahrtsstaat herkömmlicher Prägung auf mittlere Sicht am Ende war.

Ölkrise 1979: Endgültiges Aus für soziale Verbesserungen

Der Aufschwung von 1976 währte nur ein Jahr; die danach eintretende Rezession konnte jedoch mit Hilfe staatlicher Konjunkturförderung abgefedert werden. In der wiedererwachenden Hoffnung auf eine mögliche Rückkehr zu den »heilen« Zuständen vor der Ölkrise wurde sogar versucht, auf den traditionellen Gleisen der Sozialpolitik - wenn auch behutsamer als zu Beginn der 70er Jahre - weiterzufahren.

Beispiele hierfür waren:

- Die Herabsetzung der flexiblen Altersgrenze für Schwerbehinderte in der gesetzlichen Rentenversicherung (1978).
- Die Verbesserung des Mutterschutzes, insbesondere durch die Verlängerung des Mutterschaftsurlaubs und die Einführung eines Mutterschaftsgeldes von 750 DM monatlich (1979).

- Die kostenfreie Beförderung von Schwerbehinderten in öffentlichen Verkehrsmitteln, unabhängig von der Ursache der Bewegungsbeeinträchtigung (1979).

Als sich nach einem Tief in den Jahren 1977/78 die Konjunktur 1979 deutlich erholte, schien die Welt wieder in Ordnung zu sein. Die Experten sprachen bereits von der Möglichkeit eines sich selbst tragenden Aufschwungs.

Diese Hoffnungen machte jedoch die zweite Ölpreiskrise jäh zunichte. Im November 1979 lag der Durchschnittspreis einer Tonne Rohöl (frei deutsche Grenze) um 65 Prozent höher als im Vorjahr, und leichtes Heizöl war fast doppelt so teuer wie 1978. Dieser Preisschub schwächte erneut die Massenkaufkraft und damit die Nachfrage erheblich. Außerdem zwang er die nichterdölfördernden Entwicklungsländer, ihre knappen Mittel statt für Industrieimporte für Öleinfuhren zu verwenden. Der dadurch bewirkte Nachfrageausfall traf die deutsche Exportwirtschft besonders hart.

Allerdings waren es nicht nur außenwirtschaftliche Einflüsse, die den Marsch in die schwerste Krise der bundesdeutschen Geschichte verursachten, sondern es gab auch endogene Gründe. Die Wachstumsindustrien der 50er und 60er Jahre hatten den Höhepunkt ihres Produktionszyklus überschritten. Die traditionellen Märkte zeigten zunehmende Sättigungstendenzen. Es gab einen allgemeinen Mangel an Basisinnovationen, neuen Produkten und neuen Wachstumsindustrien, die die Schwäche anderer Sektoren der Wirtschaft hätten ausgleichen können.

In der Krise verbanden sich Stagnation und Inflation zur »Stagflation«: Das reale Bruttosozialprodukt wuchs 1980 nur noch um 1,9 Prozent und sank ab 1981 sogar, zunächst um 0,2 und 1982 um 1,1 Prozent, während die Preissteigerungsrate von 5,4 Prozent (1980) auf 6,3 Prozent (1981) kletterte und 1982 immerhin noch 5,3 Prozent betrug. Weitere Krisenerscheinungen zeigten sich beim verarbeitenden Gewerbe: Das Auftragseingangsvolumen sackte zwischen 1979 und 1982 um acht Prozent ab, die Nettoproduktion ging um 4,5 Prozent zurück. Die realen Nettolöhne der Arbeitnehmer sanken 1981 um 1,8 Prozent, 1982 sogar um 2,2 Prozent, und die Massenkaufkraft schrumpfte in den Jahren von 1980 bis 1982 um vier Prozent.

Um die inflationäre Entwicklung zu stoppen, betrieb die Bundesbank eine atemberaubende Hochzinspolitik, die die Binnennachfrage nahezu lahmlegte. Darüber hinaus wurden die Gebietskörperschaften mit steigenden Zinsausgaben belastet; sie lagen 1982, bei einer um 48,5 Prozent höheren Verschuldung, um 81,5 Prozent über dem Wert von 1979.

Dieser tiefe Einbruch begrub alle Hoffnungen auf ein Wiederaufleben herkömmlicher sozialpolitischer Reformen. Die 1975 eingetretene Entwicklung wurde zum vorerst endgültigen Aus für den sozialen Fortschritt.

»Wende«-Politik: Soziale Demontage im Aufschwung

Die 80er Jahre begannen damit, daß die konservativen Kräfte in Wirtschaft, Wissenschaft und Politik immer lauter nach »mehr Markt« und »weniger Staat« riefen und unter dem Schlagwort Haushaltskonsolidierung eine drastische Reduzierung des Sozialbudgets sowie die Reprivatisierung sozialer Risiken einforderten. Dabei ging es ihnen keineswegs nur darum, in ihrer Wirkung vorübergehende Sparvorschläge zu unterbreiten; vielmehr wollten sie die in den letzten 100 Jahren gewachsene Arbeits- und Sozialverfassung dauerhaft reduzieren. Die Klagen über angebliche Mißbräuche bei der Inanspruchnahme sozialer Leistungen wurden schriller, das alte Stereotyp der Überlastung des Staates und der sozialen Sicherungssysteme kehrte in immer neuen Wendungen wieder.

Die öffentliche Diskussion wurde von diesen Thesen derartig beherrscht, daß die wirtschaftlichen Schwierigkeiten schließlich gar nicht mehr auf ihre eigentlichen Gründe zurückgeführt wurden. Vielmehr wurden die in langen Jahrzehnten gewachsenen sozialen Errungenschaften als Hauptverursacher bezeichnet. In der »Frankfurter Allgemeinen Zeitung« bekannte sich der bekannte Wirtschaftswissenschaftler Friedrich A. von Hayek sogar zu der Meinung, es gebe »keine bessere Zerstörungsmethode der Marktwirtschaft als den Begriff der sozialen Gerechtigkeit«.

Dementsprechend richtete sich schon die Finanzpolitik der sozialliberalen Koalition - auf Drängen der FDP - darauf aus, den Anstieg der Neuverschuldung vor allem auf Kosten beschäftigungssichernder und arbeitsplatzschaffender Investitionen sowie durch Kürzungen von Sozialleistungen zu stoppen:

- In den Jahren von 1979 bis 1982 sank die Investitionsquote des Bundes von 16 auf 12,9 Prozent, diejenige der Länder von 19,9 auf 18 Prozent und die der Gemeinden von 32,7 auf 28,9 Prozent. Dieses Investitionsverhalten führte Berechnungen des Deutschen Instituts für Wirtschaftsforschung zufolge allein 1981 und 1982 dazu, daß jeweils fast 100000 Arbeitsplätze verlorengingen. Insgesamt nahm die Zahl der beschäftigten Arbeitnehmer zwischen 1980 und 1983 um fast eine Million ab, und die Zahl der offenen Stellen sank von 308000 auf 76000. Im gleichen Zeitraum stieg die Zahl der Arbeitslosen von 889000 auf 2,26 Millionen.
- Das zweite Haushaltsstrukturgesetz und dessen Begleitgesetze entlasteten die öffentlichen Kassen allein im Jahre 1982 um 14,95 Milliarden DM. Davon entfielen 9,6 Milliarden DM auf das Arbeitsförderungskonsolidierungsgesetz und 1,7 Milliarden DM auf Kürzungen des Kindergeldes. Darüber hinaus wurden 300 Millionen DM beim Wohngeld, beim BAföG, bei der Sozialhilfe und bei sozialen Leistungen für die Landwirtschaft eingespart.

Mit dem Regierungswechsel vom Oktober 1982 wurde dieser - bis dahin noch verschämt gesteuerte - Kurs sozialer Leistungseinschränkungen erheblich verschärft. Auch qualitativ änderte sich insofern vieles, als es jetzt nicht mehr darum ging, den Sozialstaat bezahlbar zu halten und später möglicherweise wieder auszubauen, vielmehr wurde von nun an die soziale Demontage betrieben. Dabei wurden zum Teil sogar solche Positionen in Frage gestellt, die in früheren Jahren von allen demokratischen Parteien für unverzichtbar gehalten worden waren. Dabei sind insbesondere folgende Änderungen zu nennen:

- Die Zugangsvoraussetzungen zur Arbeitslosenunterstützung wurden erschwert und das Arbeitslosen-, Kurzarbeiter- und Schlechtwettergeld sowie die Arbeitslosenhilfe gekürzt.
- Das Übergangsgeld für Teilnehmer an Maßnahmen der beruflichen Rehabilitation wurde zusammengestrichen.
- Die Rentenanpassung wurde im Jahre 1983 verschoben und schrittweise ein Krankenversicherungsbeitrag für Rentner eingeführt, der sich seit dem 1. Juli 1987 auf 5,9 Prozent beläuft.
- Der Zugang zur Berufs- und Erwerbsunfähigkeitsrente wurde er-

schwert, eine Maßnahme, die vor allem Frauen negativ getroffen hat.

- Das Schüler-BAföG wurde fast vollständig gestrichen und das Studenten-BAföG auf Volldarlehen umgestellt.
- Das Mutterschafts-, Wohn-, Kranken- und Verletztengeld wurde gekürzt.
- Der Arbeitsschutz für Jugendliche und Schwerbehinderte wurde eingeschränkt.
- Das sogenannte Beschäftigungsförderungsgesetz vom 1. Mai 1985 hat insbesondere mit der nahezu unbeschränkten Zulassung befristeter Arbeitsverträge und der Erweiterung der Zulassung von Leiharbeit den Kündigungsschutz ausgehöhlt.
- Die Novellierung des § 116 AFG verringerte die Streikfähigkeit der Gewerkschaften.

Während sich dieser Abbau der sozialen Leistungen an Rentner, Familien und Arbeitnehmer vollzog, besserte sich aufgrund einer weltweiten Erholung auch in der Bundesrepublik die wirtschaftliche Lage. Das reale Bruttosozialprodukt wuchs wieder (1984: 3 Prozent; 1985: 2,5 Prozent; 1986: 2,4 Prozent), die Preise stabilisierten sich (Inflationsrate 1986: minus 0,2 Prozent), und auf den Exportmärkten verzeichneten die deutschen Unternehmen beachtliche Ergebnisse.

Diese Verbesserungen, die vor allem dem Ölpreisverfall, dem Rückgang der Preise auch für andere Rohstoffe und der Dollarschwäche zu verdanken sind, hätten es finanzpolitisch durchaus ermöglicht, den Sozialabbau zu beenden. Unter den gegebenen Voraussetzungen hätte man sogar daran denken können, früher eingeführte Kürzungen zurückzunehmen, abgeschaffte Arbeitnehmerrechte wiederherzustellen und Schritt für Schritt in der Sozialpolitik wieder voranzugehen. Im Unterschied zu früheren Aufschwungperioden geschah dies aber nicht. Im Gegenteil: Die Bundesregierung setzte den Sozialabbau auch im Konjunkturhoch fort. Bemerkenswerterweise wurde sie darin von den Wählerinnen und Wählern unterstützt - obwohl sich darunter sicher nicht wenige befanden, die die negativen Folgen dieser Politik am eigenen Leibe zu spüren bekommen hatten.

Getreu dem angebotsorientierten Dogma neoliberaler Wirtschaftswissenschaft bemühte sich die Bundesregierung, den »Staat auf den Kern seiner Aufgaben« zu beschränken, um die »Selbstheilungskräfte des Marktes« wirken zu lassen. Schon nach kurzer Frist hatte sie so günstige Angebotsbedingungen geschaffen, daß der Sachverständigenrat zur Begutachtung der gesamtwirtschaftlichen Entwicklung von einer »lehrbuchhaft gute(n) Vorstellung« sprechen konnte:

Die Neuverschuldung der öffentlichen Haushalte wurde von 75,1 Milliarden DM 1981 auf 41,7 Milliarden DM im vergangenen Jahr abgeschmolzen, und die Steuern wurden fortlaufend gesenkt. Alle seit der Bundestagswahl 1983 beschlossenen Steuerrechtsänderungen kosten die öffentlichen Hände in den Jahren 1984 bis 1988 rund 87,8 Milliarden DM; durch das Vorziehen eines Teils der für 1990 angekündigten »Super-Steuerreform« auf 1988 wird dieser Einnahmeverlust sogar auf 93 Milliarden DM gesteigert. Die Staatsquote sank von 49,8 Prozent im Jahre 1982 auf 47,1 Prozent 1986. Die bereinigte Lohnquote rutschte auf ihren tiefsten Stand seit 1960 ab. Im Gegenzug entwickelte sich die Kapitalausstattung der Unternehmen so positiv, daß Bundesbankpräsident Pöhl im November 1986 feststellen konnte, es gebe keinen Mangel an Liquidität mehr. Im Jahresgutachten 1986/87 des Sachverständigenrates hieß es dazu knapp und präzise: »An Mitteln zum Investieren fehlt es nicht, weder an eigenen noch an fremden.«

Infrastrukturinvestitionen statt Verbesserung der Angebotsbedingungen

Der Sozialabbau und die Herstellung »lehrbuchhaft gute(r)« Angebotsbedingungen, kurz: das Vertrauen auf die »ihrer Natur nach dynamisch(e)« Marktwirtschaft (Lambsdorff), haben allerdings keineswegs zu der versprochenen Besserung der Gesamtsituation geführt:

- Auf dem Arbeitsmarkt ist keine Wende zum Guten zu beobachten. 1986 lag die Zahl der beschäftigten Arbeitnehmer um nur 52 000 höher als 1982, dem Jahr der Weltwirtschaftskrise. Die Zahl der registrierten Arbeitslosen ist, trotz beschönigender Manipulationen an der Statistik, von 1,83 Millionen 1982 auf 2,23 Millionen 1986, also um rund 22 Prozent, gestiegen. Einschließlich der »stillen Reserve«, die von Experten auf 1,13 Millionen geschätzt wird, waren im vergangenen Jahr bundesweit rund 3,36 Millionen Frauen und Männer erwerbslos. Die durchschnittliche Dauer der Arbeitslosigkeit hat sich von 8,5 Monaten 1982 auf 14,3 Monate im Jahre 1986 verlängert.

- Die Kältewelle Anfang des Jahres 1987 hat nach Angaben des Diakonischen Werkes erneut gezeigt, daß es inzwischen »eine sehr breite Verelendung« in der Bundesrepublik gibt, die mit unzulänglichen Mitteln bekämpft wird. 1985 waren 1,24 Millionen Haushalte auf »laufende Hilfe zum Lebensunterhalt« - wie die am häufigsten vorkommende Form der Sozialhilfe im Amtsdeutsch heißt - angewiesen, das sind 419000 oder 51 Prozent mehr als 1981. Hauptgrund der Inanspruchnahme war die Arbeitslosigkeit: 309000 Haushaltsvorstände mußten 1985 ihretwegen den Gang zum Sozialamt antreten.
- Entgegen allen Ankündigungen, Abschreibungserleichterungen und Steuersenkungen investieren die Unternehmen längst nicht so, wie vorhergesagt wurde. Der Anteil der Nettoinvestitionen an den Unternehmensgewinnen ist sogar rückläufig: Während in der Zeit von 1970 bis 1974 noch 47,9 Prozent der Gewinne reinvestiert wurden, belief sich dieser Anteil von 1980 bis 1984 auf nur noch 34,8 Prozent. Damit konnte die Privatwirtschaft den inzwischen eingetretenen Investitionsrückgang der Gebietskörperschaften nicht kompensieren. So sank im Ergebnis die gesamtwirtschaftliche Investitionsquote von 22,3 Prozent 1977 auf 20 Prozent 1986.
- Die wachsende Zahl von Insolvenzen signalisiert einen Nachfrageausfall - auch des Staates -, unter dem gerade kleine und mittlere Unternehmen zu leiden haben. 1980 brachen in der Bundesrepublik 9140 Firmen zusammen, 1983 waren es bereits 16114, und 1986 wurden 18842 Pleiten registriert.

Diese Negativbilanz belegt eindrucksvoll, daß die angebotsorientierte Wirtschaftspolitik, wie sie von der Bundesregierung betrieben wird, gescheitert ist. Untermauert wird dieses Fazit durch die nicht mehr zu verheimlichenden Abschwungtendenzen der jüngsten Zeit. Trotz der Erfüllung fast aller Wünsche für die Unternehmensseite gehen die Auftragseingänge aus dem In- und Ausland zurück, sinkt die Produktion, schwinden die Absatzerwartungen der Unternehmen und verliert der private Konsum seine Schrittmacherrolle.

Als Folge davon wird das Wirtschaftswachstum 1987 deutlich hinter den Zuwachsraten der Vorjahre zurückbleiben und die registrierte Arbeitslosigkeit auf dem hohen Niveau von über 2,2 Millionen verharren. Vieles spricht also dafür, daß die Konjunktur nicht nur eine »Verschnaufpause in der Aufwärtsentwicklung« (Bangemann) einlegt, sondern in eine Rezession einmündet. Ein nicht unwahrscheinlicher dritter Ölpreisschock, auf den sich niemand vorbereitet hat, könnte sie zur totalen Depression werden lassen.

Der neue Trend der bei uns betriebenen Wirtschaftspolitik hat also weder für die Menschen, die auf die Leistungen der Solidargemeinschaft angewiesen sind, noch für die konjunkturelle Stabilität Positives bewirkt, sondern vor allem die Einkommen und Vermögen zugunsten der höheren Einkommensschichten umverteilt. Daher ist es höchste Zeit für einen Kurswechsel. Statt konjunkturpolitisch untätig zu bleiben und sehenden Auges in die kommende Krise zu schlittern, sollte eine Investitionsoffensive zur Verbesserung unserer allgemeinen Lebensbedingungen in Gang gesetzt werden. Sie könnte Basisinnovationen anregen, die Umwelt dauerhaft entlasten sowie - als unverzichtbarer Beitrag zur Wiedergewinnung finanzieller Handlungsfreiheit und zur Bezahlbarkeit des sozialen Sicherungssystems - zusätzliche Arbeit in Bereichen des öffentlichen Bedarfs schaffen.

Ein genügend großer Vorrat an wichtigen Aufgaben ist vorhanden:

- Maßnahmen zur Humanisierung der Arbeitswelt;
- Ausbau der umweltfreundlichen Fernwärmenetze und forcierte Entwicklung von Energiespartechniken;
- Forschungsschübe zur Gewinnung und Nutzbarmachung neuer Energiequellen;
- Verstärkung des industriellen Altanlagenprogramms, Abgasreinigung bei Kohlekraftwerken;
- neue Verfahren der Müllbeseitigung und des -recycling, Sondermülldeponien (möglicherweise in stillgelegten Bergwerken);
- Erneuerung der in vielen Großstädten baufällig gewordenen Kanalisation;
- Sanierung der Altlasten in den Böden, Stadtsanierung und stadtökologische Projekte;
- Verkehrsberuhigung, Lärmschutz, Ausbau des öffentlichen Personennahverkehrs und des Radwegenetzes;

- Erosions-, Überschwemmungs- und Küstenschutz;
- Auf- und Ausbau modernster Telekommunikations-Infrastruktur;
- Krankenhausbau, Ausbau und Umstellung des Gesundheitswesens und der sozialen Dienste auf Prävention.

Eine derartige Investitionsoffensive kostete selbstverständlich viel Geld. Es käme also darauf an, es durch ein Bündel geeigneter Maßnahmen zu mobilisieren. Aber anstatt die hohen Geldvermögen, die in unserer Gesellschaft durchaus vorhanden sind, so umzuleiten, daß sie für Infrastrukturinvestitionen und damit beschäftigungswirksamer eingesetzt werden können, werden den öffentlichen Händen die dringend benötigten Mittel entzogen. So soll zu den bereits erwähnten Einnahmeverlusten aufgrund der Steuersenkungen die vom Kanzler als »Jahrhundertwerk« gepriesene »Super-Steuerreform« 1990 zu Mindereinnahmen in Höhe von 44,4 Milliarden DM pro Jahr führen.

Soziale Verbesserungen, Beschäftigungspolitik und Umweltschutz würden damit so gut wie unmöglich gemacht. Die dann zu befürchtende politische Instabilität könnte aus dem 1973 eingetretenen »Ende der Überflußgesellschaft« ein Ende der demokratischen Gesellschaft werden lassen. Es kommt darauf an, dies zu verhindern.

Durch Innovationen die Zukunft gewinnen: eine Unternehmensphilosophie für die Deutsche Bundesbahn

Reiner Gohlke

„Die Bahn ist ein gutes Beispiel dafür, was mit dem Mut zur Innovation erreicht werden kann, Innovation nicht als Selbstzweck verstanden, sondern als Instrument zur Anpassung an neue Marktbedingungen, an neue Verbraucherwünsche und zur Wahrnehmung neuer Chancen. Diese Chancen zu nutzen ist Aufgabe des Managements und des Eigentümers. Denn Zukunft ist gestaltbar. Dabei gilt es harte Rahmenbedingungen zu akzeptieren, aber zugleich durch positive Konzepte neue Spielräume zu eröffnen."

Am 17. November 1986 fuhr der ICE mit 345 km/h im Mühlbergtunnel auf der Neubaustrecke Hannover-Würzburg einen neuen Geschwindigkeitsrekord; am 13. Mai 1987 nahm ein Vorstand mit jeweils eigenständiger Ressortverantwortung für die Geschäftsbereiche Personenverkehr und Güterverkehr seine Arbeit auf.

Vorstoß in neue Bereiche

Zwei Ereignisse, die mehr sind als zwei Daten, auch mehr bedeuten als Meilensteine in der Geschichte der Deutschen Bundesbahn - sie signalisieren Abkehr von jahrzehntelanger Stagnation und Abkehr von gewohnten Denkstrukturen. Sie verdienen in der Tat die Bezeichnung »Umbruch«. Der Vorstoß in neue Bereiche des Transports und die konsquente Orientierung am Markt sind es, die der Bahn auf Dauer verteidigungsfähige Anteile an der Expansion im Dienstleistungsbereich, an der dritten Revolution, sichern können.

Wenn man über die Position der Bahn am Markt und über die wirtschaftliche Situation der Bahn diskutiert, so muß man wissen, welche Entwicklungen es gerade auf dem Verkehrssektor in den letzten 30 Jahren gegeben hat. Dramatische Änderungen haben hier stattgefunden und - ich möchte es gleich hinzufügen - im Grunde genommen haben wir mehr oder weniger das alle so gewollt. Der Bestand an Kraftfahrzeugen und die Infrastruktur des Straßenverkehrs förderten sich wechselseitig. Die zehnfache Steigerung der Zahl der Autos gegenüber 1950 ging einher mit 145 000 Kilometer neuer Straßen, davon allein über 6000 Kilometer Autobahnen. Im selben Zeitraum brachte es die Eisenbahn auf gerade fünfzig Kilometer neuer Fernverkehrsstrecken und 200 Kilometer neuer Strekken für den S-Bahn-Verkehr.

Das blieb naturgemäß nicht ohne Auswirkungen auf die Konkurrenzfähigkeit der Eisenbahn. In Zahlen ausgedrückt: Im Güterverkehr sanken die Marktanteile der Bahn auf rund dreißig Prozent, also die Hälfte, und im Personenverkehr von fast vierzig Prozent auf heute nur noch knapp sieben Prozent. In absoluten Zahlen sind das Personen- wie das Güterverkehrsaufkommen im übrigen in etwa konstant geblieben, das heißt mit anderen Worten, der Verkehrszuwachs ist an der Deutschen Bundesbahn vorbeigelaufen. Sie hat keinen Anteil am Wachstum des Verkehrskuchens für sich sichern können.

Die Deutsche Bundesbahn: das größte deutsche Verkehrsunternehmen

Doch bei alledem ist die Deutsche Bundesbahn nach wie vor das größte Verkehrsunternehmen innerhalb der Bundesrepublik Deutschland. Wir haben 265000 Mitarbeiter, wir befördern jährlich rund zwei Milliarden Menschen und 300 Millionen Tonnen Fracht auf Schiene und Straße. Dafür fahren wir täglich 30000 Züge, können einen Fahrzeugpark von 6500 Lokomotiven, 13500 Personenzugwagen und 250000 Güterwagen einsetzen. Unser Umsatz liegt in der Nähe von dreißig Milliarden DM. Damit verfügt die Deutsche Bundesbahn über Ressourcen und ein Know how von auch gesamtwirtschaftlich beachtlicher Dimension. Das bewahrte sie andererseits nicht davor, in der Öffentlichkeit immer wieder als Haushaltsrisiko Nummer eins apostrophiert zu werden.

Als ich Anfang 1982 unmittelbar vor Aufnahme meiner Tätigkeit als Vorsitzer des Vorstandes der Deutschen Bundesbahn die Bestandsaufnahme der wirtschaftlichen Situation vor Augen hatte, verdiente diese ohne Frage die Bezeichnung »dramatisch«: Die Verschuldung hatte sich von 1970 bis 1982 von 14 Milliarden DM auf 35,5 Milliarden DM mehr als verdoppelt, das ganze bei ansteigender Tendenz, und es war abzusehen, daß das Eigenkapital 1988 aufgezehrt sein würde. Die Ausgleichszahlungen des Bundes waren im selben Zeitraum von 3,5 Milliarden auf 13,2 Milliarden Mark gestiegen. Die Personalausgaben betrugen 1982 20,7 Milliarden DM, das sind 67 Prozent der Aufwendungen und sogar 78 Prozent der Erträge gewesen. Die Zinsbelastung lag bei 2,9 Milliarden DM oder elf Prozent der Gesamterträge.

Das Unternehmen auf den Markt ausrichten

Diese Situation erforderte es zwingend, neue Grundsätze zu definieren. Der wichtigste Grundsatz des neuen Vorstandes, ja wenn man so will, die eigentliche Innovation, lautete: Das Unternehmen auf den Markt ausrichten. Anders umschreiben läßt sich das als Rückbesinnung auf den Kundennutzen, auf die Nachfrage und auf die spezifischen Vorteile der Bahn. Die DB mußte von einer Behörde in Richtung Unternehmen umgewandelt werden. Alle Innovationen - das Entwickeln neuer Produkte, das Erschließen neuer Märkte, das Einführen neuer Führungsstrukturen, die Neugestaltung neuer Rahmenbedingungen - waren auf den Kundennutzen auszurichten.

Die Initialzündung des Innovationsprozesses war die Novellierung des Bundesbahngesetzes Ende 1981. Danach konnte der neue Vorstand eine zentrale Führungsstruktur aufbauen, die sich an in der Wirtschaft bewährten Grundsätzen orientierte. Der Innovationsprozeß selbst mußte so angelegt werden, daß er den negativen Trend der wirtschaftlichen Entwicklung der DB kurzfristig stoppte und längerfristig umkehrte. Die Vorgehensstrategie war in folgenden vier Schwerpunkten festgelegt:

- Auf das jetzt Machbare konzentrieren
- Organisation und Führungsinstrumente verbessern
- Zukunftsstrategie entwickeln
- Lösung von Strukturproblemen.

Der Vorstand der Deutschen Bundesbahn hat in Markt- und Produktinnovationen von Anfang an den Schwerpunkt seiner Aufgaben gesehen, wobei naturgemäß das kurzfristig Machbare im Vordergrund stand. Die Bahn hat ihr Selbstverständnis im Marktauftritt dabei als Leitbild formuliert und entsprechende Leitsätze aufgestellt:

1. Wir sind ein Dienstleistungsunternehmen
2. Wir bejahen den Wettbewerb und verstehen ihn als Herausforderung
3. Wir verstehen unser Produkt als Problemlösung von A bis Z
4. Wir gehen aktiv auf Kunden zu
5. Wir wollen die Kooperation mit Dritten zur Optimierung unserer Leistungsfähigkeit
6. Wir sehen in jedem Mitarbeiter einen Repräsentanten der Bahn. Züge und Bahnhöfe sind unsere Visitenkarten.

Diesem hohen Anspruch hatten unsere Marktinnovationen Rechnung zu tragen.

Mit der Intercity-Idee auf Erfolgskurs

Ein besonders prägnantes Beispiel für eine Produktinnovation ist im Personenverkehr der Markenartikel Intercity. Es zeichnete sich 1982 deutlich ab, daß das seit 1979 bestehende System der stündlich auf vier Linien fahrenden IC-Züge mit 1. und 2. Klasse-Wagen trotz seines weltweit beachteten Leistungsstandes und Erfolges optimiert werden mußte. Das führte zum neu durchdachten und entscheidend modifizierten IC '85. Dessen wesentliche Punkte: 6 statt 4 Linien im stündlichen Takt, die regelmäßige Einbeziehung des Frankfurter Flughafens in den Stundentakt, die Anhebung der durchschnittlichen Reisegeschwindigkeit aller Züge von 100 auf 108 km/h. IC '85 bedeutete aber auch, daß anstelle von 160 mehr als 200 IC-Züge gefahren wurden, ohne einen einzigen Zug mehr bestellt zu haben, sondern durch Optimierung der Produktionsmethoden. IC '85 bedeutet weiter, daß der Service durch zusätzlichen Einsatz von 500 Mitarbeitern in den IC-Wagen verbessert wurde. Innerhalb weniger Wochen zeigte sich vom Beginn des Starts Mitte 1985, daß die Bedürfnisse des Marktes richtig erkannt worden waren. Die neue Attraktivität der an und für sich bekannten und bewährten Intercity-Idee bescherte zweistellige Zuwachsraten an IC-Reisenden.

Seit Ende Mai 1987 ist dieses Spitzenangebot um eine weitere Nuance attraktiver. Ende September 1986 hatten sich Europas Bahnen auf der Europäischen Fahrplankonferenz in Augsburg geeinigt, den EuroCity einzusetzen. Zwanzig einheitliche Qualitätsmerkmale stehen hinter dieser Bezeichnung. Für den Kunden bedeutet das, es fahren schnelle und komfortable Züge mit internationalen Laufwegen, die von der Fahrplangestaltung über das Wagenmaterial bis hin zum Service den heutigen Intercity-Qualitätsstandard zu einem europäischen Produkt machen.

Der Erfolg im hochwertigen Fernreiseverkehr zwingt naturgemäß, andere Angebote auf ihre Marktakzeptanz zu prüfen. So arbeiten wir seit 1985 sehr intensiv an einer neuen Rolle des D-Zuges. Ein

Teil ehemaliger D-Züge hat bereits neue Aufgaben und ein neues Gesicht bekommen. Als Fernexpreß bedienen diese Züge die klassischen Direktverbindungen aus Nord- und Westdeutschland in die Urlaubslandschaften zwischen Schwarzwald und Kärntner Seen. Ein Großteil der verbliebenen D-Züge geht beginnend ab 1988 sukzessive in einem neuen System von »Interregio«-Zügen auf. Sie stellen auf festen Linien mehrmals täglich zu festen Zeiten mit modernen und völlig neu konzipierten Personen- und Service-Wagen ein dichtes Netz guter Verbindungen zwischen nahezu allen größeren Orten der Bundesrepublik her – ergänzend zum Intercity-Netz außerhalb der IC-Linien oder für Haltebahnhöfe zwischen zwei IC-Stopps.

Ein anderes Beispiel für direkt Machbares war das Angehen der Preispolitik. Anfang 1982 war die Bundesbahn mit dem Negativ-Attribut hoher Preise belastet. Mit unseren »Rosarot-Aktionen« haben wir dieses leidige Thema zunächst einmal aus der Diskussion gebracht. Deshalb standen diese Aktionen auch nicht primär unter dem Motto »Mehr Geld in die Kasse zu bringen«, sondern es waren klare Prioritäten gesetzt, und zwar zuerst die *Verbesserung des Images der Bahn*, an zweiter Stelle wollten wir herausfinden, wie sich der Markt verhält, um die notwendigen Strategien beschließen zu können, und an dritter Stelle stand die Verbesserung des Wirtschaftsergebnisses. Wir haben alle drei Ziele mehr als erreicht. Schließlich versetzen uns diese Erfahrungen auch in die Lage, seit 1. März 1987 ein völlig neues Preissystem auf den Markt zu bringen, in das alle Erkenntnisse der verschiedenen früheren Angebote eingeflossen sind. Selbstverständlich kann das auch noch nicht das Ende sein, sondern wir werden gerade den selektiven Verkauf weiter verstärken, um noch gezielter an den Kunden und damit an den Markt heranzugehen.

Ein weiterer Schwerpunkt unserer Bemühungen im Personenverkehr betraf das gesamte Servicepaket. So wurden an vierzig IC-Bahnhöfen verbesserte Parkmöglichkeiten für Fernverkehrskunden eingeführt, ebenso ein Mietwagenservice. Es gibt ein Zubringerticket zu zehn Verkehrsflughäfen, eine Gepäckverbindung von 58 Bahnhöfen zum Frankfurter Flughafen. Das Aussehen des Bahnhofs wurde verändert, weg von der Schalterhalle hin zum Kundenservice, hin zur eigentlichen Beratung. Bisher sind insgesamt 100 moderne Verkaufscentren in Betrieb genommen worden. Ebenso wurde eine neue

Restaurantkonzeption entwickelt, die eine gute Akzeptanz, und zwar nicht nur bei den Bahnreisenden, aufweist. Der Kunde soll ein Gesamtpaket erhalten. Dazu gehört beispielsweise auch ein Hotelangebot. Was aber nicht bedeutet, daß die Bahn all dies selbst machen will. Entscheidend ist häufig, jemanden zu finden, der bereit ist, mit uns gemeinsam diese Dinge voranzutreiben - und auch bereit ist, zu investieren.

Innovationen im Nahverkehr

Die Bahn konnte und wollte aber nicht einseitig den Weg über Innovationen nur im Personenfernverkehr gehen. Ebenso mußte der Nahverkehr in Angriff genommen werden. Gerade in diesem Verkehrszweig mit seinem schlechten Kostendeckungsgrad bestand besonderer Handlungsbedarf. Hier galt es vielleicht noch mehr als anderswo, die Angebotspolitik auf die tatsächliche Nachfrage auszurichten. Selbst gut genutzte und gut funktionierende S-Bahn-Systeme in den Großstadtregionen kosten weit mehr, als sie an Einnahmen durch die Kunden bringen. Entsprechend problematischer stellt sich die Situation außerhalb der Ballungsgebiete dar, ganz besonders in den ländlichen Regionen.

Im dünn besiedelten Raum ist das Auto der Bahn wegen seiner individuellen Einsatzmöglichkeiten häufig überlegen. Hinzu kommt, daß gerade hier in den Jahren des Wiederaufbaus ausgezeichnete Straßenverbindungen geschaffen wurden. Für die Bahn heißt das konsequent, wo sie nicht mehr als Nahverkehrsmittel gebraucht wird, kann sie in der bisherigen Form auch nicht mehr bleiben. Das bedeutet nicht Rückzug der Bundesbahn aus den entsprechenden Gebieten oder gar aus dem gesamten Nahverkehr, aber eine kundenfreundliche und wirtschaftliche Bedienung ist naturgemäß nicht überall mit ein- und demselben Verkehrsangebot zu realisieren. Also auch nicht überall der Zug, sondern ebenso der Bus, und wenn Zug, dann nicht zwangsläufig überall derselbe Zug. Zur besseren Akzeptanz der Vorstellungen tragen Verträge mit den Ländern bei; der erste Vertrag wurde Ende 1985 mit Schleswig-Holstein abgeschlossen.

Mit den S-Bahn-Systemen in den Verbundräumen hat die Bahn bereits seit Jahren Markenartikel etabliert. Eine Innovation dagegen ist ohne Frage die City-Bahn gewesen. Hier wurden alte Wagen umgebaut, qualitativ verbessert, der Taktverkehr wurde eingeführt, und es wurde ein Kaffee-Service eingerichtet. Ein Test zwischen Köln und Gummersbach brachte Steigerungsraten bis zu vierzig Prozent. Mit der im festen Taktfahrplan fahrenden City-Bahn können in dichter besiedelten Räumen die größeren Orte schnell miteinander verbunden werden. Mit einer Regionalschnellbahn kann dasselbe im Taktverkehr bei größeren Orten auf dem Lande geschehen. Für die Regionalschnellbahn werden, wo möglich, die neuen Nahverkehrstriebwagen eingesetzt. Sie bieten mehr Komfort, führen zu kürzeren Fahrzeiten, sind aber auch die ideale Voraussetzung einer erfolgreichen Kooperation mit der Straße.

Anschlüsse zum Bus oder zum Pkw sind heute selbstverständliche Voraussetzung eines funktionierenden Nahverkehrssystems. City-Bahn und die Regionalschnellbahn können insofern Rückgratfunktionen erhalten, aber in einem integrierten Netz.

Neuerungen im Güterfernverkehr

Der Güterverkehr, für die Deutsche Bundesbahn nach wie vor wichtigster Geschäftsbereich, verlangt in ganz besonderem Maße wettbewerbliches, kundenorientiertes Handeln. Während die Eisenbahn in früheren Zeiten nahezu ausschließlich Transporte von A nach B durchführte, versteht sie sich heute als Problemlöser von A bis Z, der dem Kunden über die Beförderung hinaus Dienstleistungen im Zusammenhang mit Transport, Umschlag und Lagerei anbietet. Daß die Bahn im Güterverkehr ihre starke Position innerhalb der letzten 25 Jahre nicht halten konnte und Marktanteile verloren hat, liegt, neben den bereits erwähnten Verbesserungen in der Infrastruktur der anderen Verkehrsträger, an tiefgreifenden Strukturveränderungen der Industrie. Die Eisenbahn ist der klassische Massenguttransporteur für Produkte wie Kohle, Eisen und Stahl. Doch im Hightech-Zeitalter ist der Massengutanteil am Transportvolumen der verladenden Wirtschaft ständig zurückgegangen. Die schwere Krise der

Stahlindustrie trifft die Deutsche Bundesbahn in ganz besonderem Maße. Für die Bahn bedeutet das Fußfassen in anderen Bereichen, sich den ihr gestellten Anforderungen gewachsen zeigen und entsprechende Produkte anzubieten.

Für den Markt der höherwertigen Güter, die heute weitgehend vom Lkw befördert werden, hat die Bahn mit InterCargo ein leistungsfähiges System geschaffen. 90 direkte Güterzüge verbinden seit Sommer 1984 die wichtigsten Wirtschaftszentren der Bundesrepublik direkt in attraktiven Nachtsprungzeiten. An dieses System sind 1200 Bedienungsstellen vom Gleisanschluß bis zum Güterbahnhof angebunden. Die Bundesbahn garantiert geldwert die fahrplanmäßige Ankunft.

Voraussetzung für die Einführung von InterCargo war im übrigen ein Informationssystem, das es uns erlaubte, den datenbegleiteten Transport zu realisieren, auch insofern mit dem Lkw konkurrenzfähig zu sein. Die Zukunft ist auch hier vorprogrammiert. Wir bauen komplette Logistikketten auf, um den Güterstrom auf der Schiene zum integralen Bestandteil der Produktionspläne und Transportprogramme der Wirtschaft zu machen. Gleichzeitig werden wir mit ausländischen Bahnen einen rechnergestützten Informationsaustausch für Kunden anbieten.

Es müssen nicht unbedingt die »dicken Brocken« sein, bei denen die Bahn konkurrenzfähig ist. Wir haben im Kleingutbereich eine Reihe von Produkten auf den Markt gebracht, bei denen die eisenbahntypischen Systemvorteile als Verkaufsargumente zum Zuge kommen. Die für sich genommen erfolgreichste Innovation ist hier wohl der Intercity-Kurierdienst mit der praktisch unschlagbaren Möglichkeit, die Infrastruktur des IC-Netzes nicht nur in der Bundesrepublik, sondern auch grenzüberschreitend für alle Kleingutsendungen zu nutzen. Darüber hinaus wurde der Expreßgutverkehr modifiziert: Der Termindienst bietet praktisch zwischen allen größeren Orten innerhalb der Bundesrepublik Beförderungen über Nacht mit garantierter Auslieferung am folgenden Morgen an. Im internationalen Verkehr firmiert dasselbe unter dem Namen Eurail-Expreß mit grenzüberschreitenden garantierten Transporten für eilige Kleingüter.

Wenn heute von Märkten und Kunden gesprochen wird, kann sich das nicht mehr auf den nationalen Bereich beschränken. Wir müssen grenzüberschreitend denken. Als Beispiel im Güterverkehr sei Dan-Link erwähnt, eine Maßnahme zur Beschleunigung des Skandinavien-Verkehrs. Innerhalb von zwei Jahren haben die drei Länder Schweden, Dänemark und die Bundesrepublik Deutschland ein Abkommen geschlossen, das Investitionen von mehr als 500 Millionen DM beinhaltete. Die DB hat unter anderem eine neue Fähre bauen lassen, die auch dieser Verbindung zugute kommt. Die Aufnahme von DanLink im November letzten Jahres verkürzt die Transporte beispielsweise zwischen dem Ruhrgebiet und Skandinavien um bis zu einem Tag.

Trennung von Marketing und Verkauf

Die beispielhaft genannten Produktinnovationen wurden fast ausschließlich auf Basis der Arbeit von Projektgruppen realisiert. Langfristig müssen aber die organisatorischen Voraussetzungen geschaffen werden, damit das Unternehmen ständig in der Lage ist, auf neue Marktanforderungen, auf neue Umweltbedingungen flexibel und innovativ zu regaieren. Die Deutsche Bundesbahn muß in der Lage sein, neue technische Möglichkeiten ihren Kunden und der Wirtschaft schnell nutzbar zu machen, damit neue Märkte zu schaffen beziehungsweise zu erschließen. Auch für die Verbesserung der Organisations- und Führungsstruktur wurde die prinzipielle Ausrichtung der Maßnahmen in Leitbildern beschrieben:

- Marktorientierung
- Dezentralisierung
- Führen mit Zielen und Zahlen
- Transparenz der Entscheidung durch sachbezogene Konflikte.

Die Novellierung des Bundesbahngesetzes Ende 1981 schuf die Voraussetzungen für eine Neugliederung des Vorstandes mit Aufteilung zentraler Aufgaben auf sieben Vorstandsressorts. Hinzu kam ein Stellvertretendes Vorstandsmitglied für Informations- und Steuerungsprojekte. Das eröffnete die Möglichkeit, ab Mai 1982 ein eigenes Absatzressort für die Deutsche Bundesbahn zu etablieren. Die Eisenbahnen der Welt galten ja in der Vergangenheit überwiegend als technik- und produktionsorientiert. Doch die zentrale Funktion in einem marktorientierten Unternehmen muß der Absatz als Kontaktstelle zum Markt sein, denn vom Markt müssen die maßgeblichen Impulse ausgehen.

Marktorientierung wirkt sich auf die Zusammenarbeit zwischen den Hauptfunktionen der Deutschen Bundesbahn aus. Das traditionelle Anbieter-Nutzer-Verhältnis ist zu einem Besteller-Ersteller-Verhältnis umgestaltet. Dabei ergreift der Absatz entsprechend den Marktanforderungen die Initiative und bestellt die Produktionsleistungen. Die Produktion bestellt wiederum bei der Technik die Infrastruktur und die Transportmittel, die sie für ihre Leistung benötigt. So wird jede Aktivität auf die Anforderungen des Kunden zurückgeführt.

Das Absatzressort aufzubauen, war ein mehrjähriger Prozeß. Wesentliche Komponenten der Neuordnung: die konsequente organisatorische Trennung zwischen Marketing und Verkauf, die Trennung des Verkaufs wiederum in die Bereiche Personen- und Güterverkehr. Dabei gibt es jeweils klare Verantwortlichkeiten für einzelne Märkte, zum Beispiel Geschäftsreisende, und für einzelne Produkte, zum Beispiel den Intercity. Die DB-Busorganisation wurde als eigener Geschäftsbereich im Sinne von Profitcenter dem Absatzressort zugeordnet.

Die Trennung zwischen Marketing und Verkauf sorgt innerhalb des Absatzressorts für ein konstruktives Spannungsverhältnis. Marketing bemüht sich darum, erfolgreiche Konzeptionen zur Erschließung interessanter Märkte oder zur Vermarktung vorhandener oder neuer Produkte zu erarbeiten und durchzusetzen. Die Aufgabe des Verkaufs besteht darin, bestimmte Produkte innerhalb der vom Marketing vordefinierten Rahmenbedingungen möglichst erfolgreich und zu möglichst günstigen Kosten zu vertreiben. Die früher praktizierte Verquickung von Marketing und Verkaufsfunktionen birgt die Gefahr in sich, im Zweifel unter dem täglichen Druck der Ereignisse das Primat dem operativen Geschäft zu geben und strategische Überlegungen auf »ruhigere Zeiten« zu verschieben, die dort erfahrungsgemäß nur selten eintreten.

Die Trennung in Markt- und Produktverantwortliche soll den spezifischen Aufgaben der Bahn Rechnung tragen. Während es nämlich in den meisten Konsumgütermärkten möglich ist, eine weitgehende Übereinstimmung zwischen Produkten und Märkten herzustellen und dementsprechend markt- und produktbezogene Verantwortung in einer Stelle zusammenzufassen, stößt dies bei der Bahn auf Schwierigkeiten. In einem bestimmten Produkt, zum Beispiel einem Intercity, sind in der Regel sehr verschiedene Marktsegmente vertreten. Umgekehrt nutzt ein bestimmtes Marktsegment, beispielsweise der Geschäftsreisende, alle Produkte, so den Nahverkehr und die Bahnhöfe, und nicht nur das Produkt Intercity im Rahmen seiner Reise. Darüber hinaus produziert diese Aufgabenteilung permanent Anstöße des Marktmanagements zu Produkt- und Serviceverbesserungen und umgekehrt.

Einführung des Controlling-Gedankens

Eine weitere Neuerung betraf die Einführung des Controlling-Gedankens; ein Gedanke, der bei der Bahn lange als nicht realisierbar gegolten hatte. Die Bildung eines entsprechenden Ressorts wurde mit dem Vorstandswechsel 1982 realisiert. Von hier gehen maßgebliche Impulse aus, um über eine straffe Steuerung des Aufwands das Wirtschaftsergebnis zu verbessern und den Anstieg der Verschuldung abzubremsen. Ebenfalls werden in diesem Ressort die längerfristigen Strategien koordiniert, so zum Beispiel die bekannte Strategie »DB '90«. Dieses Ressort steuert auch die Entwicklung der Organisationsstrukturen und der Führungsinstrumente entsprechend der von der Unternehmensleitung festgelegten Linie. Es geht dabei primär um die Einheit von Aufgabe, Kompetenz und Verantwortung oder - anders ausgedrückt - um die Zuordnung von Zielen und Zahlen. Erfahrungsgemäß werden schließlich nur die Ziele erreicht, die bestimmten Organisationseinheiten und bestimmten Führungskräften verantwortlich zugeordnet sind.

Marktorientierung und Controlling bewirken allein jedoch noch kein unternehmerisches Handeln. Das hierarchische Verwaltungssystem war um überflüssige Instanzen zu leichtern, um so den Entscheidungsgang durchlässiger und übersichtlicher zu machen und damit zusätzlich auch Kosten einzusparen. Bei der Deutschen Bundesbahn hieß das Verkürzung des Instanzenzuges von früher fünf auf inzwischen drei Instanzen. Das bedeutete konkret Auflösung der zwischen Unternehmensleitung und für die Region zuständigen Direktionen bestehenden Zentralstellen und Auflösung der zwischen Direktionen und lokalen Dienststellen geschalteten Ämterebene. (Mit letzterer wurde übrigens ein Organisationsproblem gelöst, das bei der Bahn seit fast 100 Jahren in der Diskussion steht.) Das Ergebnis sind die drei Instanzen Zentrale, Direktionen und Dienststellen und damit ein klar gegliederter und funktionsfähiger Instanzenzug.

Strategie DB 90

Im Zuge der Novellierung des Bundesbahngesetzes hat es bei der Deutschen Bundesbahn seit 1982 einen enormen Innovationsschub gegeben. Dieser Prozeß muß aber in Gang gehalten werden, wobei weitere Impulse von außen kommen müssen, das heißt, die begonnene Reform darf nicht stehenbleiben:

- Die intern geschaffene Transparenz durch Ziele und Zahlen muß außen ihre Fortsetzung finden. Hiermit ist die rechnerische Dreiteilung der Aufgaben in unternehmerische, gemeinwirtschaftliche und staatliche Aufgabenbereiche gemeint.
- Zum zweiten verlangt die Ausrichtung der Bahn auf den Markt und damit das Aufnehmen des Wettbewerbs zwingend eine Harmonisierung der Wettbewerbsbedingungen. Hier besteht insbesondere bei der Vorhaltung des Wegenetzes Handlungsbedarf. Es ist notwendig, die Bahn insofern mit ihren Wettbewerbern gleichzustellen, als auch sie nur entsprechend der Inanspruchnahme für die Nutzung der Verkehrswege ein Entgelt entrichtet.
- Schließlich muß das Verlangen nach mehr unternehmerischer Initiative und Risikobereitschaft der Mitarbeiter einhergehen mit entsprechenden Personalentwicklungs- und -Bezahlungssystemen. Mit dem Abschluß der Verträge für den Vorstand und der obersten Führungsebene wurde ein ausbaufähiger Anfang gemacht. Doch ist es erforderlich, größere Kreise von Führungskräften in dieses System einzubeziehen.

Organisation ist ein ständiger Prozeß, der keinen Stillstand duldet. Diese Aussage gilt für interne Maßnahmen wie für externe Impulse gleichermaßen. Die Deutsche Bundesbahn ist heute gründlich vorbereitet, mehr Marktnähe zu zeigen. War es 1982 noch ein Novum, daß die Bahn ein eigenes Ressort Absatz bekam, folgte bei der nächsten Vorstandsperiode 1987 ein weiterer Schritt: Die Markt- und Geschäftsorientierung der DB ist durch eigenständige Ressortverantwortung für die Geschäftsbereiche Personenverkehr und Güterverkehr entscheidend gestärkt worden.

Das wichtigste Ziel war 1982, überhaupt anzufangen. Um im Bild der Bahn zu bleiben: Ein Zug, der erst einmal rollt, braucht zur Fortbewegung weniger Energie als ein Zug, der aus dem Stand in Bewegung gesetzt werden muß. Es wurde viel getestet mit guten Ergebnissen - und Erfolge sind bekanntlich die beste Motivation. Doch die Frage nach der Zukunft stand wie überall auch bei der Bahn im Raum, und dementsprechend waren längerfristige Strategien zu entwickeln. In Anbetracht der wirtschaftlichen Lage der Deutschen Bundesbahn hatten sich unsere Pläne auch an der wirtschaftlichen Entwicklung zu orientieren.

Es wurde eine Strategie »DB '90« entwickelt, die als oberstes Ziel eine Produktivitätssteigerung auf der Basis 1982 bis 1990 um real vierzig Prozent festschrieb. Das sollte unter anderem durch eine Senkung der Personalkosten um real dreißig Prozent und der Gesamtkosten um real 25 Prozent erreicht werden, begleitet von einer Investitionspolitik, die allein von 1984 bis 1990 eine Summe von 40 Milliarden DM vorsieht. Das wirtschaftliche Ergebnis dieser Bemühungen: eine konsolidierte Bahn, die finanziell beherrschbar und unter Kontrolle ist, so wie das im übrigen auch nach Abstimmung mit der Bundesregierung in den Leitlinien von 1983 festgeschrieben wurde.

Daß es bei der Deutschen Bundesbahn um Konsolidierung und nicht um Sanierung im Sinne schwarzer Zahlen geht, muß immer wieder betont werden und gilt pauschal zumindest so lange, wie die bereits erwähnte klare Transparenz der Verantwortlichkeiten nicht durch Trennung in einen eigenwirtschaftlichen, einen gemeinwirtschaftlichen und einen staatlichen Bereich hergestellt ist. Die Strategie »DB '90« orientiert sich folgerichtig unter anderem an einer Verschuldung, die im Jahre 1990 bei 55 Milliarden DM und an einem Fehlbetrag, der bei vier Milliarden DM liegen würde. Welch anspruchsvolle Zielsetzung sich entgegen dem ersten Augenschein hierhinter verbirgt, wird deutlich, wenn man weiß, daß eine ursprüngliche Hochrechnung des Jahres 1982 bei Fortführung der Unternehmenspolitik der siebziger Jahre für 1990 eine Verschuldung von 90 Milliarden DM und einen Fehlbetrag von zehn Milliarden DM auswies. Selbst bei sich ständig ändernden Märkten hat sich die Strategie »DB '90« als lebensfähig erwiesen, und wir liegen trotz mancher Probleme - beispielsweise als Folge der Stahlkrise - auf der Ertragsseite insgesamt im strategischen Plan. Dabei hat sich die Neuorganisation, insbesondere was das Managen der Aufwandsseite angeht, voll bewährt.

Chancen nutzen heißt innovativ sein oder, anders ausgedrückt, immer häufiger etwas anders und besser machen als andere. Die Bahn ist ein gutes Beispiel dafür, was mit dem Mut zur Innovation erreicht werden kann, Innovation nicht als Selbstzweck verstanden, sondern als Instrument zur Anpassung an neue Marktbedingungen, an Verbraucherwünsche und zur Wahrnehmung neuer Chancen. Diese Chancen zu nutzen ist Aufgabe des Managements und des Eigentümers der Bahn. Denn Zukunft ist gestaltbar. Dabei gilt es, harte Rahmenbedingungen zu akzeptieren, aber zugleich durch positive Konzepte neue Spielräume zu eröffnen. Deshalb setzt die Bahn Akzente, die deutlich machen, welch überragende Rolle eine moderne Bahn für Gesellschaft und Wirtschaft auch in der Zukunft spielen wird.

Einen richtungweisenden Beschluß für die Zukunft der DB hat das Bundeskabinett im September 1985 mit dem Bundesverkehrswegeplan '85 gefaßt. Für die Bahn sind darin im Zeitraum 1986 bis 1995 Investitionsmittel von 35 Milliarden DM vorgesehen. Das sind 25 Prozent mehr als im Vergleichszeitraum der zehn Jahre zuvor, und dies unterstreicht die Bedeutung, die der Eigentümer der Modernisierung des DB-Streckennetzes beimißt.

Doppelt so schnell wie das Auto zu sein

Zusätzlich zu den bereits in Bau befindlichen und Anfang der 90er Jahre fertiggestellten beiden Neubaustrecken Hannover-Würzburg und Mannheim-Stuttgart sind alle von uns angemeldeten ergänzenden Neubau- und Ausbaustrecken der Hauptrelationen Ruhrgebiet-Rhein/Main-Stuttgart-München; Norddeutschland-Frankfurt-Basel und Dortmund-Kassel-Nürnberg-München im »vordringlichen Bedarf« enthalten. Damit läßt sich das Schnellfahrnetz für Geschwindigkeiten von 200 bis 250 km/h von 1987 rund 500 Kilometer über knapp 1000 Kilometer in den 90er Jahren auf fast 2000 Kilometer mit dem Zeithorizont 2000 ausweiten.

Sichtbare Fortschritte sind einmal die beste Motivation für die eigenen Mitarbeiter, sie garantieren aber auch dem Eigentümer, seine Mittel nicht zu verschwenden, und sie sind schließlich Ausdruck des Glaubens an die Zukunft eines Unternehmens. So registrieren wir bei der Deutschen Bundesbahn mit Genugtuung die Aufmerksamkeit, die fertiggestellte Teilstücke neuer Strecken ebenso wie unser Intercity Experimental, geläufiger unter dem Kürzel ICE, schon zu einem Zeitpunkt erreichen, wo sie im Grunde genommen für den Kunden noch gar nicht nutzbar sind. Anfang der 90er Jahre werden Strecken und Zug dann nicht mehr dem Test dienen, sondern dem täglichen Betrieb. Das Kürzel ICE hat dann einen neuen Sinn bekommen - Intercity Express. Dies wird der Name für die schnelle und komfortable Triebzuggeneration sein, die die Techniker derzeit aus der Experimental-Einheit entwickeln. Intercity Express steht für ein Programm: Die Bahn hat sich zum Ziel gesetzt, im Fernverkehr auf den mittleren Distanzen halb so schnell wie das Flugzeug und doppelt so schnell wie das Auto zu sein.

Hinter alledem verbirgt sich nicht unbedachter Geschwindigkeitsrausch, sondern nüchterne Marktbeobachtung. Wo die Bahn etwas besser bieten kann als andere, da ist sie gefragt, ist sie erfolgreich und verdient letztlich gutes Geld. Der ICE und die neuen Strecken spielen in diesem unternehmerischen Kalkül wichtige Rollen, beileibe allerdings nicht die einzige. Doch das Ziel heißt einheitlich: Die Leistungen der Bahn besser machen, um sie besser zu verkaufen.

Systembedingte Chancen nutzen

An dieser Stelle sei noch einmal an den elementaren Wandel im Selbstverständnis des Staatsunternehmens Eisenbahn erinnert. Über ein Jahrhundert verfügte die Bahn praktisch konkurrenzlos über das einzig wirklich funktionierende Verkehrsmittel, das wirtschaftliche wie gesellschaftliche, politische wie kulturelle Entwicklungen nachhaltig prägte. Heute stellt sich die Situation völlig anders dar. Das unangefochtene Verkehrsmittel Nummer 1 ist das Auto. Und es ist mit seiner freizügigen Chance individueller Beweglichkeit unvergleichlich attraktiv. Dies ist gleichzeitig das Faktum, das der Eisenbahn eine neue Rolle zuweist. Der einstige Monopolist ist nur noch ein Anbieter von Verkehrsleistungen unter mehreren. Daraus folgt zwangsläufig, die Bahn ist nur noch dort gefragt, wo sie mit Leistungen aufwarten kann, die gegenüber der individuellen Beweglichkeit ihre eigene Attraktivität entwickeln. Damit denkt und handelt die Bahn wie jedes andere Unternehmen auch. Ihre Produkte und Dienstleistungen müssen sich an der Elle des Kundennutzens messen lassen, und ihre Existenzberechtigung ist der Verkaufserfolg.

Sich hier Chancen auszurechnen, halte ich keineswegs für eine gefährliche Utopie. Die Bahn hat durchaus systembedingte Stärken, und die schnellen IC-Züge auf schnellen Strecken sind dafür ein überzeugendes Beispiel. Während das Auto ungeachtet seiner kommenden technischen Perfektionierung als Verkehrsmittel für Reisen über größere Entfernungen künftig nicht mehr wesentlich schneller werden kann, sind die Möglichkeiten der Rad/Schiene-Technik hinsichtlich der Reisegeschwindigkeit noch gar nicht vollständig ausgelotet. Nachdem der Intercity Experimental bereits 345 km/h erreichte, wird der Intercity Express in den 90er Jahren problemlos mit Tempo 250 auf den Neubaustrecken fahren können und auch Höchstgeschwindigkeiten von 300 km/h sind durchaus realistische Zukunftsmusik. Daneben bietet die moderne Bahn ein Höchstmaß an Reisekomfort und an kommunikativen Möglichkeiten, wie sie der ICE andeutungsweise jetzt schon vorführen kann. Umfangreiche Marktuntersuchungen und der Erfolg des französischen Triebzuges TGV belegen, daß die schnelle Bahn von morgen gute Verkaufschancen besitzt.

Wenn von Geschwindigkeit gesprochen wird, gehen die Gedanken in erster Linie in Richtung Personenverkehr, aber ebenso bedeutsam ist für uns die Innovation im Güterverkehr. InterCargo, Termindienst, Kurierdienst wurden bereits erwähnt, doch geht das Bestreben der Bahn generell dahin, mit Problemlösungen präsent zu sein, das heißt, die Bahn baut zunehmend ihre Dienstleistungen auf dem logistischen Sektor aus. Wettbewerbs- und Kostendruck zwingen Industrie und Handel, den Material- und Warenfluß bei Produktion wie Distribution optimal zu organisieren. Hier ist die Bahn – wie die übrige Verkehrswirtschaft auch – gefordert, Leistungen anzubieten, die das ermöglichen. Die pünktliche und zuverlässige Schnelligkeit der Schiene wird dabei mehr und mehr durch EDV-Informationssysteme unterstützt. Der datenbegleitete Transport ist keine Vision mehr, die Bahn paßt perfekt in den Takt der Fließbänder. Mit ihr lassen sich Nachschub wie Versorgung minutiös programmieren.

Weiterentwicklung der Informations- und Steuerungssysteme

Die Weiterentwicklung der Informations- und Steuerungssysteme ist ein wichtiger Bestandteil unserer Strategie und gleichzeitig ein Beitrag, die Wettbewerbsfähigkeit der Bahn am Markt zu stärken. Durch die technische Integration von Datenverarbeitung, Textverarbeitung und Telekommunikation entstehen neue Dimensionen der Automation, die dezentrale, am Arbeitsplatz verfügbare Computerintelligenz. Die Entwicklung moderner integrierter Informationssysteme wird von uns mit hoher Priorität vorangetrieben. Beispielhaft für viele innovative Anwendungen, die wir zum Erreichen unserer Unternehmensziele in jüngster Zeit initiiert haben, möchte ich einige Projekte mit ihren Zielen nennen:

- Im Personenverkehr richten wir ein kundenfreundliches Reise-, Informations- und Verkaufssystem unter dem Namen »Kurs 90« ein. In mehreren Stufen werden die Verkaufsverfahren, die Verkaufsbearbeitung und unsere Marketinginstrumente auf EDV umgestellt. Durch online-Verkauf bieten wir unseren Kunden mehr Service, und wir können wesentlich flexibler als bisher auf die Anforderungen des Marktes reagieren.

- Unter dem Begriff »Gateway« haben wir ein System installiert, das die Möglichkeit des Datenaustausches zwischen den Informationssystemen der DB und denen unserer Kunden bietet.
- In der Zentrale wird ein Projekt »Bürokommunikation« realisiert. Für die Leiter unserer Dienststellen vor Ort bauen wir ein Managementsystem auf. Dabei sind sämtliche 1200 dieser Außenstellen mit Rechnern ausgerüstet. So werden die verantwortlichen Manager vor Ort bei allen Fragen ihrer komplexen Planungs- und Steuerungsaufgaben unterstützt.

Die Bahn auf den Markt auszurichten, sie wettbewerbsfähig zu machen, bedeutet aus der Sicht der Unternehmensleitung der Deutschen Bundesbahn jedoch keineswegs Alleinanspruch, sondern im Gegenteil Partnerschaft und Arbeitsteilung. Besonders ausgeprägt und erfolgreich praktizieren wir diese im kombinierten Ladungsverkehr. Container, ganze Lastzüge oder doch ihre Aufbauten beziehungsweise Auflieger rollen huckepack auf Schienen. Das Ladungsaufkommen, das zur Zeit jährlich bei fast 20 Millionen Tonnen liegt, soll bis zum Jahre 2000 auf etwa 50 Millionen Tonnen gesteigert werden. Eine ideale Arbeitsteilung: die flexible Sammlung und Verteilung von Transporten übernimmt der Lkw, die zum Güterstrom gebündelte Beförderung über große Entfernungen übernimmt die Bahn.

Arbeitsteilung funktioniert auch seit langem in anderen Bereichen. Bei der Hausbedienung des Stückgut-Frachtkunden ebenso wie mit dem Taxiunternehmen, das das Intercity-Kuriergut vom Absender zum Zug bringt. Neuen Partnern gegenüber ist die Bahn auch darüber hinaus stets aufgeschlossen. Wo es gelingen kann, eigene Leistungsfähigkeit mit dem Know how und den Kapazitäten möglicher Kooperationspartner zu einer besseren, zu einer marktgerechten Problemlösung zu verknüpfen, werden wir uns gemeinsamen Geschäften nicht verschließen.

Entscheidend ist die Unternehmensphilosophie

Orientierung am Markt wird zunehmend auch andere Kriterien zu berücksichtigen haben. Im öffentlichen Bewußtsein kristallisiert sich immer stärker das steigende Umweltbewußtsein heraus und damit die Erkenntnis, daß Produkte zunehmend auch einer kritischen Betrachtung aus dieser Blickrichtung standhalten müssen. Dabei besitzt die Eisenbahn eine günstige Position: Der geringe Flächenverbrauch ihrer Strecken, die geringe Umweltbelastung durch Imissionen, die Energiesparsamkeit, die Unabhängigkeit von Ölvorkommen und schließlich die hohe Verkehrssicherheit. Aber wir wissen, daß es selbst hierfür keine festgeschriebene Rangfolge gibt. Die Konkurrenz Straße, Luft und Wasser machen auf diesem Sektor ständig Fortschritte, das heißt, auch hier kann sich die Bahn nicht mit Erreichtem zufrieden geben.

Solche Abhängigkeiten führen zwangsläufig zu der Erkenntnis, daß es heute keinem Unternehmen mehr gleichgültig sein kann, wie es generell in der Öffentlichkeit beurteilt wird. Das ist nicht mehr nur eine Frage der Qualität der Produkte, die erwähnten Umweltargumente spielen ebenso eine Rolle wie soziale Aspekte. Insgesamt muß die Persönlichkeit eines Unternehmens stimmen. Wenn die Deutsche Bundesbahn sich als Unternehmen am Markt profilieren will, dann ist es nur folgerichtig, daß wir an einem einheitlichen Erscheinungsbild arbeiten. So wichtig dabei Farbe, Schrift und Ausdruck auch sind, entscheidend ist die Unternehmensphilosophie. Eine solche Philosophie hat die Deutsche Bundesbahn inzwischen entwikkelt, und sie soll bewußt am Ende dieser Orientierung stehen. Die Präambel und die zehn Leitsätze stehen für Umbruch, für Aufbruch in ein neues Zeitalter, für eine Neuorientierung, aber sie stehen auch dafür, daß nicht alles neu erfunden werden muß:

Präambel

Die unternehmerische Visionskraft stand am Anfang der deutschen Eisenbahn. Sie überwand alle Hindernisse. Um Gewinn zu machen, wurde ein Unternehmen geschaffen, das den Menschen seit über 150

Jahren zu Diensten ist, wie kaum ein anderes zuvor - das gibt uns die Kraft für die Zukunft der neuen Bahn.

1. Unser Handeln orientiert sich am Nutzen für den Kunden, für das Unternehmen, für die Gesellschaft. Darin liegt unsere Legitimation.

2. Wir sichern die Existenz unseres Unternehmens durch wirtschaftliches Handeln.

3. Wir bieten dem Kunden sichere, schnelle und zuverlässige Verbindungen.

4. Die Systemstärken der Bahn setzen wir in Markt- und gesellschaftliche Vorteile um.

5. Wir sind da besonders stark, wo große Verkehrsströme - gebündelt oder über weite Entfernungen - vorhanden sind. Wir richten unser vielfältiges Dienstleistungsangebot an den Bedürfnissen unserer Kunden aus. Wir konzentrieren uns auf Geschäfte mit Zukunft.

6. Wir bieten Verkehrstechnik in menschlicher Form. Durch technische Innovation bringen wir neue wettbewerbsentscheidende Qualitäten und höhere Produktivität. Wir verbinden unsere Systemstärken mit den Chancen von Informations- und Kommunikationssystemen.

7. Als humanes Verkehrsmittel verbessern wir die Lebensqualität, weil wir sicher, umweltfreundlich, energiesparend sind; so tragen wir zur Zukunft der Gesellschaft bei.

8. Unsere Führungsphilosophie setzt auf informierte, qualifizierte und engagierte Mitarbeiter; nur erfolgreiche Mitarbeiter machen ein Unternehmen auf Dauer erfolgreich.

9. Als großes öffentliches Unternehmen tragen wir soziale Verantwortung.

10. Wir wollen unsere Kräfte durch diese Unternehmensphilosophie neu mobilisieren, in diesem Geist handeln und uns daran messen lassen.

Eine neue Ära dauerhafter Entwicklung: eine globale Herausforderung

Volker Hauff

„Nicht nur ich bin davon überzeugt: Die Menschheit ist in der Lage, die Voraussetzungen für eine dauerhafte Entwicklung zu schaffen ... Es geht um eine Entwicklung, die den Bedarf der gegenwärtigen Generation zu decken vermag, ohne dabei den nachfolgenden Generationen den Weg zu verbauen, ihre Bedürfnisse und Wünsche zu befriedigen. Ein solches Konzept der dauerhaften Entwicklung beinhaltet Grenzen, doch sie sind nicht absolut: Es sind technologische und gesellschaftliche Grenzen, die uns vorgegeben sind durch die Endlichkeit der Rohstoffe sowie durch die begrenzte Fähigkeit der Natur zur Regeneration."

Es hat in der Geschichte der Menschheit nicht an Prophezeiungen gefehlt, daß das Ende der Zivilisation bevorstehe. Darauf möchte ich antworten: Wer keine Zukunft mehr sieht, der hat auch keine. Für mich bedeutet das: Es gibt keine Alternative zur Industriegesellschaft, wohl aber Alternativen in ihr.

Von der Empörung zur Reform

Die Entschlossenheit, mit der wir die Alternativen in der Industriegesellschaft entwickeln, ist dabei ein Maßstab dafür, ob wir die Zeichen der Hoffnung umsetzen in eine dauerhafte Entwicklung für Mensch und Natur auf der Erde. Krisen - mögen sie auch noch so bedrohlich sein, wie die jüngsten Umweltkatastrophen von Tschernobyl und Sandoz, haben immer eine positive und auch negative Seite; und es ist eine der faszinierendsten Tatsachen, daß die chinesische Schrift für das Wort »Krise« und für das Wort »Chance« dasselbe Schriftzeichen kennt. Umbrüche werden besonders sichtbar im Zusammenhang mit Krisen, sowohl Lebenskrisen des einzelnen Menschen als auch mit Strukturkrisen in Wirtschaft und Gesellschaft.

Umbrüche legen neue, oft noch unvollständige Strukturen »blank« und öffnen neue Fenster für den längerfristigen Blick in die Zukunft. Die Zeithorizonte für einen solch visionären Blick sind dabei heute eher geschrumpft als gewachsen. Auch wenn eine realistische Sicht über die Entwicklungstrends weit über das Jahr 2000 schwierig geworden ist, müssen wir uns der Aufgabe stellen, die wichtigen Alternativen herauszuarbeiten. Denn nur derjenige wird die Zukunft meistern, der auch die Kraft besitzt, nicht bloß die Fortschreibung von Trends für Zukunftsentwicklung zu halten. Die Zukunftsforschung hat keine Konjunktur mehr, Visionäre sind schon gar nicht gefragt. Trotzdem ist eine Auseinandersetzung mit den längerfristigen Zukunfttrends notwendig.

Orwell beschrieb in seinem Buch *1984*, vor fast einem halben Jahrhundert, eine beängstigende Zukunftsvision. Er extrapolierte die technische Entwicklung aus dem Blickwinkel einer Zeit diktatorischer Machtausübung im Faschismus Deutschlands sowie im Stalinismus der Sowjetunion. Die Technik wurde in dieser Vision zum Unterdrückungswerkzeug. Nach dem Zweiten Weltkrieg, vor etwas mehr als einem halben Menschenleben, erlebten wir mit der technischen Vision des »Atoms for Peace« eine völlige Umkehr, und zwar euphorische Verheißung der Zukunft aus einer anderen Sicht der Technikentwicklung. Technik wurde grundsätzlich als Motor des Fortschritts gesehen.

Aus Technikentwicklung wurde Fortschrittsgläubigkeit. Der sozialdemokratische Wissenschaftspolitiker Leo Brandt sagte beispielsweise 1956 zur Atomtechnik auf dem Münchener Parteitag der SPD:

»Die Atomwissenschaft gibt uns nicht nur unerschöpfliche Brennstoffquellen, sondern eröffnet durch die radioaktiv strahlenden Isotopen unerwartet neue Möglichkeiten für die Medizin ... für gewichtige Gebiete der Technik ... Jedenfalls, ob nun Spaltungs- oder Fusionsenergie, die unterentwickelten Völker werden die notwendige Energiebasis erhalten. Wüsten können durch Entsalzen des Meerwassers bewässert, Urwälder oder arktische Gebiete mit Hilfe von Elektrizitätswerken, die durch die Luft versorgt werden, erschlossen werden. Schiffahrt und Luftfahrt werden auf den neuen Brennstoff übergehen. Ein halbes Kilo davon wird künftig ein Flugzeug achtmal um die Erde treiben können.«

Weder die düstere Orwell'sche noch die euphorische Brandt'sche Vision ist auch nur annähernd zur Wirklichkeit geworden. Sowohl das der Endzeitstimmung näherstehende Verhältnis wie das Hurraverhältnis zur Technik sind nach Seveso, Bhopal, Harrisburg, Sandoz und Tschernobyl einer eher nüchternen Betrachtungsweise gewichen. Die Entwicklung von Wissenschaft und Technik sowie von Wirtschaft und Gesellschaft sind heute in einer entscheidenden Umbruchphase, auch angesichts der zurückliegenden Technikkatastrophen.

Vor diesem Hintergrund füge ich aber hinzu: Die Zukunft gestaltet deshalb nur derjenige, der seine Empörung, seine Angst, die diese Katastrophen in ihm ausgelöst haben, in konkrete Reformpolitik umsetzt, um »blank« sichtbar gewordene Umbrüche in neue humane, sozial und ökologisch verträgliche Strukturen zu formen. Es kann uns gelingen, im Umgang mit der Technik endlich erwachsen zu werden. Wir müssen nur bereit sein, die Welt zu sehen in ihrer Ganzheit und Einmaligkeit.

Das Federkleid erhalten

Die Erde besteht aus einem sehr zerbrechlichen Wunder: 4,5 Milliarden Jahre alt, umhüllt von einer nur einige zehn Kilometer breiten Atmosphäre, ähnlich wie das Federkleid eines Vogels, das aus mehreren Schutzschichten besteht. Dieses Federkleid ist der Schutzschirm vor einem Strahlenregen, der unser Leben zerstören würde, wenn wir diesen Schirm durchlöchern. Die (Ozon)löcher in diesem Federkleid haben unsere Wissenschaftler schon entdeckt, aber unser Handeln gegen die wachsende Zerstörung der Ozonschicht ist bisher nicht darauf gerichtet, das Federkleid auch wirksam zu schützen. Der Schutz der Atmosphäre der Erde ist nur eines der globalen Umweltprobleme, die erst unserer Generation bewußt geworden sind und dank der Entwicklung von Wissenschaft und Technik bewußt werden konnten.

Globale Probleme verlangen globales Denken, aber auch lokales Handeln. Denn Lösungen können lokal beispielhaft erarbeitet werden, um die notwendigen Veränderungen in Gang zu setzen. Auch ein Puzzle ist eine Einheit von sehr vielen kleinen Teilen. Ein kleiner Anfang muß gemacht werden, um das Puzzle zusammenzusetzen und das Problem zu lösen.

Das Beispiel der Zerstörung der Ozonschicht macht es wie nie zuvor gerade unserer Generation deutlich, daß mit der Entwicklung der Wissenschaft und ihrer industriellen Anwendung auch die Gefahren für Mensch und Kreatur gewachsen sind; und zwar nicht nur regional, sondern mittlerweile auch global. Das gilt für die Atmosphäre und den Weltraum, die Weltmeere sowie für Arktis und Antarktis. Niemand - vor allem nicht die Entscheidungsträger - kann sich vor dieser globalen Verantwortung davonstehlen; weder die Politik noch die Wirtschaft und schon gar nicht die Wissenschaft.

Seit 50000 Jahren beherrscht der Mensch die Kunst des Feuermachens. Seit etwa 400 Jahren, seit Kopernikus, wissen wir, daß die Erde nicht der Mittelpunkt des Alls ist. Seit 20 Jahren können wir die Erde aus dem All betrachten und beobachten.

Vor 50000 Jahren lebten nur sehr wenige Menschen auf der Erde, vor 50 Jahren waren es zwei Milliarden Menschen, heute sind es 5 Milliarden Menschen, in 50 Jahren werden es zwischen 8–14 Milliarden Menschen sein. Sie brauchen Nahrung, Rohstoffe, Energie, ein

Dach über dem Kopf; auch sie wollen Bücher lesen, Theater spielen, Sport treiben, sie wollen sich lieben, Kinder zeugen und aufziehen, arbeiten, die Natur genießen; sie wollen nach ihren Bedürfnissen leben und unabhängig von Religion und Hautfarbe an der Verteilung des Reichtums der Natur und den Ergebnissen des Wirtschaftens und ihrer Arbeit teilhaben.

Vor drei Jahren haben die Vereinten Nationen eine Kommission eingesetzt, die Empfehlungen erarbeiten sollte zu dem Zusammenhang von wirtschaftlicher Entwicklung und dem Schutz der Umwelt als natürlicher Lebensgrundlage der Menschen. Diese Kommission, die unter dem Vorsitz der norwegischen Ministerpräsidentin Gro Harlem Brundtland tagte, hat mittlerweile ihren Abschlußbericht vorgelegt, dem weltweit große Aufmerksamkeit zukam, da sich die 22 Mitglieder der Kommission auf eine Reihe sehr konkreter Handlungsempfehlungen für die Entwicklung in der Zukunft geeinigt haben.

Die Brundtland-Kommission, der ich angehört habe, hat in ihrem Bericht *eben* nicht die »Grenzen des Wachstums« beschworen, sondern die Hoffnung auf eine »Neue Ära des Wachstums« gesetzt. Es gibt viele Zeichen, die diese Hoffnung begründen. Aber es gibt auch viele Widersprüche. Ich will sie nicht verschweigen.

Die Kindersterblichkeit sinkt, aber die Zahl der unterernährten Kinder nimmt zu. Die Nahrungsmittelproduktion wächst weltweit schneller als die Bevölkerung: Wir haben genügend Nahrung, um alle Menschen zu ernähren; aber die Zahl der Hungernden vergrößert sich. Der Anteil der Kinder, die lesen und schreiben lernen, steigt; aber die absolute Zahl der Analphabeten wächst weiter. Die wirtschaftliche Entwicklung hat eine Rekordhöhe erreicht; aber in der Mehrheit der Entwicklungsländer ist das Pro-Kopf-Einkommen in diesem Jahrzehnt gesunken. Die Industrie ist aus unserem Leben gar nicht mehr wegzudenken; aber Seveso, Bhopal, Sandoz, Tschernobyl und das Waldsterben zwingen zum Innehalten und Nachdenken über unsere Zukunft. Immer mehr Menschen wissen: Die Welt ist geteilt, aber die Erde ist eine Einheit, und ihre Zerbrechlichkeit wird von Tag zu Tag sichtbarer.

Christa Wolf stellt in ihrem neuesten Buch »Störfall«, das die Konsequenzen von Tschernobyl literarisch aufgreift, die Frage nach diesem Spannungsverhältnis und dem Sinn der technisch-industriellen Entwicklung. Dabei wird die Frage radikal mit aufgeworfen, ob der Mensch die Geister, die er rief, noch wirklich beherrscht. Ihr Buch will wachrütteln, ohne in allzu einfache Formeln zu verfallen. Wer die Zeichen der Zeit sieht - und sie nicht nur als die üblichen Katastrophenmeldungen abtut -, der kann nicht zur Tagesordnung übergehen.

Am 12. Mai 1987 beispielsweise: »60 Prozent der 218 brütenden Vogelarten in der Bundesrepublik sind in ihrer Existenz gefährdet«. Einen Tag danach erklärte ein Fischer aus dem Kattegat in Dänemark, »Es gibt hier keine Fische mehr«. Sein Fischernetz, das vor 20 Jahren noch prall gefüllt war, enthielt drei oder vier Fische.

Am selben Tag meldete die dänische Regierung die Entdeckung eines neuen Öl- und Gasfeldes, das die Energieversorgung dieses Landes für ca. 30 Jahre sichert. Ich würde jedem widersprechen, der solche Meldungen für Einzelereignisse hält, die nicht zum globalen Nachdenken zwingen.

Die von den Vereinten Nationen eingesetzte »World Commission on Environment and Development« sieht in ihrem Abschlußbericht »Our Common Future« viele Zeichen der Hoffnung, aber auch die Bedingtheit dieser Hoffnung wird nicht verschwiegen:

»Unsere Nachfahren mögen uns ob unseres verschwenderischen Vorgehens verfluchen - unsere Schulden werden sie nicht mehr eintreiben können ...

Als Folge unserer Ausschweifung verringern sich die künftigen Generationen offenstehenden Optionen bereits heute dramatisch. Die Mehrzahl der heutigen Entscheidungsträger wird wohl längst tot sein, ehe der Planet die weitergehenden Auswirkungen der sauren Niederschläge, der weltweiten Erwärmung, des Ozonschwundes oder der großflächigen Versteppung und des Artensterbens zu spüren bekommt ...

Die Menschheit wäre durchaus in der Lage, die Voraussetzungen für eine dauerhafte Entwicklung zu schaffen; eine Entwicklung, die den gegenwärtigen Bedarf zu decken vermag, ohne gleichzeitig späteren Generationen die Möglichkeit zur Deckung ihrer Grundbedürfnisse zu verbauen. Zwar impliziert ein solches Konzept eines dauerhaften Wachstums Grenzen - doch sind dies keine absoluten Grenzen ...

Eine Welt, in der die Armut herrscht, wird immer zu ökologischen und sonstigen Katastrophen neigen. Die Erfüllung der Grundbedürfnisse erfordert ... auch die Zusicherung, diesen Armen einen gerechten Anteil an dem zur Aufrechterhaltung eines solchen Wachstums erforderlichen Ressourcen zu gewähren.«

Konflikte bleiben uns nicht erspart. Aber ihre Lösung verlangt mehr Verantwortung als das bloße Streben nach Sieg und die Angst vor Niederlagen.

Die Verteilungsfrage über Ressourcen, saubere Umwelt und Lebensoptionen zwischen Nord und Süd ist längst zu einer Überlebensfrage auch für die reichen Industrieländer geworden. Im Vordergrund steht dabei heute ohne jeden Zweifel die Lösung der Weltschuldenkrise. Wenn die Industrieländer - und zwar Regierungen wie das private Bankensystem - nicht sehr schnell ihre Buchhaltermentalität ablegen, sind ökonomische und ökologische Katastrophen unausweichlich.

Wider die Torheit vermeintlicher Rationalität

Die heutige Entwicklung hat ein doppeltes Gesicht: einerseits Hoffnung auf mehr Gerechtigkeit, mehr Sicherheit und mehr Wohlstand; andererseits Angst vor einer schleichenden oder schlagartigen globalen Zerstörung unserer Existenz. Nie zuvor in der Geschichte der Menschheit lagen positive Zukunftshoffnungen und globale Zerstörungsfähigkeit so dicht beieinander wie in unserer Zeit. Nie zuvor ist die gemeinsame Verantwortung der Regierenden, der Wirtschaftsführer und der Wissenschaftler so groß gewesen wie heute, die globale Zerstörung, ausgelöst durch einen »atomaren Winter« oder durch eine ökologische Katastrophe, zu vermeiden.

Vermeintliche Rationalität, die eigene Unverwundbarkeit durch technische Mittel erzwingen zu wollen, wird zur Torheit, die unsere Zukunft gefährdet. Kein Panzer kann die Verletzbarkeit der Natur aufheben. Kein nukleares Waffensystem, ob auf der Erde oder im Weltraum installiert, kann uns wirklich Sicherheit und Frieden geben. Frieden stiften können nur die Menschen selbst und nicht atomare oder andere Waffen. Das heißt nicht, auf Verteidigung der

Freiheit zu verzichten. Nur, Waffen sind das letzte und nicht das einzige Mittel, den Frieden zu erhalten.

Auch die Vorstellung ist falsch, die vor allem nach der Katastrophe von Tschernobyl der Öffentlichkeit suggeriert wird; es gäbe eine Technik, die absolut sicher ist. Wenn auch die Wahrscheinlichkeit eines Katastrophenunfalls bei der Nutzung der Atomkraft sehr gering ist, zwingt uns die Logik der Wahrscheinlichkeitsrechnung zur Schlußfolgerung, daß morgen diese Katastrophe wieder passieren kann. An diesem Sachverhalt kann sich keiner vorbeimogeln.

Barbara Tuchmann hat die Torheit der Regierenden von Troja bis heute anschaulich und exemplarisch beschrieben. Unsere Existenz ist nicht allein zu sichern durch Technik; in Frieden leben können die Menschen nur, wenn sie sich vertragen. Und zum Vertragen braucht man Verträge.

Viele meinen, daß dabei das Vertrauen in technische Möglichkeiten das wichtigste sei. Diese Torheit, sich alleine auf die Technik zu verlassen, ist nicht auf die atomaren Waffen beschränkt. Wer also wie die Sowjetunion, die in ihrem offiziellen Tschernobyl-Film die Gefahr des ungewollten Selbstauslösens bei atomaren Waffen zum Anlaß nimmt, nach Abrüstung und Frieden zu rufen, und gleichzeitig die weitere Nutzung der Kernenergie als friedlich und ungefährlich hinstellt, der begeht die gleiche Torheit wie derjenige, der die Unverletzbarkeit durch die Aufrüstung des Weltraums quasi herbeizaubern will.

Ich bin in den letzten Jahren immer skeptischer geworden gegenüber den Technikgläubigen, die das Glaubensbekenntnis der absoluten Sicherheit und der Allmacht der Technik vor sich hertragen. Es geht im Umkehrschluß auch nicht um die Forderung nach einer Technik, die eine hundertprozentige Risikoabwesenheit herstellt. Es geht schlicht um die Tatsache, daß es keine absolute Sicherheit technischer Systeme und keine fehlerfreien Menschen gibt. Wer so etwas verlangt, verlangt Unmenschliches. Dieser Tatsache müssen wir uns stellen, und als Kriterium das Ausmaß des Risikos bei Versagen der Technik und nicht seine Ereigniswahrscheinlichkeit nehmen.

Die SPD Kommission »Sichere Energieversorgung ohne Atomkraft«, die ich nach Tschernobyl geleitet habe, hat vor einem Jahr festgehalten:

»Tschernobyl hat die Welt verändert ... Wir müssen unser Ver-

hältnis zur Technik neu bestimmen. Technik bleibt eine unverzichtbare Hilfe für den Menschen zur Linderung von Not und auch zur Steigerung des Wohlstandes. Neu ist: Sie kann aber auch zur Gefahr allen Lebens werden.
Wir müssen fragen, ob existenzbedrohende Risiken, wie sie z.B. mit der Atomkraft verbunden sind, noch zu verantworten sind...
Wir dürfen nur solche Technologien weiter nutzen, deren Folgen »verträglich sind mit der Dauerhaftigkeit menschlichen Seins auf Erden« (Hans Jonas). Es geht aber nicht nur um den Menschen, sondern um die Natur insgesamt.«

Gesellschaft und Wertewandel

Die Menschheit hat sich dynamisch entwickelt, und die individuellen Werte und Bedürfnisse haben sich dabei immer sehr unterschiedlich herausgebildet: vom Kampf ums Überleben - beispielsweise in Kriegszeiten - bis hin zum Streben nach materiellem Wohlstand oder zur Selbstverwirklichung auch im bewußten Konsumverzicht. Werte und Bedürfnisse müssen daher immer vor dem jeweiligen historischen und gesellschaftlichen Hintergrund gesehen werden. Sie sind nicht statisch »gesetzt«, sondern unterliegen dynamischen Veränderungen. In den Industrieländern läßt sich für das letzte Jahrhundert oder für die letzten beiden Generationen als wertebestimmend festhalten:

Die Industrieproduktion stieg im Verlauf der letzten hundert Jahre um mehr als das 50fache. Vier Fünftel davon entfallen auf die Zeit seit 1950. Das Weltbruttosozialprodukt beträgt zur Zeit die unvorstellbare Höhe von 13 Billionen Dollar. Eine Zahl, von der Experten annehmen, daß sie in den nächsten 50 Jahren noch einmal um das 5-10fache zunehmen wird. Hinter diesen globalen Wachstumszahlen stecken dann nicht nur die Auswirkungen, die ein solches Wachstum auf Wohnungsbau, Verkehr, Landwirtschaft und Industrie hat, sondern auch auf die Umwelt und vor allem auf die Werthaltungen und die Lebensweise der Menschen.

Dabei war die wissenschaftlich technische Entwicklung eine der herausragenden Voraussetzungen für eine wirtschaftliche Entwicklung, die die Nahrungsmittelproduktion zu einer Überflußproduktion hat werden lassen und die auch die Sicherung der Daseinsvorsorge für breite Schichten ermöglicht hat, auch wenn dies erst in Verteilungskämpfen durch die Arbeiterbewegung möglich wurde.

Gesundheitsvorsorge, Bildung, Ausbildung, Kultur, soziale Sicherung sind heute nicht mehr die Privilegien einer kleinen Oberschicht wie vor 100 Jahren.

Die sozialen und politischen Kämpfe sowie die wirtschaftliche Entwicklung haben zugleich einen Infrastrukturausbau ermöglicht, der das Gefälle zwischen Stadt und Land und von Staat zu Staat verringert hat. Diese Entwicklung wird sich fortsetzen.

Um die Jahrtausendwende wird die Hälfte der Menschheit in Städten leben. Die Welt des nächsten Jahrtausends wird eine urbane Welt sein.

Prägte das Leben auf dem Lande und in der Natur unsere Vorväter, so wird es für uns und unsere Kinder ein Zurück in die Abgeschiedenheit der ländlichen Räume nur noch sehr begrenzt geben. Daran wird deutlich: Die Welt ist im Umbruch. Von der Postkutsche zum Flugzeug und vom Federkiel über die Schreibmaschine zum textverarbeitenden Computer. Die wissenschaftlich technische Entwicklung hat die Arbeit und Arbeitsbeziehungen revolutioniert und gleichzeitig die Freizeit und damit den Lebensrhythmus der Menschen, seine Lebenszeit und sein Verhalten von Grund auf verändert.

Die Industrialisierung der letzten 100 Jahre hat den Menschen in den Industrieländern längeres Leben, Wohlstand, individuelle Entfaltungsmöglichkeiten, politische Freiheit, mehr Demokratie, mehr Freizeit, individuellere und qualifiziertere Arbeit gebracht und nach Jahrtausenden auch ein neues Rollenverhältnis in den Beziehungen der Geschlechter untereinander und miteinander eingeleitet.

Aber all das hat auch seinen Preis gekostet: die Ausbeutung der Natur. Die Industrieländer haben, nehmen wir das Waldsterben, ihr »Umweltkonto« überzogen, die Natur gewährt keine Kreditlinien mehr. Noch sind wir dabei, für uns die Gewinne einzufahren. Aber wir hinterlassen unseren Kindern neue Hypotheken, und wir wissen nicht, ob sie diese Hypotheken abtragen können.

Noch mag es den einen oder anderen schrecken. Nicht alles, was technisch machbar ist, darf auch entwickelt oder genutzt werden. Ich bin aber davon überzeugt, daß wir einen neuen Imperativ brauchen, wie ihn Heinz Jonas formuliert hat: »Die Folgen unseres Handelns müssen verträglich sein mit der Dauerhaftigkeit menschlichen Seins auf Erden«. Dies ist der Maßstab zu Beginn eines neuen Jahrtausends.

Soziale Bewegungen signalisieren den Umbruch

Zu Beginn der 60iger Jahre beschrieb Rachel Carson - eine Amerikanerin - in dem Buch »Der stumme Frühling« die Vision einer Welt, die ökologisch abgestorben war. Kaum 10 Jahre später erlebten wir die ersten Bürgerproteste gegen den Bau von Atomkraftwerken. Es waren Winzer, Pastoren, Bauern und Mütter, in Wyhl am Kaiserstuhl, die gegen eine neue Technologie - die Kernenergie -, die ihnen praktisch ins Feld oder in den Weinberg gesetzt werden sollte, protestierten.

Wovor hatten diese Menschen Angst: zunächst, daß die Sonne nur noch verschleiert auf ihre Natur scheinen würde. Hinzu kam die unsichtbare Strahlung. Was danach begann, war eine Bewegung von unten. Die Diskussion um die Alternativen innerhalb der Gesellschaft brach sich außerhalb der herkömmlichen Formen der parlamentarischen Demokratie sowie deren Parteienstruktur einen neuen Weg.

Die neuen sozialen Bewegungen sind vor allem Ausdruck des Wertewandels in der Gesellschaft, Ausdruck einer Gegenbewegung, die sich nach dem Abschluß der Wiederaufbauphase gegen den blinden und überheblichen Optimismus und die unkritische Fortschrittsgläubigkeit wendete. Diese neuen sozialen Bewegungen haben neue Themen radikaler als andere aufgegriffen.

War die Arbeiterbewegung in ihrer Geschichte bis heute immer stärker auf das Wohl der Arbeiter und ihrer Rechte am Arbeitsplatz ausgerichtet, so setzen sich die neuen sozialen Bewegungen mehr für das Wohlbefinden der Menschen in ihrer Welt ein. Das mögen manche als Modeerscheinung abtun. Aber ich glaube, das ist zu kurz gedacht. Nehmen wir die Ängste der Wyhler Bauern und Winzer. Sie haben damals für ihre Überzeugungen protestiert. Mit Tschernobyl bekommt ihr Protest nicht nachträglich eine Rechtfertigung, aber er zeigt seine Berechtigung.

Tschernobyl beispielsweise war die größte Industriekatastrophe der Menschheitsgeschichte; dabei wurden 570 Millionen Menschen mit zusätzlicher radioaktiver Strahlung belastet, darunter allein 5 Millionen Frauen, die werdendes Leben in sich trugen. Die unmittelbar bezifferbaren, ökonomischen Schäden dieser Katastrophe belaufen sich auf 10 Milliarden DM.

Ökonomie und Ökologie: Die zwei Seiten einer dauerhaften Entwicklung

Der Mensch hat der Natur schon immer Wunden geschlagen; aber meist konnten sie verheilen. Es fing an mit dem Brandroden unserer Vorväter, es setzte sich dann fort beispielsweise im Mittelalter durch das vollständige Abholzen des Apennin in Mittelitalien, um Holz für den Schiffbau zu gewinnen. Im vorigen Jahrhundert goß zum Beispiel die Textilindustrie ihre Farb- und Bleichabwässer in die Flüsse. Das waren lokale Wunden, sie konnten der globalen Regenerationsfähigkeit der Natur nichts anhaben.

Heute heißt es in einer Antwort der Bundesregierung zur Situation im Alpenraum: »Nach der Roten Liste Bayerns sind landesweit beim Artenbestand betroffen 53 Prozent der Säugetiere, 53 Prozent der Vögel, 70 Prozent der Kriechtiere, 60 Prozent der Lurche, 48 Prozent der Fische und 70 Prozent der Weichtiere.« Ich will die globalen und länderübergreifenden sowie regionalen und lokalen Umweltzerstörungen und Gefahren gar nicht im einzelnen darstellen. Nur eine einzige Zahl, die Lutz Wicke 1986 in einer Studie für die Bundesrepublik ermittelt hat, gibt den Maßstab an für die Umweltzerstörung. Die volkswirtschaftlichen Kosten durch Umweltzerstörung betragen bei uns etwa 100 Milliarden DM jährlich; das entspricht ca. 6 Prozent unseres Bruttosozialproduktes. Die Schäden im einzelnen belaufen sich nur für unser Land auf 48 Milliarden DM jährlich durch Luftverschmutzung, 33 Milliarden DM durch Lärmbelastung, 18 Milliarden DM durch Gewässerverschmutzung, 5 Milliarden DM durch Bodenzerstörung. Allein die Folgen von Tschernobyl berechnet Wicke mit 2,4 Milliarden DM für die Bundesrepublik.

Für die Beseitigung der »Altlasten«, also Deponien und alte Industriestandorte, werden wir bis zu 50 Milliarden DM brauchen. Diese Zahlen machen deutlich: Die wachsende Umweltzerstörung wird mittlerweile zum begrenzenden Faktor der ökonomischen Entwicklung. Es klingt deshalb nicht sehr überzeugend, immer wieder das Vorurteil zu hören: Umweltschutz zerstört die Wettbewerbsfähigkeit unserer exportorientierten Wirtschaft.

Die ökonomischen Fakten belegen diese Behauptung nicht. Gerade die Industrie, die auch Lösungen für die umweltpolitischen Probleme anbietet - die Chemische Industrie -, hat einen überdurchschnittlichen Exportanteil; und jene Länder, die beim Umweltschutz eine Spitzenposition einnehmen - wie etwa Japan bei der Luftreinhaltung - leiden schon gar nicht unter einer Beeinträchtigung ihrer Wettbewerbsfähigkeit.

Ein anderes Vorurteil: Umweltschutz vernichtet Arbeitsplätze. Mit diesem Vorurteil hat es die Wirtschaft lange verstanden, einen vorsorgenden Umweltschutz zu unterbinden oder zu verzögern. Heute wissen wir, diese Strategie hat nicht nur zu weiteren ökologischen Schäden geführt, sie hat auch weitere ökonomische Vorteile und einen schnelleren Strukturwandel verhindert. Die Öko-Industrie beschäftigt zur Zeit rund 400000 Arbeitnehmer. Damit hat die Öko-Industrie beispielsweise den Bergbau oder die Kunststoffverarbeitende Industrie als Branche überholt.

Vor allem das Bundesland Nordrhein-Westfalen hat im Strukturwandel, der im Ruhrgebiet zu vollziehen ist, auf die Öko-Industrie gesetzt. Heute sind allein dort 50 Prozent der Unternehmen, die Umweltschutzprodukte herstellen, angesiedelt. Die Öko-Industrie ist eine Zukunftsbranche und wird zu einer Exportbranche werden. Japan begann Mitte der 70er Jahre mit dem Bau von Entstickungsanlagen für Gas- und Ölkraftwerke. Die Japaner waren damit auf diesem Gebiet Vorreiter und haben damit auch entsprechende Exporterfolge erreicht.

Der Markt für Umweltschutztechnik ist auf Wachstum gerichtet. Die derzeitige Wachstumsrate liegt bei jährlich über 10 Prozent; zusätzliche Impulse werden vom Export neuer Umwelttechniken erwartet. Die Unternehmen, die im Umweltschutz tätig sind, haben sich in der Bundesrepublik in den letzten 10 Jahren auf über 1500 Unternehmen verdoppelt, und dabei ist der Anteil von mittleren und kleinen Unternehmen beträchtlich.

Der Vollzug der Umweltgesetzgebung, die seit 1971 kontinuierlich gewachsen ist, führt beispielsweise bei der Entschwefelung und der Entstickung von Energieerzeugungsanlagen bis zum Beginn der 90ger Jahre zu einem Investitionsvolumen von 20 Milliarden DM. Die Sanierung kleiner Kraftwerke und Industrieanlagen bis Mitte der 90ger Jahre wird weitere Investitionen von 10 Milliarden DM erfordern. Für die Abwasserreinigung rechnet das Deutsche Institut für Urbanik mit jährlich 5 Milliarden DM an kommunalen Umweltschutzinvestitionen.

Die Nachfrage nach know-how für Umweltschutztechniken wächst ständig, vor allem im europäischen Ausland sowie in den Schwellenländern. Schon heute gehen Anlagen für Luft- und Wasserreinigung sowie Entsorgungssysteme immer mehr in den Export. Im Durchschnitt liegt der Exportanteil in der Öko-Industrie noch bei 30 Prozent, einige Unternehmen haben aber schon Anteile von über 50 Prozent erreicht. Nach Untersuchungen des IFO-Instituts sind auf dem Ökomarkt vor allem kleine und mittlere Unternehmen tätig, da sie flexibel reagieren können, da es oft um angepaßte Lösungen geht.

Aber trotz der insgesamt positiven Entwicklung ist es noch immer so, daß sich das Verursacherprinzip in vielen Bereichen nur gegen den Widerstand mächtiger ökonomischer Interessen durchsetzen läßt. Die Verbindung von Arbeit und Umwelt und damit auch die Zukunftschancen werden nicht gesehen.

Ich sehe für das Verhältnis zwischen Ökologie und Ökonomie folgende Ebenen und auch Verantwortlichkeiten: Die Rahmenbedingungen: Gebote, Verbote, Grenzwerte sind vom Staat zu setzen, die Verknüpfungen des Regelwerks miteinander ebenfalls; auch die Kontrolle dieses Rahmens und die Sanktionsinstrumente für das Überschreiten dieses Rahmens sind Aufgaben des Staates. Das Regelwerk dazu halte ich für die Bundesrepublik im wesentlichen für ausreichend. Mit dem Umweltbundesamt und den Gesetzeskompetenzen auf Bundes- und Länderebene sowie den Umweltministerien ist ein stabiles Fundament geschaffen, mit dem der Staat seine Verantwortung und seine Funktion durchsetzen kann.

Hinzu kommt für den Staat die Möglichkeit, ökonomische Anreize zu geben: zur schnelleren Durchsetzung von Umweltstandards, sowohl für den Verbraucher wie auch für den Unternehmer, um den vorhandenen Stand von Wissenschaft und Technik im Umweltschutz zu dynamisieren. Das Sondervermögen Arbeit und Umwelt der SPD ist ein solcher Ansatz, der den belohnt, der mehr tut, als die Gesetze vorschreiben. Auch Abgabenlösungen, die denjenigen von Abgaben befreien, der mehr tut als das Notwendigste, sind ökonomische Anreizinstrumente mit dynamischen Charakter.

Wenn der Staat dem vorsorgenden Umweltschutz zur Wirksamkeit verhelfen will, dann muß er Instrumente einsetzen, die im Unternehmen selbst Wirkungen und Verantwortlichkeiten entfalten. Denn die Sachkompetenz für Produkte, Verfahren und ihre Umweltauswirkungen liegt in den Unternehmen. Das heißt für mich, und da schließt sich der Kreis wieder im Verhältnis zwischen Ökologie und Ökonomie: Wenn die Umweltbelastung - etwa durch Abgaben oder durch ein verändertes Haftungsrecht - zum Kostenfaktor für die Unternehmen wird, werden sie versuchen, diese Kosten zu vermeiden. Und das ist das wirksamste Instrument des Umweltschutzes. Die Suche nach einer umweltverträglichen Art des Produzierens wird dezentralisiert, damit vervielfältigt und mit dem notwendigen Sachverstand ausgestattet. Vergleichbar der berühmten »unsichtbaren Hand« wirkt der wirtschaftliche Anpassungsprozeß hier als »unsichtbare Brücke« zwischen dem gewünschten Umweltergebnis und der technologischen Umsetzung im Kopf des Ingenieurs, des Chemikers, des Betriebswirtes, des Vorstandsvorsitzenden. Das, was ökologisch notwendig ist, wird in ökonomische Motivation umgesetzt.

Es geht eben nicht nur um Bruchsicherheit und Biegsamkeit, sondern es muß darum gehen, daß Schadensersatzansprüche von Konsumenten und Anwendern auszuschließen sind und daß am Ende keine neuen »Altlasten« entstehen.

Das heißt beispielsweise, wir brauchen ein verschuldensunabhängiges Haftungsrecht. Es verwandelt die Kosten aus umweltgefährdenden Produkten in Kosten des Unternehmens; es löst damit Anstrengungen in den Unternehmen aus, diese Kosten zu vermeiden, und folgt damit dem ökonomischen Prinzip, nicht bei der Sicherheit und bei der Umweltvorsorge zu sparen, da diese vermeintlichen Kosteneinsparungen über höhere Versicherungsprämien aufgezehrt werden. Die ökonomische Instanz, die die Bewertung der Prämien vornimmt, ist keine staatliche Bürokratie mehr, sondern es sind Versicherungen, die die Risiken ökonomisch kalkulieren. Dies ist die Kernidee, den Vorsorgegedanken im Umweltschutz dezentral und unbürokratisch durchzusetzen. Praktiziert wurde dies mit Erfolg nicht nur in Japan, sondern beispielsweise auch bei der Produkthaftung in den USA.

Ökologische Notwendigkeit und ökonomische Rationalität dürfen in Zukunft nicht mehr voneinander getrennt werden. Der Zusammenhang zwischen Ökologie und Ökonomie, der bei mittel- und längerfristiger Betrachtung Sparen und schonenden Umgang mit der Umwelt notwendig macht, hat sich leider immer noch nicht im Bewußtsein von Wirtschaft und Politik im erforderlichen Maß festgesetzt. Denn jede weniger verbrauchte Einheit an Energie, Wasser oder auch anderen Rohstoffen entlastet uns alle vom ökologischen Druck, mit dem wir leben müssen.

Die Sonne auf die Erde holen

Daß der ökologische Druck auf der Erde wächst, liegt in nicht unerheblichem Maße daran, wie die Menschen die Energievorräte der Erde nutzen.

In den Industrieländern sind die Energieversorgungsstrukturen weniger auf Rationalität als noch immer auf Verschwendung ausgerichtet, auch wenn sich dies nach den Ölpreiskrisen von 1973 und 1979 in einigen Ländern geändert hat. Zum Beispiel stagnierte das Energieverbrauchswachstum in der Bundesrepublik Deutschland in den letzten 10 Jahren, obwohl das Bruttosozialprodukt um 24 Prozent gewachsen ist. Die Energieeinsparreserven sind noch lange nicht ausgeschöpft.

In den Entwicklungsländern ist die Situation grundsätzlich anders. Hier geht es oft ums nackte Überleben, und der Hauptenergierohstoff ist Holz. Denn Öl oder andere Energieträger sind für die meisten Entwicklungsländer entweder nicht verfügbar oder nicht bezahlbar – vor allem nicht vor dem Hintergrund der riesigen Verschuldung dieser Länder.

Die Folge dieser Entwicklung ist Versteppung, Ausdehnung der Wüsten, Veränderung des Klimas. Die Energiekrise in der Dritten Welt führt zunehmend zur ökologischen Krise. Einen Weg aus der Gefahr sehe ich längerfristig in der Nutzung der regenerativen Energiequellen in Verbindung mit der Wasserstofftechnologie.

Ich halte die Wasserstofftechnologie für die zur Zeit am meisten unterschätzte Technologie. Die Atomkraft ist keine längerfristige Alternative, weder für die Industrie- noch für die Entwicklungsländer.

Ich möchte nur stichwortartig die Probleme benennen, die mit der weiteren Nutzung der Kernenergie verbunden sind – und warum dieser Weg in die Sackgasse führt.

Die Qualität des Risikos bei der Atomkraft mit der Wahrscheinlichkeit einer weiteren Katastrophe nach Tschernobyl zwingt zur Umkehr; die Trennung der zivilen von der militärischen Nutzung ist nicht möglich; der ökonomische Vorteil der Kernenergie ist eine Fiktion; das Atommüllproblem ist weltweit nicht gelöst, und eine Lösung ist auch nicht in Sicht; die Sozialverträglichkeit der Atomkraft ist nicht gegeben, und wir wissen heute, daß wir technisch wirtschaftliche Alternativen entwickeln können, wenn wir entschlossen neue Wege gehen. Ludwig Bölkow sagt zu dieser Alternative: »Im 21sten Jahrhundert kommt der Strom aus Solarzellen.«

Noch vor wenigen Jahren wurden solche Aussagen, wenn sie von Wissenschaftlern aus der »Öko-Szene« gemacht wurden, als Hirngespinste abgetan. Heute berichten dagegen große Wirtschaftsmagazine vom Aufbruch der deutschen Industrie in die neue Energiezukunft. Halten wir uns an die jetzt vorliegenden Fakten.

Die deutsche Industrie und die Energieversorgungsunternehmen setzen den Fuß in die Tür zur Solar-Wasserstoff-Technologie. Die Solar-Wasserstofftechnik ist eine technische Chance. Die USA und Japan, so sieht es heute aus, sind die ersten, die mit dieser Technologie auf den Weltmärkten erscheinen werden. Die bundesdeutsche Industrie beginnt international zu kooperieren, offensichtlich, um den Anschluß nicht von Anfang an zu verpassen, wenn die industrielle Solar-Wasserstoff-Zukunft beginnt. Schon treiben Solarzellen Wasserpumpen in der Wüste, befeuern Leuchttürme, versorgen Notstrombatterien in abgelegenen Gegenden oder auf kleinen Inseln. Das größte Projekt in der Bundesrepublik Deutschland ist eine 300 Kilowattanlage auf der Insel Pellworm.

Der Preis für die Ein-Watt-Solarscheibe betrug vor ca. 20 Jahren noch 150-250 DM und war damit in der Raumfahrt und bei der Satellitentechnik einsetzbar; heute liegt der Preis bei 15-20 DM für ein Watt, also um den Faktor zehn kleiner. In den USA ist der Preis für ein Watt aus Solarstrom schon auf 5 Dollar, also ca. 8,50 DM, gesunken.

In Japan fördert der Staat ein ehrgeiziges Projekt, das sogenannte »Sunshine Projekt« mit dem Ziel, die Ein-Watt-Solarscheibe zu Beginn der 90iger Jahre zu einem Preis von weit unter einen Dollar herstellen zu können.

Umso unverständlicher ist vor dieser Entwicklung in Japan und den USA die Haltung der Bundesregierung, die eher zögerlich die Solar-Wasserstoffentwicklung unterstützt.

In den USA sind Solarstromanlagen bei Leistungen von 20 Kilowatt fast schon wirtschaftlich im Vergleich zu herkömmlichen stationären Dieselmotoren. Im »Sunbelt« der USA gewinnt die Solarstromalternative an Fahrt, sicherlich ist diese Entwicklung dort durch das Klima begünstigt, so daß die Anwendungsmöglichkeiten besser sind als bei uns.

Sehen wir die Solar-Wasserstofftechnologie als eine europäische Zukunftsaufgabe an, so haben auch wir Klimazonen, die die Beschleunigung der Entwicklung dieser Technik begünstigen.

Wenn wir den ökologischen Druck von der Erde nehmen wollen, nicht nur dadurch, daß wir langfristig - das heißt, bis zur Mitte des nächsten Jahrhunderts - durch diese Alternative die Verbrennung der fossilen Energieträger und der Kernenergie zurückdrängen, so müssen wir vor allem die Versorgung der Entwicklungsländer im Auge haben. Denn dann kann der Raubbau an den tropischen Wäldern zurückgedrängt werden, dann kann die Verbrennung von Holz als Hauptbrennstoff Zug um Zug abgebaut werden - und damit der ökologische Druck. Und das verstehe ich dann unter dauerhafter Entwicklung.

Die Entwicklung der Solar-Wasserstofftechnologie erfordert ein hohes Maß an neuen Technologien - das ist high Tech -, aber das ist keine extrem kapitalintensive Technologie wie die Kernenergie; sie kann Stück um Stück, Insel für Insel, mit der Zeit vernetzend dezentral und flexibel aufgebaut werden. Es wird ein Kapitalaufwand von mehreren hundert Milliarden DM über mehrere Jahrzehnte nötig sein. Doch lassen wir uns nicht von dieser Perspektive schrecken. Bei der Kernenergie-Entwicklung, wie sie die Weltenergiekonferenz 1983 für das Jahr 2050 mit 20000 Reaktoren prognostizierte, würden allein die Entsorgungskosten, wenn man sie mit 5 Prozent der Investitionskosten ansetzt, schon 500 Milliarden DM für die Anzahl dieser Reaktoren ausmachen. Dieser Vergleich zeigt aber auch, daß wir vor einer entscheidenden Verzweigungssituation stehen, wie dies Meyer-Abich/Schefold in ihrer Studie: »Krisen der Atomwirtschaft« schon lange vor Tschernobyl herausgearbeitet haben.

Ich plädiere dafür, den Weg zu gehen, der den ökologischen Druck auf der Erde abbaut, den Weg der dauerhaften Entwicklung.

Neue Technologien: Chance für Arbeit und Umwelt

Die Zeit, in der wir leben, ist nicht nur geprägt durch die Umweltkrise und die Energiekrise, es ist auch die Zeit einer Krise der Wirtschaft, die wirtschaftliches Wachstum nicht mehr in ein ausreichendes Angebot an Arbeit umsetzen kann.

Die Arbeitslosigkeit in allen Industrieländern verharrt seit Beginn der 80iger Jahre auf einem unerträglich hohen Sockel. Zu Beginn der 70iger Jahre sah dies noch völlig anders aus, und Politiker, Gewerkschaftler, Wirtschaftsführer und Wissenschaftler glaubten damals, daß die Krisenhaftigkeit in den Industrieländern des Westens durch eine moderne Konjunkturpolitik überwunden werden könne.

Die Ölpreiskrisen 1973 und 1979, die Internationalisierung der Finanz- und Geldmärkte, die neuen Strukturen in der weltwirtschaftlichen Arbeitsteilung zeigten, daß im Netzwerk Weltwirtschaft sich völlig neue Probleme entwickelt hatten. Vor allem die alten Industrieregionen in den USA, Großbritannien, Frankreich, Belgien und der Bundesrepublik hatten einen rasanten Wandel zu vollziehen, nach fast 100jähriger Prosperität.

Der Einzug der Mikroelektronik in alle Produktions- und Konsumbereiche ist, neben dem Impuls der weltwirtschaftlichen Veränderungen, der technologisch entscheidende Faktor für neue industrielle Strukturen für völlig neue Produkte. Zwei Bereiche, die Umwelttechnik und die Energie, haben und werden entscheidende Impulse durch die Mikroelektronik erhalten.

Ein weiterer Aspekt ist die Werkstoff- und Materialseite. Wenn wir heute ein Automobil oder eine moderne Heizungsanlage nehmen, so ist das Automobil wesentlich leichter, wesentlich sicherer, braucht wesentlich weniger Kraftstoff und hat einen wachsenden Anteil an Nichteisenwerkstoffen. Oder die Heizungsanlage: sie ist ein kleines Kraftwerk, elektronisch gesteuert und optimiert, wesentlich weniger Energie verbrauchend, weniger Abgase produzierend, auf alle äußeren Temperaturbedingungen optimiert, flexibel, dezentral reagierend.

Die technologische Entwicklung hat entgegen der Vorstellung der 50iger und 60iger Jahre nicht zur weiteren Zentralisierung im Produktionsprozeß geführt, sondern vor allem durch die Anwendungsmöglichkeiten der Mikroelektronik mehr Flexibilität in der Produktion sowie im rationellen Einsatz der Stoffe hervorgerufen. Auch in anderen Bereichen erleben wir technologische Sprünge.

Der Arbeitnehmer in der chemischen Analytik kommt schon heute nicht mehr ohne Computer aus. Der industriell produzierende Textilfacharbeiter kann durch die Computeranwendung Losgrößen produzieren, die individuelle Kundenwünsche erfüllbar macht, die früher nur ein Schneidermeister befriedigen konnte. Die Mikroelektronik wird die Arbeit grundlegend revolutionieren und dabei mehr Kreativität in der Arbeit schaffen.

Auch für die ökologische Nutzung der Rohstoffe ist der breite Einsatz der Mikroelektronik unverzichtbar; wie anders wäre es möglich, auf die Alternative Solarenergie/Wasserstofftechnologie in der Energieversorgung zu setzen, wie anders könnten wir Autos bauen, die mit 3 bis 4 Liter Kraftstoff pro 100 km Fahrleistung auskommen.

Der Entwicklungsschub durch neue Technologien ist immer mehr eine Funktion der Forschungsaufwendungen. USA, Japan und die Bundesrepublik wenden in etwa pro Bruttosozialprodukteinheit das gleiche für Forschung und Entwicklung auf. Die Strategien des Einsatzes der Mittel unterscheiden sich dabei grundsätzlich. Die bundesrepublikanische Forschungslandschaft ist durch zivile Forschung geprägt und eher dezentral orientiert. Die Ergebnisse dieser Strategie haben unserer Volkswirtschaft den Vorteil der Flexibilität und schnellen Anpassung an neue Technologien gebracht und damit den Spitzenplatz bei vielen neuen Technologien. Vor der Zukunft brauchen wir in der Technik-Entwicklung keine Angst zu haben.

Ich möchte aber an dieser Stelle noch auf einen anderen Aspekt des Einsatzes neuer Technologien eingehen, beispielsweise bei dem breiten Einsatz der Mikroelektronik. Die Vorteile habe ich genannt, aber die Gefahren für die gesellschaftliche Organisation der Arbeit sollte niemand übersehen. Der Rationalisierungsschub und die Produktivitätssprünge, die durch neue Technologien hier zu erwarten sind, erfordern starke Gewerkschaften, damit die Arbeitnehmer hier nicht unter die Räder kommen; die Frage der Mitbestimmung stellt sich für mich für eine moderne Industriegesellschaft deshalb eher mit wachsender Eindringlichkeit.

Übrigens hat diese technologische Revolution nicht nur Konsequenzen für die Organisation der Arbeit, sondern auch für die politischen Systeme, und ich spreche hier bewußt von Systemen. Die Reform der Wirtschaft in der Sowjetunion hat für mich auch etwas zu tun mit der technologischen Entwicklung.

Moderne Technik setzt flexible, dezentral organisierte, auf allen Ebenen entscheidungsfreudige Strukturen voraus; denn kleinere Arbeitseinheiten werden produktiver arbeiten können als hierarchisch straff geführte Gebilde mit langen Entscheidungswegen.

Die Technikentwicklung wirft auch neue Fragen auf, die mit dem Weg aus der betulichen Biedermeiergesellschaft zur industriellen Risikogesellschaft zusammenhängt. Das beginnt in der Forschung mit dem Entwicklungsrisiko, dem folgt das Produktionsrisiko oder auch Störfallrisiko, danach kommt das Nutzungsrisiko des Produkts und am Ende steht das Entsorgungsrisiko. Ich will hier gar keine Einzelbeispiele geben, jeder kennt sie. Und jeder von uns weiß: Einige dieser Risiken sind auf die Dauer nicht hinnehmbar. Wir brauchen den Wandel zur Verringerung der Risiken.

Dieser Wandel, den wir also in unserer Wirtschaft vollziehen müssen, ist nur erreichbar mit neuen Technologien, die sozial und ökologisch verantwortbar sind. Darin sehe ich die eigentliche Aufgabe, die soziale Marktwirtschaft weiterzuentwickeln in eine ökologisch orientierte Wirtschaftsordnung, damit wir zu einer dauerhaften Wirtschaftsentwicklung kommen.

Dauerhafte Entwicklung – eine globale Herausforderung

Nicht nur ich bin davon überzeugt: Die Menschheit ist in der Lage, die Voraussetzungen für eine dauerhafte Entwicklung zu schaffen. Ich halte das für einen zentralen Begriff, der Orientierung für die Zukunft geben kann.

Es geht um eine Entwicklung, die den Bedarf der gegenwärtigen Generation zu decken vermag, ohne dabei den nachfolgenden Generationen die Möglichkeit zu verbauen, ihre Bedürfnisse und Wünsche zu befriedigen.

Ein solches Konzept der dauerhaften Entwicklung beinhaltet Grenzen, doch sie sind nicht absolut: Es sind technologische und gesellschaftliche Grenzen, die uns vorgegeben sind durch die Endlichkeit der Rohstoffe sowie durch die begrenzte Fähigkeit der Natur zur Regeneration. Gesellschaftliche und auch technologische Entwicklungen sind beherrschbar, und unser Ziel muß es sein, sie dahingehend zu entwickeln, daß eine »neue Ära« dauerhafter Entwicklung möglich wird: Eine Welt mit mehr Wohlstand, mehr Gerechtigkeit und mehr Sicherheit. Diese Entwicklung ist nicht nur notwendig, sondern auch möglich. Die Brundtland-Kommission hat dazu gesagt:

> »Dauerhafte globale Entwicklung setzt voraus, daß die Wohlhabenderen ihre Lebensgewohnheiten – beispielsweise hinsichtlich des Energieverbrauchs – in einer Weise verändern, die den ökologischen Möglichkeiten unseres Planeten angemessen ist. Ein weiteres, ungezügeltes Wachstum der Bevölkerung erhöht den Druck auf die Ressourcen und verlangsamt den Anstieg des Lebensstandards. Eine dauerhafte Entwicklung ist demzufolge nur möglich, wenn Größe und Wachstum der Bevölkerung auf das sich wandelnde Produktivpotential des Ökosystems ›Erde‹ abgestimmt werden. ›Dauerhafte Entwicklung‹ beschreibt letztlich aber auch keinen Zustand starrer Ausgewogenheit, sondern eher einen Prozeß ständigen Wandels, dessen Ziel darin besteht, die Ausbeutung der

Ressourcen, den Investitionsfluß, die Ausrichtung der technologischen Entwicklung und die institutionellen Veränderungen mit künftigen wie gegenwärtigen Bedürfnissen in Einklang zu bringen. Wir behaupten nicht, daß es sich dabei um einen einfachen und kontinuierlich verlaufenden Prozeß handeln wird. Schmerzhafte Entscheidungen werden notwendig werden, so daß Grundlage dauerhaften Wachstums in erster Linie der politische Wille hierzu sein wird.«

Die OPEC: Ursprung und Geschichte eines Gegenkartells

Ingrid Hielle

Die OPEC: in ihr begegnen sich feudalistische Gesellschaften in Reinkultur, ständig umsturzgefährdete Militärdiktaturen, quasi-demokratische Ordnungen, ›Revolutionsräte‹ und fest verankerte ›Ein-Mann-Regierungen‹. Lateinamerikanisches ›Laissez-faire‹ trifft auf arabisches Traditionsbewußtsein. Vertreten sind Christentum, verfeindete Richtungen des Islam, Hinduismus, Buddhismus und afrikanischer Voodooglauben ... Was hält sie trotz aller Gegensätze zusammen? Das Erdöl! Nun, seine Geschichte begann ja auch mit dem Einsatz als Dichtmaterial.

Wenn es zutrifft, daß Totgesagte besonders lange leben, dann müßte die OPEC ein Alter erreichen, das Methusalem vor Neid erblassen ließe. Wie oft die Organisation in ihrer mehr als 25jährigen Geschichte schon für tot erklärt wurde, läßt sich kaum noch aufzählen. Zunächst hat man ihr schon bei ihrer Geburt kaum Chancen eingeräumt, über das Kindesalter hinauszukommen, später wurde jeder Streit, jede Meinungsverschiedenheit vor und hinter den Kulissen zum Anlaß genommen, ihr ein baldiges Ende zu prognostizieren. Zum Teil stand dahinter reines Wunschdenken. Aber auch ganz objektiv gesehen, gibt es erheblich mehr, was die Mitglieder trennt, als was sie vereint.

In ihr begegnen sich feudalistische Gesellschaften in Reinkultur, ständig umsturzgefährdete Militärdiktaturen, quasidemokratische Ordnungen, »Revolutionsräte« und fest verankerte »Ein-Mann-Regierungen«. Lateinamerikanisches »Laissez-faire« trifft auf arabisches Traditionsbewußtsein. Vertreten sind Christentum, verfeindete Richtungen des Islam, Hinduismus, Buddhismus, Atheismus und afrikanischer Voodooglauben.

Kein Wunder, daß es bei den Treffen der Delegierten immer wieder zu »Mißverständnissen«, Beschimpfungen und (böswilligen) Unterstellungen kommt, das eine oder andere Delegationsmitglied die jeweilige Bühne mit wehendem Burnus oder Dschellabah und Türenknallen verläßt – um allerdings spätestens bei der Abschluß-Pressekonferenz wieder zum Bild lächelnder Einigkeit beizutragen.

Die OPEC hat in 27 Jahren Druck von außen und von innen widerstanden. In diesem Zeitraum wurde ein korruptes Königreich durch eine straff organisierte Ein-Mann-Diktatur (Libyen), ein zukunftsorientiertes Kaiserreich durch eine religiöse Gewaltherrschaft ersetzt (Iran), ein weiteres Königreich durch einen Revolutionsrat (Irak) und ein Militärregime durch eine Demokratie abgelöst (Venezuela), ein anderes Mitgliedsland durch mehrere Umstürze erschüttert (Nigeria). Auf die Organisation hat dies alles kaum Wirkung gehabt. Sie hat sogar überlebt, daß zwei ihrer Mitglieder seit sieben Jahren gegeneinander Krieg führen (Iran und Irak).

Was hält sie trotz aller Gegensätze zusammen? Das Erdöl! Nun, seine Geschichte begann ja auch mit dem Einsatz als Dichtmaterial.

In vielen Ländern der Erde ist es bereits seit mehreren tausend Jahren als Beleuchtungs-, Schmier- und Heizmaterial, zum Einbalsamieren von Mumien und als vielseitiges »Heilmittel« bekannt. Seine eigentliche Karriere hat aber erst in diesem Jahrhundert so richtig begonnen. Der Stoff, über dessen Entstehen lange die wildesten Theorien kursierten (Wal-Urin, Regen aus dem Weltraum, Produkt aus der Lavamasse des Erdkerns), bildet heute die Grundlage der modernen Industriegesellschaft und wird auch in den nächsten 50 Jahren voraussichtlich eine entscheidende Rolle bei der Deckung des Energiebedarfs der Menschheit spielen.

Jahrhundertelang wird Erdöl als »Naphta«, »Felsenöl«, »Oleum petrae« (Steinöl) und »Bergbalsam« zum Kurieren der verschiedensten Leiden (Gicht, Rheuma, Magen- und Darmbeschwerden, Geschwüre) und Seuchen (Pest, Cholera) angepriesen. Als »Leuchtmittel der armen Leute« (wegen der Ruß- und Geruchsentwicklung beim Verbrennen in unbearbeitetem Zustand) wird es zunächst nur in kleinen Mengen gewonnen und verwendet.

In den 80er Jahren des vergangenen Jahrhunderts gewinnt es dann in raffinierter Form als Leuchtstoff Bedeutung. Den ersten gewaltigen Sprung nach vorne aber bringt die Verwendung des Otto-Verbrennungsmotors (1886) und des Dieselmotors (1897) in Fahrzeugen mit der darauf folgenden Motorisierungswelle. Innerhalb weniger Jahre steigt der Verbrauch auf mehrere Millionen Tonnen pro Jahr. Im Zuge der Industrialisierung zuerst der Vereinigten Staaten und - nach dem Zweiten Weltkrieg - auch Europas und Japans gewinnen Erdöl und die daraus hergestellten Produkte dann die Schlüsselposition, die ihnen auch heute noch zukommt. Weder der wirtschaftliche Aufschwung der USA nach der Jahrhundertwende noch der rasante Wiederaufbau Westeuropas nach 1945 oder das Katapultieren Japans vom Mittelalter ins Industriezeitalter wären ohne das bis Mitte der 70er Jahre konkurrenzlos billige, anscheinend grenzenlos verfügbare und problemlos einzusetzende Treib-, Brenn- und Heizmaterial möglich gewesen.

Erdöl: woher?

Die Wiege der Ölwirtschaft steht unbestritten in den Vereinigten Staaten von Amerika.

Seit dem 27. August 1889, dem Tag, an dem Edwin Laurentine »Colonel« Drake bei Titusville in Pennsylvania mit der ersten zielgerichteten Bohrung nach Öl fündig wird und eine Tagesförderung von 5000 Litern oder etwa 31,45 Barrel (ein Barrel sind rund 159 Liter) erzielt, spielen die USA, zunächst als Öllieferant, später zunehmend als Importeur, bis in die 60er Jahre die Hauptrolle im internationalen Öl-(Preis- und Förder-)Drama.

Quacksalber und Glücksritter

Zu den Hauptakteuren der ersten Stunde gehören Männer wie der Quacksalber Samuel Kier, der auf die Idee kommt, für das aus pennsylvanischen Sickerquellen dringende schwarze Zeug, das er erst als Heilmittel verkauft, neue Absatzmöglichkeiten zu suchen. Nach vielen Fehlversuchen erzeugt Kier das erste brauchbare Lampenöl. Glücksritter wie Drake sorgen dafür, daß der Rohstoff dafür gezielt gesucht und abgebaut werden kann. In das entstehende Raffineriegeschäft steigt dann 1863 John D. Rockefeller ein und baut mit seiner zunächst regional, später international operierenden Standard Oil den ersten Trust der Weltwirtschaftsgeschichte auf. 1879 kontrolliert er 90 der US-Raffinerie-Kapazitäten.

Durch neue Ölfunde in Texas, Oklahoma und Louisiana sowie die wachsende Kritik der US-Öffentlichkeit an Industrie-Imperien wird in den Folgejahren die Monopolstellung Rockefellers untergraben. Endlich beschließt der Oberste Gerichtshof der USA im Mai 1911 unter Bezug auf den 1889 erlassenen Sherman-Anti-Trust Act, der Konzern müsse innerhalb von sechs Monaten aufgelöst werden. Für die daraus entstehenden mehr als 30 Einzelfirmen und deren bereits etablierte US-Konkurrenten Gulf, Texaco etc. wären im Kampf um die inneramerikanischen und ausländischen Beleuchtungsmärkte, auf denen sich mittlerweile auch andere Anbieter tummeln, sehr harte Zeiten angebrochen, hätte nicht der Ausbruch des Kraftstoff-Zeitalters für eine bedeutende Ausweitung des Ölbedarfs gesorgt.

Der von Nikolaus August Otto 1867 entwickelte Verbrennungsmotor und dessen Einbau in vierrädrige pferdelose Kutschen durch Daimler und Benz eröffnet eine neue Dimension: Die Motorisierungswelle, als deren Vater Henry Ford I mit seiner Fließband-Fertigung von Automobilen gilt, bringt der Ölindustrie weitere Absatzmöglichkeiten. Zu den Automobilen kommen bald auch Flugzeuge. Vor allem aber der Siegeszug des Dieselmotors, der die bisher gebräuchlichen Dampfmaschinen sowohl im Lokomotiv-, Schiff- als auch im Industrieanlagenbau verdrängt, schafft eine Steigerung des Ölverbrauchs, die sich 20 Jahre zuvor kaum jemand vorzustellen gewagt hätte.

Wer hat Öl?

Um diesen Bedarf zu decken, reichen die bis dahin in den USA entdeckten Vorkommen längst nicht mehr aus. Inzwischen haben aber auch andere Länder, angeregt durch das US-Vorbild, begonnen, zum Teil jahrhundertealte Informationen über eigene Ölvorkommen auszuwerten. Allen voran zunächst das zaristische *Rußland,* in dem man sich der bereits während der Regierungszeit Peters des Großen entdeckten Lagerstätten von Baku entsinnt. Um die Jahrhundertwende ist die unter anderem von den Gebrüdern Nobel und den Rothschilds aufgebaute Ölförderung am Kaspischen Meer (vorübergehend) höher als die der USA. Abgesetzt wird das russische Öl aber zum geringsten Teil in Rußland, sondern in Europa und Fernost. Dieser Handel führt zur Gründung des britisch/niederländischen Ölkonzerns Royal Dutch/Shell.

Neben Rußland ist *Rumänien* um die Jahrhundertwende das einzige europäische Land mit einer (zum Teil mit amerikanischer Hilfe aufgebauten) nennenswerten inländischen Ölförderung.

Großbritannien verfügt über keine bekannten inländischen Ölvorkommen, hat aber über die Turkish Petroleum Company Zugang zu den im heutigen Irak vermuteten Lagern (der Anteil der Deutschen Bank an der Turkish Petroleum Co wird bei Ausbruch des Ersten Weltkrieges als Feindgut konfisziert). Wesentlich wichtiger für Großbritannien ist - aus damaliger Sicht - die Beteiligung an der Anglo-Persian Oil Company, die die Konzession für das am 26. Mai 1908 als eine der größten Öllagerstätten der Welt entdeckte Vorkommen von Masdschid-i-Suleiman im damaligen Persien hält.

Deutschland und *Österreich-Ungarn* haben nur eine kleine eigene Ölproduktion und verfügen trotz der von Kaiser Wilhelm II. unterstützten Bemühungen der Deutschen Bank, in der Türkei und in Mesopotamien im Ölgeschäft Fuß zu fassen, nicht über eine gesicherte Ölversorgung aus dem Ausland.

Wer kein Öl hat, verliert den Krieg

Das soll sich während des Ersten Weltkrieges als verhängnisvoll erweisen. Zunächst bleibt Rumänien neutral und verkauft auch an Deutschland und Österreich, soweit das nach der Zerstörung eines Teils der Förderanlagen in Galizien durch die Russen möglich ist. Als Rumänien dann auf der Seite der Alliierten in den Krieg eintritt, vernichten Briten und Franzosen die gesamte Ölindustrie des Landes, damit sie den Deutschen nicht in die Hände fallen kann.

Ohne ausreichende Ölversorgung können aber die Panzer und Lkw, Flugzeuge und Schiffe Deutschlands und Österreichs nicht mehr in dem erforderlichen Maße eingesetzt, die Räder der Kriegsmaschinerie nicht mehr geschmiert werden.

Anders die Alliierten. Der britischen Kriegsmarine verschafft die von Winston Churchill, seit 1911 Erster Lord der Admiralität, durchgesetzte Umstellung auf Öl neben einer höheren Endgeschwindigkeit auch einen um 40 Prozent größeren Aktionsradius, als die von der Kohleversorgung abhängigen deutschen Schiffe vorweisen können.

Der gesicherte Zugang zu ausreichenden Rohölvorkommen erweist sich als kriegsentscheidend. Der britische Außenminister Lord Curzon formuliert das so: »Die Alliierten sind auf einer Woge von Öl dem Sieg entgegengeschwommen.«

Pointierter noch hat das bereits vor ihm der französische Staatschef Georges Clemenceau 1917 in einem Telegramm an US-Präsident Woodrow Wilson formuliert: »Jeder Tropfen Öl ist einen Tropfen Blut wert. Öl ist das Blut der Schlachten, das die Kriege gewinnt.«

Das wird auch in den immer noch den Ölmarkt beherrschenden Vereinigten Staaten zur Kenntnis genommen. Schließlich will man nicht in eine ähnliche Situation wie die gerade besiegten Länder geraten. Andererseits muß die Inlandsförderung entsprechend dem zwischen 1914 und 1920 von 210 auf 455 Millionen Barrel pro Jahr gestiegenen inländischen Verbrauch und dem Ölhunger der Alliierten auf ein Niveau gesteigert werden, das eine baldige Erschöpfung der bekannten Reserven signalisiert.

Aufbruch in den Nahen Osten

Dringlichste Aufgabe der US-Ölindustrie ist daher, will sie nicht entscheidend an Boden verlieren, neue Lagerstätten ausfindig zu machen. Im Inland tut sich wenig. *Mexicos* Ölförderung von damals zirka vier Millionen Tonnen pro Jahr wird nur als Tropfen auf den heißen Stein eingeschätzt.

Ganz anders sieht es dagegen im Nahen und Mittleren Osten aus. Unter Geologen besteht schon seit längerem kein Zweifel daran, daß dort Ölvorräte in ungeahntem Ausmaß lagern. Neue Möglichkeiten der systematischen Ölsuche mit Hilfe der Geologie und der Seismik/ Geophysik bietet ab 1924 der »Mintrop-Seismograph«. Man kann also dem Nahen Osten mit weniger Risiko als bisher nähertreten.

Nach dem Ende des Ersten Weltkrieges, dem Untergang des Osmanischen Reiches und dem (unfreiwilligen) Ausscheiden der Deutschen Bank muß die Turkish Petroleum Company neu formiert werden. Das bietet den Amerikanern die Gelegenheit, in diesem vielversprechenden, aber bisher von ihnen vernachlässigten Gebiet Fuß zu fassen. Nach sechsjährigen Verhandlungen wird am 31. Juli 1928 in Ostende ein Abkommen unterzeichnet, in dem Briten, Amerikaner und Franzosen vereinbaren, künftig bei der Erschließung von Ölreserven im Nahen Osten zusammenzuarbeiten.

Gulbenkians »Red-Line-Agreement«

Die Vereinbarung bezieht sich auf die Türkei, Syrien, Irak, Libanon, Jordanien und den größten Teil der arabischen Halbinsel - kurz: das von Calouste S. Gulbenkian bei den Ostender Gesprächen mit einem Rotstift auf der Landkarte umrissene Gebiet des ehemaligen

Osmanischen Reiches. Das deshalb »Red-Line-Agreement« getaufte Abkommen, das dem Armenier Gulbenkian fünf Prozent der Einnahmen aus der Ölförderung jedes erfaßten Konzessionsgebietes – und den Spitznamen »Mr. Five Percent« – einbringt, kommt für die Amerikaner gerade rechtzeitig: Bei Baba Gurgur im heutigen *Irak* wird eine ungeheuer ergiebige Lagerstätte entdeckt – und für die noch ertragreicheren Ölfelder *Kuwaits* und *Saudi-Arabiens* gibt es die ersten konkreten Hinweise.

Wer hat noch?

Afrika, das später zu einem der wichtigsten Lieferanten leichter Rohölsorten mit niedrigem Schwefelgehalt werden soll, gilt zu diesem Zeitpunkt und bis in die 50er Jahre hinein noch als »trocken«.

In *Lateinamerika* spielt nur Venezuela als Ölförderland eine gewisse Rolle.

In *Asien* fördert Royal Dutch/Shell bereits seit der Jahrhundertwende auf Sumatra, die Mengen sind aber nicht groß genug, um eine nennenswerte Versorgungsquelle darzustellen.

Erdöl: wieviel – und zu welchem Preis?

Ende der 20er Jahre kommt es – nach Jahren immer weiter gestiegenen Bedarfs und entsprechend erhöhter Förderung – zu einem Marktumschwung: Plötzlich ist das Angebot erheblich höher als die Nachfrage. Dazu beigetragen hat in nicht unerheblichem Ausmaß ein eigentlich auf den ersten Blick hochwillkommenes Ereignis: die Entdeckung des Osttexas-Ölfeldes durch »Dad Joiner«, dessen Land und Konzession später von H. L. Hunt aufgekauft wird. Das äußerst ergiebige Vorkommen löst einen Bohrboom – ähnlich den Ereignissen nach den Goldfunden von Fort Sutter – aus. All das dabei entdeckte neue US-Öl drängt auf den Markt, auf dem sich gerade die Weltwirtschaftskrise nachfragedämpfend bemerkbar macht. Die Ölpreise drohen in den Keller zu fallen. Damit taucht erstmals das Problem auf, ob und wie die Förderung der Nachfrage angepaßt werden kann. (Früher hatte man ähnliche Situationen durch Stimulierung der Nachfrage zu entschärfen versucht, so verschenkte Standard Oil seinerzeit Petroleumlampen in China.)

In den USA wird das Problem 1930 durch die Gründung der »Texas Railroad Commission« gelöst, die noch heute jeden Monat festlegt, wie hoch die Förderkapazitäten genutzt werden dürfen. Außerhalb Nordamerikas kommen die damals wichtigsten Unternehmen des jungen Industriezweigs auf eine andere Idee, die sich als Bumerang mit Langzeit-Effekt herausstellen sollte. Sie exerzieren vor, wie man Marktdruck begegnen kann:

Achnacarry und die »Pool Association«

Auf Einladung von Exxon-Chairman Walter Teagle treffen sich die Chefs der drei größten Ölkonzerne im schottischen Hochland-Schloß »Achnacarry Castle« und teilen die Welt in ein internationales Kartell auf.

Sie vereinbaren:

- gemeinsam festgesetzte Marktanteile und Förderquoten nicht zu überschreiten,
- den Ölpreis auf einem gewinnträchtigen Niveau zu halten und
- Überinvestitionen künftig zu vermeiden.

Das heißt im einzelnen:

a) Die Teilnehmer akzeptieren ihren gegenwärtigen Geschäftsumfang und ihren entsprechenden Anteil beim künftigen Anwachsen der Nachfrage.

b) Da die vorhandenen Vertriebseinrichtungen zur Deckung der augenblicklichen Nachfrage mehr als ausreichen, sollen sie den Ölförderern zur Verfügung gestellt werden, die dafür einen Betrag zahlen, der geringer sein soll als die Kosten, die die Ölförderer für den Bau solcher Einrichtungen haben aufwenden müssen, jedoch nicht geringer als die tatsächlichen Kosten für den Besitzer dieser Anlagen.

c) Die Ölförderung soll die Vorteile ihrer geographischen Lage wahrnehmen. Unter der Annahme, daß der Wert des Rohproduktes bei gleicher Spezifikation an allen Entstehungs- oder Verschiffungsorten gleich ist, ergibt sich für jedes Fördergebiet ein

natürlicher Vorteil bei der Versorgung des ihm am nächsten gelegenen Verbrauchergebietes, das dementsprechend auch von dort versorgt werden soll.
e) Um größtmögliche Leistungsfähigkeit und Wirtschaftlichkeit im Transportwesen zu gewährleisten, sollen die Märkte aus dem am nächsten gelegenen Fördergebiet versorgt werden.
f) In dem Ausmaß, in dem die Förderung den Verbrauch in dem ihr zugeteilten Gebiet übersteigt, entstehen Überschüsse, denen man nur auf zwei Arten begegnen kann: Entweder drosselt der Produzent die Förderung oder er bietet die Überschüsse zu einem Preis an, der diese mit der Förderung eines anderen Gebietes konkurrenzfähig macht.
g) Den Interessen der Verbraucher und der Erdölindustrie wird auch dadurch am besten gedient, daß man von Maßnahmen absieht, welche eine Erhöhung der Preise und folglich einen Konsumrückgang bewirken.
Damit haben Exxon, Royal Dutch/Shell und BP (damals noch unter dem Namen Anglo Persian) den Markt in seiner bestehenden Form zementiert. Im Grunde genommen kommen sie überein, als ein gemeinsames Unternehmen zu arbeiten. Der losen Interessengemeinschaft von Achnacarry schließen sich bald auch Standard Oil of California, Texaco, Gulf und Mobil an – das, was Enrico Mattei von Agip später wutentbrannt »le sette sorelle« (die Sieben Schwestern) nennen wird, ist geboren.

»Golf-Plus«

Ihre wichtigste Waffe – und Ertragsquelle – ist der »Posted Price«, der internationale Verrechnungspreis für Rohöl. Im »Gulf-Plus-System« wird er definiert. Damit müssen die Preise in den Verbraucherländern auf Basis des texanischen Ölpreises errechnet und auch alle Frachtraten ab dem Golf von Mexico berechnet werden. Ergebnis: Abnehmer in Indien können mit Rohöl aus dem nahegelegenen Nahen Osten beliefert werden, müssen aber den gleichen Transportkostenanteil zahlen, als ob das Öl vom Golf von Mexico gekommen wäre. Billig förderbares Öl aus zum Beispiel Saudi-Arabien kostet den Abnehmer genausoviel wie US-Öl, dessen Förderkosten erheblich höher liegen. So kann noch 1948 eine Gesellschaft in Europa 62 DM für eine Tonne Nahost-Öl verlangen, obwohl die Förderkosten samt Abgaben an die Regierung in Saudi-Arabien nur 11 DM je Tonne betragen. Die Differenz geht in die Tasche des Ölkonzerns. Und wenn zwei der Unternehmen zur Senkung ihrer eigenen Transportkosten vereinbaren, Ölmengen zu tauschen, werden die daraus resultierenden »Gulf-Plus-Gewinne« geteilt.

Das funktioniert viele Jahre lang. Besonders vorteilhaft ist diese Regelung nach dem Zweiten Weltkrieg. Inzwischen hat der Ölhunger der USA, aber auch der Europäer, ein Ausmaß angenommen, das man in den 20er Jahren noch nicht für möglich gehalten hätte. Auch während des Zweiten Weltkrieges hat sich der ungehinderte Zugriff auf ausreichende Ölvorkommen als kriegsentscheidend erwiesen. Zum Beispiel exportieren die USA 1944 rund 207 Millionen Barrel Rohöl - den größten Teil davon an die Alliierten. 1948 dagegen muß das Land erstmals mehr Öl einführen, als es exportieren kann. (Der Ölexport auf »Sparflamme« wird hauptsächlich aus Prestigegründen noch eine Weile aufrechterhalten.)

Erneut muß man sich mit dem Gedanken vertraut machen, daß die bekannten Ölvorkommen der westlichen Hemisphäre langfristig keineswegs ausreichen werden, um den (besonders in Westeuropa) weiter steigenden Bedarf decken zu können.

Aber es gibt ja noch den Nahen und Mittleren Osten. Durch das »Red-Line-Agreement« und die 1933 erfolgte Gründung der Kuwait Oil Company (Kuwait gehört nicht zu dem von Gulbenkian umrissenen Gebiet) hatten sich die Sieben Schwestern den Zugang zu Ölvorräten gesichert, die sich inzwischen als die wahrscheinlich größten der Welt herausgestellt haben. Neben ihrem Umfang bieten sie noch andere Vorteile: Die Erschließungs- und Förderkosten einschließlich der den Regierungen zugestandenen Abgaben sind - verglichen mit denen anderer Regionen - bedeutend niedriger.

Die riesigen Gewinne, die die Ölkonzerne durch die Vereinbarung von Achnacarry und den nach dem Zweiten Weltkrieg im Zuge des Wiederaufbaus in Westeuropa und Japan geradezu explosionsartig in die Höhe schnellenden Ölbedarf einfahren, machen nicht nur Wettbewerber neidisch, die sich für zu kurz gekommen halten.

Auch die Regierungen der Förderstaaten werden aufmerksam.

Wer entscheidet?

Auf der Grundlage der bisherigen Konzessionsvereinbarungen können die Ölunternehmen weitestgehend nach eigenem Gutdünken entscheiden, *wo exploriert, wann erschlossen* und *wieviel gefördert* werden soll. Auch die Höhe der Förderabgaben - bis zu 17,5 Prozent des Verkaufspreises, je nach Fördergebiet und Qualität des Öls - wird recht willkürlich festgesetzt. Der Widerstand gegen diese »Hand- und Fußfesseln« der traditionellen Verträge wächst in dem Maße, in dem die Abhängigkeit der Industrieländer vom Öl steigt. So nutzt Venezuela die Tatsache, daß die USA 1948 zum Netto-Ölimporteur werden, zu einer Demonstration: Es fordert schlicht eine Einkommensteuer von 50 Prozent und verstaatlicht (nominell) kurzerhand die gesamte Ölindustrie des Landes.

Selbstverständlich verlangen sofort auch andere Förderländer, vor allem die des Nahen Ostens, eine entsprechende Regelung. Nach anfänglichem Zögern finden sich die Ölkonzerne schließlich zu einer - gegenüber den Venezuela-Verträgen modifizierten - Vereinbarung bereit. Die neue Regelung beruht auf dem »Posted-Price« (wie gehabt Golfpreis plus Fracht), davon werden Produktionskosten und Förderzinsen (Royalties) abgezogen und der verbleibende Gewinn im Verhältnis 50:50 geteilt. Einfluß auf die Explorations-, Förder- und Verkaufspreis-Politik erhalten die Förderländer aber nicht.

Iran unter dem neuen Premierminister Dr. Mohammed Mossadegh will eine noch weitergehende Regelung. Deshalb wird die nationale Ölindustrie kurzerhand verstaatlicht. Dem begegnen die Sieben Schwestern mit einem Quasi-Abnahmeboykott. Nach der Absetzung Mossadeghs übernimmt ein neues Konsortium der Sieben Schwestern und der Compagnie Française des Petrôles für die von Mossadegh gegründete National Iranian Oil Company Ende 1954 Förderung und Verarbeitung. Die Konzessionen und das Öl sind nun im Besitz der Nioc, den Preis für das Öl aber bestimmt das Konsortium.

Die durch die Vereinbarung von Achnacarry geschaffene Möglichkeit zum Ölpreis-Diktat durch die Sieben Schwestern konnte nur so lange funktionieren, wie keine Newcomer von Bedeutung auftauchten. Mit der Zeit stellt sich aber heraus, daß kleinere, einzeln als mehr oder weniger bedeutungslos eingestufte neue Wettbewerber durchaus in der Lage sind, die Monopolstellung der Großen zu gefährden. Allein durch ihre Zahl: 1960 machen rund 200 unabhängige Ölunternehmen in 90 Ländern »Big Oil« das Leben schwer.

Und ein eigentlich bereits abgeschriebener ehemaliger Hauptdarsteller aus den Anfängen der kommerziellen Ölgeschichte taucht plötzlich wieder auf: die Sowjetunion. 1901 größter Ölförderer der Welt, 1917 nach der Revolution praktisch ausgefallen, verdrängt das Land 1961 mit einer Förderung von einer Milliarde Barrel Venezuela von Platz zwei der Förderländer-Rangliste - und exportiert auch wieder in den Westen.

Nötig macht dies der chronische Devisenmangel, *möglich* machen es zum einen neue große Ölfunde im Ural-Gebiet - und zum anderen die Allianz mit Enrico Mattei von der Agip.

Der Italiener, verärgert über eine ihm von den Sieben Schwestern verweigerte Beteiligung am neuen Iran-Konsortium, nutzt die Gunst der Stunde - und die sowjetischen Ölexportwünsche - zu einem Ölpreiskrieg in Europa. Das bewegt die Ölkonzerne schließlich zu einem folgenschweren Schritt: Der sich verschärfende Wettbewerb an den Ölmärkten und die Forderungen der Förderländer nach höherer Produktion (= höhere Staatseinnahmen) führen Ende der 50er Jahre zu einem Überangebot, unter dessen Druck der seit 1928 vom Kartell verteidigte Ölpreis nicht mehr zu halten ist. In den USA sorgt die nach der ersten Suez-Krise offiziell aus sicherheitspolitischen Gründen eingeführte Beschränkung der Ölimporte (Connally hot oil act) dafür, daß die Renditen nicht ins Bodenlose fallen. Um aber die Gewinneinbußen aus dem Marketing-Sektor in Europa und im Fernen Osten abfangen zu können, entschließen sich die Großen zu Korrekturen am anderen Ende: Sie senken den »Posted Price«. Und das mehrmals.

Im Februar 1959 liegt der Preis für die Richtqualität Arabian Light fob Persischer Golf unter 2 Dollar je Barrel.

Ganz einig ist man sich dabei jedoch nicht. Kurzzeitig ist dasselbe Nahost-Öl zu drei verschiedenen Preisen erhältlich, je nachdem, ob man bei Standard Oil of New Jersey (Exxon), Royal Dutch/Shell oder bei der mittlerweile in British Petroleum umgetauften Anglo-Iranian kauft.

Die von den Konzernen einseitig diktierten Preissenkungen, die ohne Konsultationen mit den Förderländern beschlossen werden, aber für diese in Einnahmeverlusten resultieren, entfachen in einigen Staaten das spätestens seit dem Vorpreschen Venezuelas schwelende Feuer. Unterschwellig hatte man schon lange das Gefühl, der Willkür von »Big Oil« schutzlos ausgeliefert zu sein. Dies aber so harsch demonstriert zu bekommen, ist etwas, das sich mit dem bekannten Stolz vor allem der Araber nicht verträgt.

Gleichzeitig zeigt jedoch die Art und Weise, in der die Preissenkungen realisiert werden (in Einzelaktionen, ohne Koordinierung von Umfang und/oder Termin), daß das Kartell unübersehbare Sprünge bekommen hat.

Konkreter Anlaß für das »Zusammenrücken einiger Förderländer« in der Gestalt der Organization of Petroleum Exporting Countries (OPEC) ist die erneute Senkung des Posted Price für Arabian Light im Sommer 1960: Die Konzessionsgesellschaften berechnen dafür plötzlich nur noch 1,86 Dollar je Barrel. Als auf verschiedenen Ebenen unternommene Versuche, »Big Oil« zu einer Revidierung dieser Entscheidung zu bringen, scheitern, gründen mit dem am 17. September 1960 unterzeichneten Vertrag von Bagdad Venezuela, Iran, Irak, Kuwait und Saudi-Arabien ein Gegenkartell.

OPEC: die Gründerjahre

Erklärtes Ziel dieser vor allem auf Betreiben von Venezuela zustandegekommenen Gemeinschaft ist es zunächst, einen weiteren Preisverfall und damit Einnahmenausfall zu verhindern. Den Ölgesellschaften soll die Möglichkeit genommen werden, einzelne Förderländer gegeneinander auszuspielen. In den OPEC-Statuten wird festgelegt: »Hauptanliegen ist die Koordinierung und Vereinigung der Erdölpolitiken der Mitgliedsstaaten sowie die Erarbeitung optimaler Möglichkeiten zur Sicherstellung der einzelstaatlichen und gemeinschaftlichen Interessen, Mittel und Wege zu finden, die Stabilisierung der Ölpreise auf den internationalen Märkten zu sichern sowie schädigende und unnötige Preisschwankungen auszuschalten. Den Interessen der Förderländer soll zu allen Zeiten Sorge getragen werden wie auch der Notwendigkeit, ihnen ein stetes Einkommen, den Verbraucherländern eine ausreichende wirtschaftliche und regelmäßige Belieferung mit Erdöl und den Investoren in der Erdölindustrie eine faire Verzinsung ihres Kapitals zu sichern.«

Soweit die Statuten.

Der venezolanische Ölminister Perez Alfonso nennt die Organisation einen »sehr exklusiven Club, der 90 Prozent der Rohölexporte auf dem Weltmarkt kontrolliert«.

Auf der Seite der Ölmultis ist man zunächst nicht sonderlich geneigt, die Existenz des relativ losen Interessenverbundes zur Kenntnis zu nehmen. »Big Oil« besteht darauf, wie bisher Einzelverhandlungen mit jedem Förderland zu führen. Für den ersten Generalsekretär der OPEC, den Iraner Fuad Rouhani, beginnt eine Verhandlungstournee, bei der er »jedesmal mit einem neuen Hut« auftaucht. Versuche Rouhanis, die Multis zur Rücknahme der Preissenkung vom Juli/August zu bewegen, bleiben erfolglos. Schließlich drücken insbesondere die Ölmengen aus den neu entwickelten Feldern in West- und Nordafrika auf den Rohölpreis, in Richtung auf 1,50 Dollar je Barrel. Innerhalb der neugegründeten Organisation ist man sich aber auch nicht einig, wie die Preise künftig eigentlich festgelegt werden sollten und nach welchem System die Ölförderung - zur Schonung der Ressourcen - einzuschränken wäre.

Bei der zweiten OPEC-Konferenz, im Januar 1961, wird beschlossen, eine detaillierte Studie über Möglichkeiten zur Entwicklung einer gerechten Preisformel zu erstellen. Da jedes einzelne OPEC-Mitglied (1961 tritt Qatar bei, 1962 stoßen Libyen und Indonesien dazu) für sich einen höheren Marktanteil anstrebt, tritt die im Gründungskommunique noch enthaltene, vor allem von Venezuela propagierte Forderung, die Ressourcen zu schonen, bald in den Hintergrund.

Dornröschen schlummert

In den ersten Jahren gibt es für die großen Ölgesellschaften wenig Grund, die OPEC als ernstzunehmenden Macht(und Markt-)faktor anzusehen. Die Einigkeit von Bagdad bröckelt bald wieder ab, Irak und Saudi-Arabien sind nicht mehr bei allen Treffen vertreten. Die OPEC-Konferenz, wichtigstes Organ, das in halbjährigen Abständen die jeweilige Marktlage überprüfen soll, verfällt zu einem Debattier-Club. Generalsekretär Rouhani, der auf der strikten Trennung von Öl und Politik besteht, ist den radikaleren arabischen Mitgliedsländern zu gemäßigt und wird bald abgelöst. Auch dem neben Perez Alfonso als »Vater der OPEC« geltenden saudi-arabischen Ölminister Abdullah Al-Tariqi bleibt nicht viel Zeit, seine Vorstellungen von einer OPEC-einheitlichen Ölpolitik in die Praxis umzusetzen. Er fällt beim Königshaus in Ungnade und wird im März 1962 durch Scheich Ahmed Zaki Yamani, einen westlich orientierten Rechtsanwalt, ersetzt.

Bis Mitte der 60er Jahre kann die OPEC praktisch nur einen echten Erfolg ihrer Existenz vorweisen: Ende 1964 akzeptieren die Multis nach langen zähen Verhandlungen den schon im Juni 1962 vorgeschlagenen einheitlichen Royalty-Satz, der nicht mehr von den im Förderland zu zahlenden Einkommenssteuern abziehbar ist. Damit können die Förderländer ihre Einnahmen aus dem Ölgeschäft steigern, obwohl die Ölpreise am Weltmarkt nach wie vor rückläufig sind. Die Richtqualität Arabian Light kostet 1965 nur noch 1,65 Dollar je Barrel.

Im Juli 1965 wird bei der OPEC-Konferenz in Tripoli ein Versuch gestartet, auf experimenteller Basis eine Art Förderlimit festzusetzen. Er bleibt ohne Erfolg. Vorgesehen war, daß Saudi-Arabien und Irak im folgenden Jahr die Förderung maximal um jeweils neun Prozent, Iran um 14 Prozent, Kuwait um fünf Prozent und Libyen um 33 Prozent steigern sollte. Saudi-Arabien, das auf der Konferenz nicht vertreten ist, blockiert den Versuch durch sein Veto. König Feisal ist nicht daran interessiert, seinen arabischen Rivalen durch Begrenzung seiner eigenen Ölförderung zu helfen. Tatsächlich produziert Saudi-Arabien 1966 rund 18 Prozent mehr Öl als im Vorjahr.

Während der gesamten 60er Jahre sorgt vor allem das Wettrennen zwischen König Feisal und dem Schah von Iran um die höhere Ölförderung (und die höheren Einnahmen) dafür, daß das Öl-Überangebot und damit der Druck auf die Preise bestehen bleibt. Die in beiden Ländern tätigen Multis versuchen, durch Geheimabkommen eine gewisse Limitierung zu erreichen. Sowohl für Iran als auch für Saudi-Arabien gelten zwischen ihnen »Offtake Agreements«, in deren Rahmen ein Konsortialpartner, der mehr Öl fördern will, als ihm auf Basis einer vorsichtigen Bedarfsschätzung zusteht, für diese Mehrförderung einen Sonderpreis zahlen muß. Dabei richtet sich die Höhe der Gesamtförderung des Konsortiums nach dem Bedarf der wichtigsten Konsortialmitglieder. Da im Fall Iran Exxon und Texaco wegen ihrer Abnahmeverpflichtungen in Saudi-Arabien und anderswo zumeist nicht an einer nennenswerten Fördersteigerung interessiert sind, müssen auch die anderen Partner ihre Förderung in Grenzen halten. Als Existenz und Details dieses Geheimabkommens 1966 dem Schah zu Ohren kommen, wird daraus politisches Dynamit. Schließlich bedeuten für die Förderländer diese Vereinbarungen nichts anderes, als daß ihre Einnahmen und das wirtschaftliche Wachstum ihrer Volkswirtschaft praktisch vom Wohlwollen bzw. den Interessen ausländischer Konzerne abhängig sind.

Der Schah ist nicht bereit, sich damit abzufinden. Das Angebot eines modifizierten »Offtake Agreement« wird nur widerwillig akzeptiert. Daraufhin erklärt sich das in Iran tätige Konsortium unter Druck der US-Regierung bereit, einen Teil der Konzessionen freizugeben und einen Teil der Ölförderung an die neugegründete National Iranian Oil Company (Nioc) abzugeben. Diese verspricht, das Öl nur im Austausch gegen Warenlieferungen aus dem Ostblock, dessen Ölbedarf die Sowjetunion allein nicht mehr decken kann, zu verwenden.

Erste Attacken gegen die Dornenhecke

Gegen Ende der 60er Jahre wächst in den OPEC-Ländern der Widerstand, vor allem gegen die Sieben Schwestern, weil sie es (in der Sicht der Förderländer) immer noch fertigbringen, die Ölpreise niedrig zu halten, während die Preise für die meisten anderen Rohstoffe rapide steigen. Der Sechs-Tage-Krieg im Juni 1967 bringt die OPEC noch nicht zur gewünschten Einigkeit. Zu groß sind (noch) die Differenzen zwischen Monarchisten und radikalen Republikanern, Arabern und Nicht-Arabern, Moslems und Nicht-Moslems, Sunna und Schia. Zwar wird von der im März 1945 gegründeten »Arabischen Liga« (u.a. die OPEC-Mitglieder Saudi-Arabien, Irak, Libyen, Kuwait und Algerien) ein Lieferboykott gegen die westlichen Imperialisten, die

Israel unterstützen, ausgesprochen. Aber Iran und Venezuela haben kein Interesse, sich dem anzuschließen, und benutzen im Gegenteil die Gelegenheit, in neue Märkte vorzudringen. Saudi-Arabien, das sich bald Finanzproblemen gegenübersieht, begrenzt den Boykott zunächst auf Großbritannien und die USA. Nach einem Einnahmenausfall von 30 Millionen Dollar innerhalb eines Monats darf die Aramco aber wieder uneingeschränkt exportieren, und auch die anderen arabischen Ölförderländer halten den Boykott nicht durch.

Der erste Versuch, Öl als politische und wirtschaftliche »Waffe« einzusetzen, ist gescheitert. Iran hat die Chance genutzt, die Ausfuhren nach Großbritannien und in die Bundesrepublik Deutschland zu steigern. Auch Venezuela baut seinen Marktanteil in Europa aus. Die USA, eigentlich Hauptziel des Angriffs, bleiben völlig unberührt. Auch die Schließung des Suez-Kanals durch Ägyptens Staatschef Gamal Abdel Nasser erweist sich als weitgehend wirkungslos (für den Öltransport), da die neuen Supertanker ohnehin die alte Wasserstraße nicht benutzen können, sondern um das Kap der Guten Hoffnung fahren.

Der Prinz heißt Gadaffi

Als einige arabische Länder im September 1968 beschließen, »einen eigenen Club aufzumachen« und die Organisation arabischer ölexportierender Länder (OAPEC) gründen, scheint die Basis für eine konzertierte Aktion der OPEC völlig verschwunden. Als Lektion aus dem Scheitern des Öllieferboykotts im Sechs-Tage-Krieg will man zumindest innerhalb der OAPEC (Saudi-Arabien, Kuwait und Libyen - noch unter König Idris) »die Politik draußen halten«. So definiert es der erste OAPEC-Generalsekretär, Scheich Ahmed Zaki Yamani, im Auftrag seines Herrschers (König Feisal mag sich noch immer nicht mit seinen radikalen Nachbarn im Norden zusammentun). Gleichzeitig versucht der Schah verstärkt, seine Öleinkünfte auf Kosten der Araber zu steigern.

Damalige Industriebeobachter, die die OAPEC als »Quantité négèable« ansahen, hätten wohl auch keine hohen Wetten auf das Überleben des mit so ehrgeizigen Zielen angetretenen Gegenkartells OPEC angenommen.

Daß sich daran etwas ändert, ist zu einem nicht zu unterschätzenden Teil Muhammad al Gadaffi zuzuschreiben.

Die 1957 von Esso in Libyen entdeckten großen Vorkommen von leichtem Rohöl mit niedrigem Schwefelgehalt hatten sich inzwischen als nur die Spitze eines Eisbergs herausgestellt. 1969 deckt Libyen bereits ein Viertel des europäischen Ölbedarfs. Und die Furcht vor dem hochqualitativen, verhältnismäßig billig förderbaren Afrika-Öl (Algerien, Nigeria und Libyen) hat die texanischen Ölförderer veranlaßt, über ihre starke Lobby in Washington (unter anderem Lyndon B. Johnson) Ölimportbeschränkungen durchzusetzen.

Der Rohstoff ist in Libyen also vorhanden. Und 1969 kommt der Mann dazu, in dessen Händen er sich als Sprengstoff erweisen soll. Mit König Idris, vor allem aber seiner korrupten Beamtenschar, hatten die Multis noch relativ leichtes Spiel gehabt. Zwar stammte etwa die Hälfte der libyschen Ölförderung von den dort sehr rührigen Unabhängigen (Hunt, Oxy, Getty, Marathon) - die Position der großen Unternehmen und deren wirtschaftliche und politische Macht genügte aber, um die Ölpolitik des nordafrikanischen Königreiches weitgehend nach ihren Wünschen zu gestalten.

Der Putsch des Oberst Gadaffi und seiner Offizierskollegen vom September 1969 erweitert die internationale Ölszenerie um eine neue Variante: Religiöse Fanatiker, die fest entschlossen sind, in ihrem Kampf gegen Israel jede nur erdenkliche Waffe einzusetzen.

Empört über die (aus Idris' Geheimdokumenten erkennbaren) »unmoralischen Praktiken der Ölkonzerne« nutzt Gadaffi 1970 die Beschädigung der Trans-Arabian-Pipeline (TAP-Line, die von Saudi-Arabien ans Mittelmeer führt) durch syrische Revolutionäre dazu, die in Libyen tätigen Ölunternehmen - Multis und Unabhängige - zu Preiszugeständnissen zu zwingen. Damit führt der »Verrückte aus Tripolis« (Originalton Ölindustrie) seinen OPEC-Kollegen vor, daß die sich so unangreifbar gebärdenden Multis durchaus erpreßbar sind.

OPEC: Sturm und Drang

Unter anderem mit der Drohung, gegebenenfalls ersatzlos und entschädigungslos zu enteignen, hat der libysche Oberst nach Einschätzung in der Ölindustrie die entscheidende Wende im Machtkampf zwischen Ölförderstaaten und Konzessionsgesellschaften vollzogen. Libyen, seit 1962 (zunächst eher schweigendes) OPEC-Mitglied, wirft sich Anfang der 70er Jahre zum militanten Verteidiger der arabischen Sache auf – und Erdöl ist in den Augen Gadaffis durchaus ein wesentlicher Teil der arabischen Sache. Somit wird der libysche Staatschef hinter den Kulissen zu einer Art Einpeitscher der OPEC.

Seine Behandlung der Multis vor Augen, fordern sofort auch Irak, das gerade (1969) zur OPEC hinzugekommene Algerien, Kuwait und Iran Preiskorrekturen - und erhalten sie. Schlimmer als diese Preiszugeständnisse ist für die Ölkonzerne die bereits bei der OPEC-Konferenz im Dezember 1970 in Caracas erkennbare Verschärfung der Verhandlungstaktik. Die radikaleren OPEC-Mitglieder sind nur zu bereit, die libyschen Erfahrungen zu analysieren - und zu nutzen. In Caracas wird beschlossen, gemäß den libyschen Abmachungen auf regionaler Basis für alle Förderländer Veränderungen der Konzessionsbedingungen zu fordern. Für die Golfregion verhandeln die Ölminister von Iran, Irak und Saudi-Arabien mit den Vertretern der Ölgesellschaften.

Als hilfreich erweist sich dabei die Tatsache, daß sich - zum ersten Mal seit Bestehen der OPEC - eine mögliche Angebotsverknappung abzeichnet: Ein Käufermarkt wird langsam (aber sicher) zum Verkäufermarkt. Caracas markiert den Wendepunkt. In der von allen Mitgliedern (inzwischen ist 1967 noch Abu Dhabi hinzugekommen) verabschiedeten Resolution wird eine 55prozentige Gewinnbesteuerung, eine Erhöhung des Posted Price um 30 cts je Barrel und die Aufhebung der Sonderkonzessionen für einzelne Firmen beschlossen. In einer konzertierten Aktion sollen Anfang 1971 in Teheran neue Verhandlungen mit den Ölgesellschaften geführt werden.

Teheran und seine Folgen

Die Konzerne haben inzwischen nicht geschlafen. Die erstmals ausgesprochene Drohung der OPEC, als Organisation geschlossen vorzugehen, wenn ihren Forderungen nicht innerhalb von 14 Tagen Folge geleistet wird, gibt zu denken. Im Januar 1971 treffen sich - auf Vorschlag von Royal Dutch/Shell-Chairman Sir David Barran - Vertreter von 23 Ölgesellschaften - Multis und Unabhängige - in New York und starten den Versuch einer Gegenaktion.

Erstes Ergebnis ist ein von allen vertretenen Unternehmen unterzeichneter Brief: »Wir möchten der OPEC und ihren Mitgliedsstaaten einen Vorschlag unterbreiten ... Wir sind zu dem Schluß gekommen, daß wir künftig die Forderungen der Mitgliedsländer nur noch auf der Grundlage verhandeln können, daß eine Einigung gleichzeitig auch für alle anderen Förderländer gilt.«

Zweites Ergebnis ist das sogenannte »Libyan Producers' Agreement« - die Vereinbarung eines Sicherheitsnetzes, in dem festgelegt wird, daß keines der in Libyen tätigen Unternehmen ohne vorherige Absprache mit den anderen Gesellschaften ein Abkommen mit der libyschen Regierung trifft.

Das Vorgehen der Ölkonzerne wird auf politischer Ebene nicht voll unterstützt. Diese Situation nützt der Schah, um ein neues Ultimatum zu stellen: Innerhalb von zwei Tagen sollen die Ölkonzerne den Brief an die OPEC zurückziehen. Einzelverhandlungen, die dann für die gesamte Organisation Gültigkeit haben sollten - das will man nicht akzeptieren, da die anderen OPEC-Mitglieder Libyen nicht daran hindern können, »verrückte Forderungen zu stellen«, denen man dann folgen müßte. Andererseits würden voraussichtlich ebendiese verrückten Forderungen die Verhandlungen mit Gadaffi in die Länge ziehen - und die Golf-Länder können und wollen nicht warten. Die Ölkonzerne ziehen den Brief nicht zurück, erklären sich aber zu getrennten Verhandlungen bereit. Das Resultat sind separate Gespräche in Tripolis und Teheran.

Am 14. Februar 1971 wird der »Teheraner Vertrag« unterschrieben. Darin wird eine sofortige Anhebung des Posted Price für Arabian Light um rund 30 cts je Barrel und ein Nachschlag von weiteren 20 cts je Barrel bis 1975 vereinbart. Außerdem hat der Vertrag eine Erhöhung der den Regierungen zustehenden Abgaben um fünf

Prozentpunkte, eine Neuordnung der Zu- und Abschläge für die verschiedenen Rohölsorten im Verhältnis zur Richtqualität Arabian Light (»Differentials«) zum Inhalt. Der Preisnachschlag wird in Form eines grundsätzlichen Einverständnisses über eine Anpassung des Rohölpreises an die Inflationsrate bzw. einer nominalen Erhöhung um rund 2,5 Prozent pro Jahr festgeschrieben. Bei den folgenden Verhandlungen in Tripolis kann Libyen noch eine weitergehende Steigerung der dem Staat zustehenden Öleinnahmen erreichen. Auch Venezuela und Indonesien erzielen Verbesserungen.

Grundsätzlich markiert der Valentinstag 1971 wohl einen absoluten Wendepunkt in der Geschichte des Verhältnisses zwischen den Ölgesellschaften und den Förderländern: für die Multis das Ende ihrer Vorherrschaft - und für die OPEC das Ende der Kindheit.

Neues Stichwort: »Participation«

Trotz der im Vorfeld von Teheran und Tripolis vehement beschworenen Einigkeit der Ölunternehmen hat die OPEC den geballten Interessen von Politik und Wirtschaft Zugeständnisse abgetrotzt - mit weitreichender Wirkung. Neue Preisvereinbarungen mit Nigeria (das gerade die Biafra-Schäden an den Förderanlagen repariert und seinen OPEC-Beitritt angekündigt hat) sowie mit Irak und Saudi-Arabien folgen. Alle diese Abkommen sollen eigentlich fünf Jahre Gültigkeit haben. Tatsächlich überleben sie knapp zwei Jahre.

In diesem Zeitraum sammelt die OPEC die neugewonnenen (oder neuentdeckten) Kräfte, um auf ein anderes Ziel loszumarschieren: Eigentümerschaft an den Konzessionen - oder Stichwort »Participation«.

1971 beginnt eine Verstaatlichungswelle - nicht so drastisch oder so dramatisch wie 1938 in Mexico oder 1951 in Iran, sondern mehr auf leisen Sohlen.

Den Auftakt gibt Algeriens Staatschef Houari Boumedienne, der kurz nach dem Abkommen von Teheran 51 Prozent der Ölförder- und Verarbeitungseinrichtungen der Compagnie Française des Pétrôles (CFP) verstaatlicht. Auch die ebenfalls französische Erap muß Konzessionsanteile abgeben. Beide Gesellschaften haben lediglich noch Anspruch auf 30 Prozent der Produktion, die Mitte der 60er

Jahre gegründete staatliche algerische Ölgesellschaft Sonatrach übernimmt Management und Marketing für die Gesellschaften.

Von viel größerer Bedeutung für die internationalen Ölgesellschaften ist jedoch, daß der bisher als ihnen eher freundschaftlich gesonnen eingeschätzte saudi-arabische Ölminister Yamani tonangebend in die Verhandlungen eingreift. Schon bei der OPEC-Konferenz im Juni 1971 kann Yamani die meisten seiner Kollegen überzeugen, eine Beteiligung von zunächst 20 Prozent - die später sukzessive auf 51 Prozent gebracht wird - gegen Erstattung des Nettobuchwertes zu fordern. Als Konferenz-Beschluß kündigt die OPEC für einige Mitglieder, insbesondere die Golfstaaten, Verhandlungen über Modalitäten einer »Participation« an.

Die Ölkonzerne - entschlossen, nicht eher zu weichen, als es unbedingt sein muß - gehen bei den folgenden Verhandlungen mit Yamani auf Konfrontationskurs. Damit reizen sie die radikaleren OPEC-Mitglieder zu weiteren Demonstrationen. Im Dezember 1971, während eines OPEC-Ministertreffens, nutzt der libysche Staatschef Gadaffi die Besetzung von drei kleinen Inseln im Persischen Golf durch iranische Truppen dazu, seinen Kollegen erneut vorzuführen, wie man seiner Ansicht nach mit den Multis umspringen muß: Er enteignet sämtliche libyschen Vermögenswerte der BP (die ja zur Hälfte im Besitz der britischen Regierung ist) - mit der Begründung, die Engländer hätten ihre Schutzfunktion im Golf vernachlässigt und müßten nun dafür büßen!

1951 hatten die Ölkonzerne und die Politiker der Verbraucherländer die Verstaatlichungsaktion Mossadeghs noch mit einem Abnahmeboykott beantwortet - 20 Jahre später geschieht: nichts.

Auch als knapp sechs Monate später die Anlagen der zunächst (schadenfroh?) zuschauenden Hunt Oil Corp und weitere zwei Monate später die anderen in Libyen tätigen US-Ölgesellschaften nationalisiert werden, kommt kein Gegenschlag.

Yamani setzt im Frühjahr 1972 den »Participation«-Standard für die arabischen Golfstaaten: 20 Prozent Beteiligung des Staates an Aramco (Arabian American Oil Company) gegen Entschädigung des Buchwertes. Abu Dhabi, Qatar und Kuwait folgen bald.

Die nächste Station ist Irak.

Nachdem das Konsortium Iraq Petroleum Company wiederholt vorgetragene Forderungen der Regierung nach Erhöhung der Produktion ablehnt, werden seine Konzessionen kurzerhand vollständig verstaatlicht. Ein Versuch, mit einem Ölabnahmeboykott à la 1951 die Militärregierung in Bagdad in die Knie zu zwingen, scheitert bald an einem Ausreißer aus den eigenen Reihen: der französischen Compagnie Française des Petrôles. Mangels anderer (eigener) Ölquellen geben die Franzosen nach und beziehen sogar mehr Öl aus Irak als zuvor. Anfang 1973 geben sich auch Royal Dutch/Shell, Esso, Mobil und BP geschlagen und akzeptieren die Verstaatlichung der Iraq Petroleum Company.

Inzwischen gehen die Aramco-Verhandlungen weiter, die im Frühjahr vereinbarte Staatsbeteiligung von 20 Prozent reicht Yamani noch nicht. Im Oktober 1972 wird ein Modell »General Agreement of Participation« vorgelegt, das auch für die übrigen OPEC-Staaten richtungweisend wird. Es sieht folgende Einzelheiten vor: Ab dem 1. Januar 1973 halten die Ölländer an allen vergebenen Konzessionen einen Anteil von 25 Prozent. Dieser Anteil wird ab 1978 bis 1983 in fünf Schritten sukzessive bis auf 51 Prozent angehoben. Saudi-Arabien unterzeichnet im Januar 1973 das »General Agreement«, Kuwait lehnt dagegen die vorliegende Fassung ab und fordert eine sofortige Staatsbeteiligung von 60 Prozent. Dieser Forderung schließen sich auch die übrigen Golf-Anrainerstaaten an. In Iran übernimmt die staatliche National Iranian Oil Company am 21. März 1973 die Kontrolle über die Ölförderung und die Verarbeitung in den Raffinerie-Anlagen von Abadan. Libyen setzt im September 1973 an allen noch nicht teilverstaatlichten Konzessionen eine Beteiligung von 51 Prozent durch.

»Buy-back Agreements«

Nun wollen die Förderländer aber keineswegs selbst in nennenswertem Umfang in Rohölhandel oder -verarbeitung tätig werden (noch nicht). Sie wollen lediglich ein verbrieftes Eigentum an den inländischen Bodenschätzen und ein Mitspracherecht an deren Nutzung. Für das ihnen aus der Staatsbeteiligung an den Konzessionen zufließende Rohöl wird daher ein System entworfen, in dessen Rahmen die Fördergesellschaft 90 Prozent des staatlichen Förderanteils zurückkaufen kann. Bei diesem »Buy-back Agreement« wird für das

Rückkaufsöl ein Preis festgelegt, der 93 Prozent des geltenden Posted Price entspricht.

Das Abkommen mit Aramco, in dem der Preis für das Rückkaufsöl festgelegt wird, ist noch nicht unterzeichnet, da brennt es bereits an anderer Stelle.

Seit Anfang der 70er Jahre wird leise, seit Jahresbeginn 1973 lauter davon gesprochen, daß der Ölbedarf stärker steigt als das Förder-Können (in den USA ist die Förderung seit 1970 rückläufig) oder -Wollen (Kuwait hat 1972 zur Ressourcenschonung die Förderung auf maximal drei Millionen Barrel pro Tag limitiert). Die USA sind schon lange ölabhängig, und die anderen westlichen Industrieländer haben vor allem wegen des konkurrenzlos billigen Preises ihre unrentablen heimischen Energieträger (Kohle) vernachlässigt. Sie haben Industrien und Transportsysteme aufgebaut, die ebenso ölabhängig wie Ölverschwender sind. Seit Mitte der 60er Jahre gilt Öl als der wichtigste Energieträger der Welt.

Paukenschlag

Die Tatsache, daß die Nachfrage nach Rohöl das Angebot längst überflügelt, hat zur Folge, daß - ebenfalls zum ersten Mal seit Gründung der OPEC - die Marktpreise über das Niveau der Posted Prices hinaus steigen. BP gibt den Durchschnitt der Posted Prices für 1973 mit 3,29 Dollar je Barrel an.

Diese für sie äußerst günstige Ausgangsposition nutzen die OPEC-Länder im Herbst 1973 zu einem politisch/wirtschaftlichen Doppelschlag:

Der am 6. Oktober ausbrechende Yom-Kippur-Krieg bietet ihnen Gelegenheit, ihr Öl

- als politischen Machtfaktor auszuspielen und
- die Verluste auszugleichen, die ihnen aus dem Dollarkursverfall nach der Aufhebung der Anbindung an den Goldstandard und der Abwertung in Bretton Woods entstanden sind.

Die Sommer-OPEC-Konferenz in Wien hatte beschlossen, im Oktober neue Verhandlungen mit den Ölgesellschaften über die Posted Prices aufzunehmen. Am 8. Oktober, zwei Tage nach Beginn des Yom-Kippur-Krieges, kommen die Verhandlungspartner in Wien zusammen. Von OPEC-Seite wird eine Anhebung des Posted Price um 70 Prozent auf sechs Dollar je Barrel gefordert, »um eine angemessene Aufteilung der Erlöse in ›Government Take‹ (für die Regierungen) und Gewinne (für die Ölgesellschaften) bei steigenden Marktpreisen zu erzielen«. Die Vertreter der Gegenseite bieten eine Anhebung um lediglich 20 Prozent an. Als die Wiener Verhandlungen daraufhin scheitern, beschließen die Golf-Anrainerstaaten, künftig einseitig die Rohölpreise zu fixieren, und erhöhen den Preis für Arabian Light von 3,01 auf 5,11 Dollar je Barrel. Und das ist nur der Anfang der Spirale. Drei Monate später lautet der offizielle Preis der OPEC für Arabian Light auf 11,65 Dollar je Barrel – und hat sich damit gegenüber dem Stand vom 1. Oktober 1973 vervierfacht.

Schlagwort Ölwaffe

Begünstigt hat diese Entwicklung die zweite Entscheidung der Golf-Anrainerstaaten in der OAPEC-Ministerkonferenz vom 18. Oktober: Die Ölförderung der Mitglieder der Organisation arabischer ölexportierender Länder wird um 25 Prozent gekürzt (allein die Saudi-Arabiens um zehn Prozent) – und man verhängt einen Lieferboykott gegen »Länder, die Israel unterstützen«. Der ehemalige OPEC-Generalsekretär Dr. Nadim Pachahi hatte bereits im Mai 1973 vorgeschlagen, die Öllieferungen an den Westen einzufrieren, bis sich Israel weit hinter die Grenzen des Waffenstillstands von 1967 zurückzöge. Jetzt werden die USA und die Niederlande mit einem Totalembargo überzogen – die USA wegen ihrer Israel-freundlichen Politik, die Niederlande, um das Umschlags- und Verarbeitungszentrum Rotterdam mit seiner Markt- und Ausgleichsfunktion für den nordwesteuropäischen Raum lahmzulegen. Zumindest offiziell fließt für einige Wochen kein Tropfen Nahost-Öl in die Vereinigten Staaten und nach Holland. Das Schlagwort von der »Ölwaffe« taucht erstmals im allgemeinen Sprachgebrauch und den Schlagzeilen der Tagespresse auf. Die Produktionsdrosselung und der Lieferboykott, Deckungskäufe der Industrie, Umdispositionen im Transport, unflexible Nachfrage – all das führt zu einem Marktchaos mit sprunghaft steigenden Preisen für verfügbare Ware. Das führt den OPEC-Ländern vor Augen, daß sie ihr Öl mit fünf Dollar je Barrel eigentlich immer noch viel zu billig verkaufen, und ermutigt sie zu den Preisentscheidungen vom Dezember 1973 (Erhöhung auf 10,84 Dollar je Barrel) und Januar 1974 (Anhebung gemäß dem Inflationsausgleich des Teheraner Abkommens auf 11,65 Dollar je Barrel). Das - vorläufige - Ende der Spirale ist erreicht.

Für die Weltwirtschaft kommt diese Preisexplosion zu einem Zeitpunkt, wo die Indikatoren der volkswirtschaftlichen Entwicklung bereits nach unten zeigen. Für die Industrieländer, vor allem aber für die armen Entwicklungsländer ohne eigene Ölvorkommen, die plötzlich ihre gesamten (ohnehin spärlichen) Deviseneinnahmen für den Ölimport aufwenden müssen, ist es ein Schlag, von dem man sich lange nicht erholt.

In der Bundesrepublik Deutschland trifft es Industrie und Verbraucher in erster Linie im Portemonnaie. Der Grenzübergangspreis für Rohöl erhöht sich von rund 80 DM je Tonne in 1973 auf über 200 DM je Tonne im Jahresdurchschnitt 1974. Benzin und Heizöl werden entsprechend teurer. In Ländern wie Großbritannien, Italien und Belgien treten dagegen echte Versorgungsprobleme auf.

In diesen Ländern besteht eine staatliche Preispolitik für Mineralölerzeugnisse, die Preiserhöhungen (bis heute) genehmigungspflichtig macht. In der Bundesrepublik dagegen greift die Regierung nicht in die Preisbildung ein und beschränkt sich auf Maßhalteappelle.

Schlimmer trifft es andere. Rezessionen und Zahlungsbilanzprobleme, sprunghaft steigende Arbeitslosenzahlen - auch in den USA, für die das Embargo erst im Mai 1974 aufgehoben wird, drei Monate nachdem die Versorgung der Europäer wieder normal läuft. Unter dem Eindruck langer Autoschlangen vor den offenen Tankstellen, vieler geschlossener Stationen mit dem Schild: »Sorry, no gas« und auch der Rekordgewinne, die einige der Multis für 1973 ausweisen, wächst in den USA der politische Druck, sich aus der Abhängigkeit vom Öl - vor allem von Ölimporten - zu befreien.

Erster konkreter Schritt ist die - zuvor immer wieder hinausgeschobene - Entscheidung, die Trans-Alaska-Pipeline zu bauen und endlich die seit 1968 entdeckten großen Vorkommen in der und um die Prudhoe-Bay zu erschließen.

Als zweiten Schritt legt US-Präsident Richard Nixon im November 1973 das »Project Independence« vor, in dem festgeschrieben wird, bis 1980 unabhängig von Energieimporten werden zu wollen.

Aber die in dem Projekt beschriebenen Maßnahmen - Senkung des Benzinverbrauchs je gefahrene Meile, Höchstgeschwindigkeit auf Highways nur noch 55 Meilen je Stunde, Reduzierung des Stromverbrauchs von Elektrogeräten, Verbesserung der Wärmedämmung von Gebäuden - bedeuten für die Amerikaner zu diesem Zeitpunkt eine zu große Umstellung. Insgesamt sinkt der US-Ölkonsum in den Jahren nach 1973 trotz Rezessionserscheinungen nicht in nennenswertem Umfang. Das überzeugt die OPEC-Länder davon, daß ihr einziger international gefragter heimischer Rohstoff offensichtlich seit Jahrzehnten zu Schleuderpreisen verkauft worden ist.

IEA, das »Kind der Krise«

Das Gefühl der Verbraucherländer, nun ihrerseits ohne Möglichkeiten zur Gegenwehr dem Preisdiktat der OPEC unterworfen zu sein, bringt die Politiker zum Handeln. Auf Betreiben von US-Außenminister Henry Kissinger, dem nach eigener Aussage die Erpreßbarkeit der Industrienationen durch »unberechenbare Fellachen« schlaflose Nächte bereitet, gründen 16 Länder im Herbst 1974 die Internationale Energie-Agentur (IEA). Sie erhält ihren Sitz in Paris, obwohl Frankreich, das seine Nahost-Politik pro-arabisch orientiert, keine Mitgliedschaft anstrebt, sondern nur Beobachterstatus haben will. Im November 1974 haben sich die IEA-Mitglieder auf eine Art von Beistandspakt für Notfälle geeinigt. Aber darüber, ob die Agentur weitergehende Aufgaben bekommen soll, gehen die Meinungen weit auseinander.

Kissinger hat sich die IEA als »Gegenkartell zum Gegenkartell OPEC« gewünscht, stößt aber damit bei seinen Kollegen in Europa, die eine direkte Konfrontation mit der OPEC vermeiden wollen, auf wenig Gegenliebe. Über die Erstellung von Verbrauchsstatistiken und -prognosen kommt die IEA in den ersten Jahren ihrer Existenz nicht hinaus.

Ausweichfaktor Nordsee

Positiv wirkt sich das Muskelspiel der Araber für die Nordsee aus. Trotz des bereits im August 1959 in den Niederlanden entdeckten großen Erdgasvorkommens Groningen war das Gebiet in den folgenden Jahren weitgehend vernachlässigt worden.

Nach vielen Rückschlägen bei der Exploration wurde im Dezember 1969 im norwegischen Teil der Nordsee endlich ein Erdöl- und Erdgas-Vorkommen in kommerzieller Größenordnung entdeckt: Ekofisk. Die Erschließung dieses Feldes - und auch die der in den beiden folgenden Jahren entdeckten Vorkommen Forties und Brent im britischen Nordsee-Abschnitt sowie die Suche nach weiteren Ressourcen - wäre ohne die von den Arabern erzwungene Vervierfachung des Ölpreises aus rein betriebswirtschaftlicher Betrachtung unrentabel gewesen. Jetzt zeigt auch die britische Regierung Interesse (heimisches, nicht zu importierendes Rohöl wird ein Faktor von volkswirtschaftlicher Bedeutung) und bestimmt zum Mißvergnügen der Multis eine 51prozentige Staatsbeteiligung an jedem Konzessionsgebiet. Zur Abwicklung der damit verbundenen Geschäfte wird die staatliche Mineralölgesellschaft British National Oil Corp (BNOC) gegründet.

Auch Norwegen beschließt eine obligatorische Staatsbeteiligung an den Nordsee-Konzessionen - was Briten und Norweger den Beinamen »Scheichs mit blauen Augen« einbringt. In allen Sektoren der Nordsee beginnt ein Bohrboom, der aber nur im britischen und norwegischen Schelfgebiet die gewünschten Ergebnisse bringt.

OPEC: Konsolidierung

Nach dem Paukenschlag von 1973/74, mit dem sie »ein für allemal« (?) ihren Anspruch auf Dominanz des Ölmarktes angemeldet und auch durchgesetzt haben, scheint es für die OPEC-Mitglieder nur noch eines zu tun zu geben: darüber nachzudenken, wie und wo man die jetzt in bisher ungeahntem Ausmaß hereinströmenden Gelder am besten anlegen kann. 1974 exportieren die OPEC-Länder mit 1,480 Milliarden Tonnen ein Prozent mehr Rohöl als 1973 - die

Einkünfte daraus steigen jedoch um 3000 Prozent auf 92 Milliarden Dollar. Die Zahlungsbilanzüberschüsse der ölproduzierenden Staaten erreichen 1974 das Volumen von 70 Milliarden Dollar.

Für die internationale Finanzwelt, noch nicht ganz erholt von der Dollar-Abwertung, stellen die zunächst auf Konten in der Schweiz, den USA und Großbritannien transferierten »Petro-Dollar« eine willkommene Belebung des Geschäftes und deren Recycling eine Herausforderung der Belastbarkeit und Funktionsfähigkeit der Weltfinanzordnung dar. Spektakuläre Aktionen, wie die Schah-Beteiligung an Krupp, die Kuwait-Beteiligung an Daimler-Benz, arabische Immobilienkäufe in Großbritannien und den USA, lösen bei Teilen der Öffentlichkeit in den betroffenen Ländern den Aufschrei »Nationaler Ausverkauf« aus.

Tatsächlich ist aber der Auftragseingang aus vielen Ölförderländern in den folgenden Jahren der Faktor, der eine noch schlimmere Rezession in den großen Industrieländern verhindert. Die europäische Bau- und Maschinenbau-Industrie sowie die Rüstungsproduzenten in USA und Europa profitieren gewaltig von dem Devisensegen, der auf die OPEC-Länder niedergeht. Die ehrgeizigen Industrialisierungwünsche des Schahs, der sein Land innerhalb weniger Jahre vom Mittel- in das Raketen-Zeitalter katapultieren will, bieten hierfür das beste Beispiel.

Der lange »Dornröschen-Schlaf« der Ölförderländer ist endgültig zu Ende, und für die Verbraucherländer beginnt eine schmerzhafte Akklimatisierungsphase. Öl ist nicht mehr konkurrenzlos billig – und auch nicht mehr scheinbar grenzenlos verfügbar. Die Ölkonzerne haben die Macht über die Preisgestaltung abgeben müssen und verlieren in den folgenden Jahren auch noch jede direkte Einflußmöglichkeit auf die Höhe der Ölförderung in den OPEC-Ländern.

Iran kontra Saudi-Arabien

Einigkeit herrscht in der OPEC keineswegs. Zwischen Saudi-Arabien und Iran schwelt noch immer die Rivalität um die Vorrangstellung, die die beiden Länder in den 50er und 60er Jahren zu immer neuen Forderungen nach Fördersteigerung veranlaßt hat. Aber es geht nicht nur um die Frage, wer am meisten Öl produziert. Saudi-

Arabien und Iran stehen Mitte der 70er Jahre für die beiden Lager, in die die Organisation auch heute noch gespalten ist (auch wenn Iran unter den Ayatollahs lange Zeit nicht dieselbe Rolle spielte wie seinerzeit unter dem Schah): Länder mit verhältnismäßig geringer Bevölkerungsdichte und großen Vorräten wie die Emirate - und bevölkerungsreiche mit limitierten Reserven wie Venezuela und Nigeria. Für die Länder mit hohen Einwohnerzahlen, die nicht über andere exportierbare Rohstoffe und auch nicht über nennenswerte Industrie verfügen, besteht der Zwang, aus ihren (erschöpflichen) Ölvorräten soviel zu machen wie möglich. Dagegen können die Länder mit niedriger Bevölkerungsdichte, die noch dazu über die größeren Vorkommen verfügen, der weiteren Entwicklung des Energie- und Ölbedarfs der Industrienationen wesentlich gelassener entgegensehen.

Mitte der 70er Jahre zeigt sich der Dauerkonflikt am deutlichsten in den Auseinandersetzungen zwischen dem Schah und dem saudiarabischen Ölminister Yamani. Während der Schah zu weiteren Preiserhöhungen drängt, droht Yamani, der weiß, daß das Land mit den größten Reserven am längeren Hebel sitzt, damit, Saudi-Arabien sei nur zu einer Kontrolle der Förderung bereit, wenn der Preis »auf einem vernünftigen Niveau« gehalten werde. Seine Argumentation beruht auf der Tatsache, daß - erzwungen durch die vom Ölpreisschock ausgelöste Rezession - der Ölverbrauch in den Industrienationen sinkt und das Angebot eine Zeit lang wieder höher ist als die Nachfrage. Einige Ölproduzenten, zum Beispiel Kuwait, offerieren sogar Preisnachlässe - indirekt, über eine Verlängerung des Zahlungsziels. Abu Dhabi, das 1974 noch ein Aufgeld für sein schwefelarmes Rohöl fordern konnte, sieht sich ein Jahr später gezwungen, diesen Aufschlag zurückzunehmen. Auch Libyen kann aus der Nähe zu Europa (kurze Transportwege) kein besonderes Geschäft mehr machen. Im April 1975 fördern die OPEC-Länder sogar rund 35 Prozent weniger, als ihre Kapazitäten erlauben würden. Resultat: die erste vieler Prognosen vom »Ende des Gegenkartells«.

Aber weit gefehlt. Die OPEC antwortet darauf mit verringerter Förderung - nicht nur in den Ländern mit verhältnismäßig geringer Bevölkerungsdichte, die sich das ja schließlich leisten können. Auch Venezuela und Nigeria entschließen sich zu Produktionseinschränkungen. Die Schlüsselrolle übernimmt Saudi-Arabien. Das für das

Ölgeschäft charakteristische Aufeinanderfolgen von Überangebot und Knappheit, dem die Multis während ihrer Alleinherrschaft auf Kosten der Förderländer zu begegnen wußten, bietet dem Wüstenkönigreich die einmalige Chance, die Führung des Gegenkartells zu übernehmen.

Nicht ohne Widerstand Irans, das seine Förderung weiter ausweitet und bei der OPEC-Konferenz Ende September 1975 in Wien versucht, die OPEC-Kollegen von der Notwendigkeit einer Ölpreiserhöhung um 25 Prozent zu überzeugen. Nach konfliktgeladenen Debatten einigt man sich schließlich auf zehn Prozent - und beschließt gleichzeitig, den Preis bis zum 30. Juni 1976 einzufrieren.

Die Führungsrolle Saudi-Arabiens manifestiert sich in den folgenden Jahren vor allem darin, daß Iran und später auch andere Falken in der OPEC ihre Preiserhöhungswünsche zumeist nicht durchsetzen können. Bei der Sommerkonferenz in Bali sagt der saudi-arabische Ölminister Yamani seinen Kollegen ganz deutlich, das Hauptproblem der OPEC-Ölpolitik bestehe nicht in einer Erhöhung der Preise, sondern in der Respektierung bestehender Preisvereinbarungen durch die OPEC-Mitglieder, und lehnt eine Anhebung kategorisch ab. Irak, ein neuer Falke, fordert »mindestens« 15 Prozent. Yamani setzt sich durch, der Ölpreis bleibt eingefroren. Auch im Dezember 1976, als die Mehrheit der OPEC eine Anhebung um rund zehn Prozent befürwortet (ursprünglich verlangten Extremisten wie Libyen sogar 40 Prozent), überrascht Yamani das Auditorium damit, daß er dafür plädiert, den Grundpreis weiter unverändert zu lassen.

Schließlich akzeptiert er eine Anhebung um rund fünf Prozent. Im Hintergrund stehen zum einen Bemühungen, das inoffizielle Rabattsystem der OPEC auszumerzen, das die einheitliche Preispolitik der Organisation immer mehr zu einer Farce zu machen droht. Zum anderen will man im Zusammenhang mit dem gerade begonnenen Nord-Süd-Dialog in Paris und den Anstrengungen um eine Lösung des Nahost-Problems dem Westen »ein Signal geben«. Yamani betont, daß Saudi-Arabien sich eine Revision seiner Preisentscheidung vorbehalte, »falls der Nord-Süd-Dialog zwischen den Industrienationen und den Staaten der Dritten und Vierten Welt keine eindeutig positiven Ergebnisse bringen würde.« Die Vereinigten Arabischen Emirate unterstützen die Haltung Saudi-Arabiens. Da die restlichen OPEC-Mitglieder auf ihrer Forderung nach plus zehn Prozent bestehen, kommt es nach Doha zu einem gespaltenen Ölpreis. Saudi-Arabien und die Emirate erhöhen per 1. Januar 1977 den Listenpreis um fünf Prozent, die anderen Kartell-Mitglieder um zehn Prozent. Saudi-Arabien gibt die Produktionsbeschränkung auf, was von Marktbeobachtern als Disziplinierungsversuch interpretiert wird.

Carter will Selbstversorger werden

Die zurückhaltende Preispolitik Saudi-Arabiens wird auch als politisches Signal an die USA gewertet, die größter Ölimporteur der Welt sind. »Man merkt die Absicht und man ist verstimmt.« Im April 1977 kündigt US-Präsident Jimmy Carter ein rigoroses Energiesparprogramm an. Es soll den Ölverbrauch Amerikas und damit die Abhängigkeit von Importen aus dem Nahen Osten drastisch und so schnell wie möglich reduzieren. Damit will Carter sowohl die wirtschaftliche als auch die politische Erpreßbarkeit seines Landes abbauen.

Die von Carter beschworenen Bilder einer nationalen Katastrophe, die mit einer CIA-Prognose über eine bei unverändertem Verbrauchswachstum zu erwartende globale Energiekrise in den 80er Jahren untermalt werden, resultieren zwar in einer Reihe von Absichtserklärungen und Projekten, die aber nacheinander »aus betriebswirtschaftlichen Erwägungen« wieder storniert werden.

Für die OPEC sind die (zumindest auf dem Papier bestehenden) Ölspar-Bestrebungen beängstigend. Zeigt sich doch, daß die Gefahr besteht, die mühsam errungene Kontrolle über den Ölmarkt und damit ihre Machtposition wieder einzubüßen. Gleichzeitig demonstriert Saudi-Arabien den Kollegen, wie OPEC-intern die Machtverhältnisse aussehen. Neben dem eigenen (niedrigeren) Ölpreis erhöhen die Saudis ihre Förderung beträchtlich, was vor allem für Iran zu Absatzverlusten führt, dessen Hauptexport-Öl »Iranian Light« qualitativ fast mit »Arabian Light« identisch, aber jetzt mindestens fünf Prozent teurer ist.

Ob die Explosionen und Brände, die das zweitgrößte saudi-arabische Ölfeld »Abqaiq« im Mai 1977 verheeren und zu einem Förderausfall von zwei bis drei Millionen Barrel pro Tag führen, auf Sabotage-Aktivitäten arabischer Guerillas, der iranischen Konkurrenz oder gar auf Aktivitäten des allgegenwärtigen US-Geheimdienstes CIA zurückzuführen sind, wird wohl kaum eindeutig geklärt werden können. Spekuliert wird viel. Nur an wirkliche Unfälle glaubt niemand.

Unmittelbares Resultat des Ausfalls ist jedenfalls, daß Saudi-Arabien seine eigenmächtige Ölpreispolitik nicht weiter durchhalten kann. Bei der OPEC-Konferenz im Juli in Stockholm sagen Yamani und sein Kollege von den Vereinigten Arabischen Emiraten zu, ihre Preise um fünf Prozent anzuheben, wenn die anderen OPEC-Länder die ihren unverändert lassen. Damit ist das Preisgefüge wieder einheitlich: 12,70 Dollar je Barrel für Arabian Light. Die eigentlich bereits in Doha für Mitte 1977 von den anderen OPEC-Ländern fest vereinbarte erneute Preiserhöhung um fünf Prozent wird nicht realisiert.

Ende 1977 stellt sich heraus, daß die zunächst zu beobachtende Belebung der Ölnachfrage der Industrieländer nur ein Strohfeuer war. Die Erholung der Weltwirtschaft vom Ölpreisschock erfolgt doch langsamer und schleppender als erwartet. Zudem haben einige Energie-(Öl-)Sparmaßnahmen in den Industrienationen Wirkung gezeigt – und seit 1976 steht, zumindest den Europäern, das Öl der »Scheichs mit den blauen Augen« zur Verfügung. 1976 werden 26 Millionen Tonnen Erdöl aus der Nordsee gefördert, und der Anteil der OPEC an den Gesamt-Ölbezügen Europas sinkt auf 87 Prozent.

Keine gute Ausgangsbasis für weitere Preiserhöhungen.

Im Gegenteil, 1978 sehen sich einige selbst mit Zahlungsbilanzproblemen kämpfende OPEC-Mitglieder veranlaßt, durch verdeckte Preisnachlässe ihre Exporte zu Lasten anderer Förderländer auszudehnen. Die Preise am Spotmarkt, auf dem bis dato mengenmäßig unbedeutende Überschüsse, die nicht auf Kontraktbasis verkauft werden können, gehandelt werden, spiegeln das latente Überangebot an Mineralöl wider: Sie liegen bis zu 30 cts je Barrel unter den offiziellen Verkaufspreisen der Förderländer.

OPEC: Ausrutscher

Im September 1978 bricht in Iran unter Führung des Ayatollah Ruhollah Khomeiny die Revolution aus. Die Unruhen führen auch zu Streiks in der iranischen Ölindustrie, die Ende Oktober 1978 praktisch die gesamte Förderung des Landes und auch die Mineralölverarbeitung der Raffinerie in Abadan lahmlegen. Die - wie ein Sprecher des westlichen Ölkonsortiums Iran Oil Participants sagte - »sehr beunruhigende Situation«, durch die von einem auf den anderen Tag bis zu sechs Millionen Barrel der täglichen Welt-Förderung ausfallen, führt zu Panikkäufen (vor allem der Japaner) und resultiert schließlich in einem weiteren gewaltigen Ölpreisschub.

Ende Oktober verweisen das US-Energieministerium noch auf »ausreichende Kapazitäten anderer Lieferländer« und das Bundeswirtschaftsministerium in Bonn auf die nach der Öl-Preis-Krise 1973/74 angelegten Rohöl- und Produktreserven von 60 bzw. 40 Tagen, die Versorgungsengpässe vermeiden helfen würden. Die USA decken damals rund fünf Prozent ihres Ölbedarfs in Iran, in der Bundesrepublik Deutschland sind es im Durchschnitt der ersten sechs Monate 1978 fast 19 Prozent. Die Iran-Krise dauert aber länger, als die Vorräte reichen - und die anderen Produzentenländer (vor allem Saudi-Arabien) erhöhen ihre Förderung nur kurzfristig. Im ersten Quartal 1979 nimmt Saudi-Arabien die Produktion wieder um rund eine Million Barrel pro Tag auf 9,5 Millionen Barrel pro Tag zurück. Schließlich will man ja die Ressourcen schonen ...

Wehe, wenn sie losgelassen!

Es setzt ein regelrechter Run auf die wenigen verfügbaren Mengen ein, der die Preise am Spotmarkt nach oben katapultiert. Die OPEC, die im Dezember 1978 noch mit einer Anhebung der offiziellen Verkaufspreise um rund fünf Prozent auf 13,33 Dollar je Barrel relativ »mäßig« auf die neue Situation reagiert hat, hält sich auch im ersten Quartal 1979 noch zurück. Während an den Spotmärkten bereits 23 Dollar je Barrel bezahlt werden, erhöht sie Ende März lediglich auf 14,55 Dollar je Barrel.

Im Mai ist es damit dann allerdings vorbei: Algerien setzt den Preis einseitig auf 23 Dollar je Barrel fest. Die OPEC hebt im Juni den Listenpreis für Arabian Light auf 18 Dollar je Barrel an und legt Qualitäts-Zuschläge von bis zu 4,50 Dollar je Barrel fest. Damit hinkt sie aber noch immer hinter der Entwicklung am Spotmarkt her. Nach dem Abkommen von Camp David (April 1979) hat Saudi-Arabien seine Förderung nochmals um eine Million Barrel pro Tag zurückgenommen. Das führt dazu, daß die Spotmarktpreise weiter klettern und im Juni – je nach Qualität – bis zu 40 Dollar je Barrel erreichen.

Geködert durch die am freien (Spot-)Markt zu erzielenden Preise haben Förderländer, Multis und Händler das Volumen, das dort gehandelt wird, beträchtlich erhöht. Anfang 1980 werden bis zu 20 Prozent des Ölgeschäfts über Spot-Transaktionen abgewickelt, während es früher maximal fünf Prozent waren.

Aber auch die offiziellen OPEC-Verkaufspreise steigen bis Dezember 1980 kontinuierlich bis auf 32 Dollar je Barrel für Arabian Light. Algerisches Sahara-Öl und die ebenfalls hochqualitativen libyschen Sorten liegen bis zu neun Dollar darüber.

1985 rund 52 Dollar je Barrel?

Da scheint der Weg bis zu dem in einer Studie des US-Kongresses für 1985 prognostizierten Ölpreis von »mindestens 52 Dollar je Barrel« gar nicht mehr sonderlich weit. Die Autoren der im Mai 1980 veröffentlichten Studie gehen davon aus, daß 1985 der Weltbedarf an Erdöl das Angebot um rund 4,4 Millionen Barrel pro Tag überschreiten werde. Für 1990 schätzt die IEA die Versorgungslücke sogar auf sechs Millionen Barrel pro Tag. Die Reaktion der Ölverbraucherländer auf die Preisentwicklung bleibt nicht aus. Freiwillig – oder gezwungenermaßen, je nach Standpunkt – drosseln sie den Ölimport. 1980 werden per saldo rund zehn Prozent weniger Öl und Ölprodukte importiert als 1979 – die OPEC muß eine (mengenmäßige) Absatzeinbuße von 15 Prozent hinnehmen. In der Bundesrepublik Deutschland sinkt der Mineralölabsatz um 11 Prozent, und der Anteil des Öls am Primärenergieverbrauch fällt erstmals seit 1970 wieder unter 50 Prozent.

1981 gehen die Exporte der OPEC um weitere 15 Prozent zurück, und ihr Anteil am internationalen Ölhandel beträgt nur noch 74 Prozent gegenüber 90 Prozent im Jahre 1960. Die Welt-Erdölförderung liegt mit 2,859 Milliarden Tonnen erstmals seit fünf Jahren wieder unter der Drei-Mrd-t-Grenze und noch unter dem Fördererergebnis von 1976. Gegenüber 1980 wird ein Förderrückgang um 200 Millionen Tonnen oder 6,5 Prozent registriert.

Neben der durch die Preisentwicklung ausgelösten Rezession in den Industrie- und Entwicklungsländern ist für den Rückgang der OPEC-Ölexporte vor allem das zunehmende Angebot von Rohöl aus der Nordsee und aus Mexico verantwortlich. Die Bundesrepublik bezieht mittlerweile fast ein Viertel ihres Rohölbedarfs aus der Nordsee.

Die sinkenden Rohölexport-Einnahmen veranlassen die OPEC-Länder, die breite Spanne der offiziellen Verkaufspreise wieder etwas einzuengen. Auf der Genfer Konferenz im Oktober 1981 wird daher beschlossen, daß Saudi-Arabien den Preis für Arabian Light - weiterhin die Richtqualität der OPEC - um zwei Dollar je Barrel auf 34 Dollar je Barrel anhebt. Der maximal zulässige Qualitätsaufschlag auf diesen Wert wird auf vier Dollar je Barrel begrenzt. Das bedeutet, daß die Falken Algerien und Libyen ihre Preise um bis zu drei Dollar je Barrel zurücknehmen müssen.

Noch stärker wird der Ölverbrauchs- und damit Import-Rückgang in den Hauptverbraucherländern im folgenden Jahr. Die enorme Verteuerung des Öls durch den zweiten Preisschub innerhalb weniger Jahre und die sich verschärfende Rezession in den westlichen Industriestaaten haben unerwartet starke Rückwirkungen auf die Ölnachfrage. Die OPEC-Exporte gehen um fast 20 Prozent auf ein durchschnittliches Tagesvolumen von weniger als 17 Millionen Barrel zurück. An den Rohöl-Spotmärkten kommt es bereits in den ersten zwei Monaten des Jahres zu einem regelrechten Preisverfall. Am 1. März 1982 wird Arabian Light dort nur noch mit 29 Dollar je Barrel bewertet, das sind 25 Prozent weniger als ein Jahr zuvor.

Preise senken oder Förderung drosseln?

Das angesehene Fachmagazin Petroleum Intelligence Weekly (PIW) vertritt angesichts dieser Entwicklung den Standpunkt, die OPEC müsse die Förderung drosseln, wenn sie ihr Preissystem verteidigen wolle.

Das Gegenkartell, das längst zum eigentlichen Kartell geworden ist (von der Marktmacht der »Seven Sisters« spricht man nur noch, wenn sie in den Verbraucherländern gleichzeitig die Benzinpreise um denselben Betrag heraufzusetzen versuchen . . .), sieht sich vor einer neuen Situation. 1973 deckte die OPEC noch fast 60 Prozent des Ölbedarfs der Welt außerhalb des Ostblocks. 1981 sind es nur noch 40 Prozent. Bis vor kurzem noch daran gewöhnt, daß ihr Öl wegging wie die sprichwörtlichen warmen Semmeln und die Einnahmen ständig stiegen, muß die OPEC plötzlich um Marktanteile kämpfen und Einnahmeverluste hinnehmen. Waren 1980 noch 280 Milliarden Dollar aus dem Ölexport erlöst worden, sind es 1981 nur noch 250 Milliarden und 1982 sogar nur noch knapp 200 Milliarden Dollar - ein Einnahmeausfall von fast 30 Prozent in nur zwei Jahren.

OPEC: Existenzkrise?

In dieser Situation wird die Solidar-Gemeinschaft der OPEC sehr löcherig. Immer neue Tricks werden ersonnen, um das offizielle Preissystem zu umgehen, durch Barter- oder Kompensationsgeschäfte zum Beispiel, bei denen Rohöl gegen Warenlieferungen getauscht wird und der eigentliche Verrechnungspreis nur schwer feststellbar ist. Eine andere Variante besteht in der zunehmenden Lohnverarbeitung von OPEC-Öl durch internationale Ölgesellschaften und unabhängige Raffinerien. So können Länder wie zum Beispiel Libyen trotz fehlender eigener Raffineriekapazitäten statt Rohöl Mineralölprodukte anbieten, wobei wiederum der zugrundeliegende Rohölpreis kaum nachzuvollziehen ist - und unauffällig Rabatte eingeräumt werden können.

Für weiteren Druck auf die OPEC sorgen Großbritannien und Norwegen. Die staatliche britische Mineralölgesellschaft BNOC nimmt die Preise im Frühjahr 1982 innerhalb von vier Wochen in zwei Etappen um insgesamt 5,50 Dollar je Barrel zurück. Die staatliche norwegische Statoil schließt sich (notgedrungen) an. Damit ist hochqualitatives und schwefelarmes Nordsee-Öl plötzlich um drei Dollar je Barrel billiger als die minderwertigere OPEC-Richtqualität Arabian Light.

Förderlimit

Die britische Preisentscheidung veranlaßt die OPEC, im März 1982 eine Sonderkonferenz nach Wien einzuberufen, auf der für alle 13 Mitgliedsländer eine gemeinsame Förderobergrenze von 17,5 Millionen Barrel pro Tag festgelegt wird. Saudi-Arabien erhält eine Höchstfördermenge von sieben Millionen Barrel pro Tag zugesprochen, erklärt sich aber bereit, zur Preisstabilisierung die Produktion weiter einzuschränken, wenn der Markt es erforderlich macht.

Umkehrung der Vorzeichen: Die OPEC gestaltet nicht mehr den Markt, sondern der Markt diktiert der Organisation. Ist das Kartell insgesamt inzwischen zu einem »Swing-Produzenten« geworden, der bei sinkender Nachfrage am meisten Absatzmöglichkeiten verliert, aber bei steigendem Bedarf den Löwenanteil des Zuwachses vereinnahmen kann (die Förderkapazitäten der anderen Anbieter sind ständig fast zu 100 Prozent ausgelastet), so hat innerhalb der Organisation Saudi-Arabien den »schwarzen Peter« des Swing Producer, der seine Förderung der Nachfrage nach OPEC-Öl anpassen muß, zugeschoben bekommen. Ein Opfer für die Solidar-Gemeinschaft, dessen Ausmaß kaum abzusehen ist und das dem Königreich noch herbe Migräne-Anfälle bringen wird.

Im Dezember 1982 kommt es bereits im Vorfeld der ordentlichen Ministertagung in Wien zu dramatischen Auseinandersetzungen, die Markt- und Industriebeobachter von einer »Existenzkrise« des Kartells sprechen lassen. Schließlich wird die OPEC-Referenz-Sorte Arabian Light am Spotmarkt nur noch zu 29,50 Dollar je Barrel gehandelt, und die Förderung des Kartells beträgt statt der vereinbarten 17,5 Millionen Barrel pro Tag rund 19 Millionen Barrel. Neben Iran, das weiter ständig seine Quote überschreitet, hat auch Libyen die Förderung auf mehr als das Doppelte seiner Quote erhöht, während Saudi-Arabien statt der zugestandenen sieben Millionen Barrel pro Tag nur noch 5,5 Millionen Barrel pro Tag fördert.

Die Länder des neugegründeten »Golf-Kooperationsrates« – Saudi-Arabien, Kuwait, die Vereinigten Arabischen Emirate, Qatar sowie die Nicht-OPEC-Mitglieder Bahrain und Oman – richten eine ernste Warnung an die Adresse derjenigen, die sich nicht an die OPEC-Absprachen halten. Ein »bedeutender Rückgang der Ölpreise« wäre die Folge, warnt der Sprecher des Rates, der kuwaitische Ölminister

Ali Khalifah al Sabah. Man könne von den Golf-Ländern keine weiteren Zugeständnisse erwarten, wenn die anderen OPEC-Länder weiter gegen die Beschlüsse verstießen.

Zwickmühle

Saudi-Arabien gerät immer mehr in eine Zwickmühle. Einerseits fordern seine Abnehmer mit Nachdruck eine Senkung des Preises für Arabian Light und drohen damit, andernfalls die Ölbezüge einzustellen. Wenn man sich diesen Wünschen beugt, besteht die Gefahr, einen »beispiellosen Preisrutsch mit verheerenden Folgen« auszulösen. Andererseits wollen Iran, Nigeria und Venezuela von Saudi-Arabien eine noch stärkere Förderdrosselung, damit auf dem stagnierenden Markt mehr Platz für ihr Rohöl geschaffen wird, ohne daß die Preise weiter abbröckeln. Die bisherige Förderbeschränkung des Königreiches hat jedoch praktisch nichts gebracht. Während die OPEC-Förderung in den ersten drei Monaten 1983 lediglich ein Tagesvolumen von 15,5 Millionen Barrel erreicht, gehen die Preise am Spotmarkt, über den nach Schätzungen von Experten bereits 10 Millionen Barrel der 45 Millionen Barrel pro Tag betragenden Welt-Rohölproduktion (außerhalb des Ostblocks) abgewickelt werden, weiter nach unten.

Die OPEC hat zwar fünf Wochen nach dem Beschluß, im ersten Quartal durchschnittlich 18,5 Millionen Barrel pro Tag zu fördern, diesen wieder revidiert, sich aber auch bei der Folgekonferenz Anfang Januar 1983 in Genf nicht darüber einigen können, welche Mengen jedes einzelne Mitglied fördern darf. Der Umgangston innerhalb des Kartells wird schärfer. Yamani und sein kuwaitischer Kollege al Sabah betonen, sie hätten nun lange genug Opferbereitschaft demonstriert und sähen sich nicht in der Lage, »den Gürtel noch enger zu schnallen.« Nigeria, Venezuela, Indonesien und vor allem Iran bleiben uneinsichtig. Ein Mitglied der kuwaitischen Delegation in Genf beschreibt die Situation: »Ich bin heute nicht einmal sicher, daß wir uns überhaupt noch einmal treffen werden. Wir haben uns nichts mehr zu sagen«, sagt er auf die Frage, für wann die nächste Sitzung angesetzt worden sei. Selbst dem Ölmimister der Vereinigten Arabischen Emirate, Mana Said al Oteiba, seines Zeichens Diplomat und Dauer-Optimist, fällt keine beschönigende Formel ein. Er sagt lapidar: »Wir haben uns nicht geeinigt. Jeder tut, was er will.«

Und dabei steht man doch - wie sich herausstellen sollte - erst am Anfang der Durststrecke.

In Saudi-Arabien werden nur noch knapp fünf Millionen Barrel Rohöl pro Tag gefördert, davon weniger als 4,7 Millionen Barrel Arabian Light. Ölminister Yamani bezeichnet 4,7 Millionen Barrel Arabian Light pro Tag als Schallgrenze, unter die man wegen des bei der Förderung anfallenden Gases, das zur Meerwasserentsalzung und Stromerzeugung benötigt wird, nicht gehen könne. (Entweder diese Aussage war damals eine Zwecklüge oder Saudi-Arabien kaufte 1985 Gas aus dem Ausland zu, denn die Förderung mußte zwischenzeitlich bis auf nur noch 2,3 bis 2,5 Millionen Barrel pro Tag zurückgefahren werden ...)

Im Januar 1983 kündigen Saudi-Arabien und die Vereinigten Arabischen Emirate eine Fördersteigerung an. Kuwait hat seine Produktion schon etwas ausgeweitet. Man hofft, daß die Briten und/oder Norweger der OPEC den schwarzen Peter - wer angesichts der Marktsituation zuerst die Preise senkt - abnehmen werden.

Die Briten tun ihnen den Gefallen. Am 18. Februar 1983 werden die Preise für die Nordsee-Qualitäten um drei Dollar je Barrel auf 30,50 Dollar je Barrel gesenkt. Norwegen folgt sofort, Nigeria einen Tag später. Ohne auf die OPEC zu warten, wird der Preis für nigerianisches Rohöl um 5,50 Dollar auf 30 Dollar je Barrel reduziert. Das Land hat eine Preissenkung aber auch besonders nötig. Knapp drei Jahre, nachdem es seinen Ölpreis unter dem Eindruck scheinbar unlimitierter Absatzmöglichkeiten auf 40 Dollar je Barrel hochgetrieben hat, steht es plötzlich vor einem Schuldenberg - und kann kein Öl mehr exportieren. Da Nordsee- und mittlerweile auch Alaska-Öl zwei Dollar je Barrel billiger und in ausreichenden Mengen angeboten werden, kauft in Nigeria nur noch derjenige, der unbedingt muß. Innerhalb von sechs Wochen sinkt die nigerianische Ölförderung auf 600000 Barrel pro Tag von zuvor 1,3 Millionen Barrel pro Tag. Ein Drittel der Förderung wird im Inland verbraucht, der Rest exportiert. Bei Aufstellung des Fünfjahresplans 1980 war die Regierung für 1983 noch Öleinnahmen in Höhe von 30 Milliarden Dollar ausgegangen. 1982 wird die Projektion angesichts der Marktlage auf acht Milliarden Dollar zurückgefahren - aber zu Jahresbeginn 1983 gelten nicht einmal mehr 4,5 Milliarden Dollar als gesichert. Mit der Senkung der Preise sogar etwas unter das für die konkurrierenden Nordsee-Öle geltende Niveau hofft die nigerianische Regierung, zumindest kurzfristig einen Teil der Absatzverluste wieder wettmachen zu können - bis die Briten unter dem Druck ihrer Kontraktkunden nachziehen.

Jetzt *muß* die OPEC reagieren. Zum einen kann sie es sich nicht bieten lassen, daß ein Mitglied so völlig unmaskiert aus der Reihe tanzt. Zum anderen wird das Preissystem völlig auf den Kopf gestellt: Hochqualitatives schwefelarmes Öl (Bonny Light) ist vier Dollar billiger als die OPEC-Richtqualität Arabian Light. Bis 1982 hat für das nigerianische und das gleichwertige Öl aus Libyen und Algerien gegenüber Arabian Light ein *Aufschlag* von rund vier Dollar gegolten. Daß dieser bis Januar 1983 auf praktisch Null geschmolzen ist, hat den Saudis bereits einiges Kopfzerbrechen bereitet, daher die auf den Konferenzen immer wieder (erfolglos) vorgelegte Frage nach den »Differentials«.

Mit der Reaktion auf Lagos tut man sich schwer. Eine Woche fieberhafter Konsultationen vergeht, dann sind es zwei. Nicht nur hinsichtlich des Preises, auch über die Einzelförderquoten klaffen die Vorstellungen so weit auseinander, daß man - so der venezolanische Ölminister Humberto Calderon Berti - »das Risiko einer erneut erfolglosen Sonderkonferenz noch nicht eingehen kann.« Quer legt sich vor allem Iran, das von Saudi-Arabien eine Beschränkung seiner Förderung auf drei Millionen Barrel pro Tag verlangt. »Der Kuchen ist so klein geworden, daß praktisch jeder von Saudi-Arabien fordert, sich mit einem noch kleineren Stück zu begnügen«.

Man sollte nie nie sagen ...

Mitte März ist es schließlich soweit. Trotz der immer wieder beschworenen Notwendigkeit, die bestehende Preisstruktur »verteidigen zu müssen«, beschließt eine nach London einberufene Sonderkonferenz der Ölminister eine Preissenkung für Arabian Light um fünf Dollar auf 29 Dollar je Barrel. Die umstrittenen Differentials werden - bis auf die Nigerias - unverändert belassen. Nun sieht sich die BNOC veranlaßt, ihrerseits die Parität zum Nigeria-Öl wieder herzustellen und reduziert die Nordsee-Ölpreise um zwischen 0,50 und 0,75 Dollar auf 30 Dollar. Ihre Abnehmer hatten sich mit der Preisentscheidung vom Februar nicht zufrieden gezeigt, zumal Brent-Öl am Spotmarkt für lediglich 28 Dollar je Barrel zu haben ist. Norwegen folgt auf dem Fuße. Iran wiederum nimmt dies zum Anlaß, seinerseits den Preis für das eigentlich mit Arabian Light fast identische Iranian Light auf 28 (31,20) Dollar je Barrel zurückzunehmen.

Reicht das, um den Marktdruck abzubauen?

Kuwait gibt sich optimistisch. Der Druck, der auf die Ölpreise durch Inanspruchnahme der Lagerbestände ausgeübt werde, könnte es der OPEC letztendlich ermöglichen, in der zweiten Jahreshälfte 1983 den Ölpreis wieder auf 30 Dollar je Barrel anzuheben, sagt Ölminister Ali Khalifa al Sabah. Diese Beurteilung wird von der IEA geteilt. Sie erwartet für das zweite Quartal 1983 einen Härtetest für das Welt-Ölpreisniveau, weil die Nachfrage naturgemäß während der Frühjahr-/Sommermonate niedriger liegt als im Herbst und Winter. Auch sie geht davon aus, daß im Herbst die Nachfrage anzieht und eine gewisse Preisstütze bietet, und das gleiche erwarten die Mineralölindustrie und der saudi-arabische Ölminister Yamani. Auch die Mineralölindustrie erwartet für Mai, Juni, Juli und August einen Markttest. Der Chairman der Standard Oil Co of California, George M. Keller, prognostiziert: »Wenn der OPEC-Richtpreis im September noch 29 Dollar je Barrel beträgt, wird er auch noch im September 1984 auf diesen Betrag lauten.« Der saudi-arabische Ölminister Yamani geht da noch weiter. Seiner Ansicht nach müßte der Preis, wenn er erst einmal die Durststrecke erfolgreich überwunden habe, auch noch bis Ende 1985 auf diesem Stand zu halten sein.

Im Dezember 1983 fördert die OPEC statt der offiziell erlaubten 17,5 Millionen Barrel pro Tag rund 18 Millionen Barrel - und dabei schöpft Saudi-Arabien seine Quasi-Quote noch gar nicht voll aus. Bei der routinemäßigen Halbjahres-Sitzung Mitte Dezember in Genf kann man sich aber nicht zu einer Entscheidung aufraffen. Man wartet - immer noch - auf die »Nachfragebelebung, die als Folge des derzeitigen Lagerabbaus kommen wird.« Ende Dezember 1983 munkelt man aber bereits von einer »wahrscheinlich im Februar« anzusetzenden außerordentlichen Sitzung, in der die Preis- und Förderpolitik »neu überprüft« werden müsse. Es zeichnet sich nämlich schon ab, daß der Nachfrageschub zwecks Wiederaufbau der Vorräte nicht so hoch wie erwartet ausfallen wird. Das anhaltende Überangebot hat die Ölindustrie veranlaßt, ihre Lagerpolitik umzustellen. Abgesehen von der staatlich vorgeschriebenen Vorratshaltung (entsprechend dem Verbrauch von 90 Tagen) kann nicht mehr von Lägern im traditionellen Sinne gesprochen werden. Man hat sich daran gewöhnt, das, was benötigt wird, im Zweifelsfall am freien Markt kaufen und dabei unter Umständen - wenn die Preise günstig sind - noch ein Schnäppchen machen zu können. Zumindest spart man die Lagerkosten und -risiken. Das bedeutet für die OPEC, sich mehr auf kontinuierliche Absatzmengen und weniger auf saisonale Schwankungen einzurichten. Aber es dauert noch eine Weile, bis sich das herumspricht.

Im Februar 1984 ist diese Erkenntnis noch nicht allzuweit verbreitet. Immer wieder drängen Mengen auf den Markt, die man »in Erwartung der Nachfragebelebung«, und - wie im Falle Saudi-Arabiens - um das bei der Förderung anfallende Gas nutzen zu können, produziert hat. Dazu gehören auch die Ölmengen, die Saudi-Arabien seit November 1983 schwimmend gelagert hat. Die Eskalation der Kämpfe zwischen Iran und Irak und die häufig von beiden Seiten geäußerte Drohung, man werde die Straße von Hormuz (das Nadelöhr zwischen dem Golf von Persien und dem Indischen Ozean, durch das ein Großteil der arabischen Ölexporte transportiert wird) blockieren, haben die Saudis zu Vorsichtsmaßnahmen veranlaßt. In aller Ruhe haben sie Tanker gechartert und in ihnen rund 60 Millionen Barrel Rohöl eingelagert. Man verfügt zwar seit Sommer 1983 über eine Pipeline zum Roten Meer mit einer täglichen Transportkapazität von zunächst 1,4 Millionen Barrel (später sollen es bis zu 8 Millionen Barrel werden), das Gros der Förderung wird aber immer noch durch die Straße von Hormuz transportiert. Die bei einer Blockade des Wasserwegs zu erwartende Knappheitspsychose, die nach dem Muster von 1979 zu einer Preisexplosion führen könnte, will Saudi-Arabien um jeden Preis verhindern. Yamanis Stellvertreter Abdelaziz al Turki betont in einem Interview, alle Länder dieser Region müßten daran interessiert sein, daß dieser Transportweg - notfalls mit fremder Hilfe - offengehalten werde.

Dessen ungeachtet kann es sich auch Saudi-Arabien nicht leisten, die in Tankern gelagerten Rohölmengen über einen längeren Zeitraum einfach herumschwimmen zu lassen, und gibt sie zum Verkauf frei, als feststeht, daß die Spotmärkte auf die Nachrichten aus dem Golf mit unerwarteter Gelassenheit reagieren und die Offensive wieder abflaut. Nigeria produziert weiter mehr als erlaubt. Statt der zulässigen 1,3 Millionen Barrel pro Tag sind es im Februar 1,8 Millionen Barrel pro Tag - und der neue Ölminister Tam David West sagt auf die Frage, ob es stimme, daß die Förderquote überschritten wird, ganz lapidar: »Man kann das Ziel nicht immer treffen.« In Kuwait drängt ein Parlamentsausschuß die Regierung, die Förderung zu erhöhen, um das Haushaltsdefizit von 2,7 Milliarden Dollar zu decken. Auch Qatar und die Vereinigten Arabischen Emirate fördern mehr als ihnen zusteht, um Finanzierungsprobleme zu lösen.

Im Frühjahr 1984 hat es die OPEC offensichtlich sehr schwer, Entscheidungen zu treffen. Es ist auch schwierig, die tatsächlich zugrunde liegenden Faktoren einzuschätzen. Die Preise an den Spotmärkten sind zwar verhältnismäßig stabil, aber da spielt eine ganze Reihe von Sondereinflüssen eine nicht zu unterschätzende Rolle. Dazu gehört zum einen der seit Mitte März laufende Streik im britischen Kohlebergbau, der die staatliche Elektrizitätsbehörde zwingt, mehr schweres Heizöl zur Stromerzeugung einzusetzen. Technische Schwierigkeiten in der Nordsee, niedrigere Rohöl- und Produktlieferungen der Sowjetunion in den Westen (die Förderung in Sibirien und im Ural ist zum Entsetzen der Behörden plötzlich rückläufig) - und immer wieder der Golf-Krieg, das sind einige der anderen Punkte, die das tatsächliche Bedarfs-Bild unscharf werden lassen. Der Welt-Ölverbrauch ist nach Ermittlungen der Internationalen Energie-Agentur im ersten Quartal etwas gestiegen. Im zweiten Quartal hat sich aber der Zuwachs entgegen den Erwartungen nicht verstärkt, sondern ist wieder abgeflacht. Dabei wird in Nordamerika und im Pazifik mehr Öl verbraucht, während in Europa der Verbrauch sinkt.

Bis Jahresmitte führt die aus Mehrproduktion und Minderverbrauch entstehende neue Ölschwemme dazu, daß OPEC-Öl an den Spotmärkten wieder mit Preisabschlägen von zwei bis drei Dollar je Barrel gehandelt wird. Nigerias Ölminister äußert die Vermutung, der Ölmarkt werde in Hinblick auf die ordentliche Sommer-Sitzung der Minister mit »Überschußmengen manipuliert«. Jeder versuche, für sich das Beste aus der Situation herauszuschlagen. Vielleicht ist es diese Argumentation, die die OPEC-Konferenz in Wien dazu bringt, den Nigerianer mit einer auf zwei Monate befristeten Sonderquote zu besänftigen. Mit zusätzlichen 150 000 Barrel pro Tag erlaubter Förderung solle dem Land die Möglichkeit gegeben werden, seinen Verpflichtungen gegenüber dem Internationalen Währungsfonds nachzukommen, lautet die offizielle Version. Damit legitimiert die OPEC aber lediglich die bereits bestehende Praxis - und daran, daß sich Nigeria an die Befristung auf zwei Monate halten wird, glaubt von den Konferenzteilnehmern wohl niemand.

Jetzt befindet sich Nigeria in einer paradoxen Situation. Es darf zwar ganz offiziell mehr fördern, kann die Mehrförderung aber nicht - und wenn, dann nur unter großen Schwierigkeiten - absetzen. Zu teuer, sagen die Händler. Auch Iran hat Absatzprobleme, nachdem man glaubte, die Sonderrabatte abschaffen zu können, die bisher vor allem den japanischen Handelshäusern als Dankeschön für deren Risikobereitschaft (es ist nach wie vor nicht ganz ungefährlich, die Straße von Hormuz mit einem Tanker zu durchfahren ...) eingeräumt wurden.

Autos und Fleisch für Öl

Andere OPEC-Länder bleiben von der Entwicklung nicht verschont. Symptomatisch für die Situation ist die wachsende Zahl von Bartergeschäften. In den elf Jahren zwischen 1965 und 1976 wurden lediglich 14 solcher Transaktionen bekannt. Zwischen 1977 und 1984 sind es bereits 21, und im Jahresverlauf 1984 werden zahlreiche neue abgeschlossen. Industriekreise schätzen, daß inzwischen bis zu 15 Prozent der OPEC-Ölexporte mit Nicht-Öl-Geschäften verbunden sind. Viele Beobachter sind der Ansicht, daß diese Bartergeschäfte nichts anderes sind als »schlecht getarnte Preisabschläge« und deshalb einen genauso großen Druck auf die Weltmarktpreise ausüben wie direkte Preissenkungen. Einige OPEC-Länder benutzen Bartergeschäfte, um die Preisdirektiven des Kartells zu umgehen, heißt es aus dem Handel. So bezahlt Irak französische Flugzeug- und brasilianische Fleisch- und Pkw-Lieferungen mit Öl. Kuwait schließt ein Abkommen mit Volvo, das u.a. vorsieht, über die Kuwait Petroleum

Svenska AB schwedischen Volvo-Kunden Treibstoff zu reduzierten Preisen anzubieten. Die Vereinigten Arabischen Emirate verhandeln mit der französischen Avions Marcel Dassault-Breguet über die Lieferung von 15 Millionen Barrel Rohöl im Gegenzug für Mirage-Lieferungen. Libyen und Iran versuchen, Auslandsschulden mit Öl zu bezahlen. Den Vogel schießt Saudi-Arabien ab: für insgesamt 34 Millionen Barrel Rohöl tauscht es Boeing-Flugzeuge ein.

Alle diese Transaktionen sind nicht unbedingt geeignet, zu einer Stabilisierung des Marktes beizutragen. Zumindest psychologisch, wenn nicht auch tatsächlich, wird der Markt eher geschwächt. Deshalb muß in der OPEC wieder einmal die Beschwörung von der Nachfragebelebung, die »gleich um die Ecke wartet«, ausgepackt werden. »Spätestens im November«, sagt der neue venezolanische Ölminister Arturo Hernandez Grisanti im September 1984. Dann werde die Nachfrage nach OPEC-Öl auf 19 Millionen Barrel pro Tag steigen und im folgenden Jahr noch weiter zunehmen. Mit dieser tröstlichen Aussicht möchte Grisanti darüber hinwegtäuschen, daß die OPEC-Förderung inzwischen nach inoffiziellen Schätzungen eine Tagesrate von nur noch 15,7 Millionen Barrel und damit den niedrigsten Stand seit zwei Jahren erreicht hat. Offiziell wird die Förderrate für August und September mit 16,4 Millionen Barrel pro Tag angegeben.

An den Spotmärkten werden einzelne OPEC-Rohölsorten mit Preisabschlägen von bis zu vier Dollar gegenüber dem offiziellen Verkaufspreis gehandelt. Norwegen und Großbritannien verkaufen ihr Rohöl auch nicht mehr so teuer, wie es der amtliche Verkaufspreis suggerieren könnte. Norwegen gewährt offizielle Rabatte, in Großbritannien macht man es indirekt und eleganter über Steuervergünstigungen für in der Nordsee tätige Fördergesellschaften. Schließlich geht man noch weiter. Die beiden staatlichen Mineralölgesellschaften Statoil und BNOC (diesmal lassen die Briten den Norwegern den Vortritt) senken Mitte Oktober mit sofortiger Wirkung die Preise für Nordsee-Öl um 1,35 Dollar je Barrel. Brent, das bisher 30 Dollar je Barrel kostete und am Spotmarkt zu 27,80 Dollar je Barrel gehandelt wird, ist offiziell für nur noch 28,65 Dollar zu haben. Prompt sinken die Spotpreise auf 26,50 Dollar. Ebenso prompt reagiert Nigeria: mit einer Preissenkung um zwei Dollar auf 28 Dollar je Barrel wird der Nordseeöl-Preis erneut unterboten.

Verwirrspiel

In dieser Situation redet der Ölminister der Vereinigten Arabischen Emirate, Mana Said al Oteiba, einer weiteren Produktionsdrosselung das Wort, ungeachtet dessen, daß der Beschluß vom März 1983, zur Marktstabilisierung ein Förderlimit einzuführen, sein Ziel verfehlt hat. Oteiba sagt auch gleich, warum das so gekommen ist und weshalb er glaubt, es bestehe jetzt eine bessere Erfolgschance: Die Fördereinschränkung der OPEC (sollte es sie per saldo denn wirklich gegeben haben ...) sei durch die Mehrproduktion Großbritanniens (das seine Förderung allein in den ersten acht Monaten 1984 um 11 Prozent ausweitete) und Norwegens (plus 12 Prozent) mehr als ausgeglichen worden. Jetzt seien die beiden Länder aber technisch nicht in der Lage, ihre Förderung noch weiter hochzufahren, und auch die UdSSR könnte nicht mehr dazwischenfunken.

Auch der saudi-arabische Ölminister Yamani verbreitet Optimismus. Im Vorfeld der für Ende Oktober in Genf anberaumten Sonderkonferenz der Ölminister betont er, es gebe derzeit kein wirkliches Problem für die OPEC, erst recht keines, das eine Reduzierung des Basispreises erzwingen werde. In der arabischen Welt spricht man von einer »Konspiration des internationalen Monopols, das ein Durcheinander am Ölmarkt anrichtet, um die OPEC auseinanderzubrechen.«

Der Ölminister Kuwaits, al Sabah, gibt an, daß von der OPEC nicht 17,5 Millionen Barrel, sondern tatsächlich 19,5 Millionen Barrel pro Tag gefördert würden, und befürwortet, das Förderlimit auf 16,5 Millionen Barrel pro Tag zu begrenzen – und dann auch tatsächlich einzuhalten. Wenn dem Markt plötzlich drei Millionen Barrel pro Tag entzogen würden – und das in der Zeit mit der saisonal höchsten Nachfrage – dann müßte das doch Wirkung zeigen.

Um das Zahlen-Verwirrspiel vollständig zu machen, beziffert der Marktüberwachungsausschuß die derzeitige OPEC-Ölförderung auf 17,9 Millionen Barrel pro Tag, während das OPEC-Sekretariat in Wien eine Produktionsstatistik vorlegt, aus der für September 1984 eine Durchschnittsrate von 16,25 Millionen Barrel pro Tag abzulesen ist. Iran gibt an, nur die Hälfte seiner Quote von 2,4 Millionen Barrel pro Tag zu fördern – aus Saudi-Arabien verlautet, man fördere vier (Quote: fünf) Millionen Barrel pro Tag, die Vereinigten Arabischen Emirate behaupten, sie schöpften ihre Quote ebenfalls nicht voll aus.

Wie hoch ist die Förderung wirklich? Man darf es sich aussuchen.

Als Ergebnis der Genfer Sonderkonferenz wird tatsächlich eine Senkung der Förder-Obergrenze auf 16 Millionen Barrel pro Tag und eine Neuaufteilung der Quoten präsentiert.

Die OPEC schafft es jedoch nicht, die Förderung tatsächlich entsprechend zurückzuschrauben. Im November und Dezember werden durchschnittlich mindestens 16,5 Millionen Barrel pro Tag produziert. Deshalb liegt das Mengenthema bei dem vorweihnachtlichen Ministertreffen in Genf erneut auf dem Tisch.

Disziplin (Mengen- und Preis-) ist das Zauberwort, das aber offenbar die wenigsten OPEC-Mitglieder kennen (wollen?). Eine stärkere Überwachung der Preis- und Exportpolitik der einzelnen Länder wird beschlossen, ein entsprechender Ausschuß gegründet. Über seine Kompetenzen kann man sich allerdings nicht einigen - und vertagt sich. Mitten in die nach der Weihnachtspause mit Verzögerung wieder aufgenommene Konferenz platzt die Nachricht, die britische BNOC wolle Anfang Januar den Rohölpreis senken. An den Spotmärkten bezahlt man für Nordsee-Öl noch immer rund zwei Dollar weniger als bei der staatlichen Gesellschaft. Auch die gleichzeitig veröffentlichte Schätzung der Royal Bank of Scotland, die Rohölförderung im britischen Teil der Nordsee habe im November mit 2,68 Millionen Barrel pro Tag einen neuen Rekordstand erreicht, trägt nicht dazu bei, die Laune der in Genf versammelten OPEC-Minister zu heben.

Lippenbekenntnisse

Die Kooperationsangebote Mexicos und Ägyptens, die Versprechungen, Ölpreis und -export im neuen Jahr unverändert zu lassen, »um auch einen Beitrag zur Marktstabilisierung zu leisten«, klingen ihnen zu hohl. In den vorangegangenen Monaten haben Politiker beider Länder gegenüber Besuchern aus der arabischen Ölwelt immer wieder beteuert, man werde die Bemühungen der OPEC unterstützen - aber immer mit dem Hinweis, das gehe nur, wenn sich auch andere ölexportierende Länder zu einer Kooperation bereit erklärten, andernfalls müsse man seine »internationale Position schützen«.

Mexico hält zwar offiziell die Rohölexporte mit 1,5 Millionen Barrel pro Tag unverändert, hat aber im Jahresverlauf die Ausfuhren von Mineralölprodukten deutlich gesteigert und plant den Bau von zwei neuen Raffinerien, um den wachsenden Bedarf im In- und Ausland decken zu können. Eine Idee, auf die auch schon andere gekommen sind: Wenn es mit dem Rohöl nicht mehr so gut läuft, exportieren wir doch Produkte!

In Saudi-Arabien gehen 1984 zwei große Petrochemie-Komplexe (Yanbu und Jubail mit einer Verarbeitungskapazität von zusammen 500000 Barrel pro Tag) in Betrieb, deren Produktion ausschließlich für den Export bestimmt ist. Kuwait, das sich über den Kauf von Raffinerien und Tankstellen in Nordamerika und Europa bereits heftig im »downstream«-Geschäft engagiert hat, will nun auch die heimischen Raffineriekapazitäten beträchtlich hochfahren. Nigeria plant den Bau einer vierten Raffinerie mit einer Verarbeitungskapazität von 150000 Barrel pro Tag, die 1987 in Betrieb gehen soll.

Das sind alles aber nur mittelfristig realisierbare Möglichkeiten, ein Problem zu lösen, das aktuell immer heißer auf den Nägeln brennt. Wie heiß, ist auch daran zu erkennen, daß plötzlich Ecuador aufbegehrt und die ihm verordnete Quotenkürzung auf 183000 (200000) Barrel pro Tag nicht hinnehmen will. Ölminister Javier Espinosa erklärt seinen OPEC-Kollegen und der nicht minder staunenden Öffentlichkeit, dies sei »aufgrund der Rechtsordnung des Landes nicht möglich.« Espinosa ist mit der Forderung, die Quote Ecuadors nicht zu senken, sondern um 37,5 Prozent auf 275000 Barrel pro Tag aufzustocken, nach Genf zurückgekommen. Damit soll ein bereits bestehendes Faktum legalisiert werden. Zu dieser Sonderbehandlung der kleinen Schwester aus Lateinamerika sind die anderen OPEC-Länder jedoch nicht bereit.

Auch in der Frage der Differentials gibt es keine Einigkeit. Selbst der indonesische OPEC-Präsident Dr. Subroto bescheinigt der in Genf veröffentlichten Entschließung, der Algerien und Nigeria ausdrücklich ihre Zustimmung versagen, nur »vorläufigen« Charakter. Sie sieht eine Einengung der Bandbreite maximal zulässiger Preiszu- und -abschläge vor. Schweres Öl soll 50 cts, mittleres 25 cts teurer, leichtes 25 cts billiger werden. Damit trägt die OPEC der Tatsache

Rechnung, daß der Qualitätsunterschied dank neuer technischer Entwicklungen in den Raffinerien eine immer geringere Rolle spielt. Die weitere Preisgestaltung soll bei einer neuen Konferenz Ende Januar beraten werden. Aber auch bei diesem Treffen ist man sich nicht einig.

Schließlich wird mit neun gegen drei Stimmen und einer Enthaltung beschlossen, das bisher gültige Richtpreissystem aufzugeben. Es wird durch eine Preisskala ersetzt, die von 26,50 Dollar je Barrel (Arabian Heavy) bis ca. 28,65 Dollar (Bonny Light) reicht. Für die bisherige Richtqualität Arabian Light bedeutet das eine Preissenkung um einen Dollar je Barrel, einen Dollar weniger als im Oktober 1984 vom japanischen Institut für Energiewirtschaft in Tokio prognostiziert. Am Spotmarkt ist Arabian Light dagegen schon für 27,60 Dollar je Barrel zu haben.

Anfang Februar haben Saudi-Arabien, Kuwait, Indonesien, Venezuela, die Vereinigten Arabischen Emirate und Nigeria die Genfer Beschlüsse in die Tat umgesetzt. Qatar, Ecuador, Irak und - widerwillig - Iran folgen. Algerien, Libyen und Gabun halten sich bedeckt. Mexico nimmt den Preis für das leichte Isthmus-Öl um 1,25 Dollar je Barrel zurück. Auch Ägypten und Oman eilen sich, ihre Preise »anzupassen«. Den schwarzen (Ölpreis-)Peter hat noch immer Großbritannien. Die staatliche BNOC muß hohe Verluste hinnehmen, solange die Spotmarktpreise erheblich unter den offiziellen Kontraktpreisen liegen. Was ursprünglich zur Sicherung der britischen Rohölversorgung in Krisenzeiten gedacht war, hat sich inzwischen als Handicap erwiesen: BNOC muß den Nordsee-Fördergesellschaften 51 Prozent der Produktion zum quartalsweise festzulegenden offiziellen Kontraktpreis abnehmen, kann das Material aber nur zum Spotpreis weiterverkaufen. In den sechs Monaten bis zum März 1985 summiert sich das zu einem Fehlbetrag in der stolzen Höhe von 70 Millionen Pfund Sterling. Ein kostspieliges Hobby, das sich die britische Regierung nicht länger leisten kann. Die Schlüsselrolle, die die BNOC in den ersten neun Jahren ihrer Existenz für die britische Ölpolitik spielte (Maximierung der Staatseinnahmen aus dem Ölverkauf) ist beendet.

Wenn der Mohr seine Schuldigkeit getan hat, kann er gehen. So auch die BNOC: Mitte März verkündet der seit 1983 amtierende Energieminister Peter Walker, die staatliche Gesellschaft werde zur

Jahresmitte aufgelöst – und der britische Ölpreis künftig monatlich »entsprechend den Marktgegebenheiten« festgesetzt. Auch die Norweger handeln jetzt Monat für Monat – zum Teil rückwirkend – den Ölpreis mit ihren Abnehmern aus.

Eine wesentliche Festigung des Marktes bewirkt auch die britische Entscheidung nicht. Die Preise bleiben unter Druck. Im ersten Quartal hat zwar der witterungsbedingte Ausfall der sowjetischen Rohöl- und Produktlieferungen in den Westen zusammen mit dem psychologischen Effekt der Genfer OPEC-Beschlüsse vom Jahresbeginn, unterstützt durch das extrem kalte Winterwetter in Europa, eine leichte Preisstütze geboten. Sie erweist sich jedoch als nur temporär, weil es nach wie vor mit der Disziplin in der OPEC nicht weit her ist. Schon im Februar sind es etwas mehr als 16 Millionen Barrel pro Tag, die gefördert werden. Im März beträgt die Produktion bereits wieder 17 Millionen Barrel. Saudi-Arabien hat die Produktion, die im Januar nur 3,5 Millionen Barrel pro Tag betrug, wieder auf die Quote von 4,3 Millionen Barrel pro Tag erhöht. Iran nähert sich nach der erfolgreichen Verlagerung der Ölverladung von der ständig irakischen Angriffen ausgesetzten Insel Kharg zur Insel Sirri wieder seiner Quote von 2,3 Millionen Barrel pro Tag, nachdem im Januar nur 1,5 Millionen Barrel pro Tag gefördert werden konnten.

Der Ölverbrauch in den OECD-Ländern ist dagegen im ersten Quartal nur wenig höher gewesen als in den vorangegangenen drei Monaten und sinkt im zweiten Quartal wieder ab. Da klingen die Berichte über immer neue Förderrekorde Großbritanniens (2,8 Millionen Barrel pro Tag im Januar) einigen Konkurrenten wie blanker Hohn.

Ob dem saudi-arabischen Ölminister Yamani jemand geglaubt hat, als er bekanntgab, die OPEC-Förderung habe im März und April »deutlich« unter dem allgemeinen Limit von 16 Millionen Barrel pro Tag gelegen?

Einzelne OPEC-Mitglieder haben wieder begonnen, ihr eigenes Spiel zu spielen. Iran offeriert unzulässige Rabatte, Nigeria und Ecuador haben die Förderung ausgeweitet. Ecuador produziert 55 Prozent mehr als ihm zugestanden (»nur zur Deckung des Eigenbedarfs«), in Nigeria liegt die tatsächliche Förderung mit 1,8 Millionen Barrel pro Tag um knapp 40 Prozent über der genehmigten Quote.

Daß die zusätzlichen Nigeria-Mengen – da sie größtenteils für

Bartergeschäfte eingesetzt werden (für Zucker und Peugeot-Teile aus Frankreich, Maschinen und Baustahl aus Österreich, Ersatzteile aus Brasilien - alles in allem Transaktionen im Wert von 1,7 Milliarden Dollar, die einer Rohölmenge von circa 60 Millionen Barrel entsprechen) - weiteren Druck auf die Marktpreise ausüben, liegt auf der Hand. (In Bartergeschäften kann man so schön die echten Verkaufspreise verstecken ...) Das nigerianische Bonny Light kostet spot nur 26,80 Dollar je Barrel, offiziell noch 28,65 Dollar je Barrel.

Die Hypothek der bei der Januar-Sitzung - wenn überhaupt, dann nur kosmetisch - gelösten Probleme belastet zusehends das Verhältnis innerhalb des Kartells. Im Juni ist der interne Streit wieder voll ausgebrochen. Warnungen an Nigeria und Ecuador, ihre Mitgliedschaft müsse überprüft werden, wenn sie weiter aus der Reihe tanzten, werden von öffentlichen Spekulationen begleitet, wie weit Saudi-Arabien noch bereit sein werde, Notopfer für eine Solidargemeinschaft zu erbringen, die sich so wenig solidarisch benimmt. Mitte Juni läßt der saudi-arabische Ölminister einen Schreckschuß los: Der Weltrohölpreis werde kräftig sinken, wenn die unbotmäßigen OPEC-Kollegen nicht rasch ihre Produktion auf die offizielle Quote zurücknähmen und die Rabattpolitik einstellten. Saudi-Arabien könne seine Förderung nicht weiter reduzieren, um die von anderen Kartell-Mitgliedern produzierten Überschüsse zu kompensieren. Die einzige Möglichkeit sei eine Fördersteigerung, was zu einem Rückgang der Rohölpreise führen werde, wenn sowohl die OPEC-Länder als auch die nicht zur Organisation gehörenden ölproduzierenden Länder ihr derzeitiges Förderniveau beibehielten. Man könne aber dann keine weiche Landung des Preises bei etwa 26 oder 25 Dollar je Barrel erwarten, sondern müsse davon ausgehen, daß er - einmal in Bewegung geraten - bis auf unter 20 Dollar abrutschen dürfte.

Die Stimmung sinkt auf den Nullpunkt. Weshalb sich Yamani zu einer so unverhüllten Drohung mit der Macht seiner Kapazitäten hinreißen läßt? In der Branche kursieren Zahlen, die die Ölförderung Saudi-Arabiens mit »weniger als drei Millionen Barrel, eher 2,5 Millionen Barrel pro Tag«, andere sogar nur mit 2,2 Millionen Barrel pro Tag angeben. Selbst diese niedrige Menge sei nicht problemlos absetzbar, weil sich Saudi-Arabien im Gegensatz zu den meisten anderen OPEC-Ländern nicht zu direkten oder indirekten Preisabschlägen bereitfindet, sondern den vollen offiziellen Kontraktpreis fordert.

Die nächste OPEC-Ministerkonferenz wird mehrfach verschoben. Als man sich schließlich Anfang Juli in Wien trifft und die Ölwelt gespannt auf das Ergebnis wartet, kommt nichts anderes dabei heraus als ein böser Witz:

OPEC wird umgedichtet in	*orgies*	(in Deutschland) Orgien
	prostitutes	Partys
	excesses	Essen
	champagne	Callgirls

An die zum Monatsende nach Genf einberufene Sitzung adressiert Yamani eine neue Warnung. Er läßt durchblicken, das Königreich werde die Förderung von derzeit »um zwei Millionen zunächst auf vier Millionen und eventuell bis Jahresende auf sechs oder neun Millionen« Barrel pro Tag anheben, um die Organisation zur Preisdisziplin zu zwingen. »Stellen Sie sich vor, was passiert, wenn Saudi-Arabien sechs oder neun Millionen Barrel pro Tag fördert und zum Preis von, sagen wir 22 Dollar je Barrel, anbietet«, sagt er zu einem Reporter. Nach viertägigen Bemühungen wird aber in Genf nur eine Minimallösung erzielt. Die von Saudi-Arabien geforderte Preissenkung für Arabian Heavy (das erst im Januar verteuert worden war) um 50 cts je Barrel wird nur per Mehrheitsbeschluß durchgesetzt. Iran, Algerien und Libyen distanzieren sich ausdrücklich. Das Thema Förderquoten wird von vornherein ausgeklammert. Ob die Zusagen der meisten OPEC-Mitglieder, man werde sich jetzt an die Preisvereinbarungen halten, auch realisiert werden, wird bezweifelt.

Im 25. Jahr ihres Bestehens ist die Organisation, die angetreten war, um durch Einigkeit stark zu sein, so uneins wie nie zuvor.

Kartell – oder Interessengemeinschaft?

Der Einfluß der Organisation auf Markt- und Preisentwicklung ist im Jahr des Silberjubiläums geringer, als man es sich fünf Jahre zuvor hätte vorstellen können. Damals ging man – innerhalb und außerhalb der OPEC – von ständig wachsendem Ölbedarf und entsprechend ständig steigenden Preisen aus. Im Sommer 1985 liegt jedoch der Ölverbrauch trotz eines globalen Wirtschaftswachstums von drei Prozent um zwei Prozent niedriger als ein Jahr zuvor, und Öl ist zum Teil billiger als 1980.

Mit einem raschen Wiederanstieg der Nachfrage wird nicht einmal für den Fall gerechnet, daß es in nächster Zeit zu einem regelrechten Preissturz kommen sollte. Marktbeobachter haben Hochkonjunktur. Seitdem erkennbar ist, daß die Organisation trotz Förderbeschränkung und Preisreduzierung nicht in der Lage ist, die Situation in den Griff zu bekommen, blüht die Spekulation - in jeder Hinsicht. Nachdem Ecuador und Nigeria völlig ungeachtet der OPEC-Disziplin-Appelle ihr eigenes Süppchen kochen, fragt man sich, ob beide Länder noch an einem Weiterbestehen ihrer Mitgliedschaft interessiert sind. Auch, ob es für Saudi-Arabien und Kuwait noch sonderlich sinnvoll sei, in der OPEC zu bleiben, ist eine Frage, die in der Presse und damit in aller Öffentlichkeit mehrfach gestellt wird. Wahrscheinlich ist sie nur ein von diesen Ländern lancierter Versuchsballon, der zu der Strategie gehört, mit der den anderen OPEC-Mitgliedern der Ernst der Lage vor Augen geführt werden soll.

Aus der Ölindustrie heißt es, »die OPEC ist eine Belastung für ihre Mitglieder geworden.« So sehr daß einige Länder anscheinend gar keine Bedenken hegen, ihre Mitgliedschaft zu verlieren. Der ecuadorianische Energieminister Espinosa : »Wir sind daran interessiert, in der OPEC zu bleiben, solange dieses Verbleiben dem nationalen Interesse dient. Eine Einschränkung der Förderung in dem von der OPEC gewünschten Umfang aber käme dem wirtschaftlichen Selbstmord Ecuadors gleich.«

Eine Kehrtwendung erster Klasse; Eigenwohl kommt vor Gemeinwohl.

Vor 25 Jahren, selbst vor zehn Jahren noch, war man ganz sicher, nur der Zusammenhalt in der OPEC könne für alle Mitglieder Wohlstand und Zukunftschancen garantieren. Jetzt scheint dieser Zusammenhalt nicht kittbare Sprünge bekommen zu haben. Wo sind die Zeiten geblieben, in denen der amtierende OPEC-Generalsekretär Marc Nan Nguema die Organisation noch ganz überzeugt als »erfolgreichste Zusammenarbeit auf Regierungsebene aller Rohstoffe exportierender Entwicklungsländer« preisen konnte. Als er es tut und im September 1982 die OPEC als »Modell, an dem sich andere Institutionen der Dritten Welt orientieren sollten und dessen Stärke auf der Solidarität und Zusammenarbeit aller Mitglieder basiert« anbietet, sitzt der Wurm schon tief im Gebälk. Nguemas Argumentation, man habe die volle Kontrolle über die eigenen Rohstoffe gewonnen, sei mit den starken, unvorhersehbaren und oft störenden Marktkräften fertig geworden und habe gelernt, Druck von außen zu widerstehen, mag für die vorangegangenen Jahre gegolten haben. Im Herbst 1982 ist sie nicht mehr aktuell. Schließlich ist die OPEC-Förderung gegenüber 1981 auf 921,2 Millionen Tonnen von 1,12 Milliarden Tonnen gesunken. Noch deutlicher ist der Vergleich mit 1979: Wurden damals noch 31 Millionen Barrel pro Tag gefördert und abgesetzt, sind es Ende 1982 nur noch knapp 18 Millionen Barrel pro Tag – und der kartellinterne Streit ist in vollem Gange.

Wer den Schaden hat ...

1982 haben die nicht der OPEC angehörenden und nicht der kommunistischen Welt zuzuzählenden Länder zum ersten Mal seit 20 Jahren mehr Öl gefördert als die Organisation selbst. Das US-Fachmagazin »Petroleum Intelligence Weekly« gibt die OPEC-Durchschnittsförderung für 1982 mit 18,4 Millionen Barrel pro Tag an (18 Prozent weniger als 1981), während die Nicht-OPEC-Länder 19,9 Millionen Barrel pro Tag fördern. Der Anteil der OPEC ist damit auf 48 Prozent der Welt-Förderung (ohne Planwirtschaften) gesunken, der Nicht-OPEC-Bereich stellt 52 Prozent.

Gleichzeitig steigt der Anteil der Förderung, der nicht im Rahmen langfristiger Lieferverträge, sondern über die freien Märkte in Rotterdam, London, New York, Fernost und dem Mittelmeerraum verkauft wird. Das Spotgeschäft wächst geradezu explosionsartig.

Neben den Spotgeschäften gewinnen – zumindest in den USA – auch die neu eingerichteten Terminmärkte für Rohöl und Mineralölprodukte an Bedeutung. Rund 31 Millionen Barrel Rohöl, leichtes Heizöl und Gasöl werden in New York, Chicago und London Ende 1983 an einem lebhaften Börsentag gehandelt. (Während der Heizöl-Terminhandel floriert, stellt die International Petroleum Exchange in London allerdings im Frühsommer 1984 den Rohöl-Terminhandel wegen zu geringer Umsätze vorläufig wieder ein.)

Als die Entwicklung an den Spotmärkten Großbritannien und

Norwegen sowie Nigeria - und mit Zeitverzögerung - auch die restliche OPEC zu Preissenkungen zwingt, wird die Situation unterschiedlich beurteilt. Während der Vorstandsvorsitzende der deutschen Veba AG, Rudolf von Bennigsen-Foerder, meint, damit sei der Ölpreiskrieg jetzt »voll ausgebrochen«, erwarten die Ölanalytiker des britischen Brokerhauses Wood, Mackenzie & Co, daß die Welt-Ölpreise bis einschließlich 1984 stabil bleiben werden. Beide haben sich geirrt, auch mit der Prognose eines Ölbedarfs von 46 Millionen Barrel pro Tag in 1984 nach 33,8 Millionen Barrel pro Tag in 1983 und 52 Millionen Barrel pro Tag in 1979. Tatsächlich werden im Jahresverlauf 1984 nur rund 44 Millionen Barrel pro Tag benötigt, aus der OPEC stammen davon lediglich 17 Millionen Barrel pro Tag. Dagegen schätzen die meisten Experten das Volumen, das die OPEC absetzen müßte, damit alle 13 Mitgliedsländer genügend Geld zur Deckung ihrer Budgets einnehmen, auf 23 bis 25 Millionen Barrel pro Tag. Das bedeutet, daß sich die OPEC wohl noch auf eine längere Durststrecke einrichten muß.

Innerhalb von fünf Jahren ist der Ölverbrauch der westlichen Welt von 52 auf 44 Millionen Barrel pro Tag gesunken. Der Anteil der OPEC an der Deckung dieses Bedarfs hat sich auf 29 (44) Prozent verringert. Zu dieser Entwicklung hat die Organisation mit ihrer Preispolitik nicht unerheblich beigetragen. Sie hat zweimal echte bzw. vermeintliche Marktchancen dazu benutzt, ihre Einnahmen beträchtlich zu erhöhen. Das Verhalten der Abnehmer hat sie dabei dazu verleitet, die Möglichkeiten zu überschätzen und die Preise zu stark zu steigern, ohne Rücksicht auf die Folgen, die dieses Vorgehen mittelfristig für sie selbst haben könnte. Die Quittung bleibt nicht aus.

Das Ruder wieder herumzuwerfen, liegt jedoch zumindest kurzfristig nicht im Rahmen der Möglichkeiten der Organisation. Die Förderung der Nicht-OPEC-Länder ist seit 1979 ständig gestiegen und hat im Jahresdurchschnitt 1984 rund 29 Millionen Barrel pro Tag erreicht. Ein nennenswerter Rückgang dieser Förderung wird frühestens für Ende der 80er/Anfang der 90er Jahre erwartet, wenn die bisher bekannten Nordsee-Vorkommen erschöpft sind. Dann aber könnten der OPEC bereits neue Rivalen die Suppe versalzen, vor allem was die Absatzmöglichkeiten in Fernost betrifft. Die japanischen OPEC-Kunden haben sich bereits 1984 davon überzeugen lassen, daß Öl aus dem chinesischen Taching-Feld qualitativ gleichwertig ist mit Öl aus Iran oder Indonesien, aber beträchtlich billiger sein kann, was Einstandspreis, Frachtkosten und Transportrisiko betrifft. 1984 importiert Japan 215000 Barrel Rohöl pro Tag aus China, 13 Prozent mehr als 1983 - zu Lasten der Importe aus der OPEC. Taching gilt als eines der größten bekannten Ölvorkommen der Welt. Und das darüber hinaus vorhandene Off- und Onshore-Potential der Volksrepublik China ist noch eine unbekannte Größe. Die seit drei Jahren laufenden Explorationsarbeiten im Gelben Meer, der Südchinesischen See und im Mündungsgebiet des Perlenflusses haben zwar die in sie gesetzten hohen Erwartungen bisher nicht erfüllt. Aber auch von der Nordsee glaubte man lange, sie sei (öl-)trocken, als nach der Entdeckung von Groningen weitere Bohrerfolge lange auf sich warten ließen ...

Neben China bleibt auch Mexico interessant. »Aus taktischen Gründen« hat das Land bisher eine OPEC-Mitgliedschaft »vermieden, weil das die Hauptabnehmer USA und Frankreich wahrscheinlich befremdet« hätte. Die Szenen der OPEC-Sitzungen 1984/85, zu denen Vertreter Mexicos als Beobachter eingeladen waren, haben der Regierung de la Madrid einen Beitritt nicht gerade schmackhafter gemacht. Bis heute glaubt man, am besten zu fahren, wenn man engen Kontakt hält und - zumindest verbal - Gemeinsamkeiten beschwört, sich aber der »Zwangsjacke der Kartellabsprachen« nicht unterwirft. Die bekannten Reserven Mexicos reichen auf jeden Fall aus, um das Land noch eine ganze Weile als OPEC-Partner oder -Widersacher, je nach Standpunkt, eine Rolle spielen zu lassen.

In anderen Ländern Lateinamerikas hat die Ölpreisexplosion dazu geführt, etwas genauer nachzuforschen, ob nicht doch auf dem eigenen Territorium Öl und/oder Gas - vorzugsweise beides - zu finden ist. Erfolgreich ist man besonders in Brasilien. Im Sommer 1985 werden bereits 60 Prozent des brasilianischen Ölbedarfs durch heimische Förderung gedeckt, und es kommen weitere große Funde hinzu. Allein im Campos-Basin wird im Juni 1985 ein Feld entdeckt, dessen Vorräte auf zwei Milliarden Barrel geschätzt werden. Das ist genausoviel wie die bis dato überhaupt nachgewiesenen Reserven des Landes zusammengenommen.

Auch in Argentinien und Kolumbien wird die Ölsuche verstärkt, um - wenn man schon nicht als Exporteur in nennenswertem Umfang an den Segnungen des Ölgeschäfts teilhaben kann - wenigstens nicht mehr völlig von Ölimporten abhängig zu sein. Mit Erfolg. Kolumbien glaubt sogar, spätestens 1987 Öl exportieren zu können, nachdem Occidental Petroleum Vorkommen entdeckt hat, deren Volumen auf eine Milliarde Barrel veranschlagt wird.

Das schnelle Ölgeld lockt eine Weile auch zu Explorations-Investitionen in Afrika und Asien. Angola nutzt die Vorkommen vor der Küste und an Land der Exklave Cabinda (Förderung: 200000 Barrel pro Tag), Thailand kann der Abbau der im Golf von Siam entdeckten Gasfelder nicht schnell genug gehen. Indien will sich die Suche nach Kohlenwasserstoffen in den fünf Jahren 1985/90 die stolze Summe von 165 Milliarden Rupien kosten lassen. Das winzige Scheichtum Brunei auf Borneo läßt sich von Ölmultis und westlichen Politikern hofieren, weil man dort 175000 Barrel Öl pro Tag fördern kann. Sogar der Wüstenstaat Nord-Jemen kommt auf die Idee, seine Auslandsschulden seien am besten durch den Export von Erdöl zu bezahlen, und erwartet in zwei Jahren eine Tagesrate von 300000 Barrel.

Interessant, vor allem für die ölhungrigen Japaner, sind auch die vor und in Australien entdeckten Vorkommen. Australien hofft, 1990 Selbstversorger zu sein, vielleicht sogar netto exportieren zu können. Heute liefert die »Bass Strait« bereits 66 Prozent des inländischen Bedarfs, und das neuentdeckte Yabiru-Feld in der Timor-See verspricht, hierfür ausreichenden Nachschub zu liefern. Wahrscheinlich – so schätzt die Broken Hill Pty Co – ist das Feld sogar größer als alle bisher bekannten Vorkommen in der »Bass Strait«, die allerdings noch nicht voll erforscht ist.

Alle diese Aktivitäten schmälern auf der einen Seite die Absatzmöglichkeiten der OPEC (wer Öl im eigenen Land hat, braucht keines zu importieren) und bieten zum anderen noch die Gefahr, daß dem Kartell weitere Konkurrenz erwächst.

Ein gutes Beispiel für diese Gefahr ist Ägypten. Die Reserven von rund vier Milliarden Barrel sind weitestgehend für den Export bestimmt worden, da so die größte Wertschöpfung für das Land erzielt werden kann. Als der Eigenbedarf 1985 zu stark steigt, verhängt die Regierung lieber unpopuläre Energiesparmaßnahmen, als die Ausfuhr zu drosseln. Der Ölsektor, der fast ein Fünftel des Brutto-Inlandsproduktes liefert, wird als Rückgrat der Entwicklungspläne des Landes bezeichnet. Angesichts der Bedeutung des Ölexports für den Haushalt besteht für Ölminister Abdulhady Kandil wenig Anlaß, der OPEC beizutreten und sich von ihr Fördermenge und Preis vorschreiben zu lassen. Daß die OAPEC-Mitgliedschaft Ägyptens seit dem Friedensvertrag von Camp David suspendiert ist, paßt Kandil daher ebensogut ins Konzept wie die anhaltenden Querelen innerhalb der OPEC. Beides bietet - zumindest bis auf weiteres - einen Grund, sich vornehm zurückhalten zu können und nicht »nach der Pfeife des Herrn Yamani tanzen zu müssen« (Kandil). Die hauptsächlich im westlichen Teil des Landes und auf dem Sinai in jüngster Zeit entdeckten Vorkommen bieten die Gewähr dafür, daß sich Kairo den Luxus dieser Haltung noch eine Weile wird leisten können.

Mehr Interesse an einer OPEC-Mitgliedschaft zeigt Malaysia. Ein Beobachterstatus bei künftigen OPEC-Sitzungen sei das mindeste, hat der für Ölfragen zuständige Minister Ongkili seinem saudiarabischen Kollegen erklärt. »Zur Zusammenarbeit, auch zu einer sehr engen« (sprich Beitritt) »jederzeit bereit«, lautet die Botschaft, die Yamani im Sommer 1985 aus Kuala Lumpur mitbringt.

»Glückszahl 13« - oder wer ist hier abergläubisch?

Ob es für die OPEC aber überhaupt sinnvoll sein kann, den Mitgliederkreis zu erweitern, ist fraglich. Schließlich läuft sie Gefahr, durch Neue nicht gestärkt zu werden, sondern nur die Zahl potentieller Eigenbrötler zu erhöhen. Wenn der indonesische Ölminister Dr. Subroto im Sommer 1985 den sinkenden Einfluß der OPEC beklagt, zugibt, daß Nicht-OPEC-Öl eine größere Rolle spielt als OPEC-Öl, und im gleichen Atemzug bedauert, daß Exporteure wie die Sowjetunion, Großbritannien, Norwegen, Ägypten und Mexiko mit ihren Preisentscheidungen die desolate Situation am Welt-Ölmarkt noch verschärfen, dann spricht er nur auf den ersten Blick einer Erweiterung der OPEC das Wort.

Wahrhaftig, von Perez-Alfonsos »exklusivem Club, der 90 Prozent der Weltförderung kontrolliert« ist nicht mehr viel übrig. Mit der inzwischen mehr als verdoppelten Mitgliederzahl (13!) ist er kaum noch exklusiv - und von Kontrolle der Welt-Förderung kann längst keine Rede mehr sein. Ob die Lösung der Probleme aber in der völligen Aufgabe der Exklusivität und der »Zulassung der Plebs« (die nur Öl, aber sonst wenig Gemeinsamkeiten mit den Altmitgliedern hat) läge, wird bezweifelt. Der »Economist« fragt im Umkehrschluß, ob nicht eine Reduzierung der Mitgliederzahl eher sinnvoll wäre. Mindestens für zwei der 13 - Ecuador und Gabun - lohne sich der Clubbeitrag nicht, weil sie in Hinblick auf Reserven und Exportvolumen für die Organisation eigentlich irrelevant sind. Die Kluft zwischen den Ländern mit limitierten Ölreserven, aber hohem aktuellen Einnahmenbedarf und denjenigen, die auch im nächsten Jahrhundert noch Öl verkaufen können (und wollen), ist enorm. Manche Beobachter glauben daher, es wäre das Beste, wenn nur die Länder, deren Exporte auch noch in Jahrzehnten hauptsächlich aus Öl bestehen werden und die damit wirklich gemeinsame Interessen haben, zusammenbleiben. Schließlich muß die OPEC ja kein »Kartell der Länder gegen das Kartell der Konzerne« (das es in der alten Form ohnehin nicht mehr gibt) bleiben, sondern könnte sich auch offiziell als Interessengemeinschaft definieren. Eine Interessengemeinschaft, die zum Beispiel einer Abwärtsentwicklung der Ölpreise am Weltmarkt allein dadurch einen Schlußpunkt setzen könnte, daß einige oder alle ihrer Mitglieder beschließen, ihr Öl lieber morgen zum »wahren Wert« zu verkaufen, als heute zu »Schleuderpreisen«.

Um diese Einsicht in den Gehirnen der zuständigen Politiker Fuß fassen zu lassen, bedarf es jedoch einer außerordentlichen Bewährungsprobe. Hätte diese bzw. deren Ausmaß zwei Jahre zuvor ein ansonsten noch so angesehener Experte prognostiziert, wäre er Gefahr gelaufen, ab sofort als Traumtänzer abgetan zu werden.

Yamani erklärt den Krieg

Im Herbst 1985 jedoch hat Saudi-Arabien es satt, ständig den Ausputzer zu spielen, der die Extravaganzen der anderen OPEC-Mitglieder ausbaden muß, und gibt expressis verbis die Rolle als Swing Producer auf. Riad will ab sofort im Rahmen des Förderquotensystems eine feste Quote von »mindestens« 4,3 Millionen Barrel pro Tag, das entspräche in etwa dem Doppelten der durchschnittlichen Förderung vom Sommer. Im Dezember kommt es dann noch dicker: Ölminister Yamani verkündet bei der ordentlichen Konferenz in Genf, die künftige OPEC-Politik müsse darauf abzielen, der Organisation einen »angemessenen Anteil am Weltölmarkt« zu sichern.

Unterstützt wird diese Position vor allem von Kuwait. Um dieses Ziel zu erreichen, wird das bisher gültige Richtpreissystem auf Basis von 28,65 Dollar je Barrel für Arabian Light aufgegeben. De facto haben die Saudis seit dem Spätsommer 1985 den größten Teil ihrer Förderung ohnehin nicht mehr im Rahmen von Verträgen auf Richtpreisbasis verkauft, sondern über das neu entwickelte Netback-System. Dabei akzeptiert der Rohölverkäufer einen an den am Spotmarkt erzielten Produkterlösen (abzüglich einer Spanne für Transport und Verarbeitung) orientierten Preis.

Die Preise können also künftig frei ausgehandelt werden, entsprechend den jeweiligen Absatzmöglichkeiten. Auch das Quotensystem wird - zwar nicht formell, aber effektiv - außer Kraft gesetzt. Saudi-Arabien schraubt die Förderung schnell auf vier Millionen Barrel pro Tag von zuvor zwei Millionen Barrel pro Tag hoch. Das resultiert im ersten Quartal 1986 in einem Ölpreissturz. Mit ungeahnter Geschwindigkeit purzeln die Spot- und Terminmarktpreise für Rohöl und Produkte, und nichts scheint sie aufhalten zu können. Die OPEC schon gar nicht. Im März, bei der ersten außerordentlichen Krisensitzung des Jahres in Genf (der vier weitere folgen sollten), fordern Algerien, Libyen und Iran eine drastische Drosselung der Ölförderung aller Mitgliedsländer. Nach heißer Diskussion einigt man sich zwar im Grundsatz darauf, das (de jure noch bestehende) Förderlimit von 16 Millionen auf 14 bis 14,5 Millionen Barrel pro Tag zurückzunehmen, kann sich aber nicht auf neue Einzelquoten für die verschiedenen Staaten einigen. Die Konferenz war gescheitert.

Fünf Dollar je Barrel?

Mitte April will man in Genf weiter beraten. Diesen Gesprächen werden aber von vornherein wenig Erfolgschancen eingeräumt. Yamani bezeichnet die Diskussion über 14 Millionen Barrel pro Tag plötzlich als »rein gedankliche Übung« und schließt eine Förderbeschränkung der OPEC aus. Er hofft darauf, daß sich die Nicht-OPEC-Länder angesichts der Marktlage zu einer Kooperation mit dem Kartell bereitfinden und ihrerseits die Produktion zurücknehmen werden. Sein Kollege aus den Vereinigten Arabischen Emiraten, Mana Said al Otaiba, befürchtet, daß es ohne eine Zusammenarbeit der Ölproduzenten innerhalb und außerhalb der OPEC zu einem Preisrückgang bis auf fünf Dollar je Barrel kommen könnte. Zur Zeit hätten die Verbraucher(länder) die Preisentwicklung völlig in der Hand, sagt er. Er plädiert dafür, die Sitzung zu verschieben, da die Meinungsunterschiede zwischen den Mitgliedsländern zu groß seien. Am 1. April wird Brent in London spot und termin erstmals zu weniger als zehn Dollar je Barrel gehandelt, nachdem es am Vortag in New York den bisherigen absoluten Tiefststand von 10,42 Dollar je Barrel erreicht hatte. Eine Untergrenze ist nicht in Sicht.

In der Nordsee werden durchschnittlich 3,62 Millionen Barrel pro Tag gefördert, mehr als je zuvor. Die OPEC-Vertreter behaupten, die »sture Haltung« der britischen Regierung, zusätzliches Öl auf einen ohnehin übersättigten Markt zu bringen, sei ausschlaggebend für den Preisverfall. Die britische Regierung weigert sich jedoch nach wie vor, den in der Nordsee tätigen Unternehmen Produktionsvorschriften zu machen. Auch die USA zeigen sich nicht bereit zu intervenieren, obgleich die Ölindustrie (nicht nur in den USA, aber dort besonders stark) in Mitleidenschaft gezogen wird. Man sieht sich zu Kürzungen der Investitionsbudgets, Kostensenkungsmaßnahmen, Belegschaftsabbau etc. gezwungen (der US-Multi Exxon verkauft sein Hauptquartier, Burmah Oil zieht sich aus der Nordsee zurück).

Otaibas fünf Dollar je Barrel werden auch von der Industrie und Analytikern nicht für ausgeschlossen gehalten. Marktbeobachter, u.a. der IEA, schätzen, daß die OPEC im zweiten Quartal 1986 rund zwei bis 2,5 Millionen Barrel pro Tag mehr Öl fördert, als benötigt wird.

Am 15. April wird in Genf weiterverhandelt. Die Fronten stehen unverändert. Nach fünf Konferenztagen heißt es, zehn der 13 Ölminister hätten sich auf ein Sechs-Punkte-Abkommen verständigt:

- Die Förderung wird schrittweise von derzeit rund 17 Millionen Barrel pro Tag auf 16,3 Millionen Barrel pro Tag gesenkt.
- Es wird eine Kontraktgruppe gebildet, die Gespräche mit Nicht-OPEC-Ölförderländern aufnehmen soll.
- Die Daten über Nachfrage und Angebot am Ölmarkt werden auf Basis der wirtschaftlichen Faktoren ständig aktualisiert.
- Die Ölförderung soll sowohl in den OPEC-Ländern als auch außerhalb des Kartells überwacht werden, wobei sowohl »frei-

willige als auch unfreiwillige« Fördersenkungen außerhalb der OPEC berücksichtigt werden.

- Die Arbeiten zur Festlegung der einzelnen Länderquoten werden unmittelbar aufgenommen.
- Die Außenminister der OPEC-Länder sollen einen Dialog über Ölförderung und -Strategie aufnehmen.

Saudi-Arabien gerät unter Druck, die Netback-Verträge den Marktverhältnissen anzupassen, da man sich inzwischen am Spotmarkt günstiger eindecken kann. Auf Basis der Produkterlöse errechnet sich im April ein Rohölpreis von zwischen 13 und 15 Dollar je Barrel, während Arabian Light spot etwa 11 Dollar je Barrel kostet. Auch die Förderung soll Saudi-Arabien zurücknehmen, möglichst nur noch drei statt vier bis fünf Millionen Barrel pro Tag produzieren. In Riad glaubt man aber nicht, daß eine einseitige Drosselung die Preise stabilisieren würde, sondern befürchtet, daß andere Produzenten schlicht die Gelegenheit nutzen werden, ihren eigenen Absatz entsprechend zu steigern. Außerdem hieße das zuzugeben, daß die Förderpolitik des Königreiches der auslösende Faktor für den Erdrutsch der Preise gewesen sei - etwas, was von offizieller Seite bis dato konsequent verneint wird. Auch Kuwait denkt nicht daran, die Förderung einzuschränken oder auch nur die offizielle Quote einzuhalten. Gefördert werden 1,4 bis 1,5 Millionen Barrel pro Tag - eigentlich dürften es nur 0,9 Millionen Barrel sein - und diese finden dank aggressiver Preispolitik auch reißenden Absatz.

In den USA bereitet der Ölpreisverfall den Banken Probleme, die die Ölindustrie bisher gerne mit Krediten versorgt haben, jetzt aber um deren Rückzahlung bangen müssen.

Auch der Streik in der norwegischen Ölindustrie im April, der zu einem Förderausfall von 720000 Barrel pro Tag führt, bringt der OPEC keine Atempause (nur Nigeria hat vorübergehend etwas bessere Absatzchancen). Die ab dem 9. Mai amtierende neue norwegische Regierung läßt allerdings etwas mehr Bereitschaft zu einer Zusammenarbeit mit der OPEC erkennen als ihre Vorgängerin. Zunächst aber bleibt das Überangebot am Weltmarkt. Die OPEC selbst fördert rund 18 Millionen Barrel pro Tag, und in den anderen Nicht-Planwirtschaftsländern wird die Ausbringung ebenfalls erhöht. Ägypten nimmt den offiziellen Ölpreis auf unter zehn Dollar je Barrel zurück, auch die Emirate einschließlich Oman verlangen inzwischen weniger als zehn Dollar.

Der noch vor einem Jahr kaum für möglich gehaltene »regelrechte Preissturz« ist da. Aber die Nachfrage steigt nicht; die Lagerbestände bei Industrie und Verbrauchern sind noch hoch. Schlechte Voraussetzungen für die nächste außerordentliche OPEC-Ministerkonferenz, die für den 25. Juni auf die jugoslawische Insel Brioni einberufen wird. In ihrem Vorfeld bekräftigt Yamani das Ziel, für die OPEC einen »fairen« Marktanteil zu sichern. Auf Brioni legt der indonesische Ölminister Dr. Subroto einen neuen Vorschlag über individuelle Einzelquoten vor. Iran, Libyen und Algerien bleiben auf Oppositionskurs. Iran wirft Saudi-Arabien ein »politisches Komplott« vor und zielt dabei darauf ab, daß das Königreich zusammen mit Kuwait noch immer Öl für Rechnung Iraks verkauft. Yamani erwartet auch von Brioni nicht, daß es zu einer neuen Quoteneinigung kommt. Im Handel meint man, jegliche Einigung hätte ohnehin nur »kosmetischen Charakter«, und rechnet mit weiterem Druck auf die Ölpreise, da inzwischen ein Großteil der Mehrförderung der OPEC aus den vergangenen Wochen auf dem Weg zu den bereits übersättigten Verbrauchermärkten ist. Die VAE legen unbeirrbar ihre bereits in Genf abgelehnte Forderung nach Aufstockung ihrer Quote auf 1,5 Millionen Barrel pro Tag vor (um das zu legitimieren, was sie ohnehin schon tun). Reaktion der Märkte: die OPEC wird als »kurzfristig reichlich irrelevant« bezeichnet. Auch in Brioni kann man letztendlich keinen Konsens finden und vertagt sich auf Ende Juli.

Bis dahin hat sich die Situation aber keineswegs zugunsten der OPEC verändert: Nachdem Dubai-Rohöl spot nur noch 7,50 Dollar je Barrel, Arabian Light im Netback-System nur noch 7,80 bis acht Dollar je Barrel kostet und gerüchteweise verlautet, Kuwait habe sogar für nur 5,50 Dollar je Barrel verkauft, befürchten Marktkreise, daß die Ölpreise weiter auf Tauchfahrt gehen und im Herbst beim 1973 registrierten Niveau von 3,40 Dollar je Barrel angelangt sein werden. Weltweit sind nur noch 1900 Bohranlagen in Betrieb (erstmals seit den 60er Jahren weniger als 2000, der Höchststand war 1981 mit 6240 verzeichnet worden), aber die Förderung ist immer noch zu hoch. Die OPEC-Produktion wird mittlerweile auf 19 bis 20 Millionen Barrel pro Tag, die Saudi-Arabiens auf rund sechs Millionen

Barrel pro Tag veranschlagt. König Fahd sagt, diese Förderung stehe dem Land auch zu, wenn man die Höhe seiner Ölreserven (im Verhältnis zu denen anderer OPEC-Länder) in Rechnung ziehe. Von Irak wird in Genf die Forderung auf den Tisch gelegt, künftig genausoviel fördern zu dürfen wie Iran. Teheran kontert: »Für jedes Barrel Irak-Öl werden wir zwei fördern.«

Die Sturmsignale von der Ölpreisfront haben Ende Juli die OPEC zu einer etwas größeren Einsicht in die Notwendigkeit von Kompromissen gebracht als vier Wochen zuvor. Man redet davon, die Förderung bis Ende September auf 17,6 Millionen Barrel pro Tag begrenzen zu wollen. Damit soll dem ungebremsten Fall der Preise Einhalt geboten werden. Anfang August legt Algeriens Ölminister Belkacem Nabi einen Sechs-Punkte-Vorschlag vor: »Die Förder-Obergrenze soll auf 15 bis 16 Millionen Barrel pro Tag und neue individuelle Einzelquoten festgelegt werden. Die Förderung Irans und Iraks soll von einem Ministerkomitee im Rahmen von Konsultationen mit Teheran und Bagdad erörtert werden. Bei einem weiteren Ölpreisverfall soll eine neue Konferenz auf Wunsch auch nur eines der Mitgliedsländer einberufen werden, auf der dann eine niedrigere globale Fördermenge festgesetzt würde. Bei steigenden Preisen soll das Preisproblem in Hinblick auf die Wiedereinführung eines offiziellen Preissystems beleuchtet und besprochen werden. Die Mitgliedsländer verpflichten sich, keine Netback-Verträge mehr abzuschließen.« Als er dafür keine Mehrheit findet, stöhnt Nabi: »Wir sind ein Klub von Kannibalen, die sich gegenseitig auffressen«.

Interimslösung

Iran folgt mit dem Vorschlag, die alten Förderquoten vom Oktober 1984 (Basis: Förder-Obergrenze von 16 Millionen Barrel pro Tag) wiederzubeleben, Irak soll davon ausgenommen werden. Eingeschlossen ist die bindende Verpflichtung der übrigen zwölf, die Quoten strikt einzuhalten, andernfalls werde die Übereinkunft ungültig. Zunächst ist fast die Hälfte der OPEC-Mitglieder, darunter die VAE, Ecuador, Qatar, Kuwait und Saudi-Arabien, dagegen. Dann akzeptiert Kuwait und bricht das Eis. Am 5. August kann der nigerianische Ölminister und OPEC-Präsident Rilwanu Lukman kurz vor

Mitternacht auf Befragen durch wartende Journalisten, ob es stimme, daß es eine Einigung gebe und der Beschluß einstimmig getroffen worden sei, antworten: »Ob Sie es glauben oder nicht: Ja.« Die Regelung gilt für zwei Monate.

Irak wird von der neuen (alten) Quotenregelung ausgeschlossen und kann theoretisch völlig ungehemmt produzieren, was die Bohrlöcher hergeben. Iran läßt aber ziemlich deutlich durchblicken, daß man glaubt, über genügend Mittel und Wege zu verfügen, um dafür zu sorgen, daß die irakischen Ölbäume nicht in den Himmel wachsen. »We will take care of that . . .«

Die Rohölspotmärkte reagieren mit einer Preisfestigung, obwohl die Skepsis vorherrscht, man müsse erst einmal abwarten, ob der Beschluß auch tatsächlich verwirklicht wird. Überrascht hat die Marktteilnehmer vor allem, daß Saudi-Arabien zustimmt, die Förderung auf 4,35 Millionen von zuvor mindestens 5,3 Millionen Barrel pro Tag zurückzunehmen. Das paßt nicht in das bisherige Yamani-Konzept. Daher bleibt man skeptisch. Die Erfahrungen der vergangenen beiden Jahre lassen eigentlich auch nicht darauf schließen, daß sich bei der OPEC etwas Grundsätzliches geändert haben könnte. So sind es denn auch eher Berichte über die rückläufige Förderung in den USA (wo viele kleine Bohrungen mit nur geringer Förderleistung aus Kostengründen stillgelegt werden und die Ölimporte im August den höchsten Stand seit sechs Jahren erreichen), Großbritannien (Grund: Wartungsarbeiten an Nordseeplattformen) und der Sowjetunion (veraltete Bohranlagen), die dem Markt eine gewisse Stütze bieten und einen Trend in Richtung 13 bis 15 Dollar je Barrel zulassen. Das ist genau die Spanne, in der Zeitungen in Riad ein neues Festpreissystem der OPEC angesiedelt sehen wollen. Dann wäre Saudi-Arabien auch wieder bereit, als Swing Producer zu fungieren, heißt es.

Ende August/Anfang September ist es Iran, nicht Irak, dessen Öllieferungen auf den Weltmarkt durch »geeignete Mittel und Wege« beschränkt werden: Nach Angriffen der irakischen Luftwaffe auf den Terminal Sirri Island geht der iranische Rohölexport vorübergehend auf 0,5 Millionen Barrel pro Tag von zuvor 1,2 Millionen Barrel pro Tag zurück. Tanker müssen fünf bis zehn Tage warten, bis sie beladen werden können.

Mitte des Monats gibt Norwegen bekannt, man werde zwar nicht die Förderung, aber die Exporte im November und Dezember um zehn Prozent zurücknehmen. Da die in der Nordsee tätigen Gesellschaften nicht zu einer Einschränkung der Produktion bereit sind, will die Regierung das ihr zustehende »Royalty«-Öl (zehn Prozent der Förderung), das bisher am Spotmarkt angeboten wurde, zum Aufbau einer Dauernotreserve nutzen. Großbritannien ist nach wie vor nicht bereit, mitzuspielen. Im September halten sich die meisten OPEC-Mitglieder an die vereinbarten Quoten. Nur die Vereinigten Arabischen Emirate geben offen zu, daß sie sich nicht daran gebunden fühlen. Ecuador und Gabun produzieren stillschweigend zuviel. Andere Länder, zum Beispiel Venezuela, Kuwait und Libyen, fördern zwar nicht mehr, als ihnen zusteht, verkaufen aber am freien Markt Rohöl aus Lagerbeständen, was dem Ziel, das Überschußangebot abzuschöpfen, völlig zuwiderläuft.

Für die nächste außerordentliche Konferenz, die am 6. Oktober in Genf beginnt, räumt Yamani deshalb der Festlegung neuer verbindlicher individueller Förderquoten absolute Priorität vor der von Riad ebenfalls gewünschten Rückkehr zu einem Festpreis-System ein. Libyen will die Gesamtproduktion der OPEC bis Jahresende auf 15 Millionen Barrel pro Tag beschränkt sehen. Der Ministerrunde liegt ein Schaubild des OPEC-Sekretariats vor, aus dem unmißverständlich abzulesen ist, was die einzelnen Mitglieder im Förderquoten-Jahr 1985 getan haben: In Algerien, Indonesien, Kuwait, Qatar und Saudi-Arabien, den VAE und Venezuela ging die Förderung gegenüber 1984 zurück. Saudi-Arabien schießt dabei den Vogel ab: sein Tagesdurchschnitt wird mit 3,17 Millionen Barrel angegeben, das sind 22 Prozent weniger als im Vorjahr. Dagegen haben Ecuador, Gabun, Irak, Iran, Libyen und Nigeria die Produktion erheblich ausgeweitet.

Was die OPEC-Länder jetzt tun soll(t)en, wird nicht weniger anschaulich demonstriert – eine Neuaufteilung der individuellen Förderquoten nach folgenden Gesichtspunkten:

Höhe der Ölreserven
Bevölkerungszahl
Förderkapazität
bisherige Gesamtexporte
traditioneller Produktionsanteil
Anteil der Ölexporte am Bruttosozialprodukt

Eigenverbrauch
Förderkosten
Davon würden Saudi-Arabien und Kuwait, die beide über hohe Öl- und Finanzreserven und niedrige Bevölkerungsdichte verfügen, zu Lasten der anderen profitieren, sagen ebendiese anderen. Ihrer Ansicht nach ist der Anteil der beiden Golf-Länder an der Gesamt-OPEC-Förderung bereits hoch genug. In Kuwait ist man da ganz anderer Auffassung. Und Iran will diesmal einer Ausnahmeregelung für Irak auf keinen Fall zustimmen. Schließlich hat man es nicht so recht geschafft, die irakische Förderung »auf andere Weise« in den erwünschten Grenzen zu halten.

Die Genfer Verhandlungen ziehen sich hin. Nicht im Plenum, sondern in immer neuen Einzelgesprächen unter vier und mehr Augen werden Standpunkte abgeklopft, Zahlenspiele durchgerechnet und die Wenn und Aber durchgespielt. Besonders heftig gestritten wird über die Frage, welche Gewichtung die einzelnen Gesichtspunkte erhalten sollen. Andererseits ist die OPEC in Zugzwang. Sie muß die fünfte Gesprächsrunde dieses Jahres mit irgendeiner Art von Vereinbarung abschließen, will sie vermeiden, daß die Rohölpreise wieder in den Keller – sprich unter zehn Dollar je Barrel – fallen.

Verwirrung stiftet unter den Konferenz-Teilnehmern und -Beobachtern die Tatsache, daß die saudi-arabische Regierung im Verlauf der Tagung dreimal Statements aus Riad veröffentlichen läßt, die die Genfer Aussagen Yamanis zu widerlegen scheinen oder zumindest nicht mit diesem abgesprochen worden sind.

Hat »Mr. OPEC« den direkten Draht zu König Fahd verloren?

Neben der Forderung nach einer neuen dauerhaften Aufteilung des Ölkuchens kommt aus Riad plötzlich auch fast ultimativ die Forderung, ab sofort wieder ein Festpreissystem einzuführen, vorzugsweise auf der Basis von 18 Dollar je Barrel. Außerdem läßt Fahd erkennen, daß er das Problem Kuwait selbst zu lösen gedenkt. In einem Gipfelgespräch mit dem Emir von Kuwait, Scheich Jaber al Ahmad al Sabah, handelt er eine auf zwei Monate befristete Sonderquote für Kuwait aus. Das Förderlimit von 14,8 Millionen Barrel pro Tag (ohne Irak) wird für diesen Zeitraum auf 15 Millionen Barrel pro Tag angehoben, auch die anderen OPEC-Länder sollen (bruchteilig) mehr fördern dürfen, während Saudi-Arabien zugunsten Kuwaits verzichtet. Das sei nicht die End-, sondern ebenfalls nur eine Zwischenlösung.

So wird's beschlossen. Ein neues System fester Preise? »Sobald wie möglich«, sagt OPEC-Präsident Lukman. Ein sehr dehnbarer Begriff, mit dem er operiert. Fazit der 17 Verhandlungstage in der deutschen Ölindustrie: »Der Berg kreißte – und gebar eine (Micky-) Maus.«

»Damenopfer« Yamani

König Fahd ist mit diesem Resultat jedenfalls überhaupt nicht zufrieden. Die saudi-arabische Delegation ist kaum aus Genf zurück, und Minister Yamani hat sich noch nicht richtig von einer (diplomatischen?) Fischvergiftung erholt, mit der er seine Abwesenheit am letzten Konferenztag begründete, da veröffentlicht das Königshaus am 30. Oktober ein ganz lapidares Kommunique:

»Im Namen des Gnädigen Gottes, am 26. 2. des Jahres 1407 der Hedschra, mit Gottes Hilfe haben Wir, Fahd bin Abdel Aziz al Saud, König des Königreiches Saudi-Arabien, nach Berücksichtigung von Artikel 8 der Verfassung des Ministerrates, die durch königlichen Erlaß Nr. 38 am 22. 10. 1377 erlassen und per königlichen Erlaß Nr. 14 vom 14. 7. 1384 ergänzt wurde, folgendes angeordnet:

1) Mr. Ahmed Zaki Yamani, Minister für Erdöl und Bodenschätze, wird seines Postens enthoben.

b) Mr. Hisham Mohieddin Nazer, Planungsminister, soll die Aufgaben des Ministers für Erdöl und Bodenschätze zusätzlich zu seinem bisherigen Posten wahrnehmen.

c) Seine Exzellenz, der stellvertretende Ministerpräsident, soll Unsere Anordnung ausführen.«

Kein einziges Wort des Dankes für fast 25 Jahre treue und doch wohl größtenteils sehr erfolgreiche Dienste. Geschweige denn auch nur der Hauch einer Begründung.

»So entläßt man nicht einmal einen Leibkoch, der aus Versehen die Suppe versalzen hat«, lautet ein Kommentar aus der Mineralölindustrie.

Nun, es ist bekannt, daß der Kontakt Yamanis zu Fahd nie so gut war wie der zu seinem Gönner Feisal. Beobachter hatten Yamanis Ablösung bereits seinerzeit nach der Ermordung Feisals 1975 erwartet, da Fahd, der damals Kronprinz wurde, als Yamani-Gegner galt. Auch in den folgenden zehn Jahren tauchten immer wieder Gerüchte über Spannungen zwischen dem Minister und dem Königshaus auf. Die Beziehung zu Fahd war immer sachlich, nie freundschaftlich. Welche Gründe nun wirklich zu Yamanis Entlassung führten, wird noch Gegenstand mancher Spekulationen sein.

Wovon Saudi-Arabien jahrzehntelang profitiert hat, von der internationalen Anerkennung Yamanis als vernünftigem, zähen, zuverlässigen, realistischen Gesprächs- und Verhandlungspartner, daraus wird ihm jetzt ein Strick gedreht. (Pardon – eine seidene Schnur nach dem Muster der osmanischen Sultane hat er natürlich nicht erhalten.) Aber die Gerüchte, ihm sei der Paß entzogen worden, um ihn an Auslandsreisen und -Interviews zu hindern, und er stünde praktisch unter Hausarrest, halten sich eine Weile hartnäckig. (Im Januar 1987 wird gemeldet, er habe eine Aufenthaltserlaubnis in der Schweiz beantragt.)

Der neue, zunächst nur als amtierend bezeichnete Ölminister Hisham Nazer gilt dagegen als einer der engsten Vertrauten von König Fahd. Einige Leute behaupten, er habe schon eine ganze Zeit lang am Stuhl Yamanis gesägt, weil durch den Ölpreisverfall einige Entwicklungsprogramme, für die er als Planungsminister zuständig war, ad acta gelegt werden mußten. Man bezeichnet ihn als Pragmatiker, guten Organisator und noch besseren Befehlsempfänger.

Welche Auswirkungen der Personalwechsel hat, darüber wird in den ersten Novembertagen heftig und kontrovers spekuliert: Von »gar keine« bis »das Kartell zerbricht« reicht das Spektrum.

Dann macht Fahd ganz deutlich, was er will (und an welcher Doppelaufgabe Yamani gescheitert sein dürfte): sowohl eine bindende Vereinbarung über neue Förderquoten (dabei vorzugsweise eine Quote von fünf bis sechs Millionen Barrel pro Tag für Saudi-Arabien) als auch ein neues Festpreissystem auf der Basis von 18 Dollar je Barrel Arabian Light. Yamani hielt diesen Brocken für zu groß, um ihn die anderen OPEC-Länder und die Märkte auf einmal schlukken zu lassen. Seiner Ansicht nach müßte das eine (Produktionskürzung) vor dem anderen (Preiserhöhung) kommen, wenn eine Verteuerung überhaupt eine (Markt-)Chance haben soll. Nachfolger

Nazer wird mit der Maßgabe in die nächste Konferenz, die am 11. Dezember in Genf beginnt, geschickt, nicht ohne eine Einigung in beiden Punkten zurückzukommen.

Mit der Absicht einer zügigen, auf baldige Ergebnisse bedachten Verhandlungsführung ist Nazer nach Genf gekommen. Stattdessen laufen die Gespräche so zähflüssig wie nie zuvor, immer wieder vom Scheitern bedroht. Der Verhandlungsmarathon erstreckt sich über zwölf Tage. Algerien, Libyen und Iran bleiben bei ihrer Forderung nach erheblicher Senkung der Ölproduktion. Kuwait unterstützt die saudi-arabischen Bemühungen um neue, höhere Festpreise, besteht aber darauf, permanent einen größeren Anteil an der OPEC-Gesamtförderung eingeräumt zu bekommen. Beobachter schätzen, daß die OPEC-Förderung im ersten Quartal 1987 um rund eine Million Barrel pro Tag gekürzt werden müßte, um dem Ziel von 18 Dollar je Barrel nahekommen zu können (spot wird Arabian Light zu ca. 13 Dollar je Barrel gehandelt). Das ist eine Größenordnung, die man auch in Riad errechnet hat.

Weitere Kalkulationen haben ergeben, daß die Ölpreise seit Ende 1985 real um 65 Prozent gesunken sind und die OPEC im Gesamtjahr 1986 einen Einnahmenverlust von etwa 50 Milliarden Dollar hinnehmen mußte. Im Klartext: sie nimmt 1986 lediglich ein Viertel der Summe aus dem Rohölexport ein, die im Spitzenjahr 1981 erlöst werden konnte.

Die Zahlen in der Tabelle sprechen für sich.

Spot-Preisentwicklung für Arabian Light
(Monatsdurchschnitt, Quelle Opecna)

September 1985:	27,80
Dezember 1985:	26,90
Januar 1986:	23,90
Februar 1986:	15,88
März 1986:	13,13
April 1986:	11,17
Juli 1986:	8,63
August 1986:	11,69
September 1986:	13,63

Anscheinend sind sie für Irak aber nicht aussagekräftig genug. Am Ende jeder Verhandlungsrunde wiederholt Ölminister Qassem Taqi die Forderung, genausoviel Öl fördern zu dürfen wie Iran: 2,3 Millionen Barrel pro Tag statt offiziell (alte Quote) 1,2 Millionen Barrel pro Tag. Auch starkem politischen Druck Saudi-Arabiens (man droht damit, die Ölverkäufe auf Rechnung Iraks einzustellen) gibt Bagdad nicht nach. Der iranische Ölminister Agazahdeh kann sein Statement eigentlich ebenfalls auf Band nehmen lassen: »Für jedes Barrel Irak-Öl werden wir zwei fördern.«

Das von Nazer aus dem Ärmel gezogene As (senkt die Förderung um zehn Prozent, dann werden die Abnehmer die höheren Preise schon akzeptieren) sticht nicht sogleich. Die kleinen Produzentenländer verweisen darauf, daß ihnen ein Preis von 18 Dollar je Barrel kaum helfen würde, wenn sie dafür weniger verkaufen dürfen. »Wir könnten damit nicht einmal das Existenzminimum erreichen«, sagt der Ölminister Gabuns, Etienne Tschioba. Aber wann ist es bei der OPEC schon einmal nach den Wünschen der Kleinen gegangen, die eine Förderkürzung um maximal fünf Prozent hinnehmen bzw. die Produktionsdrosselung am liebsten ganz den anderen OPEC-Kollegen überlassen wollen. Was ein echter Kompromiß ist, der liegt meistens in der Mitte der Standpunkte beider Parteien. So auch bei der OPEC. Schließlich, die interessierte Öffentlichkeit hatte schon kaum mehr daran glauben wollen, einigt man sich, per 1. Januar 1987 die Förderung um etwa 7,5 Prozent auf 16 Millionen Barrel pro Tag zurückzunehmen.

Außerdem sollen per 1. Februar die Netback-Verkäufe eingestellt und ein neues Festpreissystem auf Basis von 18 Dollar je Barrel für Arabian Light eingeführt werden.

Heureka?

Diese von einigen Beobachtern mit Erleichterung aufgenommene Einigung hat einen Haken. Nur 12 der 13 OPEC-Länder haben ihr zugestimmt, Irak blieb wieder einmal abseits. Trotz der unverblümten Warnungen Saudi-Arabiens, daran zu denken, daß ein Großteil der irakischen Ölexporte über die Trans-Arab-Pipeline läuft, läßt sich Bagdad nicht umstimmen. Noch in Genf veröffentlicht Ölminister

Qassem Taqi eine Erklärung, in der die Gültigkeit des gerade verkündeten Beschlusses angezweifelt wird. Nach den Statuten nämlich müssen Beschlüsse des Kartells mit Ausnahme von Verfahrensfragen einstimmig gefaßt werden ...

Nachgegeben hat dagegen (zwei Tage vor Weihnachten) Iran. Teheran rückte sowohl von dem Ultimatum, diesmal müsse Irak unbedingt in das Quotensystem eingeschlossen werden, als auch von der Forderung ab, notfalls müsse man ein Ausschlußverfahren gegen Bagdad einleiten. Nicht einmal die Schelte des Kriegsgegners für dessen Angriffe auf Öltanker und -Verladeeinrichtungen im Golf von Persien, die auf Wunsch von Staatschef Khameini in der Abschlußresolution stehen sollte, hat Ölminister Aghazadeh durchgesetzt.

Wie auch immer: Nazer ist jedenfalls nicht mit leeren Händen aus Genf zurückgekommen – und König Fahd zeigt sich erkenntlich: Bei der Einweihung einer neuen Ölraffinerie in Al Jubail gibt er bekannt, daß Nazer künftig volle Weisungsbefugnis als Ölminister habe. Zuvor hat er den längjährigen Gouverneur der staatlichen Mineralölgesellschaft Petromin (die für Verarbeitung und Produktmarketing zuständig ist) und Yamani-Vertrauten, Abdul Hadi Taher, entlassen.

Der Markt honoriert die OPEC-Bemühungen in der gewünschten Weise: die Spotpreise für Rohöl ziehen deutlich an. Binnen weniger Tage pendeln sie sich bei 17 Dollar je Barrel ein. Aber nur vorübergehend. Per Jahresende macht sich bereits wieder Skepsis breit, die wie folgt formuliert wird:

- die akribisch aufgeteilten Förderreduzierungen pro Land um jeweils nur wenige tausend Barrel pro Tag lassen sich in praxi kaum kontrollieren und können damit beliebig unterlaufen werden.
- Irak steht ohnehin abseits.
- Die hohen Vorräte in den Verbraucherländern lassen eine Nachfrageeinschränkung für einem geraumen Zeitraum zu.
- Das Verhalten der Nicht-OPEC-Förderländer ist offen.

Und nun?

Bis zum Jahr 2000, in dem der OPEC-Anteil am Welt-Ölmarkt (nach Eigenprognosen der Organisation) wieder 52 Prozent erreichen soll, ist noch ein langer Weg zurückzulegen.

Einen Ausweg aus der kurz- und wohl auch mittelfristig noch zu erwartenden Rohöl-Marktmisere könnte ein verstärktes Engagement im »downstream«-Bereich, also der Ölverarbeitung, bieten. In Kuwait und in Saudi-Arabien hat man hierüber schon vor einigen Jahren sehr intensiv nachgedacht - und auch gehandelt. Kuwait hat seit Beginn der 80er Jahre Raffinerien und Tankstellen - hauptsächlich in Europa - gekauft und kann heute mindestens 20 Prozent seiner Ölverarbeitung über eigene Tankstellen (Marke Q8) absetzen. In den USA wurde 1982 die Santa Fe Company übernommen; der Versuch, sich auch bei Getty Oil zu engagieren, ist allerdings gescheitert.

Saudi-Arabien hat für die Aktivitäten im Petrochemie-Bereich eine eigene Gesellschaft, die Saudi Basic Industries Corp (Sabic), gegründet. Neben Stahlwerken betreibt sie - zum Teil in Kooperationen und Joint Ventures mit internationalen Konzernen - Raffinerien und petrochemische Anlagen und will jährlich Produkte (Kunststoffe, Methanol, Düngemittel etc.) im Wert von vier Milliarden Dollar exportieren. König Fahd hat bei Gesprächen in den Vereinigten Staaten und Europa die Marschroute für die Nach-Erdöl-Ära abgesteckt. »Weg von der Ölabhängigkeit« ist das Stichwort, das diesmal nicht von den gestreßten Verbrauchern und ihren Regierungen, sondern aus der OPEC selbst gegeben wird. So zum Beispiel fordert der Kronprinz von Abu Dhabi, Scheich Khalifa bin Zayed, seine OPEC-Kollegen dringend auf, die Abhängigkeit von den Einnahmen aus dem Rohölgeschäft zu reduzieren.

Schon aber winkt eine neue Konfrontation. Der Handel mit Mineralölprodukten, an dem sich die OPEC-Länder immer stärker beteiligen, könnte zu einem Belastungsfaktor der internationalen Beziehungen werden, wenn die Märkte nicht offen gehalten werden, warnt die Exekutiv-Direktorin der Internationalen Energie-Agentur, Helga Steeg. Sie reagiert damit auf die Bemühungen einiger Länder, den Import von Mineralölerzeugnissen aus Nahost »zum Schutz der inländischen Industrie« entweder direkt (durch Einfuhrquoten) oder indirekt (durch restriktive Zölle und Tarife) zu beschränken. Betroffen davon sind vor allem die Länder um den Persischen Golf, die sich mit der Europäischen Gemeinschaft und den USA wegen deren Einfuhrbarrieren in den Haaren liegen. Die etablierte europäische Ölindustrie rechnet damit, daß nach Fertigstellung aller im Golf-Raum geplanten Projekte jährlich 50 Millionen Tonnen Produkte aus arabischen Anlagen nach Europa fließen werden. Das wären zehn Prozent des europäischen Bedarfs an Mineralölerzeugnissen (für Fernost werden weitere 50 Millionen Tonnen p.a. erwartet). Das ist ein harter Brocken für die inländischen Raffineure, die in den vergangenen Jahren bereits erheblich Kapazität abbauen mußten. In der Ölindustrie ist man sich aber darüber im klaren, daß das stärkere Engagement der Förderländer im »downstream«-Bereich nicht aufzuhalten ist. Man orientiert sich deshalb grundsätzlich wieder mehr »upstream« - in der Suche nach neuen Vorkommen und deren Abbau - und hegt ansonsten die Hoffnung: »Je mehr die Förderländer schließlich vom Ölgeschäft verstehen, desto leichter wird die Lage für uns.«

Daß auch für die OPEC-Länder die Produktfront nicht immer unproblematisch ist, kann man daran erkennen, daß der Bau der ursprünglich geplanten vierten Großraffinerie in Saudi-Arabien in weite Ferne gerückt scheint (man habe genug Schwierigkeiten, die Produktion der ersten drei Anlagen unterzubringen ...).

Angesichts der mittelfristig keineswegs rosigen Aussichten hat der ehemalige OPEC-Generalsekretär Meshach Feyide (Nigeria) die Organisation aufgefordert, sich weniger mit Politik und mehr mit ihrem eigentlichen Thema - dem Ölgeschäft - zu befassen. Auch die aus Energie-Veteranen bestehende Frankel-Gruppe hat vorgeschlagen, daß die Europäische Gemeinschaft, die USA und Japan zusammen mit dem (arabischen) Golf-Kooperationsrat eine Art von Dachvereinbarung ausarbeiten sollten, mit der der Einfluß der reinen Spekulation (»Papier-Öl«) auf den Rohöl- und Produktmärkten zurückgedrängt und das Ölgeschäft wieder in die - gegen unnötige Schwankungen unanfälligeren - langfristigen Liefer- und Vertragskanäle zurückgeleitet würde. Falls das zustande käme, wäre es letztendlich auch im Sinne des Verbrauchers.

Die Medienlandschaft im Umbruch

Dietmer von Ladiges und Kurt Otto

„Seit 1850 kam eine neue Phase durch die Technisierung der medialen Kommunikation: Die Entwicklung von Massenpresse, Telephon, Telegraph und, mit den 20er Jahren dieses Jahrhunderts, das Radio. Seit 1950 erfolgte die Weiterentwicklung durch die elektronischen, visuellen Medien: Fernsehen, Ton- und Bildspeicher, Datenverkehr, Kabel- und Satellitenkommunikation. Man spricht von einer neuen technischen Revolution in Richtung einer künftigen ›Informationsgesellschaft‹."

Seit Jahrzehnten gehört es zum festen Ritual von Tagungen und Kongressen der Kommunikationsbranche, sich alljährlich von »Umbrüchen in der Medienlandschaft« verunsichern zu lassen. Dabei wurde und wird die interessierte Öffentlichkeit von einer Flut von Marktprognosen, die diesen Namen nicht verdienen, und medienpolitischen Positionspapieren, die nur sehr dürftig handfeste Interessen verdecken, geradezu überschwemmt.

Das »Festland« der gedruckten Presse-Medien, um in diesem Küstenbild zu bleiben, wird im Rhythmus von medienpolitischer Ebbe und Flut mit kaum verwertbarem Strandgut in Form von Prognosemodellen, Forschungsberichten, in den letzten Jahren vermehrt auch Gesetzesvorlagen und Verordnungen übersät und verschmutzt. Diese drastische Vorrede erscheint notwendig, um nicht Gefahr zu laufen, sich mit dem folgenden Beitrag, der »Umbrüche in der Medienlandschaft« skizziert, an der modischen Torheit der beschriebenen »Kommunikationsverschmutzung« zu beteiligen.

Die Medien: ein Bereich ständigen Umbruchs

Wer sich zur aktuellen Entwicklung der Medien- und Kommunikationswirtschaft heute sachkundig machen will, muß sich mit einigen Kilo größtenteils unbrauchbaren »Strandgutes« der Neue-Medien-Fachliteratur auseinandersetzen. Es verführt dazu, allen guten Vorsätzen zum Trotz, daß man als »Strandräuber« das brauchbar und tragfähig erscheinende Argumentationsmaterial mit leichter Hand zusammenbaut und dann zur modischen Aufhellung mit einer höchst subjektiven Prognose einer künftigen Medienentwicklung übertüncht.

Gleichwohl bemüht sich der folgende Beitrag, einige brauchbare Daten und Fakten, Erkenntnisse und Erfahrungen zusammenzuknüpfen, eine aktuelle Momentaufnahme der Medienlandschaft in ständigem Umbruch und Wandel zu geben.

Grundsätzlich sind Umbruch und Wandel in einer Gesellschaft das Normale und nicht die Ausnahme. Die Medien haben sich zu allen Zeiten in einem permanenten Umbruch befunden: seit die Menschen begannen, sich in grauer Vorzeit über ihren Sippenverband hinweg mit Rauch-, Trommel- und Feuersignalen über Entfernungen zu verständigen.

Parallel zu diesen Umbruchphasen lief jedoch stets ein großes Wehklagen und Lamentieren darüber, daß das Neue dem Alten den Boden entzöge. Zu diesem Phänomen stellte Prof. Dr. Elisabeth Noelle-Neumann in ihrem Eröffnungsvortrag zur Frankfurter Buchmesse 1974 treffend fest:

»Die Geschichte der Massenmedien vom 16. Jahrhundert an ist voll von Klagen über den sicheren Niedergang, den die jeweils neuen Medien mit sich bringen würden; erst das Wehklagen über die Unsitte des Zeitunglesens, zwischen 1650 und 1700 auf seinem Höhepunkt, später das gleiche, als gegen Ende des 19. Jahrhunderts der Film und Anfang der 20er Jahre das Radio kamen.«

Dieser öffentliche Klagechor schwoll zu einem machtvollen Crescendo an, als Anfang der 50er Jahre das Fernsehen und Anfang der 80er Jahre die Neuen Medien in den deutschen Markt eintraten. Da wurde mit medienpolitischen Glaubensbekenntnissen aller Richtungen als noch die geringste Folge des Umbruchs und Wandels das Ende des alphabetischen Zeitalters beschworen. Diese Hochkonjunktur kultur- und gesellschaftspolitischen Lamentos hat bis heute nicht nachgelassen, seit der Bildschirm sich durch die medientechnologischen Innovationen zunehmend zu einem Allround-Terminal der Medienzukunft verwandelt.

Begonnen hat all das vor 500 Jahren, als Johann Gensfleisch Gutenberg erfand, wie man Texte mit beweglichen Buchstaben in Metall setzt und anschließend beliebig oft druckt. Damit legte er die technologischen Grundlagen der modernen Industrie- und Kommunikationsgesellschaft. Eine neue Epoche begann. Sie hatte folgenreiche Auswirkungen auf die Menschen und ihre jeweiligen Gesellschaften.

Seit 1850 kam eine neue Phase durch die Technisierung der medialen Kommunikation: Die Entwicklung von Massenpresse, Telefon, Telegraph und, mit den 20er Jahren dieses Jahrhunderts das Radio. Seit 1950 erfolgte die Weiterentwicklung durch die elektronischen, visuellen Medien: Fernsehen, Ton- und Bildspeicher, Datenverkehr, Kabel- und Satellitenkommunikation. Man spricht von einer neuen technischen Revolution in Richtung einer künftigen »Informationsgesellschaft«. Auch wenn dieser Begriff etwas vage ist - vergleichbar den Synonymen der Agrar- oder Industriegesellschaft -, so ist er doch geeignet, den Trend von morgen deutlich zu machen.

Kennzeichnend für den Umbruch der gedruckten Medien ist die seit Gutenbergs Erfindung explosionsartig gewachsene Informationsfülle. Die Medien zu allen Zeiten waren in erster Linie Multiplikatoren von vorhandenem Wissen und erlebter Erfahrung. So betrug Anfang des 16. Jahrhunderts vor Gutenbergs Buchdruckerfindung die Jahresproduktion an Büchern deutscher Sprache etwa 40 Titel. Heute werden allein anläßlich der traditionellen Frankfurter Buchmesse rund 60000 Titel präsentiert.

Je stärker und reicher also Medienentwicklungen fortschreiten, desto rascher und gezielter sind Wissen und Erfahrungen - ist der »Rohstoff Information« - verfüg- und greifbar. Ein Rohstoff, der zur Fortentwicklung von Technik, vor allem aber auch zu permanenten Umbrüchen der Kommunikations- und Medientechniken selbst führt.

Diese Umbruchzyklen setzen sich immer stärker in Bewegung: Ein Beispiel dafür ist die Mikroelektronik, die heute als Synonym für Technologie-Entwicklung gilt. Ihr Innovationstempo ist atemberaubend - damit verbunden verkürzen sich die Lebenszyklen neuer Produkte und Verfahren von Jahr zu Jahr.

Noch in den 70er Jahren rechnete man mit einem Fünfjahres-Zyklus bei der Ablösung eines EDV-Systems durch die nächste Generation. Heute ist man bei einem Wechsel im Rhythmus von zwei Jahren angekommen. Fast 5000 Jahre dauerte es von der ersten Rechenhilfe, dem Abakus, bis zur ersten elektronischen Rechenanlage auf Röhrenbasis Mitte der 40er Jahre dieses Jahrhunderts. Sieben Jahre später schon kam der erste Transistorrechner auf den Markt. Sieben weitere Jahre später gab es die integrierten Schaltkreise, die Chips, die mehrere Transistorfunktionen auf Briefmarkengröße vereinen. 13 Jahre später hatte sich der einfache Chip zum Mikro-Prozessor weiterentwickelt. Fünf Jahre danach wurde Mitte der 70er Jahre der erste Mikro-Computer vorgestellt, heute bereits in Großserien in Bildschirme und Schreibmaschinentastaturen eingebaut.

Diese Entwicklung zur Informationsgesellschaft wird getragen durch zwei sich gegenseitig verstärkende Trends: einerseits durch die skizzierten rasanten Fortschritte der Informationstechnik, andererseits durch das zunehmende Informationsbedürfnis hochentwickelter Gesellschaftssysteme.

Das ist der zentrale Umbruch in der Medienlandschaft von heute: die Lebenszyklen von Kommunikationstechniken werden drastisch kürzer. Parallel dazu gibt es den immer schneller werdenden Umschlag von Informationen, ob als Wissen und Erfahrungen oder als Kurzweil und Unterhaltung.

Wie angesichts dieses dynamischen Umbruchs die Medienlandschaft der Zukunft aussehen wird, vermag heute noch keiner mit Sicherheit vorauszusagen. Eines aber dürfte feststehen: die neuen Kommunikationstechniken werden die Individual- einschließlich der Geschäftskommunikation ebenso wie die der gedruckten und elektronischen Massenkommunikation - also Publikums- und Fachzeitschriften, Tages- und Wochenzeitungen, Fernsehen und Hörfunk - gravierend verändern.

Die anschwellenden Mengen von Informationen und Wissen werden nur durch eine zeitgemäße Form der Medien zu beherrschen sein. Dabei dürfte der Umbruch in der Kommunikationslandschaft mehr durch Evolution, denn durch Revolution geprägt sein. Darum wird es bei allen Medien keine dramatischen Umwälzungen von heute auf morgen geben.

Aber nichts bleibt wie es ist. So kann die Zeitschrift der Zukunft durchaus anders aussehen als ihre Vorgänger in den 50er Jahren des Wiederaufbaus. Oder neue Tele-Kommunikationsformen können sie sinnvoll ergänzen. Diese neuen technologischen Möglichkeiten führen zu neuen Überlegungen in Verlagen und Sendeanstalten. Zwischen den Druckmedien und den elektronischen Medien werden sich zum Beispiel sinnvolle Verbundsysteme herausbilden. In solchen Kooperationen können die verlegerischen und unternehmerischen Chancen von morgen liegen. Die Aufgabe im Kommunikationsbereich wird sein, Informationen, Inhalte und Programme zu schaffen und für deren Transport - mit welchem Medium auch immer - zu den Nutzern zu sorgen. Und diese werden, so die Kommunikationsforschung, die Angebote der einzelnen Medien mehr denn je unter dem Gesichtspunkt ihrer praktischen Nützlichkeit und weniger nach ihrem Selbstwert einschätzen.

Es wird zunehmend als wichtig und legitim erachtet, die Frage

»Was machen die Medien mit den Menschen?« umzudrehen in die sehr viel interessantere Frage »Was machen die Menschen mit den Medien?« Die Zukunft der Medien liegt in ihrer Orientierung an den Bedürfnissen und der Nutzenerwartungen ihres Publikums.

Kurzer Überblick

Die nachfolgenden Abschnitte befassen sich schwerpunktmäßig mit jenen Mediengattungen, die derzeit von einem gravierenden Umbruchprozeß tangiert sind: Publikumszeitschriften, Fernsehen und Hörfunk.

Auf eine separate Behandlung der Tages- und Wochenzeitungen sowie der Fachzeitschriften soll im folgenden verzichtet werden – hier lassen sich die Trendlinien der bisherigen Marktentwicklung relativ gradlinig in die Zukunft extrapolieren. Gleichwohl seien an dieser Stelle beide Gattungen in ihrer aktuellen Marktsituation schlagwortartig skizziert.

Zeitungen verfügen als tagesaktuelle Lesemedien über eine ähnlich lange Tradition wie die verwandten Zeitschriften. Bereits um 1500 ist die erste gedruckte Zeitung erschienen. Zum 31. 12. 1983 erfaßte die amtliche Pressestatistik in der Bundesrepublik Deutschland 1226 Zeitungen, davon 359 Haupt- und 867 Nebenausgaben. Die erheblichen Konzentrationsbewegungen vor allem der regionalen Tagespresse in den 50er und 60er Jahren haben sich in den letzten 15 Jahren deutlich verlangsamt. Zu dieser Entwicklung dürften in diesem Zeitraum nicht nur die recht gute Zeitungskonjunktur, sondern auch strukturelle Verbesserungen der wettbewerblichen Position von Zeitungen auf ihren lokalen/regionalen Märkten beigetragen haben.

Aktuell stellt sich die Auflagenentwicklung der Zeitungen insgesamt als stabil dar. Im IV. Quartal 1986 betrug die Zahl der IVW-geprüften Zeitungen 434 Titel. Der IVW (Informationsgemeinschaft zur Feststellung der Verbreitung von Werbeträgern e.V.) sind alle Zeitungen angeschlossen, die durch diese unabhängige Institution Druckauflage, verbreitete und verkaufte Auflage prüfen lassen.

Mit 1235 Haupt- und Nebenausgaben wurde eine verkaufte Auflage von 24,4 Millionen Exemplaren erzielt. Im Bereich der Wochenzeitungen wurden 46 Titel mit einer Verkaufsauflage von 1,8 Millionen Exemplaren erfaßt.

Die Auflagenentwicklung der Zeitungen zeigt 1986 erstmals eine leicht rückläufige Tendenz. Sorgen macht den Verlegern der rückläufige Trend der deutschen Wohnbevölkerung angesichts der anhaltenden »Geburtenunlust«. Bei einer weiteren Erhöhung des Ausländeranteils ist mit einer deutlich sinkenden Durchschnitts-Haushaltsgröße zu rechnen. Bereits heute wird in der stagnierenden Vertriebsentwicklung sichtbar, daß sich die überproportionale Zunahme von 1- und 2-Personenhaushalten destabilisierend auf die Abonnementsbindungen der Tagespresse auswirkt. Das Zeitbudget für Zeitungslesen liegt seit 1960 unverändert bei 35 bis 40 Minuten im Durchschnitt.

Ernsthafte Konkurrenz erwuchs der deutschen Tagespresse Anfang der 70er Jahre durch die neue Konkurrenz der unentgeltlich an die Haushaltungen lokal verteilten Anzeigenblätter. Heute übt man eher praxisorientierte Koexistenz: Mehr als zwei Drittel der in der Statistik 1986 des ZAW (Zentralausschuß der Werbewirtschaft) erfaßten 439 Anzeigenblätter mit einer Auflage von knapp 30 Millionen Exemplaren und einem Anzeigen-Nettoumsatz von 0,8 Milliarden Mark werden von Zeitungsverlagen herausgegeben.

Die Entwicklung der Netto-Anzeigenumsätze der Tageszeitungen verlief 1986 mit einem Zuwachs von 6,7 Prozent auf 6,3 Milliarden DM positiv, nachdem im Vorjahr ein Rückgang von 2 Prozent verzeichnet wurde. Damit liegen die deutschen Tageszeitungen nach wie vor an der Spitze aller Mediengruppen in der Bundesrepublik. Demgegenüber ging der Anzeigenumsatz der Wochen- und Sonntagszeitungen um 10,4 Prozent auf 239 Millionen Mark zurück.

Die Beurteilung der Zukunftsaussichten der Zeitungen ist ausgesprochen unterschiedlich. Während die eine Seite die private Konkurrenz im elektronischen Bereich als Chance der Profilierung der Zeitung als Informationsträger sieht, äußert die andere Seite Befürchtungen in Hinblick auf ein Schwinden der wirtschaftlichen Grundlagen, das heißt vor allem des Anzeigengeschäftes.

Trotz dieser Wachstums- und Anpassungsschwierigkeiten dürfte nach bisherigen Erfahrungen der Markt für lokale und regionale

Zeitungen keineswegs schrumpfen, da der Bedarf an Kommunikation in diesem Umfeld wächst. Die Zeitung wird sich allerdings den geänderten Nutzungsgewohnheiten marktgerecht anpassen und vor allem ihre Attraktivität in jugendlichen und Frauen-Zielgruppen stärken müssen.

Bei den *Fachzeitschriften* erfaßte die amtliche Pressestatistik 1983 exakt 2862 Titel mit einer Verkaufsauflage von 40,1 Millionen Exemplaren, darunter 1254 Periodika überwiegend wissenschaftlichen Inhalts mit 5,5 Millionen Verkaufsauflage. Sie werden zu 96 Prozent im Abonnement vertrieben.

Dabei vollzog sich 1986 eine erfreuliche Entwicklung bei der Fachpresse mit einem Anzeigen-Nettoumsatz von 1,48 Milliarden DM, was einem Zuwachs von 5 Prozent gegenüber 1985 entspricht. Auch die Auflagenentwicklung gestaltete sich 1986 positiv: 813 IVW-angeschlossene Fachzeitschriften meldeten im IV. Quartal eine Verkaufsauflage von 14,7 Millionen Exemplare und damit rd. 1,7 Million Stück mehr als 1985.

Allerdings wird für die deutsche Fachpresse das Problem der Informationsbeschaffung in der Zukunft immer komplexer. Früher war der Mangel an Informationen bestimmend, heute muß eine Überfülle von Daten und Informationen nutzerorientiert bewältigt werden.

Die Rolle der Fachzeitschrift wird auch für künftige Entwicklungen durchweg positiv beurteilt. Das Fachzeitschriftenwesen ist nach wie vor ein Indikator für wissenschaftlich-technische Durchdringung einer Volkswirtschaft.

An der Zahl und Reichweite der Titel, am Grad der Abdeckung wichtiger Branchen durch Fachpublikationen ist abzulesen, welchen Stand der Technik und Wertschöpfung der betreffende Markt erreicht hat.

In diesen Daten gemessen, kann sich das deutsche Fachzeitschriftenwesen international sehen lassen. Die Zahl der Titel ist im Vergleich zu anderen Ländern sehr hoch und steigt aufgrund neuer Wissensgebiete und Innovationen ständig. Die Geschwindigkeit der technologischen und ökonomischen Veränderungen in Wirtschaft und Gesellschaft schafft einen wachsenden Bedarf an neuester Fach- und Wissensinformation. Insbesondere im grenzüberschreitenden

Know-how-Transfer zeichnet sich die deutsche Fachpresse im internationalen Vergleich durch eine hohe Reputation aus; vielfach sind deutsche Fachzeitschriften mit kleinen Auflagen im Ausland bekannter als hochauflagige deutsche Publikumszeitschriften.

Der Haupthemmfaktor für das Wachstum wird die fortschreitende Praxis sein, Urheberrechte durch Fotokopien zu umgehen. Die Gesetzgebung wird zwangsläufig durch wirksame internationale Vereinbarungen zu ergänzen sein.

Die Rahmenbedingungen der Medien: Märkte, Konsumenten, Umwelt und Gesellschaft im Umbruch

Gesicherte Prognosen über die Zukunft von Wirtschaft, Gesellschaft und Medien sind nicht leicht zu erstellen. Um die Futurologie der euphorischen 70er Jahre, die die Zukunft mit Projektionen moderner Sozialwissenschaft vorhersehbar und planbar machen wollte, ist es mangels eindeutiger Leistungsnachweise stiller geworden. Eindeutige Trendlinien fehlen, düstere Katastrophenszenarien stehen in Konkurrenz mit vordergründig naivem Fortschrittsglauben. Die wesentliche Rahmenbedingung für die Massenmedien der Zukunft, auf einen Nenner gebracht, heißt Verunsicherung in allen Bereichen.

Bei der Skizzierung der Märkte der Medien im Umbruch taucht zwangsläufig das Schlagwort vom »neuen Konsumenten« auf. Gibt es ihn, welche Charakteristika unterscheiden ihn vom Verbraucher der Vergangenheit und Gegenwart?

Ein solches Zukunftsbild kann nur eine Projektion heute bereits vorhandener Trendlinien mit ausgeprägtem Modellcharakter sein. Denn natürlich gibt es neue Konsumenten ebensowenig wie neue Menschen. Die zu erwartende Bevölkerungsentwicklung wird in entscheidendem Maße die Medienlandschaft von morgen prägen.

Hier allein liegt eine der wesentlichen Umbruchsituationen. Diese soll mit einer prägnanten »Zukunftsformel« beschrieben werden, die anläßlich eines Seminars des Hamburger Druck- und Verlagshauses Gruner + Jahr über »Die Zukunft der Medien« im Oktober 1972 geprägt wurde und heute noch richtungweisende Gültigkeit hat.

Sie faßt treffend die soziodemographischen Rahmenbedingungen zusammen:

»Bei rückläufigem Bevölkerungsumfang, mehr Stadtbewohner in kleineren Haushalten mit mehr erwerbslosen Jungen und Alten, ernährt von einem konstanten Anteil Erwerbstätiger, zum größeren Teil aus Frauen mittleren Alters bestehend, überwiegend in Büros tätig, mit besserem Wissen, mehr verdienend und konsumfreudiger, mit mehr arbeitsfreier Zeit, psychisch stärker belastet.«

Über diese Charakterisierung hinaus bleiben gleichwohl einige Trends darzustellen oder anzudeuten, die die Umbruchsituation der Zukunft prägen werden. So wurde zum Beispiel seit Mitte der siebziger Jahre ein tiefgreifender Wertewandel in der Gesellschaft ausgelöst, der durch den einschneidenden Bewußtseinswandel durch die Versorgungskrise Westeuropas mit dem Rohstoff Erdöl bewirkt wurde.

An diesem komplexen Vorgang einer Umorientierung der Bevölkerung hinsichtlich ihres Verhältnisses zu Energie- und Rohstoff-Ressourcen sowie ihres umweltbewußten Verhaltens haben die deutchen Unternehmen der Mineralqölwirtschaft in entscheidendem Maße durch aktive Beteiligung an der öffentlichen Diskussion in den letzten zehn Jahren mitgewirkt.

Dies gilt im besonderen Maße für die *Deutsche BP,* die sich diesen neuen Herausforderungen gesellschaftlicher, konstruktiver Auseinandersetzung des Wandels der Werteorientierungen – auch und besonders im Dialog mit den Medien – offensiv und argumentativ stellte. Sie war durch das weitgehende Fehlen eigener Erdöl- sowie Erdgasreserven schon sehr frühzeitig veranlaßt, sich auf die weltweit veränderte Umbruchsituation auf den Rohstoffmärkten strukturell und unternehmenspolitisch einzustellen.

Doch zurück von Strukturwandel der Rohstoffmärkte zum Wandel und Umbruch in der Medienlandschaft: Hier lassen sich eine Vielzahl von Variablen der Entwicklung in Technik, Wirtschaft und Gesellschaft skizzieren und erörtern. An dieser Stelle seien als wesentliche Rahmenbedingungen folgende dargestellt:

- Die Entwicklung der Medien ist eine Teilfunktion der wirtschaftlichen Entwicklung im allgemeinen. In einer florierenden Wirtschaft ist der Bedarf an Kommunikation größer. Insbesondere der Anteil des verfügbaren Einkommens der Privathaushalte für Medientechnik und -programme ist in konjunkturellen Aufschwungphasen größer als in Zeiten ökonomischer Stagnation.

- Die Entwicklung der Medien hängt von der technopolitischen Entwicklung ab. Ohne die gravierenden Innovationen der elektronischen Datenverarbeitung und der Satellitenkommunikation wären die gedruckten Medien heute nicht mit den Herausforderungen von neuen Medientechnologien konfrontiert.
- Die Entwicklung der Medien hängt von der Schaffung neuer Nachfrage ab, entweder durch Verdrängung alter Medien durch neue oder durch die Aktivierung einer latenten Nachfrage, die nur ein neues Kommunikationssystem befriedigen kann.
- Die Reichweite der Medien wird durch Sprachgrenzen und nicht durch nationale Grenzen bestimmt.

Die Publikumszeitschriften – Informations- und Unterhaltungsmedien mit Tradition

Zeitschriften sind Informations- und Unterhaltungsmedien mit Tradition und Geschichte: Ihre Anfänge reichen bis in das 17. Jahrhundert zurück. Zuvor sprach man von Journalen, Monats- und Wochenschriften, Sammlungen und Traktaten. Als erste entwickelte sich damals der Typ von Gelehrten-Zeitschrift, der die schwerfälligen Gelehrtenbriefe ersetzte. Ihr überwiegend wissenschaftlicher Charakter hielt sich bis ins 19. Jahrhundert. Erst gegen Ende des letzten Jahrhunderts kamen publikumsorientierte Titel mit Unterhaltungs- und Erbauungscharakter auf den Markt. So erreichte die »Gartenlaube« mit einer Auflage von 160000 Exemplaren bereits 1860 die höchste Zeitschriftenauflage Europas.

Von diesen beschaulichen Anfängen bis zu den Massenillustrierten der 20er Jahre war es ein langer Weg. Es bedurfte leistungsfähiger Drucktechniken, um Massenauflagen mit einwandfreien Abbildungen herstellen zu können. In jenen Jahren der ersten Industrialisierung knüpften die deutschen Druck- und Setzmaschinenhersteller an den Erfindergeist Gutenbergs an und schufen eine Technik mit Weltstandard bis heute. Mitte des letzten Jahrhunderte kamen die Rotationspressen auf, die fortlaufend Papierrollen bedrucken konnten. Mit der Erfindung der Zeilensetz- und Gießmaschine Linotype 1884 war die Voraussetzung für das moderne Zeitschriftenwesen gelegt. Mit diesem technologischen Umbruch vor 100 Jahren wurde die marktführende Position der deutschen Zeitschriftenpresse begründet.

Das erste Massenblatt war die »Berliner Illustrirte Zeitung«, die 1931 immerhin den heute noch für eine Illustrierte in Europa gültigen Auflagenrekord von 1,95 Millionen Exemplaren erreichte. Die verlegerische Maxime ihres Herausgebers Louis Ullstein war umfassend: »Unsere Aufgabe besteht darin, nur das zu bringen, was ganz Deutschland interessiert.«

In den Jahren des Wiederaufbaus nach dem Zweiten Weltkrieg belebte sich rasch die deutsche Zeitschriftenlandschaft. Der Informations- und Bildungshunger sowie das Unterhaltungsbedürfnis der Deutschen führte zu einer Vielzahl »Illustrierter«, also bebilderter Zeitschriften mit universeller Themenpalette für alle Bevölkerungsschichten.

Sie alle orientierten sich an dem Erfolg der amerikanischen »Life«, der größten Illustrierten aller Zeiten, die 1931 erstmals erschien und 1968 eingestellt wurde. Ihr Gründer Henry Luce charakterisierte die Funktion von »Life« und damit auch das Profil vieler aktueller Illustrierten der Nachkriegsjahrzehnte in Deutschland und Europa: »Das Leben sehen, Augenzeuge großer Ereignisse sein; die Gesichter der Armen und das Leben der Stolzen beobachten; sehen und viel Vergnügen dabei empfinden; sehen und staunen; sehen und dabei lernen.« Heute liest sich dieses Programm wie eine Beschreibung des Fernsehens, das in den sechziger Jahren das deutsche Publikum schneller eroberte als jedes andere Medium zuvor und zu einem kontinuierlichen Rückgang der massenorientierten Zeitschriftenpresse mit universeller Thematik führte.

Ihre weitere Zukunft lag und liegt in der Segmentierung und Differenzierung der Titel: individuelle Zeilgruppen, spezielle Interessen und Hobbies, Fachwissen und Bildung. Diese Marktdynamik hält bis heute an; sie präferiert neue Special-Interest-Magazine gegenüber breitstreuenden Massenpublikationen. Hier wird die jüngste Umbruchsituation deutlich, die in die Zukunft der deutschen Zeitschriftenpresse weist. Sie wurde vom Schweizer Prognos-Institut 1984 so charakterisiert:

»Der aus der Vergangenheitsentwicklung ableitbare Trend in Richtung einer Stagnation bzw. rückläufiger Entwicklung der Massenpublikumszeitschriften und eines Vordringens der Spezial- und Zielgruppenzeitschriften dürfte im wesentlichen auch die 80er Jahre bestimmen.«

Seit 1975 sind alle deutschen Verlage laut Pressestatistik-Gesetz verpflichtet, jährlich dem Statistischen Bundesamt Angaben über Beschäftigte, Umsätze, Kosten sowie über die von ihnen verlegten Objekte zu machen. Unter der Rubrik Zeitschriften werden hier alle Publikumszeitschriften, wissenschaftlichen Zeitschriften, Fachzeitschriften, Mitgliedsorgane u. ä. erfaßt. Nach der gesetzlichen Definition gehören auch die Wochen- und Anzeigenblätter zum Zeitschriftenbereich. In der Gesamtgruppe Zeitschriften wurden zum 31. 12. 1983 von der amtlichen Pressestatistik 6702 Titel aufgezählt. Gegenüber 1979 bedeutete dies eine Steigerung um 650 Titel.

In der Untergruppe Publikumszeitschriften wurden 1983 insgesamt 1348 Titel genannt. Auch hier war eine Steigerung gegenüber 1979 von 31 Prozent zu verzeichnen. In drei Jahren wurden 320 neue Objekte gemeldet. Für diesen Zuwachs sind vor allem Neuerscheinungen im Bereich der Spezialzeitschriften verantwortlich. In der Pressestatistik sind unter den Publikumszeitschriften allein 414 Titel aus den Bereichen Motor, Reise, Freizeit, Hobby und Sport erfaßt. Die Erscheinungsweise der Publikumspresse ist ferner dadurch gekennzeichnet, daß die monatlich erscheinenden Objekte (1983: 573 von 1348) mit 43 Prozent den höchsten Anteil an der Titelzahl, die wöchentlich herauskommenden Zeitschriften mit 44 Prozent, das heißt mit 44,1 Millionen von 99,4 Millionen Exemplaren, den höchsten Anteil an der Gesamt-Verkaufsauflage haben. Die restlichen 13 Prozent verteilen sich auf andere Erscheinungsweisen (14-tägig, zweimonatlich).

Eine weitere wichtige Datenquelle für Publikumszeitschriften ist die bereits erwähnte IVW (Informationsgemeinschaft zur Feststellung der Verbreitung von Werbeträgern e. V.).

Insgesamt hat sich die Zahl der IVW-geprüften Publikumstitel von 268 im Jahre 1979 auf 411 Objekte 1986 erhöht. Die gesamte Verkaufsauflage stieg von 82,3 Millionen 1979 auf heute 102,0 Millionen Exemplare pro Ausgabe. 1986 wurde in der IVW-Statistik bei Publikumstiteln erstmals die Schwelle von 100 Millionen verkaufter Exemplare überschritten. Der Auflagenzuwachs 1985/86 betrug sechs Prozent.

Davon wurden im Zeitschriftenvertriebsmarkt vom Gesamtverkauf 1986 rund 50,2 Millionen Exemplare im Abonnement und rund 21,8 Millionen Exemplare im Einzelverkauf vertrieben. Die Zustellung an die Abonnenten erfolgte zu 80 Prozent über die Deutsche Bundespost, zu 10 Prozent über verlagseigene Botensysteme, zu 3 Prozent per Lesezirkel und zu 7 Prozent durch andere Zustellformen. Innerhalb des Einzelhandels haben in den letzten Jahren neue Vertriebskanäle an Bedeutung gewonnen. Der klassische Zeitschriften-Kiosk muß sich stärker der Konkurrenz durch den Lebensmittel-Einzelhandel, durch Kaufhäuser und Verbrauchermärkte erwehren. So betrug 1983 der Anteil der Kioske laut Einzelhandels-Strukturanalyse des Grosso-Verbandes von insgesamt 9916 Verkaufsstellen nur noch knapp fünf Prozent.

In den letzten Jahren sind neben der Vielfalt von Spezialzeitschriften neue, auflagenstarke Publikumstitel mit niedrigem Vertriebspreis in den Markt gestoßen. Diese Periodika zeichnen sich bei erheblich geringeren Verkaufspreisen und verbesserter Aktualität durch ein breites, wenn auch »seichtes« Unterhaltungsangebot aus. Beispiele für die TV-Programm-bezogenen Objekte sind »Auf einen Blick« (Bauer-Verlag), »Die Zwei« (Gong-Gruppe) und »Bildwoche« (Springer-Verlag). Die Mehrzahl dieser Neugründungen überlebte trotz aggressivem Preiskampf der herausgebenden Großverlage die Phase der Markteinführung. Ihre Auflagengewinne waren in den traditionellen Sparten der unterhaltenden Publikumszeitschriften von Auflagenverlusten schon länger bestehender Titel begleitet, die sich insbesondere bei der Programmpresse, den aktuellen Illustrierten, Frauenzeitschriften und unterhaltenden Wochenblättern ergaben. Dieser Trend wurde durch erfolgreiche, billige neue Frauenobjekte, wie »Bild der Frau« (Springer-Verlag) und »die aktuelle« (Gong-Gruppe) verstärkt.

Der Bauer-Verlag hat Anfang 1987 in einer Langzeitanalyse die Neuerscheinungen und Einstellungen der deutschen Publikumspresse seit 1975 systematisch untersucht. Dabei wurde festgestellt, daß die Mehrheit der Titel thematisch auf wirtschaftliche und gesellschaftliche »Wellen« reagiert, zum Beispiel die Eßwelle, den Gesundheitstrend sowie Sportaktivitäten und Freizeitinteressen.

Seit 1985 sind nach dieser Statistik 150 Titel neu gegründet worden, die mindestens zwölfmal jährlich erscheinen und eine Startauflage von mindestens 50 000 Exemplaren hatten. Hiervon wurden bis heute 33 Objekte aufgrund unzureichender Leser- oder Anzeigenakzeptanz wieder eingestellt. Wird der gesamte Bereich von themen- und zielgruppenorientierten Spezialzeitschriften mit geringerer Erscheinungsweise und Auflage einbezogen, so standen im vergangenen Jahr 517 Neuerscheinungen immerhin 217 Einstellungen gegenüber. 1985 kamen 617 neue Titel heraus, von denen 195 wieder aus dem Markt genommen wurden. Diese hohe »Flop«-Quote bei Neutiteln erklärt sich dadurch, daß in beiden Erhebungsjahren jeweils 200 »one shoots« (Sonderhefte mit einmaligem Erscheinen) auf den Markt kamen.

Diese Titelentwicklung macht deutlich, daß im Markt immer noch Lücken und Nischen bestehen, die jetzt aber zunehmend besetzt werden. Vor allem Marktsegmente wie billige Frauenzeitschriften, Computermagazine, Hobby- und Handarbeitstitel oder auch die sogenannten Zeitgeistmagazine scheinen noch nicht ausgeschöpft zu sein.

Bemerkenswert ist die Tatsache, daß in der Bundesrepublik Deutschland immer noch ein steigendes Kauf- und Leseinteresse an Zeitschriften besteht. 102 Millionen verkaufte Exemplare pro Ausgabe 1986 bedeutet statistisch, daß in jedem bundesdeutschen Haushalt regelmäßig fast vier Zeitschriften gekauft werden.

Interessant ist auch ein Blick auf die Leserschaften der Publikumspresse. Die letzte Reichweitenerhebung der Arbeitsgemeinschaft Media-Analyse (AGMA) zeigt, daß nur 7,2 Prozent der Gesamtbevölkerung keinen der 114 in der MA untersuchten Titel lesen. In nahezu allen Bevölkerungsgruppen und -schichten liegt die Gesamtreichweite der MA-Zeitschriften über 90 Prozent.

Trotz des gewachsenen Leseeifers ist jedoch als langfristiger Trend festzustellen, daß immer unregelmäßiger gelesen, von einem zum anderen Titel gegriffen wird. Damit sinkt die Zahl der Kernleser stetig. Dies ist jedoch nicht nur eine Konsequenz aus den vielen Neuerscheinungen, sondern auch eine Folge der bereits skizzierten veränderten Vertriebsstruktur. In den 60er Jahren entfiel der größte Teil des Zeitschriftenverkaufs auf Kioske, Tabak- und Schreibwarengeschäfte. Dort hatten die Käufer nicht oder nur beschränkt die

Möglichkeit, einmal unverbindlich »ins Blatt zu gucken«. Heute werden Zeitschriften überwiegend in Kaufhäusern, Super- und Verbrauchermärkten in Vollsichtregalen präsentiert: Die Käufer können prüfen und mit Konkurrenzobjekten vergleichen. Die Folge ist, daß Zeitschriften heute bewußter und selektiver gekauft, aber zumeist auch intensiver gelesen werden.

Diese Gesamtsituation führt zu einer erheblichen Wettbewerbsverschärfung im Markt der Publikumszeitschriften. Auf der Angebotsseite zeigt sich, daß die Verlage selbst für großen Wettbewerbsdruck durch neue Titel sorgen. Das tangiert die etablierten Zeitschriftengattungen wie Programmpresse, Aktuelle Illustrierte oder Frauenmagazine erheblich. Hier zeichnet sich ein umfassender Verdrängungswettbewerb ab.

Auf der Nachfrageseite ist festzustellen, daß die Leser das Mehrangebot am Kiosk positiv aufgenommen haben. Außerdem hat der sich langsam vollziehende Übergang in die Freizeitgesellschaft dem Leser neue Freiräume eröffnet, die sein Leseinteresse verändern. Mit der wachsenden Individualität der Leser ist eindeutig die Nachfrage nach Spezialzeitschriften gestiegen, die begrenzte Themenfelder besetzen oder den Freizeitinteressen der Rezipienten entgegenkommen.

In der Folge nimmt auch auf dem Werbemarkt der Wettbewerb ständig zu. Das Werbeaufkommen der Zeitschriftengattung verteilt sich von Jahr zu Jahr auf eine größere Titelzahl. Bei einem im wesentlichen unveränderten Gesamtanzeigen-Umsatz bedeutet dies, daß der durchschnittliche Anzeigenumsatz pro Titel zurückgeht. Das gefährdet für eine Reihe von Titeln die Ertragskraft in den Verlagen.

Gleichwohl sind unter allen Zeitschriften-Gattungen die Publikumszeitschriften unverändert die umsatzstärksten Werbeträger. Der Zeitschriftenboom hielt auch 1986 an, nachdem Anfang der 80er Jahre mit neuen Niedrigpreisobjekten Bewegung und zusätzlicher Konkurrenzdruck in den Markt kamen. Gegenüber dem Jahr 1985, in dem offenbar angesichts der Titelflut von der werbungtreibenden Wirtschaft eher Zurückhaltung geübt wurde, was zu einem Rückgang des 85er Anzeigenumsatzes von 1,4 Prozent führte, ist für 1986 nach Erhebungen des Verbandes Deutscher Zeitschriftenverleger (VDZ) wieder ein Anstieg des Netto-Werbeumsatzes der Publikumszeitschriften von 3,5 Prozent auf 2,73 Milliarden DM zu verzeichnen.

Der Gesamtumfang von 141 vom VDZ analysierten marktrelevanten Publikumszeitschriften betrug 1986 381 070 Seiten, was einem Zuwachs von 6 Prozent entspricht. Davon entfielen 251 656 Seiten auf den redaktionellen Teil. Der Anzeigenteil stieg 1986 um knapp fünf Prozent auf insgesamt 129 415 Seiten.

Wie kann es mit den Publikumszeitschriften weitergehen? - Das Zeitbudget, das der Bundesbürger gegenwärtig für die Nutzung gedruckter Medien aufwendet, wird künftig nur geringfügig expandieren. 1984 betrug es laut Infratest-Erhebung 1,7 Stunden pro Tag. Der Trend zur Spezialzeitschrift bedeutet außerdem, daß Titel mit geringerer Erscheinungsfrequenz im Markt ihr Gewicht zu Lasten der Objekte mit kürzeren Erscheinungsintervallen verstärken werden.

Günstiger zu bewerten ist die Ausgabebereitschaft der Privathaushalte für gedruckte Medien. Ein Vier-Personen-Arbeitnehmer-Haushalt wandte 1983 fast 101 DM für Medien auf, davon entfielen 43 DM auf Printmedien. Dieser Anteil dürfte künftig stabil weiterwachsen, wenngleich mit keinen großen Sprüngen im finanziellen Zeitschriftenbudget der Haushalte zu rechnen ist.

Die zunehmende Konkurrenz wird den großen Publikumszeitschriften mit hohen Auflagen und hohen Reichweiten im Anzeigen- und Vertriebsmarkt am schwersten zu schaffen machen. Allerdings haben sie durchweg auch eine relativ betriebswirtschaftlich gesunde Konstitution angesichts neuer wettbewerblicher Herausforderungen. Diese Entwicklung bringt es mit sich, daß sich der Bereich der Special-Interest-Zeitschriften auch weiter ausdehnen wird.

Das Fernsehen – das Hör- und Bild-Medium für den Augenblick

Das Fernsehen in Deutschland schaut auf eine 100jährige technische Entwicklungsgeschichte zurück, ist aber erst seit 1953 im Markt der Massenmedien etabliert. 1925 erteilte das Kaiserliche Patentamt in Berlin dem Studenten Paul Nipkow das Patent zu einem »Elektrischen Teleskop« für die »elektrische Wiedergabe leuchtender Objekte«. Seine Erfindung war die »Nipkow-Scheibe« zur Abtastung von Bildern nach unterschiedlichen Helligkeitswerten - Grundlage der Fernsehtechnik -, die dann über vier Jahrzehnte in Vergessenheit geriet.

Auf der 5. Deutschen Funkausstellung 1928 wurde in Berlin die erste mit der Nipkow-Scheibe produzierte Fernseh-Versuchssendung vorgeführt. Bereits 1935 richtete die Deutsche Reichspost öffentliche »Fernsehstuben« in Berlin ein. Das TV-Bild bot nur eine Auflösung in 180 Zeilen und war noch recht unscharf. Seine erste internationale Bewährungsprobe meisterte das junge Medium zu den Olympischen Sommerspielen 1936, als TV-Berichte in vierzig Länder geleitet wurden. Die Fernsehtechnik entwickelte sich stürmisch, bereits 1937 ermöglichte die Technik eine feinere Bildauflösung mit 441 Zeilen.

Nach Ende des Zweiten Weltkriegs begann der Nordwestdeutsche Rundfunk (NWDR) 1950 mit einem regelmäßigen Fernseh-Versuchsprogramm, dem sich in den folgenden Jahren die weiteren Landesrundfunkanstalten anschlossen. Der technische Standard hatte sich inzwischen weiter mit einem 625-Zeilen-Bild verbessert. Mit der Ausstrahlung eines regelmäßigen Programms durch den NWDR begann Ende 1952 für zunächst nur etwa 7000 Teilnehmer der Siegeszug eines neuen Mediums, ein einschneidender Umbruch in der deutschen Medienlandschaft.

1953 wurde die Zusammenarbeit in dem »Fernsehvertrag der ARD-Arbeitsgemeinschaft der Öffentlich-rechtlichen Rundfunkanstalten in der Bundesrepublik Deutschland« geregelt. Ab 1. November wurde ein Gemeinschaftsprogramm »Deutsches Fernsehen« ausgestrahlt.

Als das Fernsehen in der Bundesrepublik eingeführt wurde, gab es in Großbritannien schon 500000 Haushalte mit einem TV-Gerät. In den USA waren es bereits fast 10 Millionen. Der Weg zu einem ganze Länder und Kontinente abdeckenden Massenmedium war jedoch noch sehr weit.

Ende 1953 waren in der Bundesrepublik 10000 Fernsehteilnehmer angemeldet, die Zahl erhöhte sich bis Ende 1954 auf 85000. Bereits 1957 war die Millionen-Grenze der Fernsehteilnehmer überschritten. Zwei Jahre später waren es drei Millionen. Die rasche Aufwärtsentwicklung des neuen Mediums wurde begünstigt durch das deutsche »Wirtschaftswunder« der fünfziger Jahre sowie das Bedürfnis der Bevölkerung, nach Jahren der Entbehrung die weite Welt informierend und unterhaltend auf einer flimmernden Mattscheibe ins Wohnzimmer zu holen.

Im Gegensatz zu vielen anderen Ländern, in denen das Rundfunkwesen teils privatwirtschaftlich, teils staatlich betrieben wird, ist in der Bundesrepublik die Organisationsform selbständiger »Anstalten öffentlichen Rechts« gewählt worden. Sie sind mit einem Selbstverwaltungsrecht ausgestattet und finanzieren sich durch Gebühren- und Werbeeinnahmen. Die Kontrolle über die Geschäftsführung dieser Anstalten wird durch Verwaltungs- und Rundfunk- bzw. Fernsehräte ausgeübt. In diesen Gremien sollen die Interessen relevanter Bevölkerungsgruppen durch die Repräsentanten der entsprechenden gesellschaftlichen und politischen Gruppen vertreten und zur Geltung gebracht werden.

Das Werbefernsehen wurde vom Bayerischen Rundfunk als erster Landesrundfunkanstalt Ende 1956 eingeführt. Die anderen Rundfunkanstalten zogen bald nach, als letzte 1959 der Norddeutsche und Westdeutsche Rundfunk. Der Grund für diese Maßnahme lag in erster Linie darin, daß das damals noch recht bescheidene Gebührenaufkommen der Zuschauer nicht ausreichte für die erforderlichen technischen und programmlichen Investitionen. Andererseits wollte eine starke Lobby der Geräteindustrie sowie die Parteien selbst kostendeckende Erhöhungen der Gebühren umgehen, um nicht die steigende Haushaltsabdeckung mit neuen TV-Geräten zu gefährden. Da andererseits die Werbung betreibende Wirtschaft, nach den Vorbildern in den USA und Großbritannien, Interesse an dem neuen aufstrebenden Medium als Werbeträger entwickelte, lag es nahe, Werbefernsehen in gesetzlich begrenztem Umfang zu ermöglichen.

Bis Ende 1969 betrug die Hörfunkgebühr 2 DM, die Fernsehgebühr 5 DM. Bis heute erfolgten insgesamt vier Gebührenerhöhungen, 1983 wurde sie auf insgesamt 16,25 DM festgelegt. Davon entfallen 20 Pfennig als »Kabelgroschen« auf den öffentlichen Finanzierungsbeitrag von 140 Millionen DM für die Kabelpilotprojekte. 1970 betrug das Gesamtaufkommen an Rundfunkgebühren (Hörfunk und Fernsehen) 1,7 Milliarden DM, die Anzahl der angemeldeten TV-Geräte 15,9 Millionen, was einer Haushaltsabdeckung von knapp 70 Prozent entsprach. 1984 hat sich das Gebührenaufkommen mit 4,2 Milliarden DM mehr als verdoppelt, die Zahl der TV-Geräte lag nunmehr bei 22,1 Millionen.

Das Vorabendprogramm wurde Ende der 50er Jahre von den Landesrundfunkanstalten als landesbezogener, regionaler Programmbeitrag und als Forum der TV-Werbung zur Verfügung gestellt. Neben der regionalen Information traten in diesem Eigenprogramm der einzelnen Anstalten im Umfeld der Werbung immer attraktivere Unterhaltungssendungen in den Vordergrund. Gleichzeitig wurde die tägliche Werbezeit von ursprünglich 6 Minuten pro Tag kontinuierlich ausgedehnt. Im Juli 1962 kamen die Ministerpräsidenten der Bundesländer überein, pro Programm werktäglich 20 Minuten Werbung als obere zeitliche Grenze zuzulassen.

Seitdem besteht ein Nachfrage-Überhang nach Werbezeiten, dessen Volumen sich in etwa proportional zur konjunkturellen Lage der Werbewirtschaft verändert. Nur in einigen kleineren Regional-Sendern, wie zum Beispiel dem Saarländischen Rundfunk oder dem Sender Freies Berlin kann die volle Ausschöpfung der 20 Minuten Werbezeiten zum Teil nicht erreicht werden.

Seit dem 1. April 1963 gibt es in der Bundesrepublik eine zweite national empfangbare Fernsehanstalt, das Zweite Deutsche Fernsehen, ZDF. Damit war damals den regionalen Werbefernsehgesellschaften der neun ARD-Sender ein starker Konkurrent beim Verkauf von TV-Werbezeiten erwachsen.

Ein weiteres wichtiges Datum in der Entwicklung des Fernsehens als Werbeträger in Deutschland ist der Start des Farbfernsehens zur Funkausstellung 1967. Durch das Hinzukommen der Farbe wurden die kreativen Möglichkeiten in der werblichen Nutzung des Mediums erheblich erweitert.

Die Entwicklung der gesamten Werbe-Aufwendungen in der Bundesrepublik war vom Trend des Bruttosozialproduktes abhängig. Die prozentuale Verteilung der Werbeaufwendungen auf die »klassischen« Massenmedien Tageszeitung, Publikums- und Fachzeitschriften, Fernsehen und Hörfunk hat sich seit 1965 nur unwesentlich verschoben. Spätestens seit Ende der 60er Jahre war mit dem Erreichen der 20-Minuten-Höchstgrenze des Werbefernsehens eine Entwicklung abgeschlossen, die die Position des Werbefernsehanteils an den Werbeaufwendungen, vor allem im Verhältnis zu den Druckmedien, weitgehend festlegt. Steigerungen im Einnahmebereich sind, vorbehaltlich der Marktdurchsetzung privater TV-Anbieter, demnach ausschließlich nur noch über Steigerungen der Einschalttarife für TV-Spots möglich.

Auf 1,5 Milliarden DM haben sich 1986 die Netto-Umsätze des Werbefernsehens erhöht. Gegenüber dem Vorjahr ergibt sich nach den Erhebungen des ZAW eine Steigerung von 2,4 Prozent. Der Gesamt-Nettoumsatz, den die ARD-Werbetochter-Unternehmen mit TV-Werbung erzielten, betrug 884 Millionen DM. Dies bedeutet gegenüber 1985 eine Steigerung von 2,8 Prozent, die im wesentlichen auf den Anstieg von Einschaltpreisen zurückzuführen ist. Die Nettoumsätze des Fernsehens blieben 1985 mit 576 Millionen DM nahezu konstant, die zulässige Werbezeit von 6060 Minuten pro Jahr wurde im ZDF bei unveränderten Einschaltpreisen in vollem Umfang verkauft.

Die Erklärung für die Marktanteilsstabilität des Fernsehens im Werbemarkt liegt in den durch Staatsvertrag begrenzten Werbemöglichkeiten in beiden öffentlich-rechtlichen Systemen auf durchschnittlich 20 Minuten werktäglicher Werbezeit. Diese politischen Rahmenbedingungen und gleichzeitig der Nachfragedruck der Werbung treibenden Wirtschaft ließen es bereits Ende der 60er Jahre gefahrlos zu, die TV-Einschaltpreise für Werbespots in einem 2-Jahres-Turnus kräftig anzuheben.

Daß diese Preisgestaltung des Werbefernsehens bisher weniger mit erhöhter Kommunikationsleistung oder zunehmenden Kosten der Programmausstrahlung zu tun hat, machte bereits 1967 der Untersuchungsbericht der ersten bedeutenden medienpolitischen Kommission, der »Kommission zur Untersuchung der Wettbewerbsgleichheit von Presse, Funk/Fernsehen und Film«, der Michelkommission, deutlich: »Sie (die Rundfunkanstalten) müssen die fest bemessene Werbezeit an eine steigende Nachfrage anpassen. Die ohnehin starke Marktstellung der Rundfunkanstalten wird durch die Kontingentierung der Werbezeit weiter verstärkt. Es kennzeichnet das Ungewöhnliche dieser Marktsituation, daß es den Vertretern der Rundfunkanstalten nicht möglich war, diejenigen Umstände zu bezeichnen, die ihre Preisgestaltung bestimmen. Kennzeichnend ist zunächst, daß die Kosten für die Bildung des Werbepreises unerheblich sind.«

Die öffentlich-rechtlichen Rundfunkanstalten rechtfertigen ihre bisherigen regelmäßigen Preiserhöhungen mit Finanzierungserfordernissen des gesamten Sendebetriebes und mit Leistungssteigerungen im Bereich des Werbefernsehens. In den letzten zehn Jahren lagen die Steigerungen der Einschaltkosten beim Werbefernsehen deutlich über der Anzeigenpreisentwicklung der Publikumszeitschriften. Im Vergleich zu ausgewählten Zeitschriftengruppen waren die Steigerungsquoten beim Fernsehen im Durchschnitt doppelt so hoch.

Neben den als gemeinnützigen Körperschaften öffentlichen Rechts in der Bundesrepublik errichteten Rundfunkanstalten strahlen seit 1984 auch private Anbieter TV-Programme aus: Am 2. Januar 1984 begann RTL-Plus mit einem deutschen TV-Programm. Abgesehen von grenznahen Bereichen im Saarland und Rheinland-Pfalz, in denen das in Luxemburg von RTL-Plus, unter maßgeblicher Mitwirkung der Compagnie Luxembourgeoise de Telefusion (CTL) und der Bertelsmann AG/Gruner & Jahr gestaltete Programm drahtlos empfangbar ist, waren die neuen privaten Programme zunächst nur bei Anschlüssen an örtliche Breitbandnetze, sprich Kabelfernseh-Anschlüsse, empfangbar, und das auch anfangs nur in den Bereichen der Kabelpilotprojekte wie Ludwigshafen und München.

Seit dem 1. Januar 1985 existiert mit SAT 1, betrieben von einem Konsortium deutscher Verlage unter maßgeblicher Beteiligung der Axel Springer Verlag AG, ein weiteres nationales TV-Programm. Es wird wie RTL-Plus über den Kommunikationssatelliten ECS 1 abgestrahlt und dann über Empfangserdfunkstellen in vorhandene Kabelnetze eingespeist. Diese Privatprogramme können derzeit in etwa 1,1 Millionen Haushalten mit 2,47 Personen empfangen werden.

Etabliert haben sich bisher RTL-Plus und SAT 1 als Privatprogramme mit nationaler Zielsetzung. In den Gebieten, in denen beide Programme bisher empfangbar sind, haben sie sich in der Nutzung gleichrangig neben ARD und ZDF gestellt. Da ihnen die terristischen, großflächigen Verbreitungswege bisher fehlen, werden sie aus heutiger Sicht auf absehbare Zeit nicht an die Reichweiten des öffentlich-rechtlichen Systems herankommen. Aber in den Kabelhaushalten gewinnen sie als ergänzende Werbeträger durchaus an Relevanz.

Hinzu kommt eine Reihe von regionalen und lokalen Privatprogrammen im Rahmen der Kabelpilotprojekte, denen jedoch die Bedeutung als nationale Werbeträger fehlen. Berlin ist das einzige

Gebiet, wo bereits zum Starttermin des Kabelversuches im August 1986 eine große Zahl von Haushalten verkabelt war. Je nach Kanalzuteilung können die Programme von 7000 bis 170000 Haushalten empfangen werden. Insgesamt umfaßt das Kabelangebot in Berlin 17 Kanäle.

Die Privat-TV-Anbieter haben allerdings insgesamt noch keine signifikanten Verschiebungen auf dem audiovisuellen Werbemarkt bewirkt. Der Anteil der privaten TV-Sender RTL-Plus und SAT 1 am Werbekuchen der Fernsehwerbung erreichte 1986 erst 2,4 Prozent gegenüber einem Werbeaufkommen der öffentlich-rechtlichen Sender von 97,6 Prozent. Gleichwohl konnten die beiden nationalen Privat-TV-Programme RTL-Plus und SAT 1 ihre Werbeumsätze gegenüber 1985 deutlich steigern.

RTL-Plus erzielte 1986 einen Nettoumsatz von 24,6 Millionen, 1985 erst 15,3 Millionen Mark. SAT 1 erreichte 1986 10,9 Millionen Mark Netto-Umsatz aus der Fernsehwerbung, im Vorjahr waren es 5,9 Millionen Mark. Diese Steigerungen belegen, daß die Werbung betreibende Wirtschaft die zusätzlichen Möglichkeiten der TV-Werbung nutzt. Bereits 1986 konnten beide Privat-Programme, wenn auch mit deutlich geringerer Reichweite, ähnliche zeitliche Umfänge der Spots wie bei ARD und ZDF erreichen.

Mit den 1985 rund 22,4 Millionen angemeldeten TV-Geräten ist es laut Media-Analyse 97 Prozent der erwachsenen Bevölkerung in der Bundesrepublik möglich, zu Hause am eigenen Gerät das Fernsehprogramm zu verfolgen. Die Verbreitung der Farbgeräte erreichte übrigens innerhalb der letzten 25 Jahre einen Anteil von 84 Prozent der Haushalte. In immerhin 17,5 Prozent der Haushalte sind heute Zweit- und Drittgeräte vorhanden. 70 Prozent der TV-Geräte verfügen bereits über eine Fernbedienung. Sie erhöht den Fernsehkomfort in entscheidendem Maße: per Knopfdruck können die angebotenen Programme je nach Belieben und Interesse gewechselt werden.

Der eigentliche Umbruch zum überragenden Massenmedium gelang dem Fernsehen erst in den sechziger Jahren. 1960 belief sich die Zahl der TV-Teilnehmer auf 3,4 Millionen Haushalte; das ist ein Sättigungsgrad von 18 Prozent. Zum Ende des Jahrzehnts waren es 15,9 Millionen, was einer Haushaltsabdeckung von 70 Prozent entsprach. Dazwischen lag als bedeutsame technologische Innovation 1967 die Einführung des Farbfernsehens. Seither ist mit geringeren

Zuwachsraten und zunehmender Marktsättigung die Haushaltsabdeckung auf 1985 88,5 Prozent angewachsen.

Das Fernsehen dürfte der Grund dafür sein, daß - gemessen in absoluter Zeit - mehr Freizeit denn je in den eigenen vier Wänden verbracht wird. Weit an der Spitze steht hierbei der zeitliche Aufwand für die Nutzung des Fernsehens. Mißt man die Zeit, die ein Erwachsener durchschnittlich pro Tag vor seinem Empfangsgerät verbringt, gleichgültig ob er sich auf das Programm konzentriert oder sich mit anderen Dingen beschäftigt, dann kommt man auf einen Zeitaufwand von zwei Stunden und fünf Minuten. Dieser 1984 erhobene Wert ist in den letzten 15 Jahren nahezu unverändert geblieben. Die elektronischen Medien beanspruchen im Vergleich mehr als dreimal soviel Zeit wie die gedruckten Medien.

Hierbei handelt es sich allerdings um eine Durchschnittsbetrachtung. Bei der Analyse verschiedener Alters- und Bildungsgruppen verschiebt sich der Zeitaufwand für die Mediennutzung erheblich. Die jüngere Generation unter 30 Jahren verbringt ihre Freizeit aktiv und nutzt das Fernsehen unterdurchschnittlich, Publikumszeitschriften dagegen aber stärker. Für die ältere Generation steht das Fernsehen eindeutig im Vordergrund.

Insgesamt gesehen gehören jedenfalls Fernsehen und Lesen zu den beliebtesten Freizeitbeschäftigungen der Deutschen. Allerdings zeigen aktuelle Freizeit-Studien einen wachsenden Trend zu aktiven Beschäftigungen. Das Fernsehen als passiver Medienkonsum wird künftig deutlich geringere Zuwachspotentiale als die Formen der personalen Kommunikation haben.

Die Media-Analyse der AGMA weist 1985 für das Fernsehen im Vorabendprogramm eine durchschnittliche Reichweite von 86 Prozent der Gesamtbevölkerung ab 14 Jahren aus. Beim Vergleich der Reichweiten-Schwerpunkte von Werbefernsehen und Publikumszeitschriften werden die Zielgruppenunterschiede beider Mediagattungen deutlich. Die soziodemographischen Kriterien Alter und Einkommen der Befragten gehören zu den Merkmalen, die das Profil der Nutzerschaften am deutlichsten gegeneinander abgrenzen.

Zeitschriften erreichen schwerpunktmäßig eher junge und konsumstarke Bevölkerungsgruppen, während das Werbefernsehen deutliche Reichweitenspitzen bei den Senioren über 60 Jahren sowie in Haushalten mit geringem Nettoeinkommen hat. Insgesamt gilt bei

Zielgruppen mit hohem sozialen Status, daß die Reichweiten von gedruckten Medien signifikant zunehmen. Der soziale Status wird in der MA in erster Linie am Einkommen gemessen, wobei allerdings Einkommen und Bildungsstand, mit Ausnahme der Studenten, korrelieren. Ebenfalls deutlich zu erkennen ist, daß der Fernsehkonsum abnimmt, je höher der soziale Status ist.

Angesichts des faktischen Ungleichgewichtes der Verbreitung öffentlich-rechtlicher und privater Programme kann derzeit trotz aller Euphorie in der öffentlichen Diskussion um die Neuen Medien noch nicht von einem Umbruch der TV-Medien gesprochen werden.

Gleichwohl gibt es unverkennbar eine marktrelevante Nachfrage nach mehr Fernsehprogrammangeboten. Diese Nachfrage ist jedoch nicht unabhängig von den Einstiegs- und Betriebskosten. Je nach ökonomischen Bedingungen wird ein Nachfragepotential in den Privathaushalten von künftig etwa 15 bis 45 Prozent erwartet.

Die bisherigen Verkabelungskosten und nicht zuletzt die daraus resultierenden Folgekosten, wie für Umrüstung von TV-Geräten und Zusatzempfangsgeräte und -antennen, stimmen Marktkenner skeptisch hinsichtlich der Obergrenze der Potentialschätzungen.

Die Ausgabebereitschaft der Haushalte für elektronische Medien wird in den nächsten Jahren insgesamt sicher überproportional steigen. Bereits heute steht in jedem fünften deutschen Haushalt mindestens ein Videorecorder, was eine Steigerung um drei Prozent gegenüber 1985 bedeutet. Diese »Eigenversorgung« der Haushalte mit individuellen Programmreserven wird zunehmen.

Nicht zuletzt bedingt durch den Kauf von Videorecordern, neuen TV-Geräten mit besserer Ausstattung, Kabelanschlußgebühren und Antennenanlagen für Satelliten-Direktempfang wird die Attraktivität des Fernsehens noch weiter zunehmen. Alles zusammen genommen dürfte sich für das Fernsehen ein positiver Trend durch stärkere Programmkonkurrenz ergeben. Offen ist immer noch die Frage, ob sich langfristig auf dem deutschen Markt mit seiner räumlichen Begrenztheit von wenigen bevölkerungsintensiven Ballungsräumen ein oder zwei Privatprogramme in Konkurrenz zum öffentlich-rechtlichen System werden halten können. Durchsetzen dürfte sich letzten Endes mit großer Wahrscheinlichkeit nur ein zusätzliches nationales Privatprogramm mit »regionalen Fenstern« für landesorientierte Information, Unterhaltung und Werbung.

Angesichts dieser Rahmenbedingungen ist bei den elektronischen Medien langfristig mit einem erheblichen Zuwachs an Werbevolumen zu rechnen. Voraussetzung dafür ist aber, daß die Privatprogramme ein national orientiertes Reichweitenniveau erreichen und die bisher starre Block-Werbung im öffentlich-rechtlichen System zugunsten von ins Programm eingebetteter Werbung zurückgehen wird. Ferner kann unterstellt werden, daß der Anteil von Sonderwerbeformen spezifisch gesponserter und moderierter Werbung sowie Sonderplacierung wie etwa Zeitansage, Wetterkarte und Nachrichten ansteigen wird. Insgesamt dürfte somit die TV-Werbung ihren bisherigen reglementierenden »Ghetto«-Charakter verlieren.

Gleichwohl wird die massivste Konkurrenzbeziehung der Zukunft, sowohl im publizistischen Feld wie im Bereich der Werbung, zwischen den TV-Systemen selbst stattfinden. Auch in Zukunft bedeutet bei gleichbleibendem Zeitbudget die Fernsehnutzung eines Fernsehprogramms den Verzicht auf andere. Hieran ändert der Ausstattungsgrad der Haushalte mit Videorecordern wenig. Der Online-Charakter des Fernsehens sowie die geringe Elastizität des Zeitbudgets der Bevölkerung wird zu einer programmspezifischen Aufsplitterung der Reichweiten führen.

Der entscheidende Punkt ist aber: Die eigentliche Umbruchsituation des Fernsehmarktes der 90er Jahre stellt sich vor allem im Wettbewerb um Reichweiten in marktrelevanten und konsumstarken Zielgruppen dar. Damit wird sich der Trend der 70er und 80er Jahre einer Differenzierung und Segmentierung des Publikums bei der Nutzung von Massenmedien in den 90er Jahren verstärkt im Fernsehen fortsetzen. Mehr Fernsehprogramme bedeuten für die Verlage von Publikumszeitschriften nicht, daß sie sich publizistisch umorientieren müssen. Wohl aber wird sich die Systemkonkurrenz zwischen öffentlich-rechtlichem und privatem Fernsehen verschärfen. Konzentrationsprozesse sind aufgrund der hohen technischen und programmlichen Kosten unvermeidbar.

Der Hörfunk – vom »Dampfradio« zum tagesaktuellen Kommunikationsmedium

Der Hörfunk ist das älteste elektronische Kommunikationsmedium. Bereits 1913 wurden in den USA erste drahtlose Musikdarbietungen übertragen. Als Geburtsstunde des Hörfunks in Deutschland gilt der 29. Oktober 1923, als im Studio der »Deutschen Radiostunde AG« die erste Programmansage über den Äther ging.

Die technischen Grundlagen waren in Deutschland bereits 40 Jahre zuvor geschaffen worden. 1888 trat Heinrich Hertz den Beweis an, daß sich elektromagnetische Wellen ähnlich wie Lichtwellen über weite Entfernungen verbreiten. Bereits 1900 wurde die erste deutsche Funktelegraphenanlage auf Borkum in Betrieb genommen.

Die Zahl der Rundfunkteilnehmer stieg sehr rasch an: von Ende 1923 mit 467 auf Anfang 1925 rund 548000. Die Rundfunkgebühr wurde auf monatlich 2 Mark festgesetzt – sie blieb bis 1969 unverändert. 1924 nahmen acht private regionale Sender in Deutschland den Dienst auf. Sehr bald jedoch verschaffte sich die Reichspost die Kontrolle über diese Gesellschaften. 1925 wurde die Reichsrundfunkgesellschaft (RRG) gegründet, 1932 wurde der Rundfunk schließlich völlig verstaatlicht.

Nach Ende des Zweiten Weltkrieges richteten die Militärregierungen Sender für ihre Besatzungszonen ein. 1949 wurden auf der Ebene der Bundesländer Rundfunkgesetze geschaffen, die eine durch gesellschaftlich organisierte Aufsichtsgremien kontrollierte Unabhängigkeit der Rundfunkanstalten zum Ziel hatten. Damit wurde dem Rundfunk zur Gründung der Bundesrepublik die Grundlage als Anstalt öffentlichen Rechts gegeben.

Der Hörfunk, nach dem Krieg und dem einschneidenden Mißbrauch im Dritten Reich als Propagandainstrument durch das NS-Regime in neuer demokratischer Verfassung wieder aufgebaut, nahm eine rasante Entwicklung von einer Million Teilnehmer im Jahre 1926 bis 25 Millionen in 1985. Damit wurde eine Haushalts-Sättigung von derzeit 98,9 Prozent erreicht. Immerhin waren 1985 in 29 Prozent der Haushalte zwei, in 42 Prozent drei und mehr Radioempfänger vorhanden.

Der Hörfunk ist wie das Fernsehen ein transistorisches Medium, das Unterhaltung, Musik und Information im zeitlichen Verlauf anbietet. Sie sind für den Hörer im Gegensatz zum Leser einer Zeitschrift oder Zeitung, der jeden Artikel aufheben und beliebig nachlesen kann, allgemein nicht wiederholbar. Sie sind in der Regel nur während des Sendevorgangs als tagesbegleitendes Massenmedium wahrnehmbar, Radiorecorder sind die Ausnahme.

Die elektronische Konkurrenz des Fernsehens hat dem Hörfunk in seiner Beliebtheit keineswegs geschadet, wenngleich das alte »Dampfradio« in den 60er Jahren einer stürmischen TV-Orientierung als ein »Fernsehen ohne Bild« belächelt wurde. Inzwischen hat sich die Erfahrung durchgesetzt, daß der Hörfunk im Vergleich zu den anderen Massenmedien, ob Fernsehen oder Presse, durch seine Besonderheiten eher eine Ergänzung darstellt.

Der Hörfunk sendet in Deutschland praktisch rund um die Uhr – 32 Programme werden von 12 Sendern ausgestrahlt. Die Rundfunkanstalten der ARD strahlen 30 Hörfunkprogramme aus, die zwar nicht alle in allen Teilen der Bundesrepublik empfangbar sind, den Teilnehmern aber mindestens mehrere Programme eines Senders anbieten.

Öffentlich-rechtliche Veranstalter von Rundfunk sind heute neun Landes- bzw. Mehr-Länder-Rundfunkanstalten, die »Deutsche Welle« und der »Deutschlandfunk«, die nach Bundesrecht mit speziellen Programmaufträgen der Auslandsausstrahlung versehen wurden. Die zwölfte Hörfunk betreibende Rundfunkanstalt ist in West-Berlin RIAS Berlin mit zwei Programmen, die auch in die Bundesrepublik abgestrahlt werden. Die neun Landesrundfunkanstalten sowie als assoziiertes Mitglied der RIAS bieten eine breite Programmpalette: 27 deutschsprachige Hörfunkprogramme, zwei verschiedene Nachtprogramme, die von den einzelnen Anstalten übernommen werden, ein gemeinsam finanziertes Programm in verschiedenen Fremdsprachen für Ausländer in der Bundesrepublik, das deutschsprachige Programm des »Deutschlandfunk« sowie die beiden RIAS-Programme.

Radiohörer haben in der Bundesrepublik damit, abgesehen von Privatprogrammen, in der Regel die Wahl zwischen vier bis sechs, in der Nacht zwischen drei bis vier verschiedenen Inlandsprogrammen, abgesehen von den auf deutschem Boden stationierten Sendern alliierter Streitkräfte sowie grenzüberschreitenden Programmen von Auslandssendern.

Der Gesamtumfang des inländischen Angebots belief sich 1982

auf rund 227000 Programmstunden mit einem Hauptanteil der Landesrundfunkanstalten von 206000 Stunden. Diese Programmstunden verursachten Selbstkosten von insgesamt 1,3 Milliarden DM. Mit anderen Worten: eine Sendeminute kostet im Durchschnitt 106 DM. Das Hörfunkgebühren-Aufkommen 1984 belief sich bei einer Grundgebühr pro Haushalt von 5,05 DM auf insgesamt 1,45 Milliarden DM. Das entspricht weit mehr als einer Verdopplung des Gebührenaufkommens in 1970 von 568 Millionen DM.

Eine über alle Sender greifende Programmstruktur gibt es nicht, wenn man von den »Service«-Wellen der dritten Programme einmal absieht, die im wesentlichen Verkehrsmitteilungen und Nachrichten in ein unterhaltendes Musikprogramm einmischen. So beträgt der Musikanteil an den ARD-Programmen knapp 56 Prozent am Gesamtprogrammvolumen, wobei starke senderspezifische Schwankungen möglich sind. So ist der Wortanteil beim Norddeutschen Rundfunk erheblich höher als beim Hessischen Rundfunk.

1950 gab es in der Bundesrepublik 7,7 Millionen angemeldete Hörfunkgeräte. Die Zahl hat sich bis 1985 mit 25 Millionen mehr als verdreifacht. Bereits 1960 war eine Haushaltssättigung von 83 Prozent erreicht. Das führte in den Folgejahren zu einer Abflachung des Gerätezuwachses in Richtung einer totalen Haushaltsabdeckung.

Radio-Hören ist in der Regel keine isolierte Medianutzung, sondern vielmehr ein integraler Bestandteil im normalen Tagesablauf. Tagesablaufstudien liefern exakten Aufschluß über die zeitlichen Nutzungsschwerpunkte des Hörfunks. Die Haupthörzeiten liegen in den Morgenstunden, zur Mittagszeit und nachmittags gegen 17 Uhr. Zwischen 18.00 und 22.00 Uhr wirkt sich die Konkurrenz des Abendprogramms des Fernsehens auf die Radionutzung aus.

Obwohl der hohe Sättigungsgrad bei Hörfunkgeräten in den Haushalten bereits seit mehr als zwei Jahrzehnten besteht, hat sich die zeitliche Nutzung des Hörfunks seit 1974 nochmals positiv entwikkelt. Das durchschnittliche Zeitbudget erhöhte sich von 1974 mit einer Stunde, 53 Minuten auf 1984 mit zwei Stunden, 15 Minuten. Das ist ein Indikator dafür, daß insbesondere die Unterhaltungs- und Musikangebote der zweiten und dritten Programme zur Attraktivität des Hörfunks neue Impulse geliefert haben.

Im Gegensatz zur zentralen Regelung des Werbefernsehens für ZDF und ARD durch einen Staatsvertrag ist die Hörfunkwerbung nicht bundeseinheitlich geregelt. Nur zwischen dem NDR und den Ländern Hamburg, Schleswig-Holstein und Niedersachsen existiert ein Staatsvertrag. Die anderen Anstalten haben Art und Umfang von Hörfunkwerbung autonom festgelegt. Sie wird von allen ARD-Sendern, außer dem Westdeutschen Rundfunk, angeboten. Im Gegensatz zum Werbefernsehen gibt es beim Werbefunk keine für alle Sender verbindliche Limitierung der täglichen Werbefunkzeiten, allerdings ist für alle Sender ein langfristiger Buchungsschluß zum 1. Oktober des Vorjahres, wie beim Werbefernsehen, verbindlich.

Als ausländischer kommerzieller Sender hat Radio Luxemburg (RTL) eine Bedeutung als großflächiger Sender zur Abdeckung des »Werbefunk-Loches« des noch werbefreien WDR. Ab November 1987 wird der WDR allerdings in seinen beiden Programmen WDR 4 (bis 40 Minuten werktäglich) und WDR 2 (bis zu 20 Minuten) auch Werbung ausstrahlen. Das wird sich auch auf das RTL-Programm auswirken.

Die Durchführung der Hörfunkwerbung der ARD liegt bei Tochtergesellschaften, die wiederum zur Arbeitsgemeinschaft Rundfunkwerbung zusammengeschlossen sind. Die Zeiten, in denen Werbefunk ausgestrahlt wird, liegen für die 14 Werbeprogramme, die von 9 Sendern ausgestrahlt werden, außerordentlich unterschiedlich. An Sonn- und Feiertagen ist Werbung wie im ARD- und ZDF-Fernsehen ebenso grundsätzlich ausgeschlossen.

Die verkaufte Werbezeit im Hörfunk hatte 1984 einen Anteil am Gesamtprogramm aller ARD-Sender von 1,6 Prozent oder 3421 Stunden. Eine ganz erhebliche Steigerung um 10 Prozent auf 580 Millionen DM konnten die Nettoumsätze des Werbefunks 1986 verzeichnen. Damit wurde der 1985 eingetretene Rückgang von 1,4 Prozent mehr als ausgeglichen. RTL steigerte seine Nettoumsätze aus Hörfunkwerbung um 13,8 Prozent auf 73,2 Millionen DM. Damit erzielte RTL erstmals seit 1980 wieder Umsatzsteigerungen bei der Hörfunkwerbung.

Das insgesamt hervorragende Bild der technischen Reichweite und der zeitlichen Nutzung des Mediums Hörfunk hat sich auch auf die positive Entwicklung des Werbefunks ausgewirkt. Hatten noch 1976 ganze 49 Prozent der erwachsenen Bevölkerung täglich Werbefunk gehört, so waren es 1984 bereits 80 Prozent. Die Reichweite des Werbefunks für eine durchschnittliche Stunde pro Tag liegt bei

16,5 Prozent. Hörerstruktur und -zahl variieren stark im Tagesablauf, dem Programmangebot und dem darauf gerichteten Interesse. Globale Nutzer-Schwerpunkte lassen sich bei jüngeren Bevölkerungsgruppen mit mittlerem sozialen Status ausmachen; Frauen hören etwas mehr Werbefunk als Männer.

Die Zukunftsperspektiven lassen eine noch breitere Programmvielfalt des Hörfunks erwarten. Hier bieten sich Privatanbietern in allen Bundesländern neue Chancen. So nahmen im Laufe des Jahres 1986 mehrere terrestrisch ausgestrahlte private Hörfunkprogramme mit zum Teil landesweiter Verbreitung den Programmbetrieb auf.

Als erstes landesweites privates Hörfunkprogramm in der Bundesrepublik ging am 1. Mai 1986 »Radio 4« in Rheinland-Pfalz auf Sendung. Das Programm wird von vier Anbietergemeinschaften getragen. Ab Juli 1986 strahlt Radio Schleswig-Holstein (RSH) ein landesweites Privatprogramm aus, das von 16 schleswig-holsteinischen Verlagen veranstaltet wird und beim Publikum gut ankommt.

Zum Jahreswechsel 1986/87 haben in Norddeutschland zwei weitere private Radiosender ihre Programme gestartet: Radio Hamburg und Radio Funk und Fernsehen Nordwestdeutschland (ffn). ffn wird von niedersächsischen Zeitungs-, Zeitschriften- und Buchverlagen veranstaltet. In Hamburg wird zusätzlich, im Juli 1987, »Radio 107« starten. Im Süden der Bundesrepublik sind bislang nur wenige private Hörfunkfrequenzen vergeben. In Bayern hat 1986 eine Reihe privater Lokalsender in München und Nürnberg den Sendebetrieb aufgenommen. Eine landesweite bayerische Hörfunkkette privater Veranstalter befindet sich in Vorbereitung, ähnliches gilt für Baden-Württemberg. Alle neuen privaten Hörfunkprogramme müssen sich ausschließlich aus Werbeeinnahmen finanzieren.

Aus allem ergibt sich, daß sich der Umbruch in der deutschen Hörfunklandschaft seit 1985 kontinuierlich mit dem Ergebnis einer größeren Programmauswahl für den Hörer vollzieht. Die Hoheit zur Zuteilung weiterer Frequenzen für Privatanbieter liegt bei den einzelnen Landesparlamenten. Für die Vergabe werden zwei Modelle praktiziert: das binnenpluralistische Rundfunkmodell mit landesweiten, flächendeckenden Senderketten, Vollprogrammen und lokalen »Fenstern« für Privatanbieter, das verschiedenen Meinungen und Sparten Raum läßt. Dieses wird vornehmlich in Norddeutschland praktiziert. Dagegen steht ein außerpluralistisches Modell mit einer Aufteilung der Frequenzen in viele Sender mit lokal/regional begrenzter Sendeleistung (»Low-Power-Stations«). Hier soll sich eine möglichst breite Programmvielfalt etablieren. Diese Tendenz ist im süddeutschen Raum zu beobachten.

Daneben bieten aber auch die derzeitigen Kabelpilotprojekte lokalen Anbietern die Möglichkeit, Radioprogramme über Kabel mit einer optimalen Stereoqualität auszustrahlen.

Ferner wird es in absehbarer Zeit Satelliten-Radio geben. Auf dem geplanten Direkt-TV-Satelliten »TV-SAT« wird einer der insgesamt 16 Kanäle für Hörfunkprogramme zur Verfügung gestellt werden. Diese Programme können dann in Mitteleuropa von den Haushalten mit einer kleinen stationären Antenne empfangen werden.

Die Klangqualität des Hörfunks wird künftig durch digitale Übertragungstechnik, heute bereits durch die Compact-Disc im Schallplattenbereich bekannt, neue Dimensionen erreichen.

Die Umbruchsituation in der Hörfunklandschaft wird künftig vor allem durch programmliche Vielfalt mit einer breiten Angebotspalette für unterschiedliche Bevölkerungsgruppen geprägt sein.

Prognose bis 1995 – Expertenmeinungen zu Umbrüchen in der Medienlandschaft

Vom 27. bis 30. November 1985 fand in Hamburg der erste »Inter Media Congress Hamburg« statt. Gastgeber war die Hansestadt Hamburg als Deutschlands »heimliche Medienhauptstadt«. Der Kongreß führte über 700 Experten aus 26 Ländern aller Sparten des Medienwesens zusammen: Verleger, Chefredakteure, Fernsehproduzenten, Werbefachleute und Medien-Wissenschaftler. Aber nicht nur 72 internationale Referenten kamen zur Zukunft der Medien zu Wort, auch die 700 Teilnehmer selbst in zwei Runden einer Delphi-Umfrage.

Die Delphi-Methode (in Anlehnung an das Orakel von Delphi) hat generell als Experten-Exploration die Zielsetzung, Meinungen von Fachleuten über zukünftige Ereignisse methodisch vergleich- und auswertbar im Rahmen mündlicher oder schriftlicher Befragungen zusammenzufassen.

Diese hatte, von einem Marktforschungsinstitut während des Kongresses durchgeführt, zum Ziel, Ansichten der Experten über das zukünftige Medien-Angebot und die künftige Medien-Konkurrenz zusammenzuführen. Es sollte dabei der Versuch unternommen werden, ein Meinungsbild über wichtige Entwicklungen innerhalb der Medienlandschaft - etwa in den nächsten zehn Jahren bis 1995 - zu erstellen.

Die Ergebnisse beider Delphi-Runden sind nachstehend auszugsweise im Überblick wiedergegeben. Sie bieten kompetente, aktuelle Ansatzpunkte einer praxisorientierten Prognose der künftigen Medienentwicklung.

Die Nutzung elektronischer Medien durch Private Haushalte

Herkömmliches Fernsehen sowie Satelliten- und Kabel-Fernsehen werden im wesentlichen die Medien der privaten Haushalte 1995 sein. 66 Prozent der Kongreß-Teilnehmer meinen, daß 1995 rund die Hälfte aller Haushalte Kabel-Fernsehen nutzen wird.

Pay-TV, Bildschirmtext und Bildplatte werden in privaten Haushalten nach Ansicht der Befragten 1995 noch nicht den großen Durchbruch erreicht haben. 68 Prozent der befragten Kongreß-Teilnehmer meinen, daß bis zu 10 Prozent der Haushalte 1995 Btx nutzen werden, 22 Prozent glauben dagegen, daß es bis zu 50 Prozent der Privathaushalte sein werden.

Die private Nutzung von Print-Medien bis 1995

Der Einfluß der neuen elektronischen Medien auf die Print-Medien wird von den Befragten sehr unterschiedlich eingeschätzt. Betroffen von der neuen Konkurrenz sind nach ihrer Meinung vor allem die General Interest-Medien; 57 Prozent der Befragten meinen, daß diese Medien bis 1995 abnehmende Bedeutung haben werden. Dem steht gegenüber eine zunehmende Bedeutung der Special Interest-Medien; 61 Prozent meinen, daß diese Medien-Gattung bis 1995 zunehmende Bedeutung erlangen wird.

Die Tageszeitungen werden voraussichtlich ihre bisherige Bedeutung weitgehend behalten.

Zunehmende Bedeutung vermutet man bei allen Medien, die Informationen zu Spezialthemen aus dem Fach- und Sachbereich vermitteln. Günstige Aussichten also für Fachzeitschriften und Sachbücher.

Die Bedeutung der Medien als Werbeträger 1995

Unter den Werbeträgern sprechen die befragten Teilnehmer insbesondere dem Kabel- mit 87 Prozent und dem Satellitenfernsehen mit 90 Prozent eine bedeutsame Entwicklung zu. Dieser Bedeutungs-Zuwachs resultiert nicht zuletzt daraus, daß beide Medien sich erst entwickeln und gegenüber den herkömmlichen Medien behaupten müssen.

Unterschiedlich wird die Entwicklung der übrigen Medien als Werbeträger eingeschätzt.

Für Tageszeitungen, Hörfunk und terristisches Fernsehen wird mehr oder weniger gleichbleibende Entwicklung vorausgesagt, was in Abhängigkeit zur privaten Nutzung dieser Medien steht.

Einbußen als Werbeträger werden nach der Befragten-Meinung vor allem die Publikumszeitschriften hinnehmen müssen; unter den abgefragten Medien hat diese Gattung mit 42 Prozent den höchsten Wert für »abnehmende Bedeutung« als Werbeträger.

Zunehmende Bedeutung als Werbeträger wird dagegen Btx (37 Prozent), Direktwerbung (36) und Fachzeitschriften (32 Prozent) zugesprochen.

Die Auswirkungen Elektronischer Medien auf Mensch und Gesellschaft bis 1995

Schwierig war für die befragten Kongreß-Teilnehmer die Einschätzung der zukünftigen Auswirkungen elektronischer Medien auf den einzelnen Menschen und die Gesellschaft insgesamt: Etwa ein Viertel bis ein Drittel stimmt »vollkommen« bzw. »teilweise« folgenden Thesen für 1995 zu:

- Die Verbalisierungs-Fähigkeit der Menschen geht zurück
- Soziale Bindungen verarmen
- Menschen lesen kaum noch
- Es findet eine Überflutung mit Informationen statt
- Spezial-Wissen verdrängt Allgemein-Bildung

Doch offensichtlich war man gerade bei diesen generellen Aussagen sehr unsicher im Hinblick auf die zukünftige Entwicklung; sind doch 29 Prozent der Befragten der Meinung, daß Spezial-Wissen nicht die Allgemein-Bildung verdrängt, und ebenso stimmen 30 Prozent der These »Das Niveau der Kultur in den Medien sinkt« überhaupt nicht zu.

Dieser Kulturoptimismus ist trotz der Verunsicherung durch Expertenmeinungen, -analysen und -prognosen sicherlich für alle am deutschen Medienmarkt Interessierten, den Lesern, Zuschauern und Hörern, aber auch den Redakteuren, Verlegern und Programmverantwortlichen, eine hoffnungsvolle Perspektive angesichts des Umbruchs in der deutschen Medienlandschaft.

Der Umbruch auf den Weltenergiemärkten und unternehmenspolitische Anpassungsstrategien

Wolfgang Müller-Michaelis

So wenig der Umbruch auf den Weltrohstoffmärkten in vielen Volkswirtschaften bisher verkraftet worden ist und möglicherweise noch weitere weltwirtschaftliche Folgewirkungen bereithält, so sehr sahen sich die in diesen Märkten tätigen Unternehmen der Notwendigkeit unmittelbarer Anpassungsreaktionen ausgesetzt. In der Bundesrepublik Deutschland lag der zeitliche Schwerpunkt dieses unternehmerischen Reformwerks in den Jahren 1982 bis 1985. Kaum jemals zuvor hat ein ganzer Industriezweig sein Produktionsvolumen, seine logistischen Infrastrukturen und seinen organisatorischen Aufbau so drastisch den grundlegend veränderten Märkten angepaßt, wie es die Mineralölindustrie in dieser kurzen Zeitspanne getan hat. Bemerkenswert an diesem tiefgreifenden Anpassungsprozeß war, daß er in unternehmerischer Selbsthilfe, ohne ›Ruf nach dem Staat‹ bewältigt wurde.

Alles in allem hat das weltumspannende »ökonomische Dauererdbeben« von 1974–1986 mit seinen drei »Ausbrüchen« (OPEC I, II und III) tiefe Spuren in den weltwirtschaftlichen »fundamentals« hinterlassen. 30 Millionen Arbeitslose in den OECD-Ländern und 1000 Milliarden Dollar Gesamtverschuldung in den Entwicklungsländern sind zwei Hypotheken, die schwer wiegen und noch schwerer abzutragen sein werden.

So wenig der Umbruch auf den Weltrohstoffmärkten in vielen Volkswirtschaften bisher verkraftet worden ist und möglicherweise noch weitere weltwirtschaftliche Folgewirkungen bereithält, so sehr sahen sich die in diesen Märkten tätigen Unternehmen der Notwendigkeit unmittelbarer Anpassungsreaktionen ausgesetzt. In der Bundesrepublik Deutschland lag der zeitliche Schwerpunkt dieses unternehmerischen Reformwerks in den Jahren 1982 bis 1985. Kaum jemals zuvor hat ein ganzer Industriezweig sein Produktionsvolumen, seine logistischen Infrastrukturen und seinen organisatorischen Aufbau so drastisch den grundlegend veränderten Märkten angepaßt, wie es die Mineralölindustrie in dieser kurzen Zeitspanne getan hat. Dabei waren von einigen Unternehmen schon fünf Jahre vorher als Reaktion auf die erste Ölpreiseskalation strukturelle Weichenstellungen eingeleitet worden, die ihren strategischen Wert erst jetzt voll unter Beweis stellten. Bemerkenswert an diesem tiefgreifenden Anpassungsprozeß war, daß er – obgleich durch externe politische Faktoren ausgelöst – in unternehmerischer Selbsthilfe, ohne »Ruf nach dem Staat« bewältigt wurde.

Einführung

Die Umbruchphase auf den Energierohstoffmärkten von 1974–1986 ist hinsichtlich Stärke der Preisausschläge und Tempo ihrer Aufeinanderfolge ohne Beispiel in der Weltwirtschaftsgeschichte. Stieg der Preis des Rohöls, des wichtigsten Rohstoffes der Weltwirtschaft, in der ersten Eskalation 1973/74 von zwei Dollar je Faß auf 12 Dollar je Faß an und wurde er im zweiten ungleich stärkeren Ausschlag 1979/80 auf zeitweilig über 40 Dollar je Faß hochkatapultiert, sackte er im Frühsommer 1986 auf den seither niedrigsten Tiefpunkt von 8 Dollar je Faß ab.

Wegen der führenden Stellung des Mineralöls in den Energiebilanzen praktisch aller Industriestaaten und aufgrund seiner Bedeutung als wichtigster Rohstoff der Chemie hat der Ölpreis eine Leitpreisfunktion für alle übrigen Energierohstoffe. Das ist der Grund dafür, daß Ölpreisveränderungen, zumal mit diesen extremen, erratischen Ausschlägen, so nachhaltige Auswirkungen auf Kosten und Preise aller Güter und Dienstleistungen und damit auf das Einkommen der Menschen haben, egal ob sie in Deutschland, Pakistan oder Mexiko leben.

Noch nie sind Reichtümer in so kurzer Zeit in derartigen Dimensionen angehäuft worden, um dann anschließend wieder in hohe Verschuldungen umzuschlagen. Noch nie zuvor sind weltweite Einkommensströme zwischen Ländergruppen in so starkem Ausmaß und so kurzfristig verlagert worden. Noch nie ist das Weltwährungssystem wegen der daraus resultierenden Verwerfungen in den Leistungsbilanzen praktisch aller am Welthandel beteiligten Länder so heftig strapaziert worden.

Als Zeitgenossen dieses globalen Vorgangs ist unsere Betroffenheit von seinen Folgen sehr unterschiedlich ausgeprägt, je nach dem, ob wir ihn aus der Sicht eines Rohstoffproduzentenlandes, eines Energie importierenden Industriestaates oder eines rohstoffarmen Entwicklungslandes erleben.

Rohstoffarme Entwicklungsländer, die in den Rohölpreis-Haussen nach 1974 und 1980 ihre Ölimportrechnungen aus ihren Exporterlösen nicht mehr bezahlen konnten und deren Verschuldung sich in der Folge dramatisch verschlechterte, sind nach der Preis-Baisse 1985/86 hinsichtlich der Dynamik ihrer Verschuldungs-Entwicklung merklich entlastet worden, auch wenn sich ihr Schuldenstatus kaum abgebaut hat. Die nicht-industriellen Rohölproduzentenländer, die im Vertrauen auf Langfristigkeit des plötzlichen Öldollar-Reichtums nach den beiden Preisexplosionen anspruchsvolle Infrastruktur-Projekte auflegten, fanden sich nach dem Absturz der Ölpreise in der ungewohnten Rolle als Schuldnerländer wieder. In den ölimportierenden Industrieländern schließlich, deren Leistungsbilanzen nach den beiden Ölpreiskrisen in der Mitte und am Ende der 70er Jahre erheblich defizitär wurden, hat der Pendelumschwung zum Abstieg der Ölpreise zu erheblichen unmittelbaren Einkommenssteigerungen geführt, die allerdings mehr und mehr in Kontrast mit den mittelfristigen Auswirkungen rückläufiger Investitionsprogramme in der Weltrohstoffwirtschaft und den sich daran anschließenden kontraktiven Folgeprozessen in vor- und nachgelagerten Wirtschaftszweigen geraten.

Im Folgenden sollen unternehmenspolitische Antworten auf OPEC I und II mit den jeweiligen Zeitumständen entsprechend differenzierten Anpassungsstrategien beispielhaft dargestellt und dabei gezeigt werden, wie beide Strategien sich im Zeitablauf ergänzt und die »Härteprobe aufs Exempel« in der Baisse von OPEC III bestanden haben. Zuvor aber soll zum besseren Verständnis auf das Epizentrum des »ökonomischen Weltbebens«, die OPEC, eingegangen werden.

Der Auslöser – OPEC I

Es ist richtig, daß der geradezu explosionsartige Ausschlag der Rohölpreise nach der Iran-Revolution 1979/80 die eigentliche »Zeitenwende« für die fossilen Energierohstoffe einläutete und die Energieunternehmen nicht nur zu einer Totalrevision ihrer langfristigen Investitionsprogramme, sondern darüber hinaus zu Desinvestitionen bisher nicht bekannten Ausmaßes zwang.

Richtig ist aber auch, daß bereits die dem Jom Kippur-Krieg vom Oktober 1973 folgende Eskalationsphase aus der Sicht des Frühjahrs 1974 als ein außergewöhnlicher und alle Grenzen herkömmlicher Vorstellungen sprengender Vorgang angesehen wurde. Bis zu diesem Zeitpunkt galt der Preis des Rohöls, das seinen Siegeszug als Energieträger und Chemierohstoff gegen die in beiden Verwendungsbereichen vorher führende Kohle erst seit Ende des Zweiten Weltkrieges angetreten hatte, als maßgeblich kostenorientiert.

Die Höhe der Förderkosten, Konzessionsabgaben und Transport- und Umschlagkosten waren die wesentlichen Determinanten dafür, daß ein in Jahrmillionen gereifter Rohstoff in den 60er Jahren zum Preis von einem Dollar je Faß in den Ölverladehäfen des Persisch-Arabischen Golfs in die Tanker gepumpt wurde. Die internationalen Mineralölgesellschaften, in deren Besitz die mittelöstlichen Förderkonzessionen waren, konnten zu diesem Preis sowohl die Substitutionskonkurrenz gegen die Kohle aufnehmen als auch eine für den dynamischen Aufbau dieser jungen Industrie erforderliche ausreichende Marge erwirtschaften.

Wegen der großen Dimension der Ölfelder erreichten die Explorations- und Förderkosten je Produktionseinheit (Faß) nur marginale Größenordnungen, dasselbe galt für die Förderabgaben. Doch selbst angesichts des niedrigen Niveaus der Konzessions- und Förderabgaben erzielte die OPEC im Jahre 1965 bei einer Förderung von 14 Millionen Faß pro Tag Einnahmen von 8 Milliarden Dollar, im Jahr 1970 bei einer Förderung von 23 Millionen Faß pro Tag Einnahmen von 14,5 Milliarden Dollar.

Die OPEC – Organization of the Petroleum Exporting Countries – war als ein Interessenverband von nicht-industrialisierten Ländern mit großen Rohölvorkommen bereits 1960 gegründet worden. Ziel war es von Anbeginn, durch gemeinschaftliches Handeln eine Erhöhung der Konzessions- und Förderabgaben gegenüber den ölverbrauchenden Industrieländern, vertreten durch die internationalen Mineralölgesellschaften, durchzusetzen.

Im ersten Jahrzehnt ihres Bestehens gelang es den OPEC-Staaten in mehreren Konferenzen, gegenüber den Mineralölgesellschaften höhere Abgaben zugunsten ihrer Staatsbudgets durchzusetzen, aber bei weitem nicht in der gewünschten Größenordnung. Von diesem Dissenz war auch die letzte große Konferenz zwischen OPEC-Ländern und Ölgesellschaften in Teheran im Jahr 1972 bestimmt. Erst als nach Ausbruch des israelisch-arabischen Krieges vom Oktober 1973 eine starke Bevorratungswelle einsetzte, waren erstmalig vom Markt her die Voraussetzungen für eine aktive Preispolitik der OPEC-Staaten gegeben. In einem in der bisherigen Wirtschaftsgeschichte einmaligen Akt autoritativer Preisfestsetzung mit sofortiger weltumspannender Wirkung verkündete der damalige OPEC-Sprecher, der iranische Finanzminister Amouzegar, eine Vervierfachung des wichtigsten Rohstoffpreises der Weltwirtschaft in zwei aufeinanderfolgenden Stufen (Oktober 1973 von 3 Dollar je Faß auf 5 Dollar je Faß; im Dezember von 5 Dollar je Faß auf 12 Dollar je Faß ab Januar 1974). Das war die eigentliche Geburtsstunde des mächtigsten Rohstoffkartells, das jemals auf dieser Welt zur Wirkung kam und unter Einschluß einer halbjährigen Schwächephase im Jahre 1986 bis heute seinen Zusammenhalt bewahrt hat.

Das ist um so erstaunlicher, als die Zusammensetzung dieser 13 Länder umfassenden Staatengruppe ausgesprochen heterogen ist. In ihr finden sich bevölkerungsreiche, aber relativ reservearme (Algerien, Libyen, Indonesien, Nigeria) und bevölkerungsarme, aber ressourcenreiche (Saudi-Arabien und übrige Scheichtümer auf der arabischen Golfseite) Länder zusammen; royalistische Herrschaftssysteme stehen Revolutionsregimen gegenüber; zwei OPEC-Mitglieder, der religiös-fundamentalistische Iran und der einen islamischen Sozialismus vertretende Irak, haben sich seit sieben Jahren in einen der blutigsten Kriege des Mittleren Ostens verbissen. Aber trotz aller politischen, wirtschaftlichen, kulturellen und religiösen Fragmentierung hat das Rohstoffkartell seine Geschlossenheit immer wieder bewahren können und ist damit zu einem der entscheidenden weltwirtschaftlichen Bestimmungsfaktoren geworden.

Wer den Rohölpreis diktiert, bestimmt die übrigen Energierohstoffpreise und damit deren Angebotsspielraum. Die Höhe der Energiepreise als einer der Regulatoren des weltweiten Wirtschaftswachstums bestimmt wiederum das Einkommen der Menschen, das heißt das Ausmaß von Wohlstand und Armut in den einzelnen Regionen der Welt wesentlich mit.

Das Preisdiktat der OPEC 1973 erbrachte zunächst für die eigenen Kartellmitglieder einen großen Reichtum. Die Öleinnahmen aller OPEC-Staaten stiegen von 1973 auf 1974 von 23 Milliarden Dollar auf 87 Milliarden Dollar an. Gleichzeitig aber ergoß sich ein Reichtum auf alle anderen Ölförderstaaten der Welt, die der Preisführerschaft der OPEC – wie in einem klassischen Modellfall zur Demonstration der Preisbildung im Oligopol – durch Anpassung ihrer Angebotspreise unmittelbar gefolgt waren.

So kam es, daß die beiden führenden Weltmächte USA und UdSSR als die beiden größten Rohölproduzenten der Welt am stärksten von den positiven Einkommenswirkungen des OPEC-Kartells profitierten. Abgestuft nach der jeweiligen Förderhöhe war dies für alle übrigen Länder der Fall, die über eine eigene Ölförderung verfügten. Wegen der traditionellen Orientierung des Naturgaspreises am Rohölpreis galt dies analog für die Naturgas-fördernden Länder.

Auf der anderen Seite gerieten alle jene Länder in eine bedrängte Situation, die auf den Import dieser um ein Vielfaches teurer gewordenen Energieträger angewiesen waren. Besonders ausgeprägt galt dies für die Ressourcen-armen Industrieregionen Europa und Japan sowie für die meisten Entwicklungsländer Südamerikas, Afrikas und Südostasiens. Wirtschaftsrezession und starker Rückgang der Öl- und Energienachfrage im weltweiten Maßstab waren die Folge.

Die einzelnen Staaten und Energieunternehmen waren auf diesen externen politischen Einschnitt in Form des OPEC-Preisdiktats unterterschiedlich gut vorbereitet. Die USA hatten bereits zwei Jahre vorher im August 1971 im Rahmen ihres Economic Stabilization Program Preiskontrollen für heimisches Rohöl sowie Mineralölprodukte eingeführt. Auf diese Weise wurden Wirtschaft und Verbraucher in den USA von den steigenden Belastungen der Ölpreisexplosion weitgehend abgeschirmt. Denn nachdem die Preise für das OPEC-Rohöl eskaliert waren, wurden die Preiskontrollen für inländisches Rohöl mit einem sogenannten »Entitlement Right System« verbunden, das einen internen Belastungsausgleich unter den Raffineriegesellschaften zur Vermeidung von Wettbewerbsverzerrungen herbeiführte.

Dieses Ausgleichssystem ging von der Überlegung aus, daß zwei Raffinerien nicht miteinander im Wettbewerb stehen konnten, von denen die eine von heute auf morgen ein auf 13 Dollar je Faß verteuertes OPEC-Rohöl verarbeiten mußte, während die andere durch die Umstände begünstigt heimisches US-Rohöl von 7,60 Dollar je Faß (festgelegter Durchschnittspreis für »altes« und »neues« heimisches Rohöl) einsetzen konnte. Durch das interne Ausgleichssystem wurden praktisch alle Raffinerien so gestellt, als ob sie über annähernd gleiche Rohöleinsatzkosten verfügten.

Die Folge dieses bemerkenswerten Versuchs, die Wettbewerbswirkungen des extern politisch ausgelösten Preisdiktats der OPEC für die Volkswirtschaft der USA zu kompensieren, waren eine hohe Auslastung der Raffineriekapazitäten verbunden mit guter Beschäftigungslage, vergleichsweise niedrige Energiekosten und daraus abzuleitende komparative weltwirtschaftliche Kostenvorteile. Erst unter der Reagan-Administration wurde dieses Kontrollsystem nach fast zehnjähriger Dauer im Januar 1981 wieder abgeschafft.

Auch die Freude der Ölgesellschaften in den europäischen Nordsee-Anliegerstaaten Großbritannien und Norwegen über die OPEC-induzierte Preisexplosion hielt sich in Grenzen. Denn die Regierungen dieser Länder reagierten unverzüglich und lenkten den unverhofften Reichtum zum größten Teil auf die Staatskassen um. Über ein mehrstufiges Besteuerungssystem wurden in der Spitze bis zu 90 Prozent der Differenz zwischen Förderkosten und Weltmarktpreis abgeschöpft. Die Pionierleistung der an der Erschließung des Nordseeöls und der Gasvorkommen in der Nordsee beteiligten Unternehmen wurde auf diese Weise nicht honoriert. Ein moderateres Steuersystem, wie es sich in Ansätzen erst seit Mitte der 80er Jahre abzeichnet, hätte sicherlich größere Anreize zur Erschließung neuer Vorkommen geschaffen.

In der Bundesrepublik Deutschland stand die Bundesregierung Überlegungen einer staatlichen Kompensation der durch das OPEC-Preisdiktat herbeigeführten Negativ-Wirkungen auf die Wettbewerbssituation am deutschen Mineralölmarkt grundsätzlich ablehnend gegenüber, auch wenn 1980 in Reaktion auf die erste Ölpreiseskalation die Förderzinsen angehoben wurden. Dabei hatte das OPEC-Preiskartell den deutschen Ölmarkt über Nacht in genau zwei Hälften aufgeteilt, von denen die eine Gruppe von Unternehmen durch Zugang zu heimischen Öl- und Gasquellen über OPEC-induzierte »Windfall Profits« in Höhe mehrerer Milliarden DM pro Jahr verfügte, während die andere den alleinigen Nachteil der exorbitant gestiegenen Rohölpreise über hohe Beschaffungskosten ohne einen Ausgleich auf der »upstream«-Seite zu tragen hatte. Daher mußten die durch OPEC »ins Abseits« gestellten Unternehmen aus eigener Kraft Überlebensstrategien entwickeln und in die Wirklichkeit umsetzen.

Die Antwort des BP/Veba-Vertrages

Das alte chinesische Schriftzeichen, das zugleich Krise und Chance bedeutet, findet in der deutschen Spruchweisheit, nach der Not erfinderisch macht, eine Entsprechung. Die beiden größten der von der OPEC-Preispolitik einseitig negativ getroffenen Unternehmen der deutschen Mineralölindustrie, die Deutsche BP AG und die Veba AG, standen durch die neuen politisch verursachten Marktbedingungen unter Handlungszwang. Die OPEC-Preispolitik, die sie unternehmenspolitisch als extreme Belastung wie einen »Mühlstein um den Hals« empfinden mußten, bedeutete für andere Unternehmen einen »Goldregen« in Form enormer Sondereinkommen aus der heimischen Öl- und Gasförderung. Diese Wettbewerbsverzerrung kumulierte sich mit den für alle Energieunternehmen gleichermaßen eingetretenen Veränderungen der Marktbedingungen, insbesondere mit einer Umkehr der vorher geltenden Dynamik der Öl- und Energienachfrageentwicklung.

In diesem Zusammenhang ist die im Ersten Energieprogramm der Bundesregierung enthaltene Energieprognose - gerichtet auf das Jahr 1985 - von besonderem Interesse, die im September 1973 - das heißt einen Monat vor Ausbruch des Jom-Kippur-Krieges - veröffentlicht wurde. Sie sah für das Jahr 1985 einen Primärenergieverbrauch in der Bundesrepublik Deutschland - in weitgehender Übereinstimmung mit den seinerzeit vorliegenden Energieprognosen der Energieunternehmen und Institute - in Höhe von 610 Millionen Tonnen Steinkohleneinheiten (SKE) voraus.

Diese Prognose-Zahl für 1985 wurde dann in der Zweiten Fortschreibung des Energieprogramms der Bundesregierung im Jahr 1977 unter Einschluß der Erfahrungen aus der ersten Ölpreiskrise auf die Zielgröße 480 Millionen Tonnen SKE reduziert. Da im Jahr 1977 niemand die Iran-Revolution und die durch sie ausgelöste zweite Ölpreiskrise 1979/80 vorhersehen konnte, ist es nicht verwunderlich, daß der tatsächliche Verbrauch an Primärenergie in der Bundesrepublik im Jahr 1985 bei 380 Millionen Tonnen gelegen hat, das heißt um 230 Millionen Tonnen oder rund 40 Prozent unter dem ursprünglich prognostizierten Wert.

Angesichts dieser Ausgangslage war ein neuer strategischer Ansatz gefragt, der in der Deutschen BP AG zu Beginn des Jahres 1976 in einem unternehmenspolitischen Sieben-Punkte-Programm seinen Niederschlag fand, das neben Neuorientierungen in der Personalpolitik und einer offensiven Öffentlichkeitsarbeit folgende Schwerpunktziele beschrieb:

- Ausbrechen aus der einseitigen Ölgebundenheit des Unternehmens durch Diversifikation in neue Energiemärkte wie Gas und Kohle.
- Innerhalb des Ölgeschäfts Schwerpunktverlagerung zum Handels- und Vertriebsbereich
- und damit verbunden Ausbau einer flexibleren Versorgungsstruktur.

- Im Raffineriebereich Anpassung an die veränderten Marktbedingungen durch Ausbau der Konversionskapazitäten
- und schließlich Ausbau der Unternehmensaktivitäten im Petrochemie- und Kunststoffbereich.

In diesem Sieben-Punkte-Programm waren bereits - mit Ausnahme der Ziele zum Bereich Petrochemie/Kunststoffe, die parallel ebenfalls intensiv verfolgt wurden - alle wesentlichen Elemente angesprochen, die zwei Jahre später, am 12. Juni 1978, zum Abschluß des BP/Veba-Vertrages führten. Für den Kaufpreis von 800 Millionen DM erwarb die Deutsche BP AG von der Veba AG die umstrukturierte Gelsenberg AG mit folgenden Aktivitäten:

- 25 Prozent an der Ruhrgas
- den Stinnes-Stromeyer Brennstoffhandel
- die Stinnes/Fanal Vertriebsorganisation
- 50 Prozent an der ERIAG
- 25 Prozent an der Raffinerie Speyer
- 31 Prozent am Flüssiggasterminal DFTG.

Die Veba AG erhielt im Rahmen dieses Vertrages von der BP Gruppe außerdem das Recht, bis zum Jahr 2000 jährlich drei Millionen Tonnen Rohöl zu beziehen..

Dieser Vertrag, der zu den größen Unternehmenszusammenschlüssen der deutschen Wirtschaftsgeschichte zählt, und der nach Durchlaufen des kartellrechtlichen Verfahrens am 5. März 1979 die Ministergenehmigung erhielt, wurde wohl zu Recht von Hans Baumann in der WELT vom 20. 3. 1987 als ein »Deal« bezeichnet, »aus dem sowohl von Bennigsen als auch BP Chef Hellmuth Buddenberg als Sieger hervorgingen.« Während Veba in die Lage versetzt wurde, seine Chemie- und Kernkraftinteressen auszubauen und seine Versorgungsbasis im Ölbereich zu verbessern, konnte die BP entsprechend ihrer Unternehmensstrategie ihre Gas- und Kohleinteressen ausbauen und zugleich im Ölgeschäft das Engagement im Vertriebs- und Handelsbereich markant ausweiten, zumal mit 8 Millionen Tonnen ein Handelsvolumen übernommen wurde, das die mitübernommenen Raffinerieanteile um das Doppelte übertraf.

Die Übernahme der Raffinerieanteile an den Raffinerien ERIAG und Speyer durch die BP ist in der Wirtschaftspresse hier und dort in dem Sinne kolportiert worden, daß sich die Veba auf diese Weise ihrer Raffinerieüberkapazitäten entledigt habe. Das ist selbstverständlich nicht der Fall, denn die Veba hat den Abbau ihrer Raffineriekapazitäten im großen Maßstab erst *nach* Durchführung des BP/Veba-Vertrages in Angriff genommen. Veba und BP verfügten beide nach Durchführung des Vertrages (Ende 1979) über gut 22 Millionen Tonnen Raffineriekapazität (Veba 22,8 Millionen Tonnen; BP 22,2 Millionen Tonnen). Dabei kam die Veba von ihrer traditionellen Kapazität von rund 27 Millionen Tonnen her. Die traditionelle Kapazität der Deutschen BP betrug in den 70er Jahren 20 Millionen Tonnen. Da im Falle der ERIAG bereits im Zuge der Übernahme 1979 eine Kapazitätsreduzierung (minus 1,75 Millionen Tonnen) erfolgte, parallel dazu im selben Jahr in den angestammten BP Raffinerien Hamburg und Ruhr Kapazitätsanpassungen erfolgten (minus 2 Millionen Tonnen), kam es zu dieser annähernden Gleichheit der Kapazitäten von Veba und BP Ende 1979.

Die BP hat dann mit dem übernommenen 25 Prozent-Anteil an der Raffinerie Speyer 1979, dem einzigen Jahr in der Nachkriegszeit, in dem man in Deutschland im Raffineriedurchsatz gutes Geld verdienen konnte, den anteiligen Kaufpreis für diesen Raffinerieteil mehr als hereingeholt; als Folge der Marktveränderungen nach der Iran-Revolution 1979/80 ist dieser Verarbeitungsanteil von der BP stillgelegt worden.

Der erworbene Raffinerieanteil der ERIAG ist demgegenüber in den Folgejahren mehrfach um- und ausgebaut worden, um heute im Rahmen eines Raffinerieverbundes als Konversionsraffinerie für die BP Bayern-Raffinerie in Vohburg zu dienen. Die Bedeutung dieses Erwerbs ist im Laufe dieser Integration noch gewachsen, und es stellt sich durchaus die Frage, ob die Vohburger BP Raffinerie ohne den ERIAG-Anteil und den dadurch ermöglichten modernen Raffinerieverbund heute überhaupt noch lebensfähig wäre. Auf jeden Fall ist für die BP und ihre im Vohburg-Ingolstädter Raffineriekomplex zusammenarbeitenden Partner eine Verarbeitungs-Konfiguration entstanden, die ihren strategischen Wert in Verbindung mit dem Zugang zum südeuropäischen Pipeline-System in erster Linie dem Einbezug des ERIAG-Anteils verdankt.

Der in den Jahren 1980–1984 erfolgte Abbau der BP Raffineriekapazitäten von 22 auf 5 Millionen Tonnen, das heißt um 17 Millionen Tonnen, hat also keinen ursächlichen Zusammenhang mit dem BP/Veba-Vertrag, zumal 80 Prozent dieses Kapazitätsabbaus auf die alt angestammten BP Raffinerien in Hamburg und an der Ruhr entfielen. Der auslösende Faktor für diesen starken und notwendigen Kapazitätsabbau war die zeitlich nachfolgende und die Marktstrukturen viel tiefgreifender verändernde Umbruchphase nach der Iran-Revolution 1979/80.

Genau dasselbe gilt für die Veba, die erst nach Durchführung des Vertrages wegen des zeitlich anschließenden »ökonomischen Weltbebens« - wie alle anderen Raffineriegesellschaften auch - dem Zwang ausgesetzt war, ihre Raffineriekapazitäten zu reduzieren. Im Zeitraum 1980–1986 baute die Veba daher ihre Raffineriekapazitäten in der Bundesrepublik von 22,8 auf 7,3, das heißt um 15,5 Millionen Tonnen ab. Alle Raffineriegesellschaften zusammengenommen haben ihre Verarbeitungskapazitäten in der Bundesrepublik Deutschland im Zeitraum 1980–1986 von 159 auf 81, somit um 78 Millionen Tonnen reduziert.

Veba und BP haben mit ihrem Vertrag letzten Endes die Lage in den Griff bekommen, die durch eine weltweit wirkende und politisch ausgelöste Erschütterung des Marktes gekennzeichnet war und die sie beide gleichermaßen existenziell getroffen hatte. Beide Vertragspartner haben jeweils für sich selbst, aber auch für die Weiterentwicklung des deutschen Energiemarktes 1978 eine Entscheidung getroffen, die sich gerade auch aus heutiger Sicht - nachdem die Energiemärkte in kurzer Aufeinanderfolge eine noch um ein Mehrfaches stärkere Erschütterung durchzustehen hatten - als positiv und richtungweisend erwiesen hat.

OPEC II – Eskalation der Superlative

Eine vierjährige Ruhepause an der Ölpreisfront stand nach der ersten Ölpreiseskalation von 1973/74 auf der Habenseite der Weltwirtschaftsbilanz. Die westlichen Industrieländer haben diese Verschnaufpause im Sinne zukunftweisender Anpassungen an grundlegende Veränderungen der Welt-Energierohstoffmärkte alles in allem nur begrenzt genutzt, auch wenn mit dem Aufbau der Internationalen Energieagentur (IEA) im Jahre 1974 mit Sitz in Paris ein neuartiges Instrument des Krisenmanagements aufgebaut wurde.

Ansonsten aber war dieser Zeitraum von Konsolidierung bestimmt. Da der Rohölpreis auf dem erhöhten Niveau stagnierte, erreichte die Ölnachfrage nach einem vorübergehenden Einbruch in der gesamten westlichen Welt und auch in der Bundesrepublik Deutschland im Jahr 1979 wieder die Größenordnung des letzten Vorkrisenjahres 1973, zumal der permanente Dollarkursverfall in jenen Jahren die deutsche Ölimportrechnung auf DM-Basis sogar wieder verbilligte.

Dennoch gab es auch diesmal, wie vor der Ölpreiskrise 1973, Signale, die Veränderungen ahnen ließen. Damals war es manchem Beobachter so erschienen, als seien die durch den Jom-Kippur-Krieg vom Oktober 1973 ausgelösten Folgen für die Weltenergiemärkte die postwendende Antwort auf die ein Jahr zuvor vom Club of Rome (»Grenzen des Wachstums«) veröffentlichten Thesen. Der Autor erinnert sich, um ein Beispiel für die damalige Stimmungslage zu geben, im Sommer 1973 einen Aufsatz mit dem Titel »Kommt die Energiekrise?« geschrieben zu haben (s. BP Kurier XXV. Jg. H. II/III 1973).

Im Jahr 1978 gab es ein vergleichbares Krisenbewußtsein, zumal aus westeuropäischer Sicht, nicht.

Wer sich aber im Frühjahr 1978 in den Anliegerstaaten des Persisch-Arabischen Golfs umsah, konnte sich eines unguten Gefühles nicht erwehren. Der erste große Petrodollar-Strom in diese Region hinein schien zu versiegen. 1978 waren die Öleinnahmen der OPEC das erste Mal seit vier Jahren gegenüber dem Vorjahr (von 123 Milliarden Dollar auf 114 Milliarden Dollar) gesunken. Der Leistungsbilanz-Überschuß der OPEC, der 1974 auf fast 70 Milliarden Dollar hochgeschnellt war und den gesamten OECD-Raum massiv ins Minus gebracht hatte, war nach rückläufiger Tendenz in den Folgejahren 1978 total aufgezehrt. In den Vereinigten Arabischen Emiraten konnte man weite Betonwüsten von nicht zu Ende gebrachten Hochbauten sehen. Wer an der Küste des Scheichtums Oman auf die Straße von Hormuz blickte und zunächst der Illusion eines regen Tankerverkehrs verfiel, merkte sehr bald, daß Schiffseinheiten mangels Beschäftigung reihenweise auf Reede lagen. Deutsche Kaufleute waren mit Vorwürfen ihrer arabischen Partner konfrontiert, durch die angeblich galoppierende Inflation in Deutschland seien die gestiegenen Öleinnahmen für den Einkauf deutscher Waren praktisch wieder zunichte gemacht worden.

Die Araber waren hier einer Illusion erlegen, die tatsächlich aus dem Dollarkursverfall herrührte, der für sie trotz stabiler Rohölpreise in Dollar zu reduzierter Kaufkraft im DM-Währungsraum führte. Die Erwartungshaltung nach einer Erneuerung des »Petrodollar-Segens« war demnach auf Seiten der OPEC ausgeprägt und entsprach durchaus der währungspolitischen Situation, die sich einerseits im vollständigen Wegschmelzen der langjährigen Leistungsbilanzüberschüsse des OPEC-Raums und andererseits in einem erstmals seit 1974 wieder deutlichen Leistungsbilanzüberschuß der westlichen Industrieländer in ihrer Gesamtheit (OECD-Raum) manifestierte.

Was dann anschließend auf dem Weltölmarkt tatsächlich geschah, sprengte die Grenzen selbst phantastischer Vorstellungen. Das für die Folgewirkungen entscheidende Datum war der 1. Februar 1979, die Landung des aus dem Pariser Exil heimkehrenden Ayatollah Khomeini in Teheran. Die mit diesem Ereignis in eine entscheidende Phase gelangte Iran-Revolution markiert den eigentlichen Umbruch, der seither an den Weltenergie-Rohstoffmärkten eingetreten ist.

Bemerkenswert dabei ist die marginale Größenordnung des zudem zeitlich limitierten Ausfalls iranischer Öllieferungen, der als Ausdruck des neuen revolutionären Herrschaftswillens verfügt wurde. Die Unterbrechung der iranischen Öllieferungen dauerte von Dezember 1978 bis zum Februar 1979 und führte im Maximum nur zu einem 5 prozentigen Lieferausfall, gemessen am gesamten westlichen Ölbedarf. Damit wurde die im Krisenmechanismus der IEA zugrundegelegte Ausfallmenge von 7 Prozent noch unterschritten.

Hat es demnach im Gefolge der Iran-Revolution eine Versorgungskrise in mengenmäßiger Hinsicht nicht gegeben, so deklarierten die OPEC-Ministerrunden in schneller Aufeinanderfolge Erhöhungen der Kontraktpreise für OPEC-Rohöle von 13 Dollar je Barrel (1978) auf 34 Dollar je Barrel (1981), wobei am freien Spotmarkt Größenordnungen bis zu 44 Dollar je Barrel erreicht wurden. Dabei war die Verunsicherung der Märkte, die diese Verdreifachung des Preises des wichtigsten Rohstoffes der Weltwirtschaft innerhalb kurzer Frist herbeiführte, in eine Phase weltpolitischer Spannung eingebunden. Fand die schwache Amtsführung des US-amerikanischen Präsidenten Carter 1974–1980 in einem Absinken des Dollarkurses von jahresdurchschnittlich 2,60 DM auf 1,80 DM im selben Zeitraum ihren Ausdruck, eskalierte die Verunsicherung mit der Geiselnahme US-amerikanischer Staatsbürger in Teheran im November 1979, die erst nach 444 Tagen im Januar 1981 zu Ende ging. Der Barometerstand weltweiter Verunsicherung und des allgemein bestehenden Gefährdungsbewußtseins war unter anderem auch an den hektischen Sprüngen des Goldpreises abzulesen, der nach einem traditionellen Niveau von 100 Dollar je Unze Feingold Anfang der 70er Jahre nach kontinuierlichem Anstieg im Jahr 1979 auf über 300 Dollar je Unze geklettert war und im Jahresdurchschnitt 1980 den bisherigen Höchststand von 608 Dollar je Unze erreichte: ein Krankheitssymptom überhitzter Weltwirtschaft, das die bekannten negativen Folgewirkungen in Form von Firmen- und Bankenzusammenbrüchen hatte.

Die mit der Iran-induzierten Ölpreiseskalation der OPEC-Förderländer unmittelbar verbundenen Umleitungen der weltwirtschaftlichen Geldströme erreichten bisher nicht dagewesene Dimensionen. Der Anstieg der Öleinnahmen der OPEC von 114 Milliarden Dollar im Jahr 1978 über knapp 200 Milliarden Dollar 1979 auf fast 300 Milliarden Dollar 1980 ging mit einem Anschwellen des OPEC-Leistungsbilanzüberschusses auf über 100 Milliarden Dollar im Jahr 1980 einher. Entsprechend sackten die OECD-Länder in ein Rekorddefizit ihrer gemeinsamen Leistungsbilanzen von 70 Milliarden Dollar im Jahr 1980 ab, und selbst die traditionell leistungsbilanzstarke Bundesrepublik Deutschland verharrte über drei Jahre hinweg von 1979 bis 1981 in einer Minus-Position.

Die rezessiven Folgen für die weltweite Wirtschaftsentwicklung ließen nicht auf sich warten und führten sehr schnell zu einem starken Anstieg der Arbeitslosigkeit in den westlichen Industrieländern (auf 30 Millionen Arbeitslose) und zu einer gigantischen Verschuldung der Entwicklungsländer, die mittlerweile eine Größenordnung von tausend Milliarden Dollar erreicht hat.

Diese Wirkungen waren in ihrer Tendenz frühzeitig erkennbar, allerdings wegen ihrer globalen Ausbreitung mit isolierten wirtschaftspolitischen Maßnahmen nicht in den Griff zu bekommen. Die daraus erwachsende nervöse Reaktion staatlicher Wirtschaftspolitik kam beispielhaft in der öffentlichen Rüge des damaligen Bundeswirtschaftsministers Otto Graf Lambsdorff an die Adresse des Vorstandsvorsitzenden eines deutschen Mineralölkonzerns zum Ausdruck, der im Februar 1980 in einem Zeitungsinterview auf die rezessiven Langzeitwirkungen des Umbruchs auf den Weltenergiemärkten hingewiesen hatte.

Dabei bergen die zu bedrohlicher Dimension angeschwollenen Fehlentwicklungen der Industrieländer-Arbeitslosigkeit und der Entwicklungsländer-Verschuldung vor allem darum unverändert weltwirtschaftliche Brisanz in sich, weil sie die Funktionsfähigkeit der Weltwährungsordnung auf eine harte Dauerprobe stellen. Denn die extremen Rohöl-Preisausschläge in Dollarwährung waren stets mit heftigen Wechselkursveränderungen der wichtigsten Nicht-Dollarwährungen, insbesondere des DM/ Dollar-Wechselkurses, verbunden. So war der Fünfjahreszeitraum 1980/85, der der zweiten Rohölpreis-Eskalation folgte, von einem 90 prozentigen Anstieg des Dollarkurses und damit von einem zusätzlichen extremen Verteuerungseffekt für die Importe begleitet. Die entsprechenden Währungsvorteile im Exportgeschäft führten zu Rekord-Überschüssen in der deutschen Außenhandelsbilanz.

Umgekehrt war die anschließende Rohölpreis-Baisse in eine zwei Jahre (Februar 1985/Februar 1987) währende Dollar-Abwertung bzw. DM-Aufwertung eingebettet, die den DM/Dollar-Wechselkurs wieder um 90 Prozent auf den Stand von 1980 zurückfallen ließ. Angesichts dieser außerordentlichen Währungsrisiken in der Kalkulation von Außenhandelsgeschäften, die aus den erratischen Schwankungen der westlichen Leitwährung resultieren, wird das generelle Gefährdungspotential für den Welthandel und damit für eine gedeihliche weltwirtschaftliche Entwicklung deutlich.

Es kommt aber noch hinzu, daß diese Labilität des Welthandels und der Weltwährungsordnung mit einem stark geschwächten globalen Wachstumstrend zusammentrifft. Denn die Wachstumsspielräume, die in früheren weltwirtschaftlichen Zyklen Potential für die Absorption temporärer Arbeitslosigkeit und Verschuldung bereithielten, sind erheblich enger geworden.

War die abrupte Antwort der Weltwirtschaft auf die Rohölpreiseskalation nach OPEC II (1979/80) zunächst ähnlich wie nach OPEC I (1973/74) ein deutlicher Ölnachfragerückgang gewesen und hatte sich das alte Angebot/Nachfragegleichgewicht kurz vor Ausbruch der zweiten Ölpreiskrise wieder eingependelt, so hat sich der Öl- und Energieverbrauchseinbruch nach OPEC II als Dauerzustand erwiesen. Und dies mit allen kontraktiven Strukturfolgen für vor- und nachgelagerte Wirtschaftssektoren, die traditionell den Wachstumsrhythmus industrieller Volkswirtschaften bestimmen. Der Nachfragerückgang ergriff über die Mineralölindustrie hinaus auch die übrigen Energiemärkte und nach Schiffbau- und Werftindustrie schließlich auch den Stahlsektor.

Da der Energiesparprozeß in allen Energieverbrauchssektoren inzwischen eine investive Eigendynamik entwickelt hat, kann zumindest für die marktwirtschaftlich orientierten Industrieländer auch in langfristiger Perspektive von einem irreversiblen Prozeß stagnierender bis rückläufiger Öl- und Energienachfrage gesprochen werden: Die Industrieländer des OECD-Raumes haben nach zweimaligem Anlauf die Lektion »Limits to Growth« ökonomisch rezipiert.

In bezug auf den Auslöser der Öl- und Energiepreiseskalation war die Marktreaktion nicht minder empfindlich. Ihre Tiefenwirkung entsprach der Härte, mit der die OPEC die Marktkräfte herausgefordert hatte. Dem Pendelausschlag der Verdreifachung des Rohölpreises von 13 auf rund 40 Dollar je Barrel nach der Iran-Revolution folgte der Rückschlag einer Halbierung der OPEC-Ölförderung von über 30 auf 16 Millionen Barrel pro Tag.

Dieser »Bumerang-Effekt« erwies sich für die OPEC als umso nachhaltiger, als er nicht nur im Minderabsatz für zu teuer gewordenes OPEC-Öl bestand, sondern gleichzeitig unter dem Schutzschild des hohen OPEC-Preises neue Ressourcen außerhalb des OPEC-Raumes in den Bereich wirtschaftlicher Abbaubarkeit gehoben wurden, die das so entstandene strukturelle Überangebot noch erhöhten. Die OPEC hatte mit ihrer Preispolitik Einnahmen-Maximierung beabsichtigt und auch kurzfristig mit fast 300 Milliarden Dollar im Jahr 1980 erreicht, aber zugleich auf Dauer Konkurrenzangebot an den Markt gelockt, das zusammen mit dem dauerhaften Nachfrageeinbruch ihren vorher gegebenen Aktionsspielraum wieder zunichte machen sollte.

In den Preis-Haussen OPEC I und II war der Keim für die Rohstoffpreis-Baisse OPEC III bereits angelegt, die 1986 nicht nur die Einnahmen des Ölförderkartells auf ein Viertel der 1980 erreichten Größenordnung herunterdrückte und sich in einem Rekord-Leistungsbilanzdefizit dieser einst superreichen Ländergruppe von 50 Milliarden Dollar im selben Jahr niederschlug. Als weltwirtschaftlich gravierender sollten sich die dadurch ausgelösten Investitionseinbrüche und Desinvestitionsprozesse in der Rohstofferschließung, in allen Energiesektoren sowie in den ihnen vor- und nachgelagerten Industrien und Wirtschaftsbereichen erweisen.

Offensiv-Strategie in stagnierenden Märkten

Unter diesen Marktbedingungen, die durch exogene weltpolitische Einschnitte hervorgerufen und von exorbitanten Preisausschlägen begleitet waren, mußten sich die Mineralölunternehmen behaupten. Es ist daher nicht verwunderlich, daß sich im Zuge dieses Umbruchs auf den internationalen Öl- und Energiemärkten, insbesondere seit 1980, ein gewaltiger industrieller Umstrukturierungsprozeß vollzogen hat. Er hat dazu geführt, daß die Mineralölindustrie der zweiten Hälfte der 80er Jahre in ihrem Aufbau, ihrer logistischen Breite und ihrer organisatorischen Struktur gegenüber dem Zustand Ende der 70er Jahre kaum wiederzuerkennen ist. Dies gilt insbesondere für die Mineralölindustrie in der Bundesrepublik Deutschland sowie in Großbritannien, wo die harten Marktimpulse ohne Abfederung durch staatliche Relais-Stationen sehr direkt spürbar wurden und die Unternehmen zu unmittelbaren Anpassungsreaktionen zwangen.

Zahlenmäßig kommt dieser ökonomische Zwang in kumulierten negativen Betriebsergebnissen der in der Bundesrepublik tätigen Raffineriegesellschaften im Zeitraum 1980–1985 in Höhe von rund 19 Milliarden DM zum Ausdruck. Bedenkt man, daß diese betriebswirtschaftliche Verlustgröße sogar das in der gesamten deutschen Mineralölindustrie investierte Kapital übersteigt, wird die Notwendigkeit eines rigoros veränderten Zuschnitts dieser Industrie an die grundlegend neuen Marktverhältnisse besonders deutlich.

Trotz eines zwischenzeitlichen Wachstums von Produktion und Einkommen und davon abgeleitet Wohlstand und Komfort, werden in allen Energieverbrauchssektoren in der Bundesrepublik Deutschland zusammengenommen 1987 ca. 22 Prozent weniger Mineralölprodukte verbraucht als 1979. Gleichzeitig ist der Ölanteil am gesamten Primärenergieverbrauch von mehr als 50 Prozent auf 42 Prozent gesunken. Hinter diesem deutlichen Verbrauchsrückgang stehen parallel laufende Einsparprozesse auch bei den übrigen Energieträgern, so daß der gesamte Primärenergiebedarf der Bundesrepublik Deutschland gegenwärtig nicht höher liegt als 1973.

Zurückzuführen ist dieses unter den Gesichtspunkten der Ressourcenschonung und des Umweltschutzes hervorragende Ergebnis auf Energieeinsparungen sowohl in der Industrie als auch in den Sektoren Haushalt und Kleinverbrauch sowie Verkehr. So ist der spezifische Öl- und Energieeinsatz als unmittelbare Folge von Ingenieurleistungen gesunken, die darauf gerichtet waren, eine größere Wirtschaftlichkeit des Faktoreinsatzes Energie zu erreichen. Insbesondere ist dieses Ergebnis einer zielgerichteten Entwicklungs- und Forschungsarbeit zur Verbesserung der Leistungsfähigkeit der energieumsetzenden Aggregate sowie der Steuerung von Wärmeprozessen in den einzelnen energieverbrauchenden Sektoren zu verdanken.

In diesen durch technischen Fortschritt und Wirtschaftlichkeit bestimmten Energieeinsparungen liegt die Annahme begründet, daß es sich wegen ihres investiven Charakters um irreversible Prozesse handelt. So ist der Öleinsatz pro tausend DM Industrieproduktion in der Bundesrepublik Deutschland von 52 kg im Jahr 1979 auf heute rund 25 kg, das heißt um die Hälfte gesunken. Der gesamte spezifische Endenergieverbrauch in der deutschen Industrie ist im selben Zeitraum um 25 Prozent gesunken. Dieses hervorragende Ergebnis bedeutet, daß trotz absoluter Steigerung der deutschen Industrieproduktion von 1979–1986 der industrielle Endenergieverbrauch von 92 Millionen Tonnen SKE 1979 auf 76 Millionen Tonnen SKE 1986, das heißt um 17 Prozent zurückgegangen ist. Ohne Berücksichtigung emissionsreduzierender Maßnahmen, die während dieses Zeitraums sowohl aufgrund gesetzlicher Regelungen als auch auf freiwilliger Basis erfolgt sind, hat sich allein durch diesen Rückgang des industriellen Endenergieverbrauchs die ökologische Situation in der Bundesrepublik Deutschland deutlich verbessert.

Ein gleichgerichteter Prozeß ist im Verkehrssektor abgelaufen. Hier soll als wichtigstes Beispiel der durchschnittliche Kraftstoffverbrauch eines PKW je 100 km Fahrleistung genannt werden. Der technische Fortschritt hat die Motorleistung bei Neuzulassungen derart verbessert, daß der Durchschnittsverbrauch von rund 10 Liter 1978 auf heute 7,5 Liter, somit um 25 Prozent gesunken ist.

Auch der Energieeinsatz im Sektor Haushalts- und Kleinverbrauch ist durch überwiegend investive Maßnahmen sowohl der Wärmedämmung als auch der Einführung technisch-fortschrittlicher Brenneraggregate deutlich gesunken. So ist die Sparsamkeit des Heizölverbrauchs in der Wohnraumheizung - wobei die Wohnraumheizung zu rund 50 Prozent auf Heizöl basiert - im Verlauf der letzten zehn Jahre besonders stark verbessert worden: von 40 Liter pro qm auf heute 25 Liter pro qm, also um rund 40 Prozent.

Es verwundert daher nicht, daß die energiewirtschaftlichen Unternehmen zu erheblichen Anstrengungen herausgefordert waren, sich dieser veränderten Lage anzupassen. Da der Umbruch auf den Weltenergiemärkten vom Mineralöl ausgelöst wurde, hatten die diesen Rohstoff weltweit erschließenden, verarbeitenden und vermarktenden Unternehmen die Hauptlast der Anpassung zu tragen. Besonders deutlich tritt dieser Prozeß in der Bundesrepublik Deutschland mit einer Halbierung der Rohöldestillationskapazität von 160 Millionen Tonnen 1979 auf rund 80 Millionen Tonnen Ende 1987 hervor. Dieser Desinvestitionsprozeß erfolgte wellenartig auch in den vor- und nachgelagerten Stufen des Seeverkehrs und Landtransports, der Tankläger und Umschlagseinrichtungen, der Vertriebsorganisationen und der Verwaltungen.

Der negative Beschäftigungseffekt dieser breitgefächerten Anpassungsmaßnahmen hat sich allerdings in den Zulieferindustrien und Dienstleistungsbereichen der einzelnen Stufen des Mineralölgeschäfts erheblich stärker niedergeschlagen als in der Mineralölwirtschaft selbst, deren industrieller Teil durch eine hohe Kapitalintensität gekennzeichnet ist. Immerhin ist aber auch die Anzahl der Beschäftigten der deutschen Mineralölwirtschaft von rund 240000 Ende der 70er Jahre auf heute rund 150000 Beschäftigte um 40 Prozent zurückgegangen.

Am augenfälligsten ist dieser Anpassungsprozeß der Mineralölwirtschaft in der Ausdünnung des Tankstellennetzes gewesen. Gab es auf dem Höhepunkt der Tankstellendichte in der Bundesrepublik Deutschland im Jahr 1969 eine Stationszahl von rund 47000, ist diese Zahl bis Ende 1986 auf 20000 Einheiten zurückgeführt worden, wobei mit einer Zielgröße bis für Anfang der 90er Jahre von 15000 Stationen gerechnet wird.

Nach dem Ergebnis von Marktuntersuchungen fühlt sich der Autofahrer durch diese Ausdünnung des Tankstellennetzes in seinen

Verbrauchsgewohnheiten und in seinen Komfort-Ansprüchen nicht beeinträchtigt. Was für ihn zählt, ist die technisch einwandfreie Ausstattung der Tankstellen und ihre unkomplizierte Erreichbarkeit. Da diese Kriterien auch mit der erheblich reduzierten Anzahl der Stationen erfüllt werden, kommt vor allem in diesem Vorgang symbolhaft die »neue Dimension« eines qualitativen Wachstums von Wirtschaftsleistungen zum Ausdruck, die nicht auf zahlenmäßiger Steigerung basiert - sogar wie in diesem Fall von erheblichen Rückgängen begleitet sein kann -, sondern stattdessen von höheren Wertschöpfungen bestimmt wird, die Ursache und Motor zugleich im ständigen Übergang zu technisch immer ausgereifteren Ausstattungen und in sie begleitenden immer stärker aufgefächerten Dienstleistungen haben.

So eindrucksvoll die Ergebnisse dieses Anpassungsprozesses nach außen in Erscheinung treten mögen, so wenig ist bisher über die unternehmenspolitischen Konzepte gesagt worden, mit denen diese Umstrukturierung »nach innen« bewältigt wurde. Es liegt auf der Hand, daß ein einfacher Abbau von Kapazitäten im marktwirtschaftlichen Prozeß keine angemessene Antwort auf strukturelle Marktveränderungen ist. Die gesamtunternehmerischen Kostenwirkungen von Desinvestitionen in wichtigen Betriebseinheiten erfordern umgreifende Strukturkonzepte, wenn die Anpassung zugleich als Chance gesehen wird, das Unternehmen auf neue strategische Zielsetzungen auszurichten.

So ging beispielsweise das Strukturkonzept der Deutschen BP in seinem analytischen Ansatz von den zwei neuen Weichenstellungen aus, die der Umbruch auf den Weltenergie- und Rohstoffmärkten Anfang der 80er Jahre mit sich brachte.

1. Ende des dynamischen Wachstums im Sinne steigender Nutzung physischer Ressourcen in den Industrieländern und
2. in langfristiger Perspektive absoluter Rückgang der Nachfrage nach Mineralölprodukten.

Das Umstrukturierungskonzept mußte daher von der Erkenntnis getragen sein, eine veränderte Einstellung zum Wachstum zu gewinnen. Dies aber nicht in dem demotivierenden Sinn, den »Rückwärtsgang einzulegen«, sondern durch Aufgabe überholter Wachstumsziele in nicht mehr zukunftsträchtigen Märkten das Unternehmen mit einer qualitativ veränderten Perspektive wieder nach vorn auszurichten. Die erfolgreiche Durchführung dieses Konzepts war von Anbeginn von der Bereitschaft aller im Unternehmen zusammenarbeitenden Gruppen abhängig, auch alte Gewohnheiten und überkommene Verfahrensweisen über Bord zu werfen. Nicht minder wichtig war, daß die Notwendigkeit dieser tiefgreifenden Umstrukturierung sehr frühzeitig erkannt und die Implementierung des neuen Konzepts sehr zügig durchgeführt wurde. Die richtige Behandlung des Faktors »Zeit« spielte darum eine so wichtige Rolle, weil durch sie in dieser entscheidenden Übergangsphase, zumindest vorübergehend, die Realisierung von Wettbewerbsvorteilen gegenüber den mit gleicher Problematik konfrontierten Konkurrenten am Markt ermöglicht wurde.

Das Umstrukturierungskonzept war auf drei Maßnahmengruppen ausgerichtet:

1. Einführung einer neuen Organisationsstruktur
2. Durchführung einer marktgerechten Kapazitätsanpassung und
3. Einführung eines neuen Führungsstils.

Mit Hilfe der neuen Organisationsstruktur war die Aufgabe gestellt, anstelle einer zentral gesteuerten Konzernbürokratie mit der ihr inhärenten Schwerfälligkeit und Länge der Entscheidungswege ein Höchstmaß an Beweglichkeit und Flexibilität in den eigentlichen unternehmerischen Aktionsfeldern »vor Ort« zu erreichen. Die größere Beweglichkeit sollte sowohl im inneren Aufbau als auch in bezug auf eine wendigere Dispositionsfähigkeit an den Beschaffungs- und Absatzmärkten des Unternehmens zum Ausdruck kommen. Daher wurden unter dem gemeinsamen Dach einer »Führungsholding« die operativen Einheiten der einzelnen Geschäftssparten in rechtlich verselbständigte Einzelunternehmen umgewandelt.

Während die Aufgabe der Holding in der Entwicklung der Konzernziele sowie in ihrer Umsetzung in strategische Vorgaben und deren periodischer Kontrolle besteht, zeichnen sich die eigenverantwortlich handelnden Gesellschaften durch direktere Umsetzung unternehmerischer Aktivitäten aus, wozu die Abkürzung der Entscheidungswege ebenso hilfreich ist wie die parallel durchgeführte Straffung der regionalen Marketing-Organisationen. Überschaubare und flexible Marketing-Einheiten »an der Front« können schneller und gezielter auf Veränderungen des Marktes reagieren als eine zentral gelenkte Organisation.

Vor allem für den Mineralölbereich liegt der Vorteil des Führungsholding-Konzepts der BP in der Kombination der Ausschöpfung von Effizienz-Vorteilen einer dezentralen und verstärkt handelsorientierten Absatzorganisation mit der breiten Versorgungsbasis eines international integrierten Mineralölkonzerns.

Um die Kostenvorteile der neuen Organisationsstruktur ohne Umweg in gesteigerte Ertragskraft umzumünzen, war es wichtig, die Holding- und Service-Einheiten der zentralen Verwaltung auf die veränderten Erfordernisse in den einzelnen Unternehmensbereichen auszurichten und entsprechend der Neuorganisation zu straffen.

Auf diese Weise ist eine Spartenorganisation in Form eines »Unternehmens der Unternehmen« entstanden, zu der in der Ölsparte Gesellschaften wie zum Beispiel die BP Tankstellen GmbH, die BP Stromeyer GmbH, die Air BP, die Raffineriekomplexe in Bayern und Hamburg, die Gelsenberg Handel GmbH, die Gesellschaft für Transport und Logistik GmbH sowie die Gesellschaften BP Marine und BP Berlin gehören.

Mit dieser Unternehmensgruppe im Ölbereich verfügt die Deutsche BP heute nach Durchführung des Strukturkonzeptes über eine flexible, kostengünstige Kombination von Produzenten-, Versorgungs- und Handelsaktivitäten mit einem Absatzvolumen von rund 14 Millionen Tonnen.

Auch die Nicht-Ölaktivitäten der Unternehmensgruppe sind in ähnlicher Weise wie der Ölbereich in eigenverantwortlich tätigen Unternehmen zusammengefaßt. Dies gilt zunächst für die Sparten Chemie und Kunststoffe mit der 50prozentigen Beteiligung an der EC Erdölchemie (50 Prozent BP, 50 Prozent Bayer), der Deutschen BP Chemie GmbH und den drei kunststoffverarbeitenden Unternehmen Etimex, AOE und Polydress. Als jüngste Erwerbung sind im Rahmen der Diversifikationsbestrebungen die Globol-Werke in Bayern hinzugekommen, die auf dem Gebiet der Haushaltshygiene und Reinigungsmittel tätig sind.

Als bereits mit dem BP/Veba-Vertrag dem Konzern zugewachsene weitere Geschäftsbereiche sind Gas und Kohle zu nennen, die zusammen mit den Chemie- und Kunststoffaktivitäten den konzeptionellen Anspruch des Unternehmens unterstreichen, aus der traditionellen Monostruktur einer Ölgesellschaft auszubrechen und sich zunehmend auf jene Märkte bzw. Marktsegmente auszurichten, die auch in längerfristiger Perspektive als zukunftsträchtig angesehen werden. Von der zusammengefaßten Ertragskraft der Nicht-Ölaktivitäten her gesehen, sind diese Konzernteile bereits heute als ein gleich wichtiger Unternehmensteil gegenüber dem traditionell bestimmenden Ölbereich ausgewiesen. Die fortschreitende Diversifikation in Nicht-Ölaktivitäten wird auch zukünftig ein Ziel der daher weiterhin in Wandlung begriffenen Unternehmenskonzeption bleiben.

Neben der Einführung einer neuen Organisationsstruktur war wichtigste Konsequenz aus dem Marktumbruch die Kapazitätsanpassung an den dauerhaft reduzierten Mineralölmarkt. Waren die Raffinerien in Zeiten des dynamischen Aufbaus der Ölindustrie die Stärke des Konzerns gewesen, wurden sie mit der totalen Umkehr des Mineralölmarktes zu einer Last, von der es sich zu befreien galt, wenn das Unternehmen auf Dauer erfolgreich am Markt bestehen wollte. Das Ausmaß des Kapazitätsabbaus ist im Kapitel 3 ausführlich beschrieben worden. Ergänzend zur Darstellung des Raffineriezentrums Bayern bleibt zu erwähnen, daß auch die Schmierölraffinerie OJS in Hamburg-Neuhof mit erheblichen Investitionen an die veränderten Marktbedingungen angepaßt wurde.

Auch am Beispiel der OJS-Raffinerie wird die Verlagerung von Investition und Produktion in Bereiche mit höherer Wertschöpfung bei gleichzeitig reduziertem Mengendurchsatz als Ausdruck eines qualitativ veränderten Wachstums deutlich. So ist der Produktionswert der Schmierölproduktion von 250000 Tonnen der Raffinerie OJS in Hamburg-Neuhof je Tonne viermal höher, als es der Produktionswert der inzwischen stillgelegten rohölverarbeitenden Groß-Raffinerie in Hamburg-Finkenwerder (Durchsatz-Volumen von zuletzt 3 Millionen Tonnen) heute wäre.

Die Standorte der früheren BP Raffinerien in Hamburg-Finkenwerder und an der Ruhr wurden nicht aufgegeben, sondern in Versorgungsbasen für Umschlag, Veredelung und Lagerhaltung umgewandelt. Auf diese Weise sind die Maßnahmen zum Abbau überschüssiger Destillationskapazitäten Hand in Hand mit dem Aufbau einer neuen Versorgungslogistik gegangen, die heute unabdingbare Voraussetzung für die Wettbewerbskraft des Unternehmens im deutschen Mineralölmarkt ist. In betriebswirtschaftlicher Betrachtung hat die Reduzierung der Destillationskapazitäten den größten Beitrag zum erreichten Fixkostenabbau und der dadurch wiedererlangten Ertragskraft geleistet. Ergänzt um die Anpassungsmaßnahmen in anderen Konzernbereichen und als Ergebnis der Neuorganisation konnte durch diese kapazitiven Maßnahmen für den Konzern insgesamt eine jährliche Fixkostenreduzierung von rund einer halben Milliarde DM erreicht werden.

Unverzichtbar für den Erfolg des Umstrukturierungskonzeptes war die Einführung eines neuen Führungsstils. Eine stark ausgeprägte Kooperationsbereitschaft zwischen den im Unternehmen zusammenarbeitenden Gruppen, insbesondere aber zwischen der Unternehmensführung und den Betriebsräten, hatte bereits beim unumgänglichen Personalabbau bei den Raffinerie-Stillegungen und der Umorganisation in den übrigen Unternehmensteilen bestanden. Die an langfristiger Unternehmenssicherung orientierte Grundhaltung auch auf Seiten der Betriebsräte hat der Unternehmensleitung gerade in den schwierigen Phasen der Stillegungs- und Anpassungsmaßnahmen wertvolle Hilfe geleistet.

Jetzt aber war mit der Ausrichtung auf neue Unternehmensziele darüber hinaus auch eine Verhaltensänderung jedes einzelnen Mitarbeiters und Managers gefordert. Dezentralisierung der Entscheidungsprozesse und erhöhte Eigenverantwortlichkeit von Management und Mitarbeitern mußten ihren Niederschlag in veränderten Verhaltensweisen und einem veränderten Stil des Miteinander-Umgehens finden. Dabei liegt die Kunst dieses Führungsstils in der »richtigen Balance« von Zielvorgaben der Führungsholding einerseits und der Erhaltung des unternehmerischen Freiraums der eigenverantwortlich handelnden operativen Einheiten andererseits. Das Ziel ist für alle Beteiligten klar gesteckt: Soviel Kreativität, Beweglichkeit und unternehmerischer Mut wie möglich, soviel administrative Führung wie unbedingt nötig.

Angesichts der Bedeutung, die die Unternehmensführung diesem neuen Führungsstil bei der Absicherung der neuen Unternehmensstruktur beimißt, wird verständlich, daß er als Daueraufgabe gesehen wird, an der ständig weitergearbeitet werden muß. In dieser Aufgabenstellung kommt auch ein Stilwandel des Zusammenlebens der Menschen in einer Wirtschaft »neuer Dimension« zum Ausdruck. Der neue Führungsstil ist daher auch ein wesentlicher Bestandteil der Ausrichtung auf qualitative anstelle herkömmlicher, quantitativer Wachstumsziele. Denn hier geht es nicht mehr nur allein um das Ergebnis des Wirtschaftsprozesses, sondern auch um seinen Ablauf und die dabei so wichtigen Verhältnisse des zwischenmenschlichen Zusammenlebens. Daher wird es vom Unternehmen als wichtige Gemeinschaftsaufgabe angesehen, den neuen Stil des Miteinander-Umgehens immer wieder einzuüben und zu einem gegenseitigen Ansporn zum Mitdenken, Mitentscheiden, Mithandeln und Mitverantworten zu machen.

Gerade durch die Bedeutung, die diesem Führungsstil »neuer Art« neben den organisatorischen und kapazitiven Maßnahmen bei der Realisierung des Unternehmenskonzepts zuerkannt wird, unterscheidet sich die Grundidee dieser unternehmenspolitischen Offensivstrategie von der herkömmlicher Anpassungsstrategien. Je unternehmerischer die Unternehmenszellen organisiert und motiviert sind, desto größer wird das Potential unternehmerischen Handelns in der Gesamtheit gesehen. Mit diesem Grundsatz dürfte sich dieses Konzept für Unternehmen oder auch ganze Wirtschaftssektoren anbieten, die ähnlich wie die Mineralölindustrie mit dem Problem konfrontiert sind, ihre auf dynamisches Wachstum angelegte Wirtschaftskraft mit der Überlebensnotwendigkeit in stagnierenden Märkten in Einklang zu bringen.

Selbstverständlich ist das hier skizzierte Unternehmenskonzept kein Garant gegen neue Markteinbrüche und damit einhergehende neue Strukturveränderungen, die nach den Erfahrungen der Vergangenheit auch für die Zukunft nicht ausgeschlossen werden können. Es ist aber ein Zugewinn an unternehmerischem Potential erreicht worden, mit dessen Hilfe künftige Wechselfälle robuster durchgestanden werden können. Allem voran sind Voraussetzungen für schnelle Reaktionsfähigkeit, flexible Anpassung und Wendigkeit am Markt geschaffen worden. Sie sind wie in der Natur so auch in der Marktwirtschaft für das Überleben von ausschlaggebender Bedeutung.

Die Umsetzung des Unternehmenskonzeptes der Deutschen BP war im übrigen eingebunden in eine in gleiche Zielrichtung gehende Umstrukturierung der internationalen BP Gruppe, und auch die übrigen Unternehmen der Mineralölindustrie haben je nach ihrer Ausgangssituation mit mehr oder weniger tiefgreifenden Anpassungsmaßnahmen auf den Umbruch an den Weltenergie- und -rohstoffmärkten reagiert. Für den Ablauf dieses einschneidenden Anpassungsprozesses in der Bundesrepublik Deutschland sollte hervorgehoben werden, daß er von der Mineralölindustrie aus eigener Kraft und in unternehmerischer Selbsthilfe bewältigt wurde. Einen Ruf nach Unterstützung durch den Staat hat es nicht gegeben.

Der Verbraucher hat als Folge dieser durchgeführten Anpassungsmaßnahmen keine Beeinträchtigung hinsichtlich Sicherheit oder Komfort der Versorgung erfahren müssen. Im Gegenteil, die frühzeitig eingeleitete und flexible Anpassungsstrategie der deutschen Mineralölwirtschaft hat dem Verbraucher - dem Autofahrer, dem Heizölkäufer, dem Industriebetrieb, der Mineralöl neben seiner Energieeigenschaft auch als Rohstoff einsetzt - eine in jeder Situation preisgerechte und vor allem sichere Versorgung gewährleistet. Der intensive Wettbewerb unter den Mineralölgesellschaften, wofür beispielhafter Beleg der harte Kampf im Tankstellengeschäft ist, schirmte den deutschen Markt stärker als in unseren Nachbarländern von den Preisbewegungen auf dem Weltmarkt ab und bescherte dem deutschen Verbraucher bei Kraftstoffen und Heizölen ein Preisniveau, das am unteren Ende der internationalen Preisskala rangiert.

Nach der zügigen Reaktion auf die veränderten Notwendigkeiten, die von den Weltmärkten ausgingen, ist die deutsche Mineralölindustrie für die zukünftige Entwicklung gut gerüstet. Durch den Abbau überschüssiger Verarbeitungsanlagen sind die Unternehmen in der Bundesrepublik in der Lage, das auf den Weltmärkten auch auf absehbare Zeit bestehende Überangebot kostengünstig für die Versorgung der Bundesrepublik zu nutzen. Diese Veränderung unserer Versorgungsstruktur, das heißt die Verminderung der Rohöleinfuhren und die stattdessen steigenden Produktenimporte, bedeuten keineswegs eine Beeinträchtigung unserer Versorgungssicherheit. Denn wichtig ist, woher die Mineralölprodukte kommen: Sie stammen überwiegend aus unseren europäischen Nachbarländern, mit denen wir im Gemeinsamen Markt in einem intensiven binneneuropäischen Warenaustausch verbunden sind.

Abschied von der Atomkraft? Veränderte Energieversorgungsstrukturen und ihre Auswirkungen auf die Arbeitnehmer

Hermann Rappe

„Ich bin sicher, daß meine Vorstellungen von der zukünftigen Energieversorgungsstruktur der Bundesrepublik Deutschland nicht von allen Lesern geteilt werden. Aber, und dieser Punkt ist sicherlich konsensfähig, meine Sorge gilt der Zukunft des Industriestandortes Bundesrepublik Deutschland. Ich werde auch künftig alles tun, damit Politik, Gewerkschaften und Industrie diese Zukunft mit Augenmaß und Durchsetzungsvermögen menschengerecht gestalten."

In meinem Beitrag möchte ich sowohl die Gründe für sich verändernde Energieversorgungsstrukturen als auch ihre Auswirkungen auf Wirtschaft und Gesellschaft untersuchen. Dabei konzentriere ich mich auf die Energiepolitik, weil sie nicht nur ein für die Volkswirtschaft im allgemeinen bedeutsamer, sondern ganz besonders für unseren Organisationsbereich entscheidender Produktionsfaktor ist. Daß mein Augenmerk dabei der Situation der Arbeitnehmer gilt, wird niemanden überraschen.

Die zwei Ölkrisen und der Sturz der Sozial-liberalen Koalition

Rückblickend auf die 70er Jahre läßt sich heute feststellen, daß kein Ereignis die wirtschaftliche Entwicklung der Bundesrepublik Deutschland nachhaltiger beeinflußt hat als die explosionsartige Entwicklung der Mineralölpreise in jenem Jahrzehnt. Ausgelöst durch den Krieg im Nahen Osten und initiiert durch die Araber, wurde erstmalig das Mineralöl als politische Waffe eingesetzt.

Diese Operation, unter Führung des Opec-Kartells, führte in atemberaubender Geschwindigkeit zu einer Wandlung der internationalen Ölmärkte von Käufer- zu Verkäufermärkten. Innerhalb weniger Monate - um die Jahreswende 1973/74 - stiegen die Notierungen in Rotterdam um über das Fünffache.

Diese erste Ölkrise, 1974, verursachte, nach dem gemäßigten Aufschwung der Jahre 1971 bis 1973, einen Einbruch, der sich 1974/75 für die westlichen Industrieländer zu der bis dahin schwersten Rezession der Nachkriegszeit auswuchs. In der Bundesrepublik Deutschland begann damals der plötzliche Absturz einer vollbeschäftigten, nahezu unbegrenzt wachsenden Volkswirtschaft aus Optimismus und Wachstumseuphorie in Pessimismus und Zukunftsangst inmitten einer beinahe kollabierenden Weltwirtschaft. Dieser lähmende Schock hielt allerdings nicht sehr lange an, da die deutsche Wirtschaft von der schon 1976 einsetzenden, in erster Linie durch die hohen Opec-Einkünfte belebten Auslandsnachfrage am stärksten profitierte.

Trotz dieser unerwartet deutlichen Konjunkturerholung in den

Jahren 1976 bis 1979 gelang es den Regierenden nicht, die schon 1975 mit 4,7 Prozent unerträglich hoch erscheinende Arbeitslosenquote nachhaltig zu senken. Durch staatliche Arbeitsmarktprogramme wurde zwar die Arbeitslosenzahl vorübergehend unter die Millionengrenze gedrückt, aber ein anhaltender Abbau konnte nicht eingeleitet werden. Ein bis dahin nur wenig beachtetes Phänomen, die *strukturelle* Arbeitslosigkeit, machte der konventionellen Wirtschaftspolitik ernsthaft zu schaffen. Mit dem herkömmlichen wirtschaftspolitischen Instrumentarium war sie kaum in den Griff zu bekommen. Zwar erreichte die Arbeitslosigkeit 1979, mit einer Quote von 3,8 Prozent (entspricht 876000 Arbeitslosen), den vorerst niedrigsten Stand seit 1973, doch im Jahre 1980 brach die zweite Mineralölkrise über eine gerade wieder gesundende Weltwirtschaft herein. Gelang es der Bundesrepublik Deutschland noch, die Folgen der ersten Krise relativ schnell mit nur einem blauen Auge zu überwinden, so wurde sie von der zweiten, nach dem kurzen wirtschaftlichen Aufschwung (1976 bis 1979), mit unverminderter Wucht getroffen.

Bis zum Jahre 1982 weitete sich dieser zweite Streich der Opec zur schlimmsten Rezession in der Geschichte der Bundesrepublik Deutschland aus und führte schließlich auch zu politischen Veränderungen: Die sozial-liberale Koalition zerbrach, und die Konservativen übernahmen die Regierungsverantwortung. Allerdings gelang es auch ihnen nicht, die verheerenden Folgen dieser Rezession auf den inländischen Arbeitsmarkt zu mildern. Trotz angeblich positiver Konjunkturentwicklung stieg die Zahl der registrierten Arbeitslosen zeitweilig auf über 2,5 Millionen, was in etwa einer Arbeitslosenquote von 10 Prozent entspricht und zweifellos ein neuer Nachkriegsrekord war.

Bis heute zeigten sich die für Politik und Wirtschaft Verantwortlichen außerstande, diesen verhängnisvollen Trend umzukehren, obwohl sie nicht müde werden, das Gegenteil zu behaupten.

Wiedererstarkter Neo-Konservatismus

Tatsache ist, daß die derzeit praktizierte, angebotsorientierte Wirtschaftspolitik geprägt ist vom Rückzug des Staates aus seiner Verantwortung für Arbeit und Arbeitsmarktpolitik, für soziale Sicherheit und soziale Gerechtigkeit. Der nach der Wende wiedererstarkte Neo-Konservatismus sieht seine Aufgabe mehr in einem Abbau von Arbeitnehmer- und Gewerkschaftsrechten als in einer aktiven, arbeitsplatzschaffenden öffentlichen Wirtschafts- und Finanzpolitik.

Folgen wir den wirtschaftswissenschaftlichen Instituten, der OECD und anderen Sachverständigen und rechnen auf Grund des hohen Sättigungsgrades der Nachfrage, der rückläufigen Bevölkerungszahl und der schwindenden Ressourcen für die Zukunft nur noch mit einem quantitativen Wachstum von höchstens 2,5 Prozent in der Bundesrepublik Deutschland, so wird bei fortschreitender Produktivität kein Arbeitsloser mehr als bisher lediglich durch Warten auf die Wirkung der Selbstheilungskräfte des Marktes wieder zu beschäftigen sein. Es sei denn, man ist unverfroren genug, allein auf die demographische Entwicklung zu setzen, die vielleicht irgendwann im nächsten Jahrtausend das Problem auf natürliche Art und Weise löst.

Anders als die Gewerkschaften, die mit dem Abschluß von Tarifverträgen über Vorruhestand und Wochenarbeitszeitverkürzung nachweislich eine Vielzahl von Arbeitsplätzen neu geschaffen haben, hat die Bundesregierung nichts getan. Das ist beängstigend für Arbeitnehmer und Gewerkschaften und wird dazu führen, daß sich das Klima sozialer Unsicherheit und Unruhe verstärkt, weil Lebensplanung und Lebenschancen für Teile der Gesellschaft – wenn überhaupt – nur noch begrenzt möglich sind. Da die Gewerkschaften eine derart unsoziale Politik nicht hinnehmen können, liegt genau hier der Kernpunkt gegenwärtiger und zukünftiger Auseinandersetzungen mit den regierenden Konservativen.

Die vorangegangenen Ausführungen über die Langzeitwirkungen der unerwarteten und drastischen Erhöhungen der Mineralölpreise machen deutlich, wie wichtig eine ausreichende, sichere und preiswerte Energieversorgung für die Entwicklung eines Landes ist. Dieses gilt natürlich im besonderen Maße für Industriestaaten, deren gesamte Produktionsstruktur nur durch eine gesicherte Energiebasis aufrechterhalten werden kann. Entwicklungsländer dagegen haben ohne ausreichende Energieversorgung erst gar nicht die Chance, den Anschluß an die hochindustrialisierten und technologisch führenden Staaten dieser Erde zu finden. Für sie ist der Energiepreis oft schon die entscheidende unüberwindbare Hürde auf dem Weg zu Aufschwung, Industrialisierung und Fortschritt.

Skizzen einer zukünftigen Energiepolitik

Unter diesen Umständen muß jede verantwortungsbewußte Regierung, sei es die eines Entwicklungslandes oder die eines Industrielandes, versuchen, durch Diversifizierung und einen möglichst vernünftigen Energie-Mix nicht nur das Versorgungs-, sondern auch das Preisrisiko zu minimieren.

Nach den beiden Mineralölkrisen galt es also, das stark verteuerte Mineralöl durch andere, möglichst leichter verfügbare Energieträger zu ersetzen. Hierbei spielte der Einsatz der Kernenergie, als »quasi« heimischer Energieträger, eine besondere Rolle. Der Ausbau der Kernenergie wurde nach der ersten Mineralölkrise erheblich forciert und erreicht heute mit nahezu einem Drittel der gesamten Stromerzeugungskapazität seinen Höchststand.

Durch den exorbitanten Anstieg der Mineralölpreise veränderte sich nicht nur das Energiebewußtsein in der Bundesrepublik Deutschland, sondern auch die einst vom billigen Mineralöl mehr und mehr aus dem Geschäft gedrängte Steinkohle schien einer Renaissance entgegenzusehen. Es kam zum Schulterschluß zwischen der heimischen Steinkohle und der »quasi« heimischen Kernenergie. Diese beiden Energieversorgungssysteme sollten in der Bundesrepublik für Sicherheit und Kontinuität der wirtschaftlichen Entwicklung sorgen. Die Bedeutung dieses beinahe schon historischen Kompromisses zwischen Kohle und Kernenergie zeigte sich für die deutsche Elektrizitätswirtschaft darin, daß sie mit Hilfe des Einsatzes relativ billiger Kernenergie die vergleichsweise hohen Kosten der Kohle substituieren konnte. Ich glaube, hier ergeben sich die Hauptprobleme bei einem eventuellen Ausstieg aus der Kernenergie. Die Elektrizitätswirtschaft befürchtet nämlich, daß dann ihr zweiter, »quasi« heimischer Energieträger, die Kernenergie, durch die unkalkulierbare Importkohle ersetzt wird. Die Unbeeinflußbarkeit von Preissprüngen bei Import-Energien könnte, so befürchten manche Experten, in der Zukunft zu ähnlichen Situationen führen, wie wir sie bei den Ölkrisen erlebt haben.

Ein weiteres Problem wäre bei dem verstärkten Einsatz von Importkohle die fehlende Rechtfertigung für den weiteren Einsatz heimischer Steinkohle. Zweifellos wird mit der Aufgabe der Kernenergie die Sicherheit der heimischen Energieversorgung qualitativ schlechter. Es ist nun kaum einsehbar, daß bei der Aufgabe von Sicherheitskriterien teure heimische Steinkohle weiter eingesetzt werden sollte. Die letzten Dämme würden brechen, und die derzeit schon schwierige Diskussion um die Beibehaltung des Kohlepfennigs würde endgültig scheitern.

Die Befürchtungen, daß mit der Aufgabe der Kernenergie zugunsten des Einsatzes von Importkohle heimische Steinkohle auf der Strecke bleiben könnte, erscheinen mir durchaus realistisch. Es ist daher von besonderer Bedeutung, daß auch bei dem von uns geforderten Umstieg von der Kernenergie auf andere Energieträger ein verstärkter Einsatz von Import-Energien nicht allein die Lösung sein darf. Meiner Meinung nach kann ein langfristiger Ausstieg aus der Kernenergie nur dann bewerkstelligt werden, wenn er mit einem schrittweisen Umstieg auf andere »quasi« heimische Energieträger und neuen Einsparungskonzeptionen verbunden ist.

Eine vernünftige, zukunftsorientierte Energiepolitik sollte daher folgenden Bedingungen genügen:

1. Energieversorgungssicherheit

Lieferstörungen, plötzliche Verknappungen und unerwartete externe Preisschübe müssen durch Vorsorgemaßnahmen weitestgehend aufgefangen werden können.

2. Anpassungsfähigkeit

Auf unerwartete Änderungen der Verfügbarkeit einzelner Energieträger muß schnell und kostengünstig reagiert werden können; das heißt, es muß eine Mischstruktur zwischen zentralen und dezentralen Energieversorgungselementen installiert werden.

3. Preisgünstigkeit

Eine erträgliche Belastung der Einkommen der Energieverwender ist anzustreben. Preisgünstigkeit ist also ein relatives Ziel, ein Kompromiß zwischen der Ausnutzung der Tagespreise, den volkswirtschaftlichen Kosten, der energiewirtschaftlichen Umrüstung und der Risikoabwägung internationaler Abhängigkeiten. Ein sprunghaftes Umrüsten der Energiewirtschaft nach unvorhersehbaren Tagesereignissen wäre fatal.

4. Ergiebigkeit

Bereiche ausgesprochener Energieverschwendung sollen eingeschränkt werden, während eine sparsame, rationelle Energieverwendung einer besonderen Förderung bedarf.

Eine an diesen Grundsätzen orientierte Energiepolitik wäre nicht nur arbeitnehmerfreundlich, sondern auch gesamtwirtschaftlich sinnvoll. In der Bundesrepublik Deutschland angewendet, würde sie nicht nur die Versorgungssicherheit langfristig erhöhen, sondern auch Kosten einsparen und Ressourcen schonen. Besondere Bedeutung fällt im Rahmen einer solchen vorausschauenden Energievorsorgepolitik den verfügbaren heimischen Energieträgern zu. Dies gilt in besonderem Maße für heimische Steinkohle und Braunkohle; die ebenfalls noch vorhandenen Gas- und Öllagerstätten können wegen ihrer geringen Ausbeute fast vernachlässigt werden. Die heimische Kohle dagegen leistet einen sicheren und wichtigen Beitrag zur deutschen Energieversorgung.

Unbegreiflich ist daher, daß sich heute wieder die Stimmen derer mehren, die glauben, auf der Basis einer trügerischen, nur scheinbar gesicherten Energieversorgungslage auf den Einsatz teurer, aber dafür jederzeit verfügbarer heimischer Steinkohle verzichten zu können - eine Einschätzung im übrigen, die uns vor 20 Jahren schon einmal eine folgenschwere einseitige Abhängigkeit beschert hat, nämlich die vom Öl.

Mit den deutschen Gewerkschaften wird eine solche unstete, von Tageseinflüssen bestimmte Energiepolitik ohne langfristige Perspektive nicht zu machen sein. Weder Importkohle noch Kernenergie dürfen die heimische Kohle vom Sockel stoßen. Wir bestehen statt dessen darauf, daß allein aus Gründen der Versorgungssicherheit und der Vorsorge die deutsche Kohle, als einziger nennenswerter heimischer Energieträger, auch in Zukunft eine herausragende Bedeutung für unsere Energieversorgung behält und auch weiterhin eine besondere staatliche Förderung genießt.

Energiepolitische Aktivitäten der Gewerkschaften

Angesichts der schwierigen Lage, in die der Energiepreisschock der letzten Dekade die gesamte Weltwirtschaft gebracht hat, und der damit verbundenen besonderen Betroffenheit der Arbeitnehmer, haben die Gewerkschaften - ihrem Auftrag entsprechend - von Anfang an intensiv in die Diskussion um das Thema Energiepolitik eingegriffen. Dabei war uns durchaus klar, daß die Energiepolitik in unserer hochentwickelten, eng mit der Weltwirtschaft verflochtenen Industriegesellschaft nicht nur die soziale Situation der Arbeitnehmer, sondern auch den technologischen Standard und die außenwirtschaftliche Position unserer Volkswirtschaft entscheidend mitbestimmt.

Die große Bedeutung, die die Gewerkschaften der Energiepolitik beimessen, wird noch deutlicher, wenn man sich die entsprechenden wirtschaftspolitischen Beschlüsse der jüngsten Gewerkschaftskongresse anschaut. Durchgängig wird in den wirtschaftspolitischen Leitanträgen eine klar definierte Energiesicherungspolitik gefordert, die folgende Punkte beinhalten soll:

- eine rationellere, umweltschonende Verwendung und Einsparung von Energie;
- den Einsatz von Kohle, Öl und Gas unter dem Aspekt der Versorgungssicherheit und der Erhaltung von Arbeitsplätzen;
- die Weiterentwicklung regenerativer Energiequellen und
- den langfristigen Ausstieg aus der Kernenergie.

Durch diesen Forderungskatalog wird deutlich, daß es neben der zukünftigen Versorgungssicherheit ein anderes, wichtiges Ziel zu erreichen gilt, nämlich das der Erhaltung und Schaffung von Arbeitsplätzen.

Ich möchte nun die einzelnen von mir genannten Punkte etwas näher beleuchten und versuchen, ihre Bedeutung aus Sicht der Gewerkschaften zu erläutern.

Rationeller Umgang mit Energie

Bei dieser Forderung geht es natürlich in erster Linie um die Verringerung der Primär-Energieverluste im Umwandlungs- und Anwendungsbereich.

Spätestens nach den jüngsten Erfahrungen mit den schon erwähnten Mineralölpreiskrisen und den daraus resultierenden gesamtwirtschaftlichen Folgen war klar, daß Energie nicht unbegrenzt aus der Steckdose oder der Zapfsäule einer Tankstelle fließt, sondern ein knappes Gut ist, das nach sorgsamem Umgang verlangt. Vor diesem Hintergrund ist es einfach unerläßlich, jeden Primär-Energieträger seinen besonderen Anwendungsmöglichkeiten entsprechend einzusetzen.

Für heimische Kohle, insbesondere Ballastkohle, und Kernenergie bietet sich dabei in erster Linie ein Einsatz im Kraftwerksbereich zur Stromerzeugung an. Hochwertige deutsche Steinkohle dagegen kann nicht nur verfeuert, sondern auch vergast und verflüssigt werden und so in Krisenzeiten Öl und Gas ersetzen. Öl und Gas wiederum sind nicht nur brennbar, sie sind auch als Rohstoffe für die chemische Industrie derzeit unverzichtbar. Der Slogan »weg vom Öl«, auf den ich später noch zu sprechen komme, bezieht sich daher auch weniger auf den Rohstoff, als vielmehr auf den Primär-Energieträger Mineralöl.

Rationeller und sparsamer Umgang mit Energie bedeutet also nicht etwa staatlich verordnete Verbrauchsbeschränkungen, sondern einen möglichst effizienten Einsatz der Primär-Energieträger. Dieses gilt ganz besonders für die in den Elektrizitätswerken verfeuerte Kohle, deren Wärmepotential zu zwei Dritteln ungenutzt über Kühltürme und Abwässer an die Umwelt abgegeben wird. Als Prozeßwärme für die Industrie ist diese Abwärme zwar kaum geeignet, aber an anderen Stellen der Volkswirtschaft – zum Beispiel in den privaten Haushalten – könnte sie als Heizwärme genutzt werden, wenn sie so rechtzeitig aus dem Stromerzeugungsprozeß ausgekoppelt wird, daß ihr Wärmepotential für den Transport über größere Entfernungen ausreicht.

Werden die notwendigen politischen Entscheidungen in diesem Sinne getroffen und die benötigten Mittel bereitgestellt, ergeben sich neben Energieeinspareffekten auch unübersehbare ökologische Vorteile. Auf der einen Seite würde die Umweltbelastung durch das Ausschalten vieler kleiner Feuerstellen fühlbar reduziert, auf der anderen Seite könnte die Abwärme der Kraftwerke sinnvoll genutzt werden. Daß so etwas auch ohne Anschlußzwang funktioniert, zeigt das Beispiel der Stadt Flensburg. Dort gelang es immerhin, ein mittelgroßes Gemeinwesen innerhalb einer Frist von lediglich 10 Jahren zu 90 Prozent für die Fernwärme zu erschließen. Solche Versorgungskonzepte lassen sich natürlich in der Regel dort leichter verwirklichen, wo es noch keine Gasnetze gibt und »Ohnehin-Kraftwerke« bereits im Planungsstadium für Wärmeauskoppelung ausgelegt und verbrauchsnah gebaut werden.

Auch dezentrale Blockheizkraftwerke, ideal für Wohnanlagen außerhalb der Ballungszentren, tragen zur Umweltentlastung und zum rationelleren Umgang mit Energie bei. Die Anwender erhalten in beiden Fällen die benötigte Wärme, ohne sich weiter um deren Erzeugung kümmern zu müssen; ohne Zweifel auch eine Vereinfachung des Handlings und eine Erhöhung des Komforts.

Die Zielsetzung, die Energieausbeute zu optimieren und den Primär-Energieeinsatz zu reduzieren, gilt natürlich nicht nur für den Wärmemarkt, sondern auch für Verkehr, Haushalte und Industrie. Gerade in diesem Bereich ist in der Vergangenheit schon einiges geleistet worden, aber das Ziel, neue Energieeinsparpotentiale zu erschließen, ohne die Lebensqualität der Menschen zu beeinträchtigen, muß festgeschrieben werden, denn es führt nicht nur zu Umweltentlastungen, sondern zu permanenten Innovationen und auch zur Weiterentwicklung vorhandener Technologien.

Einsatz von Kohle, Öl und Gas

Zunächst zur Bedeutung der Kohle: Die Nutzung der heimischen Kohle hat Vorrang.

Diese Aussage ist unbestritten. Konkret bedeutet sie, daß die Politik der Bundesrepublik Deutschland zur Sicherung der heimischen Kohlebasis nicht in Frage gestellt werden darf. Der Einsatz von Kohle auf dem Strom- und Wärmemarkt ist daher nicht etwa einzuschränken, sondern im Gegenteil eher auszuweiten. Diese Forderung erhält neue Aktualität vor dem Hintergrund des Ausstiegsbeschlusses des DGB vom Mai 1986. Die Regierungen von Bund und Ländern werden daher aufgefordert, den Ersatz alter Kohlekraftwerke durch neue, umweltfreundliche Stromerzeugungskapazitäten auf Kohlebasis mit Abwärmenutzung voranzutreiben.

Die zur Zeit äußerst kritische Situation des deutschen Steinkohlebergbaus ist nicht zuletzt auch eine Folge der Einführung neuer Technologien in der ohnehin schon schrumpfenden europäischen Stahl-Industrie. Zwar hat die Bundesregierung 1985, anläßlich der neuen, bis zum Jahre 2000 geltenden Hüttenvertragsregelung zugesagt, die Wettbewerbsposition der deutschen Steinkohle im Rahmen ihrer haushaltsmäßigen Möglichkeiten und, so weit unbedingt erforderlich, finanziell zu unterstützen; trotzdem geht der Absatz von Kokskohle und Koks an die deutschen und europäischen Stahl-Unternehmen immer weiter zurück. Da dieses ursprünglich als sicher und gesund geltende »Stahlbein« der deutschen Steinkohle heute eher einer wackeligen Prothese gleicht, muß unter Einsatz aller wirtschaftspolitischen Möglichkeiten wenigstens das zweite Bein, nämlich deren Verstromung, gesundgehalten werden. Daraus folgt, daß der 1981 zwischen dem deutschen Steinkohlebergbau und der Elektrizitätswirtschaft abgeschlossene Jahrhundertvertrag unbedingt eingehalten werden und über das Jahr 1995 hinaus verlängert werden muß.

In diesem Zusammenhang ist die Forderung einiger Unionsregierter Länder nach Abschaffung des Kohlepfennigs natürlich wenig hilfreich. Besonders gefährlich ist, daß die revierfernen Ministerpräsidenten bereit zu sein scheinen, eine Abnahmegarantie für deutsche Steinkohle im Rahmen des Jahrhundertvertrages, auch nach Verzicht auf den Kohlepfennig, zu geben. Dabei spekulieren sie nicht zu Unrecht darauf, daß die nordrhein-westfälischen EVU's unter solchen Bedingungen ihre Abnahmeverpflichtungen nicht werden einhalten können. Ziel solcher Vorschläge kann daher nur die Auflösung des Jahrhundertvertrages sein, was sicherlich zunächst zu einer Reduzierung des Einsatzes deutscher Kohle in der Elektrizitätserzeugung führen würde, längerfristig aber das Ende des deutschen Steinkohlebergbaus zur Folge hätte.

Ich halte eine solche Politik für sehr gefährlich, wenn man bedenkt, daß die Bundesrepublik Deutschland nach dem Ausscheiden der deutschen Steinkohle zu nahezu 100 Prozent von Importenergien abhängig wäre. Darüber kann auch der Hinweis auf die »quasi« heimische, dafür aber in der Öffentlichkeit um so umstrittenere Kernenergie nicht hinwegtäuschen.

Sinn und Zweck des Jahrhundertvertrages war es, nach der zweiten Mineralölkrise das schwere Heizöl endgültig aus der Stromerzeugung zu verbannen. Dieses ist - zum Leidwesen der Raffineure - gelungen. Heizöl spielt heute in der Stromerzeugung keine nennenswerte Rolle mehr. Allerdings hat der Anteil deutscher Stein- und Braunkohle keineswegs im gleichen Maße zugenommen, wie Gas und Mineralöl aus dem Kraftwerksbereich verschwunden sind; übernommen wurden diese Anteile statt dessen von der Kernenergie.

Der Einsatz der deutschen Steinkohle war 1985 wieder auf das Niveau von vor 1983 abgesackt, während die deutsche Braunkohle sogar nur noch das Niveau von vor 1980 erreichen konnte. Diese Reduzierung des Einsatzes deutscher Kohle im Kraftwerksbereich findet nicht die Zustimmung der deutschen Gewerkschaften. Im Gegenteil, wir fordern eine Erhöhung des Anteils deutscher Kohle an der Verstromung, da wir die im Steinkohlebergbau noch vorhandenen Arbeitsplätze erhalten wollen. Gleichzeitig müßten aber die Umweltbelastungen gesenkt werden, was den verstärkten Einsatz umweltfreundlicher Kohleverbrennungstechniken sowie die Entstikkung und Entschwefelung der vorhandenen Anlagen - entsprechend dem Stand der Technik - bedeutet.

Die entscheidende politische Grundlage dieser Kohle-Vorrang-Politik ist die Sicherung unserer eigenen Energieversorgung. Wer sich die immensen volkswirtschaftlichen Kosten der letzten Ölkrisen noch einmal vor Augen führt, dem muß klar sein, daß die im Verhältnis dazu relativ geringen volkswirtschaftlichen Opfer zur Erhaltung einer heimischen Energieversorgungsbasis eine notwendige Versicherungsprämie gegen die Wiederholungsgefahr externer Wirtschaftsschocks sind.

Eine unverzichtbare Forderung bleibt daher, die deutsche Kohle als wichtigstes und sicherstes energiepolitisches Standbein zu stärken und für die Zukunft zu erhalten.

Damit komme ich zu Öl und Gas, wobei Öl zweifellos der für die IG Chemie-Papier-Keramik wichtigste Primär-Energieträger ist, der besonders im Bereich der chemischen Industrie als Rohstoff seine sinnvollste Verwendung findet. Beide, Öl und Gas, sind Energieträger, die zum großen Teil aus dem Ausland importiert werden müssen. Beim Öl sind dieses fast 100 Prozent, beim Gas circa 70 Prozent. Der in der Folge der beiden Ölpreisschocks diskutierte Verzicht auf diese beiden Energieträger erscheint mir weder kurz- noch mittelfristig realisierbar.

Ich komme in diesem Zusammenhang auf das Schlagwort »weg vom Öl« zurück, dessen kompromißlose Umsetzung beinahe zum Zusammenbruch der Raffinerie-Industrie dieses Landes geführt hätte, andererseits aber auch wichtige Substitutionen und Einsparungen in den verschiedensten Verbrauchsbereichen eingeleitet hat. Denn ganz sicher ist nur eines: Öl und Gas sind die beiden fossilen Primär-Energieträger, deren weltweite Reserven in einem absehbaren Zeitraum zu Ende gehen werden. Da sie neben Energieträgern auch wichtige Rohstoffe, zum Beispiel Grundstoffe für die chemische Industrie, sind, sind sie auf Dauer zum Verbrennen viel zu schade. Wahrscheinlich wird in den nächsten Jahrzehnten das Mineralöl irgendwann seine Bedeutung als Energieträger verlieren und dann nur noch als wertvoller Rohstoff eingesetzt werden. Diese, von vielen Sachverständigen geteilte Erwartung bedeutet für die Mineralölwirtschaft eine neue Strukturanpassung, auf die sie sich rechtzeitig vorbereiten muß.

Da wir aber weder heute noch morgen auf Öl und Gas als Primär-Energieträger verzichten können, sollten wir durch eine weite Streuung der Bezugsquellen nach geographischen und politischen Kriterien die unabwendbaren Importrisiken soweit wie möglich minimieren. Diese Politik der Diversifizierung wurde propagiert als ein Instrument zur Bewältigung der Mineralölkrisen, ist aber in der letzten Zeit auf Grund der scheinbar entspannten Versorgungslage mehr und mehr in Vergessenheit geraten. Sinkende Ölpreise und fallender Dollarkurs führten zu wachsender Sorglosigkeit im Inland. Im Vordergrund der heutigen Energiepolitik stehen nicht etwa Krisenmanagement und langfristige Versorgungssicherheit, sondern Kostenminimierung und die trügerische Hoffnung auf das Funktionieren der Marktmechanismen.

Wer Vorsorgemaßnahmen heute für zu teuer und auf Grund der »sicheren Versorgungslage« für nicht notwendig hält, hat aus den negativen Erfahrungen der Vergangenheit nichts gelernt. Versorgungssicherheit ist nicht zum Nulltarif zu haben, denn auch die Wiederbeschaffung jeder Tonne Erdöl, die wir heute verbrauchen, wird in Zukunft immer teurer. Weitere leicht zugängliche Lagerstätten wie im Nahen Osten sind nach den heutigen Erkenntnissen nicht mehr vorhanden. Statt dessen muß Erdöl in Zukunft verstärkt in schwer zugänglichen Gebieten, wie der Arktis, gefördert oder mittels aufwendiger Technologie aus Teersänden und Ölschiefern gewonnen werden. Wenn man weiß, daß die Förderkosten jeder Tonne Nordsee-Öls bereits 15mal so hoch sind wie die im Nahen Osten, kann man sich den Aufwand ungefähr vorstellen, der notwendig ist, um zum Beispiel Ölquellen in der Arktis zu erschließen. Daß so etwas nur geht, wenn der Energiemarkt entsprechende Rohölpreise zuläßt, dürfte einsichtig sein. Soll die Energie- und Rohstoffversorgung der Welt auch langfristig gesichert bleiben, sind stabile, tendenziell steigende Energiepreise unvermeidbar. Daraus folgt, daß die im Augenblick niedrigen Energiepreise nur eine vorübergehende, flüchtige Erscheinung bleiben werden.

Es ist zwar richtig, daß sinkende Energiepreise das Wachstum der Wirtschaft beleben können, genauso richtig ist aber auch, daß viele der durch die Ölpreiskrisen konkurrenzfähig gewordenen Energiequellen früher oder später unter dem Druck sinkender Energiepreise unrentabel werden. Die Folge wäre eine wieder steigende Abhängigkeit der Industrieländer von den Gebieten mit den günstigsten Gestehungskosten für Primär-Energie, nämlich dem Nahen Osten. Die alten Abhängigkeiten würden wieder hergestellt, die nächste Energiekrise wäre vorprogrammiert.

Der niedrige Mineralölpreis des vergangenen Jahres hat zweifellos die Entwicklung der Weltwirtschaft positiv beeinflußt. Fachleute rechnen mit einem halben Prozentpunkt mehr für das Bruttosozialprodukt der Industriestaaten. Die Weltwirtschaft, außer den Erzeugerländern, hat also alles in allem von den sinkenden Mineralölpreisen erheblich profitiert. Allerdings, und das muß ganz klar sein, werden sich diese positiven Impulse spätestens dann ins Gegenteil verkehren, wenn in absehbarer Zeit die Mineralölpreise wieder anziehen werden. Die deutsche Industrie sollte also in ihren Zukunftsprognosen nicht allzu optimistisch auf weiter sinkende Mineralölpreise setzen, sondern statt dessen realistischerweise auch einen zukünftigen Preisanstieg in ihre Überlegungen mit einbeziehen.

Im übrigen sind auch die negativen Auswirkungen des Ölpreisverfalls nicht zu übersehen: Die Exporte in die Opec-Staaten sind drastisch zurückgegangen und haben bestimmte Industrien in erhebliche Schwierigkeiten gebracht.

Trotz des Preisverfalls von Mineralöl halten wir es für unbedingt notwendig, unsere bisher mit viel Erfolg betriebene Energiesparpolitik unbeirrt fortzusetzen.

Wird diese Botschaft sowohl von den Konsumenten als auch von den Produzenten verstanden, sollte auch in Zukunft ohne interventionistische Maßnahmen des Staates ein sorgfältiger Umgang mit Energie selbstverständlich sein. Ein Abschöpfen des Preisvorteils durch eine Ölimportabgabe oder höhere Mineralölsteuern kann also erst dann ernsthaft in Erwägung gezogen werden, wenn das Verbraucherverhalten tatsächlich zu einer Destabilisierung des gesamten Energiemarktes führt. Diese, aus meiner Sicht im Augenblick völlig überflüssige Diskussion verunsichert nicht nur die Industrie, sondern auch die Verbraucher.

Zu Beginn der 80er Jahre haben wir von der heutigen Überflußsituation nicht einmal zu träumen gewagt. Damals folgte - nach der ersten - gerade die zweite, ähnlich verheerende Mineralölkrise.

Auf Grund der gewaltigen Verteuerung sank das Mineralöl von einem Versorgungsanteil von 55 Prozent der Gesamtversorgung in 1973 auf 42 Prozent in 1985. Daß dieser rückläufige Trend der Mineralölnachfrage, der sich im übrigen weltweit abzeichnete, nicht ohne Folgen für die Kapazitäten der inländischen und ausländischen Raffinerien bleiben konnte, sah damals jeder, der mit Energiepolitik zu tun hatte, voraus. Allerdings erwartete wohl niemand, daß sich die Kapazitäten der inländischen Raffinerien innerhalb kürzester Zeit halbieren würden. Diese extreme Reaktion der deutschen Mineralöl-Industrie war nicht allein die Folge einer rückläufigen Nachfrage, sondern hatte ihre Ursache auch in einer jahrelangen Unterauslastung der Kapazitäten, verbunden mit erheblichen Verlusten im Verarbeitungs- und Vertriebsbereich. Der rückläufige Markt und die fehlende staatliche Unterstützung bei der Bewältigung der anstehenden Strukturprobleme lösten so eine Kettenreaktion aus, die bis heute bereits mehrere tausend Arbeitsplätze in der Mineralöl-Industrie für immer vernichtet hat.

Vor dem Hintergrund dieser durch schrumpfende Produktionskapazitäten und zunehmende Arbeitsplatzvernichtung gekennzeichneten schwierigen Situation der Mineralöl-Industrie hat die IG Chemie-Papier-Keramik die Bundesregierung aufgefordert, den einzelnen Energieträgern zur besseren Orientierung eine bestimmte Quote an der Versorgungsstruktur der Bundesrepublik Deutschland vorzugeben. Allerdings stieß dieser Vorschlag bei dem zuständigen Wirtschaftsministerium auf wenig Gegenliebe, obwohl aus unserer Sicht nur so eine vernünftige Kapazitäts- und Zukunftsplanung – mit allen positiven und negativen Auswirkungen auf Beschäftigung und Produktion – vorstellbar wäre. Unsere Sorge ist, daß durch die stark reduzierten Verarbeitungskapazitäten der deutschen Raffinerie-Industrie die Versorgungssicherheit der chemischen Industrie bereits erheblich gefährdet ist.

In diesem Zusammenhang erscheint es wichtig, noch einmal daran zu erinnern, daß die Bundesregierung seinerzeit den Ausbau des westdeutschen Raffineriepotentials in erster Linie aus Sicherheitsgründen gefordert hat. Das war zu Beginn der 70er Jahre, aber bereits heute, nur 15 Jahre später, scheint dieser Gesichtspunkt keinerlei Bedeutung mehr zu haben.

Um allen Beteiligten zu zeigen, wohin die Reise geht, muß die Bundesregierung ein energiepolitisches Konzept entwickeln, das die Abhängigkeit der Bundesrepublik Deutschland von Einfuhren im Energie- und Rohstoffbereich nicht noch weiter erhöht. Der Ende des Jahres 1986 vorgelegte Energiebericht genügt dieser Anforderung nicht.

Ein weiterer Grund zur Sorge ergibt sich aus der zwar noch verhaltenen, aber bereits hörbar einsetzenden Diskussion um die Weiterführung inländischer Rohölförderung. Mancher »have« wäre heute die Belastungen, die mit dem Betrieb deutscher Quellen verbunden sind, gerne los.

Erinnern wir uns an die Jahre steigender Mineralölpreise. Damals ging die Auseinandersetzung zwischen »haves« und »have nots« um ganz andere Fragen. Der Staat mußte entscheiden, was mit den sogenannten »windfallprofits« der »haves« geschieht. Diese Zufallsgewinne entstanden dadurch, daß in Deutschland gefördertes Öl zu weit über den Förderkosten liegenden Opec-Preisen am Markt verkauft werden konnte und zu erheblichen Wettbewerbsvorteilen gegenüber den »have nots« führte. Damals ließ jede Preiserhöhung der

Opec auch die Kassen der »haves« klingeln. Zwar wurde ein Teil dieser Zusatzgewinne durch erhöhte Förderzinsen weggesteuert, aber die verbliebenen Differentialrenten waren immer noch erheblich. Heute ist es umgekehrt, nicht nur der Rohölpreis ist im Keller, auch der niedrige Dollarkurs und die Bereitschaft der Ölverkäufer zum Abschluß von »net back«-Verträgen trägt dazu bei, den »haves« die Freude an ihren deutschen Quellen gründlich zu vermiesen. Trotzdem kann man erwarten, daß Unternehmen, die in guten Zeiten Kasse gemacht haben, ausreichend Rücklagen bilden, um temporäre Schwierigkeiten unbeschadet zu überstehen. Eine Schließung heimischer Quellen aus wirtschaftlichen Gründen würde daher keinerlei Verständnis bei den Gewerkschaften finden.

Weiterentwicklung regenerativer Energiequellen

Die derzeit relativ hohen Kosten der Nutzung regenerativer Energiequellen dürfen uns nicht davon abhalten, diesen Bereich weiter zu erforschen und zu entwickeln. Die Hoffnung allerdings, daß sie in relativ kurzer Zeit einen wesentlichen Beitrag zur Sicherung unserer Energieversorgung leisten können, wäre zweifellos zu optimistisch. Aber trotz derzeit noch vorhandener technischer und wirtschaftlicher Hindernisse ist zukünftig eine wesentlich stärkere Nutzung regenerativer Energiequellen auch in unseren Breiten möglich.

Allerdings sollten wir uns bei den Anwendungsmöglichkeiten von Sonne, Wind, Wasser, Biogas etc. nicht allein auf unsere mitteleuropäischen Verhältnisse konzentrieren, sondern auch die Chancen regenerativer Energieträger bei der Installierung von Versorgungsstrukturen, zum Beispiel in sonnenreichen Entwicklungsländern, in unsere Überlegungen mit einbeziehen. So könnten Versorgungssysteme installiert werden, die den Energiehunger der Entwicklungsländer stärker als bisher befriedigen können, ohne sie in zusätzliche wirtschaftspolitische Abhängigkeiten zu zwingen. Außerdem könnten die regenerativen Energieträger dazu beitragen, die endlichen Energieträger von dem derzeitigen starken Nachfragedruck zumindest etwas zu entlasten und so wichtige Rohstoffreserven für die Zukunft zu erhalten.

Einsatz der Kernenergie

Lange Zeit galt die Kernenergie auch innerhalb der Gewerkschaften als unverzichtbar für eine umfassende Energieversorgungsstruktur der Bundesrepublik Deutschland.

Dabei spielte, besonders nach den Mineralölkrisen, die Erkenntnis eine Rolle, daß wir uns als rohstoffarmes Industrieland nicht den Luxus erlauben können, auf die Nutzung auch nur eines verfügbaren Energieträgers zu verzichten. Aus dieser Überlegung heraus war der Einsatz der Kernenergie, allerdings nur in einem unumgänglich notwendigen Ausmaß, unbestritten. Dabei sollte eine sichere Entsorgung, die Sicherheit der im Kernenergiebereich tätigen Arbeitnehmer und der Schutz der Bevölkerung sowie der Ausschluß der Verwendung spaltbaren Materials zu Zwecken der atomaren Rüstung gewährleistet werden.

Die Bundesregierung wurde aufgefordert, im Rahmen einer langfristigen Energieversorgungsplanung - unter realistischer Einschätzung der Energieeinsparmöglichkeiten und des Beitrages heimischer Energiequellen - den notwendigen Anteil der Kernenergie an der Gesamtversorgung so festzulegen, daß den Betreibern eine Basis für langfristige Personal- und Kapazitätsplanungen zur Verfügung gestellt werden konnte. Aus dieser Forderung wird bereits deutlich, daß die Gewerkschaften zwar der Meinung waren, auf die Kernenergie könne im Rahmen eines vernünftigen Energie-Mix nicht verzichtet werden, aber niemals daran gedacht haben, nach der einseitigen Abhängigkeit vom Öl eine neue Abhängigkeit, nämlich die von der Kernenergie, einzugehen. Außerdem sollte verhindert werden, jemals in eine Situation zu kommen, die einen Ausstieg aus der Kernenergie nicht mehr erlaubt.

Ein ganz entscheidender Punkt unserer Überlegungen war immer die besondere Sicherheitsphilosophie, die den Einsatz der Kernenergie begleiten sollte. Die Sicherheitsstandards mußten so ausgelegt sein, daß alles zum Schutz von Bevölkerung und Arbeitnehmern getan wurde, was aus Sicht von Wissenschaft und Technik überhaupt realisierbar war. Dabei sollte auch geprüft werden, ob zum Beispiel die unterirdische Bauweise von Kernreaktoren zur Erhöhung der Sicherheit beitragen kann. Dieser Denkanstoß, dessen Umsetzung uns heute möglicherweise viel Ärger hätte ersparen können, wurde allerdings als irrelevant, überflüssig und viel zu teuer sowohl von den Betreibern als auch von den Politikern verworfen.

Ein anderes, ungelöstes Problem, das in der öffentlichen Diskussion nach wie vor eine wichtige Rolle spielt, ist die Endbehandlung des atomaren Abfalls. In der Bundesrepublik Deutschland werden jetzt seit mehr als 20 Jahren Kernreaktoren betrieben, die permanent hochradioaktiven Abfall produzieren, und immer noch gibt es keine demonstrierte Entsorgung. Es muß noch einmal deutlich darauf hingewiesen werden, daß Kernenergieabfälle erst dann entsorgt sind, wenn sie in sicheren unterirdischen Deponien untergebracht worden sind, vorher nicht. Als einziger Standort für eine solche Deponie ist bisher Gorleben vorgesehen. Niemand weiß bis heute mit Sicherheit, ob dieser Salzstock für diesen Zweck geeignet ist oder nicht. Die Meinungen gehen da sehr weit auseinander. In einer solchen Situation der Unsicherheit hätte der Staat schon längst vorsorglich alternative Standorte mit untersuchen müssen. Nur so könnte bei Nichteignung der einen Deponie ohne große zeitliche Verzögerung auf die Erschließung einer anderen Deponie übergegangen werden.

In der Öffentlichkeit stehen zwei Entsorgungspfade zur Diskussion, nämlich die direkte Endlagerung von Brennelementen in unterirdischen Deponien und die Einbringung der Brennelemente in eine Wiederaufarbeitungsanlage. Hier werden das wiederverwendbare Uran und das Plutonium extrahiert, und nur die Abfälle der Brennelemente kommen aus der Wiederaufarbeitung ins Endlager.

Aus unserer Sicht müssen beide Entsorgungswege geprüft werden. Aus diesem Grund wendet sich die IG Chemie-Papier-Keramik auch heute - nach den Ausstiegsbeschlüssen des DGB, auf die ich im folgenden noch eingehen werde - nicht gegen den Betrieb einer kleinen Wiederaufarbeitungsanlage. Wir glauben, daß nur so entsorgungspolitische und technologische Optionen offengehalten werden können. Eine Weiterentwicklung der Wiederaufarbeitung im Demonstrationsmaßstab könnte in der Zukunft zu neuen Erkenntnissen über die endgültige Beseitigung radioaktiver Abfälle und Reststoffe führen. Diese Option für die Zukunft wollen wir erhalten.

Eindeutig gegen einen sofortigen Ausstieg

Seit Mai 1986 gilt für den DGB eine neue Beschlußlage, an deren Erstellung auch unsere Gewerkschaft sehr intensiv beteiligt war. Zwar bleibt die Erhöhung des Wirkungsgrades des Gesamtenergiesystems die Grundlage des Beschlusses, aber die Position zur Kernenergie hat sich doch grundlegend verändert. Daß dieser Beschluß, als Folge der atomaren Katastrophe von Tschernobyl, einen Umstieg von der Kernenergie hin zu anderen Energieträgern beinhaltet, ist dabei nur eine logische Konsequenz der Entwicklung der öffentlichen Diskussion der letzten Jahre und der nie erreichten vollständigen Akzeptanz der Kernenergie in der Bevölkerung.

Neben dem schnellstmöglichen Verzicht auf die Kernenergie wird in diesem Beschluß aber auch gefordert, daß alle wirtschaftlichen, sozialen und gesellschaftspolitischen Folgen eines Umstiegs - unter Einbeziehung seiner ökologischen Auswirkungen - genau geprüft werden müssen.

Damit, und das ist sehr wichtig, wenden wir uns eindeutig gegen einen sofortigen Ausstieg, denn wir wollen nicht den Teufel mit dem Beelzebub austreiben und statt der Kernenergierisiken unkalkulierbare Umwelt- und Energieversorgungsrisiken auf uns nehmen.

Die Forderung nach einem sofortigen Ausstieg aus der Kernenergie wird in der Öffentlichkeit immer wieder mit dem Hinweis auf die besondere Gefährdung der Bevölkerung im Falle eines großen Unfalls in kerntechnischen Anlagen begründet. Wäre die IG Chemie-Papier-Keramik der Meinung, daß unsere Kernkraftwerke unsicher sind, müßte sie sich der Forderung nach sofortiger Stillegung ohne wenn und aber anschließen. Wir gehen aber davon aus, daß unsere Anlagen einen sehr hohen Sicherheitsstandard haben und diesen durch dauernde Überprüfungen über ihre gesamte Betriebsdauer auch erhalten. Ist er nicht mehr gewährleistet, müssen die Anlagen entweder nachgerüstet oder stillgelegt werden.

Um die Bevölkerung der Bundesrepublik Deutschland vor Strahlenschäden zu schützen, müßten allerdings auch die angrenzenden europäischen Kernenergie-Staaten entweder auf den Einsatz dieser Technologie verzichten oder zumindest durch internationale Vereinbarungen auf ein dem deutschen Sicherheitsstandard entsprechendes Niveau verpflichtet werden. Wir sind der Meinung, daß, wenn neue, sichere, konkurrenzfähige Energieversorgungstechniken erst einmal entwickelt sind, auch die anderen Kernenergie-Staaten auf diese Technologie zurückgreifen werden. Bis dahin allerdings muß gewährleistet werden, daß weltweit Unfälle in kerntechnischen Anlagen weitestgehend ausgeschlossen werden können, denn ein zweites Tschernobyl muß unbedingt verhindert werden.

Trotz oder gerade wegen der Erkenntnis, daß die Kernenergienutzung nur noch für einen begrenzten Zeitraum verantwortbar ist, scheint es von wesentlicher Bedeutung für die Glaubwürdigkeit der Gewerkschaften, wie sie mit den bisher in den kerntechnischen Anlagen beschäftigten Menschen umgehen. Angesichts einer Massenarbeitslosigkeit von über 2 Millionen muß ihnen die Angst vor einem Absturz in die Arbeitslosigkeit genommen werden. Das kann nur funktionieren, wenn garantiert wird, daß Zug um Zug im Rahmen einer Umstiegskonzeption neue, vergleichbare und sichere Arbeitsplätze zur Verfügung gestellt werden. Voraussetzung dafür ist die Erhaltung unserer internationalen Wettbewerbsfähigkeit; nur dann können wir unserer Verantwortung gegenüber den betroffenen Menschen gerecht werden.

Da in den Nuklear-Unternehmen hochqualifizierte Menschen beschäftigt sind, kann davon ausgegangen werden, daß ihr Wissen für die Entwicklung und Umsetzung zukünftiger Energieversorgungstechnologien unverzichtbar sein wird. Wir jedenfalls werden alles tun, damit die Erfahrungen und das Know-how der hier Beschäftigten in die technologische Zukunftsplanung unseres Landes mit einbezogen werden.

Realistische Perspektiven für einen Umstieg

Um für die Umstiegsdiskussion realistische Perspektiven zu eröffnen, muß die Politik umgehend Mittel zur Entwicklung und Weiterentwicklung alternativer Energietechnologien bereitstellen. Diese Mittel können von dem gewaltigen Forschungsetat, der sich bisher im Energiebereich weitestgehend auf Atomprojekte konzentrierte, abgezweigt werden.

Hinter einem langfristig geplanten realistischen Umstiegskonzept verbergen sich nicht nur Risiken, sondern auch Chancen für die deutsche Wirtschaft. Innovations- und Know-how-Sprünge sind durchaus möglich und können zu Wettbewerbsvorteilen sowohl im konventionellen Energiebereich als auch im Umweltschutz führen. Ich glaube, daß - wenn wir heute beginnen, ernsthaft nach Alternativen zur Kernenergie zu suchen - wir eine wohldurchdachte, langfristig angelegte, die Versorgungssicherheit berücksichtigende und nicht zuletzt verantwortungsbewußte Energiepolitik betreiben. Würden wir uns in unserer Zukunftsplanung weiter allein auf die Kernenergie stützen, würden wir die Wünsche der Bevölkerung und unserer Mitglieder nicht ausreichend berücksichtigen und müßten zwangsläufig scheitern.

Strukturveränderungen sind für eine moderne Industriegesellschaft unvermeidbar und können - werden sie langfristig geplant - einen wichtigen Beitrag zur technologischen Weiterentwicklung leisten.

Im Rahmen einer so orientierten Energiepolitik muß der Schnelle Brüter in Kalkar nicht ans Netz gehen und muß die großtechnische Wiederaufarbeitung in Wackersdorf fragwürdig bleiben. Wir sind der Meinung, daß die Bundesrepublik Deutschland derzeit auf den Ausbau des Plutoniumkreislaufs verzichten kann und daß die Direkteinlagerung nicht nur der sicherere, sondern auch der wirtschaftlichere Weg einer dringend notwendigen Entsorgung ist.

Diese Position, die von mir immer wieder nicht nur in Gewerkschaftszirkeln, sondern auch öffentlich vertreten wird, scheint auch von der augenblicklichen Bundesregierung als durchaus vernünftig akzeptiert zu werden. Die Hoffnung, daß möglicherweise auf der Basis unserer Vorstellungen der politische Konsens wieder hergestellt werden kann, ist somit nicht unbegründet. Dieser Konsens ermöglichte erst die Einführung der Kernenergie als Großtechnologie, und er bestand auch noch, als man sich 1981 darauf verständigte, die Kerntechnik nur als Übergangstechnologie einzusetzen. Unser Ziel ist es, diese einmal vorhandene Einsicht in die Köpfe aller Beteiligten zurückzurufen, denn wir erkennen durchaus, daß eine langfristig angelegte Energiepolitik ohne Kernenergie nur über die Parteigrenzen hinweg realisiert werden kann.

Industriepolitischer Ausblick

In meinen bisherigen Ausführungen habe ich deutlich gemacht, daß die IG Chemie-Papier-Keramik eine klare industriepolitische Konzeption verfolgt. Sie tritt für die Weiterentwicklung der Industriegesellschaft ein, nicht für ihre Abschaffung. Diejenigen, die nach den Hamburger DGB-Beschlüssen zur Energiepolitik glaubten, uns eine arbeitnehmerfeindliche Wirtschaftspolitik vorwerfen zu können, haben nicht bedacht, daß energieintensive Betriebe schon heute wesentlich günstigere Standorte in der Welt finden können als hier in der Bundesrepublik Deutschland. Lassen Sie mich dieses am Beispiel der Aluminium-Industrie erläutern:

Zum Beispiel das Aluminium ...

Bei Aluminium handelt es sich nicht etwa um irgend einen verstaubten volkswirtschaftlichen Ladenhüter, dessen Zeit schon lange abgelaufen ist, sondern um ein zukunftsträchtiges Metall mit einer weit verzweigten Einsatzpalette. Allerdings ist die Erzeugung dieses Leichtmetalls außerordentlich stromintensiv, so daß insbesondere der Preis für die angebotene elektrische Energie die Standortwahl der Aluminium-Hütten in entscheidendem Maße bestimmt.

In der Bundesrepublik Deutschland zum Beispiel kam es in der Vergangenheit schon mehrfach zu Diskussionen darüber, ob man sich den »Luxus« einer eigenen Hüttenaluminium-Produktion noch länger leisten könne oder nicht. Denn weder in der Bundesrepublik Deutschland noch in vielen anderen westlichen Industriestaaten zahlt die Aluminium-Industrie den offiziell gültigen Strompreis. Nahezu überall gelten Sondertarife, die natürlich letztendlich von den anderen Stromverbrauchern mitfinanziert werden müssen. Dieses gilt im übrigen gleichermaßen für Frankreich mit seinem hohen Kernenergieanteil wie für Australien mit seinem hohen Kohleanteil.

Mir scheint es daher weniger eine Frage der Energieversorgungsstruktur zu sein, ob in der Bundesrepublik Deutschland in Zukunft weiter Aluminium erzeugt wird oder nicht, als vielmehr eine Frage des politischen Wollens. Die IG Chemie-Papier-Keramik hat in diesem Punkt immer eine klare Position bezogen, nämlich für den Erhalt der Aluminium-Produktion in der Bundesrepublik Deutschland, für die Arbeitsplätze und für neue Investitionsentscheidungen, ganz besonders zur Entwicklung und Anwendung neuer energieeinsparender Schmelzverfahren.

Dementsprechend gilt für alle energieintensiven Industrien mit Zukunftsperspektiven, daß auch nach der Umsetzung des DGB-Beschlusses zum Ausstieg aus der Kernenergie ausreichend elektrische Energie zu vertretbaren Preisen zur Verfügung gestellt werden muß, denn die IG Chemie-Papier-Keramik wird eine Energiepolitik auf Kosten dieser Branchen nicht mittragen. Unsere Vorstellungen von einer vorausschauenden Wirtschafts- und Energiepolitik sind darauf ausgerichtet, die Attraktivität des Industriestandortes Bundesrepublik auch für die Zukunft zu erhalten.

In diesem Punkt unterscheiden wir uns sehr deutlich von jenen Phantasten, die meinen, über die Abschaffung der Industriegesellschaft in der Bundesrepublik Deutschland paradiesische Zustände ohne politische und ökonomische Sachzwänge und ohne Umweltbelastungen einführen zu können. Einen derartigen Ausstieg könnten sich nur wenige, finanziell Bessergestellte leisten, und gerade die Arbeitnehmer wären - wie immer - die Leidtragenden; denn Lebensqualität, Lebensstandard und soziale Sicherheit für alle könnten unter solchen Bedingungen weder erhalten noch verbessert werden. Das ist nur dann möglich, wenn die Bundesrepublik Deutschland nicht in einen Safari-Park umgewandelt wird, sondern auch in Zukunft als Industriestandort erhalten bleibt. Darauf zielen unsere wirtschaftspolitischen Vorstellungen ab. Sie beinhalten den sorgsamen Umgang mit unserer Umwelt ebenso wie die Bereitstellung einer ausreichenden und sicheren Energieversorgung.

Im Mittelpunkt all unserer Überlegungen aber steht der Mensch. Jeder Arbeitswillige muß die Chance haben, einen sicheren und menschenwürdigen Arbeitsplatz zu finden, so daß er auch finanziell in die Lage versetzt wird, seine Bedürfnisse zu befriedigen.

Die öffentliche Auseinandersetzung um den Einsatz der Kernenergie muß möglichst rational und realitätsbezogen geführt werden. Glaubenstäter sowohl auf der einen als auch auf der anderen Seite emotionalisieren die Diskussion und helfen uns bei der Lösung des Problems überhaupt nicht weiter.

Eine langfristige Ausstiegschance sehe ich in der Entwicklung und Bereitstellung neuer, in erster Linie regenerativer Energieträger, wie zum Beispiel Wasserstoff. Überhaupt scheint letzterer die Energiequelle der Zukunft zu sein; seine großtechnische Anwendung liegt allerdings noch in weiter Ferne.

Keine zeitliche Festlegung

Eine zeitliche Festlegung für ein Umstiegskonzept kommt aus meiner Sicht derzeit nicht in Frage, da eine Ablösung der Kernenergie allein durch Import-Energien auch in einer Übergangsphase nicht verantwortbar erscheint. Der massive Einsatz von Importkohle zum Beispiel würde nicht nur die Kernenergie substituieren, sondern auch das bisher gültige, auf Sicherheit und Vorsorge beruhende Konzept auf der Basis heimischer Kohle außer Kraft setzen, die Versorgungssicherheit in Frage stellen und weitere Arbeitsplätze im Steinkohlebergbau gefährden. Außerdem wären zusätzliche Umweltbelastungen bei der großen Anzahl zusätzlicher Steinkohlekraftwerke, auch bei entschwefelten und entstickten Anlagen, unvermeidbar.

Ich erinnere in diesem Zusammenhang nur daran, daß die Reinhaltung der Luft zweifellos zu einem Entsorgungsproblem bei REA-Gips und Katalysatoren-Rückständen der Entstickungsanlagen führen wird. Es ist ein Irrtum zu glauben, daß mit der Bekämpfung der Luft- und Wasserbelastung alle Umweltprobleme gelöst seien. Im Gegenteil, durch die Erzeugung von Filterstäuben, Katalysatoren-Rückständen und REA-Gips wird zusätzlich Sondermüll produziert, der an geeigneten Standorten deponiert werden muß. Wie schwierig die Beseitigung von Sondermüll ist, weiß jeder, der mit Umweltfragen befaßt ist.

Die IG Chemie-Papier-Keramik bleibt bei ihrer Forderung, so schnell wie möglich aus der Kernenergie in andere Energien umzusteigen. Sie ist aber nicht bereit, die Energieversorgung durch einen verstärkten Einstieg unseres Landes in Import-Energien zu gefährden. Das heißt, die Vorlage vernünftiger, durchsetzbarer Konzepte ist eine unverzichtbare Voraussetzung für den endgültigen Ausstieg.

Im übrigen bin ich der Meinung, daß gerade bei energiepolitischen Grundsatzentscheidungen ein parteiübergreifender Konsens gefunden werden muß, da sonst jede Änderung der bisherigen Linie von der einen oder anderen Seite blockiert wird. Ich glaube, daß zwischen den großen Parteien ein Konsens möglich ist: Die SPD akzeptiert eine Klassifizierung der Kernenergie als Übergangstechnologie mit mittel- bis langfristiger Ausstiegsperspektive ohne feste Zeitvorgabe dann, wenn auch die Bundesregierung auf den Ausbau des Plutoniumkreislaufs verzichtet.

Der Bundesminister für Forschung und Technologie muß diese Linie der Vernunft durch Umschichtung seiner Etats stärker unterstützen. Wasserstoff-Technologie und verstärkter Einsatz regenerativer Energiequellen sollten die Forschungsziele der kommenden Jahre sein. Neben einer zukunftsorientierten Energiepolitik würde so auch eine innovative, umweltfreundliche Industriepolitik betrieben: Know-how-Vorsprung und Wettbewerbsvorteile für die Zukunft wären das Resultat.

Die Mineralölwirtschaft muß, soweit das bisher noch nicht geschehen ist, in die Lage versetzt werden, das inländische Raffineriesterben zu beenden. Auch hier darf die Versorgungssicherheit der Bundesrepublik Deutschland nicht weiter aufs Spiel gesetzt werden. Dieses gilt sowohl für den Verkehrs- und Wärmebereich als auch in besonderem Maße für die chemische Industrie. Ich bin davon überzeugt, daß wir auch in Zukunft auf das Mineralöl nicht werden verzichten können. Langfristig allerdings liegt die Bedeutung des Mineralöls sicherlich mehr im Bereich der Rohstoff- als der Energieversorgung.

Abschließend möchte ich noch einmal auf die enge Verbindung zwischen Umwelt- und Energiepolitik verweisen. Eine zukunftsorientierte Energiepolitik kann nur umweltorientiert und ressourcenschonend durchgesetzt werden; denn ohne umwelttechnische Innovationen haben hochindustrialisierte, aber rohstoffarme und bevölkerungsdichte Staaten wie die Bundesrepublik Deutschland keine industriepolitische Zukunft.

Fazit: Eine innovationssteigernde, auf die Vermeidung von Umweltbelastungen abgestellte Energiepolitik trägt in erheblichem Maße zur Sicherung und Schaffung von Arbeitsplätzen und zur Verbesserung der Leistungsfähigkeit der Wirtschaft bei.

Schlußbemerkungen

Vor dem Hintergrund dieser Ausführungen läßt sich die Frage nach dem Ende der Atomkraft schon etwas realistischer beantworten. Meiner Meinung nach neigt sich das Atomzeitalter zweifellos seinem Ende zu; die anfängliche Euphorie ist vergangen, und auch von einem weiteren Ausbau der Energieerzeugung auf Kernkraftbasis redet heute - zumindest bei uns - kaum noch jemand.

Selbst die Kernkraftbefürworter sind bescheiden geworden, sie sprechen nur noch von einem Erhalt der derzeitigen Kapazitäten, und auch für die Weiterentwicklung der sogenannten fortgeschrittenen Reaktorlinien will niemand mehr auf die Barrikaden gehen. Wie ich schon mehrfach im Rahmen meiner bisherigen Ausführungen festgestellt habe, kann aus ökonomischen, ökologischen und arbeitsmarktbedingten Sachzwängen der Ausstieg aus der Kernenergie nicht unmittelbar bevorstehen. Aber aus heutiger Sicht betrachtet erscheint die Kernenergie nur noch für einen begrenzten Zeitraum einsetzbar. Allerdings wird dieser Zeitraum kein kurzfristiger sein. Nach meiner Einschätzung wird das Ende der Atomzeit mit dem Beginn der Wasserstoffzeit zusammenfallen.

Ich bin sicher, daß meine Vorstellungen von der zukünftigen Energieversorgungsstruktur der Bundesrepublik Deutschland nicht von allen Lesern geteilt werden. Aber, und dieser Punkt ist sicherlich konsensfähig, meine Sorge gilt der Zukunft des Industriestandortes Bundesrepublik Deutschland. Ich werde auch künftig alles tun, damit Politik, Gewerkschaften und Industrie diese Zukunft mit Augenmaß und Durchsetzungsvermögen menschengerecht gestalten.

Unternehmerische Anpassungsdynamik in der Marktwirtschaft: Öl als Lehrbeispiel

Hans K. Schneider

„Der Sachverständigenrat für die Begutachtung der gesamtwirtschaftlichen Entwicklung hat in seinem Jahresgutachten 1983 die Mineralölverarbeitung mit Recht als ein positives Beispiel für strukturelle Anpassung ohne staatliche Hilfen bezeichnet. Es war richtig, daß die Bundesregierung nach 1973 dem Begehren, die Ölpreise staatlich zu kontrollieren, nicht nachgegeben hat; nur so gelang es, die strukturelle Anpassung auf der Anbieter- und auf der Nachfragerseite auf den Weg zu bringen."

Nach dem Zweiten Weltkrieg konnte die Weltwirtschaft über ein Vierteljahrhundert hinweg ein Wachstumstempo vorlegen, das zuvor nie erreicht, nie für möglich gehalten worden war. Alle Länder nahmen daran teil, die Gruppe der Entwicklungsländer sogar überproportional. Entscheidend für die Entfaltung einer neuen Wachstumsdynamik waren eine hohe Leistungsbereitschaft und die Zuversicht, daß der technische und wirtschaftliche Fortschritt in einer arbeitsteiligen Weltwirtschaft letzten Endes allen dient.

Nicht gering eingeschätzt werden sollte aber auch der Beitrag des Öls. Getrieben durch den schnellen Vormarsch des Öls, gerieten sämtliche Energieträger unter Wettbewerbsdruck. Die Rationalisierung der Tätigkeiten im modernen Haushalt kam dank preisgünstiger und qualitativ hochwertiger Energie schnell voran. Energie, die – real gerechnet – immer billiger wurde und qualitativ immer besser, förderte den Fortschritt und das Produktivitätswachstum in den Unternehmen. Das Öl wurde zur Basis der schnell expandierenden Automobilindustrie und der petrochemischen Industrie, der Nachfolgerin der in ihren Entwicklungsmöglichkeiten stark begrenzten Kohlechemie.

Weltölmarkt im Umbruch

Die Woge von Öl wurde aus den riesigen neuen Ölfunden im Mittleren Osten gespeist. Die Ergiebigkeit der dortigen Quellen überstieg die der nordamerikanischen um das Hundertfache und noch mehr, und dementsprechend sehr groß war der Kostenvorsprung des Mittelost-Öls gegenüber diesen und anderen Konkurrenten. Die extrem niedrigen Förderkosten und eine Förderpolitik, die auf schnelle Ausbeutung drängte, ermöglichten es den Konzessionären – neben den »Sieben Schwestern« auch Ölunternehmen mittlerer Größe –, ihr Öl von der arabischen Halbinsel, aus Nordafrika, dem Iran und Irak zu außerordentlich günstigen Preisen in exponentiell wachsenden Mengen auf die Verbrauchermärkte zu bringen.

In der jungen Bundesrepublik war Mineralöl zunächst ein marginaler Energieträger; im Jahre 1950 erreichte es ganze 2 1/2 Prozent Versorgungsanteil. Im Zusammenwirken niedriger Ölpreise und kräftig steigender Masseneinkommen wuchs die Nachfrage nach Treibstoffen, Heizöl und petrochemischen Produkten, und parallel zur wachsenden Verbrauchsdichte entstand eine leistungsfähige Infrastruktur der Ölversorgung: ein dichtes Netz von Verarbeitungsanlagen und differenzierten Transporteinrichtungen mit Rohrleitungen für den »Massenverkehr«, Lägern, Handelseinrichtungen und Tankstellen.

Zu Beginn der 70er Jahre überschritt das Mineralöl in der Bundesrepublik die 50 Prozent-Marke beim Versorgungsanteil. Es war die Zeit, in der Gesellschaftskritiker von der Politik und vom Bürger erstmals forderten, auf mögliches wirtschaftliches Wachstum zu verzichten. Die Thesen des Club of Rome - nicht eine von ihnen erwies sich später als zutreffend begründet - fanden eine vielfach unkritische Zustimmung in Gesellschaft und Politik.

Die Masse der Menschen erstrebte jedoch nach wie vor eine bessere Versorgung mit Gütern und Dienstleistungen, und die Wirtschaft hielt ihren Wachstumskurs zunächst auch ohne Korrektur bei. Die Planungen der Mineralölunternehmen waren zu Beginn der 70er Jahre ebenfalls ausnahmslos auf fortgesetztes Wachstum eingestellt, in der Bundesrepublik ebenso wie draußen. Allerdings war man sich in der Ölindustrie bereits darüber im klaren, daß die Zeit des billigen Öls bald zu Ende gehen müsse und der Ölverbrauch deshalb nur noch deutlich verlangsamt wachsen werde. Denn der Ölverbrauch nahm im Trend bereits schneller zu als die zu niedrigen Preisen verfügbaren Ölreserven; der Anteil der OPEC-Länder an der Weltölförderung und insbesondere am international gehandelten Öl stieg anhaltend; und die Ölexportländer setzten ihre immer stärker werdende Verhandlungsmacht ein, um die Verfügung über die Ölquellen Schritt für Schritt zu übernehmen und höhere Preise durchzusetzen.

Der Yom-Kippur-Krieg und der erste Ölpreisschock

Auslöser des ersten Ölpreisschocks - nicht dessen Ursache war der Yom-Kippur-Krieg. Der Rohölpreis, 1972 noch bei jahresdurchschnittlich 2 1/2 Dollar pro Barrel, sprang vom Herbst 1973 bis Anfang 1974 auf über 11 Dollar pro Barrel. Der Weltölverbrauch ging daraufhin vorübergehend zurück, im gesamten Zeitraum von 1974 bis 1979 fiel die durchschnittliche Zuwachsrate auf knapp 2 1/2 Prozent; in der Bundesrepublik, die eine rigorose Weg-vom-Öl-Politik verfolgte, erreichte der Ölverbrauch 1979 gerade den Höchststand von 1973.

Ein Preissprung um mehr als das Vierfache und ein Ende des Verbrauchsanstiegs waren vor 1973 allgemein nicht erwartet worden. Die Mineralölverarbeitungskapazität in der Bundesrepublik wie in allen anderen Ländern wuchs zunächst noch weiter an. Mit der zunehmenden Überkapazität begann die wirtschaftliche Misere der Mineralölindustrie, und zwar in der Bundesrepublik viel stärker als anderswo. Zur Stagnation des Mineralölverbrauchs kam hier noch hinzu, daß der deutsche Ölmarkt nicht wie die Ölmärkte anderer Länder gegen den Import von Überschußmengen versperrt ist und der Importpreisdruck daher die Preise für Fertigprodukte gegenüber den Rohölpreisen so niedrig halten konnte, daß keine kostendekkende Marge in der Verarbeitung mehr erzielt werden konnte. Daran hat sich bis heute im Kern nichts geändert.

Die Revolution im Iran und der zweite Ölpreisschock

Der zweite Ölpreisschub kam für die Ölindustrie und die meisten unabhängigen Energieexperten nicht unerwartet. Auslöser war diesmal die Revolution im Iran.

Die eigentliche Ursache lag jedoch wiederum bei den fundamentalen Marktfaktoren. Eine internationale Gruppe von Energieexperten, das Workshop on Alternative Energy Strategies, dem auch der Verfasser dieses Beitrags angehörte, warnte schon 1977, daß selbst eine moderate Zunahme des Weltölverbrauchs angesichts der nur geringen Zunahme der Ölreserven und der fehlenden Bereitschaft der OPEC-Länder, ihre Förderung zu erhöhen, spätestens Anfang der 80er Jahre eine neue Anspannung auf dem Ölmarkt entstehen lassen werde, die den Ölpreis hochtreiben müsse. So kam es auch.

Das Verhältnis von Ölreserven zu laufender Produktion verschlechterte sich in der zweiten Hälfte der 70er Jahre bei stark steigenden Kosten für Exploration und Erschließung anhaltend, und die nicht genutzte Kapazität in der Weltölförderung schrumpfte. Dieser zweite Ölpreissprung, dessen Ausmaß das des ersten noch beträchtlich überschritt, hätte sicherlich vermieden werden können, wenn die Erschließung neuer Reserven durch verstärkte Erschließungstätigkeit und tertiäre Ölförderung schneller oder wenn die Weltölnachfrage in der zweiten Hälfte der 70er Jahre (noch) langsamer gestiegen wären. Zu bedenken ist vor allem, daß einige Länder, allen voran die Vereinigten Staaten, die Inlandspreise für Öl unter den Weltmarktpreisen hielten und es deshalb hier nicht zu einer rationelleren Verwendung des Mineralöls und nicht zu einer schnelleren Erschließung der inländischen Energievorkommen kam.

Beim zweiten Ölpreissprung wirkten mehrere Faktoren zusammen. Die vollständige Einstellung der Exporte aus dem Iran (5 Millionen Barrel pro Tag) Anfang 1979 dauerte nur drei Monate und hatte lediglich einen temporären Einfluß auf die Ölpreise. Da Saudi-Arabien und andere Länder ihre Ölförderung steigerten, blieb nur eine kleine Verringerung des Weltölangebots um etwa 2 Millionen Barrel pro Tag, das waren etwa 3 Prozent der Weltölförderung.

Wichtig war, daß in dieser Zeit die Erwartung eines mittel- und langfristigen Fortgangs der Ölpreissteigerung vorherrschte. In diesem Erwartungsklima mußte ein erneuter Anstieg der Ölpreise - egal wodurch ausgelöst - zu einer Überreaktion der Ölverbraucher führen, die weitere Preissteigerungen geradezu herausforderte. Daß die Anbieter so schnell so hohe Preise fordern und durchsetzen konnten, geht aber auch auf strukturelle Änderungen im Absatzsystem zurück, wozu die direkte Mitwirkung der Exportländer am Verkauf und die Steigerung des Volumens der Spot-Geschäfte gehörten. So eskalierten die Ölpreise aller Provenienzen: Der durchschnittliche OPEC-Listenpreis, 1978 noch knapp 13 Dollar pro Barrel, überschritt bereits im August 1979 20 Dollar pro Barrel und stieg zum Januar 1980 auf über 28 Dollar pro Barrel und im Januar 1981 auf 34,80 Dollar pro Barrel.

Dieser neue Preissprung leitete eine Rezession der Weltwirtschaft ein. Er stimulierte aber auch weltweit das Energiesparen und die Ölsubstitution, die Entwicklung von Alternativen zum OPEC-Öl und die Suche nach neuen energiewirtschaftlichen Lösungen. Die Energiepolitik half in den Ölverbraucherländern noch kräftig nach. Der Weltölverbrauch ging daraufhin Jahr für Jahr absolut zurück, gleichzeitig nahm die Non-OPEC-Förderung kräftig zu. Infolgedessen sank der Anteil der OPEC an der Weltölversorgung geradezu dramatisch, nämlich auf 30 Prozent im Jahre 1985 gegenüber 48 Prozent in 1979. Die Ölpreise schmolzen zunächst jedoch nur allmählich, weil Saudi-Arabien und einige andere Länder durch eine überproportionale Verringerung ihrer Förderung den Markt noch einigermaßen im Gleichgewicht hielten. Als Saudi-Arabien seine Förderpolitik im Herbst 1985 änderte, nämlich auf Expansion umschaltete und dabei die Preise den jeweiligen Marktbedingungen in den Verbraucherländern anglich, kam es zum Preiskollaps. Der Ölverbrauch begann daraufhin 1986 weltweit erneut zu steigen, während die Ausgaben für Exploration und Entwicklung neuer Ölfelder gedrosselt wurden.

Erneut taucht die Frage auf, ob nicht - wenn es denn bei den niedrigen Ölpreisen bleiben sollte - ein dritter Preissprung in absehbarer Zeit vorprogrammiert ist.

Die Anpassungsaufgaben der Mineralölunternehmen in der Bundesrepublik

Das Geschehen auf den Mineralölmärkten aufzeichnen und im nachhinein erklären, warum es so kommen »mußte«, ist vergleichsweise einfach. Für die Unternehmen kommt es freilich nicht darauf an zu wissen, was war und warum es so war, sondern abzuschätzen, was künftig sein wird, und daraus Folgerungen für die eigenen Investitionen zu ziehen.

Das ist in einer Zeit des Umbruchs auf den Märkten außerordentlich schwierig. Man darf nicht vergessen, daß die Mineralölunternehmen Anfang der 70er Jahre - weltweit auf eine Marktexpansion eingestellt, die wie auf Schienen verlief und von nahezu stabilen Ölpreisen gekennzeichnet war - eine für sie ganz neue Erfahrung machen mußten. Die Extrapolation als Projektionsverfahren hatte endgültig ausgedient. Internationale und nationale Studien der Ölmärkte gaben zwar brauchbare Hinweise auf wahrscheinliche oder mögliche Marktentwicklungen, aber eine einigermaßen verläßliche Orientierung boten sie nicht. Sie konnten dies nicht zuletzt auch deshalb nicht, weil die Energiepolitik in den Verbraucherländern mit einer Strategie des »Weg vom Öl« immer aufs neue bisherige Marktchancen für das Öl zunichte machte.

Daß der Ölverbrauch in der Bundesrepublik auf Dauer nicht weiter steigen wird, setzte sich als Erkenntnis erst durch, als der zweite Ölpreisschock die Märkte erschütterte; daß er sogar kräftig und dauerhaft zurückgehen wird, dies wurde erst »evident«, als Investitionen in das Energiesparen und in die Substitution von Ölprodukten den Absatz von Heizöl und Treibstoffen beträchtlich herabdrückten und es zugleich deutlich wurde, daß die Politik an ihrem Kurs »Weg vom Öl« festhalten werde.

Harter Konkurrenzkampf in der deutschen Mineralölindustrie

Die Lage in der deutschen Mineralölindustrie wird seit 1979 durch die folgenden Vorgänge geprägt:
- Rückgang des Mineralölverbrauchs
- Umschichtung in der Verbrauchsstruktur bei den Fertigprodukten
- Verschlechterung der Erlös/Kosten-Relation in der deutschen Mineralölverarbeitung

Der Verbrauch an Mineralölfertigprodukten ging von 1979 bis 1985 um 23 Prozent zurück. Der Rückgang fiel kräftiger aus als in den USA und den meisten anderen Industrieländern, ausgenommen Japan. Das geht zum einen darauf zurück, daß die überproportionale Verteuerung des Mineralöls gegenüber anderen Energieträgern in der Bundesrepublik schnell zu marktkonformen Reaktionen in der Substitution von Öl und der Verringerung des spezifischen Energieverbrauchs geführt hat. Zum anderen hat die Energiepolitik in der Bundesrepublik vergleichsweise besonders stark auf die Zurückdrängung des Mineralölabsatzes im Wärmebereich hingewirkt: durch die Subventionierung der heimischen Steinkohle in der öffentlichen Stromerzeugung, durch die Subventionierung des Energiesparens allgemein und der Fernwärmeversorgung insbesondere sowie durch politisch geleitete Investitionsentscheidungen auf der örtlichen Versorgungsebene, die sich gegen die Heizölverwendung richten.

Besonders kräftig fiel der Verbrauchsrückgang beim schweren Heizöl aus, das nach der zweiten Ölpreiskrise zeitweise sogar teurer wurde als deutsche Steinkohle. Dem leichten Heizöl setzte vor allem die Gaskonkurrenz zu, daneben aber auch die Fernwärme und Elektrowärme. In engen Grenzen hielt sich der Rückgang bei den Treibstoffen (Benzin und Dieselöl), bei denen ein steigender Bestand an Personenkraftwagen und Nutzfahrzeugen den sinkenden spezifischen Verbrauch wenigstens teilweise auszugleichen vermochte. Der absolute Preisabstand zwischen den Leicht- und Mitteldestillaten weitete sich nach dem zweiten Ölpreisschock noch weiter aus als vorher. Damit schien ein weiterer Ausbau der Konversionsanlagen, die schweres Heizöl und Rückstandsöl in Leicht- und Mitteldestillate verwandeln, angezeigt zu sein.

Die Verschlechterung der Erlös/Kosten-Relation in der Mineralölverarbeitung hängt zu einem Großteil mit der unterschiedlichen Entwicklung der Preise für Fertigprodukte und für Rohöl zusammen. Nimmt man die Preise für importierte Fertigprodukte und importiertes Rohöl als Anhaltsgrößen für die statistisch nicht ausgewiesenen durchschnittlichen Verkaufserlöse und durchschnittlichen Kosten der eingesetzten Öle, so betrug der Preisabstand 1973 noch rund 64 DM/t, 1978 dagegen nur noch knapp 52 DM/t; nach dem Zwischenhoch 1979, als die Produktpreise dem Rohölpreis zeitweise davonliefen (85 DM/t Preisabstand), ging der Preisabstand schon 1982 wieder auf 55 DM/t zurück - trotz real verteuerter Verarbeitung, trotz inflatorischer Aufblähung aller Preise und Kosten.

Erst der Preiskollaps 1986 brachte - vorübergehend - eine Vergrößerung des Abstandes zwischen Durchschnittserlös und durchschnittlichen Einstandskosten für Rohöl und weiterverarbeitete Produkte, die ein positives Betriebsergebnis in der Mineralölverarbeitung zuließ.

Nachdem der schnell expandierende deutsche Mineralölmarkt noch in den 60er Jahren zahlreiche newcomers aus dem internationalen Bereich angezogen hatte, begann mit der Marktabschwächung und dem immer härter werdenden Konkurrenzkampf die Anzahl der Anbieter zu schrumpfen, und die Primärdestillationskapazität wurde schrittweise verringert. Von den internationalen newcomers schieden Gulf, Amoco und Occidental in der Mitte der 70er Jahre wieder aus. Von den 35 einheimischen Raffinerien im Jahre 1970 waren Ende 1982 noch 28, Ende 1986 nur noch 18 in Betrieb.

Die Marktform auf dem deutschen Mineralölmarkt hat sich im Übergang von der Expansion zur Schrumpfung nicht grundlegend verändert; es handelt sich um ein Teiloligopol mit einem Anbieterkern von 15 Raffineriegesellschaften und einer Vielzahl von teilweise unabhängigen Importeuren sowie Händlern. Die Unternehmensstruktur und die Interessenlagen der Anbieter weichen stark voneinander ab. Die Rivalitäten im Teiloligopol und eine latente Außenseiterkonkurrenz durch die nicht raffineriegebundenen Anbieter haben es zu allen Zeiten verhindert, daß sich wettbewerbsbeschränkende Strategien durchsetzen konnten. So mußten alle Unternehmen mit den durch die veränderten Ölmarktbedingungen ausgelösten Anpassungszwängen selbst fertig werden, ohne auf die Kooperation der anderen rechnen zu dürfen. Dabei sind die internen Strukturen und die Ressourcenpotentiale der einzelnen Unternehmen recht verschieden und damit auch die Chancen, im Wettbewerb auf Dauer einen Kernbereich des Unternehmens halten zu können.

Erfolgreiche Anpassungsstrategien

Die deutsche Mineralölindustrie hat in der Verarbeitung und im Vertrieb von Mitte 1980 bis Mitte 1985 über 13 Milliarden DM Verluste hinnehmen müssen; die reinen Betriebsverluste (laufende Betriebsergebnisse ohne Preissteigerungsrücklagen) werden für diesen Zeitraum sogar auf 20 Milliarden DM geschätzt.

Erst ein Rückgang der Rohölpreise ab Herbst 1985, der sich an den erzielbaren Produktpreisen orientierte, brachte 1986 nach den Ermittlungen des Energiewirtschaftlichen Instituts an der Universität Köln die Mineralölverarbeitung wieder in die schwarzen Zahlen zurück. Bei der Ergebnisverbesserung zahlte sich aber auch aus, daß die inländischen Anbieter Teile ihrer Fixkosten abgebaut, die Unternehmensorganisation gestrafft und die Flexibilität gesteigert haben, um den Raffinerieeinsatz bei Kostenveränderungen von Rohölen und Halbfabrikaten rasch optimieren zu können.

Es ist erstaunlich: Auf der einen Seite hat die Mineralölverarbeitung ihre Primärdestillationskapazität gegenüber dem Höchststand Ende der 70er Jahre um rund die Hälfte abbauen müssen, auf der anderen Seite hat sie aber – trotz schlechter Ertragslage in der Verarbeitung – die Konversionskapazität bis vor wenigen Jahren weiter ausgebaut, um den Anteil an Leicht- und Mitteldestillation zu erhöhen und so eine größere Flexibilität in der Verarbeitung zu erzielen.

Die von den Mineralölgesellschaften gewählten Anpassungsstrategien sind vielfältig und in den einzelnen Gesellschaften verschieden. Eine stärkere Ausrichtung auf den flexiblen Zukauf von Rohöl und/oder Fertigprodukten auf den internationalen Märkten ermöglicht die schnelle Anpassung an Veränderungen auf den Rohölmärkten beziehungsweise auf den Märkten für die verschiedenen Fertigprodukte. Mit der Stillegung der Primärdestillation und der Spezialisierung auf Top-Rückstände als Raffinerieinput, mit dem Verkauf überschüssiger Verarbeitungskapazität, mit der Optimierung des Unternehmensverbundes und der Umstellung des Raffinierieinputs auf Halb- sowie Fertigprodukte wird versucht, das inländische Verarbeitungsrisiko zu reduzieren.

Ein eigener Weg ist von der VEBA-Öl mit der Umrüstung des Raffinerieparks für eine Verwertung von schweren Rohölen beschritten worden. Die lokale Konzentration beispielsweise im Vergaserkraftstoffgeschäft oder die regionale Konzentration mit integrierter Verarbeitungs- sowie Vertriebskapazität und die Straffung der Absatzwege mit der Konzentration auf bestimmte Erzeugnisse sind andere Wege, mit denen Mineralölunternehmen ihre Leistungsfähigkeit zu steigern versuchen. Bei der Wahl der Strategie bilden unternehmensspezifische Bedingungen eine wichtige Rolle. Bemerkenswert ist vor allem die Bereitschaft der Unternehmen, sich von Überkommenem zu trennen, wann immer die Marktlage dies erfordert.

Die Verarbeitung von Rohöl hat in der Bundesrepublik einen stärkeren Rückgang hinnehmen müssen, als es dem Rückgang beim Verbrauch von Mineralölprodukten entspricht. Mittlerweile haben die Produktimporte einen Versorgungsanteil von 43 Prozent am gesamten Mineralölaufkommen (brutto) erreicht (gegenüber 28 Prozent in 1979). Die Produktimporte sind allerdings nur teilweise unmittelbar auf den Absatzmärkten wirksam geworden, ein erheblicher Teil wird als Einsatzprodukt in den Raffinerien weiterverarbeitet. Die Umstrukturierung der inländischen Raffinerieinputs zu Lasten von Rohöl und zu Gunsten von sogenannten Wiedereinsatzprodukten ist 1986 erstmals wieder deutlich rückläufig gewesen. Das hängt damit zusammen, daß sogenannte net-back-Abschlüsse von Rohölbezügen, bei denen der Rohölpreis vom erzielbaren Erlös der Produkte abhängig gemacht wird, die Rohölverarbeitung wieder attraktiv gemacht haben. So überschritten die Auslastungsgrade in der Rohöldestillation 1986 zum erstenmal seit der Ölpreiskrise von 1973 wieder die Marke von 81 Prozent, während sie sich in der Zeit von 1981 bis 1984 auf lediglich 57 bis 65 Prozent beliefen.

Der weit über den Verbrauchsrückgang hinausgehende Abbau der inländischen Primärdestillationskapazität, die gleichzeitige Zunahme des Anteils von Konversionsanlagen auf heute etwa 38 Prozent und die hohen, aber je nach Marktlage schwankenden Anteile der als Wiedereinsatzprodukte dienenden Fabrikate und Additive: Das alles wird nur verständlich, wenn man sich vor Augen führt, daß die Preise für Mineralölprodukte auf dem deutschen Markt nicht von den Kosten der inländischen Mineralölverarbeitung abhängen, sondern allein von der jeweiligen Angebots-/Nachfragekonstellation auf den nationalen und internationalen Produktmärkten.

Bei allen Fertigprodukten ist der Preiszusammenhang mit den Spot-Markt-Notierungen in Rotterdam sehr eng. Lediglich in den Phasen stark anziehender Preisnotierungen für die Produkte - wie 1973/74 und dann wieder 1979/80 - bleiben die deutschen Fertigproduktpreise ab Raffinerie hinter denen des Rotterdam-Marktes zurück. Dies zeigt jedoch nicht eine Lockerung von Marktbeziehungen an, sondern einzig und allein den Einfluß der Politik beziehungsweise den starken Druck in der Öffentlichkeit, bestehende Preisspielräume auch dann nicht voll zu nutzen, wenn dadurch lediglich die über viele Jahre kumulierten Betriebsverluste in der Mineralölverarbeitung abgebaut würden.

Inwieweit der hohe, künftig möglicherweise noch steigende Anteil der Fertigproduktimporte an der Versorgung des deutschen Ölmarkts auf ökonomisch begründbare Standortnachteile der deutschen Mineralölverarbeitung zurückgeht, läßt sich heute nicht schlüssig beantworten. Jedenfalls haben politikbedingte Standortnachteile, insbesondere die wesentlich höheren Kosten für den Umweltschutz, die deutsche Raffinerien im Vergleich zu Raffinerien in den europäischen Nachbarländern aufzubringen haben, ein großes Gewicht.

Unterschiede zwischen den »Haves« und den »Have-Nots«

In der energiepolitischen Diskussion in der Bundesrepublik spielte die Frage der sogenannten Subventionspotentiale eine wichtige Rolle. Es geht hierbei darum, daß sich einige Ölgesellschaften an der Erschließung und Produktion von Öl und Naturgas in der Bundesrepublik beteiligt haben und dementsprechend durch Preiseskalationen auf den internationalen Energiemärkten begünstigt wurden, die in der deutschen Öl- und Gasförderung zu entsprechenden, zeitweise recht hohen Gewinnen führten. Trotz der teilweisen Abschöpfung durch die seit 1974 kräftig erhöhten Förderzinsen verblieben diesen Gesellschaften bedeutende positive Ergebnisbeiträge aus diesem Geschäft, mit denen sie in der Unternehmensbilanz die hohen Verluste im inländischen Downstream-Bereich teilweise oder ganz ausgleichen konnten.

Man könnte hieraus folgern, daß die sogenannten HAVES, die Eigentum an deutschen Öl- und Gasquellen haben, ihre hohen Gewinne aus dem inländischen Upstream-Geschäft als Subventionsmasse verwendet haben, um auf Kapazitätsabbau verzichten und so den eigenen Anteil an der Verarbeitungskapazität erhöhen zu können. Tatsächlich unterschieden sich die Anpassungswege zwischen den HAVES und den HAVE-NOTS qualitativ nicht allzusehr, doch haben die HAVE-NOTS im ganzen schneller und auch stärker auf den Rückgang der Ölnachfrage reagiert. Hierin allein kann man jedoch kaum eine Verfälschung des Wettbewerbs zwischen den Verarbeitern sehen. Im übrigen sind die Unterschiede innerhalb der Gruppen der HAVES beziehungsweise der HAVE-NOTS bedeutender als die zwischen den beiden Gruppen.

Eindeutige Beziehungen zwischen der Stillegung von Verarbeitungskapazitäten und Handelsbereichen und dem Ausmaß von Upstream-Gewinnen im Inland (oder im Ausland) lassen sich schwerlich nachweisen. Auch eine Subventionierung notleidender Downstream-Aktivitäten durch Gewinne in anderen Sparten, etwa in der Stromversorgung, ist nicht nachweisbar. Es entspräche auch ganz und gar nicht einer gesunden langfristigen Unternehmensstrategie, unrentabel gewordene Geschäftsbereiche durch Quersubventionierung möglichst lange am Leben zu erhalten; schließlich könnten auch die gesunden Teile durch den Mittelentzug derart geschwächt werden, daß sie zum Problemfall werden. Dem Anpassungszwang an veränderte Daten, wie sie durch die Nachfrageentwicklung oder durch ausländische Konkurrenz gesetzt werden, kann sich auf mittlere Sicht kein Unternehmen entziehen.

Die Entwicklung der Anbieterstruktur auf dem Markt für Fertigprodukte

Die wichtigste Gruppe der Anbieter von Mineralölprodukten ist die in sich heterogene sogenannte Mineralölindustrie. Dazu gehören die im inländischen und ausländischen Eigentum befindlichen Raffineriegesellschaften mit ihrem Handelsbereich, einschließlich der von ihnen abhängigen Importeure.

Die raffinerieunabhängigen Importeure und Händler sind im erheblichen Maße in den Einkauf von Fertigprodukten auf den internationalen Märkten eingeschaltet. Die relative Marktposition der unabhängigen Importeure und Händler hängt entscheidend von der allgemeinen Lage des Ölmarktes ab. In Phasen sehr günstiger Versorgung, insbesondere in Zeiten eines Käufermarktes, bieten sich den Unabhängigen preiswerte Einkaufsmöglichkeiten, aufgrund derer sie im inländischen Verkauf von Mineralölprodukten an Boden gewinnen können. In Zeiten einer Verknappung auf den internationalen Fertigproduktmärkten wie 1973/74 und 1979/1980, wenn die Preise auf den Spot-Märkten überproportional steigen, sind die raffinerieunabhängigen Importeure und Händler in einer schwierigen Situation: Ihnen fehlt die Möglichkeit einer temporären Mischpreiskalkulation zwischen der dann billigeren Inlandsware und der teureren Auslandsware, weshalb die schrumpfende Marge sie zur vorübergehenden Aufgabe von Marktanteilen zwingt.

So schwanken die Marktanteile der unabhängigen Importeure bei den Fertigproduktimporten anhaltend, doch kann über längere Zeit hinweg, etwa für das zurückliegende Jahrzehnt, nicht von einem strukturbedingten Anteilsrückgang der unabhängigen Importeure gesprochen werden. Die Anteilsgewichte beim Fertigproduktenimport bewegen sich in dieser Zeit zwischen 60 bis 65 Prozent (Mineralölindustrie) und entsprechend 40 bis 35 Prozent (unabhängige Importeure).

Auch auf dem Inlandsmarkt ist die Entwicklung der Versorgungsanteile der verschiedenen Anbietergruppen bemerkenswert stabil. Die jeweilige Verfassung des Ölmarktes spielt hier ebenfalls die ausschlaggebende Rolle. Nach den beträchtlichen Marktanteilsgewinnen, die die Mineralölindustrie 1979/80 erzielen konnte, haben die relativen Absatzanteile praktisch wieder die Größenordnung der zweiten Hälfte der 70er Jahre erreicht (über 80 Prozent). Die überproportionalen Einbußen der Mineralölindustrie in den Jahren 1981/82 zeigen an, daß die Beschaffung von Auslandsware wirtschaftlich erneut an Attraktivität gewonnen hat. Aus dem gleichen Grunde haben sich ja auch die der Mineralölindustrie zugerechneten Unternehmen auf einen zunehmenden Import von Fertigprodukten eingestellt.

Die Versorgungsgewichte der raffinerieunabhängigen Gesellschaften sind auf den Heizölmärkten besonders hoch, auf den Treibstoffmärkten hingegen vergleichsweise gering. Etwa 90 Prozent des Angebots an Motorenbenzin und Dieselkraftstoff entfallen auf die Unternehmen der Mineralölindustrie. Der Anteil der unabhängigen Importeure beim leichten Heizöl bewegt sich zwischen einem Fünftel und einem Viertel.

Für die Intensität des Wettbewerbs auf den Produktenmärkten in der Bundesrepublik ist das Fortbestehen eines raffinerieunabhängigen Handels und raffinerieunabhängiger Importeure von großer Bedeutung. Diese überwiegend mittelständischen Unternehmen nutzen alle Einkaufschancen auf den internationalen Märkten und zeichnen sich auch auf den Absatzmärkten durch hohe Flexibilität aus. Flexibilität »nach unten«, das heißt nicht die vollen Kosten deckenden Absatz, können sie freilich nur auf eng begrenzte Zeit erbringen, und ein schrumpfender Markt zwingt hier mehr Unternehmen zum Ausscheiden als in der Mineralölindustrie selbst.

Anlaß zu wettbewerbspolitischer Sorge könnte auf längere Sicht geben, wenn sich die absolute Zahl der unabhängigen Anbieter weiterhin so stark rückläufig entwickeln sollte wie in den vergangenen 1 1/2 Jahrzehnten. So hat sich die Anzahl der Heizölhandelsbetriebe in der Bundesrepublik in dieser Zeit annähernd halbiert. Innerhalb der Gruppe der unabhängigen Importeure und Händler sind gleichzeitig durch das Vordringen branchenfremder newcomers wettbewerbliche Verdrängungsprozesse in Gang gekommen. Mittelständische Firmen mit lokalkonzentrierten Einproduktaktivitäten besitzen im allgemeinen kaum die Möglichkeit zu einer Mischkalkulation und verfügen im allgemeinen auch nur über eine knappe Eigenkapitalausstattung. Ihre Chancen, eine Verschlechterung der Erlös-Kostenrelation auf längere Sicht hin durchzustehen, sind als ungünstig zu beurteilen. Auf dem Treibstoffsektor sind durch lokale Preistrichterbildung mittelständische Gesellschaften in den letzten Jahren in eine Ertragsklemme geraten, die von ihnen in der Regel nicht durch einen regionalen oder überregionalen Erlösausgleich zwischen Niedrigpreis- und Hochpreis-Tankstellengeschäften ausgeglichen werden kann.

Würdigung und Ausblick

Schrumpfung und strukturelle Erneuerung, Kapazitätsabbau und Neubau von Konversionsanlagen, anhaltende Steigerung der Produktqualität und Verbesserung der Serviceleistungen - und dies alles trotz unzureichender Erträge - das kennzeichnet die deutsche Mineralölwirtschaft in der Entwicklungsphase seit dem ersten Ölpreissprung. Gerade auch im Vergleich mit anderen Industrieländern zeigt es sich, daß unternehmerische Freiräume am ehesten dynamische Anpassungsformen hervorbringen, die zum Abbau des Problemdrucks beitragen.

Der Sachverständigenrat für die Begutachtung der gesamtwirtschaftlichen Entwicklung hat in seinem Jahresgutachten 1983 die Mineralölverarbeitung mit Recht als ein positives Beispiel für strukturelle Anpassung ohne staatliche Hilfen bezeichnet. Es war richtig, daß die Bundesregierung nach 1973 dem Begehren, die Ölpreise staatlich zu kontrollieren, nicht nachgegeben hat; nur so gelang es, die strukturelle Anpassung auf der Anbieter- und auf der Nachfragerseite auf den Weg zu bringen. Es war auch richtig, daß der Staat den mühseligen Prozeß des Kapazitätsabbaus in der Primärdestillation nicht durch »flankierende Maßnahmen« erleichtert hat; er hätte ihn dadurch, wie andere Beispiele belegen, doch nur verzögert und die gesamtwirtschaftlichen Kosten der Anpassung noch erhöht.

Es war aber gewiß nicht richtig, wenn der Staat mit seiner Politik des »Weg vom Öl« sowohl über Subventionen als auch über dirigistische Eingriffe die Anpassungslast der Mineralölunternehmen übermäßig erhöht hat. Es war auch gewiß nicht richtig, wenn es die deutsche Wirtschaftspolitik zuließ, daß sich die Wettbewerbsbedingungen der Inlandsraffinerien immer weiter verschlechtert haben.

Von der Harmonisierung des Umweltschutzes in der Europäischen Gemeinschaft, deren Fehlen die deutsche Mineralölverarbeitung besonders stark belastet, sind wir heute noch weit entfernt.

Der Druck auf Preise und Absatzmengen, den eine nicht weltweit praktizierte Liberalisierung des Handels mit Mineralölprodukten auf die Raffinerien in der für Importe weit geöffneten Bundesrepublik ausübt, verringert gleichfalls die Chancen, daß in der Bundesrepublik eine Mineralölverarbeitungskapazität fortbestehen kann, die Fundament der inländischen Versorgung mit Ölprodukten bleibt.

Auf der Liste der energiepolitischen Agenda steht auch die Forderung, daß eine diskriminierende Verdrängung des leichten Heizöls durch Verbrennungsverbote, örtliche Versorgungskonzepte sowie Anschluß- und Benutzungszwänge nicht fortgesetzt wird; einzelne Bundesländer und viele Gemeinden haben auf diesem Gebiet eine Aktivität entfaltet, die von der bundesstaatlichen Energiepolitik bisher nicht zum Anlaß für energiepolitisches Gegenhandeln genommen worden ist.

So lange die Sonderbelastungen der inländischen Mineralölverarbeitung fortbestehen, ist es ganz und gar ungewiß, ob am Ende der noch immer anhaltenden Strukturanpassung ein gesunder Kern von Raffinerien an zentralen Standorten fortbestehen wird – die inländische Verarbeitung von Mineralöl sollte aber auch weiterhin die Grundlage der Versorgung bleiben. Diese ist für eine sichere Versorgung mit der vollen Breite der Produktpalette – auch für die inländische Petrochemie – und eine größere Stabilität der Produktenpreise nicht zu entbehren.

Wirtschaftspolitische Umbrüche: der Weg zur Innovationspolitik in Baden-Württemberg

Lothar Späth

„Gewiß, die Politik ist nicht der ›Pfadfinder‹ der Wirtschaft; der Staat weiß auch nicht besser als die Unternehmen, wo es technologisch langgeht und wo die Zukunftschancen liegen. Aber bedeutet dies, daß die Wirtschaftspolitik die Hände in den Schoß legen soll? Gibt es keine ordnungskonformen Möglichkeiten, den Prozeß des Wandels und der Innovation zu fördern? Es ist doch absurd, der Innovationspolitik mit dem Argument entgegenzutreten, daß der Staat sich hier Zukunftswissen anmaße, das nur aus dem Markt selbst entstehen könne.“

In der Navigation, so kann man lesen, ist die Bestimmung der Ausgangsposition so wichtig wie die Festlegung des Zieles.[1] Aus den Abweichungen zwischen dem aktuellen Gang der Dinge und dem festgelegten Zielkurs resultiert der jeweilige Handlungsbedarf. Für Politik und Wirtschaft scheinen diese Maximen nicht weniger zu gelten als in der Seefahrt.

In den Umbrüchen der Zeit: neue Aufgaben für die Wirtschaftspolitik

Um Kurs zu halten, ist es erforderlich, die eigenen Positionen zu bestimmen in den Umbrüchen der Zeit. Entwicklung und Wandel sind Resultante eines vieldimensionalen Kräfteparallelogramms, zumal in komplexen und offenen Gesellschaften. Die Entwicklung folgt keiner Direktive; sie ist wohl Folge menschlichen Handelns, nicht jedoch das Ergebnis eines Entwurfs (v. Hayek).[2] Gleichwohl erfreut sich die Forderung zielgerichteten Handelns, gerade in der Politik, großer Beliebtheit. Zur Orientierung politischen Handelns müssen wir also zurückschauen und zu klären versuchen, woher wir kommen; und wir müssen nach vorn schauen und entscheiden, wohin wir wollen, - auch wenn es dazu in der Komplexität heutiger Verhältnisse einer gewissen Anstrengung des Begriffs und des Willens bedarf. Aus den festgestellten Divergenzen zwischen tatsächlichen und erwünschten Entwicklungen lassen sich dann die Aufgaben des Tages bestimmen – und die über den Tag hinaus reichenden Herausforderungen. Bequemer allerdings ist es, dem Terminkalender zu entnehmen, was angesagt ist.

Die gegenwärtigen Herausforderungen sind eng verbunden mit den Chancen und Risiken, welche der *strukturelle Wandel* mit sich bringt; dieser Wandel ergibt sich aus dem Zusammenwirken wirtschaftlicher und politischer, sozialer und nicht zuletzt technologischer Entwicklungen. In diesem Kontext verstehe ich meine Themenstellung folgendermaßen: Vor welche Probleme haben uns die »Umbrüche« der letzten zwei Jahrzehnte gestellt? Wie können wir die damit verbundenen Herausforderungen bestehen? Das ist gleichbedeutend mit der Frage, wie wir die Gegenwart gestalten können, um die Zukunft zu gewinnen. Am Beispiel des Landes Baden-Württemberg soll hier ein Modell dargestellt werden, das - wie ich meine - erfolgversprechend ist, wenn auch nicht ohne weiteres übertragbar auf andere Länder.

Der Umbruch von der Wachstums- zur Stockungsphase

Die Wachstumpshase der 50er und 60er Jahre war in vieler Hinsicht eine historische Ausnahmeerscheinung. Der Katastrophe des Zweiten Weltkrieges und dem Elend der Nachkriegsjahre folgte eine Epoche der ›Wirtschaftswunder‹ - nicht nur bei uns in der Bundesrepublik, sondern auch in anderen Ländern, zum Beispiel Italien und Japan. Was in den späten 60er Jahren mit der ›Studentenrevolte‹ begann und sich in den binnen- wie weltwirtschaftlichen Umbrüchen der frühen 70er Jahre fortsetzte, erscheint heute wie das Überschlagen einer Welle, die mächtig und hohl zugleich geworden war. OPEC I, also der erste Ölpreisschock der Jahre 1973/74, kann deswegen auch nicht als Ursache, sondern allenfalls als Auslöser des Trendbruchs von der Wachstums- zur Stockungsphase angesehen werden.

Durch die Verwerfungen der späten 60er und frühen 70er Jahre wurde der Wachstumstrend deutlich abgeflacht. Das Wachstumstempo *halbierte* sich von fast 5 Prozent auf etwa 2,5 Prozent. Ein derartiger Einbruch des Wachstumstrends ist keine Kleinigkeit. Man muß sich nur damalige ›Prognosen‹ von Gesellschaftstheoretikern vor Augen halten, die meinten, hohe Wachstumsraten und Vollbeschäftigung seien eine notwendige Bedingung für das Funktionieren der »Schönwetter-Demokratie« in der Bundesrepublik. Ohne den ›Kitt‹ wirtschaftlichen Wachstums würden die sozialen Konflikte (wo nicht gar die Klassengegensätze) explosiv aufbrechen; Stagnation und anhaltend hohe Arbeitslosigkeit müßten unweigerlich zum Zusammenbruch des wirtschaftlichen und in der Folge auch des politischen Systems führen.

Nun, der ›unvermeidliche‹ Zusammenbruch ist ausgeblieben.[3] Die politische und wirtschaftliche Ordnung der Bundesrepublik erwies sich als so gefestigt, daß sie den aus der Wachstumsschwäche resultierenden Belastungen standhielt. Man muß dabei sehen, daß die Stockung zusammenfiel mit einem forcierten binnen- wie weltwirtschaftlichen Strukturwandel und mit nachhaltigen Veränderungen der internationalen Arbeitsteilung. In den meisten Industrieländern führten diese Umbrüche zu anhaltender Massen-Arbeitslosigkeit, zu einem rapiden Anstieg der Staatsverschuldung und zu einem gewaltigen strukturellen Anpassungsbedarf.

Die Veränderungen des gesamtwirtschaftlichen Szenarios faßte A. Maddison in das Bild vom »Ende des goldenen Zeitalters«; mit dem Umbruch von 1973/74 begann ihm zufolge eine »Phase der Unübersichtlichkeit«.[4] Genauer vielleicht: der Orientierungslosigkeit. Auch wenn nicht alles so golden war, was uns im Nachhinein an den 50er und frühen 60er Jahren so erscheinen möchte, so erlebten doch viele Zeitgenossen die 70er Jahre als »Umbruchphase«, die das wirtschaftliche und soziale Gewebe dieser Republik einer Belastungsprobe aussetzte, - nicht minder aber die individuellen Orientierungen und Wertvorstellungen. Zu erinnern ist hier im gesellschaftlichen Bereich an die quasi kulturrevolutionären Züge der ›Studentenrevolte‹ und der Frauenbewegung, im wirtschaftlichen Bereich an die schockartigen währungspolitischen und außenwirtschaftlichen Veränderungen: Von der Dollarschwemme Ende der 60er Jahre über die nachfolgenden Währungsunruhen, die ›Weltinflation‹ und das ›Floaten‹ des Dollars ab 1973 bis hin zum ersten Ölpreisschock, dem steilen Anstieg der Rohstoffpreise und schließlich dem Hochschnellen der Arbeitslosigkeit über die Millionengrenze. In dieses Bild gehört der Wertewandel ebenso wie die allgemeine Verunsicherung und Verzagtheit, die während dieser Jahre um sich griff; der ›Club of Rome‹-Bericht über die »Grenzen des Wachstums« war dafür sowohl Symptom als auch Verstärker.

Die dramatischen welt- und binnenwirtschaftlichen Umbrüche stellten die Industrieländer vor ganz neue Herausforderungen. In den meisten Staaten reagierte die Wirtschaftspolitik zunächst so, als gälte es, lediglich eine besonders schwere Rezession nach traditionell-keynesianischem Muster zu bekämpfen. Erst allmählich setzte sich die Einsicht durch, daß der konjunkturelle Abschwung überlagert war, ja dominiert wurde von *strukturellen* Problemen, - daß das Wachstumsszenario der 50er und 60er Jahre sich gewandelt hatte in ein Stockungsszenario.[5]

Dabei wäre es unredlich, alle Fehlentwicklungen auf »äußere Faktoren« oder gar nur auf »OPEC I« abzuschieben. Diese Schocks brachten zum Vorschein, was an binnenwirtschaftlichen Fehlentwicklungen seit längerem angelegt war: das hohe Inflationspotential in der Folge überzogener Umverteilungsansprüche - wohlgemerkt bei nachgiebiger Geldpolitik; die rasche Expansion des Sozialstaates mit dem zugehörigen Anstieg der Belastungsquote; die Ausweitung der Staatsquote im Rahmen überzogener »Reform«-Vorhaben. Insgesamt zeitigten diese Entwicklungen ein *Anspruchsniveau* in der Gesellschaft und ein *Kostenniveau* in der Wirtschaft, das unsere Wettbewerbsfähigkeit ausgerechnet zu dem Zeitpunkt minderte, als die Konkurrenten auf den Welt- und Binnenmärkten, allen voran Japan und die Schwellenländer, mit ungezügelter Dynamik nach vorne drängten.

Im Rahmen des Wachstums- und Stabilitätsgesetzes war die Wirtschaftspolitik auf ein Szenario ausgelegt, das zwar zyklische Schwankungen der Wirtschaftstätigkeit vorsah, zugleich aber einen tragfähigen Wachstumstrend unterstellte. Diese ›Geschäftsgrundlage‹ war mit Beginn der Stockungsphase jedoch entfallen. Unter den neuen Rahmenbedingungen erwies sich die Globalsteuerung herkömmlicher Art als eine stumpfe Waffe, zumal das wirtschaftspolitische Hauptproblem nicht mehr in einer kurzfristigen, konjunkturellen Nachfrageschwäche bestand, sondern in einer eher längerfristig angelegten »Zerrüttung der Angebotsbedingungen«.[6]

Ein Vorzug von Krisen, so N. Luhmann, besteht in der »hohen Evidenz der Änderungsnotwendigkeit«. Schlichter ausgedrückt: In der Krise wird erkennbar, daß es so wie bisher nicht weitergehen kann. Die Gruppen, der Staat und die staatliche Wirtschaftspolitik mußten sich zu Umstellungen bequemen.

Die entscheidende wirtschaftspolitische Innovation bestand in der Hinwendung zu einer stärker angebotsorientierten Politik der »Verbesserung der Rahmenbedingungen« sowie der »Stärkung der Marktkräfte«; beides wohlgemerkt im Kontext einer auf monetäre Stabilität ausgerichteten Geldpolitik. Zu dieser nicht zuletzt ordnungspolitisch inspirierten Neuorientierung gehörte, jedenfalls dem Anspruch nach, eine Minderung des Kostendrucks, eine Reduzierung der Staatsquote - und damit der Belastungsquote der Unternehmen wie der Privaten; nicht zuletzt aber auch eine Markt- und

Wettbewerbspolitik, die bestehende Verkrustungen auflösen und eine neue Dynamik entfalten sollte.

So notwendig und berechtigt diese Hinwendung zu einer Politik der allgemeinen Verbesserung der Angebotsbedingungen war, so wenig konnte dies ausreichend sein für eine aktive und vorausschauende Bewältigung des strukturellen Wandels in der Folge der Umbrüche der 70er Jahre. Die Marktdynamik war nachhaltig gestört, zum einen durch die aufgelaufenen (Kosten-)Belastungen, zum zweiten durch die im strukturellen Wandel erhöhten Risiken und zum dritten durch die allgemeine Verunsicherung der Investoren. Dem konnte und mußte man entgegentreten, gerade auf Länderebene, das heißt ›vor Ort‹ und also näher am wirklichen Geschehen, mit einer gezielten Unterstützung des Schumpeterschen Kernprozesses von *Invention* und *Innovation*.

Geboten war hier eine Politik, die den Unternehmern als Investoren wieder Perspektiven und Zuversicht vermittelte. Um die nachhaltige Investitionsschwäche zu überwinden, half es wenig, vom »Investitionsstreik« zu faseln und Aufrufe von der Art: »Nun investiert doch mal!« hinauszuposaunen – ganz zu schweigen von der ebenfalls und unvermeidlicherweise ins Spiel gebrachten Variante, daß nun der Staat mit öffentlichen Investitionen an die Stelle der ermüdeten privaten Investoren zu treten habe.

Ganz im Gegenteil bestand die vorrangige Aufgabe der Wirtschaftspolitik darin, die schlichte Einsicht wieder zur Geltung zu bringen, daß investiert wird, wenn die Investitionen sich rechnen. Also kam es vor allem darauf an, die Kosten- und Ertragsrelationen wieder ins Lot zu bringen. Investitionen sind in die Zukunft gerichtet und folglich mit Ungewißheit und Risiken behaftet; von rational kalkulierenden Privatunternehme(r)n werden sie in ausreichendem Maße nur dann getätigt, wenn die Ertragserwartungen positiv und die Risiken kalkulierbar sind. Eine anhaltende Investitionsschwäche signalisiert nichts anderes, als daß die Kosten überhöht und die Risiken unüberschaubar geworden sind. Folglich müssen die Rahmenbedingungen so korrigiert werden, daß private Investitionen in Sachkapital wieder eine hinreichende Rendite erbringen; »hinreichend« darf so interpretiert werden, daß die Sachkapitalrendite tunlichst nicht unter dem Niveau risikolos zu erntender Zinserträge für Geldmarkttitel, insbesondere für Staatsanleihen, liegen sollte.

Diese Binsenwahrheiten wurden über viele Jahre hinweg von maßgeblichen Kreisen locker ignoriert. Den Hintergrund bildete ein denkwürdiges Experiment: Man wollte die Belastbarkeit einer Brücke testen, indem man so viel draufpackte, bis sie zusammenbrach.

Als Antwort auf die Herausforderungen der Stockungsphase entwickelte sich eine gewisse ›föderale Arbeitsteilung‹ in der Wirtschaftspolitik: Bundesregierung und Bundesbank übernahmen Verantwortung für eine nachhaltige Verbesserung der angebotsseitigen Rahmenbedingungen, während in verschiedenen Bundesländern ergänzend eine Innovationspolitik hinzutrat, deren vornehmliches Ziel darin bestand, Verzagtheit und (Investitions-)Pessimismus zu überwinden und dem Marktprozeß wieder auf die Sprünge zu helfen.

Die neuen Herausforderungen für die Wirtschafts- und Gesellschaftspolitik

Der Umbruch Anfang der 70er Jahre und der seither zu beobachtende forcierte Strukturwandel hatten für bestimmte Produktionsverfahren, Branchen und Regionen besonders schwerwiegende Folgen. In den meisten »ausgereiften« Produktionstechniken und bei vielen standardisierten Massengütern haben die Schwellenländer aufgeholt und verfügen inzwischen über beträchtliche Wettbewerbsvorteile. Dies bedeutet, daß Unternehmen, die bei uns von diesen weltwirtschaftlichen Veränderungen betroffen sind, sich entweder umstellen oder aber aus dem Markt ausscheiden müssen.

Vielleicht wäre es ganz nützlich, einmal zu explizieren, was der vielbeschworene Begriff des ›strukturellen Wandels‹ eigentlich bedeutet. Aus meiner Sicht dreierlei:

(a) Die am Markt geäußerten Bedürfnisse verschieben sich in der Folge steigender Einkommen und neuer Angebote hin zu einem größeren, in seiner Zusammensetzung veränderten und höherwertigen ›Güterkorb‹.

(b) Mit verbesserten und neuen Techniken können die Produktionsverfahren rationalisiert, die Kosten gesenkt und neue Produkte auf den Markt gebracht werden.

(c) Im Wechselverhältnis von Angebot und Nachfrage wandelt sich das vorherrschende Muster von Produktion und Verbrauch; veraltete Produktionslinien schrumpfen, es kommt zum Niedergang ganzer Branchen und Regionen, während sich zugleich neue Märkte und Marktchancen auftun.

Meiner Überzeugung nach ist es nutzlos, ja schädlich, konkurrenzunfähige Unternehmen und Branchen durch Subventionen künstlich am Leben zu erhalten. Zum einen ist dies auf Dauer finanziell nicht durchzuhalten, zum anderen wird der notwendige Anpassungsprozeß dadurch hinausgeschoben und folglich erschwert. Immerhin müssen alle Subventionen vom ›gesunden‹ Teil der Wirtschaft aufgebracht werden; sie diskriminieren also doppelt: indem sie die einen bevorzugen und die anderen belasten. Besser erscheint es, solche Bedingungen zu schaffen, die den betroffenen Unternehmen die Umstellung auf zukunftsträchtige und wettbewerbsfähige Produktionen erleichtert. Dies setzt günstige, in sich stimmige Rahmenbedingungen voraus, aber es erfordert darüber hinaus auch eine ergänzende, zielgerichtete Innovationspolitik.[7]

Wenn hier klar Position bezogen wird gegen Subventionen als Mittel zur Bewältigung des Strukturwandels, so darf das nicht mißverstanden werden als Plädoyer für einen Kahlschlag bei den Subventionen. Man wird die Landwirtschaft, die Montanindustrie, den Schiffbau, die schwachen Regionen, selbst den Wohnungsbau, die Luft- und Raumfahrt und andere Bereiche nicht ›nackt‹ dastehen lassen wollen. Aber sind 75 Milliarden direkte Finanzhilfen und 55 Milliarden DM Steuervergünstigungen pro Jahr unabdingbar?[8]

Durchforstung ist hier angesagt. Und zwar im Kontext einer die gesamtwirtschaftlichen Rahmenbedingungen insgesamt verbessernden Reform des Steuersystems: Effektive Steuerentlastungen und der Abbau von Vergünstigungen und Sonderregelungen müssen Hand in Hand gehen. Zu berücksichtigen wäre dabei, daß wir es in der Bundesrepublik nicht mit einer Marktwirtschaft, sondern mit einer Sozialen Marktwirtschaft zu tun haben, und daß Subventionen bisweilen wirtschafts- und sozialpolitischen Sinn machen. Wenn denn weitere Entlassungen in der Kohle-, Stahl- und Schiffsbauindustrie unumgänglich sind und wenn der Schrumpfungsprozeß in der Landwirtschaft weitergeht, dann müssen die entstehenden sozialen Härten abgefedert werden; dies bedeutet aber erhöhte Aufwendungen für Umschulung, Mobilitätsbeihilfen, Frühpensionierung etc.

Worauf es jedoch ankäme, ist dies: Daß den Anstrengungen zur Sicherung eines ›geordneten Rückzuges‹ aus konkurrenzunfähig gewordenen Produktionslinien und aus Überkapazitäten mindestens gleichwertige Anstrengungen gegenüberstünden, mit denen Wege für neue Aktivitäten eröffnet und geebnet würden. Es käme darauf an, die Chancen für eine Umlenkung der Ressourcen in innovatorische Bereiche zu fördern; und es käme darauf an, die Chancen des strukturellen Wandels offensiv zu nutzen, statt ihn nur defensiv abbremsen zu wollen.

Dies entspräche im übrigen auch der Forderung des Sachverständigenrates, eine »offensive Strategie« einzuschlagen und eine »innovationsfördernde Wirtschaftspolitik« zu betreiben.[9] Warum geben wir Milliardensummen aus, um Arbeitskräfte und Ausrüstungen in unrentablen Verwendungen zu halten, um Überkapazitäten abzustützen und um eine widersinnige Überproduktion in Gang zu halten? Warum tun wir auf der anderen Seite so wenig dafür, *Alternativen* einer produktiveren Ressourcenverwendung anzustoßen und zu fördern?

Gewiß, die Politik ist nicht der ›Pfadfinder‹ der Wirtschaft; der Staat weiß auch nicht besser als die Unternehmen, wo es technologisch langgeht und wo die Zukunftschancen liegen. Aber bedeutet dies, daß die Wirtschaftspolitik die Hände in den Schoß legen und auf bessere Zeiten hoffen soll? Gibt es keine ordnungskonformen Möglichkeiten, den Prozeß des Wandels und der Innovation zu fördern? Es ist doch absurd, der Innovationspolitik mit dem Argument entgegenzutreten, daß der Staat sich hier Zukunftswissen anmaße, das nur aus dem Marktprozeß selbst entstehen könne.[10] Mußte etwa die Technologiepolitik sich Wissen anmaßen und die Mikroelektronik zu einer der Basistechnologien dieser Epoche ausrufen? Nein; es genügte, die Augen aufzumachen. Der »Markt als Entdekkungsverfahren« (v. Hayek) in Ehren, – aber man verachte mir nicht das Entdeckungsverfahren »Markt plus Staat plus Wissenschaft«.

Die Mikroelektronik und andere Basistechnologien haben sich aus der Interaktion von Wissenschaft, Wirtschaft und Staat entwickelt. Die Forschungs- und Technologiepolitik zieht nur die Konsequenzen daraus, daß hier – wie bei der Biotechnik oder der Lasertechnologie, erkennbar für jeden, der Augen hat zu sehen – eine den Produktionsprozeß und die Produktwelt revolutionierende Technologie vorliegt, und daß diejenigen Unternehmen konkurrenzfähig bleiben und Marktvorteile gewinnen, die sich der Herausforderung dieser neuen Technologien stellen. Die Innovationspolitik zielt in erster Linie darauf ab, die Umsetzung dieser neuen Techniken in Produkt- und Verfahrensinnovationen zu fördern.

Dies wäre ganz generell im aktuellen Kontext zum Thema ›weniger Erhaltungssubventionen, mehr Innovationsförderung‹ zu sagen. Den engen Zusammenhang zwischen diesen beiden Aspekten, nämlich Erhaltungssubventionen einerseits und Innovationsförderung andererseits, betone ich hier ganz bewußt. Es ist meiner Überzeugung nach abwegig, das Problem der Subventionen unabhängig davon zu erörtern, wie in einer *Phase der Wachstumsschwäche* alternative Tätigkeitsbereiche für die auf der Schattenseite des strukturellen Wandels stehenden Erwerbspersonen erschlossen und wettbewerbsfähige Alternativ-Verwendungen für die vorhandenen Ressourcen gefördert werden können. Genauso wie es unsinnig wäre, eine Innovationsförderung um ihrer selbst willen zu betreiben. Vielmehr muß sie im dargelegten Kontext einer Gesamtstrategie gesehen werden, die darauf abzielt, den strukturellen Wandel in einer Phase abgeschwächten gesamtwirtschaftlichen Wachstums offensiv zu bewältigen. Und in diesem Kontext geht es schlicht darum, daß die Abteilung ›Geburtshilfe‹ nicht schlechter ausgestattet sein sollte als die Abteilung ›Pflegefälle‹. Wenn schon Subventionen, dann sollten wir nicht so sehr unsere Vergangenheit subventionieren, sondern vielmehr unsere Zukunft (so sagte L. Bölkow bereits vor 20 Jahren).

Dabei ist nicht zu verkennen, daß die Wachstumsschwäche seit Mitte der 70er Jahre den politischen Druck gewaltig verstärkt hat, Subventionen für schrumpfende Wirtschaftsbereiche oder vom Konkurs bedrohte (Groß)Unternehmen zu gewähren. In der Stockungsphase fehlen die attraktiven neuen Chancen für alternative, weil lohnendere Verwendungen produktiver Ressourcen, die sich in einer Phase starken Wachstums quasi von selbst auftun. Wachstum erleichtert natürlich die marktmäßige Reallokation der Ressourcen, während es in der Stockung zu Verwerfungen kommt, aus denen Subventionsforderungen und politische Handlungszwänge resultieren. Das muß man illusionslos sehen.

Um so dringender ist es in dieser Lage, den Karren nicht einfach weiterlaufen zu lassen, sondern eine Wende herbeizuführen: Denn bei einem Subventionsvolumen von über 130 Milliarden DM pro Jahr (direkte Finanzhilfen plus Mindereinnahmen wegen Steuervergünstigungen) ist a priori zu vermuten, daß Raum für den Abbau wirtschafts- und sozialpolitisch nicht (mehr) zu rechtfertigender Hilfen besteht und daß folglich die Mittel für die »offensive Strategie« einer »innovationsfördernden Wirtschaftspolitik« aufgestockt werden könnten.

Zur Konzeption der Innovationspolitik in Baden-Württemberg

Aufbau einer Forschungs- und Transfer-Infrastruktur

Es ist nicht so, daß es in Baden-Württemberg keine Branchenkrisen oder regional konzentrierten Strukturprobleme gegeben hätte - oder gäbe. Erinnert sei nur an den Schrumpfungsprozeß in der Textil- und Bekleidungsindustrie, in der Uhren- oder der Schuhindustrie. Im Unterschied zu anderen (Bundes)Ländern in ähnlicher Lage haben wir jedoch - gegen erheblichen politischen Druck - prinzipiell auf Erhaltungssubventionen verzichtet und stattdessen Mittel in der Form von Zuschüssen für Umstellungsinvestitionen bereitgestellt. Damit wurden - und werden - den betroffenen Wirtschaftseinheiten und Regionen neue Wege in die Zukunft geebnet. Mit dieser Umorientierung der Wirtschaftspolitik haben wir frühzeitig begonnen: Das erste Innovationsförderungsprogramm wurde hier im Jahre 1976 aufgelegt.

Wir setzen dabei auf die Schaffung einer innovationsbezogenen *Infrastruktur*, die es den Unternehmen ermöglicht, Anschluß zu halten an neue technologische Entwicklungen, das heißt an die von Wissenschaft und Technik geschaffenen Potentiale für Produkt-, Verfahrens- und Werkstoffinnovationen. Es ist dabei nicht erforderlich, staatlicherseits die neuen Technologien zu erfinden oder mit angemaßtem Wissen hoheitlich festzulegen, welchen Produkten die Zukunft gehört. Niemand sagt den Unternehmen, wo sie die Produktion herauf- und wo herunterfahren sollen; mit welchen Verfahren und an welchen Standorten sie produzieren sollen; in welche Technologien sie investieren sollen. Mit Blick auf absehbare Entwicklungen und fundiert auf verfügbares Querschnittswissen kann man allenfalls sagen,

- daß unsere spezifische Stärke im internationalen Wettbewerb auf technologisch und qualitativ hochwertigen Produkten und Dienstleistungen liegt;
- daß folglich die Forschungs- und Entwicklungsanstrengungen erhöht und die Innovationsfähigkeit gestärkt werden müssen;
- daß dies nur gelingen kann, wenn zugleich auch die Qualifikationen der Mitarbeiter durch verbesserte Ausbildung und intensivierte Weiterbildung angehoben werden;
- daß eine unserer gewachsenen Stärken in der engen Verzahnung zwischen mittelständischen und großen Unternehmen liegt[11], - die es folglich zu bewahren gilt; und
- daß schließlich der Mensch auch in Zukunft nicht von Brot und Chips allein leben kann, sondern kreative Entfaltung verstärkt im kulturellen Leben suchen wird.[12]

Vor diesem Hintergrund geht es schlicht und einfach darum, Unternehmen in die Lage zu versetzen und zu ermutigen, verfügbare technologische Innovationen auch einzuführen, um mit innovativen Produkten neue Märkte zu erschließen und um mit verbessertem Produktivitäts- und Kostenniveau auf den Binnen- und Weltmärkten konkurrenzfähig zu bleiben.

Herzstück der Innovationspolitik: die Forschungs- und Technologiepolitik

Das Herzstück dieser Innovationspolitik ist die *Forschungs- und Technologiepolitik*: Sie soll die beiden Kernprozesse der Marktdynamik, nämlich Invention und Innovation, stärken.

Die Invention wird wesentlich durch die Universitäten, die Fachhochschulen und sonstigen Forschungseinrichtungen getragen, mit denen Baden-Württemberg reichlich gesegnet ist: Neun Universitäten, 23 Fachhochschulen, drei Großforschungseinrichtungen. Darüber hinaus sind hier 13 (von insgesamt 60) Max-Planck-Institute und 15 (von insgesamt 45) Fraunhofer-Institute angesiedelt. Damit verfügt das Land über die höchste Forschungsdichte der Bundesrepublik.

Kontinuierlich kommen neue Institute hinzu, wie beispielsweise das vor kurzem gegründete Institut für Mikroelektronik an der Universität Stuttgart oder die geplante »Wissenschaftsstadt« auf dem Eselsberg in Ulm, unter anderem mit einem Institut für »künstliche Intelligenz« und einem Institut für »Technologiefolgenabschätzung«. Erwähnenswert sind in diesem Kontext aber auch die erste ›grenzüberschreitende‹ Einrichtung, nämlich das Deutsch-Französische Institut für Automation und Robotik (I.A.R.) in Karlsruhe, die acht Berufsakademien sowie die geplanten Fachhochschul-Außenstellen in ländlichen Regionen.

Eine solche Ausstattung wirkt magnetisch. Sie bietet den Unternehmen vielfältige Chancen zur Herbeiführung und Nutzung von Synergie-Effekten. Eine gute Forschungs-Infrastruktur ermöglicht, ja induziert Innovationen. Innovationen wiederum ermöglichen und induzieren Investitionen. Investitionen aber sind die Voraussetzung für wettbewerbsfähige, dauerhafte Arbeitsplätze. Und an denen hängt viel: Einkommen und Wohlstand. Die in der Stockungsphase entstandene »Realkapitallücke« kann nur durch Innovationen und Investitionen geschlossen werden (M. Neumann).[13]

Vielleicht darf man hier in Klammern anmerken, daß die Förderung der Inventionen nun so originell auch wieder nicht ist. Im Jahre 1810 lobte Napoleon per Zeitungsannnoce eine Million Francs (!) für die Erfindung einer effizienten Flachspinnmaschine aus, um besser gegenüber der englischen Konkurrenz gerüstet zu sein.

Das Problem des Transfers

Zwischen Invention und Innovation haben die Götter allerdings das Problem des *Transfer* geschaltet. Als Wirtschaft und Technik noch einfacher waren und beherztes Zupacken noch geholfen hat, wurde ein Großteil des »Transfer« von findigen Unternehmern und gut geschulten Technikern geleistet. In einer Epoche sprunghaft angestiegener technologischer Komplexität reichen die alten Rezepte gerade für die kleineren und mittleren Unternehmen nicht mehr aus.

Sie benötigen eine fachkundige Beratung über neue technologische Entwicklungen und über Möglichkeiten der Umsetzung neuer Technologien in Produkt- und Verfahrensinnovationen. Zu diesem Zweck haben wir in Baden-Württemberg ein weitgespanntes Netz von 55 technischen Beratungsstellen und Transferzentren an den Fachhochschulen, an Universitäten und an vielen Forschungsinstituten des Landes eingerichtet.

Diese Beratungs- und Entwicklungsanstrengungen werden vom Technologie-Beauftragten der Landesregierung und der von ihm geführten Steinbeis-Stiftung koordiniert.[14] Hinzu kommen Kontaktstellen bei den Kammern, den Verbänden und beim Landesgewerbeamt. Das Hauptziel besteht darin, mittelständische Unternehmer mit Experten aus Forschung und Entwicklung in der Weise zusammenzubringen, daß beide Seiten Nutzen daraus ziehen.

Förderung von Existenzgründungen

Ein weiterer Schwerpunkt der Innovationspolitik liegt in der Förderung von Existenzgründungen. Mit Gründungsbeihilfen, steuerlichen Erleichterungen und einem verbesserten Zugang zum Kapitalmarkt, sei es über Kapitalbeteiligungsgesellschaften, sei es über die Wagnisfinanzierung, werden Unternehmer mit innovativen Ideen nach eingehender Prüfung unterstützt. (Selbstverständlich erfolgt diese Prüfung nicht durch die Staatsverwaltung, sondern durch wissenschaftliche und unternehmerische Fachleute.) Das Land hat inzwischen elf »Technologie-Zentren« eingerichtet, zum Teil sinnigerweise in ehemaligen Fabrikhallen. Hier findet der Technologie-Transfer in der engen Zusammenarbeit von jungen Unternehmen und benachbarten Forschungseinrichtungen statt.

Vermittlung von Kontakten

Zu unserer Konzeption der Innovationspolitik gehört auch, daß wir für die mittelständischen Unternehmen des Landes gewisse »Türöffnerdienste« auf fernen und schwierigen Märkten übernehmen, sei es durch die Vermittlung von Kontakten auf Besuchsreisen, sei es durch Ausstellungen, sei es durch die Vermittlungstätigkeit der 1984 gegründeten »Stiftung Außenwirtschaft«, sei es durch Industrieparks wie in Hakusan/Yokohama, wo interessierte Unternehmen sich einmieten und eine Vielfalt von Gemeinschaftseinrichtungen nutzen können. Es kommt nicht von ungefähr, daß Baden-Württemberg das einzige Bundesland ist, das seine Handelsbilanz mit Japan ausgleichen konnte, im zurückliegenden Jahr auf einem Niveau von zwei Milliarden DM.

Staatlich geförderte Technologiebereiche

Zu den Bereichen, die durch die Forschungs- und Technologiepolitik gefördert werden, gehören insbesondere folgende Basis- und Leittechnologien:

- Mikroelektronik, Informatik, Robotik, Expertensysteme; Telekommunikation;
- Lasertechnologie, Opto-Elektronik; medizinische Diagnostik;
- Molekularbiologie, Biotechnologie;
- neue Fertigungsverfahren und neue Werkstoffe;
- Energie-, Energiespeicherungs- und Solartechniken;

Was ist das Besondere an diesen Technologiefeldern? Von anderen Innovationsbereichen unterscheiden sie sich dadurch, daß sie quasi *infrastruktureller* Natur sind: Es handelt sich um Querschnittstechnologien, die in einer Vielzahl von Branchen zur Anwendung kommen können; sie erhöhen das technologische Niveau nicht nur eines einzelnen Unternehmens oder eines Sektors, sondern der Wirtschaft insgesamt. Augenfälligerweise gilt das für die Mikroelektronik, die Computer-Technologie und für die neuen Energie-Technologien, aber zunehmend auch für die Optoelektronik und die Laser-Technologie. Zum anderen handelt es sich bei den genannten Bereichen um Spitzentechnologien, denen im (internationalen) Kampf um die Märkte der Zukunft große Bedeutung zukommt.

Insgesamt ist es auch wichtig, unsere Forschungs- und Technologiepolitik in der *richtigen Relation* zu sehen, nämlich in Relation zu den Aufwendungen für andere Bereiche der Wirtschafts- und Gesellschaftspolitik.

Im mittelfristigen Forschungs-Schwerpunktprogramm der Landesregierung für die zweite Hälfte der 80er Jahre werden pro Jahr 30 bis 40 Millionen DM bereitgestellt, um Forschungsprojekte zu neuen Technologien zu fördern. Wenn man dazu noch unsere Investitionen in die Verbesserung der Forschungsinfrastruktur nimmt, dann belaufen sich die Aufwendungen für Forschungsförderung und Technologiepolitik im Lande Baden-Württemberg pro Jahr auf etwa 300 Millionen DM. Das ist weniger, als im kleinsten Bundesland in den vergangenen Jahren für die Erhaltung einer einzigen Branche ausgegeben worden ist. Um die saarländische Stahlindustrie über Wasser zu halten, haben Bund und Länder in den zurückliegenden zehn Jahren über dreieinhalb Milliarden DM ausgegeben. Und für die Lagerung von Magermilch geben wir unendlich viel mehr Geld aus als für die Förderung unserer Innovationsfähigkeit. Das spiegelt ganz generell die vorherrschenden Relationen zwischen der Abteilung ›Geburtshilfe‹ und der Abteilung ›Pflegefälle‹ in der Bundesrepublik wider.

Nach einer Schätzung des Batelle-Instituts belaufen sich die gesamten *Forschungsausgaben* in der Bundesrepublik im Jahre 1987 auf etwa 60 Milliarden DM. Davon trägt die Wirtschaft fast zwei Drittel, der Staat ein gutes Drittel. Die Forschungsausgaben des Bundes betragen im laufenden Jahr fast 14 Milliarden DM, die der Bundesländer ca. 8 Milliarden DM. Diese 22 Milliarden DM für die Forschungsförderung stellen gerade 16 Prozent des Gesamtvolumens aller Subventionen in der Bundesrepublik dar. Nach einer Berechnung des Bundesministeriums für Forschung und Technologie erhielten mittelständische Unternehmen zu jeder von ihnen selbst aufgebrachten Forschungsmark im Jahre 1986 durchschnittlich etwa 16 Pfennige an staatlichen Forschungsgeldern hinzu; Großunternehmen übrigens im Durchschnitt nur die Hälfte, nämlich acht Pfennige.[15]

Innovationspolitik als Mittelstandspolitik

Man kann an dieser Stelle sicherlich einwenden, wo in dieser Konzeption denn eigentlich der vielgerühmte Markt und der dazugehörige Schumpetersche Unternehmer bleiben. Gehört es nicht zu den ureigensten Aufgaben innovativer Unternehmer in marktwirtschaftlichen Systemen, den Wettbewerbsprozeß von sich aus immer neu anzustoßen durch die wagemutige, zugleich aber (pionier-)gewinnträchtige Umsetzung neuen Wissens in neue Produkte und Verfahren sowie durch die Erschließung neuer Märkte? Ist nicht das eigentliche Métier von Unternehmern die Übernahme von Risiken? Warum also muß der Staat hier nachhelfen?

Der Staat ist gefordert, weil er nicht nur die Hände in den Schoß legen und zusehen kann, wenn eine ausgeprägte Wachstumsschwäche und ein intensivierter Strukturwandel zu anhaltender Arbeitslosigkeit in Millionenhöhe führen. Der Staat ist mit einer offensiven Wirtschaftspolitik der Innovationsförderung gefordert, weil er sich nicht auf ein rein defensives Krisenmanagement via Subventionen und Sozialpolitik beschränken kann. Wenn der Kernprozeß von Invention, Transfer und Innovation blockiert ist, dann kann der Staat mit einer innovationsorientierten Infrastrukturpolitik dazu beitragen, diesem Mangel abzuhelfen. Sofern dies im Kontext einer Gesamtstrategie der Verbesserung der Rahmenbedingungen und der Stärkung der Marktkräfte geschieht, ist der subsidiäre Charakter einer so angelegten Innovationspolitik gewährleistet.

Die Förderung neuer Technologien hat indessen nicht allein den Zweck, die Marktdynamik zu stärken und die Wettbewerbsfähigkeit gerade der kleinen und mittleren Unternehmen in der weithin technologisch geprägten internationalen Konkurrenz zu stützen; vielmehr enthalten die neuen Techniken auch ein Potential für eine nachhaltige *Verbesserung der Lebensqualität*: Weniger Umweltbelastung, verbesserte Ressourcenschonung, reduzierter Energie- und Flächenverbrauch, erhöhte Produktsicherheit, aber auch mehr Flexibilität und Kreativität an den Arbeitsplätzen, mehr freie Zeit etc. Ich scheue mich nicht, an dieser Stelle E. Eppler beizupflichten, der frühzeitig forderte, daß wir eine industriell-technische Welt schaffen müßten, in der die Menschen ohne Zittern leben könnten.

Befürchtungen, daß mit der staatlichen Forschungsförderung die grundgesetzlich garantierte »Freiheit der Wissenschaft« tangiert werden könnte, müssen sicherlich ernst genommen werden. Doch geht es dem Staat mit seiner Forschungs- und Technologiepolitik nicht darum, den Wissenschaftlern oder den Instituten vorzuschreiben, was erforscht werden soll und was nicht. Ganz abgesehen davon, daß ein derart gängelnder Ansatz sich ganz konterproduktiv auswirken müßte, würden die wenigsten Wissenschaftler sich politisch inspirierte, »finalisierende« Vorschriften gefallen lassen. Der Staat fördert, was aus dem weitgehend autonomen – und längst nicht mehr national definierten – Bereich von Wissenschaft und Forschung kommt und was bestimmten Kriterien der staatlichen Forschungs- und Technologiepolitik genügt. Ein solcher Ansatz ist notwendigerweise selektiv; aber nicht übermäßig direktiv. Wir sehen die Innovationspolitik als eine Kraft der Anregung, nicht des Zwanges.

Die in Baden-Württemberg betriebene Innovationspolitik mit den beiden Schwerpunkten Forschungs- und Technologiepolitik ist auf drei Besonderheiten dieses Landes bezogen: Zum einen auf die spezifische Wirtschaftsstruktur Baden-Württembergs, das durch ein glückliches Verhältnis zwischen großen, mittleren und kleinen Unternehmen begünstigt und insgesamt stark mittelständisch geprägt ist. Zum zweiten auf die starke Exportabhängigkeit des Verarbeitenden Gewerbes von Baden-Württemberg: Im Durchschnitt gehen fast 33 Prozent der Gesamtproduktion ins Ausland (im Bund etwa 29 Prozent); in einzelnen Branchen des Landes aber sind die Exportquoten bedeutend höher; so liegt sie zum Beispiel in der Büromaschinen-und EDV-Industrie bei fast 57 Prozent, im Straßenfahrzeugbau bei über 50 Prozent, im Maschinenbau bei etwa 46 Prozent und in der Chemischen Industrie bei etwa 36 Prozent. Zum dritten schließlich ist die Forschungs- und Technologiepolitik natürlich auch auf die spezifischen wirtschafts- und mittelstandspolitischen Intentionen der Landesregierung bezogen.

Mit anderen Worten: Innovationspolitik bedeutet hier im Lande immer zugleich auch Mittelstandspolitik. Diese Position ist vor dem Hintergrund der häufig gegen die Forschungspolitik vorgebrachten Kritik zu sehen, daß sie dazu tendiere, Großunternehmen zu begünstigen, die ohnehin schon über erhebliche Startvorteile verfügten. Im genauen Gegensatz dazu ist unsere Innovationspolitik darauf ausgerichtet, speziell die mittelständischen Unternehmen in die Lage zu versetzen, die Herausforderungen des technischen und strukturellen Wandels offensiv anzugehen und erfolgreich zu bewältigen.

Der Mittelstand bedarf der Förderung

Ich möchte an dieser Stelle kurz begründen, warum die Innovations- und Mittelstandspolitik dieses Landes unserer Überzeugung nach gerechtfertigt und ordnungspolitisch auch unbedenklich ist.

1. Der Mittelstand ist das Rückgrat unserer gesamten Wirtschafts- und Sozialstruktur. Er verleiht unserer Gesellschaft und der Wirtschaft Stabilität und Dynamik zugleich. 95 Prozent aller Unternehmen im Lande sind mittelständische Unternehmen: Sie beschäftigen zwischen 20 und 100 Mitarbeiter; zusammen tragen sie etwa 56 Prozent zum Gesamtumsatz aller Unternehmen bei. Sie zeichnen sich durch ein hohes Maß an Anpassungsfähigkeit aus. In der Kooperation mit den Großunternehmen kommt ihnen eine herausragende Bedeutung zu. Deswegen besteht ein vorrangiges Ziel unserer Politik darin, den Mittelstand zu erhalten und zu stärken.

2. Der Kern unserer Wirtschafts- und Innovationspolitik ist die Förderung der mittelständischen Wirtschaft. Warum muß diese gefördert werden? Weil sie gegenüber den Großunternehmen eine Reihe spezifischer Nachteile aufweist, die wettbewerbsrelevant sind – und deren Ausgleich zum funktionsfähigen Wettbewerb beiträgt. Zu diesen Nachteilen gehören:

(a) *die F&E-Schwäche:* Das durchschnittliche mittelständische Unternehmen hat keine Forschungs- und Entwicklungskapazitäten wie die Großunternehmen. Bei Bosch, Daimler und anderen Großunternehmen sind weltweit mehrere tausend Männer und Frauen allein damit beschäftigt, die Entwicklung der Technologien zu beobachten und Vorschläge für die Umsetzung in neue Produkte und Produktionsverfahren auszuarbeiten. Wenn es früher ausgereicht hat, daß der mittelständische Unternehmer ein findiger Kopf mit technischem Verständnis war, so ist das heute, bei dem rasanten Tempo des wissenschaftlich-technischen Fortschritts, nicht mehr ausreichend. Hier müssen wir also Hilfestellungen geben.

(b) *schwaches Entrée:* Das durchschnittliche mittelständische Unternehmen hat nicht den Marktzugang wie die Großunternehmen. Auch das ist heute, bei der zunehmenden internationalen Verflechtung der Märkte, ein entscheidender Nachteil. Daraus folgt, daß es sinnvoll und nützlich ist, wenn der Staat für die mittelständischen Unternehmen bestimmte »Türöffner«-Funktionen übernimmt.

(c) *die Finanzierungsschwäche:* Im Vergleich zu kleineren mittelständischen Unternehmen verfügen Großunternehmen über einen viel besseren Zugang zum Kapitalmarkt, über eine bessere Kapitalstruktur und über eine weitaus stärkere Position gegenüber ›ihrer‹ Bank (soweit die Großunternehmen nicht gar selbst zur ›Bank‹ avanciert sind und sich damit finanziell zumindest zum Teil ›emanzipiert‹ haben).

Diese unternehmensgrößenspezifischen Nachteile des Mittelstandes bilden heute - unter den gegebenen und sich verschärfenden Bedingungen der technologischen Entwicklung und des internationalen Wettbewerbs - ein Handicap, das die Konkurrenzfähigkeit und damit die Existenz der kleineren Unternehmen bedroht. In der neuen Qualität des technologischen Elementes im modernen Produktions- und Distributionsprozeß, in der neuen Qualität des internationalen Wettbewerbs und im deutlich schwächeren Wachstumstrend bestehen die *qualitativen* Veränderungen des ›Datenkranzes‹, die auch einen neuen Ansatz in der Wirtschaftspolitik erfordern und rechtfertigen. Es wäre fahrlässig, unter diesen Bedingungen, das heißt angesichts der eminenten und noch wachsenden Bedeutung von Forschung und Entwicklung für Produkt- und Verfahrensinnovationen bei gleichzeitig sich verkürzenden Produktzyklen davon zu sprechen - wie das mit völlig überzogenem Rigorismus etwa Graf Lambsdorff tut -, man müsse nur die Marktkräfte stärken und wirken lassen, der Rest folge. Was folgt, gibt allenfalls vielen kleineren und mittleren Unternehmen den Rest ...

Überhaupt ist der Graf bemerkenswert obstinat, wenn es ihm darum geht, die angeblich »reine Lehre« der Marktwirtschaft gegen angebliche Sünden wider deren Geist zu verteidigen. Sein Engagement und seine Wachsamkeit in allen Ehren. Aber ›Fundamentalismus‹ ist nicht gefragt. Es gibt eine Schwelle, an der berechtigte Kritik in anmaßende Besserwisserei umschlägt. Denn was das System der marktmäßigen Koordination betrifft, so gibt es nicht *die* eine reine Lehre, noch gibt es bei uns *die* Marktwirtschaft. Vielmehr konkurrieren immer schon verschiedene wissenschaftliche und politische Interpretationen dessen, was das Marktsystem ausmacht, was noch ›markt‹- bzw. ›ordnungskonform‹ ist und was nicht.[16] Und die in der Bundesrepublik bestehende Wirtschaftsordnung ist nicht die freie, sondern bekanntlich die Soziale Marktwirtschaft. Die heutige Gesellschaft, das wird Graf Lambsdorff noch lernen müssen, läßt sich nicht in das stahlharte Gehäuse der Marktlogik pressen. Über das ›Rationale‹ hinaus, das Theorien uns anbieten, muß Politik für die Menschen zum ›Vernünftigen‹ hinstreben. Man darf die Vernunft nicht gefangen geben an die Doktrin.

Leitvorstellungen der Innovationspolitik

Die Leitvorstellungen über eine angemessene Arbeitsteilung zwischen Markt und Staat unterliegen zur Zeit der Revision. Der Ausgangspunkt ist die Frage nach den Ursachen für die *Erlahmung der Innovationsdynamik* in der Bundesrepublik und in anderen Industrieländern. Dabei stehen sich zwei konträre Antworten gegenüber:

(a) Auf der einen Seite werden die Stockung und ihre Begleiterscheinungen auf übermäßige Behinderungen und Überlastungen des Marktmechanismus durch den Staat und die Gruppen zurückgeführt. Daraus folgt zwanglos die Therapie: mehr Markt und mehr Wettbewerb, weniger Staat und weniger Reglementierung.

(b) Auf der anderen Seite sieht man in der Stockung Ermüdungserscheinungen eines Marktsystems, dem angesichts erhöhter weltwirtschaftlicher Risiken der Schumpetersche Unternehmertyp abhanden gekommen sei. Die Therapie: Neue/zusätzliche Programme zur Förderung von Forschung und Entwicklung, Innovation und Unternehmensgründungen, um dem Markt wieder auf die Sprünge zu helfen.

Ist nicht eine Kombination beider Antworten möglich und sinnvoll? Wenn es darum geht, vor dem Hintergrund einer langdauernden Stockungsphase, verschärfter internationaler Konkurrenz und einschneidender strukturellen Veränderungen die Wachstums- und Investitionsschwäche zu überwinden, die Beschäftigung zu erhöhen, das Einkommensniveau zu sichern, die internationale Wettbewerbsfähigkeit zu steigern, den Bestand sowie die Funktionsfähigkeit mittlerer und kleinerer Unternehmen zu festigen und nicht zuletzt eine angemessene Position der Bundesrepublik bei wichtigen Produktionslinien und Technologien zu bewahren, dann erscheint es richtig, auf der einen Seite die Rahmenbedingungen für die Unternehmen zu verbessern und die Marktkräfte zu stärken, andererseits aber eine ergänzende Forschungs-, Technologie- und Innovationspolitik mit spezifischeren Zielsetzungen durchzuführen.

Die *Chancen* der Innovationspolitik bestehen im wesentlichen darin, daß sie dazu beiträgt,

- die Wettbewerbsfähigkeit der Wirtschaft und vor allem des Mittelstandes zu sichern;
- Nachteile unserer Wirtschaft gegenüber solchen Ländern zu kompensieren, die ihrerseits seit langem eine massive Forschungs-, Technologie- und Industriepolitik betreiben (zum Teil auch unter anderen Namen);
- eine Spitzenstellung der Bundesrepublik in ausgewählten Technologiebereichen zu wahren.

Die beiden zuletzt genannten Punkte sind im Zusammenhang damit zu sehen, daß die USA und Japan in einer ganzen Reihe von Spitzentechnologien nach wie vor einen beträchtlichen Vorsprung haben - trotz erhöhter Anstrengungen der Europäer, hier mitzuziehen. Der Handlungsbedarf auf diesem Felde liegt allerdings nicht auf Länderebene, sondern bei der EG.

In dem viel bescheideneren Rahmen eines Bundeslandes zielt die Innovationspolitik als Mittelstandspolitik darauf ab, die spezifischen Nachteile kleiner und mittlerer Unternehmen in den Bereichen Finanzierung, Management, Entwicklung und Anwendung neuer Technologien bis hin zum Umgang mit staatlichen Bürokratien auszugleichen, um gerade auch im ordnungspolitischen Interesse eine tragfähige Mischung aus kleinen, mittleren und Großunternehmen zu erhalten.

Die *Risiken*, die keineswegs geleugnet werden sollen, bestehen im Kern darin,

- daß der Staat die falschen Signale setzen und in die Überkapazitäten und Flops von morgen öffentliche Gelder investieren könnte;
- daß die Innovationspolitik zu einer Art »Planification« ausartet oder gar zu einem »neomerkantilistisch motivierten Protektionismus« verkommt, der dann unweigerlich in einen Subventionswettlauf münden würde;
- daß die ordnungspolitische Gratwanderung zwischen einer vertretbaren »rahmenorientierten« und branchenübergreifenden Forschungs- und Technologie-Förderung und einer unakzeptablen selektiven und direkten Subventionspolitik mißlingt.[17]

Man muß klar sehen, daß diese Risiken vor allem die Forschungs- und Technologiepolitik des Bundes, also des Bundesministeriums für Forschung und Technologie und des Verteidigungsministeriums, betreffen, die - aus einer anderen Zielsetzung heraus - in viel stärkerem Maße Spitzentechnologien fördern und direkte Projektförderung betreiben. Unser Schwerpunkt liegt dagegen ganz eindeutig auf dem *Transfer*, - und zwar nicht nur deswegen, weil dieses Aktionsfeld am besten auf Länderebene beackert werden kann, sondern auch deswegen, weil die Wettbewerbsfähigkeit unserer Wirtschaft weniger von den Spitzentechnologien an sich, sondern vielmehr von der *Umsetzung* der davon ausgehenden innovatorischen Impulse auf die ganze Breite der eingesetzten Verfahren und der angebotenen Produkte abhängt.

Prinzipien der Innovationspolitik

Den genannten Risiken kann dadurch vorgebeugt werden, daß in der Innovationspolitik folgende Prinzipien beachtet werden:

a) Innovationspolitik hat *subsidiären Charakter*. Der Staat kann dem strukturellen Wandel Impulse in die von ihm für richtig oder wünschenswert gehaltene Richtung geben, er kann ihn aber nicht lenken. Die Hauptlast des Strukturwandels muß der Markt, müssen die Marktteilnehmer tragen.

b) Die beste Innovationspolitik besteht in der Sicherung wachstums- und innovationsfreundlicher gesamtwirtschaftlicher *Rahmenbedingungen*, zum Beispiel in der Form eines positiven Klimas, eines leistungsfreundlichen Steuer- und Abgabensystems, wirksamer Anreize zur Sachkapitalbildung, hoher Flexibilität und Mobilität auf dem Arbeitsmarkt, hoher Bereitschaft zur Aus- und Weiterbildung etc.

c) Die zweitbeste Innovationspolitik besteht in der Bereitstellung einer leistungsfähigen und modernen *Innovations-Infrastruktur*, die sowohl der Grundlagenforschung als auch dem Schumpeterschen Kernprozeß von Invention, Transfer und Innovation dienlich ist.

d) Der Staat muß ganz generell, insbesondere aber im Bereich der Struktur- und Industriepolitik »säen und jäten«. In dem Maße, wie neue Herausforderungen an den Staat herangetragen werden, müssen alte Tätigkeitsfelder überprüft und ggfs. aufgegeben werden.

e) Innovationspolitik muß darauf ausgerichtet sein, die Eigeninitiative der Unternehmen zu stärken: sie muß Hilfe zur Selbsthilfe sein.

f) Innovationspolitik soll zur Risikoübernahme motivieren, indem ein Teil - wohlgemerkt: ein Teil - des Risikos vom Staat übernommen wird.

g) Die Innovationspolitik soll »diffusionsorientiert«, nicht projekt- oder gar produktorientiert sein. Unsere spezifischen Stärken liegen in der Adaption neuer Technologien an die differenzierten Bedürfnisse komplexer und dynamischer Märkte.

»Ein bißle Fortschritt ist immer noch besser als gar kein Progreß!«

Wenn in diesen knapp gehaltenen Darlegungen auch überwiegend von wirtschaftlichen Problemen die Rede war, so wäre es doch ein Fehler, die Innovationspolitik in Baden-Württemberg auf ›high-tech‹ oder Forschungs- und Technologiepolitik reduziert zu sehen. Ein kurzer Blick auf unsere Kultur- und Schulpolitik, auf die Politik für den ländlichen Raum, auf unsere Familien- und Sozialpolitik genügt, um zu sehen, daß alle Politikbereiche ihren Platz in einer umfassenderen Anstrengung haben, die Lebensverhältnisse der Menschen in diesem Lande qualitativ zu verbessern und ihr Wohl zu fördern, - wie der Amtseid dies gebietet.

Wenn diese Politik in den zurückliegenden zehn Jahren dazu beigetragen hat, nach einer Phase der Stockung und Verzagtheit wieder Zuversicht zu vermitteln und gar eine neue Aufbruchstimmung aufkommen zu lassen, dann hat sie viel erreicht. Einstellungen und Motivationen sind ein materieller Faktor, positiv wie negativ, in der Wirtschaft nicht minder als in der Politik.

Die Herausforderungen der 90er Jahre können wir nur mit der Zuversicht bewältigen, die uns bereits in den zurückliegenden Jahren dazu verholfen hat, im Kreise der modernen Industrieländer eine beachtliche - und beachtete - Position zu erringen. Nur zur Illustration des Gemeinten sei hier auf das Ergebnis eines ›Panels‹ hingewiesen, bei dem von 546 »Führungskräften« auf die Frage »Welches Bundesland macht nach Ihrer Einschätzung die beste Wirtschaftspolitik?« immerhin 68,5 Prozent das Land Baden-Württemberg nannten, an zweiter Stelle mit 35,5 Prozent Bayern und an dritter Stelle mit ganzen 2,2 Prozent Nordrhein-Westfalen.[18]

In Zusammenhang mit der Bewältigung der Herausforderungen, die aus den Umbrüchen der Zeit resultieren, schrieb Edzard Reuter sehr treffend: »Wer es versteht, die allgemeine Öffentlichkeit von den Schlachten der Vergangenheit zu einem Diskurs zu führen, bei dem die Herausforderungen unserer Zeit mit den technischen Möglichkeiten konfrontiert werden, der wird die Produkte und Verfahren von morgen haben und damit die Wettbewerbsfähigkeit sichern.«[19]

Daran gilt es weiterzuarbeiten. Denn wie sagt der gebildete Schwabe? Ein bißle Fortschritt ist immer noch besser als gar kein Progreß!

Anmerkungen

1 Diese Einsicht schreibt S. NADOLNY (Die Entdeckung der Langsamkeit, München 1987. S. 301) seinem Helden, dem Kapitän Sir John, zu.

2 Vgl. F.A. v. HAYEKs Aufsatz »Die Ergebnisse menschlichen Handelns, aber nicht menschlichen Entwurfs«, in: Ders.: Freiburger Studien. Gesammelte Aufsätze (Walter Eucken Institut) Tübingen 1969, S. 97-107.

3 Vgl. hierzu G. WILLKE: Gefährdet die Arbeitslosigkeit die Demokratie? Politische Folgewirkungen von Arbeitslosigkeit. In: Arbeitslosigkeit. Red. H.-G. Wehling (Kohlhammer-Taschenbücher; Bd. 1067). Stuttgart 1984, S. 11-28.

4 Vgl. A. MADDISON: Phases of Capitalist Development. Oxford 1982, S. 136f.

5 Vgl. hierzu G. WILLKE: Strukturelle Arbeitslosigkeit. Empirisch-theoretische Analyse und wirtschaftspolitische Implikationen. (In Vorbereitung).

6 So eine Formulierung von O. SIEVERT: Nachfrageorientierte vs. nachfrageorientierte Wirtschaftspolitik. In: P. Hampe (Hrsg.): Friedman contra Keynes. München 1984, S. 79.

7 Vgl. hierzu ausführlicher L. SPÄTH: Wende in die Zukunft. Die Bundesrepublik auf dem Weg in die Informationsgesellschaft, Kap. 2. (SPIEGEL-Buch) Hamburg 1985.

8 Vgl. hierzu den letzten Subventionsbericht der Bundesregierung, BT-Drucksache 10/3821, Anlage 5, sowie K. H. JÜTTEMEIER: Subsidizing the Federal German Economy. (Kiel Working Paper No. 279 vom Januar 1987).

9 Vgl. Jahresgutachten des SACHVERSTÄNDIGENRATES 1986/87, Zf. 201.

10 F. A. v. HAYEK verstand den Wettbewerb »als Entdeckungsverfahren«; der Wettbewerb auf Märkten werde getragen von Individuen, die über das relevante Wissen verfügten, nämlich über »die Kenntnis der besonderen Umstände von Ort und

Zeit«. HAYEK bezichtigte eine Wirtschaftspolitik der »Anmaßung von Wissen«, wenn sie klüger sein wollte als der marktmäßige Wettbewerbsprozeß. (F. A. v. HAYEK: Der Wettbewerb als Entdeckungsverfahren. (Kieler Vorträge, N.F. 56) Kiel 1968. Und: Die Theorie komplexer Phänomene (Walter Eucken Institut) Tübingen 1972).

11 In einer aufschlußreichen vergleichenden Analyse hat eine Autorengruppe des M.I.T. die These abgeleitet, daß die Wettbewerbsfähigkeit des Verarbeitenden Gewerbes in Baden-Württemberg in besonderem Maße auf der dynamischen Funktion des Mittelstandes und auf der wettbewerbsbedingten Innovationsbereitschaft der Unternehmen beruhe. Vgl. C. F. SABEL u.a.: How to Keep Mature Industries Innovative. In: Technology Review Nr. 1 (April 1987), S. 27-35.

12 Vgl. z.B. den Beitrag »Kulturelle Dienstleistungen« im Statistisch-Prognostischen Bericht 1986/87 der Landesregierung Baden-Württemberg.

13 Vgl. M. NEUMANN: Realkapital - die Hoffnung der jungen Generation. Eine Strategie für Beschäftigung und Wohlstand. In: Frankfurter Allgemeine Zeitung vom 4. Juli 1987, S. 13.

14 Vgl. J. LÖHN: Technologietransfer in Baden-Württemberg. In: List Forum 14 (1987/88), H. 2, S. 110-114.

15 Vgl. Handelsblatt vom 6. und 13. Juli 1987.

16 Vor über 30 Jahren schrieb F. BÖHM, der hellsichtige Ordo-Liberale: »Die Gralshüter der reinen Marktwirtschaft sind nicht weniger einseitig und blind als die Gralshüter der sozialen Idee ... (wiederabgedruckt in Grundtexte zur Sozialen Marktwirtschaft. Hrsg. W. Stützel u.a. (Ludwig-Erhard-Stiftung). Stuttgart/New York 1981, S. 433-438.

17 Vgl. dazu die bereits erwähnte Publikation des 2. Expertengesprächs der List Gesellschaft '87, in: List Forum 14 (1987/88), H. 2. Bemerkenswert auch die kritische, aber faire Darstellung von N. KLOTEN: Neomerkantilismus in Baden-Württemberg? Zur Regionalisierung der Wirtschaftspolitik, in einer in Vorbereitung befindlichen Festschrift.

18 Vgl. das »Capital-Panel Führungskräfte« in: Capital Nr. 7/1987, S. 115.

19 E. REUTER: Geld allein schafft keine neuen Arbeitsplätze. In: Industriemagazin Nr. 7, Juli 1987, S. 19.

Internationale Energiepolitik in der Bewährung: Herausforderungen in Zeiten der Krise und des zeitweiligen Überflusses

Helga Steeg

„Mit wirtschaftlichem Wachstum werden sich auf dem Weg strukturellen Wandels und durch Investitionen in modernere, energieeffizientere Technik weiter Einsparerfolge realisieren lassen ... Man sollte sich allerdings vor der Illusion hüten, daß durch verstärkte Energieeinsparung und Einsatz erneuerbarer Energien die Kernkraft etwa überflüssig würde. Die Bedeutung der Energieeinsparung ist unbestreitbar groß. Aber angesichts des trotz allem zu erwartenden Wachstums im Energieverbrauch und des Ersatzbedarfs im Kraftwerkspark ist der Zubau erheblicher neuer Kapazitäten zur Elektrizitätserzeugung auf der Basis traditioneller Energieträger einschließlich der Kernkraft unumgänglich."

Energie hat eine Schlüsselrolle für die wirtschaftliche Entwicklung. Ohne ausreichende Energieversorgung ist kein wirtschaftliches Wachstum denkbar. So wurde die industrielle Revolution des 19. Jahrhunderts in nicht geringem Maße durch technologische Durchbrüche bei der Förderung und dem Einsatz von Kohle ermöglicht, und die reichliche Verfügbarkeit des neuen kostengünstigen Energieträgers Erdöl hat seit den 50er Jahren dieses Jahrhunderts wiederum wesentliche technische und wirtschaftliche Entwicklungen ermöglicht. Aber es gilt auch umgekehrt, daß Energiemangel, der sich insbesondere in hohen Energiepreisen ausdrückt, wirtschaftliche Rezession zur Folge haben kann.

In den 60er Jahren dachten und handelten die Industrieländer bei ihrer Energieversorgung zu wenig in strategischen Dimensionen. Die Schnelligkeit und Leichtigkeit des wirtschaftlichen Fortschritts ließen die Risiken der Energieversorgung vergessen.

Die Entwicklung des Welterdölmarktes vom Käufer- zum Verkäufermarkt Ende der 60er Jahre und schließlich die Ölkrise von 1973 haben dieser Phase des blinden Vertrauens auf risikofreie und kostengünstige Energieversorgung ein Ende gesetzt. Die alte Kaufmannsregel bekam wieder Geltung, daß man nie nur von einer Bezugsquelle abhängig sein sollte. Es begann die Periode drastischer Energiepreissteigerungen, wirtschaftlicher Probleme und düsterer Prognosen über die weitere Entwicklung der Energiemärkte.

Doch wiederum verlief die Entwicklung anders als von vielen vorhergesehen. Während in der Phase des Ölüberflusses die Auswirkungen neuer Monopolstrukturen auf Seiten der Ölförderländer unterschätzt worden waren, zeigte sich nun, daß die Marktkräfte und die Auswirkungen einer konsequenten und zielgerichteten Energiepolitik nicht zutreffend eingeschätzt wurden. Das Zusammenspiel von Marktkräften und Energiepolitik haben bewirkt, daß sich die Energiesituation seit 1986 wieder deutlich entspannt hat, und wir stehen heute vor der Frage, wie diese vorteilhafte Situation auf Dauer gesichert werden kann. Bei der Beantwortung dieser Frage können wir auf die Erfahrungen aus der Vergangenheit zurückgreifen, die uns vor allem gelehrt hat, daß die Probleme im Energiebereich nicht im nationalen Alleingang, sondern nur durch internationale Zusammenarbeit gelöst werden können.

Entwicklung der internationalen Zusammenarbeit

Erste Ansätze internationaler Zusammenarbeit der Industrieländer im Energiesektor gab es Ende der 60er und Anfang der 70er Jahre in der Europäischen Gemeinschaft (EG) und der Organisation für Wirtschaftliche Zusammenarbeit und Entwicklung (OECD). Im wesentlichen jedoch war Energiepolitik national bestimmt, auch wenn in zunehmendem Maße internationale Märkte zur Versorgung benötigt wurden.

In der *EG* verfolgten die einzelnen Länder sehr unterschiedliche Strategien zur Sicherung ihrer Energieversorgung, die auf den historisch gewachsenen unterschiedlichen Strukturen der Energieversorgung in diesen Ländern aufbauten sowie von der jeweiligen wirtschaftspolitischen Grundrichtung beeinflußt wurden. Auch das Ausmaß direkten staatlichen Einflusses auf die Energie-Industrien war stark unterschiedlich und wurde in einigen Ländern durch Gründung nationaler Ölgesellschaften noch verstärkt. Diese Unterschiede staatlicher Rahmenbedingungen stellten sich als ein starkes Hindernis zur Harmonisierung der einzelnen Energiepolitiken heraus.

In der OECD beschränkte sich die Zusammenarbeit bis zum Zeitpunkt der ersten Ölkrise im Oktober 1973 im wesentlichen auf den Austausch von Informationen und Meinungen über die Entwicklungen am internationalen Ölmarkt und über Energiefragen im allgemeinen. An eine internationale Abstimmung der Energiepolitiken wurde auch hier nicht gedacht. Es gab allerdings bereits eine allgemeine Übereinkunft zwischen den europäischen OECD-Mitgliedern über ein Ölverteilungssystem in Notzeiten. Zudem hatte die OECD den europäischen Mitgliedern den Aufbau von Krisen-Lagerbeständen empfohlen, und entsprechend waren auch erhebliche Vorräte eingelagert worden - ein Notpolster, das sich in der Krise 1973 in der Tat als nützlich erweisen sollte[1]. Verhandlungen über eine Erweiterung der Empfehlung auch auf die nichteuropäischen Mitgliedsländer waren zum Zeitpunkt der Krise noch nicht abgeschlossen.

Zusammenarbeit im Schatten der Ölkrise von 1973

Mit Beginn der ersten Ölkrise von 1973 intensivierten sich die Kontakte der Industrieländer im Rahmen der OECD. Im wesentlichen ging es zunächst einmal darum, die sich rapide wandelnde Situation laufend zu bewerten und Informationen über mögliche Versorgungsengpässe in einzelnen Ländern und für den internationalen Schiffs- und Flugverkehr auszutauschen. Es stellte sich jedoch bald heraus, daß dies nicht ausreichte.

Die Interdependenz der westlichen Volkswirtschaften und die Notwendigkeit einer verstärkten energiepolitischen Zusammenarbeit waren in der Krise offenbar geworden. Auch wenn zwischen den Importländern erhebliche Unterschiede je nach eigenen Energievorräten, Energieversorgungsstruktur, wirtschaftspolitischer Grundorientierung und außenpolitischer Interessenlage bestanden und der Grad der Importabhängigkeit bei der Energieversorgung in Europa, Japan und den Vereinigten Staaten unterschiedlich hoch war, so bestand doch ein grundsätzliches Interesse an gemeinschaftlichem Handeln, das über die bisherige Kooperation hinausging.

Der amerikanische Außenminister Kissinger gab Ende 1973 die Anregung, notwendige künftige energiepolitische Zusammenarbeit auch in einem neuen institutionellen Rahmen zu intensivieren. Im November 1974 unterzeichneten 16 Mitgliedsländer der OECD[2] in Paris das Übereinkommen über ein Internationales Energieprogramm, mit dem die Internationale Energie-Agentur gegründet wurde. Das in diesem Übereinkommen entwickelte Programm war anspruchsvoll, da es alle wichtigen Energie-Bereiche abdeckt; vor allem aber mußte die internationale Zusammenarbeit in einem Gebiet intensiviert werden, das bisher von stark divergierender nationaler Politik der einzelnen Verbraucherländer gekennzeichnet war.

Während die eher kurzfristig zu verwirklichenden Ziele des Programms - wie Erhöhung der Transparenz auf dem Ölmarkt durch Schaffung eines Öl-Informationssystems sowie die Vorbereitung von Notstandsmaßnahmen durch das IEA-Krisenversorgungssystem - bereits im Übereinkommen ausführlichen Niederschlag gefunden hatten, waren die Prinzipien der langfristigen Zusammenarbeit im Energiebereich zunächst nur im Grundsatz skizziert. Dieser Teil des Programms, mit dem die Abhängigkeit von Ölimporten verringert werden soll, wurde damals als der wichtigste - aber auch der schwierigste - Teil angesehen. Ein entsprechendes detailliertes Programm für eine langfristige Zusammenarbeit im Energiebereich wurde erst 1976 vereinbart; 1977 haben die für Energie zuständigen Minister der IEA-Teilnehmerstaaten dann energiepolitische Grundsätze für die Durchführung der Energiepolitik der IEA-Länder angenommen. Die wesentlichen Grundsätze, die in den folgenden Jahren in den Gremien der IEA beständig weiterentwickelt wurden, sind:

- Begrenzung der Ölimporte durch Energieeinsparung, Angebotsausweitung und Ölsubstitution.
- Duldung des Anstiegs der Energiepreise in den Teilnehmerstaaten auf ein Niveau, bei dem ein Anreiz für Energieeinsparungen und die Entwicklung alternativer Energiequellen gegeben ist.
- Begrenzung des Anstiegs der Energienachfrage im Verhältnis zum Wirtschaftswachstum durch Energieeinsparung und Substitution.
- Substitution von Erdöl für Verstromungs- und industrielle Verwendungszwecke durch andere Energieträger.
- Förderung des internationalen Kohlehandels.
- Beschränkung der Verwendung von Erdgas auf die Deckung des Bedarfs der Sektoren, die sich nicht ohne große Schwierigkeiten auf andere Energieträger umstellen können.
- Stetiger Ausbau der Kernkraftkapazitäten.
- Stärkere Betonung von Forschung und Entwicklung durch Erhöhung der Zahl internationaler Gemeinschaftsvorhaben.
- Schaffung eines günstigen Investitionsklimas und vorrangige Förderung der Exploration.
- Abbau der Zielkonflikte zwischen Umweltbelangen und Erfordernissen der Energieversorgung.
- Konstruktive Kontakte mit Nichtmitgliedsländern durch Informationsaustausch.

Regelmäßige Prüfungen der von den Ländern erzielten Fortschritte in ihrer Energiepolitik finden seit 1977 statt[3].

Auf dem Hintergrund der Erfahrungen in der Ölkrise von 1973 erschien es notwendig, die Internationale Energie-Agentur nicht nur mit einem anspruchsvollen Programm, sondern auch mit einer geeigneten Struktur auszustatten, die es ihr ermöglichen würde, dieses Programm durchzuführen. Die Mitgliedsstaaten entschieden sich für einen Sonderstatus als autonome Organisation innerhalb der

OECD mit eigenen Organen und unter Aufgabe der in der OECD üblichen Einstimmigkeitsregel. Zudem wurden wichtige Beratungsgremien mit verschiedenen Industriezweigen, insbesondere bei Erdöl und Kohle, geschaffen, um die Industrie möglichst frühzeitig in die Entscheidungsprozesse einzubinden. Sichtbarer Erfolg der erreichten Kooperation ist die Tatsache, daß es gelungen ist, die Mitgliedsländer der IEA auf die Grundzüge einer einheitlichen Energiepolitik zu verpflichten. Durch die ständige Zusammenarbeit der Regierungen in der IEA hat sich in der Praxis - ohne daß Detailregelungen geschaffen worden wären - so etwas wie eine gemeinsame Energiemoral gebildet.

Energiesituation heute

Die gegenwärtige entspannte Energiesituation ist das Resultat marktkonformen Verhaltens der Verbraucher und Investoren sowie entsprechender energiepolitischer Maßnahmen der Regierungen in den letzten Jahren. Reaktionen der Marktteilnehmer auf hohe Ölpreise - zusammen mit flankierenden Regierungsmaßnahmen - führten zu einer erheblichen Steigerung der Energieeffizienz. Durch zusätzliche Diversifizierung der Energieverbrauchsstruktur sank gleichzeitig der Ölanteil am Energieverbrauch, und Anstrengungen zur Erhöhung der Eigenproduktion von Erdöl, Kohle und Kernenergie führten zu einer deutlichen Verringerung der Importabhängigkeit. Allerdings ist der Fortschritt, der in diesen Bereichen erzielt wurde, unterschiedlich in den einzelnen Ländern und in den einzelnen Verbrauchssektoren. In Italien und Japan zum Beispiel liegt der Ölanteil noch bei etwa 60 Prozent; und im Transportsektor gibt es weiterhin kaum eine Alternative zum Öl.

Die im Vergleich zu den 70er Jahren niedrigen Ölpreise bringen den meisten Verbraucherländern deutliche wirtschaftliche Vorteile. Zwar wurden die Vorteile aus niedrigen Ölpreisen langsamer weitergegeben als zunächst erwartet und die erhofften Wachstumsimpulse bisher nicht voll realisiert. Jedoch haben niedrigere Ölpreise eindeutig zu einer Senkung der Inflationsrate und des internationalen Zinsniveaus mit positiven Auswirkungen auf das wirtschaftliche Gesamtgeschehen geführt. Für einige Länder, Regionen und Industrien sind mit niedrigen Preisen allerdings auch ernste Probleme verbunden. Insbesondere Länder mit hoher wirtschaftlicher Abhängigkeit von Öl- und Gasproduktion und -exporten, wie Norwegen und auch Australien, und Regionen mit hoher Konzentration der Öl- und Gasindustrie, wie Schottland und einige Staaten im Süden und Mittelwesten der Vereinigten Staaten, haben erhebliche Probleme bei der Umstellung auf die neue Marktsituation. Direkt sind die Öl- und Gasindustrie und ihre Zulieferer, indirekt Exportindustrien mit traditionell starkem Geschäft in OPEC-Ländern betroffen.

Aus energiepolitischer Sicht besteht die Gefahr, daß andauernde niedrige Ölpreise in der Tendenz Ölverbrauch und -importe wieder ansteigen lassen und zu Rückgängen der einheimischen Energieproduktion und im Energieforschungsbereich führen. Bisher war zwar das Verbrauchswachstum keineswegs so dramatisch, wie manche glaubten. Aber die Entwicklung könnte mit der Zeit zu Energieverbrauchsstrukturen führen, die uns langfristig wieder sehr viel stärker verwundbar gegenüber Unterbrechungen der Ölversorgung machen sowie einen erneuten erheblichen Preisdruck nach oben auslösen.

Die IEA beschäftigt sich laufend und intensiv mit den energiepolitischen Auswirkungen niedriger Ölpreise. Unter den geänderten Umständen ist es mindestens so unsicher wie früher, künftige Entwicklungen abzuschätzen. *Kurzfristig,* das heißt im Verlauf des Jahres 1987, wird in der Tendenz ein Anstieg des Ölverbrauchs von nur etwa 1 Prozent, das heißt deutlich weniger als der Anstieg in 1986 (2,5 Prozent), erwartet. Nach dem leichten Rückgang der OECD-Ölproduktion in 1986 (rund 0.3 Millionen Barrel/Tag) ist damit zu rechnen, daß sie 1987 in etwa auf ihrem jetzigen Niveau verbleibt. Beträchtlich sind dagegen die voraussichtlichen Rückgänge bei Investitionen für Aufsuchung und Entwicklung von Kohlenwasserstoffvorhaben sowie auch im Forschungsbereich.

Welches die *mittelfristigen* Folgen anhaltend niedriger Ölpreise sein können, ist in der IEA anhand eines Energiemodells untersucht worden. Das Ergebnis ist natürlich keine Vorhersage über künftige Preis- oder Verbrauchs- und Angebotsentwicklungen. Es wurde vielmehr nur untersucht, welche Konsequenzen sich aus verschiedenen Preisszenarien auf Angebot und Nachfrage ergeben. Als Arbeitshypothese wurde angenommen, daß die Ölpreise in den nächsten drei bis fünf Jahren weiterhin schwanken, aber nicht wesentlich ansteigen. Für die 1990er Jahre ist mit einem Abfallen der OECD-Ölproduktion zu rechnen, und dies selbst dann, wenn die Ölpreise wieder stärker ansteigen sollten. Dies ist vor allem in geologischen Gegebenheiten begründet, da im OECD-Bereich nur noch verhältnismäßig wenige neue, größere Vorkommen vermutet werden, in vielen Feldern jedoch die Förderkurve abflacht.

Der Ölverbrauch und Gesamtenergieverbrauch dürften mittelfristig kontinuierlich, wenn auch unterhalb der Rate des Wirtschaftswachstums, ansteigen. Investitionen zur effizienten Energienutzung und einsparbewußte Verhaltensweisen werden diese Tendenz nicht umkehren. Die Bilanz zwischen Angebot und Nachfrage wird sich auf dem Ölsektor daher wieder verschieben. Die Ölpreise können damit wieder ansteigen, und unsere Abhängigkeit von importiertem Öl könnte von heute 50 Prozent auf wieder über 60 Prozent im Jahr 2000 wachsen. Dabei würde der Hauptteil der Ölimporte aus den OPEC-Ländern kommen, die über zwei Drittel der Weltölreserven verfügen. Der gegenwärtige Kapazitätsüberhang in der Ölproduktion schwindet somit und ist zunehmend im Nahen Osten konzentriert, wodurch der Spielraum für Preissteigerungen und auch politische Versorgungsunterbrechungen wächst.

Aufgaben internationaler Energiepolitik

Die Ergebnisse der Untersuchung über die Auswirkungen niedriger Ölpreise, die auf eine erneute Anspannung der Energiemärkte in den 90er Jahren hindeuten, stimmen nachdenklich, sie sind aber kein Anlaß zu aktueller Besorgnis und Aktionismus. Die in den vergangenen Jahren verfolgte Energiepolitik hat sich als richtig erwiesen und hatte positive Resultate. Sie ist im Grundsatz auch heute zutreffend. Die heutigen energiepolitischen Schwerpunkte sind daher weitgehend Bereiche, die in der internationalen Energiepolitik der IEA-Länder in dem Bemühen um die Sicherung der kurz- und langfristigen Energieversorgung auch bisher eine besondere Rolle gespielt haben:

Das Ölmarkt-Informationssystem und das Erdöl-Krisenversorgungssystem der IEA

Bei der zentralen Bedeutung des Erdöls für die Energieversorgung der westlichen Welt ist eine laufende Analyse des Marktgeschehens unerläßlich. Die Erfahrungen der beiden Ölkrisen haben gezeigt, daß umfassende Information und nüchterne Bewertung der Trends durch Regierungen und Industrie außerordentlich wichtig sind. Nur so können in erneuten Krisensituationen Fehlentscheidungen vermieden und rechtzeitig Gegenmaßnahmen ergriffen werden. Die IEA hat ein umfassendes Informationssystem über Entwicklungen am internationalen Ölmarkt aufgebaut[4]. Die Mitgliedsregierungen beraten sich regelmäßig, unter anderem über Trends bei Ölproduktion und -verbrauch, Strukturveränderungen und ihre Auswirkungen auf dem Verbrauchssektor sowie über weltweite Entwicklungen auf dem Raffineriesektor.

Seit Gründung der IEA ist dem System der Erdöl-Krisenvorsorge besondere Beachtung geschenkt worden. Dabei haben die Mitgliedsstaaten den im Übereinkommen über das Internationale Energieprogramm detailliert angelegten Krisenmechanismus im Laufe der Zeit den geänderten Marktverhältnissen angepaßt und verbessert. Das Notfall-Zuteilungssystem wurde mehrfach in Probeläufen getestet; in einem Ernstfall mußte es bisher nicht eingesetzt werden[5]. Aufgrund der inzwischen gesammelten Erfahrungen faßte 1984 der Verwaltungsrat der IEA den Beschluß über einen frühzeitigen koordinierten Einsatz der Vorräte sowie sonstige Maßnahmen (zum Beispiel Verbrauchseinschränkungen) im Fall von Ölversorgungsstörungen.

Die Bedeutung des Krisenversorgungssystems und der in den Mitgliedsländern gehaltenen Notstandsreserven kann auch bei dem heute entspannten Ölmarkt nur immer wieder betont werden. Die gegenwärtigen günstigen Marktbedingungen sollten zum Vorratsaufbau genutzt werden, insbesondere in den Ländern, die ihrer vertraglichen Verpflichtung zur Unterhaltung von Vorräten in Höhe von 90 Tagen-Nettoimporten bisher nicht voll nachgekommen sind.

Entwicklung heimischer Energiequellen

Der Ölpreisrückgang führte 1986 in den IEA-Ländern erstmals seit Beginn der Nordsee-Ölförderung zu einem Absinken der Ölproduktion. Fördereinbußen gab es im wesentlichen in den Gebieten der USA mit älterer und kostenintensiver Produktion aus kleineren Vorkommen; in der norwegischen Nordsee dagegen konnte die Förderung deutlich weiter gesteigert werden.

Die Fortsetzung von Investitionen im Bereich der Energieerzeugung, vor allem für Exploration und Entwicklung von Vorkommen in den IEA-Ländern selbst - aber auch in Entwicklungsländern - ist besonders wichtig für die Nutzbarmachung unserer Ressourcen und damit die Erhaltung der Sicherheit unserer Energieversorgung. 1986 lagen die Ausgaben der Ölindustrie für Exploration und Entwicklung um etwa 30 Prozent niedriger als im Vorjahr, wobei der Rückgang in Nordamerika besonders ausgeprägt war. Aufgrund der gegenwärtig verringerten Gewinnaussichten wurden manche Projekte - insbesondere solche mit hohen Kosten und Risiken in sogenannten technischen »Grenzgebieten« - aufgeschoben oder fallengelassen; bereits begonnene Entwicklungsvorhaben wurden dagegen in aller Regel weitergeführt. Eine anhaltende Tendenz zu geringeren Investitionen kann bedeutende Auswirkungen für unsere langfristige Sicherheit der Energieversorgung haben, zumal da auch zunehmend Vorhaben bei Erdgas und Kohle betroffen sind. Aber das Bild ist gegenwärtig für die einzelnen Regionen keineswegs einheitlich.

Auf jeden Fall sind die Folgen jetziger verzögerter oder verminderter Aktivität in gewissem Umfang zu relativieren. Zum einen haben die gesunkenen Ölpreise bereits - über den Markt und durch technische Neuerungen - zu erheblichen Kostensenkungen bei Exploration und Entwicklung von Öl- und Gasvorhaben geführt. Zudem ist damit zu rechnen, daß viele verschobene Projekte schnell wieder aufgegriffen werden, wenn die Chancen für die Wirtschaftlichkeit der Vorhaben steigen. Hierbei ist natürlich das Ölpreisniveau in den 90er Jahren entscheidend und somit die Einschätzung der Industrie, wie sich die Ölpreise dann entwickeln werden. Das durchaus beachtliche Interesse der Industrie an neuen Lizenz-Ausschreibungsrunden für Explorationsblöcke in der britischen Nordsee wie auch in Norwegen und den Niederlanden ist in diesem Zusammenhang ermutigend. Gegenwärtige Verschiebungen führen auch, wenn sie von kurzer Dauer bleiben, nicht unbedingt zu einem Verlust von Ressourcen, sondern nur zu ihrer späteren Bereitstellung; die zeitliche Verschiebung kann möglicherweise teilweise durch weitere technische Innovationen wettgemacht werden. Hierfür ist es allerdings erforderlich, daß Forschungsaufwendungen möglichst wenig gekürzt werden.

Die Regierungen der Mitgliedsländer der IEA verfolgen diese Entwicklungen besonders aufmerksam. Die Abgaben- und Steuersysteme passen sich teilweise automatisch den Ölpreisen an; einige Länder haben kürzlich die Förderabgaben gesenkt sowie sonstige neue Investitionsanreize geschaffen. Es ist wichtig, daß die Regierungen die Entwicklungen auf diesem Gebiet genau verfolgen und bei Bedarf entsprechend reagieren. Ein weiterer, über den natürlichen Förderverlauf hinausgehender Rückgang unserer Eigenproduktion sollte vermieden werden. Und vor allem sollte genügend Anreiz bestehen, dort, wo noch potentielle größere Vorhaben vermutet werden, wie zum Beispiel in Norwegen, Kanada und Alaska, zeitgerecht die entsprechenden Investitionen vorzunehmen. Gerade dies sind allerdings Gebiete mit im allgemeinen geologisch, geographisch und technisch relativ schwierigen Entwicklungsbedingungen, die zu ihrer Realisierung ein höheres Ölpreisniveau erfordern. Einem Druck auf Einführung protektionistischer Maßnahmen zur Erzielung eines höheren Preisniveaus sollte man jedoch widerstehen, da die Kosten solcher Maßnahmen letztlich etwaige kurzfristige Vorteile übersteigen würden.

Entwicklung von Alternativen zum Öl

Seit Mitte der 70er Jahre ist in der IEA dem Prozeß der Ölsubstitution und damit der Diversifizierung der Energiequellen besondere Aufmerksamkeit geschenkt worden. Dieses energiepolitische Ziel ist trotz aller Erfolge weiterhin bedeutsam.

Kohle

Die IEA-Länder sind bei der Versorgung mit Kohle insgesamt praktisch autonom, obwohl regionale Unterschiede in Förderung und Verbrauch zu nicht unbeträchtlichen Ein- und Ausfuhren führen. Sowohl Förderung als auch Verbrauch sind seit 1973 beträchtlich gestiegen, so daß die Kohle heute etwa 25 Prozent des Gesamtenergiebedarfs abdeckt gegenüber etwa 20 Prozent in 1973. Dabei hat es allerdings einige sektorale Verschiebungen gegeben, da die Nachfrage insbesondere in der Stahlindustrie zurückging, im Kraftwerksbereich dagegen anstieg. Der Ölpreisrückgang hat die Wettbewerbsfähigkeit der Kohle vor allem in Ländern mit hohen Produktionskosten geschwächt und zu erheblichem Druck auf die Kohlepreise geführt. Es ist jedoch davon auszugehen, daß die Kohle in den meisten OECD-Ländern ihren Wettbewerbsvorteil in der Elektrizitätserzeugung gegenüber dem Schweröl bei Ölpreisen um 15 Dollar/Barrel - und auch noch teilweise darunter - behält. Es ist daher 1986 auch nur in besonders gelagerten Fällen - bei bivalenten Anlagen sowie durch stärkeren Einsatz bestehender Ölkraftwerke - zu mehr Einsatz von Öl im Kraftwerksbereich zu Lasten der Kohle gekommen.

Kohlevorräte sind reichlich und in geopolitisch günstiger Lage im IEA-Gebiet vorhanden. Maßnahmen zur Rationalisierung der Kohleförderung in EG-Ländern und Japan sind im Gange. Angesichts der in Exportländern wie Australien und den Vereinigten Staaten bestehenden Überkapazitäten bei relativ niedrigen Förderkosten drängen diese Länder verstärkt auf eine weitere Liberalisierung des Kohlehandels, der in einigen Ländern zumindest faktisch beschränkt ist. Von Bedeutung sind in diesem Zusammenhang die in der IEA - und in der EG - vereinbarten Regeln über offene Energiemärkte und produktionsgerechte Preise, aufgrund derer die Exportländer einen Abbau der Kohlesubventionen fordern. Sozialpolitische und regionale Besonderheiten des Kohlebergbaus sind weiterhin zu berücksichtigen. Aber eine im Grundsatz erstrebte Eigenversorgung bei Kohle ist kein Freibrief für dauerhafte Wettbewerbsverzerrungen.

Das weitere Wachstum der Kohlenachfrage hängt vor allem vom Wirtschaftswachstum und damit der Nachfrage nach Elektrizität, Stahl und Zement ab; diese Sektoren machen über 80 Prozent des Kohlemarktes aus. Mit einer Steigerung der Nachfrage im Elektrizitätsbereich ist allein schon aufgrund der neuen Kohlekraftwerke, die in Bau und fester Planung sind, auszugehen. Wichtig ist in diesem Zusammenhang auch die Weiterentwicklung und Einführung neuer umweltfreundlicher Kohle-Verbrennungstechnologien. Hier zeichnen sich erfreulicherweise einige Fortschritte ab.

Erdgas

Die Sicherheit der Erdgasversorgung ist im Prinzip ähnlich zu beurteilen wie die Sicherheit der Ölversorgung. Die bekannten Welt-Erdgasreserven sind größer im Verhältnis zum laufenden Verbrauch als die bekannten Ölreserven. Allerdings ist zu bedenken, daß ein großer Teil der Reserven in der UdSSR und im Nahen und Mittleren Osten konzentriert ist. Andererseits bieten Neufunde insbesondere in Norwegen gegenwärtig Gelegenheit zur weiteren Diversifizierung der Gasbezüge der IEA-Länder. Deshalb ist der kürzlich abgeschlossene Vertrag westeuropäischer Abnehmer zum Bezug bedeutender Mengen von Gas aus den norwegischen Feldern Troll und Sleipner ab Mitte der 90er Jahre besonders begrüßenswert.

Das Erdgas hat seinen Anteil an der Energieversorgung der IEA-Länder faktisch seit 1973 bei 20 Prozent gehalten und wird diesen Anteil auch künftig kaum erhöhen können. In einzelnen Ländern hat Erdgas beträchtlichen Anteil an der Reduzierung des Öleinsatzes gehabt.

Elektrizität

Seit der ersten Ölkrise 1973 ist der Stromverbrauch in den IEA-Ländern um 40 Prozent gestiegen. Für diesen Verbrauchsanstieg waren zur Stromerzeugung zusätzlich 300 Millionen Tonnen Öleinheiten an Kohle, Kernkraft und Wasserkraft erforderlich. Zudem wurden von diesen Energieträgern in demselben Zeitraum noch 100 Millionen Tonnen Öl aus der Stromerzeugung verdrängt. Trotz notwendiger weiterer Bemühungen um rationelle Nutzung von Elektrizität ist mit einem weiteren Wachstum der Stromnachfrage angesichts der Bedeutung der Elektrizität für die Wirtschaftsentwicklung zu rechnen. In einigen Verbrauchsbereichen, wie zum Beispiel der Beleuchtung und in der Aluminiumindustrie, gibt es keine Substitutionsmöglichkeiten. Struktureller Wandel in der Industrie - Automation, modernere, energieeffizientere und umweltschonendere Ausrüstungen - führen ebenfalls zu einem erhöhten Stromverbrauch. Bis zum Jahr 2000 wird daher mit einem weiteren Verbrauchsanstieg von über 40 Prozent gerechnet. Insgesamt besteht ein erheblicher Bedarf des Zubaus neuer Stromerzeugungskapazitäten für den Einsatz in den 90er Jahren.

Die Fragen der Höhe des Neubedarfs sowie der Wahl der Primärenergieträger zur Stromerzeugung sind in vielen Ländern Gegenstand einer lebhaften politischen Debatte. Angesichts der in der IEA verfolgten Zielsetzung der Verringerung der Abhängigkeit von Ölimporten sollten auf jeden Fall keine neuen Ölkraftwerke gebaut werden. Dies verbietet sich auch schon aus Kostengründen, da bei der Inbetriebnahme neuer Anlagen in den 90er Jahren und für die Zeit ihrer Lebensdauer von erheblich höheren Ölpreisen als heute auszugehen ist. In einigen Ländern wird wegen der gegenwärtigen reichlichen und kostengünstigen Verfügbarkeit von Erdgas der verstärkte Einsatz von Gas im Kraftwerksbereich erwogen. Sicherlich hat Gas gewisse Umweltvorteile. Aber auch die Gasvorräte in IEA-Ländern sind begrenzt. Die IEA-Minister haben 1983 ausdrücklich festgestellt, daß der Gaseinsatz zwar zur Ölsubstitution beiträgt, aber Situationen vermieden werden sollten, in denen Gasimporte die Sicherheit der Energieversorgung eher schwächen als stärken. Zudem folgen die Gaspreise tendenziell bisher ohnehin den Ölpreisen.

Alle Alternativen zur Stromerzeugung haben Nachteile, die ihren Einsatz - zumindest in größerem Umfang und über längere Zeit - beschränken. Abwägungen und Entscheidungen sind in den einzelnen Ländern aufgrund der jeweiligen nationalen Umstände und anhand des relativen Gewichts der Vor- und Nachteile der jeweiligen Energieträger zu treffen. Dabei spielen im einzelnen Gesichtspunkte der Versorgungssicherheit, der Wirtschaftlichkeit, des Umweltschutzes und der Betriebssicherheit der Anlagen eine Rolle.

Kernenergie

Neue Kraftwerkkapazitäten werden im wesentlichen auf der Basis von Kohle und Kernkraft zu errichten sein. 1986 entfielen 21 Prozent der Stromerzeugung der OECD-Länder auf die Kernenergie, die ihren Anteil an der Primärenergieerzeugung von 1 Prozent im Jahre 1973 auf jetzt 7 Prozent erhöhte. Zwischen den 13 OECD-Ländern, die die Kernenergie nutzen, bestehen erhebliche Unterschiede im Anteil der Kernenergie an der Stromerzeugung. In Italien betrug 1986 dieser Anteil unter 5 Prozent, während er in Belgien und Frankreich gut 65 und 70 Prozent erreichte.

Tschernobyl hat in den OECD-Mitgliedsstaaten zu keiner grundlegenden Änderung der Energiepolitik in bezug auf die Kernenergie geführt. Eine Reihe von Regierungen hält das Risiko eines Unfalls bei den in OECD-Ländern üblichen Reaktoren für so entfernt, daß die Vorteile der Kernenergie - ökonomischer Art und für die Umwelt - bei weitem überwiegen. Durch den Unfall des in einem ganz anderen technischen und Sicherheitssystem operierenden Reaktors in der Ukraine wird nach Auffassung dieser Regierungen die Sicherheit der hier betriebenen Reaktoren, der seit langem ganz besondere Aufmerksamkeit geschenkt wurde, nicht in Frage gestellt. Zu den Ländern, die den weiteren Einsatz der Kernenergie bejahen und fördern, gehören Kanada, die Bundesrepublik, die USA, Japan, das Vereinigte Königreich, Belgien und auch Frankreich, das nicht der IEA angehört. Diese Länder tragen mit gut 90 Prozent zur Elektrizitätserzeugung im OECD-Raum bei. In England ist diese positive Einstellung kürzlich durch die Entscheidung der Regierung unterstrichen worden, den Bau des Druckwasserreaktors in Sizewell zu genehmigen.

In einigen Ländern sind Entscheidungen über die Zukunft des Kernenergieprogramms durch Tschernobyl hinausgeschoben worden oder gegenwärtig offen. Hierzu gehören Italien, das diesem Thema Anfang 1987 eine große Energiekonferenz widmete, die Niederlande, Spanien, die Schweiz und Finnland, das auch der IEA nicht angehört. Die schwedische Regierung hat ihre bereits vor Tschernobyl bestehende Absicht bekräftigt, bis zum Jahr 2010 die Nutzung der Kernenergie aufzugeben, und erwägt nunmehr eine Vorverlegung dieses Termins. Ebenfalls bereits vor Tschernobyl hatten Dänemark,

Norwegen, Österreich, Luxemburg, Irland, Australien und Neuseeland auf die Kernkraft verzichtet. Zu der Gruppe der Länder ohne Absichten der Kernkraftnutzung sind auch Griechenland und Portugal zu zählen. Die Türkei dagegen beabsichtigt die Errichtung eines Kernkraftwerks.

Außerhalb des OECD-Raumes haben zahlreiche Entwicklungsländer ihr weiterhin starkes Interesse an der Kernkraft bekundet. Auch wenn die gegenwärtig üblichen Reaktortypen von der Größenordnung her für den Einsatz in vielen kleineren Entwicklungsländern nicht geeignet sind, so haben doch viele Entwicklungsländer erkannt, daß die Kernkraft Auswege aus ihrer starken Ölabhängigkeit bieten kann und im weltweiten Maßstab einen wichtigen Beitrag zur Streckung der für diese Länder wichtigen Ölreserven leistet. In diesem Zusammenhang haben allerdings Probleme der nuklearen Proliferation eine gewisse Bedeutung. Im Bereich der Staatshandelsländer (RGW) wird unvermindert auf den weiteren Ausbau der Kernenergie gesetzt.

Von hervorragender Bedeutung bei der Nutzung der Kernenergie sind die Fragen der Sicherheit beim Betrieb von Kernkraftwerken sowie bei Transport und Lagerung von radioaktiven Abfällen. Die internationale Zusammenarbeit bei der Weiterentwicklung von Sicherheitsstandards ebenso wie bei der Erforschung neuer, noch sicherer Reaktorlinien und bei Verfahren zu Schutz, Beistand und Information bei etwaigen Unfällen ist unerläßlich. Erste Ergebnisse zur internationalen Koordination und Kooperation sind im Rahmen der IAEO, NEA und EG erreicht worden; weitere Schritte müssen folgen.

Erneuerbare Energiequellen

Die Wasserkraft hat in einigen Ländern - insbesondere in Kanada, Norwegen, Schweden, der Türkei und den USA - noch ein weiteres Ausbaupotential, ist in ihrem Gesamtbeitrag jedoch beschränkt. Bisher haben auch andere erneuerbare Energien nur in geringem Umfang zur Deckung des Gesamtenergieverbrauchs der IEA-Länder beitragen können. In einzelnen Ländern, so in Schweden, Dänemark und Österreich, haben sie jedoch beachtliche Bedeutung, insbesondere wo die geographischen Bedingungen besonders günstig sind. Generell können auf erneuerbaren Energiequellen aufbauende Anlagen, die in der Regel recht kapitalintensiv sind, trotz niedriger Betriebskosten in wirtschaftlicher Hinsicht noch nicht mit herkömmlichen Stromerzeugungsanlagen konkurrieren. Ein Nachteil dieser Energiequellen aus Sonne, Wind, Gezeiten- und Wellenkraft liegt auch darin, daß ihre Verfügbarkeit aufgrund natürlicher Gegebenheiten in unseren Breiten zumeist beträchtlich geringer ist als der relativ konstante Verfügbarkeitsgrad konventioneller Kraftwerke. Es ist aber zu hoffen, daß weitere Kostenreduzierungen und Verbesserungen des Wirkungsgrades durch technische Fortschritte erreicht werden, die eine wirtschaftliche Nutzung erneuerbarer Energien in größerem Umfang erlauben. Im Ergebnis wird ein wesentlicher Beitrag der erneuerbaren Energien allerdings noch einiger Zeit bedürfen; auch zur Jahrhundertwende wird er aller Voraussicht nach noch bescheiden sein und kaum über 8 Prozent der Gesamtenergieerzeugung hinausgehen, wobei der weitaus größte Anteil auf die bereits heute weitgehend genutzte Wasserkraft entfällt. Bei steigendem Kostenniveau für konventionelle Energien wird nach 2000 aber auch der Marktanteil der anderen erneuerbaren Energien ansteigen.[6]

Energieeinsparung und rationelle Energienutzung

Die rationelle Nutzung von Energie hat in den vergangenen Jahren einen wichtigen Beitrag zur Verringerung der Ölimporte und Entspannung der Energiemärkte geleistet. Dies hat Investitionen in Energieproduktion und -umwandlung entbehrlich gemacht und die Umweltbelastung verringert. Der Rückgang der Energieintensität[7] seit 1973 um 20 Prozent bedeutet in absoluten Zahlen für die IEA-Länder eine Einsparung von 880 Millionen Tonnen Öleinheiten pro Jahr, das heißt mehr als der IEA-Jahresölproduktion in 1986.

Weitere beachtliche Einsparmöglichkeiten sind vorhanden und können zu wirtschaftlichen Bedingungen genutzt werden. Durch den gegenwärtigen Ölpreisverfall ist der weitere Fortschritt in der Verbesserung der Energieeffizienz verlangsamt, aber nicht gestoppt worden. Die strukturellen Verbesserungen bleiben erhalten. Aber die Motivation der Verbraucher und Investoren ist heute nicht mehr so greifbar wie zu Zeiten höherer Ölpreise. Die IEA hat kürzlich eine Studie veröffentlicht[8], in der sie auf Möglichkeiten hinweist, wie einzelne Länder durch geeignete Maßnahmen gegebenenfalls weitere Anstöße geben können. Es gibt keine Patentrezepte, aber auch in Zeiten knapper Budgets kann unter anderem durch Information und Überzeugungsarbeit der Prozeß der weiteren rationellen Energienutzung erfolgreich begleitet werden. Im übrigen besteht bei der gegenwärtigen Entwicklung des Energie- und Ölverbrauchs keine Veranlassung, etwa mit massiven Subventionen nachzuhelfen.

Mit wirtschaftlichem Wachstum werden sich auf dem Weg strukturellen Wandels und durch Investitionen in modernere, energieeffizientere Technik weitere Einsparerfolge realisieren lassen. Auch im Haushaltbereich sind Anreize zu sparsamem Energieeinsatz vorhanden. Man sollte sich allerdings vor der Illusion hüten, die gelegentlich anklingt, daß nämlich durch verstärkte Energieeinsparung und Einsatz erneuerbarer Energien die Kernkraft etwa überflüssig würde. Die Bedeutung der Energieeinsparung ist unbestreitbar groß. Aber angesichts des trotz allem zu erwartenden Wachstums im Gesamtenergieverbrauch und des Ersatzbedarfs im Kraftwerkspark ist der Zubau erheblicher neuer Kapazitäten zur Elektrizitätserzeugung auf der Basis traditioneller Energieträger einschließlich der Kernkraft unumgänglich. Erneuerbare Energien werden erst im nächsten Jahrhundert einen wesentlichen Beitrag leisten können.

Freie Energiemärkte und Energiehandel

Die IEA-Länder haben alle eine marktwirtschaftliche Ordnung, die je nach politischen, wirtschaftlichen und sozialen Strukturen unterschiedlich ausgeprägt ist. Dies gilt auch für die Energiepolitik, wenngleich dort nirgends eine Laissez-faire-Politik betrieben wird. Aber es hat sich doch eine einheitliche Meinung herausgebildet, daß – bei allen Unterschieden im einzelnen – die Energiepreise die Marktpreise reflektieren sollten. Insofern sind Maßnahmen zu einer wie auch immer gearteten Stabilisierung der Preise, wie sie verschiedentlich vorgeschlagen wurden, äußerst problematisch. Dies gilt in besonderem Maße auch vom Vorschlag, eine Ölimportabgabe einzuführen oder ähnliche protektionistische Maßnahmen zu ergreifen. Es ist erfreulich, daß sich die amerikanische Regierung solchen Bestrebungen mit Nachdruck widersetzt. Angesichts der großen Bedeutung eines freien Energiehandels für die Sicherheit der Energieversorgung aller IEA-Länder ist auch der weitere Abbau von Handelsbeschränkungen wichtig. Jüngst sind unter anderem in Japan bei den Ölprodukten hierbei wichtige Fortschritte erzielt worden.

Bedeutung der Energieforschung

Die niedrigen Ölpreise wirken sich ungünstig auf die Energieforschung und insbesondere die Markteinführung neuer Energietechnologien aus, die unter gegenwärtigen Bedingungen nicht voll wettbewerbsfähig sind. Viele große Gesellschaften haben ihre Forschungsbudgets beträchtlich reduziert. Aber auch in vielen Staaten sind die Forschungsetats im Energiebereich aus Haushaltsgründen und wegen heute geringerer Prioritätseinstufung gekürzt worden. Demgegenüber werden gerade jetzt neue Technologien besonders benötigt, zum Beispiel für neue kostensenkende Explorations- und Produktionstechniken, für umweltschonende Energienutzung, für neue energieeffiziente Techniken in allen Sektoren und nicht zuletzt für erneuerbare Energien. Die IEA ist in über 70 Projekten aktiv an der internationalen Forschungskooperation und -koordination beteiligt.[9] Eine weitergehende internationale Zusammenarbeit und Kooperation zwischen staatlichen und privaten Forschungsbereichen erscheint unter den gegenwärtigen Bedingungen besonders wichtig.

Dabei sollten wir wiederum aus den Erfahrungen der Vergangenheit lernen. In der Phase drastisch steigender Energiepreise wurden zahlreiche teure Projekte in Angriff genommen, mit denen die Grundlagen für neue Technologie geschaffen wurden, bei denen jedoch die Ökonomie heute in Frage gestellt ist. Der Preisverfall in den vergangenen Jahren hat eine Neuorientierung notwendig gemacht. Viele, auch ökonomisch erfolgversprechende Forschungsarbeiten sind im Gange, und es besteht durchaus Hoffnung auf einen Durchbruch in verschiedenen Bereichen. Neue Entdeckungen, zum Beispiel im Bereich der Supraleitfähigkeit, kündigen Entwicklungen an, die weitreichende Folgen für Produktion, Transport und Anwendung von Energie haben können. In erster Linie ist hier die Eigeninitiative der Wirtschaft gefordert, und es eröffnet sich insoweit ein neues Feld für Wettbewerb zwischen den Industrien der verschiedenen Länder. Die Regierungen sollten - wie in anderen Bereichen auch - nur mit flankierenden Maßnahmen eingreifen.

Energie und Umweltschutz

Angesichts der Tatsache, daß Energieproduktion und Energieverbrauch erhebliche Umweltauswirkungen mit sich bringen, kommt den Fragen des Umweltschutzes zunehmende Bedeutung zu. Gerade bei der Elektrizitätserzeugung ist es eine unabweisbare Tatsache, daß alle verfügbaren Optionen die Umwelt belasten und gefährden. Mit der Verbrennung von Öl, Kohle und auch Erdgas sind Emissionen von Stickoxiden und Kohlendioxyd verbunden. Hinzu kommt bei Kohle und Öl die Belastung durch Schwefeldioxyd sowie bei Kohle durch Feststoffe. Mit der Wasserkraft sind Probleme bei der Raumordnung sowie gewisse ästhetische Nachteile verbunden. Die langfristigen Auswirkungen von Energieerzeugung und Energienutzung auf den Menschen, Fauna und Flora sowie unsere Biosphäre insgesamt sind bei weitem noch nicht erforscht. Aber das Problem ist erkannt, und Technologien zur möglichst weitgehenden Verhinderung oder zumindest Verringerung des Schadstoffausstoßes werden entwickelt. Ihre Anwendung erfordert jedoch einen erheblichen Investitionsaufwand, und Abhilfe wird nicht von heute auf morgen zu schaffen sein. Die Gefahren, die andererseits mit der Kernenergie verbunden sind, wurden durch Tschernobyl nur allzu offensichtlich; unsere Sicherheitsstandards sind hoch, aber auch sie bedürfen laufender Überprüfung und weiterer Verbesserung.

Gerade unter Umweltgesichtspunkten ist eines klar geworden: Umwelt-Risiken bestehen bei allen Optionen in der Energieerzeugung, und wir wissen noch nicht einmal, welches die langfristig größten Risiken sind. Deshalb dürfen wir auch aus Umweltschutzgründen auf keine Optionen verzichten, bei deren Wegfall letztlich andere Risiken unvertretbar steigen könnten.

Die in der IEA betriebene Politik der Diversifizierung der Energiequellen dient insoweit auch einer Verringerung der Umweltrisiken. Dabei müssen natürlich auf allen Gebieten die technischen und rechtlichen Normen beständig weiterentwickelt werden. Die IEA-Länder verstärken ihre Arbeit und Zusammenarbeit in diesem Bereich, um sicherzustellen, daß Energie- und Umweltgesichtspunkte in der Formulierung und Durchführung der jeweiligen Politiken gegenseitig ausreichend berücksichtigt werden. Wichtig ist in diesem Zusammenhang eine Politik, die die Belange von Energieversorgung und Umweltschutz ausreichend berücksichtigt, aber gleichzeitig wegen der Langfristigkeit der Planungszeiträume und der involvierten wirtschaftlichen Dimensionen vorhersehbar und stabil ist.

Beziehungen zu Drittstaaten

Die weltweite Dimension der ausreichenden, kostengünstigen Energieversorgung ist unübersehbar, da Entwicklungen und Entscheidungen auf dem Energiesektor in Entwicklungsländern und anderen Nicht-IEA-Mitgliedsländern sich ebenfalls auf die Gesamt-Energiesituation auswirken und zumindest in ihren Rückwirkungen für die IEA-Länder Bedeutung haben. Daher ist es wichtig, daß auch außerhalb der IEA-Länder eine verantwortliche Energiepolitik betrieben wird und insbesondere auf dem Gebiet der Energieerzeugung - einschließlich neuer und erneuerbarer Energien - und der rationellen Energienutzung alle nur möglichen Beiträge zur Verbesserung der Welt-Energiebilanz erbracht werden. Die Mitgliedsländer der IEA untersuchen regelmäßig den globalen Kontext für ihre Entscheidungen und verfolgen die Entwicklungen in den Ölexportländern, den Entwicklungsländern allgemein sowie den Staatshandelsländern. Kontakte zwischen den verschiedenen Ländern dienen dazu, Informationen über Entwicklungen auf dem Energiesektor zu sammeln und auszutauschen sowie das Verständnis der energiepolitischen Zusammenhänge insgesamt zu fördern. Solange jedoch wesentliche, außerhalb der IEA produzierende Förderländer der Philosophie und Praxis anhängen, man könne Märkte auf Dauer durch staatlich festgesetzte Preise und Produktionshöhen stabilisieren, wird es hier zu keiner Übereinstimmung mit den IEA-Ländern kommen. Ansatzpunkte für konstruktive Kontakte - über den Informationsbereich hinaus - scheinen mir etwa Gebiete wie Marktzugang und industrielle Kooperation zu sein.

Schluß

Das Internationale Energieprogramm als Basis der Zusammenarbeit der westlichen Industrieländer bei der Energieversorgung in der IEA entstand aus der ersten Erdölkrise von 1973. Die internationalen Ölmärkte haben sich seither wesentlich verändert. Die Nachfrage stieg nicht wie erwartet weiter an, sondern konnte wesentlich reduziert werden, die Zahl der Ölproduzenten wuchs - und damit sank die Marktmacht der OPEC. Neue Markt- und Handelsformen haben an Bedeutung gewonnen, wie zum Beispiel Spot- und Terminmärkte. Die Reaktionsgeschwindigkeit der Ölmärkte, die Interdependenz anderer Energiemärkte und die Fluktuation der Preise für alle Energien hat dadurch beträchtlich zugenommen. Auch wenn der Anteil des Ölverbrauchs am Gesamtenergieverbrauch beachtlich gesunken ist und weiter sinkt, so bleibt das Erdöl doch weiterhin unser wichtigster Energieträger. Wegen der zunehmenden Erschöpfung der eigenen Ölreserven wird unsere Abhängigkeit von importiertem Öl wieder ansteigen, wobei die OPEC mit ihrem großen Reservepotential ihren Marktanteil im Laufe der Zeit wieder erheblich ausweiten wird.

Bei allem Wandel hat sich somit an der Grundkonstellation unserer prinzipiellen Abhängigkeit von Ölimporten und der mittel- und langfristig zu erwartenden Verknappungstendenz nichts geändert. Dies dürfen wir nicht aus dem Auge verlieren, auch wenn gegenwärtig entspannte Märkte und gesunkene Preise dominieren. Die Welt-Ölreserven sind begrenzt, und vorzeitige politisch motivierte Verknappungen bleiben stets eine Möglichkeit, für die Vorsorge zu treffen ist. Unser Hauptanliegen bleibt die Erreichung und Erhaltung der größtmöglichen Sicherheit der Energieversorgung. Vorkehrungen gegen kurzfristige Versorgungsstörungen sind durch ausreichende Ölvorräte und geeignete Krisenmaßnahmen im Rahmen der Internationalen Energieagentur getroffen worden und werden ständig weiter verbessert. Auf längere Sicht ist die Sicherheit der Energieversorgung nur durch vielfältige und beständige Anstrengungen zur weiteren Verbesserung des effizienten Energieeinsatzes, zur Diversifizierung der Energiequellen und -importe, zur Möglichkeit des kurzfristigen Ersatzes verschiedener Energieträger sowie durch Forschung und Entwicklung im Bereich neuer umweltverträglicher Energieformen zu erreichen.

Hierbei können wir auf den Erfahrungen des letzten Jahrzehnts aufbauen. Internationale Zusammenarbeit wird auch für die Bewältigung der noch vor uns stehenden Aufgaben unerläßlich sein, und weiterhin wird es darum gehen, die richtige Balance zwischen den Kräften des Marktes, die das Geschehen auch auf dem Energiesektor in erster Linie bestimmen sollten, und strategischem Denken und Handeln der Regierungen zu finden. Wichtig ist daher vor allem, daß die Politik der Regierungen bei allen notwendigen Adjustierungen verläßlich bleibt.

Vor einer Illusion sollten wir uns allerdings hüten. Auch strategisches Denken und konsequente flankierende Maßnahmen der Regierungen werden sichere und stabile Märkte und Preise auf Dauer nicht gewährleisten können. Beständige Märkte und Preise hat es in der Vergangenheit nicht gegeben, wenn man von der Periode beständig explodierender Preise absieht; sie sind auch für die Zukunft nicht zu erwarten. Gemeinsame Aufgabe von Regierungen und Privatwirtschaft wird es sein, trotzdem weiterhin eine weltweite Energieversorgung sicherzustellen, die wirtschaftliches Wachstum und weiteren Wohlstand bei gleichzeitiger Schonung der Umwelt ermöglicht. Bei dieser Ausrichtung besteht kein Grund zur Besorgnis, daß eine dritte Energieversorgungskrise unausweichlich ist.

Anmerkungen

[1] vgl. Ulf Lantzke, The OECD and the International Energy Agency, 1975, Daedalus, 217ff.

[2] Belgien, Dänemark, Bundesrepublik Deutschland, Irland, Italien, Japan, Kanada, Luxemburg, Niederlande, Österreich, Schweden, Schweiz, Spanien, Türkei, Vereinigtes Königreich von Großbritannien und Vereinigte Staaten von Amerika; Frankreich, das noch bei der vorbereitenden Konferenz in Washington mitgewirkt hatte, unterzeichnete nicht. Später traten dem Übereinkommen Neuseeland, Norwegen

(aufgrund eines Sonderabkommens), Griechenland, Australien und Portugal bei; die IEA umfaßt heute 21 Mitgliedsländer.

3 Die Ergebnisse der jüngsten Runde der Länderprüfungen sind veröffentlicht als: Energy Policies and Programmes of IEA Countries - 1986 Review, IEA/OECD, Paris 1987.

4 Der monatliche Marktbericht »IEA Oil Market Report« wird seit 1983 veröffentlich.

5 Die Krise von 1979/80 erreichte nicht die vertraglich vorgesehene Auslösungs-Schwelle.

6 Vgl. International Energy Agency, Renewable Sources of Energy, OECD, Paris 1987

7 Verhältnis von Primärenergieverbrauch und Wirtschaftswachstum

8 International Energy Agency, Energy Conservation in IEA countries, OECD, Paris 1987

9 Vgl. International Energy Agency, A Ten-Year Review of Collaboration in Energy RD&D, 1976-1986, OECD, Paris 1987.

Wirtschaftspolitik für den Dienstleistungssektor: die neue Frage der Wirtschaftspolitik

Ulrich Steger

„Die komplexeren Infrastruktur- und Standortvoraussetzungen für (unternehmensbezogene) Dienstleistungen lassen zwei neue Schwerpunkte erkennen: Einmal spielen die ›sanften Standortfaktoren‹ (Wohn- und Umweltqualität, Bildungs-, Kultur- und Freizeitangebote) eine erheblich größere Rolle, zum anderen die Verfügbarkeit von Informationen ... Ohne eine Reform der Regionalpolitik ... wird die Konzentration auf die wirtschaftsstarken Agglomerationsräume in der Bundesrepublik (insbesondere im südlichen Teil) noch zunehmen."

Wer den Wirtschaftsteil von bundesdeutschen Zeitungen gründlich liest, kann schnell zum Experten für Agrarwirtschaft, Kohle, Stahl und Schiffbau werden. Denn es sind die schrumpfenden Sektoren, die die wirtschaftspolitische Diskussion bestimmen. Die »ökonomische Theorie der Politik« erklärt sehr plausibel, warum diese Gruppen meist gut organisiert sind und sich öffentliches Gehör verschaffen: Ihre Existenz und ihr Einkommen wird nicht mehr durch Marktbedingungen (allein) bestimmt, sondern durch politische Entscheidungen. Daher ist es lohnend, durch öffentlichen Druck und Einbringen von Wählerstimmen diese politischen Entscheidungen zu beeinflussen. Prosperierende Sektoren - wie der größte Teil des Dienstleistungssektors - nehmen dagegen seltener auf die Politik Einfluß; die Kosten des politischen Engagements stehen in keinem Verhältnis zum möglichen Gewinn, zudem ist man froh, wenn sich der Staat heraushält. Deshalb ist staatliche Strukturpolitik in einer pluralistischen Gesellschaft vorwiegend auf schrumpfende Sektoren konzentriert und - um die Opfer des Strukturwandels zu begrenzen - eher strukturkonservierend.

Wirtschaftspolitische Diskussion mit falschen Fragestellungen

Bei etwas mehr Aufmerksamkeit findet man auch etliches über neue Technologien und ihre Folgen in den Zeitungen, und einige Politiker treibt dabei die Angst um, ein »Verschlafen« der neuen Technologien führe dazu, daß die internationale Wettbewerbsfähigkeit der Bundesrepublik verloren gehe. Tatsächlich dürften aber eher unsere Handelsbilanzüberschüsse ein Problem sein. Und überraschenderweise sieht niemand unsere Wettbewerbsfähigkeit dadurch gefährdet, daß wir der größte Dienstleistungsimporteur der Welt sind - obwohl heute im Dienstleistungssektor mehr Beschäftigte als im Industriesektor gezählt werden. Trotzdem sind »Dienstleistungen« bestenfalls ein nachgeordnetes Thema der öffentlichen Berichterstattung.

Der größte Strukturwandel unserer Wirtschaft - vom Industriesektor zum Dienstleistungsbereich - fand also eher schleichend, jenseits der öffentlichen Aufmerksamkeit statt. Die Gründe dafür sind vielfältig: Die Stetigkeit der Entwicklung über 20 bis 30 Jahre hinweg lud wenig zu spektakulärer Berichterstattung oder gar polarisierenden politischen Aktionen ein. Zum anderen ist der Dienstleistungssektor ungeheuer heterogen. Während man den Begriff der »Industrie« noch als plausible Abstraktion verstehen kann, da alle Branchen gemeinsame Merkmale aufweisen, ist der Tertiärsektor eher eine Residualgröße, ein Sammelsurium höchst unterschiedlicher ökonomischer Aktivitäten - von der Deutschen Bank bis zum Friseurgeschäft, vom Gesundheitswesen bis zum Transportgewerbe reicht die Vielfalt der Palette. Ihre einzige Gemeinsamkeit besteht darin, daß sie *nicht* Güter industriell herstellen oder land- und forstwirtschaftlich erzeugen.

Positiv gewendet: Man kann über den Dienstleistungssektor nur dann sinnvoll reden, wenn man im einzelnen mindestens unterscheidet:

- zwischen öffentlichem und privatem Dienstleistungssektor, weil sie durch unterschiedliche Strukturfaktoren und Entscheidungskriterien in ihrer Entwicklung bestimmt werden, und
- zwischen haushalts- und produktionsbezogenen Dienstleistungen, weil sie - bei aller Schwierigkeit der statistischen Abgrenzung im einzelnen - unterschiedliche Aspekte volkswirtschaftlicher Arbeitsteilung auf unterschiedlichen Entwicklungsstufen repräsentieren. Dabei treten zwei Probleme auf: Für den Haushaltsbereich die Produktion von Dienstleistungs*produkten* (zum Beispiel für Do-it-yourself), die Dienstleistungs*funktionen* ersetzen und die das sich historisch wandelnde Verhältnis von (statistisch nicht erfaßter) Eigenproduktion der Haushalte zu (BSP-relevanten) Dienstleistungen bestimmen. Zum anderen findet eine »Tertiärisierung« des Produktionssektors statt, das heißt, auch im Industriebereich nimmt der Anteil informationeller, dispositiver und distributiver Tätigkeiten zu, ohne daß dies in den traditionellen Statistiken erfaßt wird.

Im folgenden soll die Entwicklung daher kurz empirisch nachgezeichnet und die Frage diskutiert werden, ob die Bundesrepublik im internationalen Vergleich eine »Unterentwicklung« im Dienstleistungsbereich aufweist. Anschließend werden kurz die theoretischen Implikationen für die Wirtschaftspolitik skizziert und an einem unbestrittenen und besonders informativen Beispiel staatlicher Aufgaben - der Infrastrukturpolitik (im weiteren Sinne) - gezeigt, wie sich wirtschaftspolitisches Handeln verändern muß, um die Infrastrukturerfordernisse einer Dienstleistungswirtschaft und ihre Standortvoraussetzungen zu schaffen und mit den sich daraus ergebenden regionalpolitischen Konsequenzen fertig zu werden. Auf eine umfassendere Diskussion einzelner Branchen-Entwicklungen - etwa im Finanzwesen - und Spezialfragen muß hier, allein aus Platzgründen, verzichtet werden.

Die Entwicklung des Dienstleistungssektors – empirische Beobachtungen und theoretische Interpretationen

Die Drei-Sektoren-Hypothese in der Bundesrepublik

Ein Blick auf die Tabelle 1 zeigt, daß die Drei-Sektoren-Hypothese von Fourastié auch für die Nachkriegsentwicklung zutrifft - der Primärsektor schrumpft, aber auch der sekundäre Sektor hat seinen Höhepunkt überschritten. Nur der Dienstleistungssektor steigert seine Anteile kontinuierlich weiter. Wie heterogen aber dabei die Entwicklung innerhalb des Dienstleistungssektors selbst ist, zeigen die Tabellen 2 und 3, wobei die letztere auf einer noch unveröffentlichten Untersuchung der Hessischen Landesentwicklungs- und Treuhand-Gesellschaft beruht und in dieser Tiefengliederung leider nur für Hessen zur Verfügung steht. Die »Gewinner« waren eindeutig die »sonstigen Dienstleistungen«, insbesondere dort die Beratungsberufe, das Gesundheitswesen und der Bereich Gaststätten und Beherbergungen sowie die Organisationen ohne Erwerbscharakter, Staat und Sozialversicherungen, das Kreditgewerbe und die Wohnungsvermietung, während Handel und Verkehr geringfügig abnahmen bzw. stagnierten (wobei noch auffällt, daß der Luftfahrtsektor stark expandierte, was aber in dieser Größenordnung auf den Ausbau des Frankfurter Flughafens zurückzuführen ist).

Tabelle 1 Beiträge der drei Wirtschaftssektoren zum Bruttoinlandsprodukt (BIP) und Anteile an den Erwerbstätigen in der Bundesrepublik Deutschland, ausgewählte Jahre (in v. H.)

Jahr	primärer Sektor[b]		sekundärer Sektor[c]		tertiärer Sektor[d]	
	Beitrag zum BIP	Anteil an den Erwerbs-tätigen	Beitrag zum BIP	Anteil an den Erwerbs-tätigen	Beitrag zum BIP	Anteil an den Erwerbs-tätigen
	(1)	(2)	(3)	(4)	(5)	(6)
1950[a]	9,6	22,1	50,8	44,7	39,6	33,2
1960	5,8	13,7	53,2	48,0	41,0	33,3
1970	3,4	8,5	51,6	48,9	45,0	42,6
1980	2,1	5,5	44,5	44,1	53,4	50,4
1985	2,2	5,5	42,7	41,0	55,1	53,5

Anm.: [a] Ohne Saarland und Berlin (West)
[b] Land- und Forstwirtschaft, Fischerei, Tierhaltung
[c] Bergbau, Verarbeitendes Gewerbe, Baugewerbe, Energiewirtschaft
[d] Verkehr und Nachrichtenübermittlung, Handel, Kreditinstitute und Versicherungen, Wohnungsvermietung, Staat, sonstige Dienstleistungen

Quelle: Statistisches Bundesamt, Statistisches Jahrbuch 1986

Tabelle 2 Bruttowertschöpfung des tertiären Sektors im Bund nach Wirtschaftsbereichen
(Anteile an der Bruttowertschöpfung insgesamt in Prozent)

	Ter-tiärer Sektor insges.	Handel	Verkehr u. Nach-richten-übermitt-lung	Kredit- u. Vers.-Gewerbe	Wohnungs-ver-mietung	Sonst. Dienstl.	Staat, priv. M. Org. o. Erw. Char.
1970	44,9	10,1	5,9	3,3	5,3	9,1	11,2
1975	51,5	9,8	6,0	4,6	6,1	10,7	14,3
1980	53,4	9,8	6,0	4,7	6,1	12,8	14,0
1982	55,4	9,6	6,0	5,6	6,5	13,5	14,2
1984	55,9	9,8	5,9	5,8	6,9	13,7	13,8
1985	55,6	15,4		26,5			13,7

Quelle: Jahresbericht 1986 des hess. Ministers für Wirtschaft u. Technik

Tabelle 3 Sozialversicherungspflichtig Beschäftigte im Tertiären Sektor in Hessen

Wirtschaftszweig	II/1974	II/1980	II/1982	II/1984	II/1985	Veränderung II/1985 zu II/1974 absolut	Veränderung II/1985 zu II/1974 in %
Handel	272 638	281 365	272 106	265 595	268 604	– 4 034	– 1,5
Verkehr, Nachrichten-Übermittlung	112 580	114 162	114 528	111 909	117 336	+ 4 756	+ 4,2
– Eisenbahnen	25 121	19 090	18 746	16 702	16 154	– 8 967	– 35,7
– Deutsche Bundespost	26 362	24 568	26 072	23 592	26 489	+ 127	+ 0,5
– Straßenverkehr	19 099	20 706	20 374	20 773	21 443	+ 2 344	+ 12,3
– Schiffahrt	} 41 998	684	776	763	600	} +11 252	+ 26,8
– Luftfahrt u. sonst.		18 644	19 031	18 957	19 165		
Verkehr		30 470	29 529	31 122	33 485		
Kreditinstitute, Versicherungsgewerbe	86 867	93 356	93 400	97 376	99 122	+ 12 255	+ 14,1
– Kredit- u. Finanzierungsinstitute	–	70 064	70 824	74 376	76 350	–	–
– Versicherungsgewerbe	–	23 292	22 576	23 177	22 772	–	–
Dienstleistungen, soweit anderweitig nicht genannt	284 710	339 870	344 702	357 491	367 636	+ 82 926	+ 29,1
– Gaststätten und Beherbergung	32 579	40 070	41 179	42 751	43 984	+ 11 405	+ 35,0
– Reinigung, Körperpflege	26 544	26 435	27 334	26 896	27 015	+ 472	+ 1,8
– Wissenschaft, Kunst, Publizistik	62 372	71 599	67 954	69 357	70 098	+ 7 726	+ 12,4
– Gesundheits-, Veterinärwesen	73 277	95 244	99 419	103 407	105 799	+ 35 522	+ 44,4
– Rechts- und Wirtschaftsberatung	16 359	21 096	22 505	24 408	26 160	+ 9 801	+ 59,9
– Sonstige Dienstleistungen	73 579	85 426	86 311	90 672	94 579	+ 21 000	+ 28,5
Organisat. o. Erwerbscharakter, priv. Haush.	34 332	38 420	38 290	40 839	42 416	+ 8 084	+ 23,5
Gebietskörperschaften, Sozialversicherung	119 995	127 483	124 555	130 219	132 754	+ 12 759	+ 10,6
– Gebietskörperschaften	108 861	115 268	112 342	117 754	119 764	+ 10 903	+ 10,0
– Sozialversicherung	11 134	12 215	12 213	12 465	12 990	+ 1 856	+ 16,7
Tertiärer Sektor insgesamt	911 122	994 656	987 581	1 003 429	1 027 568	+116 746	+ 12,8
Nachrichtlich: Alle Wirtschaftszweige	1 945 242	1 969 529	1 891 090	1 849 681	1 916 146	– 29 096	– 1,5

Quelle: Landesarbeitsamt Hessen; eigene Berechnungen der HLT

Die Ursachen für diesen Prozeß sind vielfältig:

- im Bereich produktionsbezogener Dienstleistungen spiegelt dies die gestiegene Komplexität einer sich entwickelnden Wirtschaft wider, die zu einer vertieften Arbeitsteilung und der Auslagerung bestimmter Spezialfunktionen führt,
- im Haushaltsbereich führt die steigende Erwerbstätigkeit der Frauen zu einer steigenden Nachfrage nach Dienstleistungen (zum Beispiel Wäschereien, Gaststätten), die die frühere Eigenproduktion der Haushalte ersetzt,
- durch unterschiedliche Preis- und Einkommenselastizitäten sowie Produktivitätstrends ist die Preissteigerungsrate im Dienstleistungsbereich überdurchschnittlich, so daß die übliche Deflationierungsmethode die »mengenmäßige« Entwicklung überzeichnet. Dem steht aber gegenüber, daß die sich rapide entwickelnde Schattenwirtschaft in der Bundesrepublik sich vornehmlich auf den Dienstleistungsbereich konzentriert.

Strittig in der ökonomischen Interpretation ist lediglich, ob die Bundesrepublik trotz des steigenden Dienstleistungsanteils nicht relativ - verglichen mit den anderen entwickelten Industriestaaten - hinter diesen zurückgeblieben ist.

Die Bundesrepublik – ein Dienstleistungsentwicklungsland?

Das statistische Material zu dieser Frage ist spärlich, oft veraltet, und die Abgrenzungen der Sektoren sind oft nur begrenzt vergleichbar. Die Tabelle 4 - basierend auf einer Untersuchung des Ifo-Instituts für die EG-Kommission - zeigt, daß, bezogen auf die Brutto-Wertschöpfung, faktisch nur gegenüber den USA, vielleicht noch gegenüber Japan, ein »Defizit« besteht.

In den Beschäftigtenzahlen hinkt die Bundesrepublik dagegen deutlich hinter den USA, Frankreich und Großbritannien her. Tabelle 5 zeigt dafür die simple Ursache: Das Produktivitätswachstum in diesen Ländern ist im Dienstleistungssektor sehr gering, das heißt, aus Gründen mangelnder Effektivität wird eine relativ höhere Anzahl von Beschäftigten für den Dienstleistungssektor benötigt.

Tabelle 4 Prozentanteil des Dienstleistungssektors am Bruttoinlandsprodukt (BIP) und der Beschäftigung

		BIP (laufende Preise)	BIP (konstante Preise)	Zivile Beschäftigung
BR Deutschland	1973	464	476	454
(Preisbasis 1980)	1979	505	509	500
	1984	543	534	532
Frankreich	1973	494	483	530
(Preisbasis 1970)	1979	535	505	566
	1984	571	522	607
Großbritannien	1973	513	485	563
(Preisbasis 1980)	1979	514	501	601
	1984	545	532	657
Italien	1973	507	502	457
(Preisbasis 1970)	1979	517	515	498
	1984	563	535	555
USA	1973	625	613	653
(Preisbasis 1975)	1979	639	637	675
	1983	673	663	709
Japan	1973	527	543	468
(Preisbasis 1980)	1979	580	570	518
	1984	595	578	542

Quelle: Ockel, W., u. Wegner, M., The Roles and Determinants of Services in Europe, FAST-Occasional papers No. 132 (noch nicht veröffentlicht).

Niemand wird ernsthaft empfehlen wollen, bei uns die Arbeitsproduktivität zu senken, um so einen höheren Beschäftigungsanteil im Dienstleistungsbereich zu erhalten. Aber es zeigt deutlich, daß der Dienstleistungssektor nicht mehr »automatisch« die im Industriesektor freigesetzten Arbeitskräfte aufnimmt und es von daher unrealistisch ist anzunehmen, durch einen Ausbau des Dienstleistungssektors ließe sich die Arbeitslosigkeit beseitigen.

Interessant ist die Aufstellung in Tabelle 6. Selbst unter dem Vorbehalt der unterschiedlichen Produktivitäten wird im Vergleich

Tabelle 5 Reales Bruttoinlandsprodukt, Beschäftigung und Arbeitsproduktion im Dienstleistungssektor 1960–1984 (jährliche Wachstumsrate in Prozent)

	1960–68	1968–73	1973–79	1979–84	1960–73	1973–84
	Wertschöpfung (real)					
USA	4,6	3,6	3,3	2,4	4,1	2,9
Japan	10,5	7,1	4,4	3,2	9,2	3,9
EG	4,4	4,8	3,1	1,8	4,6	2,5
BRD	4,0	4,8	3,1	2,8	4,3	3,0
Frankreich	5,0	5,7	3,8	1,4	5,3	2,8
Großbritannien	2,8	3,2	1,7	1,5	3,0	1,6
	Zivile Beschäftigung					
USA	2,5	3,4	3,2	2,2	2,8	2,7
Japan	2,8	2,4	2,2	1,9	2,6	2,2
EG	1,7	1,9	1,7	1,3	1,8	1,5
BRD	1,0	1,7	1,1	0,7	1,3	0,9
Frankreich	2,5	2,6	2,2	1,1	2,5	1,7
Großbritannien	1,3	1,5	1,4	0,8	1,4	1,1
	Wertschöpfung real pro Beschäftigte					
USA	2,0	0,3	0,2	0,3	1,3	0,3
Japan	7,5	4,4	2,2	1,3	6,3	1,8
EG	2,8	2,9	1,5	0,5	2,8	1,0
BRD	2,9	3,1	2,0	2.1	3,0	2,1
Frankreich	2,4	3,1	1,7	0,4	2,8	1,1
Großbritannien	1,6	1,8	0,4	0,7	1,7	0,5

Quelle: Ockel, W., u. Wegner, M., a.a.O.

USA–Bundesrepublik deutlich, daß die Bundesrepublik gegenüber den USA im Bereich Human-Dienste (Gesundheit, soziale Dienste, Bildung) und kommerzielle Dienste geringere Beschäftigungszahlen aufweist, bei den kommunalen Diensten dagegen höhere. Wie sind diese Zahlen zu interpretieren?

Die Hauptunterschiede zwischen den USA und der Bundesrepublik im Bereich der kommerziellen Dienstleistungen - sowohl was

Tabelle 6 Struktur der Beschäftigung in der Bundesrepublik Deutschland, den USA, Großbritannien und Schweden (nach Tätigkeiten in Prozent der Beschäftigung)

	Anfang der 60er Jahre				Anfang der 70er Jahre				Anfang der 80er Jahre			
	BRD 1961	USA 1962	GB 1961	S 1964	BRD 1970	USA 1972	GB 1971	S 1973	BRD 1982	USA 1983	GB 1981	S 1983
Landwirtschaft	13,6	7,5	3,5	12,4	7,7	4,4	2,7	7,1	5,1	3,5	1,7	5,4
Güterproduktion	47,6	33,2	46,2	40,8	49,0	31,5	43,3	36,1	43,6	26,8	35,2	29,0
Kommunale Dienste	11,8	11,9	14,6	9,2	12,4	12,1	14,2	10,5	15,0	11,6	14,5	11,7
Kommerzielle Dienste	9,3	11,1	10,3	10,9	11,0	12,9	12,1	14,8	12,8	16,7	16,8	17,4
Konsumenten Dienste	11,1	21,6	16,1	13,7	12,1	21,5	15,8	12,6	12,4	22,4	16,8	10,9
Haushaltsdienste	1,3	4,0	1,6	1,7	0,0	2,1	1,0	1,1	0,3	1,2	0,0	0,1
Human-Dienste	5,4	10,7	7,8	11,2	7,4	15,6	10,9	17,8	10,7	17,8	15,0	25,5
Gesundheit	2,3	1,3	9,3	4,4	3,1	6,2	4,2	7,5	4,9	7,8	5,8	10,1
Soziale Dienste	1,1	1,0	0,7	2,6	1,2	1,3	0,9	4,6	1,3	2,2	2,2	7,8
Bildung	2,0	5,4	3,8	4,2	3,0	8,1	5,8	5,7	4,6	7,8	7,0	7,7

Quelle: Martin Rein, Women in the Social Welfare Labor Market, Discussion Papers, Wissenschaftszentrum Berlin, IIM/CMP 85-18, Berlin 1986.

die Bruttowertschöpfung als auch die Beschäftigten betrifft - liegen im Bereich des Handels und der Finanzdienstleistungen (einschließlich Versicherungen, Beratungen und Grundstücksvermittlungen). Beim Handel ist es plausibel, die straff organisierte, meist einstufige Handelsorganisation der Bundesrepublik für effizienter zu halten als das wesentlich unübersichtlichere amerikanische Handelssystem. Bei den Finanzdienstleistungen ist zum Beispiel auf die unterschiedlichen Alterssicherungssysteme hinzuweisen.

Sicherlich spielt hier auch eine Rolle, daß in der Bundesrepublik der Anteil der selbsterstellten Dienstleistungen im sekundären Sektor größer ist als in den USA. Über die ökonomische Effizienz der darin sichtbaren Differenzen im Unternehmensverhalten ist damit aber noch nichts gesagt. Schließlich wäre - angesichts des riesigen Handelsbilanz-Defizits der USA - auch die Frage zu stellen, ob der De-Industrialisierungsprozeß - schon rein statistisch komplementär zu dem wachsenden Dienstleistungsanteil in den USA - nicht zu weit gegangen ist.

Die bisherigen Beispiele stärken aber mein zentrales Argument: Aus den internationalen Vergleichen kann nicht - wie es oft vorschnell getan wird - eine bestimmte Dienstleistungsquote einer Volkswirtschaft als »Zielgröße« abgeleitet werden. Vielmehr ist die Entwicklung von Industrie- und Dienstleistungssektor komplementär. Die konkrete »Aufteilung« in einzelnen Volkswirtschaften der westlichen Industrieländer hängt ab von den Nachfragestrukturen und -präferenzen (zum Beispiel Eßgewohnheiten), Unternehmerverhalten (zum Beispiel Entscheidung für oder gegen Fremdbezug), politischen Entscheidungen (die Größe des öffentlichen »Korridors«) und historischen Entwicklungen (in der Bundesrepublik wächst zum Beispiel erst jetzt eine »Generation von Erben« heran, die einen Bedarf an Finanzdienstleistungen haben).

Vielmehr wird es darauf ankommen, dem Dienstleistungssektor in der Wirtschaftstheorie und - daraus abgeleitet - in der Wirtschaftspolitik einen gleichberechtigten Platz einräumen.

Plädoyer für einen Paradigmenwechsel in der Wirtschaftspolitik

Die einleitend diskutierte Vernachlässigung des Dienstleistungssektors hat in der ökonomischen Theorie Tradition. Am Anfang stand Quesnays »Tableau économique« mit Privilegierung der Grundbesitzer (Landwirte und Bergarbeiter) als »produktiver Klasse«, die gegenüber der »sterilen Klasse« der Händler und Manufakturisten begünstigt werden sollte. Wohl selten ist eine wirtschaftspolitische Empfehlung so lange und so intensiv befolgt worden, wie ein Blick in jeden öffentlichen Haushalt zeigt.

Die Klassiker - am prominentesten wohl Karl Marx - befreiten die Industrie von diesem Stigma. Dienstleistungen waren dagegen nach wie vor nur Umverteilung vorher geschaffener Werte. Industrie war der eigentliche Motor der wirtschaftlichen Entwicklung. Dieses Paradigma dominiert heute noch und beeinflußt noch heute das ökonomische Denken - nicht nur auf der Makroebene. Auch Preis- und Kostentheorie der Betriebswirtschaft sind an industriellen Gegebenheiten orientiert. Und die schwierige Diskussion um die »Nachfragemacht« im Handel zeigt beispielhaft, welche Probleme entstehen, wenn die Konzentrationsprozesse im Dienstleistungsbereich mit den Kategorien und Kriterien aus der Industrie gemessen und justiziabel entschieden werden sollen.

Am deutlichsten zeigt sich dies Paradigma der industriellen Entwicklung in der Regionalpolitik. Dort gelten - von geringfügigen Ausnahmen abgesehen - nur Industrie-Arbeitsplätze als förderfähig.

Solange die wirtschaftliche Entwicklung der Bundesrepublik noch extensiv verlief, machte es Sinn zu versuchen, die Wachstumsüberschüsse aus den industriellen Ballungsgebieten in die vorwiegend ländlichen Regionen umzulenken. Spätestens seit der ersten Ölpreiskrise - seitdem sinken die Beschäftigungszahlen im sekundären Sektor - wird diese Politik zu einem Null-Summen-Spiel. Es sind nicht nur die spektakulären Verlagerungsfälle, die darauf hinweisen, daß oft mit hohem öffentlichen Einsatz nur Arbeitsplätze umverteilt werden, zumal mangels einer wissenschaftlich-technischen Infrastruktur in diesen Regionen oft nur »verlängerte Werkbänke« entstehen, die beim nächsten Konjunkturabschwung ebenso schnell wieder verschwinden, wie sie gekommen sind. Ob die kürzlich vorgenommenen Modifikationen im Förderungsinstrumentarium ausreichen, diesen Trend zu brechen, wage ich zu bezweifeln.

Hinzu kommt, daß die seit Mitte der 70er Jahre aufgenommenen traditionellen Industrieregionen eher überdurchschnittliche Anteile von Beschäftigten im sekundären Sektor aufweisen und die wachstumsschwache *Struktur* ihrer Industrie das eigentliche Problem ist, dem mit den Regeln einer in der Region global wirkenden, industrieorientierten Regionalpolitik nicht beizukommen ist.

Zudem zeigt sich, daß in *allen* strukturschwachen Regionen - sowohl in den eher ländlichen als den altindustriellen Problemgebieten - der Dienstleistungsanteil unterdurchschnittlich ist. Dies gilt insbesondere für die unternehmensbezogenen Dienstleistungen und die Ausstattung der Region mit wissenschaftlich-technischer Infrastruktur, etwa Forschungs- und qualifizierte Ausbildungseinrichtungen. Softwarehäuser, Wartungs- und Serviceeinrichtungen oder Beratungsberufe sind neben der »Wissensproduktion« wichtige Standortvoraussetzungen für die Nutzung neuer Technologien, die für die Wettbewerbsfähigkeit der regionalen Wirtschaft entscheidend ist.

Die notwendige Reform der Regionalpolitik muß auf die Mobilisierung des endogenen Entwicklungspotentials zielen und kann dabei den Dienstleistungssektor nicht länger vernachlässigen. Dies muß und darf nicht zu einer Ausweitung der finanziellen Regionalförderung führen. Eine Begrenzung zum Beispiel auf die Beseitigung von Standortnachteilen der ortsansässigen, mittelständischen Betriebe würde vermutlich mehr Mittel freimachen, als für die Förderung von unternehmensbezogenen, innovativen Dienstleistungen benötigt würden, zumal weniger die klassische Investitionsförderung notwendig ist als vielmehr die Förderung von Existenzgründungen durch Risikobeteiligung bei Anlaufverlusten.

Dieses Beispiel der Regionalpolitik zeigt, wie sich das Paradigma unserer Wirtschaftspolitik verändern muß: von der Dominanz der Industrie zu einer Strategie der »balancierten Entwicklung« (eine bessere Übersetzung des angelsächsischen Begriffes des »balanced growth« ist mir nicht zur Hand), einer Strategie, die die Komplementarität von Industrie- und Dienstleistungssektor zum zentralen Ansatzpunkt macht, die anerkennt, daß Angebot und Nachfrage nach Dienstleistungen ökonomisch gleichwertig und eigenständig sind, die aber zugleich ein Überschießen in Richtung »service-economy« vermeidet.

Nur wenn dieser Paradigmenwechsel gelingt, kann auch die bisherige Konzentration auf einzelne Sektorenprobleme abgelöst werden und wird politisch der Weg frei für innovativere und zukunftsorientiertere regionale und sektorale Strategien. Von der theoretischen Bewältigung her ist dies eine Aufgabe, die mit der notwendigen Einbeziehung der ökologischen Dimension in das ökonomische Kalkül verglichen werden kann.

Die Auswirkungen dieses Paradigmenwechsels sollen an einem klassischen staatlichen Handlungsfeld - der Infrastrukturpolitik im weiteren Sinne - für die unternehmensbezogenen Dienstleistungen analysiert und illustriert werden.

Infrastruktur- und Standortvoraussetzungen für unternehmensbezogene Dienstleistungen

Neue Anforderungen an die Infrastruktur

Der Ausbau der wirtschaftsnahen Infrastruktur orientiert sich – wenn auch abgeschwächt – noch immer an den Kriterien eines extensiven Industriewachstums. Noch immer werden »Gewerbegebiete« neu ausgewiesen, obwohl schon viele Flächen zur »Industriebrache« geworden sind. Und manche Projekte der Verkehrsinfrastruktur basieren noch implizit auf der Annahme steigenden Transports von Massengütern. Dabei ist auch in der Industrie »high-value« statt »high-volume« angesagt, das heißt, die Wertschöpfung nicht nur pro Arbeitsstunde, sondern auch pro Quadratmeter Betriebsfläche und Kilogramm-Ausstoß wird höher, und nicht so sehr die Mengen als die komplexen Handhabungsvoraussetzungen werden zum Beispiel im Verkehrswesen wachsen (etwa bei »Gefahrguttransporten«).

Erste empirische Untersuchungen zeigen, daß die Standort- und Infrastrukturerfordernisse der unternehmensbezogenen Dienstleistungen zum Teil denen der Industrie ähneln. Das Vorhandensein von qualifizierten Mitarbeitern, die Verkehrsanbindung, die Kundennähe und -orientierung sind durchaus mit den Standortvoraussetzungen der Industrie zu vergleichen. Stärker noch als die Industrie scheint die Tendenz zur Agglomeration, das heißt der Bedarf an »Fühlung« und die Nutzung ihrer Vorteile, zu sein. Dies gilt nicht nur für so traditionelle Beispiele wie den Bankenplatz Frankfurt (der sich auch erst nach dem Krieg gebildet hat), sondern auch für völlig neue Zweige wie etwa Software-Häuser: Von den 20 größten Unternehmungen dieser Branche sitzen mehr als drei Viertel in den drei Regionen Rhein-Main, München und Düsseldorf, und dies ist erheblich mehr, als es dem Absatzpotential dieser Regionen entspricht.

Damit ist aber auch ein Indiz dafür gegeben, daß die regionalen Ungleichgewichte in der Bundesrepublik sich eher noch durch die weitere Entwicklung des (unternehmensbezogenen) Dienstleistungssektors verschärfen können, vor allem weil die Nähe dieser Art von Dienstleistungen wieder eine wichtige Standortvoraussetzung für zukunftsträchtige Wachstumsindustrien wird.

Aber anders als bei Industriegrundstücken spielt die »Repräsentativität« des Büros und des Bürositzes eine erhebliche Rolle bei den Dienstleistungen, das heißt, es wird Wert auf eine »angemessene« Umgebung gelegt, gleichsam als »Visitenkarte« für das Unternehmen. Ich fasse dies unter dem Begriff der »sanften Standort-Faktoren« zusammen, die bei Dienstleistungen eine erheblich größere Rolle spielen als in der Industrie.

Sie lassen sich in drei Bereiche untergliedern: Erstens das Stadtbild, die Wohnungs- und Umweltsituation, zweitens der Bereich der Bildungs- und Kulturangebote und drittens der Freizeitwert im engeren Sinne (also für Sport und Erholung). Daß diese Faktoren bei der Ansiedlung von unternehmensorientierten Dienstleistungen eine größere Rolle spielen als bei der Industrie, liegt weniger daran, daß in diesen Sektoren andere »Typen« mit anderen Wertorientierungen und Lebenshaltungen arbeiten, als eher daran, daß in diesem Bereich der Anteil der hochqualifizierten Arbeitskräfte mit entsprechendem Einkommen und daraus resultierendem Konsum- und Freizeitverhalten überdurchschnittlich groß ist (deswegen gilt die Bedeutung dieser Faktoren nicht nur für die unternehmensbezogenen Dienstleistungen, sondern auch für Verwaltungssitze von Behörden und Unternehmen oder Forschungseinrichtungen, also auch für den Prozeß, der als die »Tertiärisierung« des Industriesektors bezeichnet wird).

Wachsende Bedeutung der Informationsverfügbarkeit

Strategisch noch entscheidender als diese komplexeren und differenzierteren Standort- und Infrastrukturvoraussetzungen ist aber die Informationsgewinnung, -verarbeitung und -verteilung. Denn das Wachstum von unternehmensbezogenen Dienstleistungen ist untrennbar verbunden mit der Verbilligung der Generierung und Behandlung von Informationen, wie sie durch die drastischen relativen und absoluten Preissenkungen bei der Anwendung der Mikroelektronik und dem dadurch ausgelösten Zusammenwachsen von Büro-, Nachrichten- und Datenverarbeitungstechnik (Telematik) ermöglicht wurde. Dies gilt für die wachsenden Dienstleistungsbereiche, die direkt mit der Datenverarbeitung verbunden sind (wie Software-

Häuser oder Wartungs- und Service-Werkstätten), über das gesamte Bank- und Finanzwesen bis zu der Auslagerung von Funktionen aus den Unternehmen heraus (etwa der Buchführung an externe Büros). Man kann also ohne unzulässige Vereinfachung sagen, daß Verfügbarkeit von Informationen der entscheidende Faktor für die Entwicklung der unternehmensbezogenen Dienstleistungen sein wird.

Staatliche Wirtschaftspolitik greift dabei weniger in den (unternehmensbezogenen) Prozeß der Informationsverarbeitung ein, hier gelten eher allgemeine Rahmenbedingungen wie Datenschutz oder Schutz des geistigen Eigentums, und es ist schon unglaublich schwierig, diese Rechtsmaterie dem raschen Fortschritt der Technologie anzupassen. Aber staatliche Wirtschaftspolitik - auch wenn staatliches Handeln in den folgenden Bereichen nicht immer die wirtschaftspolitische Dimension begreift - beeinflußt oder entscheidet maßgeblich den Bereich der wirtschaftlich relevanten Informationsgewinnung, -speicherung und -verteilung.

Im Bereich der Informationsgewinnung ist der Staat vor allem im Bereich von Wissenschaft und Forschung tätig (wenn man einmal davon absieht, daß der Staat durch Gesetzgebung, Verwaltungsentscheidungen und Gerichtsurteile selbst ein gewichtiger Informationsproduzent ist). Durch die lange Technologiedebatte seit Mitte der 70er Jahre ist dieser Bereich sehr transfer-orientiert. Jede Universität oder Forschungseinrichtung hat heute ihren (Technologie-) Transfer-Beauftragten, und zahllose private und staatliche Stellen kümmern sich um die möglichst rasche Umsetzung von neuem technischen Wissen und wissenschaftlichen Erkenntnissen in die Praxis (sprich: industrielle Produkte und Produktionen). Hier stellt sich eher die Frage, ob nicht des Guten zuviel getan wird.

Anders sieht es dagegen schon im Bereich der Informationsspeicherung aus. Daß die Bundesrepublik bei on-line-Datenbanken weit im internationalen Vergleich - gemessen an ihrer sonstigen Bedeutung in der Weltwirtschaft - zurückliegt, dürfte relativ unbestritten sein. Weniger als 2 Prozent aller erfaßten Datenbanken befinden sich in der Bundesrepublik. Neben Sprachbarrieren - gemessen an den Weltsprachen Englisch und Französisch ist der Nutzerkreis für deutschsprachige Datenbanken sehr beschränkt - spielt hier sicherlich die nicht sonderlich erfolgreiche Politik der Fachinformationszentren (FIZ) in den 70er Jahren eine Rolle.

Dabei sollte aber berücksichtigt werden, daß der Staat hier eingesprungen ist, weil sich keine private Initiative zeigte und gewisse Bereiche - ähnlich wie Bibliotheken - auch staatlich betrieben werden müssen.

Eher ist eine mangelnde Benutzerfreundlichkeit und -orientierung (trotz hoch subventionierter Tarife) zu kritisieren sowie die mangelnde Kompatibilität mit anderen Bereichen der Informations- und Kommunikationstechnologie. Bei den hohen Kosten für den Aufbau von Datenbanken und den unsicheren Marktchancen von konkurrierenden Datenbanken im gleichen Informationssegment wird die Bundesrepublik nur in ausgewählten Bereichen mit besonderer Stärke oder nationaler Spezifika (etwa im Rechtswesen) eine Chance haben. Umso wichtiger wird es, daß die deutschen Unternehmen ungehinderten Zugriff zu bestehenden Datenbanken haben und Informationen aus Deutschland (etwa bei Lieferanten-Verzeichnissen) gleichberechtigt gespeichert werden. Beides ist gegenwärtig nur begrenzt gewährleistet (etwa durch die Restriktionspolitik des amerikanischen Verteidigungsministeriums bei US-Datenbanken).

Zum anderen sind die Informationskanäle - also der Netzausbau der Deutschen Bundespost und die darauf aufbauenden Zusatzdienste - entscheidend. Überraschenderweise hat dieses Thema nicht die Publizität gefunden wie die Medienpolitik, obwohl es doch für die internationale Wettbewerbsfähigkeit der Bundesrepublik entscheidender ist als die Zahl der werbefinanzierten Fernsehprogramme.

Hier kann nicht die gesamte Komplexität des Themas abgehandelt, sondern nur ein Aspekt herausgegriffen werden, der die regionalpolitischen Auswirkungen der Informations- und Kommunikationstechnologien betrifft und damit zeigt, wie sich »klassische« wirtschaftspolitische Fragestellungen im Hinblick auf die wachsende Bedeutung des Dienstleistungssektors und seine technologische Entwicklung verändern. Unter status-quo-Bedingungen würde der Ausbau des dienst-integrierten, digitalisierten Netzes (ISDN) der Deutschen Bundespost ausschließlich nach betriebswirtschaftlichen Kriterien erfolgen, also schwerpunktmäßig in den Ballungsgebieten. Die Tarifstruktur wäre analog zum Telefon, somit zeitabhängig. Eine solche Strategie wäre in ihren regionalpolitischen Auswirkungen eindeutig: Der ohnehin aus der Strukturberichterstattung der Wirtschaftsforschungsinstitute erkennbare Trend zur Konzentration von Dienstleistungssektoren mit hoher Wertschöpfung in den mehr südlichen Ballungsgebieten würde sich verstärkt und beschleunigt fortsetzen.

Denn Unternehmen in den ländlichen Regionen mit ihren Mittelzentren wären doppelt benachteiligt: Von der zeitlichen Verfügbarkeit des Netzzugangs und den darauf aufbauenden Diensten und der Tarifstruktur her, da sie wegen der längeren Wege höhere Gebühren zahlen müßten als Unternehmen im Ballungsraum (wie jetzt schon beim Telefon, mit einer allerdings noch geringeren Kostenrelevanz, aber anders als beim Briefporto). Solange die regionalpolitische Zielsetzung der Gleichwertigkeit der Lebensverhältnisse grundgesetzlichen Rang hat, ist eine solche Strategie nicht akzeptabel. Außerdem liegt die zentrale Rechtfertigung für das Postmonopol darin, daß es sich beim Fernmeldenetz um Infrastruktur handelt, deren Ausbau eben nicht allein nach betriebswirtschaftlichen Kriterien vorgenommen wird. Die wirtschaftspolitischen Bemühungen konzentrieren sich daher darauf, den Zugang zum Netz gegebenenfalls mit technischen Zwischenlösungen möglichst zeitgleich für alle Unternehmen zu ermöglichen und die Kostenstruktur in Richtung zeitabhängiger Tarife zu verschieben (weil bei den neuen Diensten die zeitliche Inanspruchnahme auch ein gewichtigeres Kostenelement ist als die Entfernung).

Adjustierung im Bereich der Fort- und Weiterbildung

Ein letzter Aspekt ist in diesem Zusammenhang die Adjustierung des Weiterbildungssystems auf neue Berufsfelder. Man kann global wohl sagen, daß in der Bundesrepublik mittlerweile für die gewerblich-technischen Berufe ein zureichendes System der beruflichen Aus- und Weiterbildung existiert, insbesondere wenn es gelingt, die vorhandenen Kapazitäten für Erstausbildung für die Weiterbildung in neuen Technologien umzustrukturieren.

Anders sieht es für die Weiter- und Fortbildung etwa in den wissenschaftlichen Anschlußberufen der unternehmensbezogenen Dienstleistungen aus. Die Universitäten und Fachhochschulen beginnen gerade erst, dieses Thema zu diskutieren, ebenso Kammern und Verbände. Es wird also noch einige Zeit dauern, bis hier ein vergleichbares – pluralistisch organisiertes, aber in der Regel fachkompetentes - System besteht, wie im gewerblich-technischen Bereich. Dabei ist der Bedarf sicherlich in beiden Sektoren ähnlich groß. Und ein umfassendes System der Weiter- und Fortbildung, der Qualifizierung, ist neben Forschungseinrichtungen ein wichtiger Bestandteil dessen, was ich die »wissenschaftlich-technische« Infrastruktur genannt habe, deren Bedeutung für Standortentscheidungen - gerade im internationalen Wettbewerb der Regionen - nicht nachdrücklich genug ins öffentliche Bewußtsein gebracht werden kann.

Zusammenfassung

Ziel meines Beitrags war es, die Strukturveränderungen zwischen dem Industrie- und dem Dienstleistungssektor als einen der bedeutsamen, wenn auch weniger beachteten und spektakulären »Umbrüche« in unserer Gesellschaft kurz nachzuzeichnen und in ihren wirtschaftspolitischen Implikationen beispielhaft zu analysieren. Viele Aspekte - wie etwa die Marktchancen einzelner Sektoren oder die Aussichten für Quantität und Qualität neuer Arbeitsplätze - mußten dabei allein aus Raumgründen vernachlässigt werden.

Vier wesentliche Ergebnisse der Erörterungen will ich abschließend noch einmal zusammenfassen:

1. Von einer generellen »Unterentwicklung« des Dienstleistungssektors in der Bundesrepublik kann nicht gesprochen werden, es gibt keine plausiblen Zielmarken für einen Anteil des Dienstleistungssektors. Sicherlich gibt es aber im Zuge der weiteren Entwicklung mögliche Risiken, wo die Bundesrepublik im Bereich innovativer Dienstleistungen zu weit zurückfallen kann (etwa bei Datenbanken). Selbst bei optimaler Entwicklung des Dienstleistungssektors ist aber nicht damit zu rechnen, daß dadurch ein nennenswerter Abbau der Arbeitslosigkeit erfolgen kann. Dazu ist das Produktivitätspotential zumindest unter bundesdeutschen Bedingungen zu groß.
2. Notwendig ist aber ein Paradigmen-Wechsel in der ökonomischen Theorie. Ähnlich wie die Einbeziehung der ökologischen Dimension in das ökonomische Kalkül muß eine ökonomische

Theorie der Dienstleistungen eigenständig und gleichberechtigt zu den traditionellen Untersuchungen auf industriellen Prämissen treten. Dies gilt für die Theorie der Wirtschaftspolitik, aber auch für die Kosten-, Preis- oder Wettbewerbstheorie.

3. Aus der Gleichberechtigung in der Theorie folgt - hoffentlich - auch eine Gleichberechtigung in der wirtschaftspolitischen Praxis. Denn nur wenn die Komplementarität zwischen Industrie und (produktionsbezogenen) Dienstleistungen erkannt wird, gibt es eine Chance für eine Politik der »balancierten Entwicklung« (balanced growth), die die Einseitigkeiten einer »Re-industrialisierungsstrategie« oder einer service-economy vermeidet.

Allerdings sollte die Bedeutung der Wirtschaftspolitik für die weitere Entwicklung nicht überschätzt werden: Die Expansion des Dienstleistungssektors ist (mit Ausnahme des staatlichen Anteils) bislang ohne bewußte wirtschaftspolitische Entscheidung erfolgt und wird dies auch künftig tun. Eher besteht die Gefahr einer Hemmung der Entwicklung, weil die Konsequenzen von Entscheidungen ausschließlich unter industriepolitischen Gesichtspunkten durchdacht werden.

4. Die komplexeren Infrastruktur- und Standortvoraussetzungen für (unternehmensbezogene) Dienstleistungen lassen zwei neue Schwerpunkte erkennen: Einmal spielen die »sanften Standortfaktoren« (Wohn- und Umweltqualität, Bildungs-, Kultur- und Freizeitangebote) eine erheblich größere Rolle, zum anderen die Verfügbarkeit von Informationen, weil die Expansion dieses Teils des Dienstleistungssektors eng mit der Verbilligung der Anwendung der Mikroelektronik und dem daraus resultierenden Zusammenwachsen von Büro-, Nachrichten- und Datenverarbeitungstechnik (Telematik) zusammenhängt. Hierfür sind die Netzausbaustrategie und die darauf aufbauenden neuen Dienste der Bundespost von herausragender Bedeutung - und zugleich von erheblichem regionalpolitischem Interesse.

Ohne eine Reform der Regionalpolitik, die zur Mobilisierung des endogenen Entwicklungspotentials auch die Dienstleistungen in den strukturschwachen Regionen fördert, wird die Konzentration auf die wirtschaftsstarken Agglomerationsräume in der Bundesrepublik (insbesondere im südlichen Teil) noch zunehmen.

An der Schwelle zu einem neuen Jahrtausend – Rückblick und Ausblick

Franz Josef Strauß

„Wir müssen kraft unseres technisch-zivilisatorischen Vorsprungs zur allmählichen Entkrustung des sowjetischen Machtsystems und seiner ideologisch-gesellschaftlichen Struktur beitragen. Gelingt uns dies, dann löst sich auch das Problem der Abrüstung von selbst, weil der West-Ost-Gegensatz in dem Maße an Bedeutung verliert, wie der Osten sich westlichen Denk-, Handlungs-, Wirtschafts- und Gesellschaftsstrukturen annähert."

Tiefe Umbrüche haben die Menschen in Deutschland und Europa während dieses Jahrhunderts mehrfach erlebt und häufig erlitten. Zwei Weltkriege, Revolution, Inflation und Weltwirtschaftskrise, nationalsozialistische Diktatur, Vertreibung vieler Millionen Deutscher aus ihrer angestammten Heimat, die Teilung Deutschlands und Europas in einen freien und einen unfreien Teil sind Stichpunkte, die solche Umbrüche markieren. Je mehr die Jahrtausendwende in greifbare Nähe rückt, desto öfter halten viele Menschen wiederum nach Entwicklungen Ausschau, die am Übergang vom zweiten in das dritte Jahrtausend eine grundlegende Änderung unserer Lebensbedingungen mit sich bringen könnten. Es wäre aber kurzsichtig, sich an die glatte Jahreszahl 2000 zu klammern und, kaum anders als die Menschen des Mittelalters, gerade von einem solchen Jahr grundlegende und revolutionäre Veränderungen zu erwarten. Die Entwicklungen der menschlichen Geschichte lassen sich nicht an besonders beeindruckenden Jahreszahlen festmachen, sie vollziehen sich in anderen zeitlichen Dimensionen.

Wir würden der historischen und politischen Entwicklung auch nicht gerecht, wenn wir den Blick allzusehr auf spektakuläre Einzelereignisse wie die oben genannten richten würden. Neben den Ereignissen, die Wendepunkte in der nationalen und internationalen Politik markieren, vollziehen sich Entwicklungen, die nicht augenblicklich die Aufmerksamkeit aller Menschen auf sich ziehen, aber dennoch die Grundlagen unserer politischen und wirtschaftlichen Verhältnisse und vieler unserer Lebensbedingungen entscheidend verändern.

Es gibt keine »gute alte Zeit«

Eine ganze Reihe bedeutender Umbrüche hat die technisch-industrielle Entwicklung mit sich gebracht. Das Anschalten des elektrischen Lichtes, die Benutzung meist elektrisch betriebener Haus- und Küchengeräte von der Kaffeemaschine bis zum Staubsauger, der Einsatz unterschiedlichster Maschinen in der industriellen Produktion und die Benutzung von Auto, Eisenbahn und Flugzeug sind uns heute zu alltäglichen Selbstverständlichkeiten geworden. Trotz aller modischen Fortschrittsfeindlichkeit will niemand auf den Segen der modernen Technik für die Erleichterung des täglichen Lebens, die Gestaltung der Freizeit und vor allem die Humanisierung der Arbeit verzichten. Die menschenwürdige Gestaltung der Arbeit betrifft alle Bereiche: Haushalt, Landwirtschaft, Bergbau, Industrie, Handwerk, Handel, Transport und Verwaltung. Die moderne Technik hat die Menschen weitgehend von schwerer körperlicher Arbeit befreit. Die Industrialisierung hat uns von der Medizin bis zum Verkehrswesen, von der Ernährung bis zur Freizeitgestaltung, Fortschritte und Annehmlichkeiten gebracht, die – von wenigen Ausnahmen abgesehen – kein überflüssiger Luxus sind, sondern wichtige Grundlagen für ein menschenwürdiges Leben darstellen.

Unter dem Eindruck der Schwierigkeiten, vor die uns manche technisch-naturwissenschaftlichen Forschungsergebnisse heute stellen, flüchten einige Zeitgenossen in eine vorindustrielle Idylle, verklären die Zeit eines Ludwig Richter und Moritz von Schwindt als die »gute alte Zeit«. Wer Technik und Industrie pauschal ablehnt, der huldigt, ob er es nun weiß oder nicht, einer ganz bestimmten, ihm sicherlich nicht genehmen Art von Klassendenken. Er achtet nämlich überwiegend auf die Lebensverhältnisse der dünnen Oberschicht, übersieht aber alle anderen, die, von nahezu jeglichem kulturellem Leben ausgeschlossen, im Schatten standen und so ihr kurzes, dunkles, von harter Arbeit geprägtes Leben geführt haben.

Französische Historiker und Bevölkerungsstatistiker, die Kirchenbücher des 17. und 18. Jahrhunderts ausgewertet haben, förderten erschreckende Erkenntnisse zutage: In den französischen Dörfern lag im 18. Jahrhundert das durchschnittliche Heiratsalter höher als das durchschnittliche Sterbealter! Die Lebenszeit betrug im Durchschnitt ungefähr ein Drittel der unseren, wegen der vielen Todesfälle im Wochenbett wurden die wenigsten verheirateten Frauen älter als 35 Jahre! Keinesweges selten kam es vor, daß der größere Teil ganzer Gemeinden an Hunger starb. In deutschen Dörfern und Städten war es nicht anders.

Unter dem Eindruck solcher Zeugnisse können nur verbohrte Ideologen noch von einem vorindustriellen Paradies reden, aus dem unsere Vorfahren angeblich durch den aufkommenden Kapitalismus, die Habgier der Industrieunternehmer und die üblen Machenschaften der angewandten Wissenschaft vertrieben worden seien. Kein verständiger Mensch würde sich wünschen, in einem vergangenen Zeitalter gelebt zu haben, außer er wüßte genau, daß er in eine reiche Familie hineingeboren worden wäre, daß er sich einer außerordentlich stabilen Gesundheit erfreut hätte und daß er den Tod der Mehrzahl seiner Kinder mit stoischer Ruhe hätte hinnehmen können!

Der Alltag meiner Großeltern und Eltern

Wir brauchen noch nicht einmal so weit in die Geschichte zurückzugreifen. Schon ein Blick auf die Verhältnisse, wie sie im ersten Drittel dieses Jahrhunderts bestanden, kann uns den Umbruch zeigen, der sich seither vollzogen hat. Ich habe in meiner Kindheit noch erlebt, wie meine vier Großeltern, die Bauern waren, in mühseliger, härtester Arbeit ihre Felder bestellt, nicht mit heute selbstverständlichen Maschinen, sondern mit Sensen und Sicheln gemäht haben. Auch meine Eltern hatten sich die Grundlagen ihrer wirtschaftlichen Existenz hart erarbeiten müssen: Mein Vater war in einem Dorf in Mittelfranken geboren. Da er als jüngerer Sohn den Bauernhof der Familie nicht übernehmen konnte, erlernte er das Metzgerhandwerk, legte die Meisterprüfung ab und baute in München eine Metzgerei auf. Meine Mutter war eine Bauerntochter aus Niederbayern. Sie trat nach ihrer Schulzeit einen Dienstplatz in München an, wo sie den Metzgermeister Franz Josef Strauß kennenlernte und wo die beiden im November 1906 heirateten. Die Arbeitswoche in der Metzgerei meiner Eltern begann am frühen Montagmorgen und endete am späten Samstagabend. In all den Jahren bis 1943, als wir ausgebombt wurden und das Geschäft verloren ging, haben meine Eltern nie einen Tag Urlaub gehabt. Heute würde sich kein Hilfsarbeiter mehr mit der Arbeitszeit, dem Einkommen und den äußeren Umständen abfinden, die damals für einen kleinen Münchner Handwerksmeister mit Ein-Mann-Betrieb sozusagen unvermeidliches Schicksal waren.

Meine Mutter hatte zusätzlich den Haushalt zu versorgen – und das alles ohne die heute selbstverständlichen technischen Hilfsmittel vom Staubsauger bis zur Waschmaschine. Man muß es sich heute wieder einmal vor Augen halten, wie damals ein »Waschtag« für eine

Hausfrau aussah: Von frühester Morgenstunde an stand meine Mutter in der Waschküche. Auf dem Waschbrett mußte sie mit Bürste und Lauge nicht nur die übliche Familienwäsche, die damals noch nicht pflegeleicht war, sondern auch die stark verschmutzte Berufskleidung meines Vaters reinigen. Kaum weniger mühsam war es, die Wohnung und die Geschäftsräume zu säubern. Meine Eltern haben über diese oft harten Lebensbedingungen nicht geklagt, sondern sie mit Fleiß, Ausdauer und Gottvertrauen bewältigt. Aber der Rückblick auf diese gar nicht so ferne Zeit zeigt uns, welche Entwicklung vor allem die letzten vier Jahrzehnte gebracht haben, wie sich das Alltagsleben der meisten Menschen von Grund auf verändert hat. Heute gibt es in der Bundesrepublik Deutschland kaum noch einen Haushalt ohne Staubsauger. Telefon, Waschmaschine und Kühlschrank sind ebenso zu Selbstverständlichkeiten geworden wie Farbfernseher, Fahrrad oder Auto.

Unser Land lebt vom »Rohstoff Geist«

In den letzten Jahren hat die wissenschaftliche, technische und industrielle Entwicklung Ausmaße und eine Geschwindigkeit angenommen, die bedeutende Umbrüche in immer schnellerer Folge auf uns zukommen läßt. Die grundlegenden Veränderungen, denen wir heute bereits gegenüberstehen, sind vor allem durch die dritte industrielle Revolution bestimmt.

Nach der ersten mit der Einführung der Maschinen und der zweiten industriellen Revolution mit der Automatisierung leitet nun vor allem der Einsatz des Computers ein weiteres neues Kapitel der technisch-industriellen Entwicklung ein. Die Mikrochips sind nicht nur einfach eine Fortentwicklung und Vervollkommnung älterer technischer Konzepte, sondern sie führen uns zusammen mit den umwälzenden Neuerungen in der medizinisch-biologischen Forschung und in der Informationstechnik in ein neues Zeitalter.

Als Folge wird sich unser Beschäftigungssystem grundlegend verändern. Die Zahlen der Bundesanstalt für Arbeit sprechen dazu eine eindeutige Sprache:

Ende September 1986 waren in der Bundesrepublik Deutschland

gut 12 Prozent weniger Facharbeiter arbeitslos als ein Jahr vorher. Im Gegensatz dazu ging die Zahl der arbeitslosen Nicht-Facharbeiter nur um 4 Prozent zurück, die der arbeitslosen Angestellten aus einfachen Tätigkeiten sogar nur um 1,4 Prozent. Wir erleben erhebliche Verlagerungen hin auf zukunftsorientierte Industrien und Dienstleistungen und zu Berufen, die eine qualifizierte Ausbildung erfordern.

Die Folgen werden tiefgreifende Auswirkungen auf Gesellschafts- und Bildungswesen sein. Dieser Wandel in den Arbeits- und Lebensbedingungen wird vor allem die heranwachsende Generation fordern. Die Bildungspolitik wird also eine zentrale Aufgabe wahrzunehmen haben. Schulen und Hochschulen bereiten die jungen Menschen darauf vor, daß sie ein erfülltes Leben in Familie, Beruf und Gesellschaft führen können. Dazu brauchen wir ein leistungsfähiges, menschliches und sozial gerechtes Bildungswesen. Gerade heute, wenn gut ausgebildete Fachkräfte Mangelware sind, erweist sich dies als Investition in die Zukunft. Denn ein Land, das kaum über natürliche Rohstoffe verfügt, muß den »Rohstoff Geist« auf jede mögliche Weise fördern.

Die neuen technischen und naturwissenschaftlichen Möglichkeiten stellen uns zugleich vor große ethische Probleme, die vom einzelnen Zeitgenossen persönlich ebenso bewältigt werden müssen wie von der staatlichen Rechtsordnung. Nicht einmal das weltpolitische Gefüge wird unberührt bleiben. Gegenüber diesen grundlegenden Veränderungen gibt es nur ein verantwortbares Verhalten: Wir müssen uns den Anforderungen stellen, weil wir nur so die Zukunft meistern können. Wir dürfen weder die technische noch die wissenschaftliche Entwicklung ihrer Eigendynamik überlassen, sondern wir müssen - aufbauend auf unseren bewährten politischen Grundsätzen und verpflichtet dem christlichen Sittengesetz - eine humane, lebenswerte Zukunft gestalten.

Weder dürfen wir uns gegenüber neuen Strömungen abkapseln, noch ihnen vorschnell und unüberlegt verfallen. Das nüchterne Abwägen und der unvoreingenommen prüfende Blick können uns davor bewahren, in hektischer Betriebsamkeit den jeweiligen »Modeströmungen« der Zeit hinterherzuhasten. Nur mit Aufgeschlossenheit und Offenheit können wir die wahren Anforderungen der Zeit erkennen und den Menschen in unserem Land eine lebenswerte Zukunft sichern.

Der Fortschritt spricht »bayerisch«

Bayern hat nach dem Zweiten Weltkrieg in seiner Wirtschaftsstruktur entscheidende Umbrüche erlebt. Wir haben Bayern aus einem ursprünglich überwiegend landwirtschaftlich geprägten Gebiet zu einem modernen Staat gemacht, der wirtschaftlich eine Spitzenposition in Deutschland einnimmt und zugleich seinen in Jahrhunderten gewachsenen Charakter bewahrt hat. Diese Entwicklung konnte sich dank einer Wirtschaftspolitik vollziehen, mit der wir unser Land auch weiterhin an der Spitze des Fortschritts halten wollen. Wir betreiben eine solide, weltoffene und zukunftsweisende Industriepolitik - auf der Grundlage der Sozialen Marktwirtschaft, die ich 1948 im Wirtschaftsrat mit den Stimmen der CSU gegen manchen Widerspruch aus den eigenen Reihen und gegen den erbitterten Widerstand der Sozialdemokraten mit durchgesetzt habe.

Zum Wesen der Sozialen Marktwirtschaft, die weder überkommenen planwirtschaftlichen Lenkungsmodellen noch traditionellen liberalistischen Vorstellung von »freier« Marktwirtschaft entspricht, gehört es, daß der Staat mit marktkonformen Mitteln in den Wirtschaftsablauf eingreifen darf, wenn dies zum Wohle seiner Bürger notwendig ist. Die Soziale Marktwirtschaft wird damit zu einem wichtigen Instrument für die Bewältigung der wirtschaftlichen Umbrüche, die sich in immer rascherer Folge vollziehen.

Der Staat muß als ehrlicher Makler und Mittler, gegebenenfalls auch als Partner auf Zeit, dazu beitragen,
- daß Unternehmen, die sich ergänzen, zusammenfinden,
- daß Gruppierungen entstehen, die sich gegenseitig stärken und so international wettbewerbsfähig bleiben,
- daß Unternehmen im Lande bleiben und hier neue Arbeitsplätze schaffen.

Mit unserer den heutigen Erfordernissen angepaßten Wirtschaftspolitik haben wir die Strukturkrise des vergangenen Jahrzehnts bestens bewältigt. Denn wir haben systematisch auf die Ansiedlung von Zukunftsindustrien in Bayern hingearbeitet:
- Die erfolgreiche Spacelab-Mission ist das Ergebnis eines seit Mitte der 60er Jahre konsequent betriebenen Aufbaus der bayerischen Luft- und Raumfahrtindustrie. Heute ist mehr als die Hälfte der deutschen Kapazität dieses Industriezweiges in Bayern angesiedelt.

- Knapp die Hälfte der in der Bundesrepublik Deutschland produzierten Halbleiter kommt aus Bayern.
- In der Produktion von Silicium des höchsten Reinheitsgrades hält ein bayerisches Unternehmen einen Anteil von 40 Prozent am Weltmarkt.
- Die Elektroindustrie, vor allem in den Bereichen Datenverarbeitung, Nachrichtentechnik, Meß- und Regeltechnik, elektronische Bauelemente, ist zur bayerischen Schlüsselindustrie geworden: 17,3 Prozent aller Industriebeschäftigten sind hier tätig.
- Neben den Produzenten von Hardware haben sich auch rund 40 Prozent der deutschen Sofware-Häuser in Bayern angesiedelt.
- Das Urteil eines angesehenen deutschen Magazins, der Fortschritt spreche »bayerisch«, kommt also nicht von ungefähr.

Damit ist Bayern - zusammen mit Baden-Württemberg - in der Wachstumsdynamik Spitzenreiter und zum Schrittmacher des Aufschwungs in der Bundesrepublik geworden. Die Zahlen sprechen für sich:

- Das reale Wachstum betrug in Bayern im Jahre 1984 3,4 Prozent, im Bund nur 2,6 Prozent. Im Jahr 1985 war der Abstand noch deutlicher: Bayern: 4,3 Prozent, Bund: 2,5 Prozent. Auch 1986 lag Bayern mit 3,2 Prozent Wachstum über dem Bundesdurchschnitt von 2,5 Prozent.
- Die Arbeitslosenquote war 1984 in Bayern deutlich niedriger als im Bundesdurchschnitt: 7,8 Prozent in Bayern gegenüber 9,1 Prozent im Bund. So ist es bis heute geblieben. Zum Vergleich: 1985 lag die durchschnittliche Arbeitslosigkeit in Bayern bei 7,7 Prozent, im Bund bei 9,3 Prozent, 1986: Bayern 7,0 Prozent, Bund 9,0 Prozent. Im Juni 1987: Bayern 5,6 Prozent, Bund: 8,3 Prozent.
- Bayern ist das einzige deutsche Land, in dem in den letzten 10 Jahren die Gesamtzahl der Arbeitsplätze nicht abgenommen hat. Im Gegenteil: Jeweils ein Drittel der neugeschaffenen Arbeitsplätze der Jahre 1984 und 1985 entfallen auf Bayern. Auch 1986 wurden in Bayern überdurchschnittlich viele neue Arbeitsplätze geschaffen. In der Bundesrepublik nahm im letzten Jahr die Zahl der sozialversicherungspflichtigen Beschäftigten um 343 000 zu. Davon entfielen allein auf Bayern 85 000.

- Nirgendwo sonst ist auch die Lehrstellensituation so günstig wie bei uns. In Bayern gibt es seit Jahren wieder deutlich mehr offene Stellen als Bewerber.

Trotz der atemberaubenden Fortschritte in Wissenschaft und Technik harren noch immer schwierige Probleme der Lösung, zum Beispiel in der Medizin, in der Landwirtschaft oder im Umweltschutz. Wir haben daher in Bayern wissenschaftliche Forschung immer mit Nachdruck gefördert. Wissenschaftliche Grundlagenforschung wird heute - vor allem in den Naturwissenschaften - nicht nur um der reinen Erkenntnis willen betrieben. Die Zeitspanne von der Grundlagenforschung zur industriell und wirtschaftlich nutzbaren Anwendung wird immer kürzer, ein Vorsprung in der Grundlagenforschung kann auch den entscheidenden Vorsprung in der wirtschaftlichen Nutzung bedeuten.

Dank unserer Politik bestehen in Bayern Forschungsstätten von internationaler Bedeutung. Ich verweise nur auf einige Bereiche, in denen bayerische Hochschulen oder in Bayern ansässige Institutionen bahnbrechende Forschungsarbeit leisten: Mikrostrukturforschung, Biotechnologie (einziger deutscher Lehrstuhl an der Universität Würzburg) Mikroelektronik, Satellitengeodäsie, Robotertechnologie, Biochemie und Genforschung, Kernfusion, Luft- und Raumfahrt.

Nur wenn wir Anschluß an die internationale Forschung halten und auch in Zukunft eine Spitzenposition im wissenschaftlich-technischen Fortschritt einnehmen, können wir unseren Lebensstandard und unsere soziale Sicherheit bewahren.

Forschung und Menschenwürde

Dabei verkennen wir nicht, daß die Forschung vor allem in der Biologie und der Medizin inzwischen in völlig neue Dimensionen vorgestoßen ist, die eine Herausforderung für unsere Ethik und für die staatliche Rechtsordnung darstellen. Genforschung und Fortpflanzungsmedizin berühren zusammen mit den außerwissenschaftlichen Diskussionen darüber, von welchem Zeitpunkt an und in welcher Weise das beginnende menschliche Leben geschützt werden soll und unter welchen Umständen krankes Leben vorzeitig beendet werden darf, die sittlichen Grundlagen unserer staatlichen und gesellschaftlichen Ordnung. Die Gefahren, die von diesen Entwicklungen ausgehen, werden dadurch bedrohlich vergrößert, daß die zunehmende Säkularisierung immer mehr Menschen erfaßt. Wer keine feste religiöse Bindung besitzt, hat keinen Grund, all das, was ihm mit den Mitteln der Naturwissenschaft oder Technik möglich ist, nicht zu tun.

Aus diesem Grund wende ich mich aus tiefster Überzeugung sowohl gegen den reinen Rechtspositivismus, der jegliche Bindung der staatlichen Rechtsordnung an eine übergeordnete Instanz ablehnt, wie auch gegen eine Forschung, die in geradezu prometheischer Hast versucht, alle Kräfte der Natur auszunutzen und den Menschen, wie Helmut Thielicke geschrieben hat, zum Herrn der Natur und zum Regisseur ihrer Kräfte, zum Dirigenten der Naturgesetze zu machen. Vielmehr müssen wir die Antwort auf die neuen ethischen Fragen aus der Bindung an das christliche Sittengesetz heraus geben. Wir müssen das menschliche Leben schützen, gerade in den Stadien, in denen es besonders schwach und hilflos ist, und wir müssen die Würde des Menschen als jeweils einmaliges Geschöpf Gottes wahren.

Die dritte industrielle Revolution beruht auf dem Einsatz des Computers, also auf umwälzenden Veränderungen im Informationsbereich. Daten werden in einem bisher unvorstellbaren Ausmaß speicher- und abrufbar, dazu kommen neue Möglichkeiten der Datenübermittlung vom Glasfaserkabel bis zu Satelliten. Die Nutzung dieser Möglichkeiten in Wirtschaft, Industrie und Verwaltung mag manchen erschrecken, sie ist aber - wollen wir unsere Konkurrenzfähigkeit erhalten - nicht zu umgehen. Auch die Regierungen und die staatlichen Verwaltungen können sich von der allgemeinen Entwicklung nicht abkoppeln. Sonst würden sie ihre Funktionsfähigkeit einbüßen und könnten für die Bürger nicht mehr die Leistungen erbringen, auf die diese zu Recht Anspruch erheben. So wenig wie heute eine Behörde funktionsfähig wäre, deren Beamte noch mit Gänsekiel und Streusand arbeiteten, so wenig wird am Anfang des dritten Jahrtausends eine Behörde arbeitsfähig sein, die den Anschluß an die elektronische Datenverarbeitung verpaßt hat.

Der Datenschutz hat die Aufgabe, das Spannungsverhältnis zwischen der Erhaltung der Freiheit und dem wirtschaftlich-technischen Fortschritt sinnvoll zu bewältigen. Er darf weder der Bemäntelung des Datenmißbrauchs dienen noch zum »Tatenschutz« verkommen. Gerade deshalb müssen auch geeignete gesetzliche Grundlagen nicht nur für den Datenschutz, sondern auch für die Arbeit der Nachrichtendienste und die Zusammenarbeit der Nachrichtendienste mit den Polizeibehörden geschaffen werden. Hysterie und künstlich geschürtes Mißtrauen gegenüber dem freiheitlich demokratischen Rechtsstaat sind nicht der geeignete Weg, um die Sicherheit unserer Bürger zu gewährleisten und die Leistungsfähigkeit unseres Gemeinwesens zu erhalten und auszubauen.

Die Informationsrevolution betrifft auch die elektronischen Medien. So wie heute die Vielfalt im Zeitungs- und Zeitschriftenwesen selbstverständlich ist, werden die Bürger auch bei den elektronischen Medien unter einer Vielzahl von Informations- und Unterhaltungsangeboten wählen können. Die Gesetzgebung ist für den geeigneten Rahmen zuständig, sie muß – wie überall in der Wirtschaft – auch hier für geordnete Verhältnisse sorgen und sicherstellen, daß die Wettbewerbsfähigkeit der verschiedenen Träger gewährleistet wird. Versuche, an der technischen Entwicklung vorbei den Bürger auf die bis vor kurzem allein bestehenden öffentlich-rechtlichen Fernsehanstalten einzuengen, sind gerade angesichts der Fernsehsatelliten zum Scheitern verurteilt. Es gibt auch nicht nur eine oder zwei Zeitungen in der Bundesrepublik Deutschland, sondern entsprechend den technischen Möglichkeiten und Wünschen der Bürger eine Vielzahl von örtlichen, regionalen und überregionalen Blättern.

Die neuen Entwicklungen in der Informations- und Nachrichtentechnik erleichtern den weltweiten Austausch von Informationen und machen es Staaten mit diktatorischen oder totalitären Systemen immer schwerer, ihre Bürger von der Außenwelt abzuschirmen. Der Empfang von Rundfunk- und Fernsehprogrammen über Nachrichtensatelliten läßt sich nicht länger unterbinden. Damit erhalten die Menschen auch in totalitären Staaten die Möglichkeit, Meinungen über die Lage in ihrem eigenen Land zu hören. Das eröffnet der Ordnung der Freiheit gute Zukunftsaussichten.

Die Zukunft der Ost-West-Beziehungen

Über die Informationsmedien hinaus stellt die rasche Entwicklung von Wissenschaft, Technik und Industrie gerade die kommunistischen Systeme vor völlig neue Herausforderungen. Die Entwicklung der Waffentechnik, das Anhäufen eines gigantischen Zerstörungspotentials läßt den Ausbruch eines Krieges in Europa inzwischen als undenkbar erscheinen. Politische Probleme werden nicht mehr auf den Schlachtfeldern gelöst, aber auch nicht mehr auf den Barrikaden der Revolution. Ich habe mit großer Aufmerksamkeit gelesen, daß im Juli 1987 in der »Prawda« ein - gewiß von oberster Stelle gebilligter - Artikel erschienen ist, in dem erklärt wurde, daß auch die Zeit für den Export revolutionärer Ideologien vorüber sei. Die Auseinandersetzung zwischen der freiheitlichen Staats-, Gesellschafts- und Wirtschaftsordnung des Westens und dem kommunistischen Zwangssystem erfolgt auf anderem Gebiet. Sie findet tagtäglich statt in den wissenschaftlichen Forschungsinstituten und Laboratorien, im Bereich der industriellen Produktion und der wirtschaftlichen Organisation. Die kommunistischen Systeme werden sich über kurz oder lang in ihren Strukturen ändern müssen, wenn sie mit der wissenschaftlich-technischen und wirtschaftlich-organisatorischen Entwicklung mithalten wollen. Ich bin fest davon überzeugt, daß der freie Westen wegen seiner überlegenen Wirtschafts- und Finanzordnung und wegen seiner ungleich größeren Fähigkeit zu wissenschaftlich-technischen Innovationen diesen Kampf zu seinen Gunsten entscheiden wird.

Wir müssen kraft unseres technisch-zivilisatorischen Vorsprungs zur allmählichen Entkrustung des sowjetischen Machtsystems und seiner ideologisch-gesellschaftlichen Struktur beitragen. Gelingt uns dies, dann löst sich auch das Problem der Abrüstung von selbst, weil der West-Ost-Gegensatz in dem Maße machtpolitisch an Bedeutung verliert, wie der Osten sich westlichen Denk-, Handlungs-, Wirtschafts- und Gesellschaftsstrukturen annähert. Wir müssen aber langfristig in geschichtlichen Dimensionen denken und wegkommen von jener kurzatmigen, hektischen, sterilen, neurotischen Aufgeregtheit in der Politik, die uns den Blick verstellt auf das, was unser Ziel, unsere Aufgabe und unsere Pflicht ist und uns daran hindert, zu erkennen, was möglich und zu tun, was notwendig ist.

Geduld und Wirklichkeitssinn sind auch erforderlich zur Beurteilung der Politik, die der sowjetische Generalsekretär Gorbatschow betreibt. Gorbatschow hat im Westen viele Hoffnungen geweckt. Die neuen sowjetischen Schlagwörter »Perestroika« (Umbau, Umgestaltung) und »Glasnost« (Offenheit, Transparenz) haben aber nicht jene Bedeutungsinhalte, die viele im Westen ihnen in illusionärem Wunschdenken beimessen. Wir dürfen Gorbatschow nicht an seinen wohlklingenden Ankündigungen, sondern wir müssen ihn an der politischen Wirklichkeit messen.

Wenn die politischen Vorstellungen von Generalsekretär Gorbatschow so sind, wie wir hoffen, könnten sie einen Wandel der Sowjetunion nach innen und außen einleiten. Dann ergäben sich weitreichende Möglichkeiten für einen umfassenden Dialog, der weit über die Abrüstungspolitik hinausginge. Dann stünden wir vor einem Umbruch, der zu einer Sternstunde der Menschheit werden könnte.

In eine solche Phase der weltpolitischen Entwicklung würden - und darauf habe ich in meiner Tischrede beim Besuch von Generalsekretär Honecker in München ausdrücklich hingewiesen - auch jene Regelungen und Barrieren nicht mehr passen, die heute noch verhindern, daß die Menschen aus beiden Teilen Deutschlands ungehindert zueinanderkommen und miteinander sprechen können.

Bis dahin müssen wir den Auftrag unserer Verfassung erfüllen, alles zu tun, was in unserer Kraft steht, damit das Bewußtsein von der Einheit der Nation bewahrt wird.

Bis dahin, bis wir in diese Phase der Weltpolitik tatsächlich eingetreten sind, muß aber auch der Wappenspruch der NATO, der Verteidigungsgemeinschaft der freien Völker, Richtschnur unseres politischen Handelns bleiben: »Wachsamkeit ist der Preis der Freiheit!«. Nur so können wir vermeiden, daß es aufgrund falscher Einschätzungen der sowjetischen Politik zu Entwicklungen kommt, die die Freiheit in unserem Teil Europas gefährden oder gar zerstören.

Vorrang hat, was man nicht hat: Wie der Weg aus der Arbeitslosigkeit aussehen muß

Franz Thoma

„Leider läßt es sich seriös gar nicht ermitteln, welchem Teil – Staat oder Markt – die größere Schuld an der gegenwärtigen Arbeitslosigkeit zukommt, zu deren Beseitigung ... es im wesentlichen nur einen Weg gibt: Innovation und Leistung."

Es ist eine alte Lebensweisheit, daß jenes am höchsten geschätzt wird, was man nicht besitzt. Das ist im Alltag so. Und in der Wirtschaftspolitik ist es nicht viel anders. In den sechziger und siebziger Jahren galt die Vollbeschäftigung nicht viel; man hatte sie. Dafür wurde die Stabilität des Geldwertes erstrebt; die hatte man eben nicht. Heute sind wir wieder dort, wo wir Ende der zwanziger, Anfang der dreißiger Jahren waren: Gesucht wird der Weg zurück in die Vollbeschäftigung. Und man fragt sich: Hält das soziale Netz solange, bis diese Vollbeschäftigung wieder erreicht ist? Es gibt Parallelen zu historischen Entwicklungen in diesem Jahrhundert, wobei die erstaunlichste Gleichläufigkeit das Scheitern an der hohen Produktivität ist.

Obwohl die im Industriezeitalter entwickelte hohe Ergiebigkeit der Arbeit, die *Produktivität* also, die düstere Auffassung des ehernen Lohngesetzes von Ferdinand Lassalle längst widerlegt hat, wonach der Lohn des Arbeiters auf Dauer den »Betrag des notwendigen Lebensunterhalts nicht übersteigen« kann, kommt die Frage hoch, ob sich der Kapitalismus nicht wieder von der schlechten Seite zeigt. Dieser Kapitalismus war es ja, der das Proletariat entstehen ließ. Und nur vor dem Hintergrund des kapitalistischen Systems konnte Karl Marx seine materialistische Geschichtsauffassung entwickeln, nach der die Ursachen und Bewegungskräfte aller wichtigen geschichtlichen Ereignisse nicht in politischen, rechtlichen, religiösen, kulturellen Einrichtungen oder Vorstellungen liegen, sondern allein in der wirtschaftlichen Entwicklung. Aber – die Entwicklung der Produktivität hat viele Irrtümer richtiggestellt.

Erfahrungen mit der Produktivität

So gilt das eherne Lohngesetz Lassalles (1825 bis 1864) längst nicht mehr; es wurde von den Sozialdemokraten bereits 1891 über Bord geworfen. Und auch das Proletariat im Sinne von Marx kann – zumindest in der Bundesrepublik – gottlob nur noch wie die Stecknadel im Heuhaufen gefunden werden, nicht zuletzt eben dank der Produktivität. Indessen hat genau diese Produktivität Arbeitslosigkeit zurückkehren lassen, nach dem Ersten Weltkrieg und heute.

Verstehen wir diese hohe Produktivität nicht zu nutzen? Haben wir nicht gelernt von der Zeit nach der Stabilisierung der deutschen Währung, als 1925 Arbeitslosigkeit zu entstehen begann? Damals wurden viele Betriebe und Anlagen mit der neuesten amerikanischen Technik ausgerüstet - die deutsche Wirtschaft bekam den durch Kriegs- und Nachkriegszeit verlorenen Kontakt mit der Weltwirtschaft zurück.

Aber die Produktivität dieser nun hochtechnisierten Arbeitsplätze war vier- bis fünfmal so groß wie die der rückständigsten alten Arbeitsplätze. Dies führte zur Stillegung vieler alter Betriebe. Allein mit steigenden Investitionen hätte man dem begegnen können, doch hohe Zinsen und schwindende Ertragskraft ließen das nicht zu. Eine hohe Produktivität führte also damals mit in die Arbeitslosigkeit. 1929 waren drei Millionen Menschen auf der Straße. Dann kam Keynes mit seinem Theorem.

Noch heute ist es für viele eine (allerdings, wie wir sehen werden, vergebliche) Hoffnung. Obwohl die Deutsche Reichsbank damals im Zusammenhang mit der Goldkernwährung grundsätzliche Bedenken hatte, kam es bereits seinerzeit, als es im Deutschen Reich 1932 rund sechs Millionen Arbeitslose gab, zu einem von Keynes'schen Gedankengängen geprägten Programm der Ankurbelung der Wirtschaft. Der Reichskanzler Heinrich Brüning indessen, der sich hundert Meter vor dem Ziel wähnte, nämlich der Unterschrift unter die Abkommen zur Beseitigung der letzten Reste des Versailler Friedensvertrages und der Reparationen, stürzte. Sein Nachfolger Papen begann den Plan durchzuführen. Schon bis Oktober 1934 waren drei Millionen Arbeitslose wieder beschäftigt. Das aber heftete sich bereits Hitler an die Erfolgsfahne.

Was können wir heute aus dieser Vergangenheit lernen, da uns eine im Vergleich zur Wachstumsrate zu hohe Produktivität wieder Arbeitslosigkeit ins Land bringt? Und da eine Ankurbelungspolitik nach Keynes (auf den wir noch kommen) nicht mehr hilft? Schon wird behauptet, uns gehe die *Arbeit aus.* Ist das so? Und wie läßt sich dem entgegenwirken - wie wird man Karl Kraus gerecht, der einmal riet, in zweifelhaften Fällen sich einfach für das Richtige zu entscheiden?

Tatsache ist, daß selbst im fünften Jahr eines bescheidenen Wachstums die Arbeitslosen nicht verschwunden sind. Übrigens war und ist dieses ein Wachstum von besonderer Qualität. Es wurde nicht von einem inflationistischen Geldtreibsatz hervorgerufen. Ganz im Gegenteil: Erstmals in einer Wachstumsperiode überhaupt ist die Geldentwertung zurückgegangen, ja ganz verschwunden. Natürlich half das Glück: Öl und Rohstoffe und Dollar wurden laufend billiger. Dieses Wachstum ist gesund. Nichtsdestoweniger ist die Zahl der Arbeitslosen in den letzten drei Jahren nur mäßig gesunken. Aber – sie *ist* gesunken. Zugleich hat sich die Zahl der Beschäftigten vermehrt, und zwar in den letzten drei Jahren um reichlich 600000. Das heißt aber doch: Wir arbeiten schon heute mehr als vor drei bis vier Jahren.

Warum die Arbeit nicht ausgeht

Bei der Betrachtung der Frage, ob uns die Arbeit ausgeht oder nicht, müssen wir den internationalen und den nationalen Aspekt sehen. Da wir in einer arbeitsteiligen Weltwirtschaft leben, lassen sich beide Aspekte nicht voneinander trennen. Unter beiden Aspekten sieht man sogleich: Wir können uns ein Weniger an Arbeit gar nicht leisten, müssen sogar *mehr tun.*

Und zwar aus jeweils gegensätzlichen Gründen: bei uns, weil wir weniger werden; in den jungen Ländern, weil sich ihre Völker mehren. So entnehmen wir dem neuesten Buch des »Club of Rome«, daß sich die Erdbevölkerung in den kommenden knapp fünfzig Jahren, bis zum Jahre 2030, fast verdoppeln, daß sie von heute fast fünf auf mehr als acht Milliarden Menschen wachsen wird. Die letzte Verdoppelung vollzog sich in den Jahren von 1930 bis 1975. Früher dauerten solche Vorgänge viel länger. Doch früher nahm die Bevölkerung aus ganz bestimmten Gründen zu, etwa als Folge der Einführung des Ackerbaus oder der Entdeckung von bestimmten Arzneien oder aufgrund von industriellen Entwicklungen. Diesmal ist es ganz anders: Die Weltbevölkerung wächst nämlich einfach aufgrund ihrer gegenwärtigen Zahl. Niemand kann das aufhalten.

Das aber bedeutet: In nur zwei Generationen werden wir noch einmal so vielen Menschen Platz machen müssen, wie derzeit auf der Erde leben. Und diese Menschen müssen leben, müssen ernährt, bekleidet werden, müssen ein Dach über dem Kopf haben. Das wiederum geht nur durch Arbeit, durch zusätzliche Arbeit. Davon entbindet uns selbstverständlich auch nicht die Tatsache, daß sich der Bevölkerungszuwachs vorwiegend in den Entwicklungsländern, also in den *jungen Ländern,* abspielen wird. Weltweit betrachtet: Arbeit in Hülle und Fülle. Kann sie aber finanziert, organisiert werden? Sie *muß,* sonst sind Milliarden dem Untergang geweiht.

Und wie steht es mit den *alten,* den industrialisierten Ländern, mit der Bundesrepublik?

Nun, wir werden kein junges Land sein. Wir werden mehr arbeiten müssen, weil wir weniger werden - das genaue Gegenteil der Entwicklung, die bei der Gesamtbevölkerung der Welt feststellbar ist. Der deutsche Lebensbaum hatte vor dem Ersten Weltkrieg die Pyramidenform einer Tanne im vollen Saft. Das ging nicht allein auf die hohen Geburtenziffern zurück, sondern auch auf die geringe Lebenserwartung. Man ist halt früher gestorben. Unsere Altersstruktur des Jahres 1910 entspricht ziemlich genau der Altersstruktur, wie wir sie heute in den Entwicklungsländern kennen.

Heute gleicht der deutsche Lebensbaum einer sturmzerzausten Bergkiefer; zwei Weltkriege haben an ihm genagt, mehr Alte und weniger Junge - so wird es sein. Wenn eine Modellrechnung des Statistischen Bundesamtes zutrifft, wird es im Jahre 2030 nur noch 41 Millionen Deutsche geben im Vergleich zu 56,4 Millionen im Jahre 1986. Im Vergleich zum Jahre 1910 wird sich der Altersaufbau also fast umkehren. Müssen wir die Arbeitszeiten dann wieder verlängern?

Ehe wir dieser Zukunftsfrage nachgehen, schauen wir uns ein wenig in der deutschen Arbeitsmarkt-Gegenwart um. »Wir stellen ein« - so steht es auf Anschlagtafeln vor vielen Werken namentlich im Süden des Bundesgebietes. Allerdings liegen die Dinge höchst differenziert. Da gibt es die Vollbeschäftigung in südlichen Räumen mit Arbeitslosenquoten unter fünf Prozent. Und da gibt es die Massenarbeitslosigkeit vorwiegend im Norden und Westen der Republik mit Quoten von über 15 und 20 Prozent. Diese *Differenzierung* nach *Räumen* geht einher mit einer Differenzierung nach *Branchen.* Wir haben das Bild einer durch und durch gespaltenen Konjunktur vor uns. Früher war das die Ausnahme; heute ist es die Regel.

Globalsteuerung wirkt nicht mehr

Aus alledem sind gewichtige Schlußfolgerungen zu ziehen. Es gibt nämlich infolge dieser Spaltung der Konjunktur kein globales Wachstum mehr. Und es entfällt damit auch die Möglichkeit zur globalen Steuerung der Wirtschaft. Deshalb ist das Stabilitäts- und Wachstumsgesetz aus dem Jahre 1967, damals eine Art Garant der permanenten Hochkonjunktur, vielfach unbrauchbar geworden. Würde nämlich generell Gas gegeben, käme es in prosperierenden Wirtschaftszweigen zu Überhitzungen, wogegen sich lahmende Produktionsbereiche überhaupt nicht bewegten. Es ist also im Augenblick nichts mehr mit der Globalsteuerung. Dabei galt sie noch bis vor wenigen Jahren als *das* Instrument der modernen Konjunkturpolitik. Diese globale Steuerung wurde auch häufig genug praktiziert – und überstrapaziert.

Wie kam das? Blenden wir noch einmal historisch zurück. Anfang der dreißiger Jahre stand der schon erwähnte große britische Nationalökonom Keynes vor dem amerikanischen Präsidenten Roosevelt. Der Gelehrte versuchte dem Politiker klarzumachen, wie man eine Wirtschaftskrise fürderhin verhindern könne, welche die Welt kurz zuvor an den Rand des Zusammenbruchs gebracht hatte. Keynes empfahl, grob vereinfacht ausgedrückt: Im Konjunkturabschwung nicht sparen, sondern Geld ausgeben; und ruhig Defizite im Staatsetat in Kauf nehmen. Gas geben, nicht bremsen.

Damals entstand das Schlagwort vom *Deficit-Spending,* von den bewußten Fehlbeträgen in den Staatshaushalten also, mit deren Hilfe die Wirtschaft angekurbelt wurde. Das haben wir wahrlich genug getan. Nicht aber haben wir die andere Sache geübt, nämlich die Staatsdefizite zurückzuführen, wenn die Wirtschaft wieder läuft. Die Folgen kennt man: überschuldete Staaten, nicht zuletzt in Amerika, wo sich Präsident Reagan als größter Keynesianer wider Willen erwiesen hat. Es gibt keine Spielräume mehr in den Etats.

Diese Art von Gasgeben funktioniert überdies zumindest konjunktur- und arbeitsmarktpolitisch nicht mehr. Und zwar nicht allein wegen der skizzierten Gespaltenheit nach Branchen und Räumen. Es gibt darüber hinaus zwei *neue Phänomene,* an die man Anfang der dreißiger Jahre gar nicht zu denken gewagt hatte. Das ist erstens die Tatsache, daß gesättigte Märkte existieren, *wenn* die Produkte dieselben bleiben. Und da ist zweitens der Umstand, daß in der Bundesrepublik eine Arbeit nur dann angenommen wird, wenn sie als zumutbar erscheint.

Obwohl es auch ein sozialer Fortschritt ist, daß man nicht alles tun muß, steckt hinter alledem auch eine Portion Verwöhntheit und Arroganz und ebenfalls Minderachtung von Dienstleistungen. Das ganze erklärt die Funktionsunfähigkeit der Keynes'schen Nachfrage-Politik. Und es erklärt eine der Ursachen für die Unterbeschäftigung: Arbeit, die da ist, wird nicht getan. Gewisse Dienstleistungen zu verrichten - das wird als die Aufgabe der Gastarbeiter betrachtet. Dabei liegen gerade hier die größten Beschäftigungsreserven, wie das Beispiel der Vereinigten Staaten zeigt. Alles in allem wird es allerdings ohne Produktion auch keine Dienstleistungen geben.

Im Bereich der Produktion muß der Begriff von den *gesättigten Märkten* relativiert werden. Wer nämlich am Puls des Marktes bleibt, wird auch mit einem herkömmlichen Produkt, neu kombiniert, seine Erfolge haben. Wäre es nicht so, würden in der Bundesrepublik nicht so viele Textilfabriken (nach einem harten Prozeß der Auslese) neu florieren. Das Auto ist zum Beispiel ein altes, ein hundert Jahre altes Produkt. Aber welche Chancen sind dieser Autoindustrie aus der Ölkrise und aus dem Umweltschutz erwachsen! Es gibt in Industrie und Gewerbe Prozesse der *schöpferischen Erneuerung* - die Uhrenindustrie ist dafür ein Beispiel.

Daraus folgert, daß wir schlicht das Angebot verbessern müssen. Dann kommt die Nachfrage automatisch nach. Massenkaufkraft ist ja da. Daß dieser Prozeß der Angebotsverbesserung im Gange ist, beweist die gegenwärtige, allerdings etwas abgeschwächte Welle an Investitionen auch zur Erweiterung der Kapazitäten. Hier ist man beim Stichwort der angebotsorientierten Politik, die im Gegensatz zur Nachfragepolitik nach Keynes steht. Daß zu dieser angebotsorientierten Politik auch die Beseitigung der vielfachen staatlichen Barrieren gehört, sei nur am Rande erwähnt.

In der Strukturpolitik umdenken

Die Spaltung der Konjunktur nach Branchen und Räumen wirkt sich zwangsläufig auch auf die Arbeitsmärkte aus. Wir haben es heute auch mit einem *fragmentarisierten Arbeitsmarkt* zu tun. Obwohl mit marktnahen, zeitgemäßen Produkten viel zu gewinnen ist, läßt sich doch nicht bestreiten, daß die Standorte mit althergebrachten Fertigungen beschäftigungspolitisch generell im Nachteil sind. Daß es dort Arbeitslosenquoten von 20 Prozent gibt, ist ebenfalls ein Versäumnis der Strukturpolitik. Da haben wir ebenfalls umzudenken. Viel zu lange hat diese Strukturpolitik ihr Schwergewicht auf die große Industrie gerichtet. Sie hat dabei nicht bedacht, daß Konzerne in strukturschwachen Räumen meistens lediglich Zweit- und Nebenbetriebe errichten, die nicht selten beim ersten Konjunktureinbruch dichtgemacht werden. Der eigenständige Mittelbetrieb ist hier viel wertvoller und beständiger. Daraus die Konsequenz zu ziehen, ist die eine Seite des Umdenkens.

Die andere Seite bezieht sich auf den Menschen. Wir dürfen nicht mehr länger auf die Beweglichkeit der Bürger bauen. Da wurde schon zu lange zuviel erwartet. Andere Faktoren sind entscheidend: Heimatgefühl, eigenes Häuschen, unterschiedliche Schulsysteme, vor allem aber der Arbeitsplatz der heute meist mitverdienenden Ehefrau lähmen die Mobilität. Eine derartige Seßhaftigkeit muß nicht unbedingt nachteilig sein. Sie wirkt vielmehr wenigstens ein bißchen jener ungesunden Ballung entgegen, die bei den Motoren des Wachstums, nämlich bei den hochtechnischen Produktionen wie Informatik, Mikroelektronik, Biotechnik so auffällig ist. Eine überlegte Strukturpolitik wird auch in der hochentwickelten Bundesrepublik darauf abzielen müssen, Arbeitsplätze *zu den* Menschen hin zu bringen, weil sich diese Menschen zum entfernt liegenden Arbeitsplatz hin nicht bewegen.

Ist eine Vermehrung der industriellen und gewerblichen Arbeitsplätze beim heutigen technischen Fortschritt überhaupt möglich? Es ist die bekannte Frage: Bringt dieser technische Fortschritt Arbeitslosigkeit nicht zwangsläufig mit sich? Diese These ist alt – bewiesen wurde sie nie. Das ist wie mit dem Handel unter zwei Industrieländern. Da hat man auch immer gedacht, ein solcher Warenverkehr muß erlahmen. Das Gegenteil war der Fall: Es entstanden nämlich immer neue, speziellere Märkte.

Wohl ist es richtig, daß moderne Produktionssysteme den Aufwand an Arbeitszeit je Produkteinheit verringern. Aber diese Systeme erzeugen zugleich, sofern ein Innovationsfluß im Gange ist, eine ständige Nachfrage nach neuen Produkten. Oder eine Nachfrage nach alten Produkten im neuen Gewand. Man denke nur an den Einfluß der Mode. Auf diese Weise nehmen die Bedürfnisse zu. Und man erkennt es im Alltag. Unser Leben wird immer komplizierter. Auch das als Folge neuer Bedürfnisse. Jedenfalls vermehrt sich auf diese Weise auch im Produktionsbereich die Zahl der Arbeitsplätze - trotz Rationalisierung. Es gibt eben immer mehr Möglichkeiten als Unmöglichkeiten.

Spielraum durch Innovation

Und trotzdem muß man fragen: Warum bleibt die industrielle Arbeitslosigkeit so hoch? Warum funktioniert der klassische Zusammenhang nicht? Wo liegt der Haken? Früher hätte man gesagt, daß die Innovationsschwäche der wunde Punkt sei. Ist diese Schwäche überwunden? Wohl nicht ganz. Sie ist nur nicht mehr so ausgeprägt wie noch vor, sagen wir zehn Jahren. Der so zögerliche Abbau der Arbeitslosigkeit kann jedenfalls nur durch eine intensivere Innovationstätigkeit überwunden werden - wenn man einmal von ganz anderen Ursachen wie der Schwarzarbeit absieht. Gibt es überhaupt noch Spielraum für die Einführung neuer Marktprodukte oder die Neukombination hergebrachter Produkte, für die Innovation also? Da wir ganz bestimmt noch nicht am Ende aller Entdeckungen in dieser Welt sind, existiert ein solcher Spielraum ganz gewiß. Denn die von der modernen Hochtechnologie abgesteckten Felder sind so gewaltig, daß wir längst noch an keinem Ende angekommen sind.

Man muß beim Stichwort Innovation auch nicht immer in die Hochtechnologie hineingreifen. Diese Innovation kommt vielmehr im Alltag ebenso vor wie in klassischen Bereichen. Unlängst ist in München Werner Eckart mit 77 Jahren als Gesellschafter der Pfanni-Werke ausgeschieden. Das war und ist auf diesem Gebiet ein innovativer Unternehmer! Er hat aus der Kartoffel ein Fertigprodukt gemacht und den Kartoffelbauern sichere Absatzmöglichkeiten erschlossen - mit den Mitteln des Marktes, nicht mit Hilfe der EG-Bürokratie. Das ist nur ein Beispiel. Es gilt also unvermindert, die Innovationen in der Erzeugung (die Entwicklung neuer Produkte oder neue Kombination bestehender Produkte) und im Absatz zu fördern. Schumpeter, der große Nationalökonom, hält ja nur den innovativen Unternehmer für einen Unternehmer. Die Schlußfolgerung: Wir gewinnen Arbeit durch verstärkte Innovationen.

Und Arbeit durch Verringerung der Arbeitszeit bei *vollem* Lohnausgleich - ist das kein Weg? Nun, die Reduzierung von Arbeitszeit zur Bekämpfung von Arbeitslosigkeit läuft auf Verteilung, nicht auf Vermehrung von Arbeit hinaus und damit tendenziell auf die Verringerung des Arbeitsvolumens. Gewiß hat die Reduzierung der Arbeitszeit in der Metallindustrie, vorwiegend in der Großindustrie, neue Stellen geschaffen - wieviele, darüber streiten sich die Geister. Aber sie hat in den im Grenzkostenbereich operierenden Betrieben zugleich Arbeitsplätze vernichtet. Den Saldo kennt niemand. Aber der ist entscheidend. Es kommt also auf die Kosten der Arbeit an.

Doch trotz allem: Generell wird sich die Arbeitszeit vorerst weiter verringern. Das ist einfach eine Frucht des technischen Fortschritts. Nach den Schätzungen des Prognos-Instituts werden wir im Jahre 2000 nur noch 1300 Stunden arbeiten; derzeit sind es etwa 1700 jährlich. Die Arbeitszeiten werden kürzer, ganz unabhängig von der Beschäftigungslage. Wo da die untere Grenze ist, weiß niemand. Diese Grenze gibt es jedenfalls. Seit dem Jahre 1960 arbeiten die Bundesbürger jedenfalls im Jahr bereits 398 Stunden weniger.

In der Fertigung - und das ist nicht die Industrie allein - entstehen zusätzliche Arbeitsplätze, je intensiver der Innovationsprozeß ist. Trotzdem liegt das größere Beschäftigungsreservoir in einem anderen Bereich. Es sind die *Dienstleistungen.* In unserem industrialisierten Land wird der Anteil der Produktion an der Gesamtwirtschaftsleistung generell sinken. Und zwar deshalb, weil die modernen Produktionen einen überproportionalen Zuwachs an Dienstleistungen, auch an Wartung, bringen - und weil die Freizeit länger wird. Auf diesen Feldern entstehen auch fortwährend Chancen für Neugründungen. Aber es werden kleinere Firmeneinheiten sein. 20 Prozent Produktion und 80 Prozent Dienstleistungen - so wird einmal das Verhältnis in Zukunft aussehen.

Dennoch werden wir eine Industriegesellschaft bleiben, in der die

Zahl an Arbeitsplätzen in den Dienstleistungen stets vom Wohl und Wehe der *Produktion* abhängt. Diese Produktion hat überdies ein zusätzliches Betätigungsfeld - den Umweltschutz. Er ist durchaus ein Verbündeter und kein Gegner der Technik. Der Umweltschutz der Zukunft wird über die Preise finanziert werden. Bei der Bewältigung der Altlasten geht das nicht. Da leben keine Verursacher mehr. Man wird also einen Teil des Sozialprodukts dafür aufwenden müssen. Die Früchte des Wachstums werden deshalb künftig nicht mehr von den beiden Sozialpartnern beansprucht werden können. Hier muß vielmehr etwas abgezweigt werden; hier wird sich einiges ändern.

Eine andere Arbeit?

Ändern wird sich aber auch die Organisation der künftigen Arbeitsplätze. Das Stichwort Jahresarbeitszeit weist darauf hin. Und die in allen Ländern zunehmende Schattenwirtschaft ist nicht allein die Folge von Arbeitslosigkeit. Sie ist vielmehr generell eine spontane Deregulierung. Vielen ist die Arbeitsorganisation heute zu rigide, die steuerliche Belastung zu hoch. Wenn die Schätzung einigermaßen zutrifft, daß das Sozialprodukt der Bundesrepublik dank Schwarzarbeit um 10 Prozent größer ist als das statistisch erfaßte, dann sieht auch das Beschäftigtenbild gleich günstiger aus. Denn diese 10 Prozent Sozialprodukt werden ja nicht allein in der Freizeit erbracht, sondern in einer ungeregelten, sozusagen »wilden« Erwerbstätigkeit. Freilich gibt es auch hier große Unterschiede je nach Region. Und jedenfalls gibt es hier bereits den vielzitierten zweiten Arbeitsmarkt. Doch auch die »offizielle« Tätigkeit im ersten Arbeitsmarkt wird künftig anders ablaufen als jetzt. Wo sich das organisieren läßt, werden die Arbeitszeiten unregelmäßiger als heute sein. Mit der nach dem Metallarbeiterstreik von 1984 möglich gewordenen Flexibilität ist das Tor zu einer solchen Abkehr von den starren Arbeitszeiten aufgestoßen worden. Im Block durcharbeiten, um dafür in einem anderen Zeitblock frei zu haben, auch das ist eine denkbare Zukunftsentwicklung. Zusammenfassend läßt sich sagen:

1. Wir können nicht mehr wie in den Zeiten, als das Keynes'sche Instrumentarium funktioniert hat, Arbeit per Knopfdruck herbei-

zaubern. Dafür ist die Konjunktur nach Branche und Raum zu gespalten; der Arbeitsmarkt ist es ebenfalls.

2. Arbeit wird zusätzlich durch Innovation entstehen. Jede Innovation zeitigt neue Bedürfnisse, damit mehr Arbeit. Die Freizeit-Bedürfnisse wachsen umso mehr, je moderner sich die industrielle Fertigung darstellt.

3. Aber wir müssen auch dazu bereit sein, diese Dienstleistungs-Arbeit zu erbringen. Es gibt nur wenig Arbeit, die letztlich unzumutbar ist.

4. Weltweit wird die Vermehrung der Menschheit das Volumen der Arbeit vergrößern. Entweder wir leisten diese Arbeit - oder ein Teil dieser Menschen hat keine Lebensmöglichkeit auf dieser Erde. Jedenfalls können wir nicht mehr auf die Bäume steigen und uns mit dem Pflücken von Äpfeln begnügen. Wir leben nicht im Schlaraffenland und werden nie darin leben.

5. Die demographische Entwicklung oder die demographische Revolution in der Bundesrepublik wird dazu führen, daß mehr Arbeit auf weniger Schultern verteilt werden wird. Wir müssen dann die Arbeitszeit vorübergehend verlängern.

6. Der Umweltschutz wird einen Teil des Sozialprodukts für sich beanspruchen; die Zeit neigt sich dem Ende zu, in der die beiden Sozialpartner den jährlichen Produktivitätszuwachs unter sich verteilen konnten. Der Ersatz alter Technologien durch neue, umweltfreundlichere Techniken wird ein immerwährender Prozeß werden - und ein großes Wachstumsfeld.

7. Wie die Arbeit verrichtet wird - hier wird sich einiges ändern. Das gilt für die Organisation der Arbeit und den Ausbildungs- sowie Wissensstand der Arbeitenden.

In der Welt und in der Bundesrepublik stehen wir also vor einem Berg unbewältigter Arbeit. Denken wir darüber nach, wie diese Arbeit zu bewältigen ist. Denn das Nachdenken ist nach Goethe die edelste Möglichkeit, klug zu sein. Die anderen beiden Möglichkeiten sind bekanntlich die Nachahmung als die leichteste und die Erfahrung als die bitterste Möglichkeit. Es ist auch nur gut, wenn wir Arbeit haben. Denn der Mensch will sich beweisen. Er will gefordert sein, auch wenn es heute manche schon bezweifeln.

Es wird diesen Menschen auch gelingen, die wachsende Produktivität für sich zu nutzen. Neue Techniken schaffen nämlich, wie gesagt, mehr junge Arbeitsplätze, als sie alte vernichten. Die jüngste, in der Bundesrepublik von acht wirtschafts- und sozialwissenschaftlichen Instituten erarbeitete sogenannte Meta-Studie für den tertiären Bereich hat dies bestätigt. Danach ist der Beschäftigungsgewinn in jenen Bereichen am größten, in denen verstärkt moderne, maschinelle Hilfsmittel eingesetzt werden. In den Dienstleistungsbereichen mit überdurchschnittlichen Investitionen vermehrten sich die Mitarbeiter zwischen 1980 und 1985 um 8,6 Prozent, wogegen unterdurchschnittlich innovative Firmen des tertiären Bereichs ihre Mitarbeiterzahl um 1,4 Prozent reduzieren mußten. Ähnliches läßt sich in der Industrie beobachten.

Wirtschaftspolitik des Partikularen

Allerdings - dieser Drang zu Neuem muß sich auch Bahn brechen können. Daß die von der Bürokratie aufgebauten Hindernisse zu groß und oft auch völlig sinnlos sind, ist mittlerweile erkannt. Bloß sind daraus die Konsequenzen noch nicht im erwünschten Ausmaße gezogen worden. Hier muß man einiges Grundsätzliche zum freien Markt in einer demokratischen Gesellschaft sagen und zu den Strömungen, die den in diesem Aufsatz aufgestellten sieben Vollbeschäftigungs-Maximen zuwiderlaufen. Die reine Lehre der Marktwirtschaft wird in der Bundesrepublik nicht praktiziert. Das ist kein Schaden; schließlich gibt es die vom Sozialen, ja vom Ethischen her gezogenen Grenzen. Selbst in den USA wurden sie inzwischen ein bißchen markiert. Erfreulicherweise tendiert indessen heute die Richtung eher in die einer praktizierbaren Marktwirtschaft mit möglichst wenig staatlichen Eingriffen.

Das ist noch nicht lange so. Die Zeit, in der viele sich in Utopien eines perfekten Staates geflüchtet hatten, liegt erst kurz zurück, zumal da nach dem Krieg die Keynesianische Lehre so angenehm suggeriert hatte, Konjunktur und Wachstum ließen sich nach Belieben steuern. Und wenn nur die Fiskal- und Geldpolitik richtig eingesetzt würden, seien Arbeitslosigkeit wie Inflation zu verhindern - so auch die »neoklassische Synthese« von Paul Samuelson. Von hier führt, wie dargestellt, der Weg unmittelbar in die wirtschaftspolitische Globalsteuerung Karl Schillers. Später, besonders in den siebziger Jahren mit ihren zahlreichen und teilweise gezielten Wirtschaftsprogrammen, zeigte sich, daß Inflation *und* Wachstum zugleich auftraten, daß wirtschaftspolitische Eingriffe unwirksam, ja schädlich sein konnten. Diese Erkenntnisse führten zu der in der Gegenwart feststellbaren Umorientierung.

Ein Teil der ökonomischen Gründe dafür, warum die Mittel der Globalsteuerung nicht mehr greifen, wurde bereits genannt (konjunkturelle Gespaltenheit nach Branchen und Räumen und eigenartige Verfassung des Arbeitsmarktes, der den Namen Markt nicht verdient). Es gibt noch tiefergehende Ursachen. Die Bundesrepublik ist ein *Interessentenstaat,* in dem sich Minderheiten lauter - und erfolgreicher - artikulieren als Mehrheiten. Staatliche Eingriffe begünstigen daher vor allem einzelne Interessengruppen. Weil die Bürgermehrheit dies zunächst gespürt und dann erkannt hat, will man den Staat finanziell nicht mehr mächtiger werden lassen. Wie Bruno S. Frey in seiner »Theorie demokratischer Wirtschaftspolitik« schreibt, kann die Regierung gar nicht unabhängig handeln. Sie wird vielmehr von den verschiedensten gesellschaftlichen Kräften beeinflußt. In diesem Prozeß spielen, so Frey, wirtschaftliche und politische Institutionen - insbesondere Parteien, staatliche Verwaltung und private Interessengruppen - eine bedeutende Rolle. Frey hat hier die Gewerkschaften nicht aufgeführt, aber sicherlich mit gemeint.

Jede Regierung, jede Partei, jeder Abgeordnete sieht in einem solchen System auf die partikulären Interessen derer, die sich lautstark bemerkbar machen, um deren Stimmen man buhlt. Typische Gegenwartsbeispiele sind Landwirtschaft und Stahlindustrie. Das führt zur Bedienung von Interessen der Minderheiten. Sind dann alle Minderheiten befriedigt, so ist daraus eine Mehrheit geworden. Man muß dann *allen* die Privilegien streichen, weil sie nichts mehr bewirken. Daraus kann eine durchgreifende Steuerreform entstehen, wie unlängst die vielbewunderte in den USA. Und das Spielchen beginnt von vorne. Die Anfälligkeit besonders der Parlamente bei der Berücksichtigung von Sonderinteressen hat ja schon den Schweden Wicksell Ende des vorigen Jahrhunderts dazu veranlaßt, sich für ein steuerliches Vetorecht jedes einzelnen Abgeordneten einzusetzen, auf daß wirklich nur die unbedingt notwendigen Staatsausgaben beschlossen würden. Und der amerikanische Präsident Reagan fordert eine parlamentarische Dreiviertel-Mehrheit für alle steuerlichen Maßnahmen.

Da alle Länder heute hoch verschuldet sind und gleichwohl durchweg, von wenigen Ausnahmen abgesehen, eine relativ hohe Arbeitslosigkeit aufweisen, wundert es nicht, daß die Staatsgläubigkeit allmählich schwindet. Das ist ein gesunder, willkommener Prozeß. Denn man muß beileibe nicht so weit gehen wie der amerikanische Nationalökonom John Kenneth Galbraith, der den Staat als das ausführende Organ der Großindustrie sieht, um Frey darin zuzustimmen, daß in einem demokratischen System die Regierung keine Politik ohne Rücksicht auf andere Entscheidungsträger verfolgen kann. Und auch keine Maximierung der Wohlfahrt der Bevölkerung, denn dabei könnte die Regierung möglicherweise in Konflikt mit den mächtigen Interessengruppen geraten.

Ist denn dann, so ließe sich folgern, wenn die Wirtschaftspolitik mit derart vielen Partikularinteressen durchsetzt und ergo von Egoismen bestimmt wird, das staatskapitalistische System das bessere? Ganz sicherlich nicht, wie wir an den Früchten dieses Systems in östlichen Ländern mit Leichtigkeit erkennen können. Denn der dort befohlene Altruismus heißt dann Sozialismus, und dieser führt zum viel schlimmeren, weil schmarotzerhaften und dabei verdeckten Egoismus der Nomenklatura-Kaste.

Die Auswege aus dem meistens offen sichtbaren Partikular-Egoismus in den westlichen Demokratien können eigentlich nur heißen: erstens Zurückdrängung der ja offenkundigen Sonderinteressen und ihre Einbindung in das Allgemeinwohl; zweitens muß verhindert werden, daß der Staat mehr Geld in Händen hat als unbedingt notwendig, was übrigens schon der finanzwissenschaftliche Großmeister Adolph Wagner gefordert hatte. Allerdings darf man die Augen nicht vor den Tatsachen verschließen. Mit dem einen Versuch haben wir bereits Schiffbruch erlitten, und mit dem anderen droht uns der Schiffbruch.

Zwei negative Beispiele

Erinnern wir uns: Am 14. Februar 1967 war eine wahrlich denkwürdige Institution ins Leben gerufen worden: die *Konzertierte Aktion,* untrennbar verbunden mit dem Namen des heute 75jährigen Professors Karl Schiller. Dieser Bundeswirtschaftsminister hat die Einrichtung denn auch souverän beherrscht. Die Aktion, an der sich damals fast alle begeisterten, die aber heute fast vergessen ist und nach der sich dennoch so manche zurücksehnen, war der Versuch, alle wesentlichen am Wirtschaftsgeschehen Beteiligten am runden Tisch zusammenzubringen und auf das Gemeinwohl zu verpflichten. Bereits der Wissenschaftliche Beirat beim Bundeswirtschaftsministerium hatte 1956 die Idee dazu gehabt. Der Sachverständigenrat zur Begutachtung der gesamtwirtschaftlichen Entwicklung griff sie 1964 auf, und Schiller realisierte alles.

Er versuchte damals, als das sogenannte Wirtschaftswunder 1966 in eine Rezession umgeschlagen war, mit Hilfe der Nachfragepolitik einen Aufschwung nach Maß – der Stern des John Maynard Keynes erstrahlte noch einmal. Der Aufschwung gelang, wobei Schiller nicht allein das auch von ihm hoch eingestufte freie Spiel der Marktkräfte abgewartet, sondern ebenfalls auf die Einsicht der Sozialpartner in die Sachzwänge vertraut hatte. Das war nicht vergeblich. Die Gewerkschaften hielten sich in der Rezession zurück, reklamierten aber bald (auch teilweise befriedigten) lohnpolitischen Nachholbedarf.

Die Lohnleitlinie, die immer wieder auftauchte, obwohl es sie gar nicht geben durfte (sollte), wurde zum Reizwort für die Gewerkschaften. Die Partikularisten traten an. Saßen am Beginn 1967 erst (oder immerhin bereits) 37 Vertreter der sieben wichtigsten Verbände sowie der Bundesbank, des Sachverständigenrates, des Kanzleramtes und der Ministerien um den runden Tisch, so waren es zehn Jahre später mehr als doppelt soviele. Jeder Verein wollte dabeisein. Und alle dachten allein an die eigene Klientel. Die Sache scheiterte – 1977 zogen die Gewerkschaften aus der Aktion aus. Damit war der Traum ausgeträumt, gegensätzliche Interessen der Sozialpartner in einer gemeinsamen Einrichtung zu kanalisieren, war der Versuch mißglückt, Konsens an die Stelle des für Beschäftigung und Stabilität gefährlichen Konflikts zu setzen. Es war der große Schiffbruch beim Versuch, partikulare Interessen hintanzustellen.

Schiffbruch Nummer zwei droht bei der Finanzierung der für 1990 geplanten *Steuerreform* im Ausmaß von 45 Milliarden DM brutto. Dieser Anlauf ist im Ziel überzeugend: niedrigere Steuern für alle und möglichst keine Ausnahmen für jene, die ohnedies mehr verdienen und die Schlupflöcher zu nutzen wissen, die durch allerlei Vergünstigungen oder offene Subventionen von der Staatskasse bedacht werden - zu Lasten eben der Bürgermehrheit.

Schon in der Diskussion über diese Reform zeigen sich eklatant die Tücken des Interessentenstaates, wobei die Partikularen besonders in den Bundesländern und bei den Kommunen liegen. Aus allen Ecken und Enden kommen die Einwendungen und besonders aus dem Lager derer, die das Geld lieber selber verwalten, als es den Bürger verwalten zu lassen.

Dabei ist es einmal ganz nützlich, zurückzublicken: Fast jeder der bisher zwölf Finanzminister der Republik hat Pläne zur Senkung der Steuern im Auge gehabt. Alex Möller, der an der Ausgabenwut seines Kanzlers Brandt aufgelaufene SPD-Bundesfinanzminister, wollte den ganzen Wildwuchs sogar gründlich beschneiden. Es kam nie zu einer wirklichen Steuerentlastung, allenfalls zu einer Korrektur heimlicher Steuererhöhungen. Die jetzige Koalition hat sich immerhin selbst unter Zug- und Erfolgszwang gesetzt; die Steuerreform ist gewissermaßen die Geschäftsgrundlage ihres Regierens. Würde es allerdings lediglich eine Umverlagerung von Steuerlast, wäre auch das ein Scheitern.

Diese beiden Beispiele, das Eingehen der Konzertierten Aktion und die Widerstände gegen die Steuerreform, unterstreichen auf geradezu klassische Weise, wie schwierig es ist, das wirkliche Interesse der *Bürgermehrheit* durchzusetzen, ein Interesse, das viele nur als Alibi benutzen. Der lineare Tarif, die Rückführung der Staatsquote, die Rückgabe von Handlungsspielraum an den Bürger, das Abrücken von der Vorstellung, immer nur Geld anderer verteilen zu können - das sind geradezu ideale marktwirtschaftliche Ziele der Steuerreform. Doch da werden Ministerpräsidenten, die sonst schnell mit der Gewährung von Subventionen bei der Hand sind und die Forderungen nach mehr Markt immer auf den Lippen führen, plötzlich zu reinen Merkantilisten und Kommunalpolitiker zu Propheten des materiellen Untergangs. Wer aber abwarten wollte, bis der öffentliche Finanzbedarf gedeckt ist, der müßte auf den Sankt-

Nimmerleinstag warten. Man hat eben gerne die Hand in der Tasche des anderen, so daß es dann nicht mehr reicht, wenn wirkliche Not überzeugend gelindert werden muß.

Postulate des Leistungsgedankens

All diese Betrachtungen und Gedankengänge dürfen und sollen nicht zu Resignation über die Möglichkeiten staatlicher Wirtschaftspolitik führen, die in einem Gegensatz zu dem noch in den siebziger Jahren so weit verbreiteten Glauben an die Fähigkeiten des Staates stehen würde. Der Nachtwächterstaat früherer Jahrhunderte ist gestorben, der Allmachtsstaat von vorgestern aber auch überholt.

Heute hat der Staat die wirtschaftliche *Grundordnung* zu schaffen, innerhalb derer sich der Einzelne entwickeln kann - und bewähren muß. Denn auch das sei klar postuliert: Wer den Wohlfahrtsstaat übertreibt, wer sehenden Auges Mißbräuche duldet, der untergräbt die Dynamik der Marktwirtschaft. Schlechte Sitten stecken an. Das Individuum muß sich zur Selbstentfaltung, zur Forderung seiner Kräfte veranlaßt sehen, auch wenn der Sozialstaat für den *wirklich* Schwachen gebraucht wird und eine Vergötzung allein des Erfolgreichen abzulehnen ist. Die menschliche Kreativität ist eine motorische Kraft - die *reine* Selbstverwirklichung übrigens eine Absage an die Gemeinschaft.

Eine Marktwirtschaft braucht, auch wenn sie sich mit dem Beinamen »sozial« schmückt, den Wettbewerb; dieser Wettbewerb wiederum braucht die Leistung. Jede Verfälschung des Wettbewerbs und ergo jede Subvention schädigt die Mehrheit der nicht Begünstigten. Das ist teurer als das Geld, das diese Subvention kostet. Wie das Trauerspiel um die Privatisierung der Deutschen Lufthansa zeigt, wo Bundesbesitz nicht in Privatbesitz, sondern neuerdings in Landesbesitz übergeht, ist der Staat noch längst nicht dabei, sich dort herauszuziehen, wo er nichts verloren hat, nämlich aus dem reinen wirtschaftlichen Bereich ohne jedes Gemeinschaftsinteresse. Die Wahl- oder Sonntagsreden vieler führender Politiker stehen da ja in einem eigenartigen Kontrast zum Handeln in der Wirklichkeit. Auch das belegt übrigens die These, daß eine Regierung von mächtigen Einzelinteressen ebenfalls *innerhalb* des staatlichen Apparates abhängig ist.

In der Allokation, also in der Verwendung und Aufteilung der verfügbaren Ressourcen, sind gleichfalls noch immer weite Bereiche maßgeblich von staatlichen Eingriffen abhängig, die sich nur zum geringen Teil, beispielsweise im Personennahverkehr, einigermaßen durch übergeordnete Gesichtspunkte rechtfertigen lassen. Daß daneben natürlich auch die dem Staate vorbehaltenen Bereiche existieren, und zwar von der Geburt bis zur Beerdigung, sei nur am Rande und zur Vermeidung von Mißverständnissen erwähnt. Doch selbst im Krankenhauswesen zum Beispiel sind - innerhalb eines vom Staate vorgegebenen Ordnungsrahmens - durchaus privatwirtschaftliche Modelle vorstellbar. Sie würden manchmal wohl auch vorteilhafter, weil produktiver sein. Denn das Staatsversagen ist in fast allen Bereichen meistens noch erheblich größer als das Marktversagen, das es ebenfalls gibt und nicht in Abrede gestellt werden darf. Daß indessen der Staat im wirtschaftlichen Bereich noch mehr Fehler macht als der Markt, ist einleuchtend, steht doch das Individuum dem Markt allemal näher als die Verwaltung. Leider läßt es sich seriös gar nicht ermitteln, welchem Teil - Staat oder Markt - die größere Schuld an der gegenwärtigen Arbeitslosigkeit zukommt, zu deren Beseitigung - nochmals sei es gesagt - es im wesentlichen nur einen Weg gibt: Innovation und Leistung.

Ergebnisse des Denkens

Technische Erneuerungen als Folge dieser Innovation werden stets von schöpferischen Menschen, meistens den Unternehmenden, getragen. Es gibt sie im Kleinen wie im Großen. Und zwar im *Kleinen* häufiger, weil auch der kleinere Unternehmer beweglicher, anpassungsfähiger, erfinderischer ist als der Großkonzern, der oft fast genau so unbeweglich ist wie eine öffentliche Verwaltung. Ausnahmen bestätigen auch hier die Regel, wie die im Durchschnitt recht junge Produktpalette so mancher Elektro- und Computerkonzerne zeigt.

Überdies gibt es ohnehin Produkte, die vorwiegend von Großfirmen entwickelt und in den Markt eingeführt werden können – und dann ganze mittelfristige Konjunkturzyklen auslösen. Dazu zählen etwa die Einführung der Eisenbahn, der Spinnmaschinen, des Telephons, dazu zählt die industrielle Verwertung der Dampfkraft, die Entwicklung der Kunststoffe, neuerdings die der Datenverarbeitung, wobei sich gerade hier Betätigungsfelder für dynamische und ideenreiche Newcomer eröffnet haben. Oft ist es auch so, daß kleinere Firmen technisches Neuland betreten, die weitere Entwicklung aber aus Kapital- und Personalmangel den Großen überlassen.

Erfolgsstreben als Motor

Diese Großen erzielen dann mit neuen oder auch mit nur neu kombinierten Produkten die größten Erfolge, die Gewinne zunächst von Monopolisten, wie Schumpeter sagt. Ist also dann eine Wirtschaftspolitik, die durch einen liberalen Ordnungsrahmen der Innovation zu solchen Erträgen, ja »Profiten« verhilft, rein materialistisch? Und damit fast schon verwerflich? Kann, läßt sich weiter fragen, eine derartige Wirtschaftspolitik *ohne Ethik* auskommen? Das kann sie zweifellos nicht, selbst wenn es heute so aussieht, wobei allerdings zunächst einmal festzuhalten ist, daß das Streben nach Erfolg und Wohlstand allein keineswegs negativ zu bewerten ist, keineswegs bloß als die erwähnte reine Vergötzung des Materiellen abgetan werden darf. Wer, ehrlicher als dies in früheren Zeiten der Fall war, das Glück im Diesseits und nicht erst im Jenseits erstrebt, wer sich nicht mehr wie einst für Institutionen und Ideologien aufopfern will, ist gerade nach den Erfahrungen in diesem Jahrhundert kein Schädlicher, kein Verdammenswerter.

Allerdings müssen wir auch einräumen, daß die großen und verehrungswürdigen Gestalten dieser Welt in den seltensten Fällen Großverdiener, sondern *Diener* waren. Trotzdem bleibt das Streben nach Wohlstand ein willkommener Motor. Es hat nur seine Grenzen dort, wo die Gemeinschaft geschädigt wird. Hier liegt die Grenze der auch von Theologen bemängelten Ich-Konzentrierung des Gegenwartsmenschen, der hinwiederum das vielfach zu beobachtende Streben nach Humanisierung der Wirtschaft und des Wettbewerbs entgegensteht. Wir stehen heute *zwischen* vielen Strömungen. Der eine wird mehr in diese, der andere in jene Richtung gezogen. Aber das beweist immerhin, daß wir uns nicht von extremer Strömung verschlingen lassen.

Doch tauchen wir wieder in den Alltag ein. Am Denken - und an der Nutzung einer hohen Produktivität - liegt es, ob sich die Wirtschaftspolitik so weiterentwickelt, daß die Arbeitslosigkeit allmählich sinkt, das Sozialprodukt steigt. Und allein durch Wachstum kommen wir zur Vollbeschäftigung zurück (- sofern wir nicht am Ende aller Entwicklungen angekommen sein sollten - und das sind wir nicht). Das aber wird noch ein weiter, indessen ein gangbarer Weg werden, wie sich aus einer mutigen Vorausschau des Deutschen Instituts für Wirtschaftsforschung ergibt. Danach wird die Arbeitslosigkeit bis zum Jahre 2000 zwar zurückgedrängt, aber nicht ganz beseitigt sein. Die 2,228 Millionen Erwerbslosen des Jahres 1986 werden sich auf 960000 vermindert haben, und zwar bei einer Verkürzung der Arbeitszeit - Arbeitszeitverkürzung nicht als Mittel zur Überwindung der Erwerbslosigkeit, sondern als Folge der Nutzung von steigender Produktivität. Das Sozialprodukt wird dann von 1949 Milliarden DM auf 2525 Milliarden DM (zu Preisen von 1986) gestiegen, die Bevölkerung gesunken sein. Das wären, bis auf die Bevölkerungszahlen, keine schlechten Aussichten.

Ob es so kommen wird? Es könnte sogar noch besser kommen - als Ergebnis des Denkens. Intensives Denken wird allerdings durch eine Freizeitgesellschaft, auf die wir uns zubewegen, und auch durch den damit verbundenen Hang zur Bequemlichkeit keineswegs gefördert, im Gegenteil. Dies ist ein wunder Punkt.

Oder wird umgekehrt ein Schuh daraus - Ausgeruhtsein fördert das Denken *denkender* Menschen? Jedenfalls: auch wenn die Düsternis des englischen Pfarrers und Nationalökonomen Thomas Malthus (1766 bis 1834), für den Massenelend etwas Unvermeidliches war, längst gebannt ist und nicht mehr wiederkehren wird, so sollten wir trotzdem mitnichten glauben, in einem Schlaraffenland zu leben. Arbeit entsteht allein durch Denken, durch die Leistung von sich fordernden Menschen, keineswegs durch die schlichte Verteilung des Sozialprodukts. Förderte Freizeit Denken und Leistung, wären wir mit der langen Freizeit in unserem Land gut daran. Doch ist nicht die Gefahr größer, daß die Freizeitgesellschaft schöpferisch einschläfert?

Dialog der Generationen: Auf die Jugend kommt es an

Schlußbetrachtung von Hellmuth Buddenberg

„Die junge Generation, daran gibt es keinen Zweifel, bekommt die Auswirkungen der Umbrüche voll zu spüren. Aber sieht sie den Zusammenhang? ...

Ich bin überzeugt, daß hier noch vieles im argen liegt ... Wir müssen daher versuchen, den unlösbaren Zusammenhang von freiheitlicher Grundordnung und sozialer Marktwirtschaft für die Jugend zu einem zentralen Thema zu machen. Voraussetzung dafür ist, daß es uns gelingt, auf allen Bildungsebenen zwischen Elternhaus und Beruf ökonomische Perspektiven und wirtschaftliches Denken in den Dialog der Generationen einzubringen."

Die Bundesrepublik Deutschland hat die Umbrüche im letzten Jahrzehnt gut überstanden. Das System der sozialen Marktwirtschaft hat sich bewährt. Das ist die Quintessenz der in diesem Buch vorgelegten Erfahrungsberichte, so kontrovers einzelne Entscheidungsabläufe auch beurteilt werden.

In zahlreichen Ausführungen wird der Energiebereich hervorgehoben, dem in dieser krisenreichen Zeit eine Schlüsselrolle zukam. Daß es uns gerade auf diesem Sektor gelungen ist, ohne Preisgabe marktwirtschaftlicher Prinzipien härtesten Herausforderungen gerecht zu werden, kann in der Tat als wichtiger Beitrag zur Konsolidierung der Rolle unseres Landes im Führungskreis der Industrienationen gewertet werden.

Ebenso deutlich machen die Autoren aber auch, daß wir auf weitere Umbrüche gefaßt sein müssen. Wie die Energieversorgung arbeiten alle Bereiche der Wirtschaft in einem Netz internationaler Beziehungen. Die daraus resultierenden wechselseitigen Abhängigkeiten verdichten und verstärken sich unaufhaltsam. Sie zwingen uns auf allen Entscheidungsebenen zu äußerster Wachsamkeit, Flexibilität und Kreativität.

Es ist nicht Sache des Herausgebers, eine Schiedsrichter-Position einzunehmen. Ich verzichte daher darauf, an dieser Stelle zu einzelnen Sachkomplexen, die unter den Autoren umstritten sein mögen, Stellung zu nehmen. Mir geht es um die gemeinsame Basis: um jene freiheitlichen Grundüberzeugungen, die uns heute wie in den vergangenen Jahrzehnten zur Erhaltung und zum Ausbau der erfolgreichen sozialen Marktwirtschaft motivieren.

Meine Frage, mein Thema ist, ob diese gemeinsame Basis und das von ihr getragene »System« auch in der Jugend fest genug verankert sind, um künftigen, uns noch unbekannten Belastungen standhalten zu können. Auch die beste Gesellschaftsform und die effizienteste Wirtschaftsordnung stoßen an ihre Grenzen, wenn ihre Vorzüge von der nachwachsenden Generation nicht ausreichend erkannt, wenn ihre Möglichkeiten nicht auch von jungen Leuten mit Tatkraft und neuen Ideen in die Praxis umgesetzt werden.

Ich mache mir nicht etwa Gedanken, wir könnten eines Tages einen Mangel an qualifizierten Bewerbern für Führungspositionen in Wirtschaft und Gesellschaft zu beklagen haben. Im Gegenteil: Ich schätze die Anziehungskraft unserer freiheitlichen Ordnung auf junge

Menschen, die in der Verantwortung für andere im Leben etwas leisten, etwas bewegen wollen, so hoch ein, daß ich hier auch auf weite Sicht optimistisch bin.

Meine Sorge gilt dem Teil der Jugend, der sich nicht integrieren, nicht in die gemeinsame Pflicht nehmen lassen will, sondern Problemen der Gemeinschaft gleichgültig und in Zurückhaltung bis zur bewußten Abwehrhaltung gegenübersteht. Es ist für mich nicht eine Frage der Zahl dieser jungen Menschen. Es liegt im Interesse aller, die gemeinsame Basis, von der ich sprach, so breit wie möglich auszubauen, also vor allem Jugendliche, die nicht ideologisch verrannt, sondern als Betroffene akuter Umbrüche ganz einfach verunsichert sind, in unseren Grundkonsens einzubeziehen.

Ich könnte an dieser Stelle einer besseren, wirkungsvolleren Selbstdarstellung unseres Systems durch Personen und Institutionen, die es repräsentieren, das Wort reden. Doch damit würde ich dem Problem, mit dem wir uns auseinanderzusetzen haben, kaum gerecht. In Wahrheit geht es doch immer wieder um den sehr viel weiter gefaßten Dialog der Generationen, dessen Effektivität unsere gemeinsame Zukunft wesentlich mitbestimmt.

Zwar haben sich im »Zeitalter der Diskontinuitäten«, wie Aurelio Peccei, einer der Gründungsväter des Club of Rome, die Phase der Umbrüche genannt hat, im Verhältnis der Generationen besonders tief in überkommene Verhaltensmuster einschneidende Veränderungen vollzogen. Dennoch erwarten wir nach wie vor, daß gerade dieser Bereich - vom Elternhaus über Schule und Universität bis weit in die berufliche Praxis hinein - für *die* Kontinuität sorgt, auf die keine Gesellschaft verzichten kann. Wie zu allen Zeiten sollen auch heute jungen Menschen im Umgang mit älteren Erfahrungen vermittelt, Werte und Ziele der Gemeinschaft nähergebracht werden, damit das Überleben unserer freiheitlichen Ordnung gesichert bleibt.

Ich habe dem Spannungsfeld, das sich uns hier auftut, während des kritischen Zeitraums, den die Autoren des Buches bevorzugt behandeln, stets mein besonderes Interesse gewidmet. Als ich 1976 Vorstandsvorsitzender der Deutschen BP wurde, gehörte die Neuordnung des betrieblichen Bildungswesens zu den ersten Projekten, die ich in Angriff nahm. Seither erreichen wir von den Auszubildenden über die Fach- und Führungskräfte bis hin zu älteren Mitarbeiterinnen und Mitarbeitern (Programm »Älterwerden im Betrieb« und

»Arbeit und Alter«) praktisch die gesamte Belegschaft. Alle Ausbildungswege, Trainingskurse und Seminare sind so ausgelegt, daß mehrere Altersstufen in den Erfahrungsaustausch eintreten: Dem Dialog der Generationen wird überall eine zentrale Stellung eingeräumt.

Doch ich möchte hier nicht spezifischen Erfahrungen nachgehen, die wir im Laufe der Jahre mit unseren Vorstellungen und Modellen sammeln konnten, sondern einige grundsätzliche Bemerkungen zum Thema machen. Sie konzentrieren sich auf drei Punkte: auf das Verhältnis von Erwartungshorizonten und Prognosen, auf die seit 1968 offenkundigen Brüche im Verhältnis der Generationen und auf die Notwendigkeit, ökonomische Perspektiven auf allen Bildungsebenen in den Dialog mit der Jugend zu integrieren.

Erwartungshorizonte und irreführende Prognosen

Bei der Durchsicht älterer Jahrgänge der Vierteljahresschrift BP Kurier bekam ich kürzlich auch zwei Hefte aus der Mitte der sechziger Jahre in die Hand, in denen »Die Welt der nächsten fünf Jahrzehnte« vorgestellt wurde. Es handelte sich um den *Gordon-Helmer-Bericht*, eine vieldiskutierte Langzeitstudie der Rand Corporation in Kalifornien. In Zusammenarbeit mit einer großen Zahl namhafter Experten und Wissenschaftler aus allen Teilen der Welt hatten T. J. Gordon und Olaf Helmer damals Schätzungen erarbeitet, wie es mit der Menschheit weitergehen könnte, wann mit bestimmten Forschungsergebnissen und wann mit erhofften technischen Entwicklungen zu rechnen sei.

Die Ergebnisse zeichneten ein Zukunftsbild, das sich in wesentlichen Punkten als allzu optimistisch erwiesen hat.

- Die meisten der befragten Fachleute gingen (im Gegensatz zu den beiden Autoren) davon aus, daß sich die Wachstumskurve der Weltbevölkerung schon bald deutlich abflachen werde: auf 4,8 Milliarden schätzten sie die Menschheit im Jahr 2000, die 6 Milliarden-Grenze sollte erst im Jahr 2050 erreicht werden.
- Die Aufnahme der Energiegewinnung durch kontrollierte Kern-

fusion und die industrielle Ausbeutung von Bodenschätzen unter dem Meeresgrund erwartete die Mehrheit noch vor 1990, eine pessimistische Minderheit bis zum Jahr 2000.
- Zwei weitere Durchbrüche sollten der Menschheit nach Ansicht der jeweils zuständigen Experten in der Zeit zwischen 1980 und 2000 gelingen: die allgemeine Immunisierung gegen Krankheiten und die wirksame, wirtschaftliche Wetterbeeinflussung zu zivilen und militärischen Zwecken.

In ihrer Schlußbetrachtung wiesen die Autoren auch auf Gefahren am Weg des Fortschritts hin:
- Sie warnten vor dem Ausbruch eines neuen Weltkriegs »durch Eskalation oder Zufall« und vor dem möglichen Mißbrauch der mit Sicherheit zu erwartenden genetischen Eingriffsmöglichkeiten.
- Sie sahen die Menschheit zwar einer Periode entgegengehen, »in der es einen Überfluß an Energiequellen, Nahrungsmitteln und Rohstoffen geben wird«, aber eine einigermaßen »gerechte Verteilung der lebenswichtigen Güter und Hilfsquellen« und damit die Vermeidung von gefährlichen Konflikten sei nur zu erreichen, wenn die Industrieländer ihre Politik auf dieses Ziel konzentrierten. (Die von ihnen befragten Experten waren zu dem Ergebnis gekommen, eine Sicherung des »Existenzminimums für die Weltbevölkerung« sei nicht vor dem dritten Jahrzehnt des nächsten Jahrhunderts zu erwarten.)
- Für die Industrieländer sahen sie die Gefahr heraufziehen, daß mit dem Vordringen der Automation »breite Bevölkerungsschichten in einer Wirtschaft potentiellen Überflusses keine angemessene Arbeit finden«. Um diese neuartige Wohlstandssituation zu meistern, müßten andere Lebensformen, »vor allem neue Formen der Freizeitgestaltung« gefunden werden.

Im Gordon-Helmer-Bericht wurde das von der Rand Corporation entwickelte, methodisch abgesicherte Verfahren der Experten-Umfragen erstmals auf eine langfristig angelegte Globalstudie angewendet. Selbstverständlich konnten spätere Umbrüche in die Schätzungen nicht einbezogen werden. Aber darüber hinaus wurden auch Fragen nach den Folgen erwarteter Entwicklungssprünge weitgehend ausgeschlossen, sektorale und regionale Wechselwirkungen spielten gar keine Rolle. Die Experten schätzten in ihrem Fachbereich - in Szenarien mit unterschiedlichen Hochrechnungen - ab, was in den kommenden Jahrzehnten möglich, wahrscheinlich oder mit Sicherheit zu erwarten sei. Gewaltige Veränderungen durch politische, ökonomische oder ökologische Umbrüche oder auch durch Umbrüche in den Vorstellungen und Wünschen der Menschen wurden einfach nicht gesehen.

So ergaben sich einzelne, sektorale Pfade in die Zukunft, die nur deshalb als gemeinsamer Weg der Menschheit erscheinen konnten, weil alle Prognosen von derselben Grundüberzeugung getragen wurden: von der sicheren Erwartung, die ungestüme Dynamik, die schon so lange das Wirtschaftswachstum, die Forschung und den technischen Fortschritt vorantrieb, werde unvermindert anhalten und Probleme, die die Gegenwart bedrückten, schon bald vergessen machen.

Der Langzeitstudie aus Kalifornien folgten immer neue Versuche in aller Welt, aus der Sicht der Wissenschaft das künftige Leben auf dem »Raumschiff Erde« vorstellbar zu machen. Bis in die siebziger Jahre hinein hatte die *Futurologie* Hochkonjunktur, eine unübersehbare Zahl von Sachbüchern (höchst unterschiedlicher Qualität und Seriosität) übernahm die Popularisierung ihrer Denk- und Forschungsergebnisse. Und fast immer zeigte sich dasselbe Grundmuster: Bedrängende Probleme mit absehbaren Komplikationen wurden kühn übersprungen - die wahren Herausforderungen der Industriegesellschaft erschienen als gigantische und phantastische Projekte, die mitunter eher an Zukunftsromane als an Zukunftsforschung erinnerten.

Ein extremes Beispiel der Realitätsferne vieler dieser Prognosen und Visionen war die Vorstellung, »unbrauchbar« gewordene Großstadtgebiete würden dereinst einfach »überbaut« werden durch neue Stadtstrukturen, die sich auf gewaltigen Pfeilern über alten Dächern und Straßen bis zu tausend Meter hoch in die Atmosphäre erheben sollten.

Brüche im Verhältnis der Generationen

Im Rahmen so sorgloser und teilweise ausgefallener Erwartungen blieb die Grundlage jeder Entwicklung, die zentrale Aufgabe, die Wirtschaft in Gang und in Zeiten permanenten Strukturwandels auf Kurs zu halten, weithin unbeachtet. Offensichtlich gingen die meisten Futurologen hier eher von einem systemimmanenten Automatismus aus als von einem täglich auf vielen Ebenen und in vielen Sektoren zu entscheidenden Prozeß.

Mit anderen Worten: nur der Ausbau, die »geradlinige« Weiterentwicklung unseres freiheitlichen Systems stand zur Diskussion; seine Gefährdung durch Fehlentwicklungen, Fehlentscheidungen oder politische Einwirkungen war kein Thema. Erst als die stärker ins Bewußtsein tretenden ökologischen Folgen eines weithin undifferenzierten Wirtschaftswachstums und Anzeichen möglicher Energiekrisen eine deutliche Zäsur setzten, wurde die unüberbrückbare Kluft zwischen der Wirklichkeit und der Welt der Vorstellungen offenbar.

In einem für die Zukunft der Industriegesellschaft entscheidenden Bereich hatten sich indessen schon ein Jahrzehnt früher Brüche und Verwerfungen abgezeichnet: im Dialog der Generationen. Als 1964 in einem Vorort von Los Angeles der Gordon-Helmer-Bericht erschien, war es »nebenan«, in einem Vorort von San Francisco, gerade zu den ersten Studentenunruhen gekommen. Unter ständiger Verstärkung und Radikalisierung breiteten diese sich in den folgenden Jahren über Nordamerika aus, erreichten auch einige Universitäten Lateinamerikas, um schließlich mit solcher Vehemenz auf Westeuropa überzugreifen, daß hier die Jahreszahl »1968« geradezu zur Chiffre eines Umbruchs und der von seinen Auswirkungen geprägten Generation wurde.

Es geht mir hier nicht um Ursachen und Hintergründe dieser Entwicklung, etwa um die Rolle des Vietnamkrieges als Auslöser jugendlicher Protesthaltungen, sondern allein um ihr Ergebnis. Und da drängt sich mir zunächst der Eindruck auf, daß sich in jenen Jahren das natürliche Spannungsfeld der Generationen, dem offensichtlich zu Zeiten eines kontinuierlichen Wirtschaftsaufschwungs von mancher Seite zu wenig Aufmerksamkeit geschenkt worden war, unverhofft in einem zeitweise dramatischen, vereinzelt auch gewalttätigen Generationenkonflikt entladen hat.

Ein Teil der Jugend - vornehmlich der akademischen - schien damals mit Erwartungen in die Zukunft zu blicken, die weder mit denen der älteren Generation noch mit denen der Zukunftsforscher in Einklang zu bringen waren. Hatten diese beiden Gruppen vorwiegend im Blickfeld, wie das Leben in einer freien, erfolgreichen Gesellschaft sich weiter verbessern und dank neuer Techniken noch sicherer, komfortabler und interessanter gestalten könnte, verlangten jene eine »Umwertung aller Werte«. Nach ihren Vorstellungen sollte das Leben, vor allem das Zusammenleben, von Grund auf anders werden: menschlicher und gerechter - ein idealer Sozialismus sozusagen, der Fehler und Verbrechen des »real existierenden« vermied, aber auf dieselben, tief im 19. Jahrhundert gründenden geistigen Wurzeln angewiesen blieb.

In den so gegensätzlichen Zukunftsbildern gab es jedoch auch überraschende Übereinstimmungen, die ich mit einem typischen Beispiel in Erinnerung rufen möchte.

Gruppierungen der rebellierenden Studenten, die bewußt »das System verändern« wollten, sich also der »Neuen Linken« zurechneten, übernahmen damals in ihren Thesen und Theorien mit Vorliebe die kühnsten Prognosen der Futurologie zum Thema »Automation«, weil sie genau in ihr utopisches Weltbild paßten. In ihrer Vorstellung konnte es Arbeitslosigkeit und andere negative Wirkungen der Automation nur dort geben, wo der Mensch »ausgebeutet« wurde - also im »Kapitalismus«. In der gerechten, egalitären Gesellschaft der Zukunft hingegen mußte dieselbe technische Entwicklung das Gegenteil bewirken: selbst allgegenwärtige Roboter würden den Massen die Arbeit nicht *weg-*, sondern *ab*nehmen, also die Menschen befreien, um sie endlich zu sich selbst kommen zu lassen.

Fragt man sich heute, wie es vor zwei Jahrzehnten dazu kommen konnte, daß eine Ideologie, die in der Realität längst abgewirtschaftet hatte, plötzlich für junge Menschen attraktiv wurde, findet man hier einen wichtigen Hinweis. Gleichgültig, ob wir die Verbindung von ideologischer und technischer Utopie für taktisches Kalkül oder naive Überzeugung halten: in jedem Fall machte sie sich den Geist der Zeit zunutze.

Ich habe darauf hingewiesen, daß die Futurologen dazu neigten, die Fortdauer des dynamischen Wirtschaftswachstums nahezu als Gegebenheit vorauszusetzen - eine Haltung, die es ihnen erlaubte, die komplexen ökonomischen Grundfragen der Entwicklung zu vernachlässigen und sich beim Blick in die Zukunft auf die im Rahmen einzelner Sektoren gewonnenen Kenntnisse und Erfahrungen zu verlassen. Mit dieser Einstellung standen sie jedoch nicht allein. Im Gegenteil: nur eine Minderheit in der Bevölkerung der westlichen Industriestaaten verfolgte das ständige Hineinwirken wirtschaftlicher Vorgänge in alle Lebensbereiche mit Interesse und Verständnis. Für die meisten anderen blieb die Ökonomie ein Buch mit sieben Siegeln - ein wenig attraktives Fachgebiet.

Dies ist für mich der entscheidende Punkt: Wo die vielfältigen Zusammenhänge zwischen freiheitlicher Gesellschaftsordnung und ökonomischer Entwicklung nicht ein zentrales Thema bilden, entsteht im Dialog der Generationen ein Vakuum, das früher oder später von anderen Vorstellungen, von vielleicht weit hergeholten Ideen, Theorien oder Utopien ausgefüllt wird.

Auf allen Bildungsebenen: Integration ökonomischer Perspektiven in den Dialog mit der Jugend

In der Phase beschleunigter, verschärfter Strukturveränderungen, die wir durchleben, hat die Ökonomie im Bewußtsein der Öffentlichkeit zweifellos einen sehr viel höheren Stellenwert als vor zwanzig Jahren. Die Zeit großartiger Zukunftsentwürfe ist längst vorbei, die Prognosen greifen immer kürzer und begleiten das Wirtschaftswachstum mit Hochrechnungen und Prozentzahlen von Jahr zu Jahr, von Monat zu Monat. Die modernen Kommunikationsmittel schließlich haben die Erde so klein werden lassen, daß wir, am häuslichen Bildschirm sitzend, in aller Welt zusehen können, wie unterschiedlich ökonomische Grundentscheidungen sich auf das Leben der Menschen auswirken.

Diese Veränderungen bedeuten aber nicht, daß die Zahl der jungen Menschen, die unserer Wirtschaftsform ablehnend gegenüberstehen, nun von selbst zurückgeht.

Es ist richtig, daß die »Neue Linke«, von der ich sprach, nur eine kurze wirkliche Blütezeit erlebte. Ihren Entwurf einer globalen Neuordnung, der alles versprach, durchschauten zu viele Anhänger als enges Theoriengehäuse, in dem die komplexen ökonomischen und politischen Wechselbeziehungen der Welt bestenfalls in Doktrinen und endlose Dispute übersetzt wurden. Doch mit der so mühsam gewonnenen Einsicht waren diese Menschen noch nicht für die Marktwirtschaft gewonnen. Ein Großteil der hier und anderswo Enttäuschten blieb auf unsteter Wanderschaft - auf der Suche nach alternativen Denk-, Lebens- oder zumindest Freizeitformen, deren Vielfalt ständig größer wurde.

Das entscheidende Problem ist also nicht gelöst, es stellt sich sogar dringender als je zuvor. Die Jugendarbeitslosigkeit beträgt in der Bundesrepublik Deutschland zur Zeit 22 Prozent (in der EG im Durchschnitt 33 Prozent). In vielen Fächern können Studienanfänger nicht abschätzen, in welchen Beruf es sie einmal verschlagen wird. Wo es vor zwanzig Jahren zu viele Antworten auf Zukunftsfragen gab, scheint es heute zu wenige zu geben.

Die junge Generation, daran gibt es keinen Zweifel, bekommt die Auswirkungen der Umbrüche voll zu spüren. Aber sieht sie den Zusammenhang? Erkennt sie in ihrer Situation jene unabwendbaren Diskontinuitäten am Werk, die aus den tiefgreifenden Strukturveränderungen in Wirtschaft und Gesellschaft folgen? Und ist sie bereit, die Herausforderung, an neuen Lösungen mitzuarbeiten, anzunehmen und die sich ihr hier bietenden Chancen zu ergreifen?

Ich bin überzeugt, daß hier noch immer vieles im argen liegt, daß ein beträchtlicher Teil auch der jungen Menschen, die ins Berufsleben und damit in eine wesentlich von Wirtschaftsfaktoren geprägte Welt eintreten wollen, im Sinne der hier gestellten Fragen nicht ausreichend vorbereitet wurde. Diesen Zustand dürfen wir nicht hinnehmen, denn er könnte unser aller Zukunft gefährden.

Wir müssen daher versuchen, den unlösbaren Zusammenhang von freiheitlicher Grundordnung und sozialer Marktwirtschaft für die Jugend zu einem zentralen, lebendigen Thema zu machen. Voraussetzung dafür ist, daß es uns gelingt, auf allen Bildungsebenen zwischen Elternhaus und Beruf ökonomische Perspektiven und wirtschaftliches Denken in den Dialog der Generationen zu integrieren.

Als wir Anfang der achtziger Jahre bei der Deutschen BP Überlegungen in dieser Richtung anstellten, gingen wir unter anderem davon aus, daß viele Lehrer mit der Aufgabe, ihren Schülern die engen

Wechselbeziehungen zwischen der Wirtschaft und den verschiedenen Lebensbereichen anschaulich darzustellen, überfordert sein dürften. Wir entwickelten daher zur Behandlung und Diskussion dieses Themenkreises ein spezielles Jugendprogramm für Schüler, Lehrer und Auszubildende bis zum Wirtschaftsassistenten (»Hamburger Modell«).

Die Seminare und Gespräche finden in verschiedenen Städten statt - besonders häufig in Berlin, wo ja gleich zwei Wirtschaftssysteme zu besichtigen und zu vergleichen sind. Als Gastreferenten ziehen wir gern Journalisten heran, aber auch Wissenschaftler - und Bildungspolitiker der Parteien, die sich gegenüber unserem Projekt, mit dem wir auch eine Signalwirkung ausüben wollen, sehr aufgeschlossen gezeigt haben.

Die mit diesem Jugendprogramm gemachten Erfahrungen haben mir erneut bestätigt, wie notwendig die frühzeitige und intensive Einbeziehung junger Menschen in das heute von uns allen geforderte Denken in immer größeren Zusammenhängen ist.

Die neuen Strukturen in Wirtschaft und Gesellschaft, deren Entstehungsprozeß wir miterleben und mitgestalten, werden Grenzen sprengen, die wir bisher als gegeben hingenommen haben. Sie werden uns beim Wissens- und Erfahrungsaustausch, in der Zusammenschau politischer, ökonomischer und ökologischer Probleme und bei der Bewältigung von Führungsaufgaben immer wieder vor neue Dimensionen stellen.

Darauf junge Menschen vorzubereiten und sie zugleich mit diesen neuen Herausforderungen zu motivieren, halte ich für das wichtigste Ziel im Dialog der Generationen.

Die Autoren

Martin Bangemann

Dr. Martin Bangemann, Bundesminister für Wirtschaft. Geb. 1934 in Wanzleben bei Magdeburg; Rechtsanwalt, verheiratet, fünf Kinder, wohnhaft in Metzingen bei Stuttgart. Abitur, Studium der Rechtswissenschaft in Tübingen und München; seit 1964 Rechtsanwalt in Stuttgart und Metzingen; Promotion über ein rechtsphilosophisches Thema in München. Seit 1963 Mitglied der Freien Demokratischen Partei (FDP); seit 1970 Mitglied des FDP-Bundesvorstandes; 1969 bis 1974 Stellvertretender Landesvorsitzender der FDP Baden-Württemberg; 1974 bis 1978 Landesvorsitzender der FDP Baden-Württemberg; seit 1978 Mitglied des FDP-Landesvorstandes Baden-Württemberg; 1974 bis 1975 Generalsekretär der FDP; 1974 bis 1975 und seit 1978 Mitglied des FDP-Präsidiums. Seit 1985 Bundesvorsitzender der FDP; 1973 bis 1984 Mitglied des Europäischen Parlaments, u. a. Mitglied des Haushalts- und des Haushaltskontrollausschusses; 1975 bis 1979 Stellvertretender Präsident der Liberalen und Demokratischen Fraktion des Europäischen Parlaments; 1979 bis 1984 Präsident der Liberalen und Demokratischen Fraktion des Europäischen Parlaments; seit 1976 Mitglied des Exekutivkomitees der Europäischen Liberalen und Demokraten (ELD); 1976 bis 1979 Vorsitzender der Programmkommission der ELD; seit 1980 Vizepräsident der Europäischen Bewegung und Vorsitzender deren Institutionellen Ausschusses. Seit 1985 Bundesvorsitzender der FDP. Mitglied in den Leitungsgremien zahlreicher europäischer außenpolitischer und kultureller Organisationen; Ehrendoktor der Universität Lille II.

Uwe Barschel

Dr. Uwe Barschel, Ministerpräsident a. D. Geb. 1944 in Glienicke/Berlin, ev.-luth., verheiratet, vier Kinder, wohnhaft in Mölln. Abitur in Geesthacht. 1964 bis 1967 und 1969 bis 1971 Studium der Rechtswissenschaft, Volkswirtschaftslehre, Politologie und Pädagogik in Kiel. 1968 Erste juristische Staatsprüfung. 1968 bis 1970 Referendarausbildung. 1970 Doktor der Rechte. 1971 Große juristische Staatsprüfung und Doktor der Philosophie. Danach Lehrbeauftragter an der Pädagogischen Hochschule Kiel. Gerichtsassessor, Rechtsanwalt und Notar. 1970 bis 1974 Mitglied des Aufsichtsrates der Wohnungsgesellschaft Herzogtum Lauenburg mbH. 1976 bis 1982 Mitglied des Aufsichtsrates der Wohnungsbaugenossenschaft Neue Lübekker. Seit 1979 Mitglied bzw. Vorsitzender des Verwaltungsrates der Wohnungsbaukreditanstalt Schleswig-Holstein. 1975 bis 1980 Mitglied des Rundfunkrates des Norddeutschen Rundfunks. Seit 1982 Mitglied des Verwaltungsrates des Zweiten Deutschen Fernsehens. 1965 bis 1966 Landesvorsitzender des Ringes politischer Studentenverbände an der Universität Kiel. 1967 bis 1971 Landesvorsitzender der Jungen Union. Seit 1967 Mitglied des CDU-Landesvorstandes Schleswig-Holstein. 1973 bis 1981 CDU-Kreisvorsitzender im Herzogtum Lauenburg. Seit 1982 Mitglied des CDU-Präsidiums. 1970 bis 1974 Kreistagsabgeordneter (bis 1972 zugleich Kreisrat). Seit 1971 Landtagsabgeordneter für den Wahlkreis Herzogtum Lauenburg (Süd). 1973 bis 1979 Vorsitzender der CDU-Landtagsfraktion. Seit 1979 Mitglied der Landesregierung Schleswig-Holstein, zunächst als Finanzminister, dann als Innenminister und von 1982 bis zum 2. Oktober 1987 als Ministerpräsident. Ehrenämter: Präsident der Stiftung Herzogtum Lauenburg; Landesvorsitzender des Deutschen Paritätischen Wohlfahrtsverbandes; Vorsitzender des Kuratoriums der Bundesstiftung für das behinderte Kind; Vorsitzender des Kuratoriums des Schleswig-Holstein Musik Festival.

Werner Breitschwerdt

Werner Breitschwerdt, Professor Dr.-Ing. E. H. Dipl.-Ing. Geb. 1927 in Stuttgart. Er studierte an der Technischen Hochschule Stuttgart Physik bis zum Vordiplom und legte im Jahre 1952 seine Diplomprüfung im Fach Elektrotechnik ab. 1953 trat Breitschwerdt in die Daimler-Benz AG ein. Dort wurde er mit der Verantwortung für einzelne Bereiche innerhalb der Entwicklung PKW-Aufbauten betraut, deren Gesamtverantwortung er im Jahr 1973 übernahm. Im Jahr 1974 wurde ihm auch die Leitung der Gesamtstilistik übertragen. Anfang 1977 wurde Werner Breitschwerdt in den Vorstand der Daimler-Benz AG berufen und übernahm die Verantwortung für das Ressort Forschung und Entwicklung. Unter seiner Führung wurde unter anderem der Grundstein für eine neue PKW-Generation gelegt, bei der die traditionellen Mercedes-Maßstäbe, wie Qualität, Solidität und ausgereifte Technik, verstärkt mit mehr Fortschrittlichkeit, Dynamik und sportlicher Eleganz verknüpft wurden. Unter seiner Verantwortung hat Daimler-Benz weitere bedeutende Fortschritte im Hinblick auf Wirtschaftlichkeit und Umweltfreundlichkeit der Mercedes-Benz-Fahrzeuge erzielt. Dafür wurden ihm auch persönliche Auszeichnungen zuteil. 1979 Honorarprofessor der Technischen Hochschule in Karlsruhe; 1984 Dr. h.c. der Ruhr-Universität Bochum; 1987 Ehrensenator der Ruprecht-Karl-Universität Heidelberg. 1983 wurde Breitschwerdt Vorsitzender des Vorstandes der Daimler-Benz AG. In dieser Zeit Übernahme der vollen Anteile der MTU München und Friedrichshafen und die Mehrheitserwerbe an der Dornier AG sowie an der AEG AG. Zum 1. September 1987 ist Breitschwerdt aus persönlichen Gründen von seinem Amt als Vorstandsvorsitzender der Daimler-Benz AG zurückgetreten. Er ist seitdem beratend tätig. Während seiner Amtszeit erhöhte sich der Weltumsatz des Konzerns um über 60 Prozent. Der Konzernjahresüberschuß stieg um fast 80 Prozent auf rund 1,7 Milliarden DM.

Hellmuth Buddenberg

Dr. Hellmuth Buddenberg, Vorsitzender des Vorstandes der Deutschen BP AG: Geb. 1924 in Bünde/Westfalen, begann nach Kriegsdienst und dem Studium der Betriebswirtschaft 1949 bei der damaligen OLEX Deutsche Benzin- und Petroleum-Gesellschaft mbH in Hamburg. Von der Erteilung der Prokura 1954 bis zur Ernennung zum Vorsitzenden des Vorstandes der Deutschen BP AG 1976 hatte er verantwortungsvolle Positionen in den Bereichen Betriebswirtschaft, Finanzen, Planung, Organisation, Technik, Marketing, Petrochemie, Beteiligungsgesellschaften und Personal inne; dazu kamen verschiedene Auslandstätigkeiten innerhalb der gesamten BP-Gruppe. Buddenberg ist u. a. Vorsitzender des Vorstandes des Mineralölwirtschaftsverbandes e.V., Hamburg, Vorsitzender des Aufsichtsrates der Gelsenberg AG, Hamburg, Mitglied des Aufsichtsrates der AEG, Frankfurt, der Ruhrgas AG, Essen; und Mitglied des Aufsichtsrates NCR GmbH, Augsburg; außerdem Mitglied des Verwaltungsrates der Dresdner Bank und der Hamburgischen Landesbank. Innerhalb der internationalen BP-Gruppe gehört er als Vorstandsmitglied der BP Oil International Ltd., London, und der BP Chemical International Ltd., London, an.

Björn Engholm

Björn Engholm, Bundesminister a.D. Geb. 1939 in Lübeck, verheiratet, zwei Kinder. Volksschule, Gymnasium, mittlere Reife in Lübeck. 1959 Eintritt in die Gewerkschaft IG Druck und Papier; 1959 bis 1962 Schriftsetzerlehre; 1962 Gehilfenprüfung; Eintritt in die Sozialdemokratische Partei Deutschlands (SPD); 1962 bis 1964 Besuch der Akademie für Wirtschaft und Politik in Hamburg, Abschluß als grad. Sozialwirt, Erlangung der Hochschulreife; 1964 bis 1969 Studium an der Universität Hamburg (Politik, Volkswirtschaft, Soziologie), Abschluß als Diplompolitologe; Dozent in der Jugend- und Erwachsenenbildung; freie journalistische Tätigkeit; 1969 bis 1983 Mitglied des Deutschen Bundestages (Wahlkreis Lübeck); 1977 bis 1981 Parlamentarischer Staatssekretär beim Bundesministerium für Bildung und Wissenschaft; 1981 bis 1982 Bundesminister für Bildung und Wissenschaft; seit März 1983 Oppositionsführer und Vorsitzender der SPD-Fraktion des schleswig-holsteinischen Landtages; seit Mai 1984 Mitglied des Bundesvorstandes der SPD. Unter Führung von Björn Engholm wurden die Sozialdemokraten bei der Landtagswahl am 13. 9. 1987 erstmals nach 37 Jahren wieder die stärkste Fraktion im Landesparlament von Schleswig-Holstein.

Friedhelm Farthmann

Professor Dr. Friedhelm Farthmann, Staatsminister a. D. Geb. 1930 in Bad Oeynhausen; verheiratet, zwei Kinder. Gymnasium; Abitur 1952, Studium der Rechts- und Staatswissenschaften in Göttingen; 1956 erstes Staatsexamen am Oberlandesgericht Oldenburg; 1957 Promotion an der Universität Göttingen; 1961 zweite große Staatsprüfung in Düsseldorf. 1957 bis 1958 Assistent an der Sozialakademie Dortmund; 1958 bis 1959 Assistent an der Universität Heidelberg. Von 1961 bis 1965 Referent im Wirtschaftswissenschaftlichen Institut der Gewerkschaften in Düsseldorf; 1965 bis 1971 Leiter der Abteilung Mitbestimmung, später der Abteilung Gesellschaftspolitik im Bundesvorstand des Deutschen Gewerkschaftsbundes. Seit 1971 Geschäftsführer des Wirtschafts- und Sozialwissenschaftlichen Instituts des Deutschen Gewerkschaftsbundes. 1973 Honorarprofessor an der Freien Universität Berlin. 1975 bis 1985 Minister für Arbeit, Gesundheit und Soziales des Landes Nordrhein-Westfalen. Seit 1985 Vorsitzender der SPD-Landtagsfraktion. Mitglied der SPD seit 1958. Mitglied des Deutschen Bundestages 1971 bis 1975. Mitglied des SPD-Bezirksvorstandes, Mitglied des Landesvorstandes der SPD, Mitglied des Parteirates der SPD. Mitglied der Gewerkschaft Öffentliche Dienste, Transport und Verkehr seit 1960. Abgeordneter des Landtags Nordrhein-Westfalen seit 29. Mai 1980.

Reiner Gohlke

Dr.-Ing. Reiner Gohlke. Geb. 1934 in Beuthen, Oberschlesien. Wird – wie bereits in den vergangenen fünf Jahren – Vorsitzender des Vorstandes der DB sein. Zusätzlich zu seinen damit zusammenhängenden Aufgaben wird er in Zukunft für die Bereiche Organisation und Datenverarbeitung sowie Finanzen und Verwaltung tätig sein. Seit Dezember 1986 ist Gohlke – gewählt für zwei Jahre – außerdem Präsident des Internationalen Eisenbahn-Verbandes (UIC). Nach dem Abitur 1955 in Schweinfurt schloß Gohlke 1960 an der Technischen Hochschule Aachen sein Studium der Eisenhüttenkunde mit dem Dipl.-Ing. ab. Gohlke blieb an der TH Aachen und war dort bis Ende 1965 wissenschaftlicher Mitarbeiter und Assistent. In dieser Zeit folgte ein Aufbaustudium der Betriebswirtschaft ab Ende 1961, 1964 der Abschluß mit dem Dipl.-Wirtschaftsingenieur und 1965 die Promotion zum Dr.-Ing. Am 1. Januar 1966 begann Gohlke seine erfolgreiche Laufbahn bei IBM Deutschland, wo er Ende 1977 die Leitung des Unternehmensbereichs Text- und Datensysteme übernahm und Generalvollmacht erhielt. Von Juni 1978 bis zu seiner Berufung zum Vorstandsvorsitzenden der DB im Mai 1982 war Gohlke Geschäftsführer der IBM Deutschland. Reiner Gohlke ist verheiratet und hat drei Kinder.

Volker Hauff

Dr. Volker Hauff, Bundesminister a. D. Geb. 1940 in Backnang. 1959 Abitur in Esslingen. Danach Eintritt in die SPD. 1959 bis 1966 Studium der Wirtschafts- und Sozialwissenschaften an der Freien Universität Berlin. 1962/63 Mitarbeiter von Willy Brandt in Berlin. 1966 Forschungssemester an der University of Michigan, USA; Promotion an der FU Berlin und anschließend Leiter des Instituts für Datenverarbeitung und Städtebau in Bonn-Bad Godesberg; 1970 bis 1972 Angestellter bei der Firma IBM Deutschland in Stuttgart. Seit 1969 Abgeordneter des Deutschen Bundestages für den Wahlkreis Esslingen; 1972 bis 1978 Parlamentarischer Staatssekretär beim Bundesministerium für Forschung und Technologie; seit 1973 Mitglied des SPD-Landesvorstandes Baden-Württemberg (bis 1986); 1978 bis 1980 Bundesminister für Forschung und Technologie; seit 1979 Mitglied des SPD-Parteivorstandes, Vorsitzender der Kommission für Umweltfragen und Ökologie des SPD-Parteivorstandes; 1980 bis 1982 Bundesminister für Verkehr; seit 1983 Stellvertretender Vorsitzender der SPD-Bundestagsfraktion und Vorsitzender des Arbeitskreises Umwelt und Energie; seit 1986 Mitglied des SPD-Landesvorstandes Hessen, Vorsitzender der Kommission des SPD-Parteivorstandes für Umwelt und Energie; seit 1987 Bundestags-Abgeordneter für den Wahlkreis Frankfurt/Main III. Volker Hauff ist seit 1967 verheiratet mit Ursula Irion-Hauff und hat zwei Söhne, Matthias, 18 Jahre alt, und Tadeusz, 14 Jahre alt.

Ingrid Hielle

Ingrid Hielle. Geb. 1951 in Frankfurt; 1970 Wirtschaftsabitur in Frankfurt; ab September 1970 Volontariat bei VWD Vereinigte Wirtschaftsdienste; 1972 Übernahme als Wirtschaftsredakteurin in die Montan-Redaktion von VWD. Ab 1977 Dienstleiterin Montan; 1979 sieben Monate Aufenthalt in London (redaktionelle Sonderaufgaben); ab 1981 Ressortleiterin in Montan/Elektro; ab 1. 10. 1987 Wechsel in die Wirtschaftsredaktion der FAZ.

Dietmer von Ladiges

Dietmer von Ladiges, Journalist. Geb. 1919 in Lübeck. Seit 1946 hat er sich mit dem Wiederaufbau eines Nachrichtenwesens in der ehemaligen britischen Besatzungszone seiner journalistischen Passion verschrieben. Stationen seiner Tätigkeit waren: German News Service, der Deutsche Pressedienst (dpd) und mit der Gründung von VWD 1950 der Eintritt in dieses Unternehmen. Seither für VWD tätig, von wo auch heute noch in enger Verbindung mit dpa die Wirtschaftsberichterstattung in der Bundesrepublik Deutschland und weltweit betrieben wird.

Wolfgang Müller-Michaelis

Dr. Wolfgang Müller-Michaelis, Generalbevollmächtigter der Deutschen BP AG. Geb. 1937 in Stettin. Er ist verheiratet und hat vier Kinder. 1958 Abitur in Hamburg, 1958 bis 1963 Studium der Wirtschafts- und Sozialwissenschaften (Fachrichtung Volkswirtschaft) an den Universitäten Hamburg und Kiel. Abschluß: Diplom-Volkswirt. Am 1. August 1963 Eintritt in die Deutsche BP AG, Mitarbeiter der Abteilung Zentrale Volkswirtschaft; 1969 Promotion zum Dr. rer. pol.; 1971 Übernahme der Leitung der Abteilung Zentrale Volkswirtschaft; 1973 Auslandstätigkeit im International and Government Public Affairs Department, BP London; 1975 Bereichsleiter Zentrale Information; 1977 Ernennung zum Direktor; 1981 Generalbevollmächtigter.

Hermann Rappe

Hermann Rappe, Vorsitzender der Industriegewerkschaft Chemie-Papier-Keramik. Geb. 1929 in Hann. Münden. Besuch der Volksschule und der Mittelschule, die er mit der mittleren Reife abschloß. Anschließende kaufmännische Lehre, Besuch der Kaufmännischen Berufsschule und Kaufmannsgehilfenprüfung. Danach Tätigkeit als kaufmännischer Angestellter bei der Konsumgenossenschaft. Hermann Rappe war Jugendvertreter, später Betriebsratsvorsitzender. Seit 1946 ist er aktiv politisch tätig. Von 1946 bis 1952 bekleidete er Funktionen in der Sozialistischen Jugend, der SPD gehört er seit 1947 an. Hauptamtlich gewerkschaftlich tätig ist Hermann Rappe seit 1953, zunächst als Jugendsekretär in der Bezirksleitung Niedersachsen, danach dort als Bezirkssekretär für Organisation, Schulung und Bildung. Von 1964 bis 1966 war er Sekretär in der Hauptabteilung Organisation des Hauptvorstandes, Arbeitsgebiete: Werbung und Vertrauensleute. Seit 1966 (7. Ordentlicher Gewerkschaftstag) ist Hermann Rappe Mitglied des geschäftsführenden Hauptvorstandes. Er war bis 1982 Leiter der Hauptabteilung Bildungswesen und Jugend. 1978 wurde Hermann Rappe zum Stellvertretenden Vorsitzenden der IG Chemie gewählt. Im Dezember 1982 wählten ihn die Delegierten auf dem außerordentlichen Gewerkschaftstag in Hamburg zum Vorsitzenden der IG Chemie-Papier-Keramik. Vom 12. ordentlichen Gewerkschaftstag im September 1984 in Berlin wurde Hermann Rappe für weitere vier Jahre zum Vorsitzenden gewählt. Hermann Rappe ist seit 1982 auch Vizepräsident der Internationalen Förderation von Chemie-, Energie- und Fabrikarbeiterverbänden (ICEF). Hermann Rappe gehört dem Deutschen Bundestag seit der Bundestagswahl 1972 als direkt gewählter Abgeordneter des Wahlkreises 43 (Hildesheim) der SPD-Fraktion an und war von 1977 bis 1982 Vorsitzender des Ausschusses für Arbeit und Sozialordnung. Hermann Rappe ist verheiratet und hat eine Tochter.

Hans K. Schneider

Professor Dr. Dr. h.c. Hans K. Schneider. Geb. 1920 in Remscheid. Er ist verheiratet und hat fünf Kinder. 1944 bis 1946 Studium der Volkswirtschaftslehre in Köln, München und Marburg. 1946 bis 1947 Industrie- und Handelskammer Remscheid. 1948 Promotion zum Dr. rer. pol. 1948 bis 1958 Assistent an der Universität zu Köln; 1958 Habilitation. 1958 bis 1959 Tätigkeit im Bundesministerium für Wirtschaft; 1960 bis 1963 Arbeit an der Bundestags-Enquete über Energiewirtschaft; 1963 bis 1970 Ordinarius für Volkswirtschaftslehre an der Universität Münster; 1968 Mitglied des Wissenschaftlichen Beirates des Bundesministeriums für Wirtschaft; 1969 Gastprofessor an der University of California, Berkeley, und Mitglied der Akademie für Raumforschung; 1962, 1966, 1970, 1973 Rufe an deutsche und ausländische Universitäten; 1970 bis 1972 stellv. Vorsitzender der Sachverständigen-Kommission zur Neugliederung des Bundesgebietes. 1970 bis 1985 Ordinarius für Volkswirtschaftslehre an der Universität zu Köln und Geschäftsführender Direktor des Staatswissenschaftlichen Seminars; 1970 bis 1986 Direktor des Energiewirtschaftlichen Instituts an der Universität zu Köln; 1971 bis 1974 Vorsitzender der Gesellschaft für Wirtschafts- und Sozialwissenschaften – Verein für Socialpolitik. Seit 1975 ist er Mitglied der Rheinisch-Westfälischen Akademie der Wissenschaften; von 1977 bis 1980 Vorsitzender des Wissenschaftlichen Beirats beim Bundesministerium für Wirtschaft und von 1981 bis 1983 Mitglied der Bundestags-Enquetekommission »Zukünftige Kernenergie-Politik«. Seit 1982 ist er Vorsitzender der Arbeitsgemeinschaft deutscher wirtschaftswissenschaftlicher Forschungsinstitute und Mitglied des Sachverständigenrats zur Begutachtung der gesamtwirtschaftlichen Entwicklung; seit 1985 ist er Vorsitzender des Sachverständigenrats zur Begutachtung der gesamtwirtschaftlichen Entwicklung und seit 1986 Präsident des Rheinisch-Westfälischen Instituts für Wirtschaftsforschung, Essen. 1987 Dr. h. c. Chung-Ang University, Seoul, Südkorea.

Lothar Späth

Dr. h. c. Lothar Späth, Ministerpräsident. Geb. 1937 in Sigmaringen; verheiratet, zwei Kinder. Volksschule in Ilsfeld, Oberschule in Beilstein und Heilbronn. 1953 bis 1958 Ausbildung im Verwaltungsdienst bei den Gemeindeverwaltungen Gronau und Schmidhausen, bei der Stadt Giengen an der Brenz und beim Landratsamt Mergentheim; 1958/59 Staatliche Verwaltungsschule in Stuttgart; 1960 zur Finanzverwaltung der Stadt Bietigheim; ab 1965 Beigeordneter und Finanzreferent und ab 1967 Bürgermeister der Stadt Bietigheim; von 1970 bis 1974 Geschäftsführer der Neuen Heimat Baden-Württemberg in Stuttgart und Vorstandsmitglied der Neuen Heimat Hamburg; von 1970 bis 1977 Aufsichtsrats- bzw. Vorstandsmitglied der Firma Baresel AG, Stuttgart. Seit Juni 1968 Mitglied des Landtags von Baden-Württemberg; Vorsitzender der CDU-Fraktion im Landtag von Baden-Württemberg von Mai 1972 bis September 1978; von 1977 bis 1979 Stellvertretender Landesvorsitzender der CDU Baden-Württemberg; seit Juli 1979 Landesvorsitzender der CDU Baden-Württemberg; seit 9. März 1981 Stellvertretender Vorsitzender der CDU Deutschland. Vom 22. Februar 1978 bis 30. August 1978 Innenminister des Landes Baden-Württemberg; der Landtag von Baden-Württemberg wählte Lothar Späth am 30. August 1978 zum Ministerpräsidenten des Landes Baden-Württemberg; am 4. Juni 1980 und am 6. Juni 1984 Wiederwahl zum Ministerpräsidenten des Landes Baden-Württemberg. Vom 1. November 1984 bis 31. Oktober 1985 Präsident des Deutschen Bundesrates. Ehrendoktorwürde der Wirtschaftswissenschaftlichen Fakultät der Universität Fridericiana zu Karlsruhe.

Helga Steeg

Helga Steeg. Geb. 1927 in Bonn. Sie studierte Jurisprudenz und Wirtschaftswissenschaften an den Universitäten Bonn und Lausanne. Frau Steeg ist Exekutivdirektor der Internationalen Energie-Agentur (IEA), dem wichtigsten Energieforum der 21 Mitglieder aus dem Kreise der Industrieländer. Sie wurde durch den IEA-Verwaltungsrat im Mai 1984 ernannt. Sie kommt vom Bundesministerium für Wirtschaft in Bonn, in dem sie in den Jahren 1973 bis 1984 Abteilungsleiter für Außenwirtschaftspolitik und Entwicklungshilfe war. Dieser Verantwortungsbereich bei der deutschen Bundesregierung schloß Energiebeziehungen mit den Ölförderländern ein und Frau Steeg war Vorsitzende oder Stellvertretende Vorsitzende einer Reihe von bilateralen Wirtschaftskommissionen mit diesen Ländern. Sie verfügt auch über langjährige Erfahrungen in Handels- und Finanzpolitik sowie in monetären Fragen. Im OECD-Bereich war Frau Steeg über acht Jahre lang Vorsitzende des Handelsausschusses. Vorher leitete sie den OECD-Ausschuß für Internationale Investitionen und Multinationale Unternehmen. Sie war auch Mitglied der deutschen Delegation bei den jährlichen Weltwirtschaftsgipfeln der sieben maßgeblichen Industrienationen. Während der 60er Jahre war Frau Steeg für drei Jahre Stellvertretender Direktor bei der Weltbank in Washington, um anschließend die Leitung des Referats Auslandsinvestitionen und Exportfinanzierung im Wirtschaftsministerium in Bonn zu übernehmen. Bei der IEA obliegt Frau Steeg die Gesamtleitung der Programme der Agentur, die auf Verbesserung der Angebots- und Nachfragestrukturen des Weltenergiemarktes sowie auf bessere Zusammenarbeit zwischen Ölförder- und -verbraucherländern abzielen. Die IEA unterhält zudem einen Krisenmechanismus, der die Mitgliedsregierungen dabei unterstützen soll, die Auswirkungen erheblicher Unterbrechungen der Ölversorgung zu mindern.

Ulrich Steger

Professor Ulrich Steger, Staatsminister a. D. Geb. 1943 in Berlin, verheiratet, drei Kinder. Von 1984 bis 1987 war er Hessischer Minister für Wirtschaft und Technik. Seit Dezember 1976 gehörte er dem Deutschen Bundestag an und hatte dort verschiedene Funktionen im wirtschaftspolitischen Bereich. Seine beruflichen Erfahrungen – neben einer dreijährigen Bundeswehrzeit – sammelte er im wirtschafts- und steuerberatenden Beruf und als wissenschaftlicher Assistent an der Ruhr-Universität Bochum (Promotion 1975 über mathematische Wachstumstheorie). Seit 1970 zahlreiche Veröffentlichungen über wirtschaftspolitische Themen, zuletzt: »Die Herstellung der Natur – Chancen und Risiken der Gentechnologie« (Bonn 1985); »Zukunft statt Wende – Wirtschaftspolitik für Hessen« (Bonn 1986). Ulrich Steger ist seit dem 1. 9. 1987 Professor für Ökologie und Unternehmensführung an der European Business School in Östrichwinkel/Rheingau.

Franz Josef Strauß

Dr. h. c. Franz Josef Strauß, Ministerpräsident. Geb. 1915 in München. Humanistisches Gymnasium, Abitur. Studium der Geschichte, der klassischen Sprachen und der Volkswirtschaftslehre an der Universität München. 1939 erstes, 1940 zweites Staatsexamen für den höheren Schuldienst. 1939 bis 1945 Kriegsteilnehmer (Frankreich, Rußland). 1945 Stellvertretender Landrat, 1946 Landrat in Schongau, 1948 wiedergewählt. 1948 Mitglied des Wirtschaftsrates für das Vereinigte Wirtschaftsgebiet. 1948 Leiter des Landesjugendamtes im bayerischen Innenministerium. Vorsitzender des Aufsichtsrates der Deutschen Airbus GmbH und der Airbus Industries (Paris). 1945 Gründungsmitglied der CSU, 1946 Mitglied des Landesvorstandes, 1949 Generalsekretär, 1952 Stellvertretender Parteivorsitzender der CSU, seit 1961 Vorsitzender der CSU. Mitglied des Bundestages von 1949 bis 1978, bis 1953 stellvertretender Fraktionsvorsitzender, bis 1952 Vorsitzender des Ausschusses für Fragen der Jugendfürsorge. 1952 bis 1953 Vorsitzender des Ausschusses für Fragen der europäischen Sicherheit. 1953 Bundesminister für besondere Aufgaben, 1955 Bundesminister für Atomfragen, 1956 bis 1962 Bundesminister der Verteidigung. 1966 bis 1969 Bundesminister der Finanzen. 1963 bis 1966 Vorsitzender der CSU-Landesgruppe im Bundestag, Stellvertretender Vorsitzender der CDU/CSU-Fraktion. Seit 1978 Bayerischer Ministerpräsident. Mitglied des Bayerischen Landtags seit 1978.

Franz Thoma

Dr. Franz Thoma, Mitglied der Chefredaktion der Süddeutschen Zeitung in München. Geb. 1921 in München. Schulzeit, Soldatenzeit, kurze Kriegsgefangenschaft; 1946 bis 1948 Studium der Betriebs- und Volkswirtschaft, Universität München (als Werkstudent); 1948 Examen Diplom-Kaufmann; 1954 Promotion Dr. oec. publ.; seit 1947 Redaktionsmitglied der SZ; seit 1965 Ressortchef in der SZ; seit 1971 Mitglied der SZ-Chefredaktion; wissenschaftliche Arbeiten über Währungs- und Kreditpolitik. Als marktwirtschaftlich orientierter Wirtschaftspublizist engagiert in allen wirtschaftspolitischen Problemen. In Haushaltsfragen erhob er immer warnend seine Stimme gegen verantwortungslose Verschuldungspolitik. Streiter für freie Wechselkurse und liberale Grundhaltungen. Interessierte Anteilnahme an bayerischen Wirtschaftsproblemen, z. B. Energiepolitik (Pipelinebau, Raffineriezentrum Ingolstadt; zahlreiche Aufsätze darüber). Veranstalter von Wirtschaftsforen der Süddeutschen Zeitung, die außer in München auch in vielen süddeutschen Städten durchgeführt wurden (Coburg, Schweinfurt, Würzburg, Rosenheim, Passau, Kempten, Stuttgart). Zahlreiche Auszeichnungen: 1970/71 Theodor-Wolff-Preis für hervorragende journalistische Leistungen; 1974 Bayerischer Verdienstorden; 1976 Bundesverdienstkreuz I. Klasse; 1978 Ludwig-Ehrhard-Preis; 1981 »München leuchtet« für Verdienste um die Wirtschaft; 1982 Staatsmedaille für Verdienste um die bayerische Wirtschaft.